FRIEBEL-KLINGER / DIE KALTE KÜCHE

AUSZEICHNUNGEN

Großer Preis in Gold

Frankfurt/M. 1951

Goldmedaille

„Hospes“, Bern 1954

Goldmedaille

Frankfurt/M. 1960

DIE KALTE KÜCHE

Ein umfassendes Handbuch und Nachschlagewerk
für den gesamten Bereich der kalten Küche

Von

CARL FRIEBEL

langjährigem Schriftleiter der Fachzeitschrift „Die Küche"
(Organ des Verbandes der Köche Deutschlands e. V.)

und

HEINZ KLINGER

Küchenmeister

Neunte Auflage
mit 351 Fotos,
44 mehrfarbigen Tafeln
sowie 16 Zeichnungen und 4 Plänen

FACHBUCHVERLAG DR. PFANNEBERG & CO.
6300 GIESSEN

ISBN 3-8057-0230-2

Gesamtherstellung: Brühlsche Universitätsdruckerei, 6300 Gießen

Vorwort zur achten Auflage

DIE KALTE KÜCHE ist seit ihrem Erscheinen das Standardwerk auf diesem überaus interessanten und vielfältigen Gebiet der Vor- und Zubereitung sowie Gestaltung kalter Gerichte. Dieser Ruf verpflichtet.

Nachdem jedoch die Fachpraxis keinen Stillstand kennt, kann auch ein Standardwerk nicht endgültig sein. Aus diesem Grunde erfolgen in Fortführung der Arbeit meines verstorbenen, verehrten Freundes Carl Friebel von Auflage zu Auflage Verbesserungen und Neubearbeitungen einzelner Abschnitte.

So sind für die vorliegende Auflage die Abschnitte Gelee und Farcen neu verfaßt und mehrere Kapitel ergänzt worden.

Prunkplatten, die mit aufwendigem, teilweise ungenießbarem Dekor ausgestattet worden sind, haben aus wirtschaftlichen Überlegungen ihre Gültigkeit verloren. DIE KALTE KÜCHE hat sich seit jeher um eine sachliche, material- und servicegerechte und doch dekorative Anrichteweise bemüht. Praxisnahe Möglichkeiten zeigen beispielhaft 16 für diese Auflage neu geschaffene Farbtafeln.

Alle einfarbigen Text- und mehrfarbigen Tafelbilder entstanden in Brenner's Park-Hotel, Baden-Baden. Es sind Darstellungen aus der Praxis des Hauses, die von mir gestaltet und fotografiert worden sind.

Baden-Baden

Heinz Klinger

Der Aufbau des Werkes

Inhaltsverzeichnis

(ausführliches Sachregister am Schluß des Buches)

3. Abschnitt

Hilfsmittel

4. Abschnitt

Küchentechnische Arbeiten

5. Abschnitt

Dekor und neuzeitlicher Anrichtestil

6. Abschnitt

Schnell-Imbiß und Restaurationsplatten

7. Abschnitt

Arrangements von kalten Büfetts

8. Abschnitt

Vorspeisen — Hors-d'oeuvre

9. Abschnitt

Eierplatten

10. Abschnitt

Fischgerichte

11. Abschnitt

Krustentiere

12. Abschnitt

Gänselebergerichte

13. Abschnitt

Pasteten, Terrinen und Galantinen

14. Abschnitt

Die Schaumbrote (Mousse) und ihre Behandlung

15. Abschnitt

Schlachtfleisch

16. Abschnitt

Hausgeflügel

17. Abschnitt

Wildgeflügel

18. Abschnitt

Haarwild

19. Abschnitt

Salate

20. Abschnitt

Käse und Käsespeisen

21. Abschnitt

Saucen und Buttermischungen

22. Abschnitt

Küchenerzeugnisse für den Verkauf in Feinkostgeschäften und Stadtküchen-Lieferungen

23. Abschnitt

Rohkost

Pläne von kalten Büfetts

Farbtafel-Übersicht

Seite

Schutzumschlag: Roastbeef mit Gemüsen (vgl. Text Seite 299)

1. Abschnitt:

Technik und Organisation in der kalten Küche

Dieses Buch behandelt die Probleme der kalten Küche. Deshalb sollen hier die speziellen organisatorischen Überlegungen und technischen Einrichtungen erörtert werden, die ein reibungsloses Funktionieren dieser wichtigsten Abteilung einer großen gewerblichen Küche gewährleisten. So wie es niemandem einfallen würde, in der allgemeinen Küche die für die vielfältigen Zubereitungsarten entwickelten Wärmegeräte wahllos in beliebiger Reihenfolge zu installieren, so sollten auch die in der kalten Küche notwendigen Kühlanlagen sich dem Arbeitsfluß und dem Bedarf anpassen. Die kalte Küche wird hier deshalb als die wichtigste Abteilung bezeichnet, weil sie drei wirtschaftlich und hygienisch wesentliche Aufgaben zu erfüllen hat.

1. Sie ist das wichtigste Glied in dem Gesamtkomplex der Vorratshaltung; in ihr lagern wertvolle Küchenrohstoffe, wie Schlachtfleisch, Wild, Geflügel, Fisch und Molkereiprodukte.

2. Sie hat für eine sachgemäße Vorbereitung dieser Rohstoffe unter hygienischen Bedingungen und bei geringstem Verlust oder Verderb zu sorgen.

3. Sie hat eigene kalte Speisen und Gerichte für die Rahmenkarte oder für umsatzschwache Tageszeiten, für Vorspeisen und kalte Büfetts bereitzuhalten.

Zur Erfüllung dieser nur in großen Zügen angedeuteten Aufgaben sollte man bei der Küchenplanung und Raumaufteilung folgende allgemeingültigen Grundsätze kennen und, soweit dies der gegebene Grundriß gestattet, auch berücksichtigen.

Die Arbeitsräume der kalten Küche sollen so gelegen sein, daß die Rohware von der einen Seite her angeliefert, gewogen und in den entsprechenden Kühlräumen eingelagert werden kann. Nach der anderen Seite sollte ein kreuzungsfreier Weg über die Vorbereitung und Bearbeitung (Zerlegen, Filetieren, Spicken usw.) zur allgemeinen Küche und damit zur Zubereitung vorhanden sein. Obwohl in einer Küche ganz allgemein ein leichter atmosphärischer Unterdruck gegenüber den Gasträumen herrschen soll, wird in den Vorbereitungsräumen der kalten Küche durch Einblasen von Frischluft ein leichter Überdruck hergestellt, damit die warme Küchenluft nicht einströmen kann. Diese Luft mit einer relativ hohen Luftfeuchtigkeit würde dann an der Oberfläche der gekühlten Lebensmittel kondensieren und den Oberflächenbefall der verschiedenen Bakterien fördern und aktivieren. Deshalb verlangen die Bauaufsichtsbehörden der meisten Bundesländer besonders für die Räume der Fleischvorbereitung Trennwände (aus Glas oberhalb einer Brüstung) und Pendeltüren oder zumindest von der Decke abgehängte Schürzen, die bis zu einer lichten Höhe von etwa 2,20 m herabreichen.

1. BBC-Fischkühlschrank, Temperatur + 2 bis 4 °C
In den Schubladen liegen die Fischarten zwischen zerkleinertem Roheis

Alle Räume der kalten Küche müssen bis zu einer Höhe von 2,40 m abwaschbar und in einer Farbe gehalten sein, die mangelnde Pflege und Verunreinigungen erkennen läßt. Unter den vielen Möglichkeiten abwaschbarer Farben, Lacke, Kunststoffbeschichtungen usw. haben sich hartglasierte Keramikfliesen noch immer am besten bewährt. Wegen der geringen Pflegekosten und der langen Lebensdauer sind sie tatsächlich auch die billigste Wandverkleidung.

Für den Fußboden gibt es leider noch keinen Belag, der allen wünschenswerten Forderungen nach Trittsicherheit, leichter Pflege und Haltbarkeit gerecht wird. Profilfliesen, gleich welcher Art, sind nicht trittsicher. Versuche haben ergeben, daß sie zwar verschüttete Flüssigkeiten in den Vertiefungen verschwinden lassen, dafür aber besonders viskose Fette und Brühen auf dem Profil haften bleiben und damit die Rutschgefahr im gleichen Maße zunimmt, wie das Profil die Trittfläche verkleinert.

Dagegen haben sich profillose Fliesen mit einer feinen Karborundumeinstreuung hervorragend bewährt. Diese sehr harten und feinen Partikel ragen um Bruchteile eines Millimeters aus der unglasierten Keramikmasse heraus, nutzen sich nicht ab, weil sie härter sind als das Keramikbett, und geben dem Fuß bei geeignetem Schuhwerk Halt und Trittsicherheit. Solche Böden lassen sich auch problemlos reinigen und mit einem Schieber trocknen. Es bedarf eigentlich keiner Erwähnung, daß die Bodenentwässerung gegen

Geruchsbelästigung mit Syphons ausgerüstet ist. (Sie gehören zur Auflage der Baubehörden und Gesundheitsämter.) Bei Neubauten sollte man nicht versäumen, einen Fettabscheider einzubauen, der zwar außerhalb der Arbeitsräume gelegen, aber leicht zugänglich ist. Auch daß in unserer Zeit die Arbeitsräume hell und luftig sind und eine notwendige Kunstbeleuchtung in sog. Tageslicht- oder Warmtonlampen auszulegen ist, sei hier nur der Vollständigkeit halber vermerkt.

A. Anlage der Kühlräume

1. Allgemeines

Wenn man die Lage der Kühlräume nach arbeitstechnischen Erfordernissen bestimmt hat, sollte man sich über die Details Klarheit verschaffen. Kühlräume sollen Temperaturen halten, die in der Regel bedeutend niedriger sind als die der angrenzenden Räume. Da die Erzeugung von Kälte (auch Minuskalorien genannt) kostspieliger ist als die Erzeugung von Wärme, sollten wir alles tun, um vermeidbaren Kälteverlust zu verhindern. Schon bei der Planung wäre zu berücksichtigen, daß nach Möglichkeit alle Kühlräume von einem Vorkühlraum her betreten werden. Kann aus Platzmangel ein solcher gemeinsamer Vorkühlraum nicht installiert werden und sind die Kühlräume nacheinander zu begehen, so muß der letzte Raum immer der mit der niedrigsten Temperatur sein. Um mit Transportwagen usw. schnell durch die Türen fahren zu können, sollten Bodenschwellen fehlen und alle Räume ein einheitliches Niveau haben. Bei Neubauten bedeutet dies, daß der Rohbau dort, wo die Kühlhäuser geplant sind, um so viel tiefer zu legen bzw. auszusparen ist, wie die Isolierschichten, der Magerbeton und die Fliesen zusätzlich benötigen. Das Maß ist unterschiedlich und richtet sich nach der Art der Isolierstoffe und der gewünschten Temperatur. Das bedeutet, daß der Boden des Tiefkühlraums stärker isoliert und die Aussparung also tiefer sein muß als im Fleisch- oder Vorkühlraum.

2. Zahl der Kühlräume

Nach den Auflagen der Gewerbeaufsichtsämter wird in jedem Falle verlangt, daß Frischfleisch mit anderen Lebensmitteln, gleich welcher Art, nicht zusammen gelagert werden darf. Ferner ist Wild und Wildgeflügel in unzerwirktem oder ungerupftem Zustand getrennt von Schlachtfleisch zu lagern. Desgleichen empfiehlt es sich, neben dem Vorkühlraum, in dem die warme Küche auch noch lauwarme, fertige Speisen vorkühlen oder bis zum nächsten Tag abstellen wird, einen allgemeinen echten Kühlraum für diese Abteilung einzuplanen. In größeren Betrieben gehören noch ein Obst- und Gemüsekühlraum und ein Kühlraum für Molkereiprodukte (vor allem in Krankenhäusern und Sanatorien) dazu. Ein Tiefkühlraum sollte bei dem ständig größer werdenden Angebot von tiefgekühlten, küchenfertigen Lebensmitteln in keinem Hause fehlen und im Hinblick auf die Zukunft eher zu groß als zu klein sein. Es ist notwendig, diesen Kühlraum für Temperaturen bis −28 °C auszulegen, da −18 °C für einige Artikel, z. B. Edelfische, heute nicht mehr ausreichend sind.

Für die Hors-d'oeuvre-Abteilung hat es sich als sehr zweckmäßig erwiesen, wenn sie Wand an Wand mit dem ihr zugedachten Kühlraum liegt. Wenn diese Trennwand mit mehrfach verglasten Türen in entsprechender Zahl und Größe ausgestattet wird, ist es möglich, die meistgebrauchten Materialien und Garniturmittel aus Regalen zu entnehmen, die im Innern des Kühlraums installiert und regelmäßig vor jedem Service auf- bzw. nachgefüllt werden. So sparen sich die Mitarbeiter den längeren Weg durch die Tür und ihrem Arbeitgeber die vermeidbaren Kosten des höheren Kälteverlustes.

2. Durchsicht in den Fleischkühlraum. Raumtemperatur ±0 bis +3 °C

Gekühlte Lebensmittel

Das kurzfristige Frischhalten von Lebensmitteln zwischen ±0 °C und +10 °C ist aus dem modernen Leben nicht mehr wegzudenken. Jeder weiß aus seiner eigenen privaten Erfahrung, daß zur sinnvollen Vorratshaltung und Verminderung des Verderbs Kühllagerräume notwendig sind. Dementsprechend sind in den Lager- und Vorbereitungszonen aller Küchen ausreichend bemessene und vernünftig aufgeteilte Kühlräume vorzusehen. Die Lagertemperaturen richten sich nach der Art des Gutes. Praktische Werte zur Kühllagerung sind für

Fleisch	±0 °C bis + 3 °C	Molkereiprodukte	+1 °C bis + 3 °C
Fisch	+1 °C bis + 4 °C	Getränke	+8 °C bis +10 °C
Obst und Gemüse	+2 °C bis + 4 °C		

Die Kühlraumtemperaturen werden mittels Thermostaten automatisch gesteuert. Neben der Temperatur spielt die relative Feuchte des gekühlten Raumes eine große Rolle, da sie für das Maß der Austrocknung des Gutes verantwortlich ist. Die Erfahrung hat gezeigt, daß sich die relative Feuchte bei richtiger Auslegung der Kälteanlage immer in dem geforderten Bereich von 80—95% bewegt. Die falsche Auslegung einer Anlage bedeutet ständige Gewichtsverluste und damit Wertminderung der Ware.

3. Kühlraumtüren

Kühlraumtüren können für den Koch der kalten Küche zu einem Alptraum werden. Es gibt z. B. Türen, die an der falschen Seite angeschlagen sind und deshalb grundsätzlich so lange offen stehen, bis der Mitarbeiter den Raum wieder verläßt, weil er es nicht riskieren will, sich mit Traglasten, unhandlichen Schüsseln, Blechen oder Gittern in der Hand zu drehen und die Tür zu schließen. Je nach Verkehrsrichtung und Raumverhältnissen sollten

Kühlraumtüren so angebracht sein, daß sie bei Begehung des Raums mit unhandlichen Lasten mit der linken Hand, auch rücklings, zugezogen werden können. Nach den Unfallverhütungsvorschriften ist dafür Sorge zu tragen, daß es unmöglich ist, über Nacht jemanden einzuschließen, ohne daß er sich bemerkbar machen könnte. Komplizierte Alarmanlagen haben sich nicht bewährt, weil es in keinem Haus eine Stelle gibt, wo mit Sicherheit immer jemand ist, der sich auskennt und den richtigen Schlüssel findet. Besser sind für die Außentüren der Kühlräume Sicherheitsschlösser, die von innen in jedem Fall zu öffnen sind. Dies gilt natürlich vor allem für den Tiefkühlraum, wo schon eine kurze unfreiwillige Gefangenschaft in ungeeigneter Garderobe zum Tode führen kann. Auch muß der Türrahmen eines Tiefkühlraums, wenn seine Temperatur gelegentlich oder ständig unter — 1 °C liegt, mit frostschützenden Heizdrähten ausgestattet sein. Nur solche Türen frieren nicht fest und lassen sich zu jeder Zeit leicht öffnen.

Türen der Tiefkühlräume haben in aller Regel außen aufgesetzte Schlösser, damit auch sie nicht einfrieren oder unerwünschte Wärmebrücken zu den tiefen Temperaturen des Innenraums bilden.

Abstellborde und Fleischgehänge eines modernen Kühlraums sind heute aus strapazierfähigem eloxiertem Aluminium (auch Panzersilber genannt) hergestellt. Sog. gedämpfte Rotbuche entspricht nicht mehr den hohen hygienischen Ansprüchen; sie wird nach einiger Zeit dunkel und rissig und kann sogar in Räumen mit Temperaturen über 4 °C in Fäulnis übergehen. Gut bewährt haben sich Wandkonsolen, die verstellbar sind und in jeder gewünschten Anzahl angebracht werden können. Sie haben an den Vorderkanten keinerlei Stützen oder Eckpfosten und bieten dem Koch durchgehende Stellflächen für Bleche, Platten, Wannen oder Gitter.

B. Kältetechnik in der kalten Küche

1. Kühlsysteme

Die Kühlsysteme sind in den letzten Jahren im Zuge des technischen Fortschritts ständig verbessert und im Betrieb zuverlässiger geworden. Die Kühlung durch natürliches Roheis, im Winter aus Teichen und Flüssen gesägt, wie dies noch z. Z. unserer Großväter üblich war, gehört endgültig der Vergangenheit an. Es ist in keiner Weise geeignet, mit Lebensmitteln in Berührung zu kommen. Selbst von den kleinen Mengen Roheis, die für kalte Büfetts gelegentlich benötigt werden, verlangen wir heute die Reinheitsgrade des Trinkwassers. Bei der Verwendung für Mixgetränke usw. ist diese Forderung ganz selbstverständlich.

Ebenfalls unwirtschaftlich für heutige Verhältnisse sind wegen ihrer hohen Investitions- und Wartungskosten zentrale Versorgungsanlagen mit überdimensionalen Kompressoren und Druckzylindern auf der Basis von Ammoniaklösungen. Außerdem sind Ammoniaksolen gegenüber Metallen, Hölzern und unseren eigenen Schleimhäuten in hohem Maße aggressiv.

Das von den I. G. Farben in den zwanziger Jahren entwickelte Frigen (eine Fluor-Chlor-Methan-Verbindung) und das in Amerika entwickelte Freon sind heute die gebräuchlichsten Kältemittel. Sie verhalten sich gegenüber Metallen neutral, sind nicht giftig und nicht brennbar. Sie bieten weiterhin den Vorteil, sich im Bereich vernünftiger Drücke wieder zu verdichten. Das Prinzip der Kühlung ist im wesentlichen folgendes: Ein unter Druck verdichtetes Kältemittel (Freon oder Frigen) wird in ein verzweigtes Rohrsystem geführt, den sog. Verdampfer, und verdampft dort unter Verbrauch von Wärme. Mangels

3. Kühlmaschinen-Zentrale mit Steuer- und Überwachungsanlage. BBC-Werkfoto

4. Kühlmaschinenraum. Separat aufgestellte Kälteaggregate für Kühlräume mit unterschiedlichen Kühltemperaturen. BBC-Werkfoto

anderer Wärmequellen wird diese dem umliegenden Raum entzogen, der sich dadurch entsprechend abkühlt. Zurückgeleitet in den schon erwähnten Verdichter, auch Kompressor genannt, wiederholt sich dieser Vorgang, nach dem die gespeicherte Wärme durch ein Kühlwassersystem oder eine gründliche Belüftung ausgetauscht wurde. Ob im einzelnen Fall nun der Luft- und Wasserkühlung der Vorzug zu geben ist, entscheiden die Raumverhältnisse und der Wasserpreis, manchmal auch die Möglichkeit der Weiterverwendung dieses Wassers für technische Zwecke.

Wegen der geringen Abmessungen moderner Kühlaggregate sowie der Tatsache, daß es heute betriebssichere und preisgünstige Drehstrommotoren gibt, neigt man allgemein dazu, die Anlagen zu dezentralisieren. Die Vorteile sind eine voneinander unabhängige und damit bessere Temperaturregelung in den einzelnen Kühlräumen und kurze Installationsleitungen. Auch wird bei einem immerhin möglichen Defekt immer nur ein Aggregat, also auch nur eins der Kühlhäuser, ausfallen.

5. BBC-Verdichter-Kältesatz AF 14

6. Motorverdichtersatz in Flachbauweise FM 3,5 B 1026 E

Es ist selbstverständlich, daß die Temperaturregelung thermostatisch gesteuert wird und die Motoren mit Schutzschaltern, Drehzahlmessern, Druckmessern und einer optischen Kontrolle, die über die Betriebsbereitschaft wacht, ausgerüstet sind. Bild 5 zeigt einen Kompressor (luftgekühlt), Bild 6 einen Kompressor mit Kondensator.

2. Kühlwasserbedarf

Das Kühlwasser hat bei größeren Anlagen die Aufgabe, die vom Kältemittel in den Kondensator gebrachte Wärme abzuführen. Die Kondensatoren sind im allgemeinen für einen Wasserbetriebsdruck von etwa 4 atü gebaut; ist der Wasserdruck höher, so muß ein Reduzierventil vorgeschaltet werden. Die Wassertemperatur wird im allgemeinen mit etwa 10 °C angenommen, kann aber im Winter etwas niedriger sein (etwa 6—8 °C) und im Sommer etwas höher (12—15 °C). Zur Vorausbestimmung der Kühlwassermenge kann bei Anlagen von etwa 3—35 m² Bodenfläche angenommen werden, daß ungefähr 15—13 l je Stunde und m² notwendig sind.

3. Kühlluftbedarf

Die kleineren Kühlräume erhalten meist Kompressoren mit Luftkühlung. Die vom Kompressor abgeführten Wärmemengen, je m³ Rauminhalt rund 200 kcal je Stunde, müssen durch gute Lüftung des Raums, in dem die Kühlmaschine steht, ebenfalls weggeführt werden.

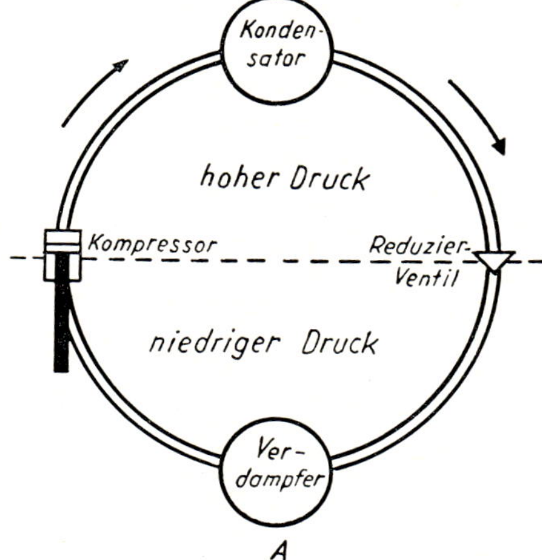

7. Kompressorprinzip-Schema

Die Kühlung nach dem Absorptionsprinzip hat sich hauptsächlich bei der Kleinkühlung, d. h. bei Bedarf im Haushalt, durchgesetzt. Es basiert im wesentlichen auf der Tatsache, daß z. B. Ammoniakdämpfe von kaltem Wasser begierig aufgesaugt (absorbiert) werden und dabei Wärme freigeben, so daß sich die entstandene Lösung stark abkühlt. Führt man sie nach erfolgtem Temperaturaustausch im Kühlschrank zurück zum sog. Kocher, dann wird dort mittels einer Wärmequelle (Gas oder Elektrizität) bei etwa +30 bis 35 °C die dispersive Mischung wieder in Wasser bzw. Wasserdampf und Ammoniak gespalten. Schon bei sehr geringem Druck verdichtet sich der Dampf wieder zu Wasser, kühlt dies ab und der Kreislauf beginnt von neuem, indem das kalte Wasser die Ammoniakdämpfe absorbiert und sich wieder abkühlt. Obwohl manche dieser Systeme keinerlei bewegliche Teile besitzen, andere lediglich eine den Kreislauf beschleunigende Pumpe aufzuweisen haben, konnten sich Absorptionskühlanlagen großen Stils nicht durchsetzen, weil ihr Energiebedarf (Kocher) in der gewerblichen Küche auf lange Sicht gesehen zu teuer käme.

4. Kühlraumhygiene

Obwohl die niedrigen Temperaturen fermentative und oxydative Veränderungen in und auf den Nahrungsmitteln stark reduzieren und verlangsamen, hören sie dennoch selbst bei Tiefkühltemperaturen nicht völlig auf. Im Temperaturbereich von ±0 °C bis +6 °C gibt es außerdem noch eine Reihe von sehr temperaturbeständigen Bakterien, die vor allem bei hoher relativer Luftfeuchtigkeit langsam, aber stetig ihr zerstörerisches Werk betreiben. Es ist deshalb wichtig, für eine regelmäßige Zufuhr gefilterter Frischluft in kleinen Mengen zu sorgen. Die Kühlraumluft selbst soll auch zur Vermeidung sog. ruhender Klimazonen in regelmäßigen Abständen umgewälzt werden. Darum gehört in jeden Kühlraum, ja sogar in größere Gewerbekühlschränke, ein Ventilator. Um eine optimale Kühlung zu gewährleisten, dürfen Verdampfer nur leicht bereift sein. Dicke Eispanzer wirken isolierend und behindern den Temperaturaustausch. Da der Thermostatschalter die tatsächlichen Temperaturen mißt, die bei vereisten Verdampfern nur sehr langsam auf den gewünschten Wert absinken, arbeitet die Kühlmaschine praktisch im Dauerbetrieb, ohne effektiv zu sein. Kühlanlagen neueren Typs sind deshalb mit automatisch arbeitenden Abtauvorrichtungen ausgerüstet. Sie vermeiden dadurch überflüssige Energiekosten und den zu schnellen Verschleiß der Aggregate.

Da wegen der niedrigen Temperaturen und des davon abhängigen niedrigen Luftdrucks der Wasserdampf neu einströmender wärmerer Luft ausfällt (daher die Eisbildung am Verdampfer), sollen in Kühlräumen die Decken mit einem saugfähigen, atmenden Anstrich versehen sein. Die Farbenindustrie bringt seit langem Spezialanstriche auf den Markt, die auch nach Jahren nicht abblättern oder schwammig werden. Als sehr vorteilhaft haben sich hinter den Verdampfern angebrachte Metallplatten aus eloxiertem Aluminium oder V2a erwiesen; sie schützen das isolierte Mauerwerk an dieser Stelle nicht nur vor dem „Ausfrieren“, sondern reflektieren auch die Kälte in den Raum und intensivieren damit die Kühlungswirkung. Wichtig vor allem ist es, das abtropfende Kondenswasser vollständig aufzufangen und direkt abzuleiten. In Kühlräumen mit Temperaturen unter dem Gefrierpunkt sollte man zweckmäßigerweise in die Entwässerungsrohre einen Heizdraht installieren, der das Zufrieren wirksam verhindert. Trotz aller technischen Raffinessen kommen wir nicht umhin, Kühlräume in regelmäßigen Abständen gründlich zu reinigen, und zwar mit desinfizierenden Zusätzen, Abstellborde, Gehänge und Wände zu entkeimen und mit einem Schuß Essig oder einem desodorisierenden Zusatz angenehme Gerüche zu verbreiten. Es wurde schon erwähnt, daß in Kühlräumen ein niedriger Luftdruck herrscht. Dies hat zur Folge, daß manche Nahrungsmittel erheblich an Feuchtigkeit verlieren; besonders bei Fleisch, das viele Tage abhängen und reifen soll, macht sich starker Gewichtsverlust bemerkbar. Temperaturen, die nur 3—4 °C höher lägen, hätten da schon erhebliche Vorteile. Man hat deshalb versucht, auch in der gewerblichen Wirtschaft vor allem Fleischkühlräume bei 6—8 °C zu halten und dem drohenden Befall durch Oberflächenbakterien mit UV-Strahlern zu begegnen. Oft glaubte man, mit ein wenig mehr noch bessere Erfolge erzielen zu können. Leider hat die Praxis aber gezeigt, daß UV-Licht auch erhebliche Nachteile haben kann.

1. Personen, die sich längere Zeit im Kühlraum aufhalten, müssen vor den UV-Strahlen geschützt werden, weil sich Augen, Nasen und Schleimhäute entzünden.

2. Nach längerem Betrieb ändert sich die Wellenlänge der UV-Strahlen auch bei äußerlich intakten Lampen! Es bilden sich dann langkettige übelriechende Stickstoffverbindungen in der Kühlraumluft.

3. Gleiches kann auch bei neuwertigen Lampen geschehen, wenn sie z. B. verstaubt oder beschlagen sind.

4. Bei einer zu langen Inbetriebnahme, d. h. über 2 Std. täglich, bilden sich auch in den Oberflächenbereichen der Fleischstücke übelriechende neue Proteinverbindungen.

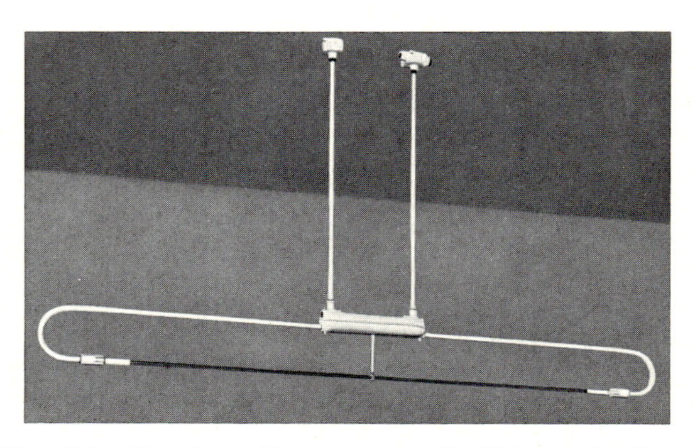

8. Ultraviolett-Raumbestrahlungsgerät zur Sterilisierung der Raumluft
Für Räume, die längere Zeit betreten werden, wird die Bestrahlungslampe verdeckt, z. B. indem man die direkte Lampenstrahlung gegen Decke und obere Wandteile richtet. Hersteller: Siemens-Schuckert-Werke AG

Im Vergleich zu den Ozongeräten, die meist mit Hilfe eines Lichtbogens O_3 erzeugen, der in konzentrierter Form ebenfalls einen penetranten Eigengeruch hat und als Atemluft Vergiftungen hervorruft, ist die UV-Lampe immerhin das kleinere Übel, dem man mit einer vernünftigen Dosierung (2 × 1 Std. täglich) beikommen kann. Es sollte möglich sein, Lampen für küchentechnische Zwecke zu konstruieren, die sich selbsttätig außerhalb der Geschäftszeit ein- und ausschalten. Der Aromaschutz in Kühlräumen für starkriechende Rohwaren, wie Fisch, Wild und Wildgeflügel, ist seit eh und je ein Problem. Eine Besserung haben bisher nur die Puri-Filter gebracht, die als flache Geräte mit perforierter Oberfläche einfach in den Raum gestellt werden und mit ihrem aktiven Füllmaterial Gerüche aller Art anziehen und binden. In vielen Fällen hat sich ein fast in Vergessenheit geratenes, aber ebenso altes wie probates Mittel bestens bewährt, nämlich vor allem pfannenfertige Bouchérie in passende Schalen oder V_2a-Bleche mit Speiseöl einzusetzen. Wenn die Steaks dicht bei dicht geschichtet werden, ist nur wenig erforderlich, um einen millimeterdicken Ölfilm oben überstehen zu lassen. Er verhindert eine Geruchsübertragung, läßt das Fleisch weiter reifen, macht es mürbe, schützt vor dem Austrocknen und kann schließlich gleich zum Braten und Grillen verwendet werden.

Für Nahrungsmittel, die eine Verpackung vertragen, ohne zu ersticken, gibt es seit einigen Jahren Verpackungsfolien in Rollen zum Abwickeln beliebig großer Stücke, als Schläuche und auch als Beutel. Sie bestehen in der Hauptsache aus Niederdruck-Polyäthylen, sind aber auch häufig mit anderen Kunststoffen zu sog. Verbundfolien vereinigt oder beschichtet. So erreicht man die Addition mehrerer guter und wünschenswerter Eigenschaften von Folien, wo jede für sich allein nicht voll geeignet wäre. Von solchen

9. Puri-Filter „Aromaschutz“

Es wird in den Kühlschrank eingelegt uud vermindert durch Entkeimen der Luft den Befall und Verderb der eingelagerten Kühlgüter. Hersteller: Bauknecht GmbH, Stuttgart

Verpackungsmaterialien erwarten wir, daß sie nicht nur aromadicht, sondern auch dampfdicht, reißfest, dauerelastisch und beständig sind gegen alle nur denkbaren Speisesäuren, Basen und Mineralien.

C. Konservierung durch Tiefkühlen

1. Tiefkühlkost

Neben den althergebrachten Konservierungsarten, dem Sterilisieren durch Hitze und Luftabschluß, dem Trocknen, Salzen und Pökeln, dem Räuchern, Säuern und Zuckern, hat sich in unserer Zeit das Tiefkühlen recht schnell durchgesetzt und vor allem in den reichen Industrieländern einen hohen technischen Stand und einen erheblichen Marktanteil erreicht. Streng genommen ist eigentlich nur die durch Hitze sterilisierte Ware als Vollkonserve zu betrachten. Mit allen anderen Methoden erzeugen wir nur mehr oder weniger haltbare Halbkonserven, Präserven oder Marinaden. Auch die moderne Tiefkühlung ist — wie leider fälschlich oft angenommen wird — keine Vollkonservierung. Man könnte bestenfalls bei extrem niedrigen Temperaturen von —70 bis —80 °C von einer echten Vollkonserve sprechen. Solche Bedingungen sind aber für kommerzielle Zwecke absolut unwirtschaftlich, weil sie viel zu kostspielig wären. Schon die üblichen Lagertemperaturen von —20 bis —22 °C und bei einigen Artikeln von —28 °C belasten den Endpreis dieser Waren ganz erheblich.

Da, wie schon an anderer Stelle erläutert, gewisse enzymatische Vorgänge auch unter Tiefkühltemperaturen stark verlangsamt weiter ablaufen und vor allem Fette mit dem in den Lebensmitteln enthaltenen Sauerstoff trotz bester Verpackung oxydieren (ranzig werden), sind die unbedenklichen Lagerzeiten für Tiefkühlkost sehr unterschiedlich (s. Tabelle S. 17). Hinzu kommt die Frostbrandgefahr (Austrocknung und Braunfärbung) bei ungenügender oder beschädigter Verpackung sowie das Ausfrieren des Wassers (die Schneebildung) bei Unterbrechung der Kühlkette. Da auch gewisse Vitamine, Provitamine und Farbstoffe vor allem in den Gemüsen von fermentativen oder enzymatischen Reaktionen in Mitleidenschaft gezogen werden, ist es in vielen Fällen üblich und notwendig, diese vor dem Schockfrosten zu blanchieren. Zu Beginn des „Winterschlafs" unserer Tiefkühlkost kommt dem Kälteschock eine vielfache Bedeutung zu.

1. Durch die Schnellgefrierung bildet das Zell- und Gewebewasser mangels Zeit nur winzigste Eiskristalle. Die Zellstruktur wird geschont und bleibt nahezu voll erhalten.

2. Das Zellwasser ist kein reines Wasser, sondern eine teils kolloide und dispersive Lösung, in der auch eine Vielzahl an Mineralien gelöst sind. Bei langsamem „Einfrieren" entmischt sich diese Lösung. Die Mineralien werden vor der langsam ins Innere dringenden Eisfront einhergetrieben, so daß im Zentrum eine hochkonzentrierte Restflüssigkeit bleibt, die wegen des hohen Mineralsalzgehalts nicht gefrieren kann. Der prozentuale Gehalt an Restflüssigkeit beeinflußt aber entscheidend die Haltbarkeit und damit die Lagerdauer der Ware.

Um eine schnelle Schockfrostung zu erzielen, arbeitet man allgemein mit Temperaturen von −40° bis −50°C. Außerdem hat man verschiedene Systeme und Methoden entwickelt:

1. den Tunnelfroster. Die Ware wird über eine Schleuse in einen Tunnel eingebracht und mit stark bewegter Kaltluft ständig umwirbelt. Man unterscheidet Tunnel, die mit Schragen im Taktverfahren, und solche, die mit einem Transport kontinuierlich beschickt werden.

2. den Plattenfroster. Er eignet sich ausschließlich für Frostgut in abgepackten, rechteckigen Gebinden und glatter Oberfläche (Spinat, Wirsing, Fischblöcke, Krabben, Scampi usw.). Die Kälte wird durch den Kontakt mit vorgekühlten Platten auf das Frostgut (Kontaktkälte) übertragen.

3. das Frosten mit Hilfe von flüssigem Stickstoff. Dieses kostenaufwendige Verfahren kann aus wirtschaftlichen Gründen jedoch nur dort eingesetzt werden, wo es bei empfindlichen Lebensmitteln auf ein besonders hohes Maß an Qualitätshaltung ankommt.

4. das Frosten von Beerenfrüchten und Fruchtsäften im Kälteaufwind. Dabei handelt es sich um das sog. Schwebeverfahren in turmähnlichen Konstruktionen. Bei entsprechender Höhe eines solchen Turmes (längere Fallzeit) und genau dosierter Wärmezufuhr in den mittleren und unteren Bereichen hat man aus diesem Verfahren eine Form der Gefriertrocknung entwickelt und für Fruchtsäfte und Instant-Kaffee erfolgreich praktiziert (Sublimationstrocknung).

Wenn man bedenkt, daß neben diesen technischen Voraussetzungen auch eine sorgfältige Auswahl der Rohstoffe stattzufinden hat und bei weitem nicht jede Gemüsesorte und nicht jede Kultur einer Obstart ein zufriedenstellendes Endprodukt ergibt, und wenn man noch die vielfältigen, aber wichtigen Verpackungsprobleme in die Überlegungen einbezieht, so kommt man zu dem Schluß, daß es besser und lukrativer ist, Tiefkühlkost von den einschlägigen, renommierten Herstellern zu beziehen und sich überwiegend auf die korrekte Lagerung zu beschränken.

Trotzdem gibt es einige Fälle, in denen das „Selbsteinfrieren" sinnvoll scheint und andere, bei denen es die einzige Möglichkeit ist, den Betrieb vor größeren Verlusten zu bewahren. Wir denken da an wetterabhängige Saisonbetriebe, an Sportstätten mit bewirtschafteten Gasträumen oder an Saalbetriebe. Auch Hotels und Gaststätten mit etwa gleichbleibendem Jahresgeschäft könnten gelegentliche Restbestände oder saisonabhängige Lebensmittel vorbereiten und einlagern für die Zeit, in der solche Rohstoffe nicht oder nur zu sehr hohen Preisen zu beschaffen sind.

Reste von halbgaren oder garen Speisen sollte man, um der optimalen Gefriergeschwindigkeit von 1 cm je Stunde auch bei ungünstigen Temperaturen nahezukommen, auf Bleche flach — höchstens 2 cm dick — schichten, vorfrosten, dann erst verpacken und einlagern. Obwohl es schon sehr preisgünstige Impuls-Schweißgeräte am Markt gibt, genügt auch eine Handzange mit beheizten Schweißbacken oder in Behelfsfällen ein Reisebügeleisen, um Tiefkühllagerbeutel zu schließen.

Um möglichst wenig Luft in einen solchen Beutel einzuschließen, verfahre man wie folgt. Beutel nicht zu voll füllen. Bei verformbarem Füllgut die Folie beidseitig fest anlegen, aus dem leeren Restteil des Beutels mit der Handkante die Luft herausschieben und die Folien glatt aneinanderpressen. Nun von beiden Außenkanten her zwei parallele Schweißnähte so anbringen, daß sie nicht ganz bis zur gegenüberliegenden Faltkante reichen. Durch den entstandenen Kanal wird nochmals mit dem Daumen die Restluft herausgepreßt und dieser dann schließlich durch eine rechtwinkelig verlaufende Schweißnaht geschlossen. Mit einem Schweißgerät ist dies einfacher. Man stellt zunächst eine Schweißnaht her, die eine kleine Öffnung läßt, drückt durch diese die Luft heraus und bringt eine zweite, durchgehende Schweißnaht zwischen der ersteren und dem Füllgut an. Bei vorgefrostetem Füllgut und bei sehr unebenen Oberflächen empfiehlt es sich, vor dem Zuschweißen den Beutel für $1-1^1/_2$ Sekunden in heißes Wasser zu tauchen.

Saisongemüse, wie Spargel, feine junge Schoten, Frühkohlrabi, aber auch Rosenkohl, Spargelkohl (Broccoli) und Fenchel, werden vor dem Einfrosten gut blanchiert und bei Bedarf in etwa der Hälfte der Restkochzeit fertiggegart. Die Hälfte ist deshalb nur noch notwendig, weil auch der Gefrierprozeß und die Lagerzeit eine Art Garung oder die Garung beschleunigende Manipulation ist. Es ist interessant zu erfahren, daß Grobgemüse, besonders Kohlarten, wie Weißkraut, Wirsing, Rotkohl, aber auch die Rübenarten, verträglicher und verdaulicher werden und ihre blähenden Eigenschaften verlieren, wenn sie vorher gefrostet wurden. Deshalb werden diese Gemüsesorten oft auch von Schonkostbedürftigen vertragen, die sie frisch zubereitet nie essen dürften. Bratfertige Bouchérie, Kleinfleisch, vorbereitete Spießgerichte usw. friert man am besten in einem Ölbad ein. Es schließt die Luft ab, schützt vor dem Austrocknen und gestattet jederzeit, auch in gefrorenem Zustand Einzelstücke zu entnehmen, ohne die anderen auch auf- oder antauen zu müssen. Große Fleischstücke wie Kalbs- oder Schweinekeulen, Roastbeef und ganze Lenden werden am Fleischhaken im Bereich der kältesten Zone vor dem Verdampfer und Ventilator des Tiefkühlraumes vorgefrostet, kurz in kaltes Wasser getaucht und dann gelagert. Dieses als Glacieren bezeichnete Verfahren überzieht das Fleischstück mit einer dünnen Eisschicht (Glasur), die ebenfalls wie das Öl vor dem Austrocknen schützt. Alle Fleischstücke sollten vorher ausgebeint werden, weil Knochen über isolierende Hohlräume verfügen und das Knochenfett leichter als anderes ranzig wird. Ganz allgemein

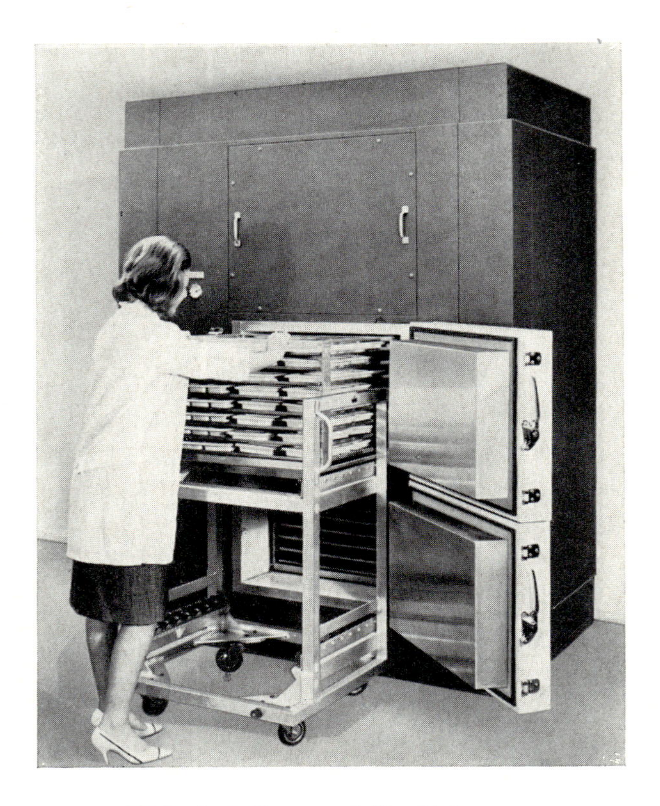

10. BBC-minair-Froster mit Beschickungswagen

Dieser Froster unterscheidet sich wesentlich von normalen Gefrierschränken. Seine sorgfältige Konstruktion und die große Kälteleistung bei tiefen Verdampfungstemperaturen gestatten es, z. B. frischgekochte Gerichte sofort nach dem Garen einzuschieben und in kürzester Zeit einzufrieren. Das schnelle Einfrieren sofort nach dem Garprozeß ist notwendig, um negative Geschmacksbeeinflussungen durch Abstehen zu vermeiden und die Gewähr dafür zu geben, daß nach ordnungsgemäßem Lagern und Auftauen ein geschmacklich und ernährungsphysiologisch vollwertiges Produkt entsteht. Es können aber auch entsprechende Mengen anderer Lebensmittel wie Obst, Gemüse, Fleisch, Fisch, Gebäck usw. schnellgefroren werden. Die Gefrierleistungen für diese Produkte sind von Fall zu Fall anzufragen

eignen sich magere Fleischstücke und magere Fleischsorten sowie Magerfische besser zur Tiefkühlung und Tiefkühllagerung als gleichartige fette Nahrungsmittel. Deshalb ist bezüglich der sog. Edelfische, wie Salm, Forellen, Steinbutt, Heilbutt und Aal, größte Aufmerksamkeit geboten, damit die limitierten Lagerzeiten nicht überzogen werden.

Einen großen Gewinn bringt das Einfrieren von frischen heimatlichen Gewürzkräutern. Sie sind in der Schwemme nicht nur wesentlich billiger, sondern auch aromatischer. Deshalb ist es empfehlenswert, Petersilie, Dill, Kerbel, Brunnenkresse, Sauerampfer,

Pimpernell u. a. gebrauchsfertig zu hacken und für Salatsaucen, Marinaden usw. in Tagesrationen gemeinsam mit Salatöl in Pergaminbeuteln mit Inhaltsangabe einzufrieren. Für warmgedachten späteren Gebrauch, also für Suppen, Saucen und Gemüse, kann man diese Kräuter auch in Butter oder, je nach Preisklasse des Betriebs, in guter Margarine einkneten und in Rollen, ähnlich der Kräuterbutter, tiefkühllagern. Hierbei ist es erstaunlich, daß die

11. BBC-Gefrierschrank GFS 500

Inhalt etwa 500 l, Fassungsvermögen etwa 325 kg Fleisch. Schnellgefriereinrichtung bis —35 °C mit Betriebs-, Signal- und Warnlampe. (Aufnahme BROWN BOVERI)

Haltbarkeit der Öle und Fette über das sonst übliche Zeitmaß hinausgeht, denn das in den Kräutern enthaltene natürliche Vitamin C wirkt stabilisierend auf die Fettsäuren, und da durch die Verpackung auch kein Luftsauerstoff hinzutritt, wird ein Ranzigwerden verhindert.

Ähnlich wie bei der Bevorratung dieser Kräuter lohnt es sich auch, in den Zeiten der Schwemme Spezialsuppen von Hummer, Krebsen, Fasanen, Rebhühnern, Wachteln usw. vorzukochen und portionsweise einzufrieren. Bezüglich des Wildes und Wildgeflügels sei noch erwähnt, daß sich Speck und Räucherwaren in rohem Zustand gut lagern lassen, daß aber die gleichen Dinge, in einer Erbsensuppe u. a. mitgekocht und eingefroren, schon nach 8—10 Wochen ranzig werden.

Gefrierkonserven, die gebraucht werden sollen, müssen aufgetaut und danach sogleich verwendet werden. Aufgetaut wird am besten im Kühlschrank. Man rechnet dabei für Stücke von 1—2 kg 5—8 Std. Auftauzeit, für doppelt so große 10—12 Std. Taut man bei Zimmertemperatur auf, so braucht man nur etwa die halbe Zeit. Unaufgetautes Fleisch in die Pfanne zu legen, empfiehlt sich nicht. Im übrigen ist die Koch- und Bratdauer bei Gefriersachen kürzer als bei Frischware, weil das Frosten sie schon teilweise aufschließt.

Die Eignung der Lebensmittel zum Tiefgefrieren ist recht verschieden, aber auch die Lagerdauer. Aufschluß darüber gibt die folgende Übersicht:

Nahrungswerte einiger Tiefkühl-Produkte

	Fleischbällchen	Fischstäbchen	Krabben	Scholle	Dorsch (Kabeljau)	Rosenkohl	Grüne Bohnen	Karotten	Spinat	Heidelbeeren	Himbeeren	Erdbeeren
Kalorien 100 g	269	180	100	88	70	45	35	40	30	112	120	117
Eiweiß g/100 g	15,2	13,6	21,8	16,2	16,4	3,3	1,7	1,0	3,1	0,5	0,8	0,6
Fett g/100 g	18,4	8,0	0,9	2,3	0,5	0,2	0,1	0,3	0,3	0,2	0,5	0,4
Kohlenhydrate g/100 g	8,6	12,2	0	0	0	7,3	6,1	7,5	3,8	26,8	27,0	27,0
Kalcium mg/100 g	33	15	320	18	18	22	42	38	250	11	33	19
Phosphor mg/100 g	200	190	270	190	200	62	33	35	45	10	23	19
Jod mg/100 g	3,0	0,69	1,8	0,9	0,9	0,9	0,8	0,6	1,4	0,9	1,0	0,5
Vitamin A i.E./100 g	—	—	60	—	10	50	50	1200	700	6	10	4
Vitamin B1 i.E./100 g	0,50	—	0,09	0,11	0,07	0,10	0,04	0,06	0,09	0,02	0,03	0,02
Vitamin B2 mg/100 g	0,20	—	0,16	0,07	0,05	0,11	0,04	0,07	0,16	0,04	0,05	0,05
Vitamin C mg/100 g	0	0	0	0	0	80	10	5	25	10	25	50
Natrium mg/100 g	500	250	—	65	25	15	0	55	60	0	0	—

Entnommen der schwedischen Großverbraucherbroschüre „aktuellt för Storkök".

Lebensmittel	Tiefkühl-Eignung	Lagerdauer	Auftauen
		Fleisch, Fleischwaren und Wild	
Rindfleisch	sehr gut	bis 12 Monate	in abgedeckter Schüssel bei normaler Zimmertemperatur oder im Kühlschrank
Schweinefleisch	sehr gut	6—8 Monate, bes. fette Stücke nicht über 4 Monate	wie bei Rindfleisch
Kalbfleisch	gut	6—8 Monate	wie bei Rindfleisch
Hammelfleisch	sehr gut	8—10 Monate	wie bei Rindfleisch
Speck	gut	4—6 Monate	wie bei Rindfleisch
Wurst	gut	4—6 Monate, stark gewürzte nicht über 3 Monate	wie bei Rindfleisch
Braten	gut	6—8 Monate	
Hackfleisch und Gulasch	gut	4—6 Monate	am besten im Kühlschrank
Schweinekotelett	sehr gut	6—8 Monate	gefrostet braten
Rindsrouladen	sehr gut	10—12 Monate	gefrostet anbraten
Innereien (Herz, Niere, Lunge, Hirn, Leber)	gut	3—6 Monate	im Kühlschrank 2—3 Std. Leber gefrostet braten, *nicht* auftauen
Knochen	gut	6—8 Monate	können gefroren erhitzt werden
Wild	sehr gut	bis 12 Monate	tiefgekühlt in die Beize legen
		Geflügel	
Hähnchen	sehr gut	8—10 Monate	aus der Verpackung befreit, offen stehen lassen
Huhn	sehr gut	8—10 Monate	(wie oben)
Ente	gut	4—6 Monate	(wie oben)
Gans	gut	6—8 Monate	im Kühlschrank 25—30 Std.
Wildgeflügel	sehr gut	8—10 Monate	je nach Gewicht (vgl. Gans)
		Fisch	
Magerfische (Schellfisch, Kabeljau, Forelle)	sehr gut	4—6 Monate	Fischsorten, die in Portionen gefrostet wurden, nur kalt abspülen, *nicht* auftauen
Fettfische (Aal, Hering, Karpfen)	gut	1—3 Monate	Ganz gefrostete Fische in kaltes Wasser legen und im Frischhalteschrank auftauen
Fischfilet	sehr gut	3—5 Monate	Fischteile zum Panieren nicht abspülen und nicht auftauen, gefrostet braten
Räucherfisch	befriedigend	1—2 Monate	im Kühlschrank
		Gemüse	
Blumenkohl	gut	8—10 Monate	in siedendem Wasser beim Kochen; Kochzeit 4—8 Min.
Bohnen	vorzüglich	10—12 Monate	nicht auftauen, nur in Fett dünsten
Puffbohnen	vorzüglich	10—12 Monate	in siedendem Wasser beim Kochen
Erbsen	vorzüglich	10—12 Monate	nicht auftauen, in Fett dünsten
Gurken	gut	6—8 Monate	Keine ganzen Gurken einfrosten, nur geschälte in Scheiben; Marinade herrichten und darin auftauen
Karotten (Möhren, gelbe Rüben)	sehr gut	10—12 Monate	nicht auftauen, in Fett dünsten
Kohlrabi	sehr gut	8—10 Monate	wie vorher
Paprikaschoten	sehr gut	6—8 Monate	in Luft bei Zimmertemperatur

Lebensmittel	Tiefkühl-Eignung	Lagerdauer	Auftauen
Pilze (Steinpilze, Pfifferlinge, Champignons u. a.)	gut	6—8 Monate	in siedendem Wasser beim Kochen oder in heißem Fett beim Rösten, je nach gewünschter Zubereitungsart
Rosenkohl	sehr gut	8—10 Monate	in siedendem Wasser beim Kochen
Rote Beete	sehr gut	10—12 Monate	bei Zimmertemp. oder in lauwarmem Wasserbad
Rotkohl	befriedigend	8—10 Monate	in siedendem Wasser beim Kochen. Verfärbung auf blaßblau ohne Bedeutung
Sellerie	sehr gut	10—12 Monate	in siedendem Wasser
Spargel	sehr gut	8—10 Monate	in siedendem Wasser beim Kochen
Spinat, Mangold	vorzüglich	10—12 Monate	nicht auftauen, nur in Fett dünsten
Salate wie Kopf-, Endivien-, Feldsalat zum Einfrosten ungeeignet			
Suppengrün (Petersilie, Lauch, Sellerie, sonst. Kräuter)	sehr gut	8—10 Monate	nicht erforderlich
Tomaten	sehr mangelhaft	6—8 Monate	in Luft bei Zimmertemp. halb aufgetaut schneiden, roh nicht mehr eßbar
Tomatenmark	gut	10—12 Monate	in Luft bei Zimmertemp. oder in lauwarmem Wasserbad
Weißkohl, Wirsing	gut	8—10 Monate	in sied. oder lauwarmem Wasser
Zuckermais	sehr gut	10—12 Monate	in sied. Wasser oder beim Kochen oder Dünsten in heißem Fett
		Obst	
Steinobst			
Aprikosen	gut	10—12 Monate	in eine Schüssel geben, nach Geschmack zuckern und im Kühlschrank auftauen lassen. Nie gezuckert einfrosten
Pfirsiche	gut	10—12 Monate	wie vorher
Mirabellen	mittelmäßig; nur wenige Sorten mit dünner Schale	8—10 Monate	wie vorher
Pflaumen	befriedigend	8—10 Monate	wie vorher
Reineclauden	mittelmäßig	8—10 Monate	wie vorher
Sauerkirschen	gut	10—12 Monate	wie vorher
Süßkirschen	gut	10—12 Monate	wie vorher
Zwetschen	gut	10—12 Monate	wie bei Aprikosen
Kernobst			
Äpfel	befriedigend	8—10 Monate	wie bei Aprikosen
Apfelmus	sehr gut	10—12 Monate	in kaltem Wasserbad oder bei Zimmertemp.
Birnen	befriedigend	8—10 Monate	wie bei Aprikosen
Beerenobst			
Brombeeren	sehr gut	10—12 Monate	wie bei Aprikosen
Erdbeeren	gut	8—10 Monate	wie vorher
Heidelbeeren	sehr gut	10—12 Monate	wie vorher
Himbeeren	sehr gut	10—12 Monate	wie vorher
Johannisbeeren	sehr gut	10—12 Monate	wie vorher
Preiselbeeren	sehr gut	10—12 Monate	wie vorher
Stachelbeeren	gut	8—10 Monate	wie vorher
Weintrauben	mangelhaft	6—8 Monate	wie vorher
		Sonstiges	
Apfelsaft	sehr gut	bis 12 Monate	in Luft oder kaltem Wasserbad
Beerenobstsäfte	sehr gut	bis 12 Monate	wie vorher
Rhabarber	sehr gut	10—12 Monate	wie vorher

Lebensmittel	Tiefkühl-Eignung	Lagerdauer	Auftauen
Molkereiprodukte			
Butter	sehr gut	8—10 Monate	im Kühlschrank
Käse	befriedigend	6—8 Monate	im Kühlschrank
Milch	bedingt	2—3 Monate	im Kühlschrank
Sahne	befriedigend	2—3 Monate	im Kühlschrank. Gefrorene Sahne eignet sich nur gezuckert als Kaffeesahne; zum Schlagen ist sie geeignet
Eier in Schale	ungeeignet, da Schale springt		
Eier ohne Schale, verrührt	gut	8—10 Monate	im Kühlschrank. Vor dem Verbrauch nicht zu hohen Temperaturen aussetzen
Eidotter	gut	8—10 Monate	im Kühlschrank, wie vorher
Eiweiß	sehr gut	10—12 Monate	im Kühlschrank
Backwaren			
Brot	bedingt	2—4 Monate	bei Zimmertemp. 2—4 Std., evtl. im Backofen bei 100°, nach Auftauen bald verzehren
Brötchen und Kleingebäck	gut	2—4 Monate, unverpackt nur wenige Tage	wie vorher
Biskuit-Torte	gut	2—4 Monate	bei Zimmertemp. oder 4 Min. im Ofen bei 100°. Füllen oder Belegen gleich nach Entnahme aus Tiefkühlfach
Hefekuchen, Hefegebäck, gefüllt und ungefüllt	gut	2—4 Monate	bei Zimmertemp.
Obstkuchen	gut	2—4 Monate	bei Zimmertemp. oder im Ofen 2 Min. bei 150°; servieren, wenn Obst +10° Temp. hat
Rührkuchen	gut	2—4 Monate	bei Zimmertemp.
Pasteten	gut	2—3 Monate	im Backofen auf Eßtemp. erwärmen
Schaumgebäck	ungeeignet		
Biskuitteig	befriedigend	bis 1 Monat	bei Zimmertemp., dann backen
Hefeteig	befriedigend	bis 1 Monat	wie vorher. Besser ist, fertige Hefeteig-Backwaren einzufrosten
Rührteig	gut	bis 1 Monat	bei Zimmertemp., dann backen
Blätterteig	sehr gut	8—10 Monate	bei Zimmertemp. auftauen, ausrollen und sofort verbacken
Tischfertige Speisen			
Gekochtes Fleisch	ziemlich gut	2—3 Monate	In den Lagerbehältern bei Zimmertemperatur oder im Backofen bei mäßiger Hitze. Nach dem Auftauen fertig kochen oder -braten und nachwürzen
Geschmortes Fleisch	ziemlich gut	2—3 Monate	
Rostbraten	ziemlich gut	2—3 Monate	
Rindsgulasch	ziemlich gut	2—3 Monate	
Königsberger Klops	ziemlich gut	2—3 Monate	
Hühnerfrikassee	ziemlich gut	2—3 Monate	
Gänseklein	ziemlich gut	2—3 Monate	
Eingedickte Suppen	ziemlich gut	2—3 Monate	
Spinat	ziemlich gut	2—3 Monate	
Manche anderen Gemüse	ziemlich gut	2—3 Monate	
Gekochte Kartoffeln	weniger geeignet		
Gebratenes Fleisch	weniger geeignet		
Mehlspeisen	weniger geeignet		
Verschiedene Gemüsesorten	weniger geeignet		
Hartgekochte Eier	ungeeignet		
Rahmsauce	ungeeignet		
Mayonnaise	ungeeignet		

(Das Thema ist hiermit nicht erschöpft; durch praktische Versuche ergeben sich weitere Möglichkeiten.)

D. Kühlmöbel als Zusatz- und Ergänzungsgeräte

Es liegt in der Natur der kalten Küche, daß sie neben den stationären Kühlanlagen auch Bedarf an speziellen Kühlmöbeln und -geräten hat, wenn sie den Aufgaben eines gastgewerblichen Großbetriebs schnell, zuverlässig und rationell gerecht werden will. Auch hier machen sich die technischen Fortschritte der Kühlgeräteindustrie angenehm bemerkbar. Ohne Wasseranschlüsse, allein mit raumsparenden, luftgekühlten Aggregaten lassen sich heute Kühlmöbel überall dort steckerfertig aufstellen, wo sie gebraucht werden.

1. Für die Bereitstellung der diversen Salate und Garniturmittel braucht der Gardemanger ein gekühltes „Bain-marie". Solche Arbeitstische mit einer eingelassenen Kühlwanne und in der Größe unterschiedlichen Einsätzen gibt es jetzt auch schon mit einem Rolldeckel, der über Nacht alles Kühlgut vor dem Einstauben schützt.

12. Sandwich-Unit

Anrichte- und Vorrats-Kühleinheit für Salate, Saucen, Vorspeisen und belegte Brötchen. Vertrieb: Erwin Schell, Großküchengeräte, Baden-Baden

In den oberen Ausschnitt werden wahlweise Einsatzschalen unterschiedlicher Größe lose eingelegt, die eine verschließbare Haube abdeckt. Gegen Geruchsübertragungen kann man auch einzelne Schalen mit flachen Deckeln versehen. An der Bedienungsseite ist ein abnehmbares Schneidbrett aus Hartholz, das bei großen Kühleinheiten Einwurfschlitze und darunter befindliche Abfallkästen hat. Im unteren Kühlschrank mit Flügeltür wird der Vorrat für die Zubereitungen gelagert. Alle Teile sind aus Edelstahl gefertigt. Diese zeitlosen, wertbeständigen Anrichten sind praktisch und erfüllen im gewerblichen Küchenbetrieb die berechtigten Forderungen der Hygiene

2. Bei Platzmangel ist es möglich, alle Arbeitstische mit einem gekühlten Unterbau in Schrankform oder als Schubladenblock einzuplanen. Die Tischplatten sind so mit der Rahmenkonstruktion verankert, daß Kühlmaschinen und Verdampfer durch die Arbeitserschütterung nicht leiden.

3. Gewerbe-Kühlschränke jeder Größenordnung mit differenzierten Kältezonen und mehr oder weniger starker Luftumwälzung und Aromaschutz sind selbstverständlich. Türen werden wahlweise links oder rechts angeschlagen und auf Wunsch mit Sichtfenstern ausgestattet.

13. Kühlschrank mit verschiedenen Temperaturen in den Abteilen

1750-l-Kühlschrank mit eigenen Verdampfern für jedes Abteil. Mehrtürig, um beim Öffnen eines Abteils nicht die Kälte des ganzen Schrankes herausfallen zu lassen. Die Anordnung ermöglicht verschiedene Kühltemperaturen in den Abteilen. Links unten im Schrank das Kälte-Aggregat. Hersteller: Robert Bosch GmbH, Stuttgart

4. Tiefkühltruhen für länger lagernden Vorrat haben sich bestens bewährt, wenn kein Tiefkühlraum installiert werden konnte. Für die Kurzzeitlagerung, den à-la-carte-Bedarf, haben sich Tiefkühlschränke besser eingeführt. Um einen allzu großen Kälteverlust zu vermeiden, baut man sie entweder mit doppelten Türen, d. h. nach Öffnen der großen Außentür ist jedes Fach noch einmal separat verschlossen, oder man wählt sie mit Schubladen, deren vorderer Teil des Bodens geschlossen ist, damit beim Herausziehen des Faches die kalte Luft nicht herausfällt; die hintere Hälfte ist perforiert, damit die kalte Umluft zirkulieren kann. Während in einer Truhe die Ordnung und Übersicht nur schwer zu gewährleisten ist, bietet ein moderner Tiefkühlschrank durch seine Schubladen eine übersichtliche, stets kontrollierbare Lagerungsmöglichkeit.

5. Bei Betriebsvergrößerungen oder vorübergehenden Behelfslösungen, aber auch für Betriebe, die sich stufenweise in mehreren Bauabschnitten etablieren, bieten sich mobile Kühlzellen für jede Art von Kühlung an, die nach dem Baukastenprinzip zusammengesetzt sind und bei Bedarf erweitert werden können. Bei einigen Systemen ist jegliche Installation:

14. BBC-Kühlzelle — der transportable Kühlraum

Die besondere Bauweise ermöglicht ein schnelles Aufstellen und Verlegen an jeden beliebigen Platz. Wo feste Kühlräume nicht eingebaut werden können, ist die Kühlzelle die ideale Lösung. Ohne viel Arbeitsaufwand kann die Zelle beliebig erweitert oder verkleinert werden. Alle Elemente sind genormt, so daß Einzelteile nachbestellt werden können

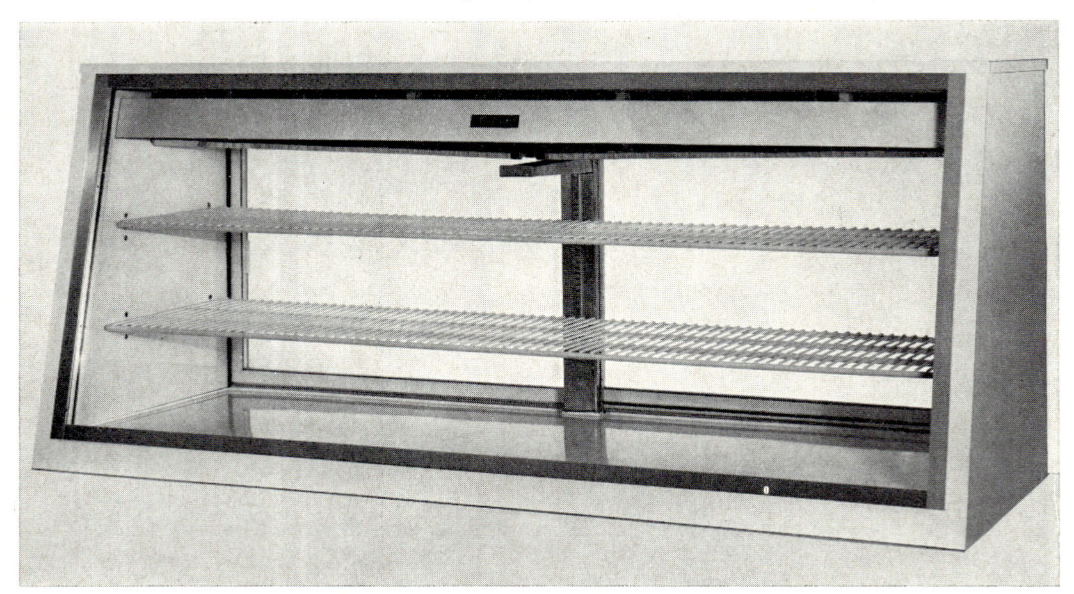

15. Aufsatz-Kühlvitrine, Hersteller: Eisfink, Carl Fink OHG, Asperg

In Aufsatz-Kühlvitrinen werden kalte Büfetts und Lebensmittel gekühlt und gleichzeitig dem Gast oder Kunden in besonders ansprechender Form angeboten. Beleuchtete Vitrinen stellen einen besonders markanten Blickfang dar, der zusätzlichen Kaufanreiz schafft und damit gesteigerten Umsatz bietet. Die geradlinige, eckige Form der Kühl-Vitrinen hat nicht nur optisch-ästhetische Vorteile; sie erlaubt es auch, mehrere Vitrinen nebeneinanderzustellen und so in einer langen Front sehr viele kalte Platten und Waren präsentieren zu können. Die Verglasung aus doppeltem Kristallglas (Isolarglas) verhindert ein Beschlagen der Scheiben. Die Kühlung erfolgt durch Spezial-Deckenverdampfer. Die Kältemaschine ist separat aufgestellt. Auftretendes Tauwasser wird in den Sockelraum abgeleitet und kann von dort entfernt werden. Die Lebensmittel werden hierdurch nicht in Mitleidenschaft gezogen

Verdampfer, Licht, Gehänge und Abstellborde, in den Bauelementen bereits verlegt bzw. gebrauchsfertig montiert. Die Aufstellung solcher Kühlzellen dauert je nach Größe nur wenige Stunden. Kunststoffisolierungen und kältereflektierende Innenverkleidung aus eloxiertem Aluminium oder V2a sorgen für ein Höchstmaß an Wirtschaftlichkeit. Die V2a-Außenhaut gibt solchen Baukastenelementen eine fast unbegrenzte Lebensdauer.

6. Zuletzt sei noch an die vielen Schau- und Sichtvitrinen erinnert, die sich an Selbstbedienungsbüfetts und Snackbars verkaufsfördernd und elegant in die Atmosphäre jedes Gastraums einfügen und unter der Hand eines geschickten Innenarchitekten zum Blickfang und Schmuckstück einer Caféteria werden können.

E. Küchenmaschinen

Für die zahlreichen Arbeiten an Nahrungs- und Genußmitteln gibt es seit dem Ende des vorigen Jahrhunderts Küchenmaschinen, die hauptsächlich der mechanischen Bearbeitung dienen. Die alten Maschinen waren nur für einen Zweck eingerichtet und mit Riemenantrieb an oft überlastete Wellen angehängt. Mit der Zeit sind sie kleiner und weniger plump geworden. Und als die große Zeit des Elektromotors gekommen war, versah man jede Küchenmaschine damit, bis findige Konstrukteure den „Küchenmotor“ mit aufsteckbaren Spezial-Küchenmaschinen herausbrachten. Dieses Prinzip hat sich bewährt. Nur wenn man ganz große Mengen eines Nahrungsmittels bearbeiten muß, benutzt man eine Spezialmaschine nur für diesen Zweck mit eigenem Motor, der dann aber auch gewöhnlich für mehrere Geschwindigkeitsstufen eingerichtet ist.

Die meisten Bearbeitungsarten sind: Zerkleinern, Pürieren, Passieren, Hacken, Wiegen, Schneiden, Mischen, Mahlen, Schlagen, Quirlen, Emulgieren (z. B. Milch und Butter zu Rohsahne). Viele dieser Arbeiten erfordern nur wenig Energie. Bei der Schnelligkeit, mit der die neuesten, als „Mixgeräte“ bekannten Apparate laufen, kann man mit den kleinen Maschinen für den Hausbedarf selbst in der Großküche vorteilhaft arbeiten. Auch diese Mixgeräte sind Aufsteckmaschinen. Der Motor kann gewöhnlich auf 3 verschiedene Geschwindigkeiten eingestellt werden, etwa 5000, 9000, 12000 bis 14000 Umdrehungen des Arbeitsgeräts in der Minute; man benutzt sie je nach Bedarf und Möglichkeit. Geräte solcher Art sind von mehreren Fabriken auf den Markt gebracht worden, und bei manchen geht die Zahl der aufsetzbaren Spezialmaschinen und Kombinationen in die Dutzende, so daß sie für alle möglichen Zwecke nicht bloß in der Küche, sondern auch in Industrie, Gewerbe und Laboratorien verwendet werden. Eine Großküche kommt heutzutage ohne ein derartiges Mixgerät kaum noch aus.

Verfasser des I. Abschnitts „Technik in der kalten Küche“, S. 1 bis 23:
Hans-Werner Prinz, Küchenplaner und Fachredakteur

F. Waren-Bestandslisten

Das Führen der Bestandslisten über die wichtigsten und empfindlichsten Rohmaterialien gehört zu den Aufgaben des Gardemangers. Sie tragen viel zur Arbeitserleichterung und zu besserer Bestandsübersicht bei, immer vorausgesetzt, daß die Listen korrekt geführt werden. Dann brauchen die Kühlräume nicht unnötig begangen und die Warenbestände nicht immerfort geprüft zu werden. — Die Überlastung der Kühlmaschine und unnötiger Stromverbrauch werden vermieden und die auf den Relais eingestellten Kühlgrade bleiben erhalten. Man erspart Fragen und Zeit, die durch Nachzählen oder Wiegen des Bestands nötig sind. Etwaige Differenzen, die schon Tage zurückliegen, lassen sich durch die Bestandsliste leicht klären.

Die Bestandslisten werden an einem geeigneten Platz, für jeden sichtbar, aufgehängt und abends erneuert, indem der Restbestand in die richtige Spalte der neuen Bestandsliste für den kommenden Tag eingetragen wird. Zur besseren Übersicht sind die einzelnen Listen von verschiedenartiger Farbe, z. B. Kaviar: grün, Fisch: rot, Geflügel: gelb usw. Es folgen Beispiele für die praktische Handhabung:

Kaviar-Bestand

in Grammgewicht

Die Kaviar-Bestandsliste gibt die Grammgewichte an und muß über einen ganzen Monat jederzeit nachprüfbar sein, um auch etwa zurückliegende Fehler festzustellen. Jede verkaufte Menge wird einzeln eingetragen. — Es ist vorgekommen, daß Kellner das von der Küche angesagte Verkaufsgewicht irrtümlich falsch berechneten (z. B. statt 570 g 750 g). Dem Gast erschien der Preis zu hoch; eine Nachfrage in der kalten Küche genügte, um die einzelnen Verkaufsgewichte genau nachzukontrollieren und den Irrtum zu korrigieren.

Monat: ....

Datum	Bestand	Eingang	Verbrauch	Restbestand
1.	1505	2080	40, 35, 15, 280, 50	3165
2.	3165		250, 5, 30, 60, 150, 25	2645
3.	2645		15, 300	2330
4.	2330			2330
5.	2330		485	1845
6.	1845	4350	25	6170
7.	6170		75, 60, 25	6010
8.	6010		200, 80, 35, 25	5670
9.	5670		50, 220, 30, 25, 15	5330
10.	5330		120, 75, 60, 400	4675
11.	4675		150, 150, 40, 200	4135
12.	4135		15, 200, 80, 60	3780
13.	3780			3780
14.	3780		320, 120, 80, 40	3220
15.	3220		35, 300	2885
16.	2885		560, 60, 40, 25	2200
17.				
18.				
19.				
20.				
21.				
22.				
23.				
24.				
25.				
26.				
27.				
28.				
29.				
30.				
31.				

Schaltier-, Krustentier- und Fischbestand

Datum: 15. Mai

Gattung		Bestand	Zugang	Verbrauch	Restbestand
Austern	St.				
Muscheln	kg				
Hummer	St.	20		4	
Edelkrebse	St.	306	120, 180	6, 12, 15, 3, 48	
Suppenkrebse	Schock	6	6		
Krebsschwänze	Schock	10	6	$^1/_2$, $2^1/_2$, 1	
Scampi	Block	3			
Krabben	Block	6		1	
Räucherlachs	kg	3,6		1,2	
Räucheraale	St.	3		$^1/_2$	
Forellen, geräuchert	St.	24		12	
Stör, geräuchert	kg	1,5	2,2		
Aale	St.				
Forellen, große	St.	84		5	
Forellen, kleine	St.	44		1, 3	
Karpfen	St.	6			
Schleien	St.	10		2	
Felchen	St.	35		25	
Fischfilets	kg		35,5		
Heilbutte	kg	0,6	12,1		
Hechte	St.				
Lachsforellen	kg				
Merlane	St.		15	4	
Makrelen	St.				
Rotzungen	St.		45, 30		
Salm	kg	2,5	6,3	0,6, 0,9	
Seezungen	St.	10	20, 40, 15	2, 4	
Steinbutte	St.	4			
Zander	St.	1	3		
Rochen	kg		12,0		

Die Liste zeigt als Datum den 15. Mai, mithin sind Muscheln und Austern außer Saison. — Rochen ist zufällig eingetroffen. In solchen Fällen werden die jeweiligen Gattungen in dafür freigelassene Felder eingetragen.

Geflügel- und Wildbestand

Datum . . . .

Gattung		Bestand	Zugang	Verbrauch	Restbestand	Gattung		Bestand	Zugang	Verbrauch	Restbestand
Tauben	St.	6	60	9		Schnepfen	St.	4		2	
Küken	St.	2	10	3		Fasane	St.	8	3	3	
Hähnchen	St.	32	40	49		Rebhühner	St.		18	8	
Poularden	St.		12	3							
Puten	St.	2	6	5							
Suppenhühner	St.	4	20	8							
Enten	St.	1	3	1		Rehrücken	St.	3	1	2	
Gänse	St.	6				Rehkeulen	St.	2		1	
Perlhühner	St.	24		5		Hasen	St.	1	1	2	
Wachteln	St.	48		12		Frischlinge	St.		1	1	

2. Abschnitt

Bearbeitung des Rohmaterials

Es gilt zunächst, einen allgemeinen Überblick über die Bearbeitung rohen Fleisches, roher Fische und der Schal- und Krustentiere zu geben. Besonders ist es das Schlachtfleisch, das in der jeweils erforderlichen Form und Art herzurichten und der warmen Küche zu übergeben ist. Das gleiche gilt von den Fischen, gleichviel ob sie zum Kochen, Braten, Backen oder Dünsten, gefüllt oder ungefüllt, gebraucht werden. In allen Fällen werden die Fische in der kalten Küche vorbereitet und in der warmen Küche dann gargemacht und vollendet. Ebenso ist es auch mit dem Wild, Geflügel und Wildgeflügel. Fix und fertig, ausgenommen, gebunden (bridiert) und mit Speck umwickelt (bardiert), in manchen Fällen auch gespickt usw., ist es in der warmen Küche dem zuständigen Posten abzuliefern.

A. Bearbeitung von Fischen

1. Die Vorbereitung der Fische

Es ist dringend zu raten, nur frische Fische zu verwenden. Sobald sich der geringste unangenehme Geruch bemerkbar macht, kann er selbst durch die kostspieligste Zubereitungsweise kaum noch ausgeglichen werden. — Mit den Fischen ist es eine heikle Sache. Frische Fische erkennt man an roten Kiemen und fest angelegten Kiemendeckeln. Ein glänzendes Schuppengewand und durchsichtige Hornhaut der Augen sind weitere Prüfungsmöglichkeiten. Das Fleisch ist widerstandsfähig und wird bei einem Fingerdruck nicht nachgeben.

Wenn Fische längere Zeit im Eis liegen und nicht verwendet werden, stellen sich gar bald Mängel ein, die ein längeres Aufbewahren der Rohfische nicht mehr zulassen. Bei Fischen, die nicht mehr ganz frisch sind, haben die Kiemen eine blasse Farbe, und ihnen entströmt ein unangenehmer Geruch; die Kiemendeckel schließen nicht mehr, die Augen werden trübe. Das Fleisch wird weich, und die Schuppen lassen sich leicht entfernen.

Die Laichzeiten der einzelnen Fischgattungen soll man berücksichtigen und lieber andere, zur Zeit nicht laichende Arten wählen. In der Laichzeit ist der Einkauf unrentabel.

Bevor die Fische gekocht, gedünstet, in Fett gebacken, in Butter gebraten, auf dem Grill geröstet oder überbacken werden, sind sie zu säubern und für den jeweiligen Zweck so zu behandeln, wie es den Regeln der Zubereitungsart entspricht. In der Praxis ist eine sehr große Zahl von Fischzubereitungsarten bekannt, die wiederum in der Vorbearbeitung besondere Grundregeln bedingen. Zunächst soll über den Fisch gesprochen werden, wie er behandelt wird, wenn er gekocht werden soll. — Daß er ausgenommen, gewaschen und

16. Das Abziehen von Rotzungen

Am Übergang vom Kopf zum Rücken erhält die Rotzunge mit einem scharfen Messer einen kleinen Einschnitt. An dieser Stelle läßt sich die Haut vom Fleisch trennen, um nach dem Schwanzende zu abgezogen zu werden. Zur schnelleren Handhabung ist Salz anzuwenden

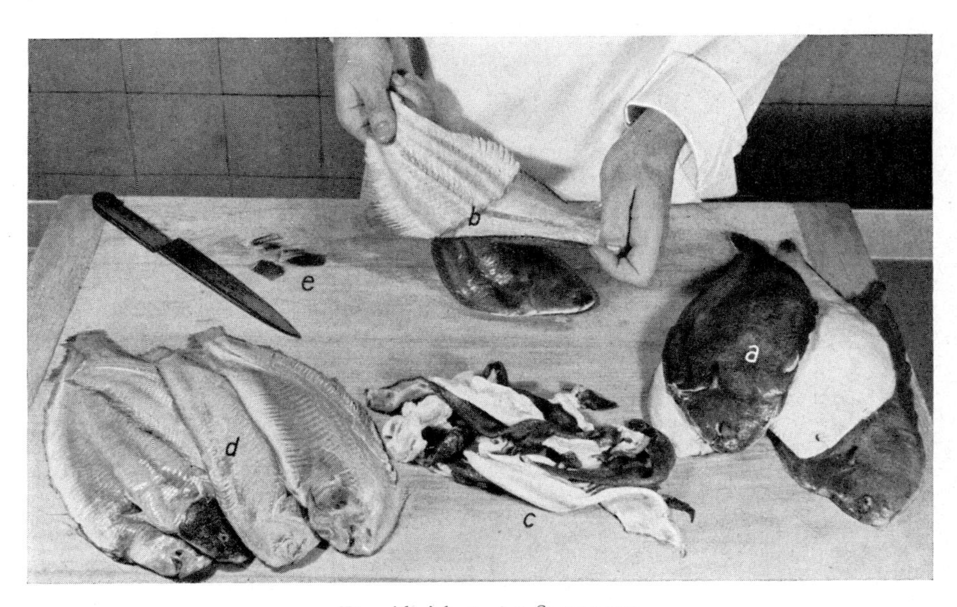

17. Das Abziehen von Seezungen

Die Seezunge wird im Gegensatz zur Rotzunge vom Schwanzende nach dem Kopf hin abgezogen. Durch einen kleinen Querschnitt in die Schwanzspitze läßt sich die Haut erfassen und von dem Fisch herunterziehen. *a* Unabgezogene Seezungen. *b* Abziehen einer Seezunge. *c* Die von den Seezungen abgezogene Haut. *d* Abgezogene Seezungen. *e* Abgeschnittene Schwanzspitzen

18. Zum Dünsten und Backen vorbereitete Seezungen

a Seezungen, die im ganzen gedünstet oder gebacken werden sollen, erhalten auf beiden Seiten längs durch die Mitte einen leichten Einschnitt, um die Wirbelknochen freizulegen. *b* Die typische Vorbereitung der Seezunge „Colbert". — Die Filets sind auf einer Seite zur Hälfte von der Gräte gelöst und zurückgelegt. Letztere ist am oberen und unteren Ende durchschnitten, wodurch sie sich nach dem Backen bequem herausnehmen läßt

19. Das Auslösen von Seezungen

Das Filetieren einer Seezunge geschieht derart, daß die Filets unbeschädigt dicht von der Gräte abzuschneiden sind. *a* Die abgezogene Seezunge. *b* Der Kopf ist entfernt, die Filets werden ausgelöst. *c* Die von der Gräte gelösten Filets. *d* Das Grätengerüst

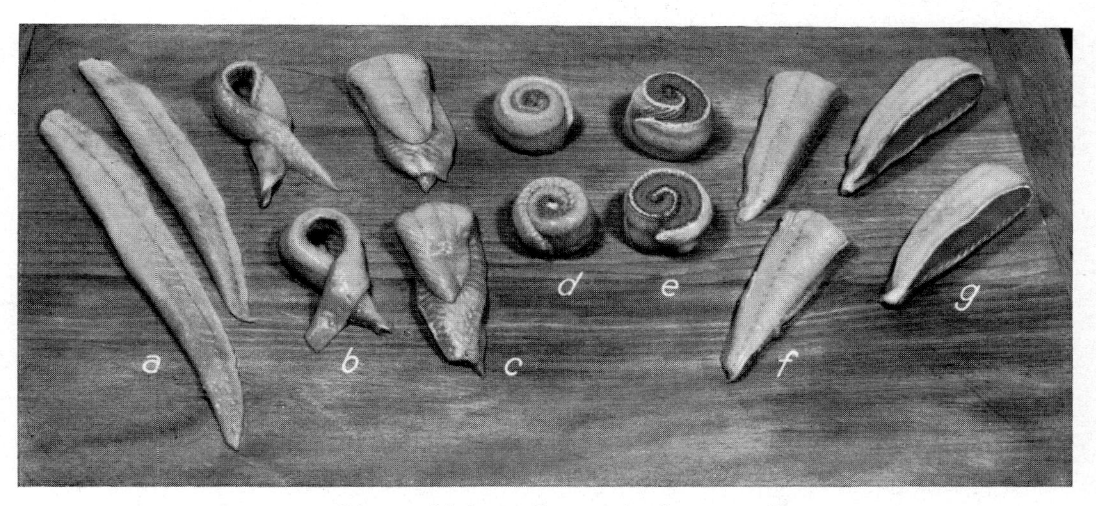

20. Die verschiedenen Formen der Seezungenfilets

Die Seezungenfilets werden für die weitere Behandlung verschieden geformt. Sie können lang, verschlungen, durchstochen, gerollt, geklappt und in den beiden letzteren Fällen auch gefüllt werden. *f* ist die gebräuchlichste Art

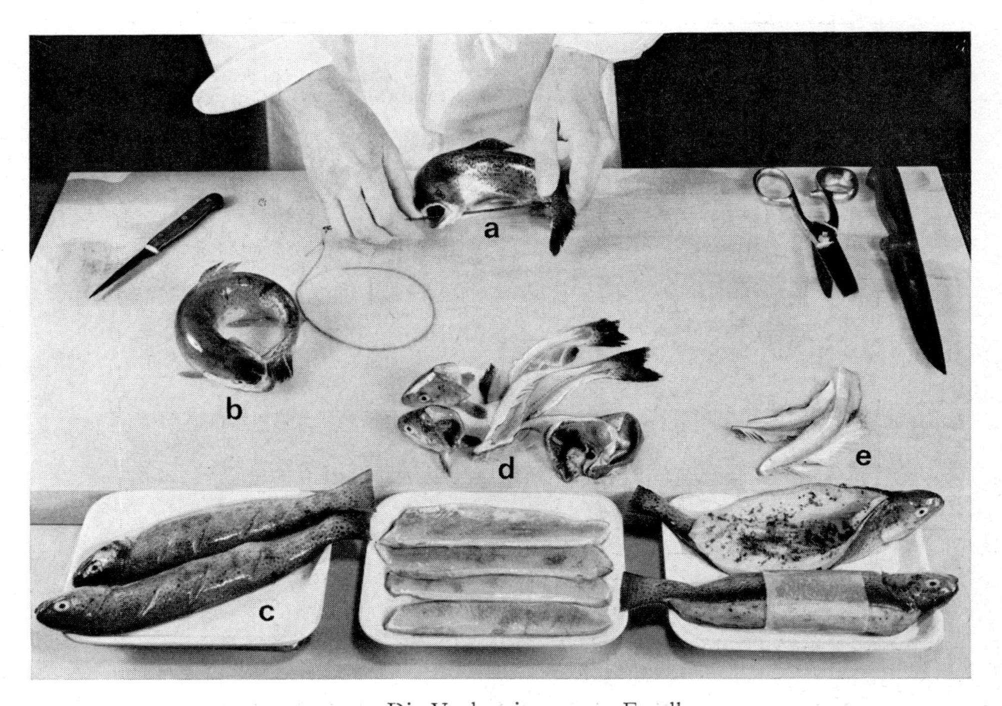

21. Die Vorbereitung von Forellen

a „Blau" zuzubereitenden Forellen werden die Flossen nicht abgeschnitten. Die Forellen werden gebunden, indem man die Nadel durch Kopf und Schwanz führt und sie mit dünnem Bindfaden zusammenzieht. *b* Die fertig gebundene Forelle. *c* Zum Backen, Braten und Rösten hergerichtete Forellen; die Haut erhält leichte Einschnitte. *d* Zum Dünsten vorbereitete Forellenfilets. Die Köpfe sind keilförmig vom Körper geschnitten. Danach werden die Filets ausgelöst und abschließend enthäutet (vgl. Bild 24). *e* Zum Füllen vorbereitete Forellen. Die Forelle wird vom Rücken aus geöffnet und die Gräte entfernt, wie es die Abbildung zeigt. Nun wird sie ausgenommen, gewaschen und gewürzt. Im Vordergrund eine mit Fischfarce gefüllte Forelle. Ein gebutterter Pergamentpapierstreifen wahrt ihre Form beim Dünsten

mit Ausnahme der blau zuzubereitenden Fische geschuppt werden muß, ist selbstverständlich. Für das Restaurations-Service wird er in Stücke geschnitten, die das Gewicht haben müssen, wie es im Betrieb nach der Kalkulation festgelegt ist. Bei großen Forellen und Schleien ist es üblich, sie nicht zu schneiden, sondern sie je nach Schwere für 1 oder 2 Personen ganz zu servieren. Es mag an dieser Stelle erwähnt sein, daß die blau zuzubereitenden

22. Das Portionieren eines Karpfens

a Der Fisch ist von der Bauchseite zum Schwanz hin und in entgegengesetzter Richtung bis zum Kopf gespalten. *b* Der vollends gespaltene Karpfen. *c* Portionsstücke zum Dünsten, Braten und Backen. *d* Karpfen-Milcher. *e* Entfernte Flossen und Kiemen

23. Das Auslösen von Fischen

Damit die Filets größer ausfallen, sind die Köpfe vor dem Auslösen mit schräg geführtem Schnitt abzuschneiden. Das Auslösen der Fischfilets erfordert Geschicklichkeit und Übung. Das Messer ist dicht an der Gräte entlangzuführen, um die Filets unbeschädigt von ihr zu trennen. Für das Auslösen kommen alle größeren Fische in Frage, die völlig grätenfrei gebacken, gebraten oder gedünstet werden sollen

Fische stets auf einer nassen Tischplatte zu behandeln sind, damit der an ihnen haftende Schleim, der das Blauwerden bewirkt, nicht abgestreift wird. – Karpfen und Schleie haben ein zähes Leben. Werden sie unmittelbar nach dem Schlachten im ganzen gekocht, ist das Rückgrat zu durchstechen. Ebenso ist zu beachten, daß großen Fischen, die ganz gekocht werden, die Kiemen herauszunehmen sind. In manchen Betrieben ist es Sitte,

Schleie und Forellen, wenn sie blau zubereitet werden sollen, mit Bindenadel und Bindfaden durch Unterkiefer und Schwanzansatz derart zu formen, daß Kopf und Schwanz zusammengezogen werden und sich berühren.

24. Das Abhäuten der Fischfilets

Nach dem Auslösen sind die Fischfilets, am Schwanzende beginnend, zu häuten. Das Bild zeigt den Vorgang

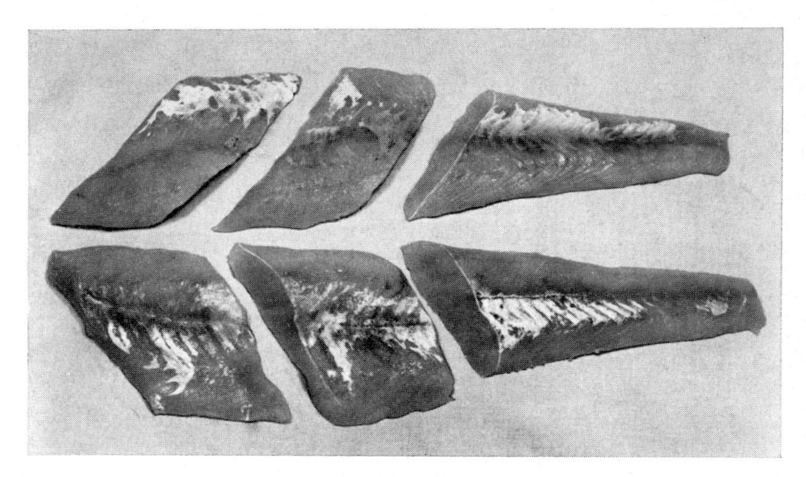

25. Das Schneiden kleiner Fischfilets

Das Schneiden kleinerer Fischfilets geschieht derart, daß sie mit schräg geführtem Schnitt in Stücke geteilt werden

Das Abschürfen (Barbieren) der Fische ist eine besondere Methode, Schuppen zu entfernen. Hartfleischiger Fisch, Zander oder Hecht, kann statt geschuppt auch abgeschürft werden. Bei diesem Vorgang wird dem von den Flossen befreiten Fisch mit sehr scharfem Messer die Schuppenschicht, am Schwanzende beginnend, in etwa 2 cm breiten Bändern so abgeschürft, daß das Fleisch des Fisches unverletzt bleibt. Erst wenn alle Schuppen entfernt sind, wird der Fisch ausgenommen und gewaschen. Diese Behandlungsweise ist für größere Fische praktisch, die im ganzen gedünstet werden sollen.

Es kommt auch vor, daß ganze Fische zum Dünsten gespickt werden. Dafür kommen hauptsächlich Zander und Hechte in Frage. Der geschuppte oder abgeschürfte Fisch erhält in diesem Falle auf dem Rücken einen sattelartigen Einschnitt, der jedoch nicht das Fleisch, sondern nur die Haut durchschneidet. Innerhalb dieser Fläche wird die Haut mit einem scharfen Messer dünn abgezogen, damit das freigelegte Fleisch mit Speck, Trüffeln usw. gespickt werden kann.

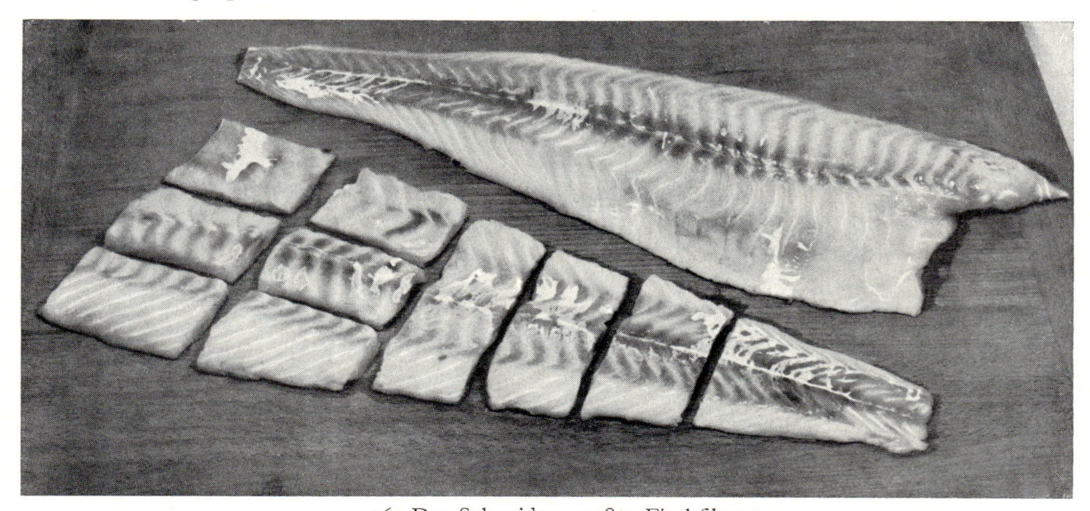

26. Das Schneiden großer Fischfilets

Dieses und das vorhergehende Bild führen den Unterschied der Schnittmethoden großer und kleiner Fischfilets, die gedünstet oder gebacken werden sollen, vor Augen. Die großen Filets werden in dieser Art am rationellsten verarbeitet

Für manche Zubereitungsarten kommt es darauf an, ganze Fische zu füllen, und wieder ist in diesem Falle eine besondere Bearbeitung erforderlich. Nehmen wir das Beispiel an einem Zander. Nachdem die Flossen abgeschnitten wurden, wird er geschuppt und von den Kiemen befreit. Im Gegensatz zur sonstigen Gepflogenheit, den Bauch aufzuschneiden und ihn auszunehmen, geschieht es hier in anderer Art, und zwar: Zu beiden Seiten des Rückgrates wird hart an der Gräte eingeschnitten, auf diese Weise das Grätengerüst vollständig ausgelöst und dicht am Kopf und etwa 10 cm vom Schwanzende durchstochen. Die Eingeweide sind also nun von der geöffneten Rückenseite herauszunehmen. Nach dem Waschen wird der Fisch innen gewürzt, gefüllt und mit Bindfaden zusammengeschnürt, bis er seine ursprüngliche Form wieder erreicht hat.

Werden die Fische gebraten, so sind sie in möglichst flache Stücke zu schneiden, entweder in Filets oder in Scheiben mit der Gräte. Es kommt in der Praxis sehr oft vor, daß beim Kochen oder Braten der Fische Eile geboten ist. Falls es sich um Scheiben mit der Gräte handelt, ist es vorteilhaft, das Fleisch am Wirbelknochen mit einem spitzen Messer leicht zu lösen. Bei ganz zu bratenden kleinen Fischen, wie Forellen, Schleien, Hechten, Makrelen, Schollen usw., sind in die Haut mehrere schwache Einschnitte zu machen, damit sie schneller gar werden.

Zu gebackenen Fischen werden die kleineren Arten ganz verwendet. Es ist für diese Zwecke auch üblich, von größeren Fischen Scheiben zu schneiden, doch in den allermeisten Fällen verwendet man hierfür das ausgelöste, geschnittene Fischfilet.

27. Rationelle Schnittmethode für große Fische

Falls große Fische, wie z. B. Kabeljau, gekocht werden sollen, empfiehlt es sich, das Schwanzstück mit der Gräte in Scheiben zu schneiden. — Der obere dicke Teil wird am wirtschaftlichsten verwertet, wenn er längs gespalten, von der Mittelgräte befreit und dann quer in Stücke geschnitten wird

Die Fischgräten, namentlich von Seezunge, Steinbutt, Hecht und Zander, sind für den ständigen Bedarf an Fischfond aufzubewahren.

28. Der rationell-reguläre Schnitt für den Steinbutt

Das Foto zeigt die Schnittführung. Falls die einzelnen Scheiben gedünstet und später in der Sauce serviert werden sollen, ist von diesen die schwarze Haut vorher zu entfernen

Um rationell und geschickt zu arbeiten, ist es wichtig, daß die Köpfe bei Platt- und Rundfischen *vor* dem Auslösen fachgerecht (mit schräggeführtem Schnitt) abgetrennt werden (vgl. Bild 24).

Für den Aal sind besondere Vorbereitungen nötig. Der getötete Aal wird auf den Rücken gelegt. Zur besseren Handhabung bestreut man ihn mit Salz und entfernt mit einem scharfen Messer den Austritt an der Bauchseite. Unmittelbar hinter den zwei Halsflossen wird der Kopf soweit eingeschnitten, daß er noch mit einem Drittel der Haut

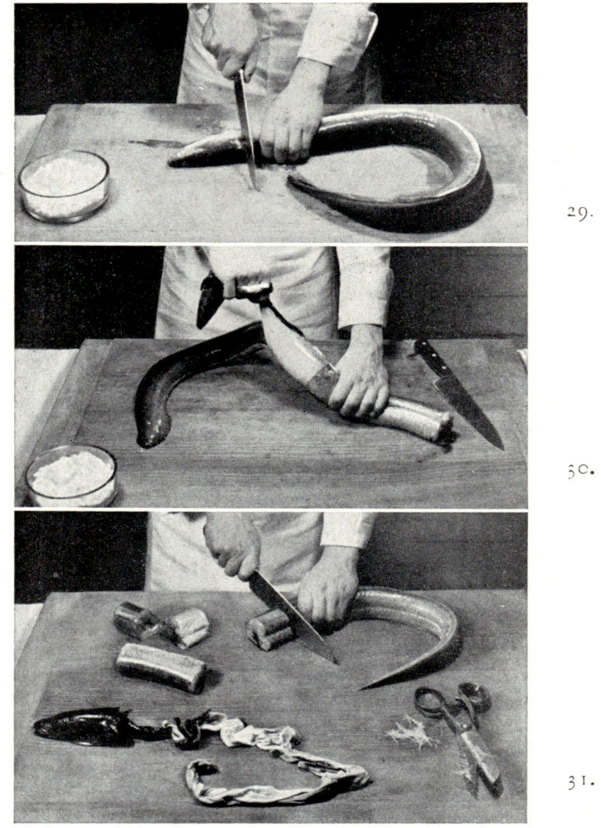

29. Vorbereitung zum Abziehen des Aals 30. Das Abziehen des Aals 31. Das Schneiden des Aals

am Körper verbleibt. Mit der linken Hand erfaßt man den Aalkörper, mit der rechten Hand den Aalkopf und dreht ihn vorsichtig vom Körper. Dabei löst sich die Haut vom Aalrumpf. Wenn man jetzt das bereits von der Haut freigelegte Aalstück erfaßt, kann man die ganze Haut gleich einem Schirmfutteral leicht vom Aal streifen.

Nachdem der Aal abgezogen ist, werden die Flossen mit einer Schere entfernt. Dann wird der Aal in Portionsstücke geschnitten, ohne daß er vorher ausgenommen wurde. Das Innere läßt sich mit einem kleinen Messer herausziehen, indem man dasselbe mehrmals umdreht. — Beim Schneiden der Aalportionen ist darauf zu achten, daß das erste Stück eine Handbreit hinter dem Kopf abgeschnitten wird. So verfahren wird erreicht, daß die Galle nicht getroffen und somit das Fleisch nicht ungenießbar wird. Aus diesem großen Stück wird mittels eines Kochlöffelstiels die Leber und die daran haftende Galle vorsichtig herausgeschoben. Jetzt erst wird dieses große Stück nochmals in der Mitte geteilt.

32. Zum Braten und Rösten hergerichtete Makrelen

a Zum Braten erhält die Haut leichte Einschnitte. *b* Zum Rösten wird der Fisch von der Bauchseite her längs aufgeschnitten. Die Rückenpartie bleibt verbunden. *c* Die Kiemen und Flossen sind zu entfernen

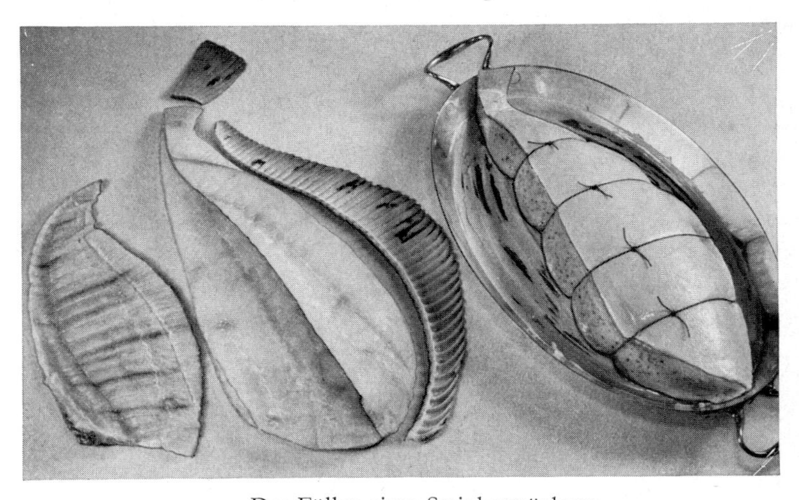

33. Das Füllen eines Steinbuttrückens

Vom Steinbuttrücken werden die Flossen entfernt. Mit flachgeführtem Schnitt löst man die Mittelgräte. Mit der Fischschere wird sie so weit herausgeschnitten, daß beide Rückenfilets an der Flossenseite verbunden bleiben (vgl. Abb.). Sie werden innen gewürzt, mit beliebiger, feiner Fischfarce gefüllt und zur ursprünglichen Form wieder übereinandergeklappt. Leicht umschnürt, behält der gefüllte Rücken seine Figur und ist fertig zum Dünsten

34. Das Füllen eines Zanders

a Der von Flossen und Kiemen befreite Zander wird geschuppt. Vom Rücken aus geöffnet, schneidet man die Mittelgräte in entsprechender Länge heraus. Nachdem die Eingeweide entfernt sind, ist der Fisch zu waschen. *b* Er wird gewürzt und mit leichter Fischfarce gefüllt. Um dem gefüllten Zander Form und Halt zu geben, ist er mit Schnur zu umbinden und damit zum Dünsten fertig

2. Aufbewahren der Fische

Fische sind leicht verderblich und müssen daher sorgfältig behandelt und aufbewahrt werden. Schlachtfleisch wird am vorteilhaftesten in kalter, trockener Luft, also im Kühlraum, aufbewahrt. Fische dagegen müssen, wenn sie frisch erhalten werden sollen, dauernd auf Eis liegen. Man verwendet dafür noch immer einen Eiskasten mit Wasserableitungsrohr.

Jeder moderne Betrieb widmet dieser Aufbewahrung besondere Aufmerksamkeit. Im Großbetrieb kommt es sehr darauf an, alles rein und ordentlich in kürzester Zeit zur Hand zu haben. Darum sind im Laufe der Jahre besondere Fisch-Aufbewahrungskästen oder -schränke ersonnen und erbaut worden. Die Fische nur in gemahlenes Eis zu legen, ist nicht völlig zweckentsprechend, denn das Eis schmilzt. Es muß im Laufe des Tages nachgefüllt werden, was im Großbetrieb oft sehr stört. Man hat darum an den Seitenwänden der Schränke Verdampfer angebracht. Die erzeugte Kälte verhütet, daß das Eis zu schnell schmilzt. In Schränken dieser Art werden Fische aufbewahrt, die für den Tagesbedarf nicht gebraucht werden; sie liegen in Behältern zwischen Eis eingebettet (vgl. Bild S. 2).

In Großbetrieben müssen immer genügend Fische, ausgelöst oder in Portionen geteilt, schnell zur Hand sein. Für solche Betriebe ist ein elektrischer Fischkühlschrank vorteilhaft. In mehreren Schiebekästen können die Fische sortiert in gemahlenem Eis aufbewahrt werden. Jeder einzelne Kasten braucht ein Abflußrohr, um das Schmelzwasser, das sich am Boden in einer Rinne fängt, schnell abzuleiten. Die Schiebekästen hängen im Schrank auf Gleitschienen und sind durch isolierte Türen abgeschlossen, auf denen der Inhalt der Kästen angegeben wird, so daß er schnell übersehen werden kann. Die Kästen müssen wöchentlich gründlich gereinigt werden, und zwar an einem Tag mit weniger starkem Geschäftsgang. Die Fische werden ausgenommen, weil sie dann länger haltbar sind, und ohne Tücher in das Eis gelegt; Fischfilets wickelt man in festes Pergamentpapier ein.

3. Behandlung lebender Fische

Um Fische ohne größeren Verlust aufzubewahren, müssen die Fischbehälter sehr sorgfältig gepflegt werden. Vernachlässigt man diese Pflege, werden die Fische leicht von Krankheiten befallen, denen die gefangenen Tiere schnell erliegen. Sehr empfindlich sind die Forellen. Werden größere Mengen lebender Fische gehalten, so muß man doppelt vorsichtig sein. Jeden Morgen müssen die Fischbassins kontrolliert und tote Fische sofort entfernt werden.

Ebenso wichtig ist es, die Bassins recht häufig gründlich zu reinigen, denn der an den Wänden abgesetzte Schleim trägt Krankheitserreger für die Fische in sich.

Wenn sich der Fischbestand durch Absterben verringert, sind die in diesem Bassin gehaltenen Fische abzusondern, denn es ist anzunehmen, daß sie bereits mit Krankheitskeimen behaftet sind. Keinesfalls darf ein neuer Transport mit kranken Fischen zusammen in ein Bassin gebracht werden. Um das Übel gründlich auszurotten, müssen Bassins, in denen die Fische erkranken, mit dickem Kalkwasser ausgestrichen werden und eine Zeitlang leer stehen. Bevor wieder Fische eingesetzt werden, sind diese Bassins nochmals gründlich zu reinigen.

Bei großer Schwüle und Gewitterneigung kann man beobachten, daß die Forellen leicht absterben; dem kann vorgebeugt werden, wenn man ein großes Stück Eis in das Wasser gibt.

Um die Forellen und andere Fische gesund zu erhalten, muß ununterbrochen Frischwasser zugeführt werden. Die für diese Zwecke eingebauten Vorrichtungen sind verschiedener Art, alle jedoch sollen mit dem Wasser Luft in das Bassin unter das Wasser drücken, um es ständig zu belüften.

B. Bearbeitung von Krusten- und Schaltieren und Schnecken

1. Hälterung lebender Hummer

Für langfristige, gesunde Aufbewahrung lebender Hummer sind Seewasser-Aquarien, die von leistungsfähigen Firmen angeboten werden, bestens geeignet.

In Technik und Arbeitsweise sind sie so eingerichtet, daß infolge ihrer Wasserzusammensetzungen, -aufbereitungen und -temperierungen denkbar günstige Lebensbedingungen für die Tiere entstehen. Seewasser-Aquarien bieten eine risikolose Aufbewahrung über einen längeren Zeitraum. So können Hummer darin ohne Fütterung 8 Wochen gehalten werden. Durch die niedere Wassertemperatur von etwa 8—10 °C ist der Stoffwechsel gering und der Gewichtsverlust unwesentlich.

35a. Spezial-Hummerbassin

In diesem Bassin können bis zu 15 kg lebende Hummer untergebracht werden. Im Unterbau sind Filter mit Filterpumpen, Umlauf- und Belüftungspumpen sowie das Kühlaggregat mit der Spezialdurchflußkühlung montiert. Hersteller: Karl von Keitz, Inh. Albert Scharrer, 6416 Poppenhausen/Wasserkuppe

Die Becken können in Wirtschafts- wie Gasträumen aufgestellt werden. Bei günstiger Plazierung im Restaurant oder der Einrichtung an einem anderen vorteilhaften Platz läßt sich der Hummerumsatz vervielfachen. Der bedeutende Wert liegt in der psychischen Beeinflussung des Gastes; er läßt ferner Rückschlüsse auf die Leistungsfähigkeit der

Küche zu. Der Eindruck „lebend“ zerstreut auch die berechtigte Empfindlichkeit des Hummeressers, und das Vergnügen des Selbstaussuchens ist oft schon der Anlaß zur Bestellung gewesen.

Bei großer Unregelmäßigkeit des Verkaufs ist die Risikolast bedeutend herabgesetzt. Da der Wert eines nichtverkauften Hummers im Verhältnis zu der Verdienstspanne sehr groß ist, bedeutet Risikominderung durch Hälterung sehr viel.

Es kann gesagt werden, daß Hummerbecken durch ihre Vorzüge zum großen Teil die hohen Investitionskosten rechtfertigen.

Besonders sorgfältige, tägliche Betreuung der Anlage ist unbedingt erforderlich.

*

Auch dort, wo keine Meerwasserbecken zur Verfügung stehen, müssen Krustentiere gelegentlich lebend aufbewahrt werden. Hummer und Langusten beläßt man in den Versandkörben, in denen sie in Meeresalgen (Tang) oder in seewassergetränkter Holzwolle gebettet sind, Krebse am besten in einem Korb mit feuchtem Moos. Sie sollen zugedeckt an einem kühlen Ort stehen. Krustentiere, die nicht mehr springlebend sind, müssen sofort gekocht werden. — Diese Aufbewahrung ist zeitlich äußerst begrenzt.

2. Zerlegen der Hummer und Langusten für Spezialgerichte

Für bestimmte Hummer- und Langustengerichte werden diese Krustentiere roh zerlegt. Es handelt sich um die Zubereitung nach amerikanischer, indischer, Bordeauxer, palästinischer und provenzalischer Art; ferner um Hummer New Port.

Nach alter Überlieferung wird der lebende Hummer geschwind, am Rumpfansatz beginnend, mit scharfem, stabilem Messer durchstochen und dann nach der Nase zu nach

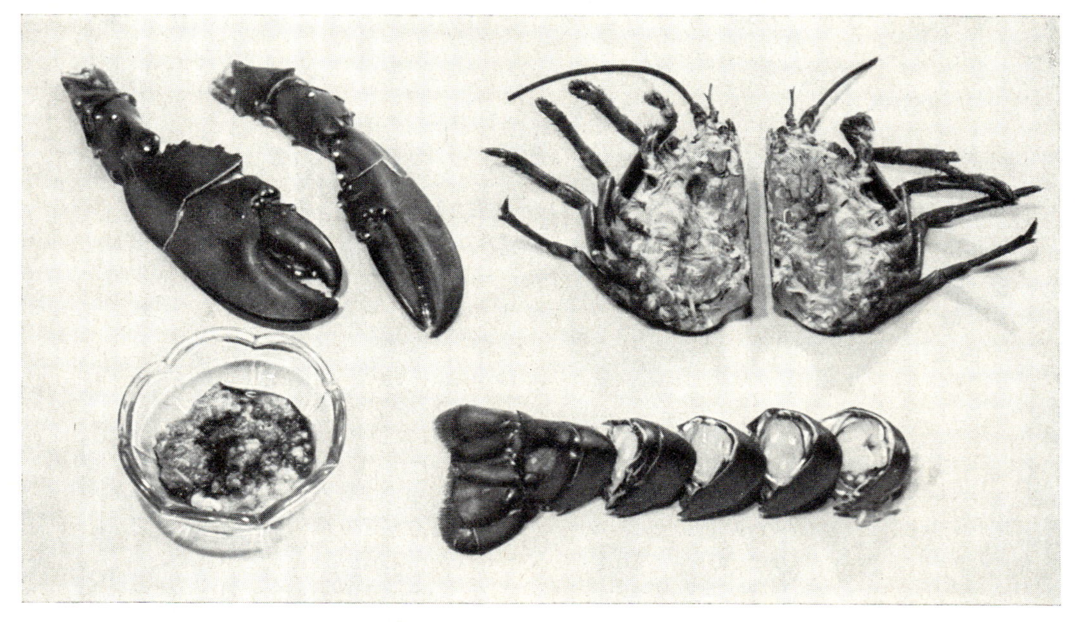

35. Ein roh zerlegter Hummer für die oben genannten Zubereitungsarten

vorn glatt mit einem kräftigen Druck genau in der Mitte durchschnitten. — Obgleich dieser Handgriff aufs schnellste ausgeführt wird, so läßt sich die Vorstellung von Tierquälerei nicht völlig abweisen. Humanerweise sollte man, um den Hummer sekundenschnell zu töten, ihn rasch in stark kochendes Wasser legen, ihn sofort wieder herausnehmen und dann erst, wie oben erörtert, den Rumpf längs durchschneiden. Anschließend daran werden die Scheren und der Schwanz abgetrennt. Aus den beiden Hälften des Rumpfes wird der durchschnittene Magen entfernt. Die schlüpfrige grüne Masse (Mark) ist in ein kleines Schälchen zu geben; sie wird bei der Zubereitung gebraucht. Dann ist der Schwanz je nach Größe in mehrere Querstücke zu teilen. Die Scheren werden nicht aufgehackt, sondern erhalten von beiden Seiten quer über die Schale nur einen kurzen Schlag mit dem Messerrücken, um die Schalen einzuknicken. Der so vorbereitete Hummer wird in der warmen Küche weiterbehandelt.

Spezialgerichte von Langusten sind in gleicher Weise vorzubereiten wie Hummer. Sehr große Langustenschwänze sind, bevor sie in Querstücke geteilt werden, längs zu spalten.

3. Bearbeitung von Krebsen

Krebse werden in der Küche zu vielerlei Zwecken gebraucht. Nachdem sie gekocht sind, werden sie ausgebrochen, d. h. von den Schalen befreit. Dem Ungeübten geht diese Arbeit zunächst nicht so schnell von der Hand. Wenn man jedoch jeden einzelnen Handgriff beherrscht, geht sie flott vonstatten. Bild 36 mit der beigegebenen Erläuterung zeigt den Werdegang.

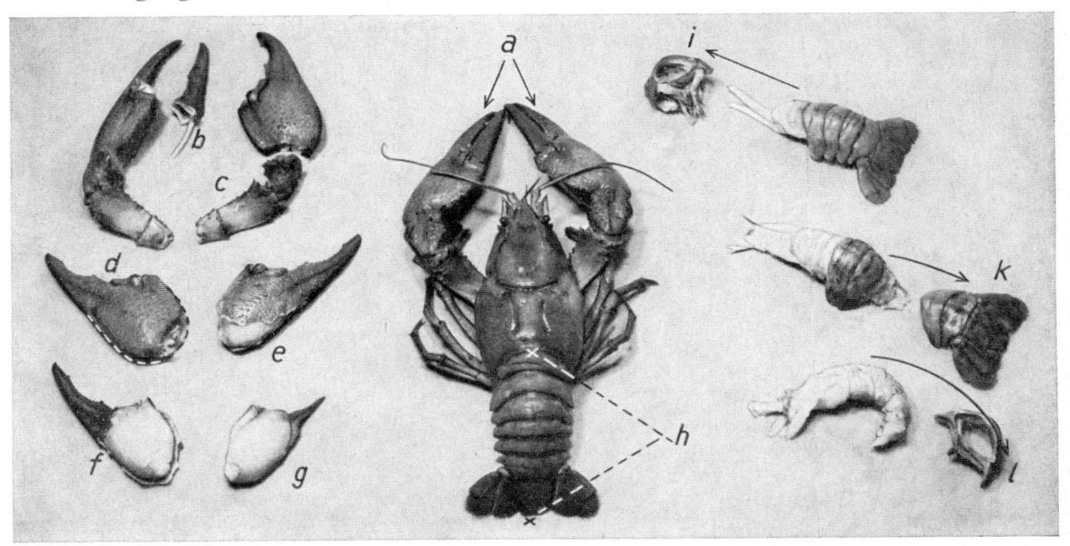

36. Das Ausbrechen von Krebsscheren und -schwänzen

Die Scheren mit den Gliedern (*a*) werden vom Körper gebrochen. Ebenfalls bricht man den beweglichen Teil der Schere (*b*) und das Glied (*c*) von der Schere ab. Mit einem kleinen scharfen Messer oder mit einer geeigneten Schere schneidet man den Schalenrand des runden Teiles der Krebsschere (*d*) ab, ohne dabei das Scherenfleisch zu verletzen. Ein geeignetes Messer schiebt man nun zwischen Schale und Fleisch der Krebsschere (*e*) und bricht die Schale nach oben weg. Das so zu $^2/_3$ freigelegte Krebsscherenfleisch (*f*) läßt sich nun leicht aus dem Schalenrest nehmen (*g*).

Der Krebsschwanz (*h*) wird vom Körper gedreht. Das Schwanzfleisch wird von 6 Schalenringen umschlossen, die mit Häuten verbunden sind. Beim letzten Ring bildet ein beweglicher Flossenteil den Abschluß. Durch Rechts- und Linksdrehung trennt man die ersten 2 Schalenringe und zieht sie nach vorn ab (*i*), wobei zu beachten ist, daß dies in der Richtung der Krümmung des Krebsschwanzes geschieht. Ebenso trennt man die letzten 2 Schalenringe mit dem daran verbleibenden Flossenteil und zieht sie nach hinten ab (*k*). Die verbleibenden 2 mittleren Schalenringe streift man nun auch noch nach hinten, in Richtung der Krümmung des Krebsschwanzes, ab (*l*) und hat so mit 3 Handgriffen den Krebsschwanz von seinen Schalen befreit. Bald wird man erkennen, daß es die beste Methode ist, auf schnelle Weise Krebsschwänze auszubrechen.

Mit einem kleinen Messer wird der Krebsschwanz nun oben in der Mitte wenig eingeschnitten und der im Krebsschwanz liegende Darm vorsichtig herausgezogen.

Krebsschwänze und -scheren werden als Suppeneinlagen, als Garnituren zu Fischgerichten, für kalte und warme Vorspeisen, zu Salaten, zu Zwischengerichten und auch zu selbständigen Gerichten gebraucht.

4. Bearbeitung von Austern

Frische Austern in der Schale serviert sind am meisten bevorzugt, denn sie werden, frisch ausgebrochen und vom Bart befreit, als Vorspeise in vielerlei Arten dargeboten (vgl. S. 191). In der warmen Küche sind die Austern Bestandteil vieler Fischgerichte,

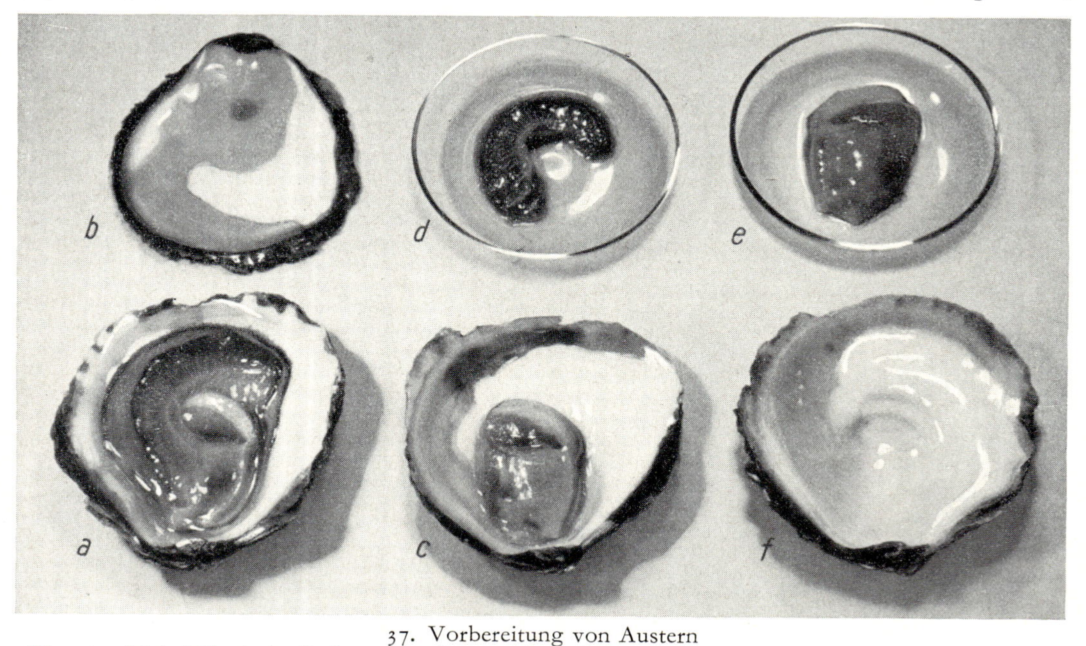

37. Vorbereitung von Austern

a Die untere Schalenhälfte, in der die Auster, vom Bart umgeben, gebettet ist; *b* die Innenseite des oberen Schalendeckels; *c* die vom Bart befreite Auster; *d* der abgelöste Austernbart; *e* die vom unteren Schalendeckel losgelöste, genußfertige Auster; *f* die nun leere untere Schalenhälfte

Pastetchen, Vol-au-vents usw. Die Austern werden in der kalten Küche bearbeitet. Dort werden sie mit einem Austernmesser mit der Hand oder mit einem Spezial-Austern-Öffner (s. Bild 38) geöffnet. Bei jeder Öffnungsart ist zu beachten, daß die Austern nicht verletzt werden.

38. Maschinelle Vorrichtung zum Öffnen von Austern
Durch Kurbeldrehung mit der rechten Hand wird die mit der linken Hand waagerecht vor die Metallzunge gehaltene Auster durch Druck in die Austernschalenspalte geöffnet; dabei wird der Schließmuskel am oberen flachen Schalendeckel durchschnitten

5. Vorbereitung der Pfahl- oder Miesmuscheln

Muscheln aus dem freien Meer sind ein beliebtes Nahrungsmittel. Sie können als selbständige Gerichte zubereitet werden; auch als Beigaben zu Fischgerichten finden sie in der internationalen Küche reichlich Verwendung.

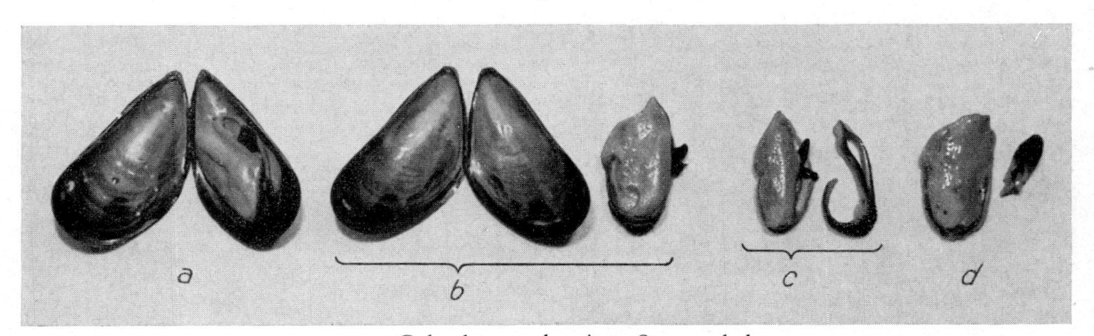

39. Gekochte, vorbereitete Seemuscheln
a Die geschlossene Muschel öffnet sich beim Kochen von selbst. *b* Die aus der Schale herausgenommene Muschel. *c* Muschel nach Entfernung des Bartes. *d* Nach Entfernung des kleinen Fußes ist die Muschel zur weiteren Verarbeitung fertig vorbereitet

Vorerst sind sie in viel Wasser zu waschen, mit einer Bürste oder einem Topfreiniger (Stahlspäne) gründlich vom Algenbelag zu säubern und eine Zeitlang in fließendem Wasser zu belassen, wobei sie etwaige Einlagerung von Sand und Schmutz aus ihrem Inneren verlieren. Nur geschlossene, also einwandfreie Muscheln dürfen verwendet werden.

Mit einem Glas Weißwein, einem Stück frischer Butter, Zwiebeln und frischgemahlenem Pfeffer werden die Muscheln in verschlossener Kasserolle etwa 8 Min. gargedünstet und häufig durchgerüttelt. Dabei öffnen sich die Muscheln von selbst. Sie werden sogleich in Schüsseln ausgeleert und noch warm aus den Schalen herausgenommen. Die weitere Behandlung ist aus dem Bild 39 ersichtlich.

Anmerkung: Muscheln bringen aus dem Meer viel Würze mit. Man darf sie beim Kochen nicht salzen!

6. Vorbereitung der gedeckelten Schnecken

Man unterscheidet zwischen Kriecher- und Deckelschnecken. Gesammelte Kriecherschnecken werden auch in Mastgehegen, sog. Schneckengärten, ausgesetzt und gemästet, um sie im Winter als Deckelschnecken oder im warmen Frühjahr als Kriecherschnecken dem Markt zuzuführen. Die Konservenindustrie bevorzugt die Kriecherschnecken. Sie liegen im Preis wesentlich niedriger und bedürfen eines geringeren Bearbeitungsaufwandes. Der Feinschmecker begehrt jedoch nach wie vor die gedeckelte Weinbergschnecke. – Um die Weinbergschnecke in ihren freien Lebensräumen zu erhalten, unterliegt das Sammeln einer Naturschutzverordnung, die es vom 1. März bis zum 31. Juli verbietet.

40/41. Das Präparieren von Schnecken

Die Zubereitung der Schnecken ist im Werk Banzer-Friebel: „Die Hotel- und Restaurationsküche“ gründlich erläutert. Nachstehend ist die der Zubereitung vorausgehende küchentechnische Handhabung erklärt.

a Die gedeckelten (verkapselten) Schnecken werden in kochendes Wasser gegeben und etwa 10 Min. lang gekocht.

b Bei diesem Vorgang löst sich der natürliche Verschluß, und die Schnecken treten schon teilweise aus ihrem Gehäuse hervor. Sie werden unter fließendem Wasser abgekühlt und dann mit einer gebogenen Nadel (Spicknadel) den Schneckenhäuschen entnommen.

c Der entfernte unbrauchbare Teil (Stoffwechselrückstände).

d Der genießbare Teil ist der Schneckenmuskel. — Die Schnecken werden nun mit grobem Salz gründlich bearbeitet, bis der Schleim restlos entfernt ist. Nachdem sie unter fließendem Wasser völlig gereinigt sind, werden sie in kräftigem Kalbsfond und Weißwein gargedünstet.

e Zwischenzeitlich reinigt man die Schneckenhäuschen, indem man sie mit Wasser auskocht und kalt gut nachspült. Wenn das Wasser aus den Schneckenhäuschen entleert ist, werden sie zum Austrocknen an einen warmen Platz gestellt.

f Unter Verwendung von reduziertem Schneckenfond wird Schneckenbutter (S. 376) bereitet.

g Die Schnecken (*g*), die durch das Dünsten an Volumen stark verlieren, werden nun je nach Größe, ein oder zwei Stück, in die sauberen, trockenen Schneckenhäuschen gegeben und mit Schneckenbutter zugestrichen.

h Fertig präparierte Schnecken.

C. Zerlegen, Auslösen und Ausbeinen des Schlachtfleisches

1. Allgemeines

In der Gaststättenküche wird das Schlachtfleisch anders zerlegt als im Fleischereibetrieb für den Ladenverkauf.

Was der Koch bei der Schlachtfleischbearbeitung lernt, beruht auf Erfahrungen, die in der Küche beim Braten, Kochen und Schmoren täglich gemacht werden. Es hat sich ein Verfahren herausgebildet, die einzelnen Teile des Schlachtfleisches auszulösen, an dem die Küche festhält. Auch die Pfannensachen und Einzelportionen (Boucherie) werden sachgemäß geschnitten.

Nur wenn jedes Stück den Zweck erfüllt, für den es am besten geeignet ist, kann gesagt werden, daß es voll ausgenützt und wirtschaftlich verwendet worden sei. Beim Kalbsbraten müssen die langen Frikandeaus verwendet werden und für Schnitzel nur das Schnitzel-Frikandeau und die Nuß. Wenn gute Kühlanlagen vorhanden sind, werden die einzelnen Fleischteile für bestimmte Zubereitungen zurückbehalten, damit sie zur gegebenen Zeit so verwendet werden können, daß sie den größten Nutzen erbringen.

Die vom Fleischer gelieferten großen Fleischstücke sind unausgelöst derart im Kühlraum unterzubringen, daß frische und abgelagerte Ware nicht zu verwechseln sind. Das Fleisch muß möglichst hängen, die Stücke dürfen sich nicht berühren. Der Kühlraum muß trocken und luftig sein. Die abgehangenen Fleischstücke sind stets zuerst zu verarbeiten.

2. Rind

Das Rindfleisch (mit Ausnahme der inneren Teile) erfordert eine Ablagerungsdauer bis zu 18 Tagen. Gutes Rindfleisch kennzeichnet sich durch lebhafte rote Farbe und ist meist mit etwas Fett durchwachsen; in der Küche sagt man: marmoriert. Ein Merkmal ist, daß sich bei ihm die Fleischfasern mit dem Finger zerdrücken lassen, wenn es gut abgehangen ist. Beste Qualität ist das Fleisch von Mastochsen. Mit 3—4 Jahren sind sie vollfleischig und schlachtreif.

Das Kuhfleisch ist hellrot, mager und zäh; das Fett ist gelblich.

Stier- oder Bullenfleisch ist dunkelrot und grobfaserig; es weist oft einen Geschlechtsgeruch auf.

a) Aufteilung und rationelle Verwendung des Rindes

Vorteilhafteste Verwertung und Ausnützung der einzelnen Teile

a Kopf	Zunge: gekocht, evtl. gepökelt und geräuchert
b Hals	Ragout — Füllsel
c Kammstück	zum Schmoren
d Rinderrücken (Roastbeef)	im ganzen Stück (auch in Salzkruste) gebraten
e Hohes Roastbeef	im ganzen Stück (auch in Salzkruste) gebraten, ferner zu Rinderkoteletten (Côtes de boeuf)
f Flaches Roastbeef (Contrefilet)	im ganzen Stück gebraten, ferner für Rumpsteaks (Entrecôtes)
g Lende (Filet)	im ganzen Stück gebraten, ferner für Chateaubriand, Filetsteaks und Tournedos
h Querrippe und Dünnung	gekocht
i Hüfte (Culotte)	ist qualifiziert für Schmorbraten, eignet sich aber auch vorzüglich für Steaks, ferner zum Kochen und für Karbonaden

Vorspeisenauswahl vom Wagen — Hors-d'oeuvre variés

Großzügig geführte Hotels und Restaurants halten eine Auswahl von Vorspeisen zum Verzehr bereit. Entsprechend den Vorschriften der Hygiene sind sie in Hors-d'oeuvre-Servierwagen mit vollautomatischer Kühlung untergebracht.

In einer Kühlwanne aus Edelstahl findet eine Vielzahl von Raviers mit den verschiedenen Vorspeisen Aufnahme. Über der Auslage ist eine doppelt verglaste Vitrine aufgesetzt, die auf der Bedienungsseite durch eine einschiebbare, verglaste Klapptür zugänglich ist. Auf der Vitrine befindet sich ein Ringuntersatz für Tellerstapel. Im Unterbau des Wagens sorgt das zur Kühlung dienende Kompressor-Aggregat mit allen nötigen Steuergeräten für den vollautomatischen Betrieb.

In großen Gasträumen ist es zweckmäßig, mehrere Hors-d'oeuvre-Servierwagen bereitzustellen; dann kann gleichzeitig an verschiedenen Tischen bedient werden. Der bedeutende Wert dieser Einrichtung liegt in der psychischen Beeinflussung des Gastes, dessen Verzehrfreudigkeit angeregt wird, wie auch in der Gewißheit, in behaglicher Atmosphäre ein praktisches, schnelles Service von Tisch zu Tisch zu bieten.

Links:
Kleine Artischocken in Essigkräutersauce
Pökelzunge mit Spargelspitzen
Salat von grünen Paprikaschoten und Orangenfilets
Salmstückchen auf Kräutersauce, mit Gurken- und Tomatensalat (beides in Streifchen geschnitten)

Rechts:
Melonenspalten mit Katenschinken
Tomaten mit Schinken-Schaumbrot und Champignonköpfen
Halbe Eier mit Eigelbkrem gefüllt, darauf Kresseblatt und Kaviartupfen
Galantine von Masthuhn

Verschiedene Vorspeisen — Hors-d'oeuvre variés

Links:

Seezungenschnitten auf spanische Art: *Gut blanchierte kleine Zwiebeln, Champignons und Paprikaschotenstückchen werden gewürzt, in flachem Geschirr mit wenig zerriebenem Knoblauch in Olivenöl angeschwitzt, mit Weißwein abgelöscht. Dazu gibt man mit Kräuterfisch-Farce gefüllte, zusammengeklappte Seezungenschnitten. Man läßt sie, mit Pergamentpapier und Deckel abgeschlossen, im Ofen garen. Kurz vor dem Garwerden sind Tomatenfleischwürfel und grob gehackte Petersilie hinzuzufügen. Nach dem Auskühlen werden die Seezungenfilets zweimal längs durchschnitten, mit Fischgelee überglänzt und auf den mitgedünsteten Vegetabilien angerichtet.*

Kleine marinierte Artischockenböden, *gefüllt mit Salat von Spargel, Geflügel und feinen Kräutern, werden mit leichter Sahnemayonnaise gebunden und mit Streifchen von Zunge, Trüffel und Eiweiß bestreut. Beigabe: Mayonnaisensauce.*

Quer halbierte Eier, *gefüllt mit Eigelbkrem und Sweetpickles, werden mit ausgestochenen Pökelzungenscheiben belegt. Abschluß: Cornichon- und Olivenscheibe. Beigabe: Remouladensauce.*

Geflügelbrustscheiben mit Melone: *Johannisbeergelee, englischer Senf, abgeriebene Orangenschale und -saft, Cayenne und wenig Kirschwasser werden verrührt. Hierin mariniert man die Melonenscheiben, richtet sie mit den Geflügelbrustscheiben an und bestreut mit Pistazien.*

Rechts:

Rehmedaillons *werden rosa-saftig gebraten, nach dem Auskühlen seitlich eingeschnitten und mit einem Scheibchen Gänseleber-Parfait gefüllt. Obenauf erhalten sie einen Kringel von Cognacsahne und als Abschluß eine entsteinte Kirsche. Sie werden auf Orangensalat, mit wenig Grand Marnier abgespritzt, angerichtet.*

Auf Radieschensalat *legt man Thunfischstücke, die mit Zwiebelstreifchen und gehacktem Eigelb bestreut werden.*

Halbe Apfelscheiben *mit Schinken und Erdbeeren: Die Apfelscheiben werden stark mit Zitronensaft und Zucker mariniert und in Weißwein gedünstet. Nach dem Erkalten bespritzt man sie mit Schinken-Schaummus und garniert mit Erdbeer- und ausgestochenen Schinkenscheibchen.*

Fasanen - Galantine *auf Cumberland - Bananen: Bananenwürfel werden mit Cumberland-Sauce vermischt, auf diese setzt man in Streifen geschnittene Fasanen-Galantine.*

k Blume und Kugel	Rinderkeule[1]
l Schwanzstück	
m Oberschale (punktiert, Innenseite gedeckt) . . .	
n Schwanz	Ragout — Suppe
o Hesse	Klärfleisch für Kraftbrühe — Gulasch
p Füße	zu den Kutteln komplett mit Bauchgekröse
q Nachbrust — Dünnung — untere Weiche . . .	gekocht
r Rippenfleisch — Leiter — schmales Rippenstück	gekocht (Suppentopf)
s Brust	zum Kochen, evtl. gepökelt und geräuchert
t Bug — Schulter — Blatt — Bogen	zum Schmoren, Ragout, Gulasch, Karbonaden, Hackfleisch
u Stichbrust — Wamme	gekocht
Leber	als Füllungs-Bestandteil
Nieren	zum Schmoren
Herz	geschmort — für Ragout
Kutteln — Fettdarm — Kaldaunen	zum Dünsten

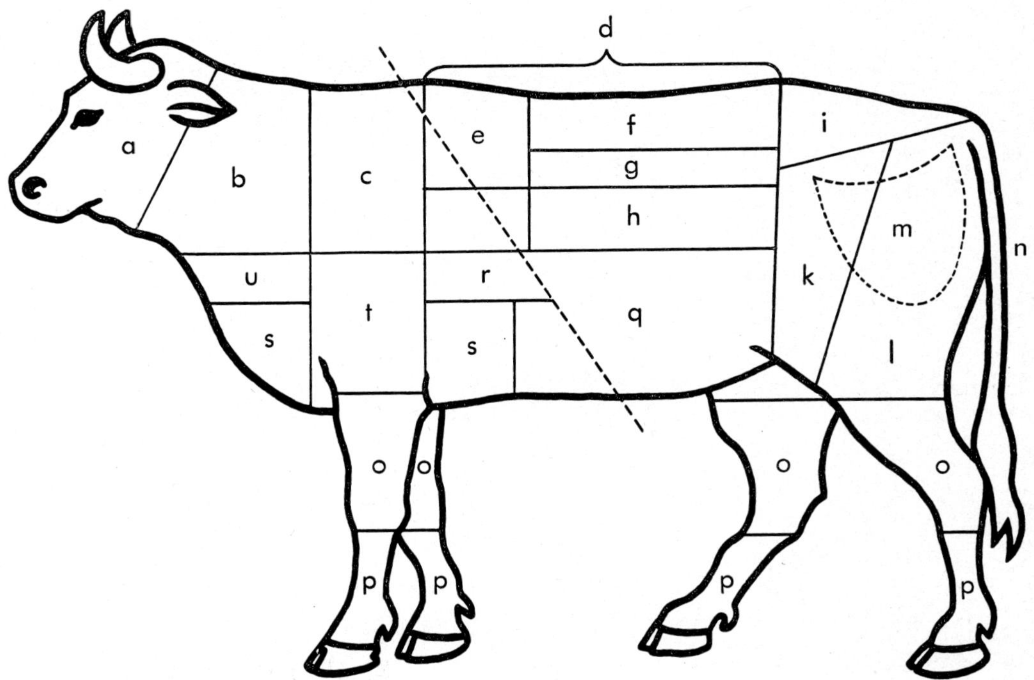

42. Zerlegen des Rindes

a Kopf. *b* Hals. *c* Kammstück, Hochrippe. *d* Rinderrücken (Roastbeef). *e* Hohes Roastbeef, Rippenstück, Vorderrippenstück. *f* Flaches Roastbeef. *g* Lende (Filet). *h* Querrippe und Dünnung. *i* Hüfte (Culotte). *k* Blume und Kugel. *l* Schwanzstück. *m* Ober, schale punktiert, Innenseite gedeckt. *n* Schwanz. *o* Hesse. *p* Füße. *q* Nachbrust, Dünnung, untere Weiche. *r* Rippenfleisch, Leiter schmales Rippenstück. *s* Brust. *t* Bug, Schulter, Blatt, Bogen. *u* Stichbrust, Wamme

Nach dieser Auslösemethode ergibt sich folgende Gegenüberstellung und Bezeichnung:

Kalb:	Rind:	Verwendung:
Schnitzelfrikandeau	= Oberschale — Kluft	Beefsteaks — Rouladen — Schmorbraten
Langes Frikandeau	= Semer oder Rollstück	Schmorbraten
Nuß (große)	= Blume	Schmorbraten, evtl. Steaks
Nuß (kleine)	= Schwanzstück (Sterzstück)	Schmorbraten, evtl. Steaks

[1] In den gastgewerblichen Küchen wird eine Rinderkeule aus praktischen und rationellen Gründen genau so zerlegt wie eine Kalbskeule (vgl. S. 58—62).

b) Ausbeinen der wichtigsten Teile des Rindes

Das Roastbeef mit Filet und Hüfte

Das Roastbeef, worunter man allgemein eine längsgespaltene Rückenhälfte des Rindes mit der daran befindlichen Hüfte und dem im Roastbeef liegenden Filet versteht (vgl. Bild 42, d bis g und i), ist für den Gebrauch in das Rinderfilet, die Hüfte und das Roastbeef zu zerlegen. So wie es das Bild zeigt, wird es vom Metzger in die Küche geliefert.

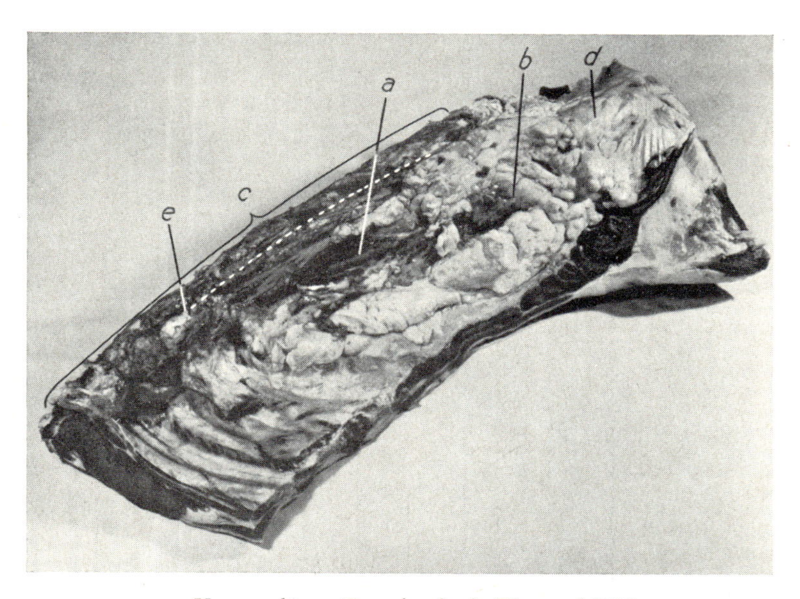

43. Unausgelöstes Roastbeef mit Filet und Hüfte

Richtig abgehauen ist es, wenn sich an dem Roastbeef 3 Rippen befinden. Nachstehend die Erläuterung zu Bild 43:

a das im Roastbeef liegende Filet,
b eine dicke, den Filetkopf bedeckende Fettschicht,
c das Roastbeef bis zum Beginn der Hüfte,
d die Hüfte,
e Anfang des Schnittweges zum Ausbeinen des Rinderfilets.

Um es auszulösen, ist zunächst das gröbste Fett zu entfernen und dann das Filet herauszunehmen. Die punktierte Linie im Bild, die hinter der 3. Rippe an der Filetspitze beginnt und nach rechts zwischen dem Filet und dem Knochengrat entlangläuft, zeigt den Weg, den das Messer, hart am Knochen entlang, nehmen muß, um das Filet sachgemäß auszulösen.

Das zerlegte Roastbeef

Das Bild 44 zeigt das gleiche Roastbeef wie Bild 43, jedoch in einer anderen Stellung. Das Filet und die Hüfte sind bereits abgetrennt.

An der Stelle, wo vom Roastbeef (*d*) das Filet abgenommen wurde, markieren sich die flachen oder falschen Rippen.

Die von oben nach unten laufende punktierte Linie zeigt die Schnittstelle, wo das Roastbeef meistens durchgeschnitten wird. Der rechte Teil (*e*) ist das sog. Rippenstück; im ganzen gebraten, ist dies das vorzüglichste Stück vom Roastbeef. Wenn es für diesen Zweck bestimmt wird, ist der Wirbelsäulenknochen (*f*) bis zum Rippenansatz abzuhauen. Der Gratknochen wird ebenfalls abgeschlagen. Hierbei legt man das Rippenstück auf die Rippenseite und macht dann scharf am Gratknochen entlang vorerst mit einem Messer den Einschnitt. Nach dieser Vorbereitung läßt sich auch dieser Knochen bequem

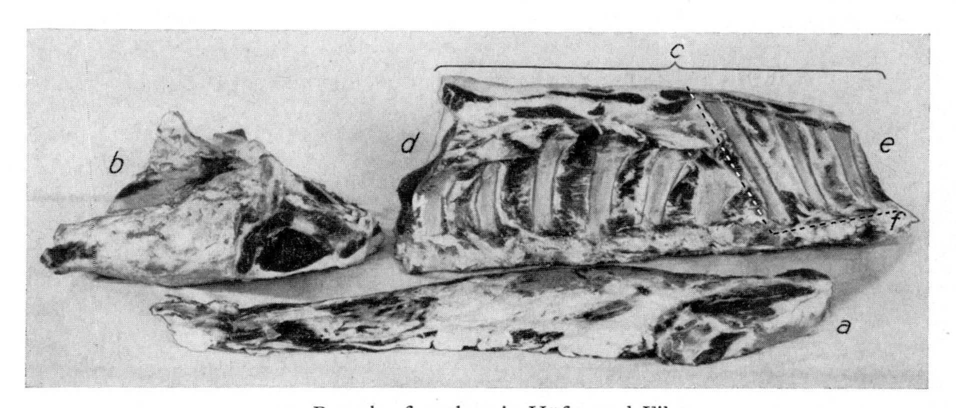

44. Roastbeef, zerlegt in Hüfte und Filet

a Das Filet. *b* Die vom flachen Roastbeefteil abgetrennte Hüfte. *c* Das gesamte Roastbeef. *d* Das flache Roastbeef (links von der schräg punktierten Linie). *e* Das Rippenstück(rechts von der schräg punktierten Linie). *f* Wirbelsäulenknochen

abhauen. Dann wäre noch die dicke, starke, an der Fettseite entlanglaufende Sehne zu entfernen. Aus dem Rippenstück werden auch die Rinderkoteletts oder Côtes de boeuf sowie Wiener Rostbraten geschnitten (vgl. Bild 75 und 76).

Den linken Teil (*d*) bezeichnet man als flaches Roastbeef. Es kann ebenso wie das Rippenstück im ganzen gebraten werden. Ferner sind aus dem flachen Roastbeef die Rumpsteaks zu schneiden (vgl. Bild 77).

Die vom Roastbeef abgenommene Hüfte und das Filet werden auf S. 49 und 50 je für sich behandelt.

Nach dem Auslösen und Ausbeinen sind Fett, Knochen, Sehnen und kleine Fleischparüren wirtschaftlich auszuarbeiten, damit sie noch zweckentsprechend verwendet werden können. Sämtliche Knochen werden gründlich von den noch daran verbliebenen Fleischteilchen abgesucht. Sie sind für Füllsel oder auch für Klärfleisch jederzeit verwendbar.

Die Rinderknochen sind entweder für Bouillon oder Fond für braune Suppen zu verbrauchen.

Die Sehnen sind am besten den Jusknochen beizufügen.

Kalkulation eines Roastbeefs mit Filet

Das hier behandelte Roastbeef mit Filet und Nierenfett ohne Niere wiegt 25 kg. (Die Hüfte ist bereits entfernt.)

Um das Roastbeef brat- und schnittfertig für die Boucherie zu machen, nimmt man vorerst das ganze Nierenfett heraus. Nachdem dann das Filet herausgeschnitten ist, werden dem Roastbeef die langen Rippen abgeschlagen.

Die einzelnen Teile wiegen:

Das abgetrennte Nierenfett	4 kg	
Das ausgelöste Filet	3 kg	
Die abgeschlagenen (zu langen) Rippen	5½ kg	
Das verbleibende Roastbeef mit Knochen, unpariert	12½ kg	= 25 kg

Das Roastbeef von 12½ kg, bratfertig gemacht, d. h. nach Entfernung des Rückgratknochens und der groben Sehnen, wiegt noch	9 kg	
Rückgratknochen und Sehnen wiegen	3½ kg	= 12½ kg

Wenn jedoch dieses Roastbeef von 12½ kg für die Boucherie verwendet werden soll, ergibt sich wieder ein anderes Bild:		
Das abgeschlagene Rippenstück wiegt	7 kg	
Von Rückgratknochen und Sehnen befreit, also schnittfertig für Côte de boeuf, verbleibt ein Gewicht von 4½ kg. Daraus lassen sich schneiden: 10 Rinderkoteletts oder Entrecôtes double für je 2 Personen je 400 g = 4000 g	4 kg	
Knochen und Reste	3 kg	= 7 kg

Von dem 12½ kg schweren Roastbeef wurde das Rippenstück abgetrennt, so daß das Roastbeef nur noch wiegt	5½ kg	
Dieses 5½ kg schwere Roastbeef (Knochen und Sehnen ausgelöst), also boucherie-schnittfertig, wiegt	3 kg	
Knochen wiegen	1½ kg	
Reste wiegen	1 kg	= 5½ kg

Aus diesem 3 kg schweren schnittfertigen Roastbeef lassen sich schneiden:		
15 Entrecôtes je 150 g = 2250 g	2¼ kg	
Der Roastbeefkopf, für diese Zwecke nicht geeignet, wird für Rouladen, Schmorbraten usw. verwendet und wiegt	¾ kg	= 3 kg

Das Roastbeef wog nach Entfernung von Fett, Filet und Seitenrippen	12½ kg	
Es lassen sich daraus im ganzen schneiden:		
35 Rumpsteaks je 150 g = 5250 g	5¼ kg	
Roastbeefkopf	¾ kg	
Knochen	4 kg	
Reste	2½ kg	= 12½ kg

Die größeren Fleischreste sind für Gulasch geeignet, die kleineren werden für Hackfleisch verwendet.

Das Rinderfilet

Das Filet ist, wie vorstehend erörtert, dem Roastbeef entnommen. Das Bild erklärt ein Filet in 4 verschiedenen Stadien während seiner Bearbeitung. Das Filet ist das zarteste, bindegewebeärmste Stück und der feinste Teil des Tieres. Wenn es im ganzen gebraten werden soll, ist es vom Fett zu befreien, zu häuten und zu spicken (vgl. Bild 124).

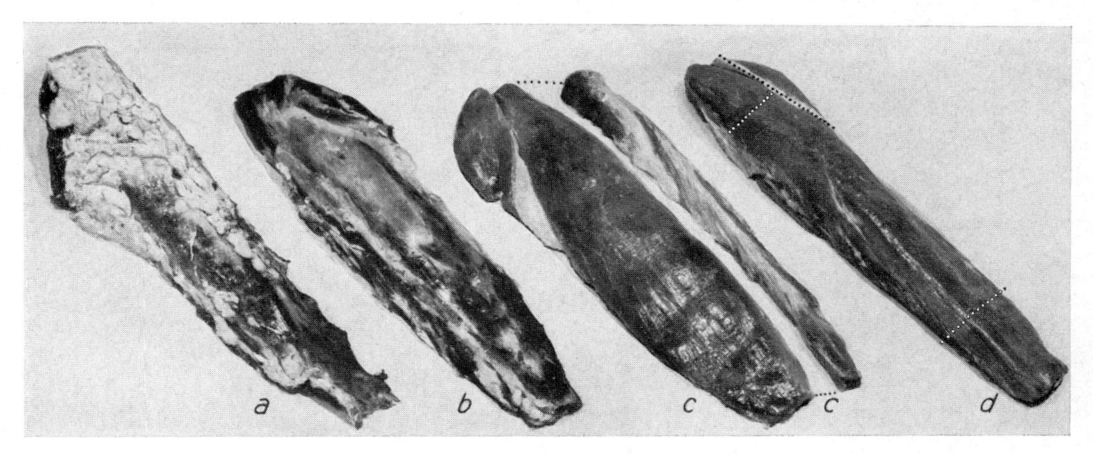

45. Bearbeitung des Rinderfilets

Auf dem Filet lagert eine Fettschicht. *b* Das von der Fettschicht befreite Filet. *c* Das gehäutete Filet; der Filetstrang ist abgetrennt. *d* Das für den Boucherieschnitt vorbereitete Filet

Erläuterung zu Bild 45:

a zeigt das Filet, wie es aus dem Roastbeef genommen wurde. Der obere, dicke Teil, der sog. Filetkopf, ist noch von einer Fettschicht umgeben.

b Das Filet ist von dem Fett befreit. Der angewachsene Strang ist noch nicht entfernt.

c zeigt das gegenseitige gehäutete Rinderfilet. Gehäutet wird mit einem dünnen, schmalen, scharfen Messer (vgl. Bild 120/121). Der bei *b* noch vorhandene Strang ist hier bereits abgenommen. Ob der Strang abgenommen oder aber am Filet belassen wird, richtet sich nach den Gepflogenheiten des Betriebes. In Geschäften, wo dieser Teil für Gulasch „à la minute“ verwendet werden kann, macht sich das Abnehmen bezahlt.

d ist eine Erklärung für wirtschaftlichen Boucherieschnitt. (Genaueres s. Bild 79.)

Kalkulation für das Rinderfilet

Das ausgelöste Filet wog, wie auf S. 48 angegeben		3000 g
Von Fett und Sehnen befreit, verbleiben	1850 g	
Reste	1150 g	= 3000 g

An Boucherie lassen sich schneiden:

11 Filetsteaks je 150 g = 1650 g	1650 g	
Filetspitze	200 g	= 1850 g

oder:

14 Tournedos je 120 g = 1680 g . . . . 1680 g
Filetspitze . . . . 170 g = 1850 g

oder:

4 Chateaubriands für je 2 Personen je 300 g = 1200 g . . . . 1200 g

und

3 Filetsteaks je 150 g = 450 g . . . . 450 g
Filetspitze . . . . 200 g = 1850 g

Da die Doppellendenstücke (Chateaubriands) möglichst aus dem Mittelstück geschnitten werden sollen, verwendet man das übrige Fleisch für Beefsteaks. Die Filetspitzen werden für Filet-Gulasch verwendet oder auch für „Filets mignons", von denen 2 Stück für eine Person gegeben werden können. Bei einem starken Filet ist der Filetkopf der Länge nach zu teilen, denn dadurch erzielt man höhere und schöner geformte Tournedos.

Die Hüfte

Die Hüfte ist die Verlängerung des flachen Roastbeefs (vgl. Bilder 44b und 46). Wenn dieser Teil genügend abgehangen ist, wird er wegen seiner ihm eigenen Zartheit zum Dünsten und Schmoren bevorzugt; es lassen sich aber auch Steaks zum Braten oder Schmoren daraus schneiden. Ganz besonders geschätzt aus diesem Stück ist wiederum der sog. Hüftendeckel. Er wird von Kennern gern gekocht oder auch geschmort verspeist.

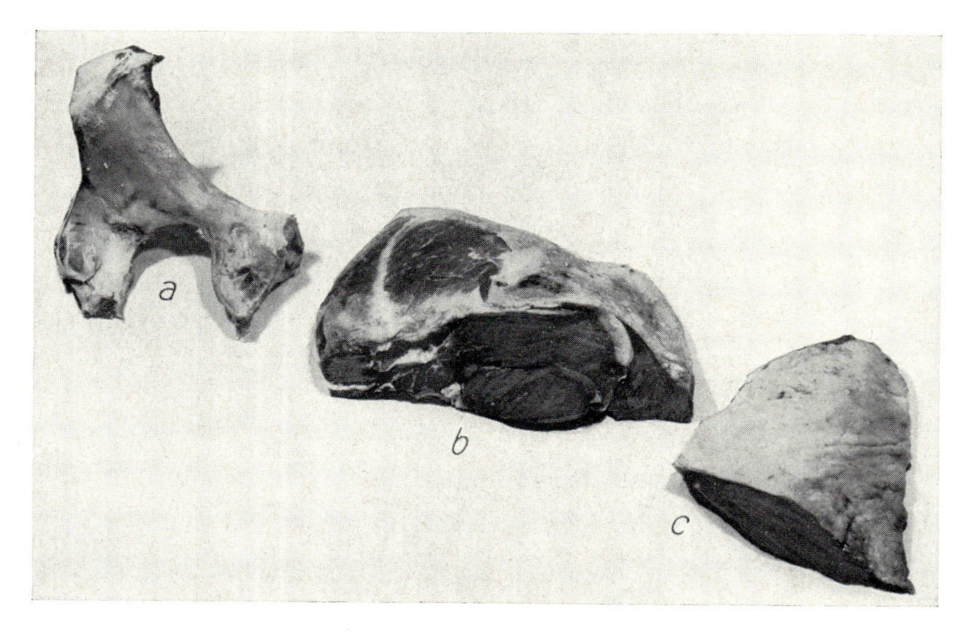

46. Die ausgebeinte Hüfte

a Der Hüftknochen, von dem die Hüfte ausgelöst wurde. *b* Die ausgelöste Hüfte. *c* Der auf der Hüfte lagernde Hüftendeckel wurde, dem natürlichen Schnittkanal folgend, abgenommen; er wird für Spezialgerichte benötigt

Die Rinderbrust

Die Rinderbrust eignet sich sehr gut zum Kochen; in vielen Gaststätten wird sie ständig als Spezialität angeboten. Sie wird verschiedenartig vorbereitet und auch verschieden serviert.

Im Luxusrestaurant wird die Rinderbrust als ganzes Stück gezeigt, von dem der Trancheur vorlegt. In diesem Falle wird die Brust meist im ganzen Stück, also am Knochen, gekocht und dann auf dem bekannten Servierwagen im Restaurant heiß gehalten.

In jedem Großbetrieb muß möglichst schnell tranchiert und angerichtet werden; die Brust wird ausgebeint, gerollt und gekocht. So läßt sie sich bequem anrichten und am vorteilhaftesten verwerten. Eine Rinderbrust auszubeinen, erfordert keine besonderen Kenntnisse. Mit einem scharfen Messer wird das Fleisch hart am Knochen entlang abgelöst. Man beginnt an der Seite, an der die Knochen abgesägt sind.

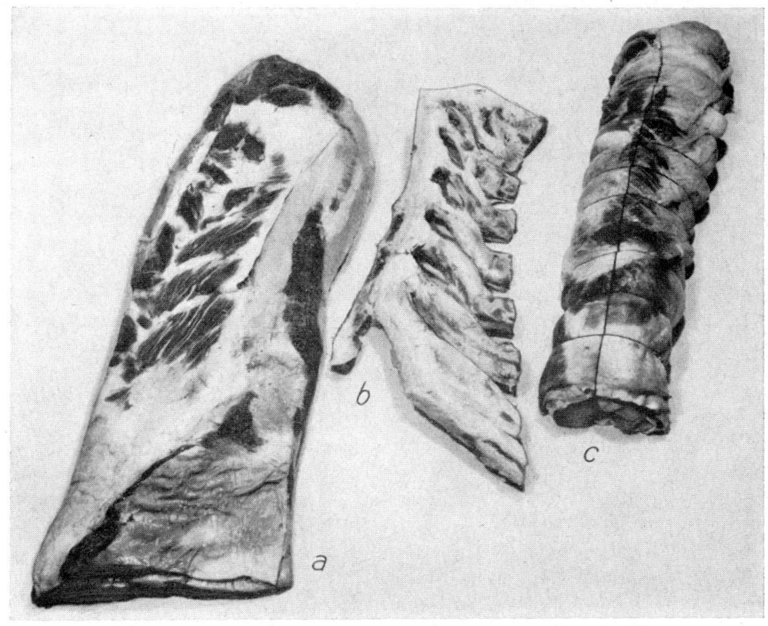

47. Ausgelöste und gerollte, kochfertige Rinderbrust
a Die von den Knochen und Knorpeln befreite Rinderbrust. *b* Der ausgebeinte Knochen. *c* Die gerollte und geschnürte, zum Kochen fertig vorbereitete Rinderbrust

Hesse und Markknochen

Das Fleisch der Rinderhesse (vgl. Bild 48) wird in gewerblichen Küchen als Klärfleisch für die Kraftbrühe verwendet. Hierfür wird das Fleisch vom Knochen genommen, in Längsstreifen geschnitten, von den gröbsten Sehnen und Häuten befreit und dann grob gehackt oder durch die grobe Scheibe der Fleischmaschine gelassen.

Der Knochen der Hesse birgt in sich Rindermark. Um es unverletzt herausnehmen zu können, werden die Knochenteile beider Enden (*c* und *d*) durchgesägt. Der mittlere Teil, also der Markknochen, wird an einem Ende mit einem Tuch angefaßt und festgehalten. Nun gilt es, die Knochenröhre zu zersplittern, ohne das Mark zu verletzen. Man braucht dazu ein entsprechend schweres Beil, mit dessen Rücken — nicht mit der Schneide — man gerade kräftig genug kurz auf den Knochen schlägt, damit er birst. Falls sich das Mark nicht von selbst genügend von den Knochenwandungen gelockert hat, bedient man sich am besten eines flachen Stahles, um es vorsichtig herauszunehmen. Das Mark ist bekanntlich als Bouillon-Einlage geschätzt. Vor dem Garmachen ist es in fünfmarkstückdicke Scheiben zu schneiden, wobei das Messer vor jedem Schnitt in heißes

Wasser zu tauchen ist, damit das Mark nicht bröckelt. Dann ist das Mark noch in kaltes Wasser zu legen, um das Blut restlos herauszuziehen. Etwaige Markreste lassen sich für Markklößchen verwenden.

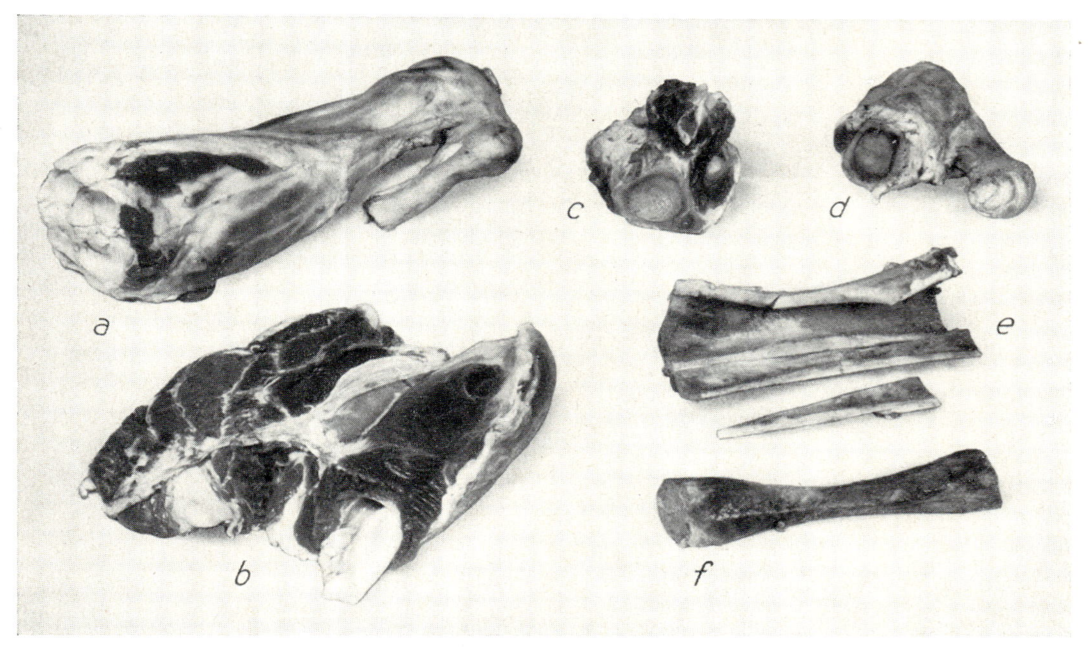

48. Bearbeitung der Rinderhesse

Die unausgelöste Hesse. *b* Das vom Hesseknochen ausgebeinte Fleisch. *c* Der obere Gelenkknochenteil. *d* Der untere Gelenkknochenteil. *e* Der geöffnete Markknochen. Das dem Markknochen entnommene Rindermark

3. Kalb

Kälber sind mit 6—8 Wochen schlachtreif. Durch die Fütterung mit Milch und Getreideschrot (ohne Gras oder Heu) ist ihr Fleisch hellrosafarben.

Doppellender sind besonders stark entwickelte Kälber, die mit einer speziellen Milchmästung aufgezogen werden. Sie wiegen 125—150 kg und sind bis zu 12 Wochen alt. Die Farbe ihres Fleisches ist hell, fast weiß.

Kuhkalb ist die Bezeichnung für das weibliche Tier,

Stierkalb und Ochsenkalb nennt man das männliche Tier.

a) Aufteilung und rationelle Verwendung des Kalbes

Teil	*Vorteilhafteste Verwendung und Ausnutzung der einzelnen Teile*
a Kopf	gekocht — Ragout — Suppeneinlage Hirn und Zunge: Spezialgerichte
b Hals	ausgebeint, gerollt und gebraten oder geschmort — Füllung — am besten für Ragout und Frikassee

c	Bries — Bröschen — Milcher	eines der feinsten Stücke — der große Teil, die sog. Nuß, ist der bessere — braisiert — gedünstet — gekocht — gebacken — Ragout-Bestandteil
d	Kammstück	gebraten — geschmort
e	Rippenstück — Kotelettstück	in Karrees gespalten und im ganzen Stück gebraten — ferner für Koteletts
f	Nierenstück — Sattelstück	als ganzer Rücken oder Sattelstück gebraten oder braisiert — Kalbsnierenbraten — ferner von den Nieren und Filets befreit für Kalbssteaks

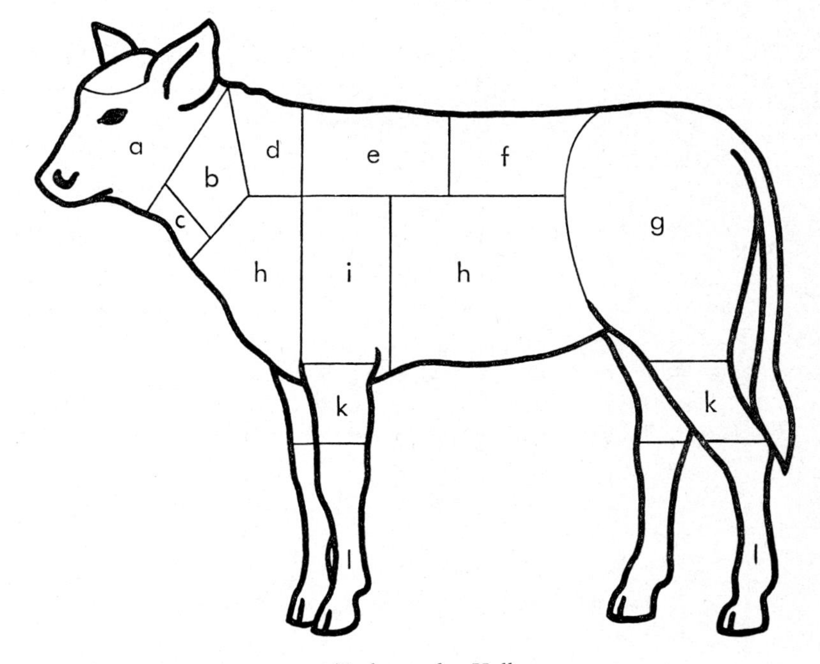

49. Zerlegen des Kalbes

g	Keule — Stotzen — Schlegel	im ganzen oder ausgelöst gebraten — Schnitzelfrikandeau und Nuß für Schnitzel — Grenadins — Medaillons
h	Brust	als ganze Brust gefüllt oder ungefüllt gebraten — ferner für Frikassee — Ragout und Tendrons
i	Blatt — Bug — Schulter — Schaufel	mit oder ohne Knochen, gefüllt und gerollt oder ungefüllt gebraten — ferner für Ragout, Frikassee usw.
k	Hachse	als Spezialgerichte
l	Füße	gekocht — braisiert — gebacken — Sülze — Kalbsfußgallerte
	Leber	diverse Spezialplatten
	Nieren	grilliert — sautiert — gebraten
	Lunge	Ragout — Haschee
	Milz	gefüllt und gedünstet
	Herz	geschmort
	Ohren	braisiert — gebacken — grilliert
	Euter	gilt in der jüdischen Küche als Ersatz für Speck
	Schwänze	Ragout — Suppe
	Gekröse	Dünstgericht

Die Innereien lassen sich zu recht schmackhaften Gerichten verarbeiten.

Die Leber soll für die Verarbeitung gut ausgeblutet sein und ist von der sie umgebenden Haut zu befreien, am besten in lauwarmem Wasser; darin läßt sich die Haut leicht abziehen.

Die Kalbsniere wird, sofern man sie im ganzen brät, nur zum Teil von ihrem Fett befreit. Je nach ihrer Größe kann man ein bis zwei Zentimeter Fett darauf belassen. Falls man sie jedoch zu Gerichten verarbeitet, zu denen sie vorerst kleingeschnitten werden muß, sind das Fett und die inneren Sehnen zu entfernen.

Die Kalbsmilcher haben regional verschiedene Benennungen; sie werden auch unter dem Namen: Brieschen, Bröschen oder Schweser angeboten. Rohe Kalbsmilcher lassen sich im Durchschlag, zwischen zerkleinertes Eis in den Kühlraum gestellt, für längere Zeit aufbewahren. Indem das Eis langsam schmilzt, werden sie auch schön weiß. Die Eispackung muß täglich ergänzt werden.

Bevor mit dem Hirn etwas zu beginnen ist, muß es gehörig ausgewässert werden, damit alles Blut entzogen wird. Dann ist die das Hirn umspannende Haut abzuziehen, was am leichtesten ist, wenn man es im lauwarmen Wasser vornimmt.

b) Ausbeinen der verschiedenen Teile des Kalbes

Der Kalbsrücken

Der Kalbsrücken vereinigt in sich das Rippenstück und das Nierenstück, das auch Sattel genannt wird. Der Rücken kann auf verschiedene Arten zerteilt und verarbeitet werden; entweder brät man ihn im ganzen oder der Länge nach gespalten. Die Nieren werden stets vorher herausgenommen, vom gröbsten Fett befreit und dann mitgebraten oder für andere Zwecke reserviert. Wenn der Kalbsrücken im ganzen gebraten wird, sind die Filets auszulösen.

Beim ersten Handgriff gilt es, die Nieren herauszunehmen und dann die nun freigelegten Filets herauszuschneiden. Nachdem wird die Rücken-Außenseite weiterbehandelt. So, wie der Metzger den Rücken liefert, liegen zu beiden Seiten des Halsstückes noch Teile von den Blättern, die jetzt heruntergeschnitten werden. Ebenfalls sind die starken Sehnenbänder über dem Rückgratknochen zu entfernen. Dann wird es sich zeigen, daß die Rippen zu lang sind, also müssen sie mit einem scharfen Beil zu beiden Seiten des Rückens abgehauen werden, wobei gleichzeitig die am Sattel hängenden Bauchlappen bis auf 2 cm abzutrennen sind. An der Innenseite des Rückens wird der Wirbelknochen etwas behackt, damit der Rücken eine gute Lage erhält. Damit er sich später beim Braten nicht verzieht, ist durch das Rückgrat ein eiserner Spieß zu stecken. Nunmehr hat man erst das Bild des von allem Überflüssigen befreiten Rückens, wie er bearbeitet sein muß, um ganz gebraten zu werden.

Schließlich kann auch der Kalbssattel, also der Teil, in dem die Nieren liegen, für sich allein gebraten werden. In diesem Falle werden die restlichen Bauchlappenteile nach innen umgeschlagen. Der Sattel ist dann zu schnüren wie bei Bild 66.

Endlich kommt dann noch die Bearbeitung des Kalbssattels als sog. Kalbsnierenbraten in Frage. Sie ist auf S. 57 bildlich und textlich erläutert.

Bild 57 zeigt den Kalbsrücken von der Innenseite und damit auch die Lage der Nieren und der Filets.

a ist das Rippenstück. Die neben der letzten Rippe laufende punktierte Linie markiert die Schnittführung, wo nach Entfernung der Nieren das Rippenstück vom Sattel zu trennen ist.

b bezeichnet das Sattelstück mit den darinliegenden, von dickem Fettpolster umgebenen Nieren und Filets.

c die auf den Filetspitzen lagernden Nieren.

d die unmittelbar auf den flachen Sattelrippen liegenden, vom Nierenfett umgebenen Filets.

Der übrige Teil der Filets, der Filetkopf, befindet sich in den abgetrennten Keulen.

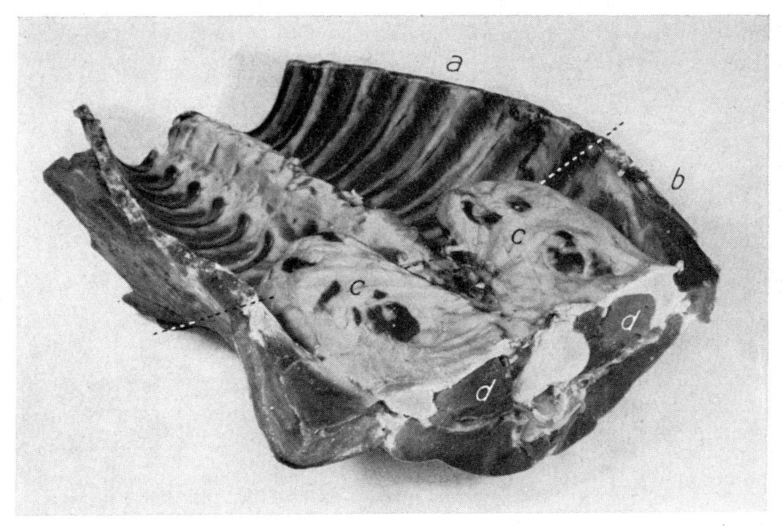

50. Ganzer Kalbsrücken

Das Kalbsrippenstück

Das Rippenstück wird vom Rücken getrennt, wie es in Bild 50 durch die punktierte Linie gekennzeichnet ist. Der Schnitt ist unmittelbar neben der ersten Rippe zu führen. Ob man nun das Rippenstück als Kalbsbraten oder zu Koteletts verarbeiten will — in

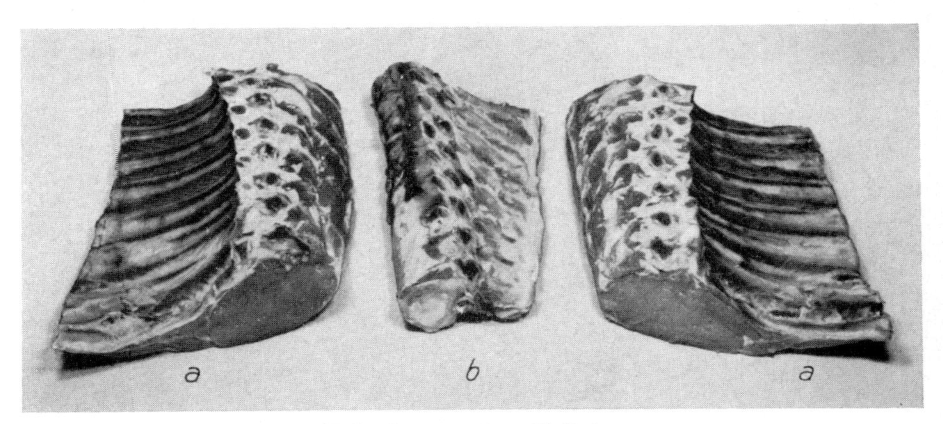

51. Kalbsrippenstück — Kalbskarree

a Das vom Nierenstück getrennte Rippenstück. *b* Der ausgehauene Knochen (vgl. Bild 50 a)

beiden Fällen ist es der Länge nach zu spalten. Bei diesem Vorgang legt man den Rücken auf die Rippenseite und schneidet dann mit einem Ausbeinmesser rechts und links hart am Gratknochen entlang bis auf den Wirbelknochen. Nun lassen sich beide Rückenhälften voneinander trennen, indem man mit einem scharfen Beil beide Karrees voneinander spaltet. Man stützt dabei das Karree in senkrechter Haltung mit dem Halsende auf den Fleischblock, während die rechte Hand das Beil mit kurzen, kleinen Schlägen führt. Nach dem Spalten ist an dem einen Karree der Wirbelknochen verblieben; er ist ebenfalls mit dem Beil zu entfernen. Die so hergerichteten Karrees sind auch für den Kotelettschnitt gebrauchsfertig (vgl. Bild 81).

Der Kalbssattel

Der Kalbssattel ist der Teil *b* aus Bild 50; man sieht ihn dort mit den Nieren und den Filets in ihrer natürlichen Lage.

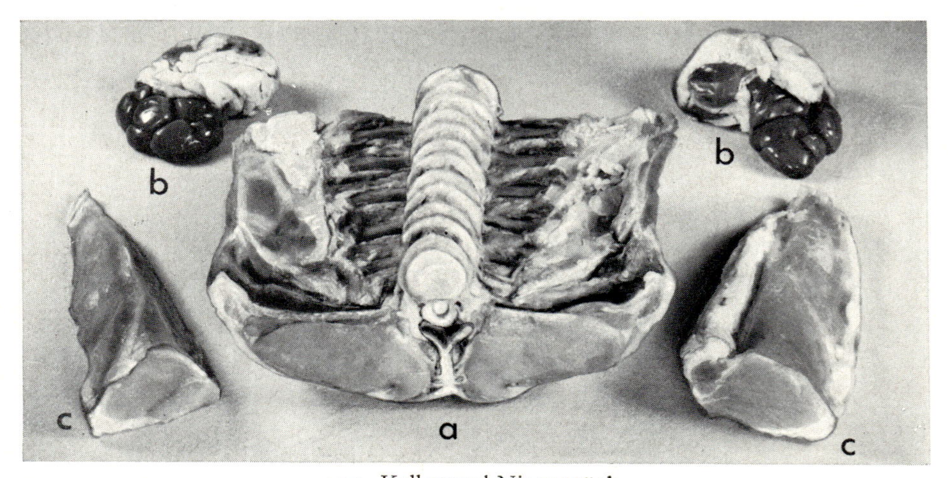

52. Kalbssattel-Nierenstück
a Das von den Nieren und den Filets befreite Sattelstück. *b* Die mit Fett umlagerten Nieren. *c* Die Filets; beim linken Filet ist der Strang entfernt

In dem Bild sind die Nieren und die Filets herausgenommen. So wie der Sattel hier gezeigt ist, kann er drei verschiedenen Zwecken dienen, und zwar:

1. im ganzen Stück oder gespalten zum Braten. Wenn der Kalbssattel im ganzen gebraten werden soll, wird der Rückgratknochen etwas behackt, damit er eine feste Lage erhält. Nachdem dann die seitlichen Lappenteile nach innen gelegt wurden, ist der Sattel noch mit Bindfaden zu schnüren (vgl. Bild 66). Falls der Kalbssattel gespickt werden soll, wird er zuvor gehäutet;
2. sind aus dem Stück Kalbssteaks zu schneiden (vgl. Bild 81);
3. wird aus diesem Teil der Kalbsnierenbraten hergerichtet.

Der Kalbsnierenbraten

Der Kalbsnierenbraten ist aus dem Sattel herzurichten. Um sich die Entwicklung klarzumachen, ist es erforderlich, sich zunächst in die Zusammenhänge in den Bildern 50 und 52 zu vertiefen.

In dem folgenden Bild ist der Sattel (vgl. Bild 52) vollständig vom Knochengerüst ausgelöst und weiterbearbeitet bis zum fertig gerollten Nierenbraten.

Eine andere Art, den Nierenbraten auszulösen, ist: Man löst den Knochen, wie vorerwähnt, aus, doch ist dabei darauf zu achten, daß die längs durchschnittene Sattelhälfte, die Niere und das Filet nicht voneinander getrennt werden. Vor uns liegen also die beiden der Länge nach halbierten Sattelhälften mit je einer Niere und einem Filet ohne Knochen. Der nächste Handgriff ist, das übermäßige Fett von den Nieren zu entfernen und nur eine nicht zu starke Schicht darauf zu belassen. Dann ist die Niere der Länge nach $^3/_4$ zu spalten, jedoch nicht völlig auseinanderzuschneiden, dann auseinanderzuklappen, damit das ganze Sattelstück der Länge nach mit Niere neben dem darinliegenden Filet bedeckt ist. Der so vorbereitete Kalbsnierenbraten wird gerollt, geschnürt und ist somit bratfertig.

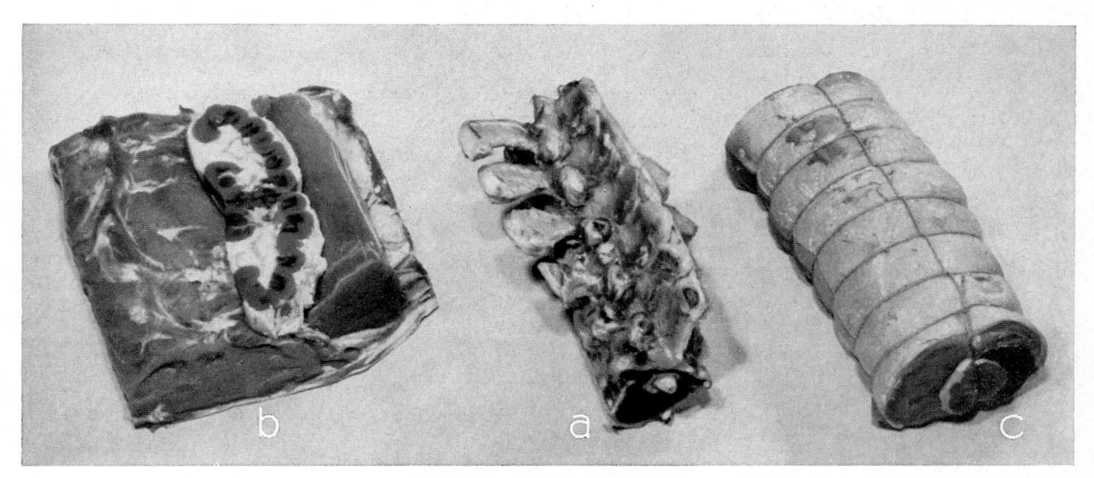

53. Vorbereitung des Kalbsnierenbratens

Das Kalbsnierenstück ist hier völlig von den Knochen ausgelöst und längs durchschnitten. *a* Der verbliebene Knochen. *b* Eine Sattelhälfte mit einer längs geteilten Niere und einem Filet. *c* Der zusammengerollte, verschnürte und somit bratfertige Nierenbraten

Kalkulation für den Kalbsrücken

Um über die proportionale Verteilung für die einzelnen Qualitäten einen Überblick zu gewinnen, soll als Beispiel ein Kalbsrücken von 16 kg zerlegt und das Gewicht oder die Stückzahl der herauszuwirtschaftenden Boucherie gegeben werden.

Die einzelnen Teile des bratfertig gemachten Rückens haben folgende Gewichte:

Der bratfertige Rücken	8 kg 600 g
Nieren mit Fett	2 kg
Blätter	1 kg 500 g
Seitenrippen mit Lappen	3 kg
2 Filets	650 g
Der abgespaltene Rückgratknochen	250 g
Gesamtgewicht	16 kg

Der von dem 16 kg schweren Rücken abgetrennte Sattel mit Nieren, Filets und Lappen wiegt $7^1/_2$ kg. Die Verteilung auf die einzelnen Proportionen ergibt folgendes Bild:

2 Sattelhälften mit Filet und Niere je $2^1/_2$ kg .	5 kg
Ausgelöste Knochen	1 kg 350 g
Entferntes Nierenfett	1 kg
Reste	150 g
Gesamtgewicht	7 kg 500 g

Wenn in beiden vorhergehenden Fällen der Rücken ganz oder als Nierenbraten behandelt wurde, so soll nun erläutert werden, wie der Kalbsrücken im Boucherieschnitt aufgeteilt wird. Zu diesem Zweck wird der Rücken von 16 kg, wie er vom Schlächter geliefert wurde, von den Nieren, Filets, Blättern und den Seitenrippen mit Lappen befreit. Jetzt ist der Sattel von dem Rippenstück abzuschneiden.

Der parierte Sattel wiegt	3 kg 350 g
Wenn dieser Sattel für Steaks vollständig von den Knochen ausgelöst wird, so haben die beiden Sattelhälften je 1 kg Gewicht, zusammen . . .	2 kg
Die fehlenden	1 kg 350 g
entfallen also auf die Knochen.	

2 kg pariertes Fleisch ergeben 12 Steaks je 150 g und 200 g Reste.

Wir kommen jetzt zur Zerteilung des noch ungespaltenen Kotelettstückes. Es wiegt $5\frac{1}{2}$ kg. Das Kotelettstück wird gespalten. Zu diesem Zweck wird rechts und links hart am Rückgratknochen eingeschnitten, dann werden die Karrees an den Rippen entlang gespalten. Die letzteren sind dann noch von den Sehnen zu befreien und nunmehr fertig für den Kotelettschnitt. Die beiden so parierten Karrees wiegen zusammen 3800 g. Es lassen sich daraus 24 Koteletts je 150 g schneiden. Bei dieser Arbeit wird man gezwungen sein, 8 Koteletts ohne Rippen zu schneiden, da man sonst das Gewicht nicht einhalten könnte; 16 weitere Koteletts können jedoch mit Rippen geschnitten werden. Die verbleibenden 200 g sind Halskoteletts; da sie zu sehnig sind, taugen sie nicht für das à la carte-Service. Knochen und Abfälle beider Karrees wiegen 1700 g.

Die Blätter, Seitenrippen und Lappen eignen sich besonders für Ragouts oder auch zum Braten. Die kleinen Reste werden am besten für Gehacktes und die Filetspitzen als Gulasch „à la minute" verwendet.

Es folgt nun noch ein Gesamtüberblick über die aus dem 16 kg schweren Rücken zu schneidende Boucherie:

12 Portionen Steaks	je 150 g
6 Portionen Niere	je 150 g
4 Portionen Filet	je 150 g
16 Portionen Kotelett mit Knochen	je 150 g
8 Portionen Kotelett ohne Knochen	je 150 g

Auslösen und zweckmäßige Verwendung der Kalbskeule

Obwohl das Zerlegen der Kalbskeule nicht schwer ist, wird es dennoch häufig falsch gemacht. — Ich habe mich besonders bemüht, gerade das Auslösen der Kalbskeule recht instruktiv darzustellen. Die fünf Bilder mit dem erläuternden Text werden, so hoffe ich, jeden befähigen, eine Kalbskeule sachgemäß zu zerlegen. — Kein anderer Teil des Schlachtfleisches kann so praktisch und natürlich zerlegt werden wie gerade die Keule, denn bei ihr braucht man nur beim Schnitt den Zellgeweben nachzugehen, deren anatomische Lage man allerdings kennen muß.

Die hier gezeigte Kalbskeule wiegt $15\frac{1}{2}$ kg. Sie wird so ausgelöst, wie es im Küchenbetrieb erforderlich ist. Es soll im folgenden nicht mit dem Auslösen abgetan sein, sondern

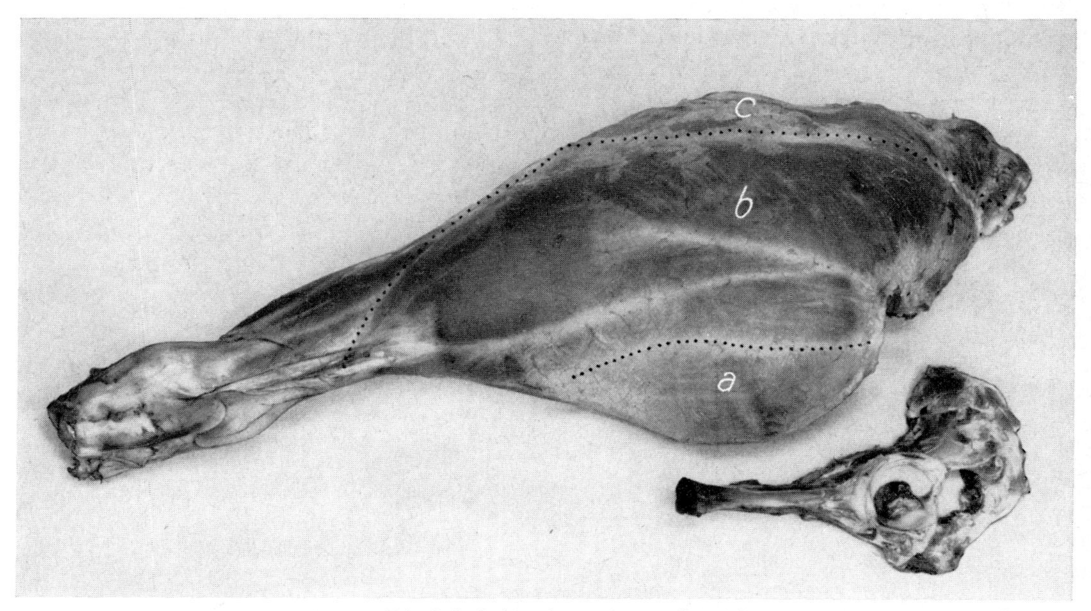

54. Die Schnittkanäle an der Kalbskeule
Zur besseren Darstellung der Linienführung ist die vom Schlußknochen befreite Kalbskeule etwas hochgestellt. Dadurch tritt das Schnitzel-Frikandeau (*a*) etwas hervor. In flacher Lage der Keule wird also die untere punktierte Linie einen tiefergehenden Weg beschreiben. — In dem Bild ist die Lage des Schnitzelstückes, des langen Frikandeaus und der Nuß durch punktierte Linien deutlich markiert. Die Fleischlage kennzeichnet (*a*) das Schnitzel-Frikandeau, (*b*) das lange Frikandeau und (*c*) die Nuß. Um das Schnitzel-Frikandeau regelrecht auslösen zu können, sucht man in Verfolgung der unteren punktierten Linie vorsichtig mit der scharfen Messerspitze die Fleischlage *a* von *b* zu trennen. Wenn die Naht vorsichtig im Schnitt verfolgt wird, stößt man auf ein feines Gewebe, und mit diesem ist der natürliche Weg zur weiteren Schnittführung gegeben

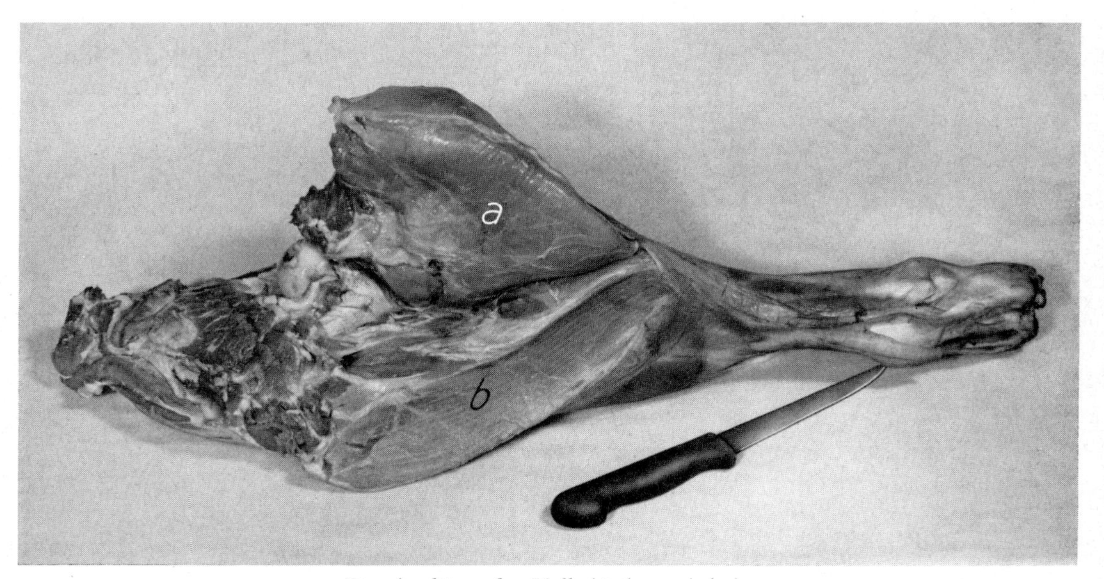

55. Das Auslösen der Kalbskeule. 1. Arbeitsgang
Das Bild veranschaulicht die Innenflächen des Schnitzel- und des langen Frikandeaus der nun auf der Außenseite liegenden Kalbskeule. Deutlich ist zu erkennen, wie diese aneinandergefügt waren. Durch das zurückgelegte Schnitzel-Frikandeau (*a*) ist die dahinter liegende große Nuß dem Blick entzogen. Die äußere linke Spitze ist die kleine Nuß; diese verdeckt die unter ihr liegende Spitze des langen Frikandeaus. Das im Vordergrund eingezeichnete *b* bezeichnet das lange Frikandeau in seiner natürlichen Lage neben der Nuß und seinem nach der Hachse zu auslaufenden dicken Teil

es soll auch erörtert werden, wie die einzelnen Teile ergiebig und am nutzbringendsten weiter verarbeitet werden und wieviel Boucherieportionen das Material bei richtiger Bearbeitung bringen kann.

Mit dem ersten Handgriff gilt es, den an der Innenseite der Keule liegenden Lappen mit dem Fettwulst zu entfernen, um dann sogleich den Schlußknochen auszulösen. Bei dieser Arbeit ist zu beachten, daß das Messer scharf am Knochen entlanggeführt wird und die Spitze nicht zu tief geht, denn dadurch würde die kleine Nuß beschädigt, was beim

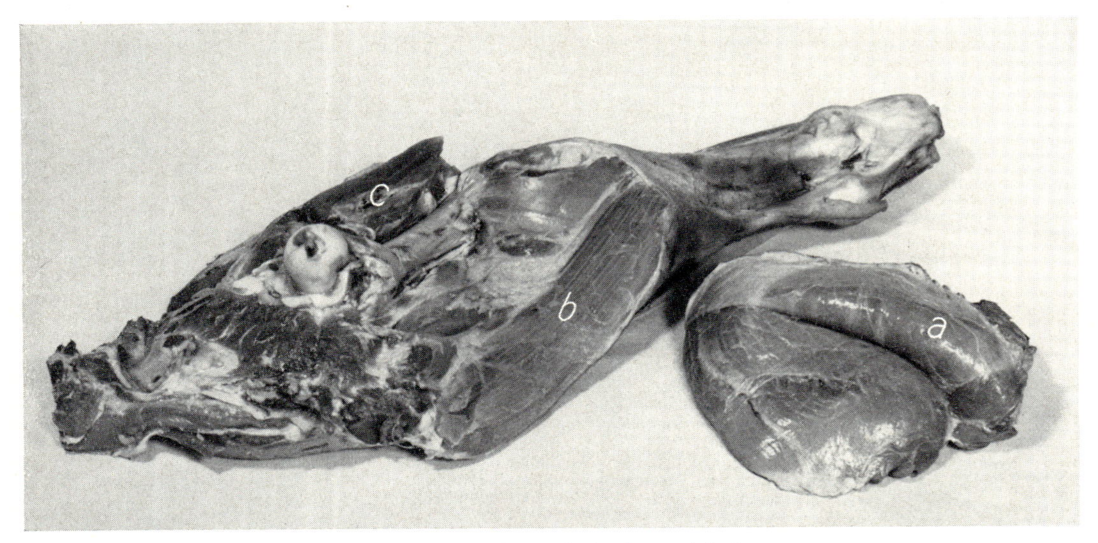

56. Das Auslösen der Kalbskeule. 2. Arbeitsgang

Das Schnitzel-Frikandeau (*a*) ist aus der Keule entfernt. Der auf diesem gelagerte Fleischlappen ist z. T. abgelöst und zurückgerollt. Die große Nuß (*c*) wird sichtbar, und so gibt das Bild weiteren Aufschluß, wie der Schnitt zu führen ist, um das lange Frikandeau (*b*) von der Nuß und zum anderen Teil von der Hachse zu trennen. Hier ist es genauso wie bei dem vorerst ausgelösten Stück; der natürliche Fleischkanal ist zu verfolgen, um das in seiner Form wohlbekannte lange Frikandeau auszulösen. Wenn das lange Frikandeau von der Keule getrennt ist, verbleibt die um den Röhrenknochen gelagerte Nuß. Einer genaueren Erörterung bedarf es hier nicht; es kommt lediglich darauf an, diese unbeschädigt vom Knochen abzulösen

späteren Schnitzelschneiden Verluste brächte. Je genauer ausgelöst wird, um so weniger Reste entstehen. Man soll von vornherein die Knochen so auslösen, daß nicht nachgeputzt zu werden braucht. Nach Entfernung des Schlußknochens ist das Schnitzel-Frikandeau herauszuschneiden. Durch die natürliche Linienführung zwischen den Fleischlagen ist sozusagen der Schnittkanal auf der Oberfläche vorbereitet. Bei einiger Übung ist es nicht schwer, ihm nachzugehen und die natürlichen Nähte zu verfolgen.

Wenn die Kalbskeule völlig zerlegt ist, soll den einzelnen Teilen Aufmerksamkeit zugewendet werden. Nur wenn jedes Stück für den Zweck verwendet werden kann, für den es am besten geeignet ist, kann von einer wirklich rationellen Verwendung die Rede sein. Damit ist gemeint: wenn z. B. Kalbsbraten serviert wird, müssen besonders die langen Frikandeaus verwendet werden; für Schnitzel sollen das Schnitzel-Frikandeau und die Nuß verbraucht werden. Es ist also in allen Fällen am Platze, wo gute Kühlanlagen vorhanden sind, sich so einzustellen, daß die einzelnen Fleischteile jeweils für bestimmte Zubereitungen reserviert und für den Zweck verarbeitet werden, bei denen sie den größten Nutzen bringen.

Erlesene Vorspeisen — Hors-d'oeuvre riches

Für einen besonderen Anlaß in kleinem Kreise wurden die „Hors-d'oeuvre riches" angerichtet. Bei dieser Zusammenstellung bedarf es keiner Zugabe von kalten Saucen. — Die Vorspeisen (für 4 Personen) sind hier als Hauptgang gewählt, vor dem eine klare Suppe gereicht wird. Eine passende Nachspeise beschließt dieses Sonder-Menü.

Beluga-Malossol, Kaviar auf Eis
Hummersalat mit frischer Ananas
Gebratene Poularde mit Spargelspitzen
Artischockenherzen, griechische Art
Räucherlachsröllchen mit Meerrettichsahne
Gänseleber-Parfait auf Madeiragelee
Imperial-Austern in Tomatenhälften

Hummersalat mit frischer Ananas und Pistazien

1 Hummer, 500 g schwer, wird ausgebrochen, der Schwanz und die Scheren werden halbiert. 2 schöne Scherenhälften und je 4 Scheiben von beiden Hummerschwanzhälften reserviert man, desgleichen schöne Ananasstücke. Vom Hummerrest sowie von frischer Ananas wird ein Salat bereitet und mit folgender Sauce angemacht: wenig Mayonnaise mit Chili-Sauce, einigen Spritzern Zitrone, Orangensaft und etwas Curry. Darunter zieht man geschlagene Sahne und Pistazienstückchen und macht den Salat damit an. Mit den reservierten Bestandteilen wird der Salat garniert und abschließend mit zarten Endivienblättern eingefaßt.

Artischockenherzen auf griechische Art *(vgl. S. 201)*

Bei der Zubereitung werden noch kleine Zwiebeln und Tomatenstücke verwendet. Beim Anrichten wird mit Streifchen von gekochtem Schinken und rohem Sellerie bestreut.

Imperial-Austern in Tomatenhälften

Die ausgehöhlten Tomatenhälften werden mit wenig Cocktail-Sauce gefüllt (Catchup, feine Zwiebel, Petersilie, geriebener Meerrettich, Öl, Zitrone, Salz und Pfeffer) und mit frischen, entbarteten Austern belegt.

Gänseleber-Parfait *(vgl. S. 276)*

Kleine Vorspeisen im Feinkosthandel

In einschlägigen Feinkostgeschäften gehören zubereitete kalte Delikatessen zu den gangbarsten Artikeln. Kalte Fischgerichte aller Art, verschiedene Salate, kalte Braten, Geflügel, Pasteten sowie kleine Vorspeisen, zu denen auch Gänseleber-Parfait verwendet wird, sollen in reicher Auswahl bereitstehen, denn der Kunde will nicht lange warten und schätzt es, wenn man seinen Wünschen entgegenkommt.

Die kalten Gerichte, wie auch die hier abgebildeten Vorspeisen (weitere Bilder S. 223), werden zweckmäßig auf rechteckigen Platten aus Porzellan, Edelstahl oder Kunststoff in verglasten Kühlvitrinen (S. 22) untergebracht. Die hygienische Aufbewahrung der zubereiteten Delikatessen an einem sichtbaren Platz des Ladens wirkt werbend auf den Kunden und regt ihn zum Kauf an.

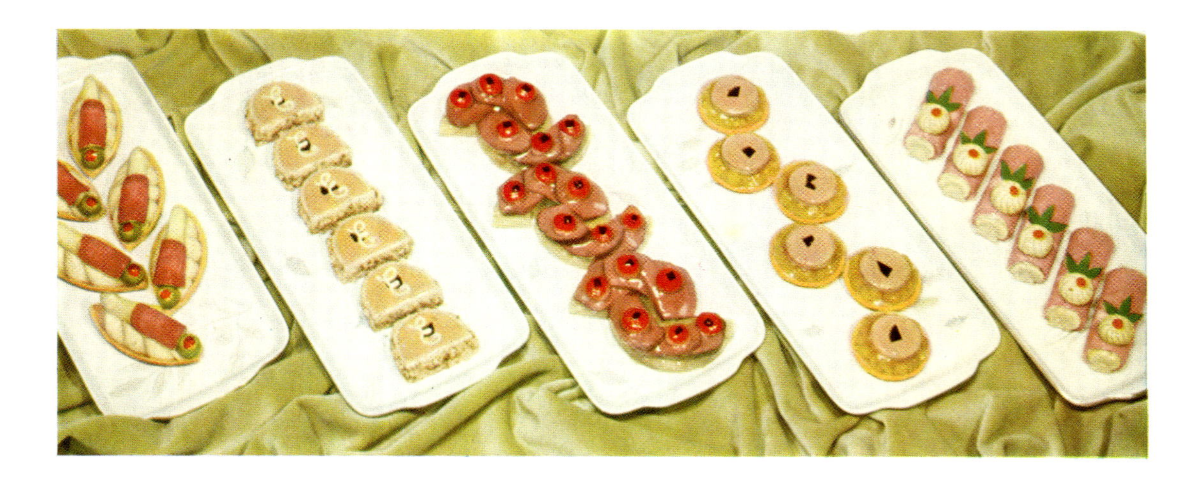

Von links nach rechts:

Schiffchen, gefüllt mit Geflügel-Schaumbrot, Zungenröllchen mit Spargel, halbe gefüllte Olive.

Toast, leicht bestrichen mit Orangengelee, darauf eine Scheibe von frischem Gänseleber-Parfait, seitlich eingestreut mit gehackten Walnüssen.

Halbe Ananasscheiben, belegt mit Rehrückenfilettranchen, darauf halbe, mit Gänseleber gefüllte Kirschen, Trüffelpunkt.

Kleine Tarteletts, gefüllt mit feinwürfelig geschnittener Ananas, die mit Kirschwasser abgespritzt wurde, darauf getrüffeltes Gänselebermedaillon.

Schinkenröllchen, gefüllt mit feinwürfelig geschnittenem Champignonsalat, mit Kräutern und geschlagener Sahne abgeschmeckt; Dekor: tournierter Champignonkopf mit Paprikatupfen, Rauten von jungen grünen Bohnen.

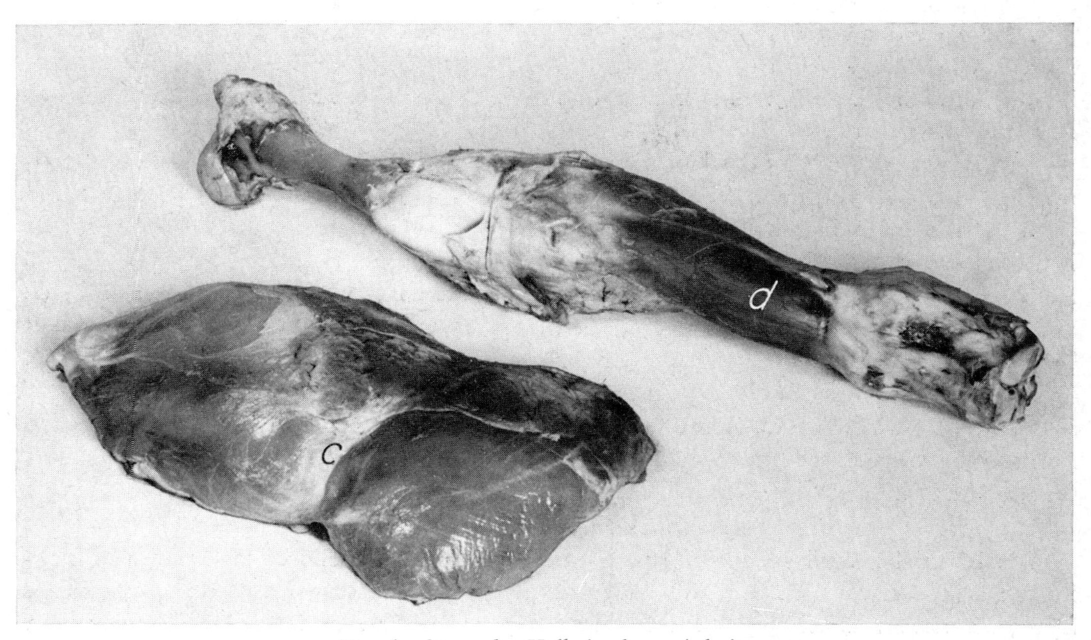

57. Das Auslösen der Kalbskeule. 3. Arbeitsgang

Der dicke oder größere Teil der Nuß (*c*), der um den Röhrenknochen gelagert war, ist von dem letzteren getrennt und an dem nach der Hachse zu auslaufenden Knorpel im Gelenk durchschnitten. Die Nuß ist unpariert; auf ihr lagern Fleischschichten, die aber auf dem folgenden Bilde entfernt sind

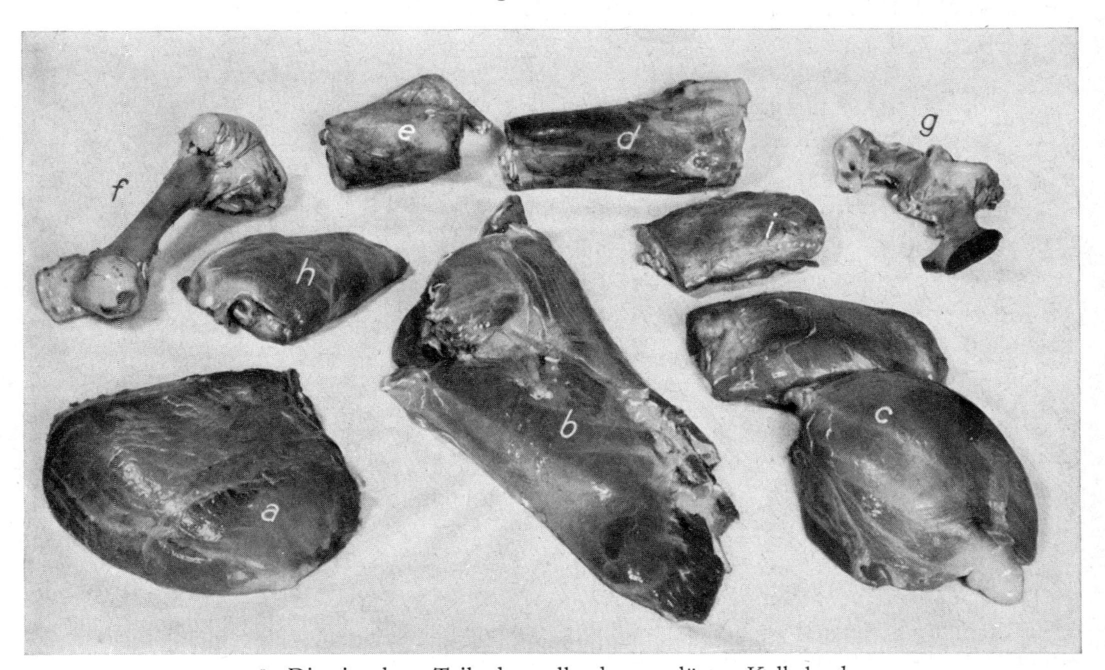

58. Die einzelnen Teile der vollends ausgelösten Kalbskeule

a Das Schnitzel-Frikandeau, fertig pariert zum Schnitzelschneiden. *b* Das lange Frikandeau. *c* Die fertig parierte Nuß. *d* Die bratfertige Hachse. *e* Gelenkknochen. *f* Röhrenknochen. *g* Schlußknochen. *h* Der abgetrennte, über dem Schnitzel-Frikandeau liegende Fleischlappen. *i* Ein Teil des an der Keule befindlichen Bauchlappens

Häufig werden auch Kalbskeulen im ganzen gebraten. Dann nimmt man gewöhnlich Keulen von Milchkälbern oder doch von kleinen Tieren. Um sie bratfertig zu machen, ist nur der Schlußknochen zu entfernen und ein kleiner Teil vom Hachsenknochen etwas zu parieren.

Wie schon erwähnt, ist das lange Frikandeau besonders für den Kalbsbraten geeignet, für Schnitzel weniger, denn dafür ist es zu sehnig und nicht zart genug. Kalbsrouladen jedoch lassen sich sehr gut daraus schneiden. Anders ist es jedoch mit den Doppellender-Kalbskeulen. Der Preisunterschied ist zwar groß, doch zeigt sich der Nutzen darin, daß fast alles für Schnitzel verwendet werden kann. — Das Lappenfleisch der Keulen läßt sich vor allem gut für Ragouts verwenden, auch kann man es gerollt und gebunden sehr gut braten. Von den kleineren zarten Resten lassen sich Quenelles-Farcen bereiten. Weitere Reste werden am besten für Gehacktes und, wenn der Betrieb sich damit befaßt, auch bei der Wurstfabrikation verwendet. Beim späteren Schnitzelschneiden ergeben sich weitere Reste. Da sie von den zartesten Stücken sind, machen sie sich besonders als Gulasch „à la minute" bezahlt.

Kalkulation für die Kalbskeule

Als Beispiel mag das Gewichtsverhältnis der einzelnen Teile einer zerlegten Kalbskeule festgestellt werden. Auf diese Weise lassen sich am besten die Anhaltspunkte festlegen, wie viele Boucherieportionen bei sachgemäßer Behandlung herauszuschneiden sind.

Bei einer Kalbskeule von 15 1/2 kg ergibt sich folgendes Bild:

Das lange Frikandeau	3 kg
Schnitzel-Frikandeau und Nuß, fertig pariert	3 3/4 kg
Filet	1/4 kg
Hachse (bratfertig)	1 kg
Lappen- oder Ragoutfleisch	2 kg
Kleine Reste	1 kg
Fett	1 1/2 kg
Knochen	3 kg

Portions-Einteilung:

3 3/4 kg Schnitzelfleisch = 30 Schnitzel . . . . je 120 g
1/4 kg Filet = 2 Stück . . . . je 120 g
1 kg Hachse = 3—4 Frühstücksportionen

Nach diesem Beispiel werden aus 3 3/4 kg Schnitzelfleisch 30 Schnitzel je 120 g geschnitten. Der Rest von 150 g muß berücksichtigt werden, denn die einzelnen Fleischteile sind an mehreren Stellen ungleichmäßig dick, wodurch es sehr schwierig wird, ganz genau zu arbeiten. Um stets gleichmäßig schwere Boucherie zu schneiden, bedarf es dauernder, unausgesetzter Übung.

Ausbeinen und Füllen einer Kalbsbrust

Um die Kalbsbrust vorteilhaft zu verarbeiten, ist es notwendig, sie entsprechend vorzubereiten. Zu diesem Zweck werden die in ihr verwachsenen Knochen nach einer besonderen Methode entfernt. Die Kalbsbrust kann man füllen und damit für den gewerblichen Betrieb, sofern sie ganz gebraten werden soll, rentabler gestalten. Sie kann mit Fleisch- oder Semmelfüllsel gefüllt werden.

Wenn die Kalbsbrust gebraten werden soll, einerlei ob gefüllt oder ungefüllt, so sind die Knochen auszubeinen, um vom Braten schöne, glatte Scheiben schneiden zu können. Wenn die Knochen darin verblieben, wäre es sehr schwierig, sie wirtschaftlich aufzuarbeiten.

Um die Brustrippenknochen herauszunehmen, werden sie zunächst in den Gelenkknorpeln quer durchschnitten, und von diesem Schnitt ausgehend, ist längs auf jedem Rippenknochen entlang ein zweiter Schnitt zu führen, der die über dem Knochen liegende dicke Hautschicht durchschneidet. Damit sind die Vorbedingungen geschaffen, die

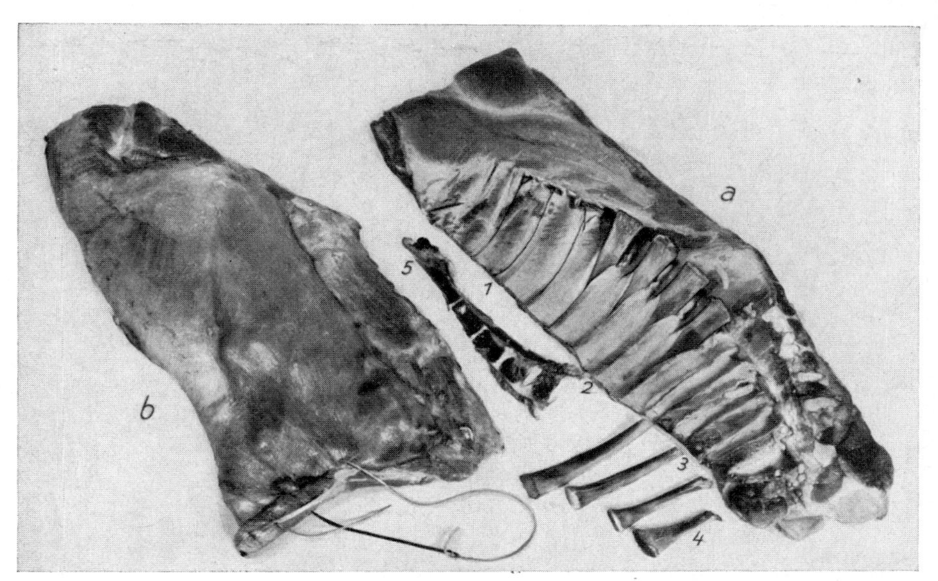

59. Bearbeitung einer Kalbsbrust
Die Entfernung der Knochen für die Vorbereitung zum Füllen. *b* Eine gefüllte, bratfertige Kalbsbrust

Rippenknochen herauszuziehen. Nachdem man auf jeden einzelnen Knochen ein T eingeschnitten hat (Bild 59*a* 1), ist die Brust an der Sägeschnittfläche mit beiden Händen zu erfassen und mit der dünnen Seite auf den Tisch zu stützen, um so mit etwas Kraft die vorher eingeschnittenen Knorpel zu durchbrechen. Durch diese Bearbeitung lösen sich die Knochen im oberen Teil aus den Gelenken und treten heraus (Bild 59*a* 2). Alles weitere ist in den Bildern erkenntlich gemacht.

Bild 59 zeigt:

a Die verschiedenen Vorgänge beim Ausbeinen der Kalbsbrust.
Bemerkung: Um Irrtümer auszuschließen, sei erwähnt, daß die unter *a* 1, 2, 3, 4 und 5 erklärten Vorgänge immer an der ganzen Brust nacheinander durchzuführen sind. Das Bild ist in dieser Weise gegeben, um nicht jeden einzelnen Vorgang an einem neuen Foto wiederholen zu müssen.

a 1 Am vorderen Teil der Kalbsbrust ist die Lage der Brustknochen erkenntlich. Die Linie T ist der auf jedem Knochen zu führende, eingangs erklärte Schnitt.

a 2 An diesem Teil ist die Lage der Knochen illustriert, wie sie sich nach dem Durchbrechen der Knorpel zeigen. Der obere Teil ragt nun heraus; man kann sie jetzt erfassen und herausziehen.

a 3 Dieser Teil zeigt die von den Knochen befreite Brust.

a 4 Die herausgezogenen Brustknochen.

a 5 Wenn die Arbeit von 1—4 durchgeführt ist, wird der längs laufende Knorpelknochen mit einem kleinen Handbeil herausgehackt. Die dunkle Schraffierung im Vorderteil der Brust kennzeichnet die Lage des herausgenommenen Knochens (5).

b Die Vorbereitung zum Füllen der Kalbsbrust. — Nach den erklärten Vorbereitungen legt man die Brust auf die von den Knochen befreite Seite. Damit die Brust gefüllt werden kann, schafft man in ihr eine Tasche. — Am flachen Ende findet man einen Eingang in ein Zellengewebe. Es wird, dem natürlichen Weg folgend, mit der Hand gelöst, und somit ist ein Hohlraum für die Füllung geschaffen (Füllung S. 120).
Die gefüllte Kalbsbrust ist mit dünnem Bindfaden zuzunähen, damit beim Braten die Füllung nicht austreten kann.
Die Kalbsbrust läßt sich auch gut für Ragout, Frikassee usw. verarbeiten. Dazu wird die Brust in etwa 60 g schwere Stücke zerkleinert. Man kann die Kalbsbrust auch als Galantine (s. S. 287) oder zu „Tendrons“ (s. S. 86) verarbeiten.

Ausbeinen einer Kalbsschulter

Die Schulter, das Blatt oder auch der Bug genannt, kann im ganzen gebraten oder auch aus den Knochen ausgelöst, gerollt und gebunden gebraten werden. Das Stück kann man auch zu Frikassee und Ragouts verwendet. Das Ausbeinen ist in den Bildern 60 und 61 dargestellt.

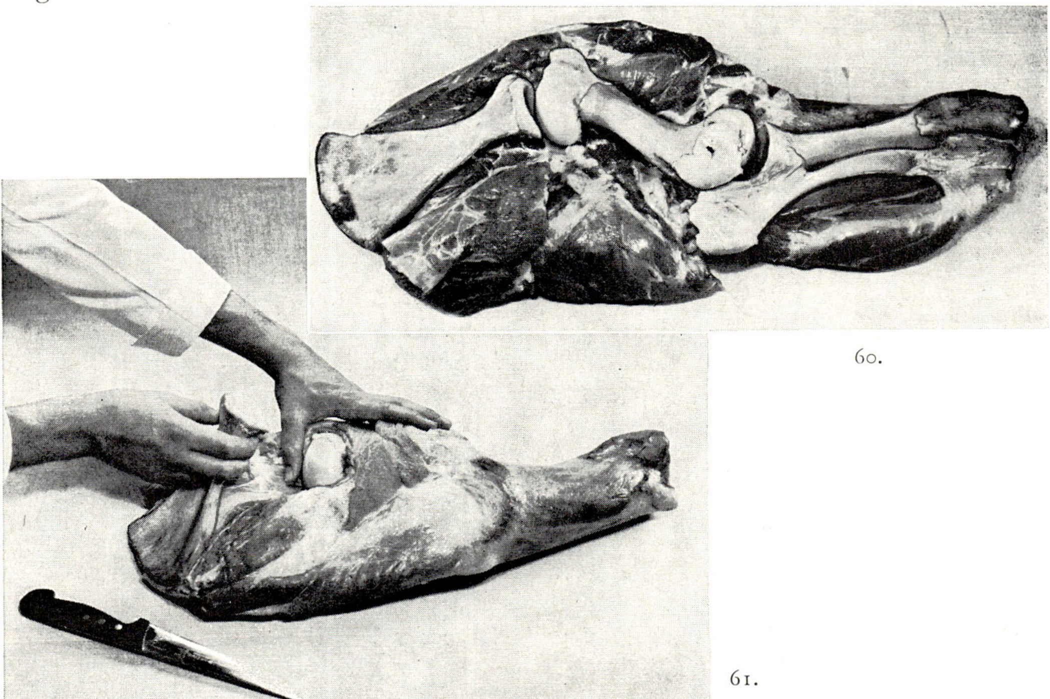

60.

61.

60. Die Knochen sind vom Fleisch freigelegt; der linke Teil, die sog. Schaufel, läßt rechts das Kugelgelenk erkennen

61. Die Schaufel wird, nachdem sie mit dem Messer freigelegt wurde, mit der Hand kräftig herausgezogen

Auf der Innenseite des Kalbsblattes (Bild 60) ist die Lage der auszulösenden Knochen gekennzeichnet; sie zeigen den Weg, den man mit dem Messer zu verfolgen hat.

Der breite Knochen, die sog. Schaufel, läßt sich, wenn das Kugelgelenk und die seitlichen Fleischschichten freigelegt sind, mit etwas Kraft herausziehen. Dann ist der Röhrenknochen auszulösen. Die Vorderhachse wird gewöhnlich nicht ausgebeint, sondern im Gelenk abgetrennt und für besondere Zwecke verarbeitet. — Eine ergänzende Ansicht ist im Bild 68 (Hammelblatt) gegeben.

Auslösen eines Kalbskopfes

Der Kalbskopf ist in allen Fällen auszulösen, einerlei, für welche Zwecke er verwendet wird. Die den Schädel umgebende Haut oder Fleischschicht wird, wenn sie ausgelöst ist,

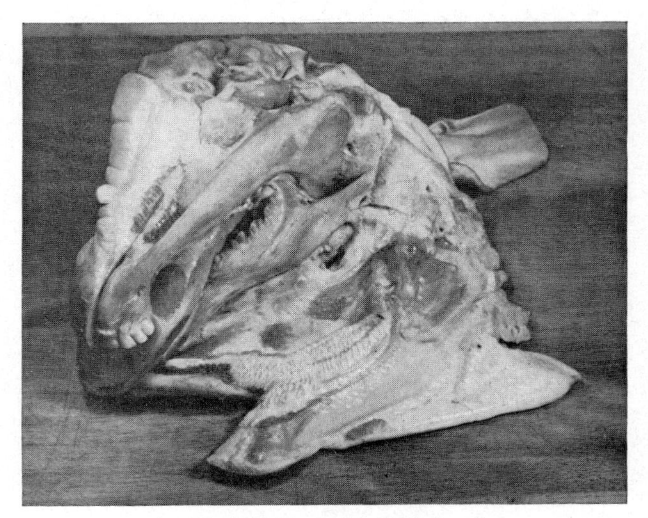

62. Vorbereitung des Kalbskopfes
Das Kopffleisch ist bereits zur Hälfte ausgelöst

eine Zeitlang in kaltem Wasser gewässert, dann zunächst blanchiert und mit kaltem Wasser abgekühlt. Dann wird der Kopf, nachdem er längs halbiert wurde, von allen unbrauchbaren Teilen befreit. Zuerst wird die dicke Haut, die das Maul umrandet, mit scharfem Messer rasiert. Dann ist die Ohrmuschel zu säubern, wobei man kurzerhand die Knorpelteile herausschneidet; auf diese Weise lassen sich alle Härchen am besten beseitigen. Nach diesen Vorbereitungen wird der Kalbskopf in etwa 4 cm große Stücke geschnitten und sofort gekocht.

Erläuterung zu Bild 62:

Beim Auslösen legt man den Kopf auf die Stirn, schneidet die Fleischschicht am Hals längs auf und löst sie dann mit scharfem Auslösemesser vom Schädelknochen herunter.

Bild 63:

a Die Fleischhülle, die den Schädel umgab, ist vollständig ausgelöst.
b Der aus der Fleischhülle ausgelöste Schädelknochen mit geöffneter Hirnschale (ohne Hirn). — Um das unter der Hirnschale liegende Hirn herauszunehmen, ist sie mit

scharfem Beil zu öffnen. Wie die Schnittlinie geführt werden muß, ist aus dem Bild ersichtlich. Zu diesen Handgriffen ist allerdings etwas Übung erforderlich, denn das Hirn soll möglichst nicht verletzt werden.

c Das herausgenommene Hirn. — Das Hirn muß, bevor es verarbeitet wird, mehrere Stunden in viel kaltem Wasser, das einige Male zu wechseln ist, gewässert werden, damit alles Blut herauszieht. Dann wird die das Hirn umgebende Haut abgezogen; das geschieht am besten in lauwarmem Wasser. Erst danach kann das Hirn verwendet werden.

d Die herausgeschnittene Zunge.

63. Der ausgebeinte Kalbskopf

Ausbeinen von Kalbsfüßen

Kalbsfüße werden in der Küche hauptsächlich dort verwendet, wo man bestimmten Gerichten die gelatinöse Substanz übermitteln will (Schmorbraten, Sülze, Gelee usw.). Als selbständiges Gericht eignen sie sich gebacken am besten. In allen Fällen wird vor dem Kochen der Knochen ausgebeint. Wie dies praktisch durchgeführt wird, ist in dem nachstehenden Bild erläutert.

Erläuterung zu Bild 64:

a Der Kalbsfuß wird an der Außen- und Innenseite mit einem Längsschnitt bis auf den Knochen durchschnitten.

b Durch den Schnitt läßt sich der Fuß im Gelenk auseinanderbrechen.

c und *e* Der gespaltene, vom Knochen geschälte Fuß. So vorbereitet, werden die Füße gekocht. Die in den Fußspitzen verbleibenden Knochen können erst nach dem Kochen entfernt werden.

d Der aus dem gespaltenen Fuß herausgenommene Knochen.

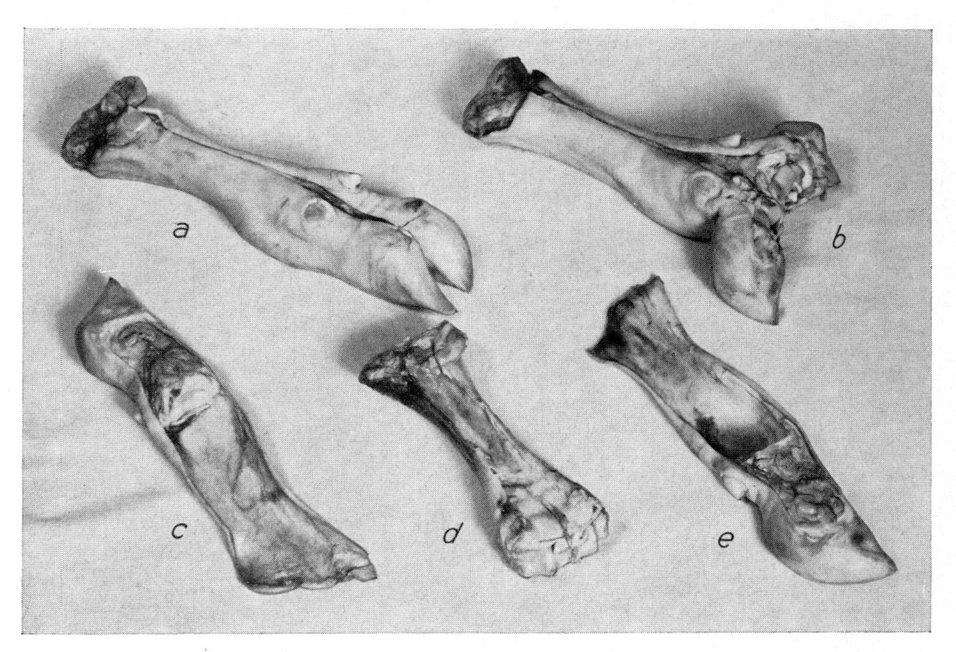

64. Vorbereitung von Kalbsfüßen

4. Hammel und Lamm

Gute Hammelfleischqualität äußert sich in ein wenig dunkelroter, lebhafter Farbe. Es muß, um zart und mürbe zu werden, gut ablagern. Die Küche kennt drei Schafgruppen:

1. Hammel, worunter das ausgewachsene, völlig entwickelte Schaf zu verstehen ist.

2. Lamm. — Es ist die bevorzugteste Qualität. Man versteht darunter das bereits weidende, aber noch nicht ausgewachsene Schaf.

3. Milchlamm, das, wie der Name besagt, ein noch saugendes Lamm ist, das bisher noch nicht gegrast hat.

Zur Orientierung sind noch einige besondere Bezeichnungen zu erwähnen, wie das oft in Menüs und auf Speisekarten anzutreffende:

«Pré-salé». — Es bezieht sich auf Fleisch von Schafen, die auf Meeresstrandwiesen weideten.

«Pauillac», ein Bezirk in Frankreich, ist berühmt für die besten Lämmer. Oftmals erscheint auf der Speisenfolge: «Agneau de Pauillac».

"South down"-Hammel sind eine besonders gemästete Art; diese stammen aus der englischen Grasregion South down.

Heidschnucken. — Darunter ist eine Heide-Schafart zu verstehen, die hauptsächlich in der Lüneburger Heide und in Ostfriesland gezüchtet wird. In dem Fleisch dieser Tiere entwickelt sich ein würziger Wohlgeschmack, weshalb es sehr begehrt ist.

a) Aufteilung und rationelle Verwendung des Hammels

Teil	Vorteilhafteste Verwendung und Ausnutzung der einzelnen Teile
a Hals	Ragout und Schmorgerichte
b Rippenstück — Kotelettstück	in Karrees gespalten und gebraten — ferner für Koteletts
c Sattelstück — Nierenstück	entweder als Hammelsattel oder in Karrees gespalten gebraten — ferner für Mutton chops
d Keule — Schlegel	im ganzen gekocht — geschmort oder gebraten — für letzteren Zweck evtl. auch ausgelöst
e Brust	für Ragout oder Eintopfgerichte
f Blatt — Schulter — Bug — Schaufel	gebraten — geschmort — gekocht — Ragout
g Hachse	für Spezialgerichte
h Füße	gebacken
Hirn	gebacken
Nieren	geröstet — sautiert
Zungen	gekocht — gebacken
Schwänze	geröstet

Bemerkung:

«Baron de mouton» ist in der französischen Küche die Bezeichnung für den Rücken mit beiden Keulen, sofern sie unzerlegt, also in einem Stück zusammenhängend, zubereitet werden . . . . . gebraten

«Quartier de mouton» (Viertel) bedeutet in der französischen Küche eine Keule mit daran befindlichem halbem, gespaltenem Rücken . . . . . gebraten

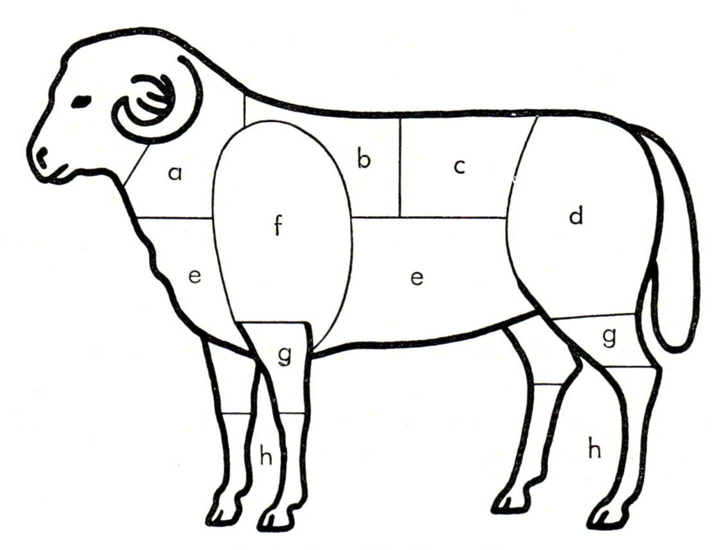

65. Zerlegen des Hammels

b) Ausbeinen der verschiedenen Teile des Hammels

Hammelrücken

Wenn der Hammelrücken gebraten werden soll, so kommen dafür verschiedene Zerteilungsmethoden in Frage, und zwar:

1. kann der Rücken im ganzen gebraten werden;
2. wird das Sattelstück, und zwar in den meisten Fällen für sich allein, gebraten;

3. ist es auch üblich, das Rippenstück für sich allein zu braten. Aus wirtschaftlichen Gründen empfiehlt es sich aber, es der Länge nach zu spalten. Wie dies praktisch durchgeführt wird, ist bei der Bearbeitung des Kalbsrippenstückes S. 55 genau erläutert;

4. schließlich kann der Hammelrücken mitsamt dem Sattel gespalten werden, nachdem vorher die Nieren mit dem Fett und die Filets herausgenommen wurden. Diese Längshälften eines Rückens heißen Karrees. Diesen Karrees ist vor der Verarbeitung das übermäßige Fett abzunehmen, ebenso auch die Rückensehne, die sonst beim Braten das Fleisch verzöge.

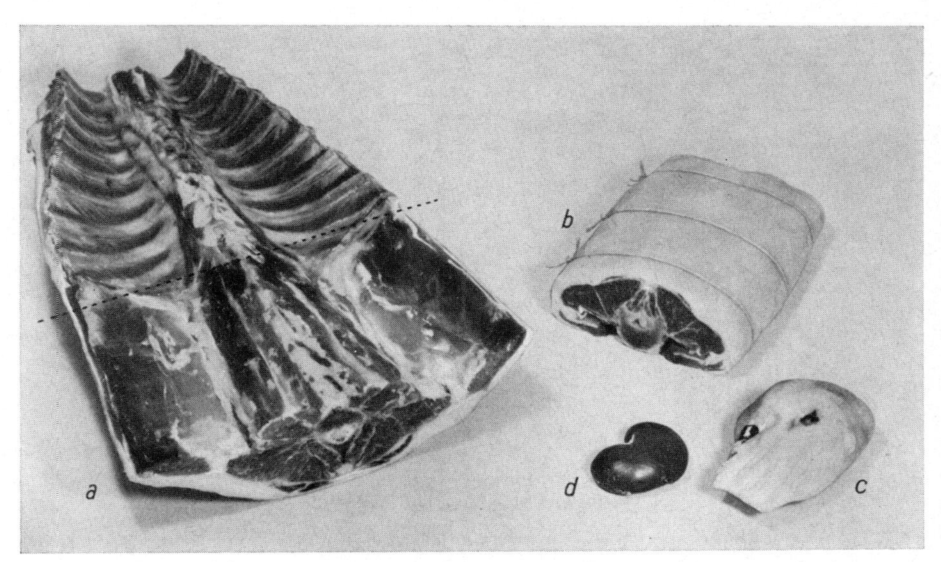

66. Zerlegen eines Hammelrückens

Bild 66 stellt einen Hammelrücken und seine Aufteilung dar.

Zur Erläuterung sei bemerkt:

a der ganze Hammelrücken, im Vordergrund die «Filets mignons»;

b der vom Rücken nach Entfernung der Nieren abgetrennte, bratfertig gemachte Sattel. — Der Sattel wird unmittelbar hinter der letzten Rippe vom Rücken abgeschnitten, wie durch die punktierte Linie gekennzeichnet ist. Das übermäßige Fett wird innen und außen pariert; die Filets sind herauszunehmen und für andere Zwecke zurückzulegen. Nachdem die seitlichen Lappenteile unter den Sattel gelegt sind, ist die Rückenseite wegen der Fettüberlagerung leicht mit spitzem Messer einzuritzen. Der Sattel wird noch gebunden und ist dann bratfertig;

c und *d* die dem Sattel entnommenen Nieren, eine noch mit der Fettschicht umgeben, die andere vom Fett befreit.

Kalkulation für den Hammelrücken

Der hier behandelte Hammelrücken mit Nieren wiegt $7^1/_2$ kg.

Zuerst wird der Hammelrücken von der Innenseite bearbeitet, d. h. daß zunächst die Nieren, die in einer starken Fetthülle liegen, mit dem gesamten Fett herausgeschnitten werden. Die Filets kann man einstweilen in dem Rücken belassen, denn es kommt darauf an, wie der Rücken verarbeitet wird. Nach diesen Handgriffen wird man sich der Rückenoberseite zuwenden und die noch vorhandenen Teile des Blattes ablösen. Falls der Rücken ausgehauen vom Metzger bezogen wird, sind sogleich die Seitenrippen soweit abzuschlagen, daß für den späteren Kotelettschnitt die Knochen immer noch lang genug bleiben.

Die einzelnen Teile wiegen jetzt:

Der Rücken mit Nieren		$7\frac{1}{2}$ kg
Die zu entfernenden Seitenrippen und Blätter	= 1250 g	
2 ausgebrochene Nieren	150 g	
Fett	2100 g	
	3500 g	= $3\frac{1}{2}$ kg
Der parierte Rücken wiegt nunmehr		4 kg

Bei Verarbeitung des Sattels zu Hammelsattelstücken (Mutton-chops) ergibt sich:

Der von dem parierten 4 kg schweren Rücken abgetrennte Sattel wiegt	1950 g	
Das von ihm noch abzunehmende überflüssige Fett wiegt	250 g	= 1700 g
Der schnittfertige Sattel wiegt nunmehr		1700 g

Dieses Gewicht ergibt:

8 Chops je 200 g = 1600 g	1600 g	
Die verbleibenden Reste wiegen	100 g	= 1700 g

Für den Schnitt von Hammelnüßchen wird der Sattel von 1700 g genau so vorbereitet wie der Kalbsnierenbraten (S. 57), jedoch ohne Niere, und wiegt in zwei Hälften geteilt je 700 g = 1400 g. Aus diesem Gewicht lassen sich schneiden:

10 Portionen Hammelnüßchen je 140 g (je Portion 2 Stück)	= 1400 g	
Der ausgelöste Knochen wiegt	300 g	= 1700 g
Der parierte Sattel wog		1700 g
Wenn man von diesem Sattel Steaks schneiden will, entfernt man zunächst die Filets	= 200 g	
Das Sattelstück wird nun vollständig vom Knochengerüst ausgelöst, es wiegt	300 g	
Beim Schneiden der Steaks ergeben sich abermals Fettabgänge; sie wiegen	300 g	= 800 g
Die beiden gespaltenen und parierten Sattelstücke wiegen nun zusammen		900 g

Aus diesen 900 g lassen sich schneiden:

6 Portionen Steaks je 150 g = 900 g (2 Stück auf die Portion)		900 g
Der parierte Hammelrücken wog (s. oben) 4 kg	= 4000 g	
Der abgetrennte Sattel wog (s. oben)	1950 g	
somit verbleibt ein Kotelettstück von		2050 g

Das beim Schneiden der Koteletts zu entfernende Fett beträgt . . .	350 g	
Die Abgänge an Knochen betragen	400 g =	750 g
Gespalten und pariert wiegen die beiden Karrees fertig zum Kotelettschnitt		1300 g
Aus diesen 1300 g lassen sich schneiden:		
6 Portionen Koteletts (2 Stück pro Portion) je Portion 150 g = 900 g	900 g	
Rest (Halsstück)	400 g =	1300 g

Hammellende

Mit Hammellende wird (zum Unterschied von Hammellendchen oder Filets mignons) der längs halbierte, ausgebeinte, gerollte und gebundene Sattel bezeichnet, der entweder gebraten oder geschmort wird.

Hammelkeule

Die Hammelkeule wird in gastgewerblichen Betrieben für alle Zubereitungsarten in den allermeisten Fällen im ganzen verarbeitet. Zu diesem Zweck wird nur das übermäßige Fett, der an der Keule verbliebene Teil des Bauchlappens, der Schlußknochen und ein Teil des Hachsenknochens entfernt. — Zum Braten oder Braisieren ist die Keule zuvor allseitig mit einem Plattierbeil zu klopfen. Weiteres ist aus Bild 67 ersichtlich. Dazu sei erwähnt:
a die unvorbereitete Hammelkeule;
b die bratfertige Hammelkeule;
c der ausgelöste Schlußknochen.

67. Bearbeitung einer Hammelkeule

Der Hachsenknochen ist, wie das Bild zeigt, z. T. vom Fleisch befreit und verkürzt. Vielfach läßt man einen Teil der Hachse an der Keule, doch ist es für den Restaurationsbetrieb rationeller, die Hachse im Gelenk abzuschneiden und sie, als Spezialplatte zubereitet, zu verkaufen.

Hammel-Ragout-Teile

Die vorstehend angeführten Teile des Hammels, Blätter, Brust und Hals, können für Ragouts verwendet werden; sie sind von übermäßigem Fett zu befreien und in etwa 50 g schwere Stücke zu hauen. Die Brust und der Hals mit den Knochen werden in Ragoutstücke gehackt. In den meisten Betrieben ist es üblich, die Blätter vorher auszulösen, denn die Knochen sind sehr spröde, splittern stark und können dem Essenden beim Schlucken gefährlich werden.

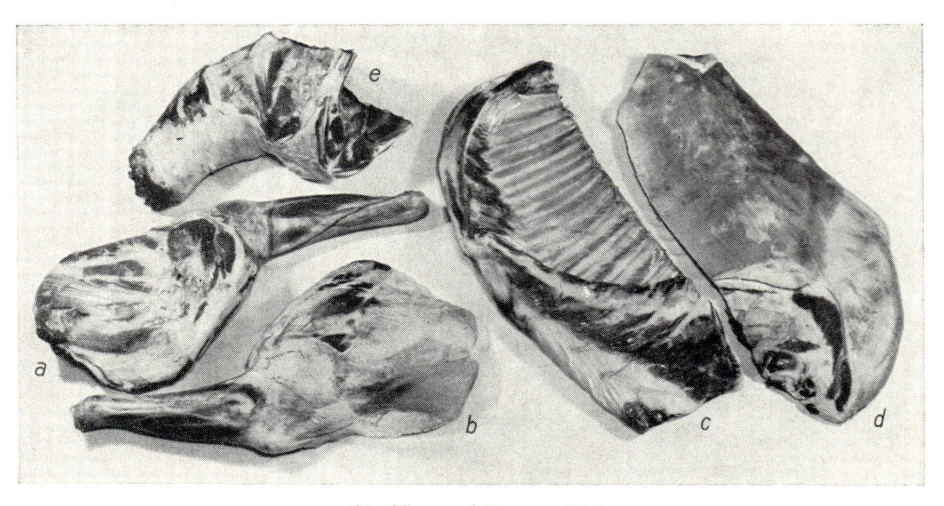

68. Hammel-Ragout-Teile

a Ein Blatt oder Bug von der Innenseite (vgl. Bild 69, in dem der Vorgang des Auslösens durchgeführt ist). *b* Blatt oder Bug Außenseite). *c* Rechte Brusthälfte (Innenseite). *d* Linke Brusthälfte (Außenseite). *e* Der Hals

Auslösen eines Hammelblattes

Bei der Zubereitung eines Hammelblattes oder Bugs, sei es zum Kochen oder zum Schmoren, ist es, um rationell arbeiten zu können, üblich, es auszulösen und dann zu rollen.

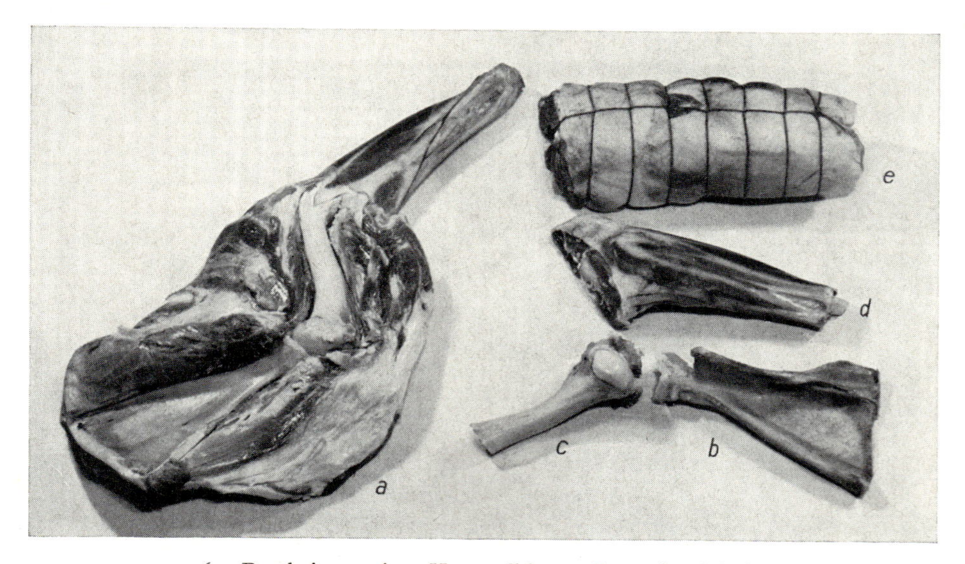

69. Bearbeitung eines Hammelblattes, Bug oder Schulter

Damit man auslösen kann, ist das Blatt von der Innenseite zu öffnen. In dem Bild wird gezeigt, wie die weitere Arbeit durchzuführen ist.

a Das Hammelblatt zeigt von der Innenseite die bereits freigelegten, halb ausgelösten Knochen;
b die herausgenommene Schaufel;
c der herausgenommene Kugelgelenkknochen;
d die aus dem Gelenk gelöste Vorderhachse;
e der von allen Knochen ausgelöste, gerollte, geschnürte und somit koch- oder bratfertige Hammelbug. — Der so behandelte Bug kann auch gefüllt werden, bevor er gerollt wird.

5. Schwein

a) Aufteilung des Schweines

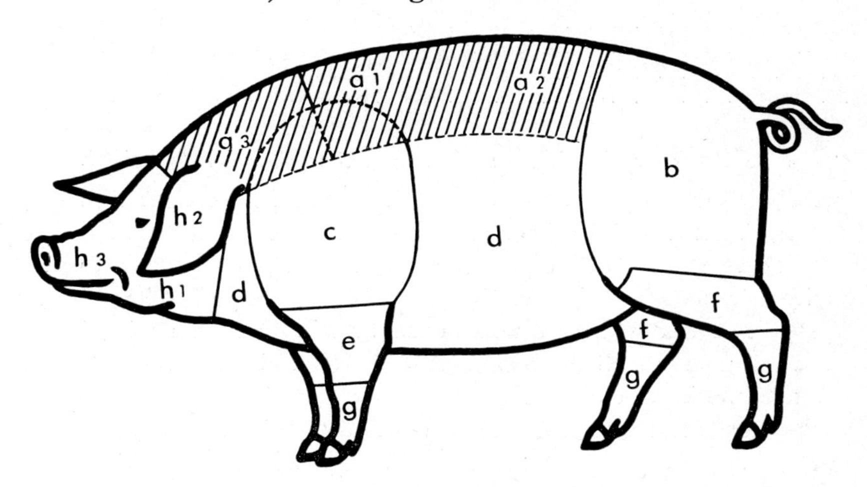

70. Zerlegen des Schweines

*a*¹ Schweinerücken (Kotelettstücke). *a*² Schweinerücken (Lendenstück, Mörbraten). *a*³ Schweinekamm. — Schraffiert: Rückenfett = fetter Speck. *b* Schinken. *c* Schulter, Blatt, Bug, Schuft, Vorderschinken. *d* Bauch, Bauchspeck, magerer Speck. *e* Eisbeine. Schweinshachse (Schinkenhachse). *g* Spitzbeine (Füße). *h*¹ Schweinebacke (Kopf). *h*² Schweineohren (Kopf). *h*³ Schweineschnauze Kopf)

Vorteilhafteste Verwendung und Ausnützung der einzelnen Teile

*a*¹ Schweinerücken (Kotelettstück) oder Rippenstück	in Karrees gespalten und gebraten, ferner für Koteletts, Kasseler Rippespeer oder auch für Pökelrippchen
*a*² Schweinerücken (Lendenstück, Mörbraten) . .	gespalten, gebraten, auch für Koteletts
*a*³ Schweinekamm	zum Braten, Schmoren und zu Karbonaden

Die auf den vorgenannten Fleischteilen lagernde Fettschicht, fetter Speck, wird als sog. Luftspeck zum Spicken und zum Bardieren von Geflügel gebraucht. In gesalzenem und geräuchertem Zustande hat er in der Küche äußerst vielseitige Verwendungsmöglichkeiten.

b Schinken — Schlegel — Keule	als ganze Keule oder ausgelöst gebraten, oder gepökelt und als Schinken gekocht oder roh geräuchert. — Der Schwanz wird gepökelt
c Schulter, Blatt, Bug, Schuft, Vorderschinken .	gebraten — gepökelt und als „Vorderschinken“ gekocht, oder roh geräuchert

d	Bauch, Bauchspeck, magerer Speck, Wampe, Dörrfleisch	als Schweinebauch oder Wampe gekocht in Eintopfgerichten. — In gepökeltem und geräuchertem Zustande hervorragend zu Hülsenfrüchte-Eintopfgerichten geeignet. Geräucherter, magerer Speck ist in zahllosen Gerichten ein ausgezeichneter Geschmacksträger
e	Eisbeine	gepökelt und gekocht
f	Schweinshachse	in frischem — gepökeltem — oder gepökeltem und geräuchertem Zustande gekocht
g	Spitzbeine (Füße)	gekocht, gebacken, Sülze
h^1	Schweinebacke (Kopf)	zum Kochen und zur Wurstbereitung
h^2	Schweinsohren	zum Pökeln und Kochen
h^3	Schweineschnauze	zum Pökeln und Kochen
	Hirn	wird zu einigen Spezialgerichten verwendet
	Leber	zum Braten, für Pasteten sowie zur Farce- und zur Wurstbereitung
	Zunge	zum Kochen und gebacken
	Nieren	zum Schnellbraten und zum Sautieren
	Lunge	für Haschee oder Ragout
	Herz	zum Schmoren oder für Ragout

b) Zweckmäßige Vorbereitung eines halben Schweines

Schweinefleisch guter Qualität ist weiß und nicht zu fett; rotes und grobfaseriges stammt von alten Tieren. — Für die Großküchen werden meist halbe Schweine geliefert. Nachfolgend ist die sachgemäße Verarbeitung eines halben Schweines erklärt.

Zuerst wird der Schinken abgeschnitten. Falls er ganz gepökelt werden soll, wird er zurechtgeschnitten und vom Schlußknochen befreit. Das Bein wird im Gelenk abgeschnitten. Wenn man jedoch den Schinken nach dem Pökeln als Rollschinken räuchern will, so ist der Röhrenknochen ebenfalls auszulösen. Der Schinken wird dann nach dem Pökeln zum Räuchern fest verschnürt. Die Pökellake und die Zeit sind in dem Kapitel „Das Pökeln“ (S. 114) angegeben. Soll der Schinken jedoch gebraten werden, so bleibt der Röhrenknochen im Fleisch, und die Schwarte wird mit scharfem, spitzem Messer eingekerbt.

Je nach der Größe des Tieres hackt man das Bauchfleisch vom Rücken ein bis zwei Hände breit ab. Wird von dem Bauchfleisch magerer Speck gewünscht, so wird er schön zurechtgeschnitten, gepökelt und geräuchert. Das Bauchfleisch kann aber auch für Wurst verwendet werden.

Der Kopf, der im Genick abgeschlagen wird, ist samt den Beinen und dem Schwanz zu pökeln. Sie bieten sehr beliebte Gerichte. Diese Teile können aber auch zu Sülze oder Sülzwurst verarbeitet werden. Von den Schweinebacken wäre noch zu sagen, daß sie sich zur Fleischwurst sehr gut eignen.

Dann ist vom Rückenstück der Kamm mit 3 oder 4 Rippen auszulösen. Dieses Stück liefert einen vorzüglichen Braten, ebensogern wird es aber auch durch Pökeln zum Pökelkamm hergerichtet.

Wenn der Kamm vom Rückenstück entfernt ist, ist das Schulterblatt freigelegt, das nun sogleich herausgeschnitten wird. Wenn es gebraten werden soll, so wird es ebenso zubereitet wie der Schinken. Sollen die Schultern gepökelt werden, so sind sie vorher von allen Knochen zu befreien und nach dem Pökeln zu rollen und zu binden. In Betrieben, wo Wurst gemacht wird, können sie auch dazu verwendet werden.

Es bleibt nur noch das Rückenstück mit der fetten Speckschicht. Davon wird nun das Karree ausgelöst, doch so, daß darauf eine 1—1½ cm dicke Fettschicht verbleibt. Das Karree kann ganz gebraten, für Kasseler Rippespeer gepökelt und geräuchert oder zu Koteletts geschnitten werden. Man kann es auch pökeln und als Pökelrippchen servieren. Endlich kann auch sog. Lachsschinken daraus bereitet werden. Dazu wird das Karree ausgelöst, gut pariert, leicht gepökelt und in dünne Platten aus fettem Speck eingerollt, in eine Rinderbutte (Darm) gezogen und dann schön verschnürt und geräuchert. Wenn es sich um sehr dünne Schweinskarrees handelt, kann man auch je 2 Stück zusammenschnüren.

Das Rückenfett wird außenherum pariert und zu einem schönen Stück zurechtgeschnitten. Will man aus diesem Rückenfett Luftspeck herstellen, so wird es gesalzen, einige Zeit im Kühlraum gelagert und dann an die Luft gehängt. Nach etwa 8 Tagen ist dieser Luftspeck gebrauchsfertig. Will man jedoch fetten Speck haben, so wird das Rückenfett gesalzen und geräuchert. Das frische Rückenfett kann aber auch bei der Wurstherstellung verwendet werden.

Beim Zerteilen und Parieren der einzelnen Stücke haben sich Reste angesammelt, die vorteilhaft zu Farcen, Galantinen, Pasteten, gehackten Fleischgerichten usw. verwendet werden. Die fetten Reste und die Schweineleber lassen sich sehr gut für Leberklöße verbrauchen. Die Leber wird aber auch häufig zu Wurst verarbeitet. Zu erwähnen bleibt noch die Zunge; sie wird gepökelt und zu Zungenwurst oder Galantinen-Einlagen benutzt. Lunge und Herz verarbeiten sich am besten für Ragout, Haschee oder für frische Blutwurst. Liesen oder Flomen ergeben viel Schmalz.

Zerlegen eines halben Schweines

(zu den Bildern 71 und 72)

a Eine Niere mit dem sie einschließenden Fett (Liesen oder Flomen);
b das dem Teil *i* entnommene Filet;
c der Schinken;
d Brust und Bauch, durch die punktierte Linie getrennt;
e das Blatt oder der Bug;
f das vom Bug im Gelenk abgeschnittene Bein;
g das vom Karree abgenommene Rückenfett;
h das vom Rückenfett befreite Karree;
i das zum Karree gehörige Nierenstück;
k das zum Karree gehörige Kotelettstück;
l der Kamm.

Kalkulation für ein halbes Schwein

Das für die Berechnung zugrunde gelegte halbe Schwein wog ohne Kopf 43½ kg.

Die einzelnen Teile ergeben folgende Gewichte:

a) Niere	150 g	
Fett	1850 g	= 2 kg
b) Das ausgelöste Filet . . . . (pariert wiegt es 360 g).		½ kg

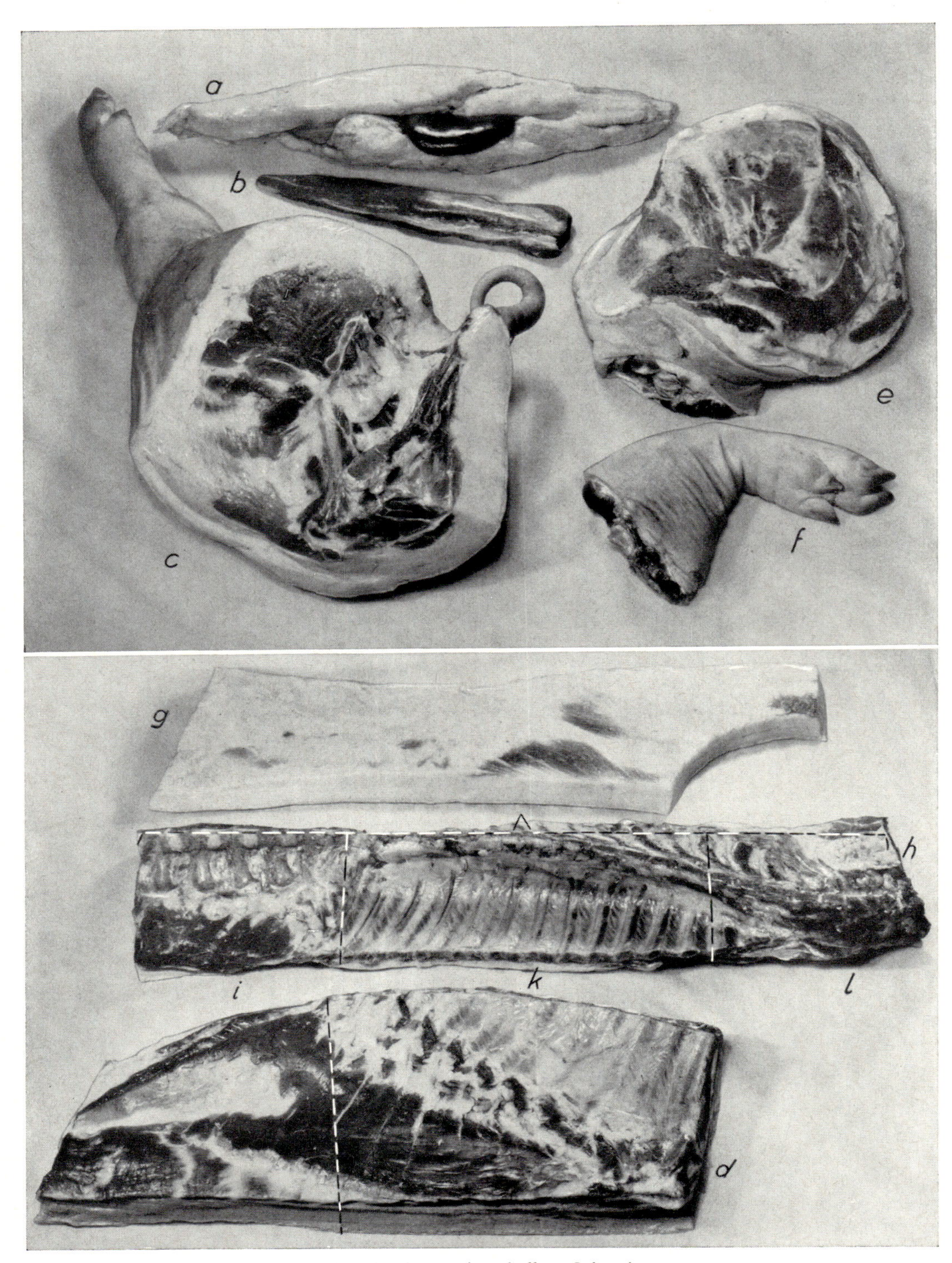

71/72. Zerlegen eines halben Schweines

Es lassen sich daraus schneiden:

3 Schweinefiletsteaks je 120 g	360 g	
Reste und Parüren	140 g	= $^1/_2$ kg

c) Der Schinken wiegt		11 kg
Schlußknochen mit Schwanz wiegt	500 g	
Das überflüssige, rundherum abgenommene Fett wiegt	1000 g	
Die Fleischparüren	250 g	
Das von dem Schinken abgetrennte Eisbein (Haspel)	500 g	
Das Spitzbein oder Fuß	250 g	= 5 kg
Falls aus dem Schinken Schnitzel zu schneiden sind, ist dieser wie eine Kalbskeule auszulösen; die Aufrechnung zeigt sich dann wie folgt:		
Die abgenommene Schwarte mit dem Fett wiegt	2000 g	
Das Gewicht des Röhrenknochens beträgt	500 g	
		6 kg
Das verbleibende Fleisch hat ein Gewicht von	6 kg	
Parüren	1 kg	
Pariert wiegt dieses		= 5 kg
5 kg pariertes Fleisch ergeben:		
37 Schweineschnitzel je 120 g . . . 4440 g		
Frikandeaukopf (für Schnitzel ungeeignet) . . . 560 g		= 5 kg

d) Brust und Bauch wiegen zusammen		$8^1/_2$ kg
Brust	5 kg	
Bauch	$3^1/_2$ kg	= $8^1/_2$ kg

e) Das Schulterblatt ohne Bein wiegt		$4^3/_4$ kg
Schulterblatt bratfertig	$4^1/_4$ kg	
Knochen	$^1/_4$ kg	
Parüren	$^1/_4$ kg	= $4^3/_4$ kg

f) Das Bein wiegt		$1^1/_4$ kg
Dies ergibt: 2 Eisbeine je $^1/_2$ kg	1 kg	
1 Spitzbein	$^1/_4$ kg	= $1^1/_4$ kg

g) Das vom Karree abgenommene Rückenfett wiegt		8 kg
Nach Entfernung des daran haftenden mageren Fleisches	$1^1/_4$ kg	
beträgt das Gewicht	$6^3/_4$ kg	= 8 kg

h) Der vom Rückenfett befreite, längs gespaltene Rücken wiegt		$6^1/_2$ kg
Davon entfallen auf:		
Kotelett- und Nierenstück	4 kg	
Kamm	$2^1/_2$ kg	= $6^1/_2$ kg

i) Das Nierenstück wiegt		$1^1/_4$ kg
Zum Ganzbraten, nach Entfernung des Rückgratknochens, wiegt dasselbe		1 kg
Falls das Nierenstück zur Boucherie verwendet werden soll, ist es etwas zu parieren; die Parüren wiegen	160 g	
Es verbleiben	840 g	= 1 kg
Dies ergibt: 7 Sattelsteaks je 120 g = 840 g		
k) Das Karree mit Kotelettstück wiegt	$2^3/_4$ kg	
Die zu langen, abgehackten Rippenknochen	$^1/_2$ kg	= $2^1/_4$ kg
Um hiervon Koteletts zu schneiden, ist der Rückgratknochen zu entfernen, dieser wiegt	300 g	
Das nun schnittfertige Kotelettstück wiegt	1950 g	= $2^1/_4$ kg
Daraus lassen sich schneiden: 13 Koteletts je 150 g = 1950 g		
l) Der Kamm, der fast immer im ganzen Stück verarbeitet wird, wiegt		$2^1/_2$ kg
Zu dem halben Schwein wäre noch die halbe Leber hinzuzurechnen		= 1 kg
Zur Boucherie verarbeitet, erhält man aus dieser:		
7 Portionen je 120 g . . . . 840 g		
und Reste (für Leberklöße) . . . . 160 g		= 1 kg

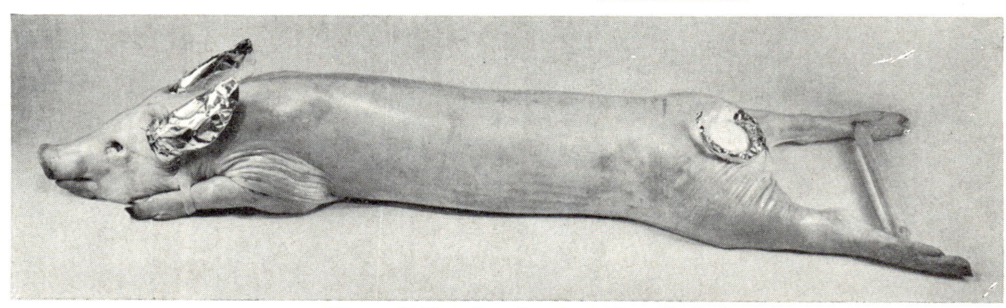

73. Ein gefülltes bratfertiges Spanferkel

Bratfertigmachen eines Spanferkels

Das Spanferkel wird immer im ganzen gebraten, einerlei, ob es gefüllt wird oder nicht. Die Metzgerei liefert das Spanferkel fertig vorbereitet; die Küche hat es endgültig bratfertig zu machen. Die Augen werden ausgestochen, der Bauch nach dem Füllen zugenäht und die Vorderbeine eingesteckt, indem an beiden Seiten des Halses je zwei schmale, kurze, gleichlaufende Streifen in die Haut einzuschneiden sind, durch die die Vorderfüßchen gezogen werden. Die Keulen werden entweder in sitzende Stellung gebracht und mit einem Holzspießchen in den Flechsen durchstochen, um ihnen Halt zu geben, oder, falls flache Keulenlage gewünscht ist, mit einem Holzspießchen auseinandergespreizt. Es wird quer in beide Fußenden gesteckt, wodurch sie auseinandergehalten werden. Ohren und Schwänzchen sind mit Butterpapier oder Folie zu umwickeln, damit sie nicht vorzeitig bräunen.

D. Sachgemäßes Schneiden der Schlachtfleisch-Einzelportionen

1. Boucherie

Im Restaurationsbetrieb müssen die auf Bestellung zu bratenden Fleischportionen sehr aufmerksam behandelt werden, denn es gilt, die Gäste zufriedenzustellen, gleichzeitig aber auch den Küchenbetrieb rentabel zu gestalten. Um beides zu erreichen, muß den Gästen Qualitätsware verabfolgt werden, d. h. jedes Rumpsteak, Schnitzel usw. muß aus dem Teil geschnitten sein, der nach der Erfahrung dafür am geeignetsten ist. Andererseits muß dem Küchenbetrieb, der heutzutage nach genauen kaufmännischen Grundsätzen zu führen ist, unbedingte Beachtung der Kalkulationsgrundlagen eingeräumt werden. Die letzteren weichen in den verschiedenartigen Betrieben häufig voneinander ab, und daher ist natürlich eine feststehende Norm sehr schwierig; man kann daher nur einen auf der Durchschnittslinie aufgebauten Anhalt geben. Soweit dies die Boucherie betrifft, sollte auch jeder kleinste Betrieb immer nach einem bestimmten errechneten Gewicht schneiden.

In der vorhergehenden Abhandlung ist gezeigt worden, wie das Schlachtfleisch ausgelöst wird; nun soll die endgültige Aufarbeitung, die zweckmäßige Zerkleinerung eingehend behandelt werden. Auch hierbei sollen sich Wort und Bild ergänzen.

74. Vorrätig geschnittene Schlachtfleischportionen: Kalbskoteletts, Rumpsteaks, Filetsteaks, Kalbsschnitzel, Hammelkoteletts, Kalbssteaks, Schweinekoteletts

Die Küche muß dem Gästeansturm zu bestimmten Tagesstunden gewachsen sein. Es ist angebracht, alle in Frage kommenden Fleischteile fix und fertig pariert für Einzelpersonen bereit zu halten. In Betrieben mit starkem Stoßgeschäft wird es nötig, von allen auf der Karte stehenden Fleischportionen zum Schnellbraten für das Mittag- und Abend-Service etwas Boucherie vorrätig zu schneiden. Wie dies praktisch gehandhabt wird, zeigt das Bild 74. Es handelt sich um Rumpsteaks, Filetbeefsteaks, Schweinskoteletts, Schnitzel, Kalbskoteletts, Kalbssteaks und Hammelkoteletts. Zur Aufbewahrung eignen sich nur Behältnisse aus einem Material, das rostfrei und säurebeständig ist. Sie sind täglich mindestens einmal zu reinigen.

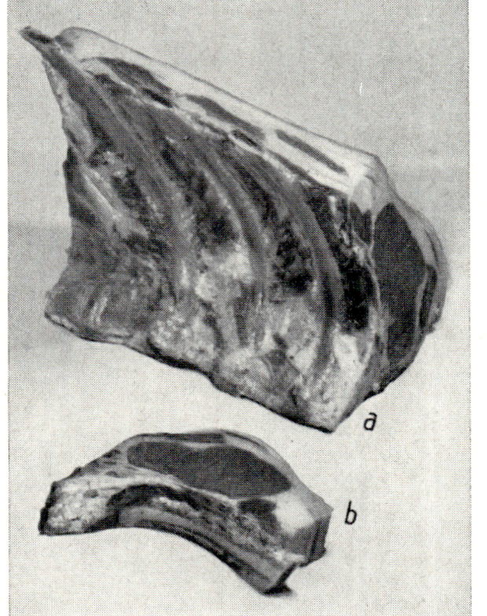

75. Rinderkotelett — Côte de boeuf

Nach diesen allgemeinen Fragen soll die Portionierung der einzelnen Fleischstücke erläutert werden.

Rinderkotelett

Côte de boeuf

Wenn das Stück (*a*) im ganzen zubereitet wird, ist der untere Knochenteil bis zum Rippenansatz abzuhauen; es ist auch zum Braten unter Salzkruste geeignet. — Von diesem Rippenstück ist das Rinderkotelett oder Côte de boeuf (*b*) zu schneiden. Ein Ochsenkotelett genügt für 3 und mehr Personen; es soll jedoch $^3/_4$ bis 1 kg nicht überschreiten. Das Kotelett wird am Knochen etwas pariert und gegebenenfalls plattiert. Der Wirbelsäulenknochen (links) ist abzuhauen.

Rostbraten

Das Fleischstück, von dem die Rostbraten zu schneiden sind, ist das gleiche wie auf Bild 75, jedoch ausgebeint. Im Vordergrund (Bild 76) ein unplattierter Rostbraten, darüber ein dünn ausplattierter Rostbraten, wie er dem Wiener Original-Rostbraten entspricht.

76. Wiener Rostbraten

Zwischenrippenstück = Entrecôte

Das dargestellte flache Roastbeef ist der Teil mit den sog. flachen oder falschen Rippen. Aus ihm sind Entrecôts zu schneiden, oder es wird im ganzen Stück gebraten. Die dicke seitlich laufende Bandsehne ist abzulösen. Sie würde beim Braten das Fleisch zusammenziehen.

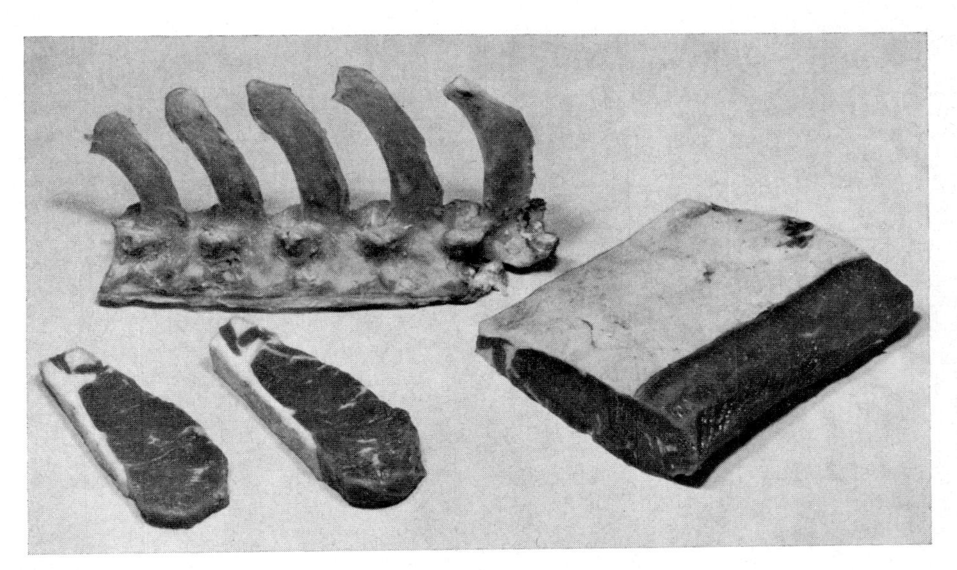

77. Zwischenrippenstück — Entrecôte

Oben: Der Knochenteil, von dem das flache Roastbeef ausgelöst wurde.

Links: Eine von dem flachen Roastbeef geschnittene Scheibe, die mit Zwischenrippenstück oder Entrecôte bezeichnet wird. Falls die starke Sehne nicht entfernt wird, ist sie mit scharfem Messer einzuschneiden, ohne jedoch das Fleisch zu verletzen.

Mitte: Ein doppeltes Zwischenrippenstück oder Entrecôte double.

Das Rumpsteak: in England und Amerika, den Ursprungsländern, wird es aus der Hüfte, also dem verlängerten Rücken geschnitten. In Deutschland ist es üblich, Scheiben des Roastbeefs mit Rumpsteak zu benennen. Der deutsche Gast beanstandet ein aus der Hüfte geschnittenes Rumpsteak.

Porterhouse-Steak — T-Bone-Steak

Ist eine englisch-amerikanische Spezialität. Sie wird aus dem unbearbeiteten flachen Roastbeef (s. Abb. 78) geschnitten. Das übergroße Steak mit Filet und Knochen wiegt etwa 1 kg und reicht für 3—4 Personen.

Es wird zur gewünschten Dicke bis auf den Knochen eingeschnitten. Der Knochen ist mit der Säge durchzutrennen.

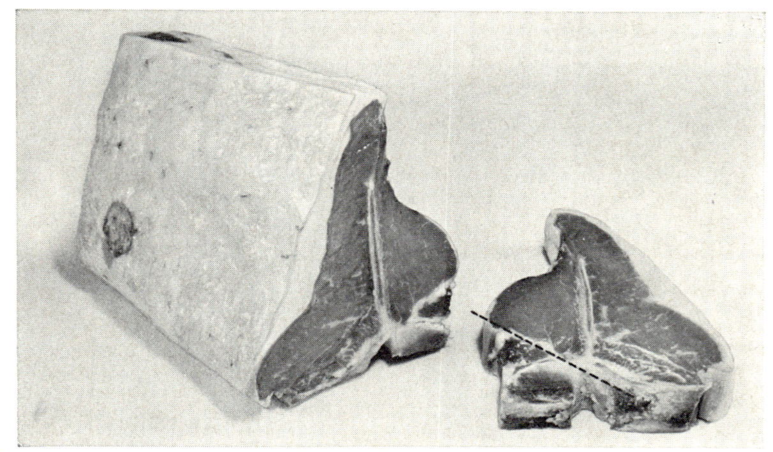

78. Porterhouse-Steak — T-Bone-Steak

Lendensteak = Filetsteak
Doppeltes Lendensteak = Chateaubriand · Lendenschnitte = Tournedos

Erläuterungen über die anatomische Lage der Lende im Roastbeef sind in den Bildern 42, 43 und 44 gegeben.

Das nachstehende Bild zeigt, wie die Lende für Einzelportionen am besten verwertet wird. Das große Mittelstück ist vor allem für Filetsteaks und Chateaubriands zu reservieren.

79. Chateaubriand — Filetsteak — Tournedos

Der Filetkopf und die Filetspitze sind für Tournedos zu verwerten und etwaige kleine Reste für Gulasch «à la minute».

a das Filet-Mittelstück;

b das abgeschnittene Chateaubriand, das immer aus dem Mittelstück zu schneiden ist;

c das etwas plattierte, gebundene und somit bratfertige Chateaubriand;

d ein Filetsteak, leicht plattiert;

e der sog. Filetkopf, aus dem Tournedos zu schneiden sind. — Für diesen Zweck wird er in der natürlichen Einbuchtung der Länge nach durchschnitten;

f die Lendenspitze;

g ein von der Lendenspitze geschnittenes Tournedo;

h Tournedos werden nur leicht plattiert und dann mit Bindfaden leicht gebunden, damit sie schön geformt sind.

Rindsrouladen

Rindsrouladen sind aus der Oberschale oder Kluft zu schneiden. Die Fleischscheiben werden dünn ausplattiert und dann mit Speck, Zwiebeln, Farce usw. belegt. Zusammengerollte Rouladen sind entweder mit Bindfaden zu umwickeln, mit Holzspeilen zu durchstechen oder mit eigens für diese Zwecke konstruierten Nadeln oder Drahtklammern zu formen.

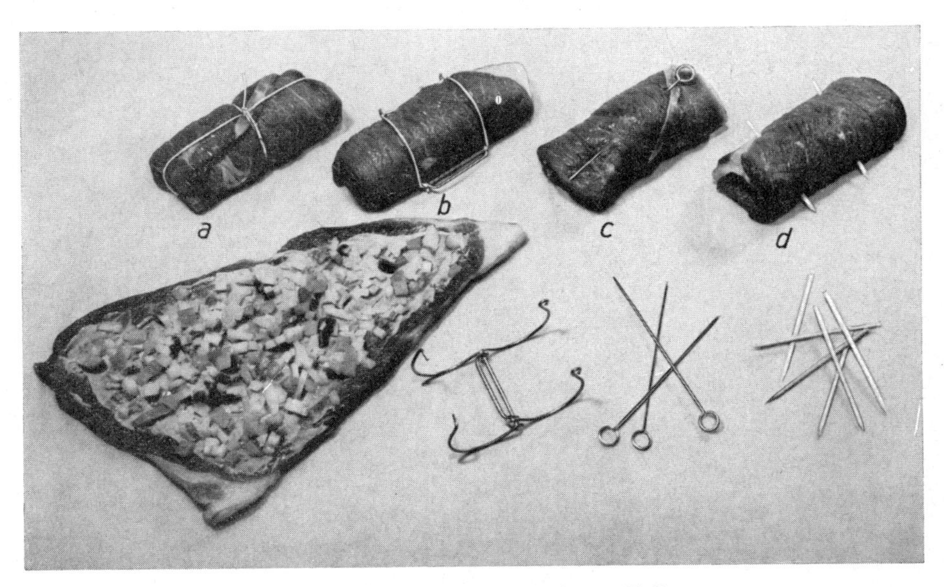

80. Rindsroulade mit aufgelegter Füllung

a Mit Bindfaden geschlossene Roulade. *b* Mit feuerverzinnter Rouladenklammer geformt. *c* Mit feuerverzinnter Nadel geschlossen *d* Mit Holzspeilen geschlossen

Hamburger Beefsteak

Die Hamburger Beefsteaks werden aus der Kluft oder Oberschale geschnitten, manchmal verwendet man dazu auch die Blume.

Kalbskotelett

Das Kalbskotelett ist aus dem Kalbskarree zu schneiden. Es ist eine Längshälfte des Kalbsrücken-Rippenstückes (vgl. Bilder 49e und 50a). Der am Rippenansatz laufende Knochenteil ist abzuschlagen, so daß am Kotelett nur der Rippenknochen verbleibt.

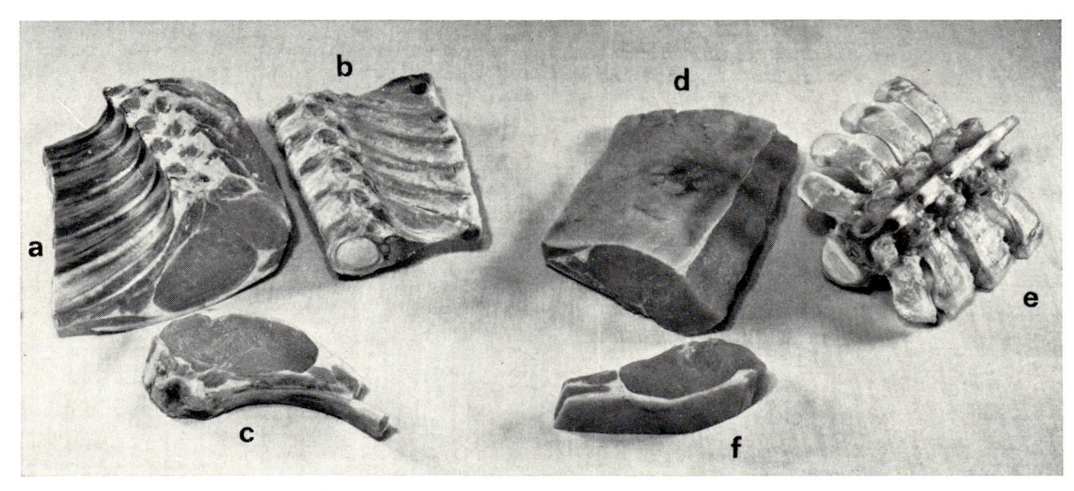

81. Schneiden von Kalbskoteletts und Kalbssteaks

a Das parierte, für Koteletts schnittfertige Rippenstück (Karree) kann in dieser Vorbereitung auch im ganzen gebraten werden;

b der vom Karree abgeschlagene Rückgratknochen;

c Kalbskotelett mit Knochen, leicht plattiert. — Bei größeren Kälbern ist man, um das Normalgewicht eines Kotelettgewichts einzuhalten, oftmals gezwungen, immer ein Kotelett mit und eins ohne Rippe aus dem Karree zu schneiden.

Kalbssteak

Das Kalbssteak ist aus dem Kalbsrücken-Sattelstück zu schneiden (vgl. Bild 81). Das Sattelstück wird der Länge nach gespalten und dann ausgebeint. Man kann es aber auch ohne den Knochen vorher zu spalten ausbeinen (vgl. Bild 81e).

d Das ausgebeinte Sattelstück;

e der ausgelöste Knochen;

f ein geschnittenes, leicht plattiertes Kalbssteak.

Kalbskotelett in der Papierhülle (en papillote)

Die Herstellung der Koteletts «en papillote» soll hier nicht erörtert werden, sondern nur die technische Handhabung.

Das halbfertig gebratene Kotelett legt man mit den dazugehörigen Bestandteilen auf die eine Hälfte eines dreifach so großen, herzförmig geschnittenen, in der Mitte längs geknifften, mit Butter bestrichenen Pergamentbogens. Die freigelassene Papierhälfte ist nun herüberzuklappen; dann sind beide aufeinanderliegenden Kanten herzförmig zu umbrechen — alles Weitere obliegt der warmen Küche.

a Das Kotelett im Verhältnis zur Größe der Papierhülle;

b das auf der einen Papierhälfte liegende angebratene Kotelett;

c das Kotelett in der von oben nach unten zugeknifften Papierhülle.

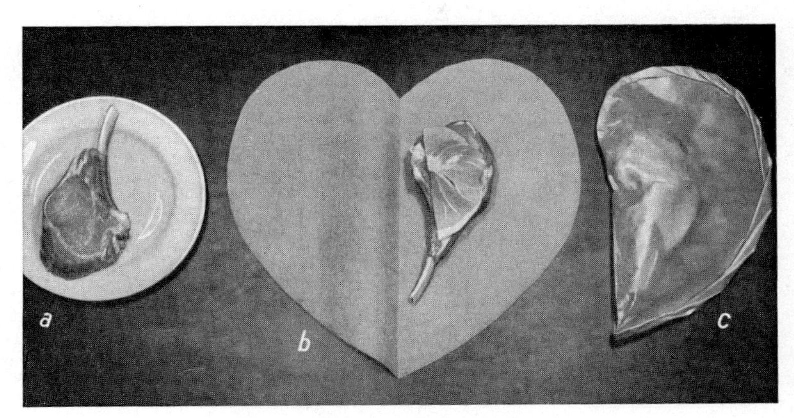

82. Kalbskotelett in Papierhülle

Gefülltes Kalbssteak

Rohe Steaks und Koteletts können für verwöhnte, nach Abwechslung suchende Feinschmecker gefüllt werden. — Handelt es sich beispielsweise um ein mit Gänsestopfleber gefülltes Kalbssteak, so macht man seitlich einen kleinen Einschnitt und schafft so im Innern einen Hohlraum, der die Füllung aufnimmt.

Netzwürstchen = Crépinettes

Crépinettes sind kleine Steaks von gehacktem Fleisch aus Schlachtfleisch, Wild oder Geflügel, die in Schweinsnetz gehüllt gebraten werden.

In früheren Zeiten wurden solche Gerichte in größerem Umfang hergestellt, so daß 8 und mehr Personen davon speisen konnten; ein solches Gericht wurde mit «Crépine» bezeichnet. Das Crépinette ist also eine Verkleinerung.

Kalbsschnitzel

Das Kalbsschnitzel ist aus der Keule zu schneiden. Die dafür geeigneten Stücke sind das Schnitzel-Frikandeau und die Nuß (vgl. Bild 83).

a Die Kalbsnuß;

b das vom Lappen befreite Schnitzel-Frikandeau;

c aus dem Schnitzel-Frikandeau geschnittene Schnitzel.

Grenadin von Kalb

Das Grenadin (*e*) ist aus dem langen Frikandeau (*d*) (vgl. Bild 83) zu schneiden, zu binden und zu spicken; es ist eine Verkleinerung des Frikandeaus. Nach dem Original ist das Grenadin nicht à la minute zu braten, sondern zu schmoren.

Im à-la-carte-Geschäft ist es jedoch üblich, das Grenadin aus einem zarten Stück, wie Sattel, Filet oder dergleichen, zu schneiden und zu braten.

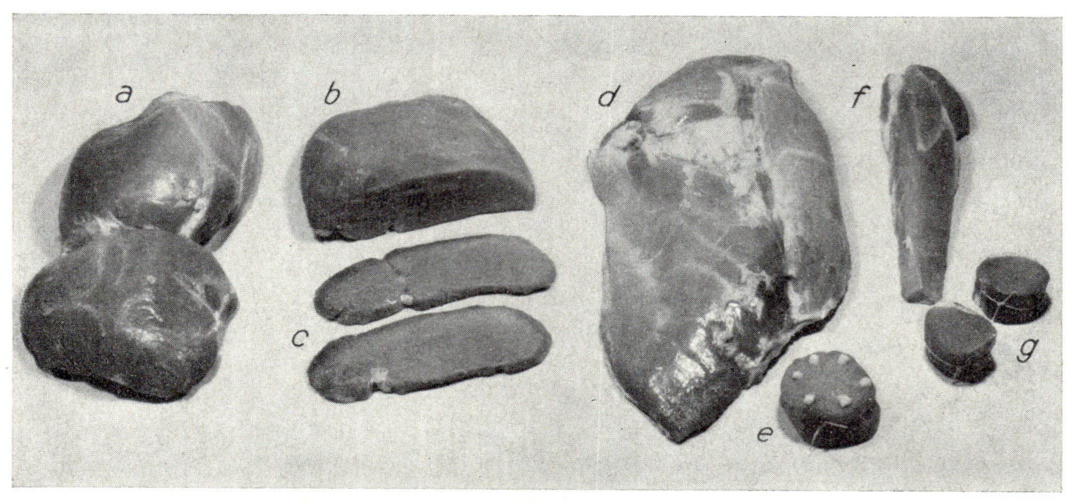

83. Kalbsschnitzel — Grenadin — Medaillons

Medaillons von Kalb

(Bild 83*f* und *g*)

Unter Medaillons versteht man in der Küche kleine, zierliche, rund oder oval geschnittene Teile aus Schlachtfleisch, Wild usw. Die Medaillons von Kalb sind am günstigsten aus den Filets zu schneiden, die unter dem Rücken an beiden Seiten des Rückgrates liegen (vgl. Bild 50d).

Kalbsbrustknorpel = Tendron

Der längslaufende Brustknochen einer kleineren Kalbsbrust wird behackt. Dann ist sie mit den Knochen in Querstücke zu schneiden, die, geschmort, ein beliebtes Spezial-

84. Kalbsbrustknorpel — Tendrons

a Die für Tendrons hergerichtete Kalbsbrust. *b* Der entfernte Brustknorpelknochen. *c* Geschnittene Tendrons

gericht ergeben. Ein Tendron soll immer ein Stück der ganzen Brust umfassen. Man schneidet sie aus einer kleinen Kalbsbrust am vorteilhaftesten.

Hammelkoteletts

Um Hammelkoteletts zu schneiden, wird der Rücken von den Nieren, den Filets und allem überflüssigen Fett befreit und dann gespalten, so daß man zwei Karrees mit Sattelstück erhält (vgl. Bild 66).

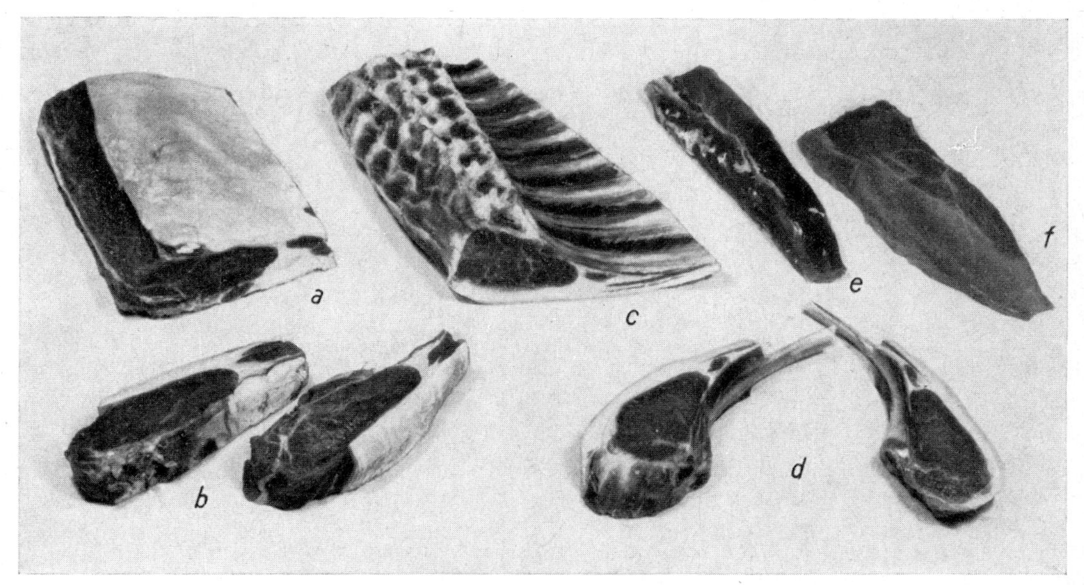

85. Schneiden von Hammelkoteletts

Im Restaurationsbetrieb ist es fast allgemein üblich, bei einer Portion Hammelkoteletts ein Kotelett mit Knochen und eins ohne Knochen zu servieren. Das Bild 85 zeigt das fertig präparierte Hammelkarree für den Kotelettschnitt. Die beste Zubereitungsart für das Hammelkotelett ist das Rösten.

a Das gespaltene Hammelrücken-Sattelstück;
b aus dem Sattelstück geschnittene Koteletts;
c das gespaltene Hammelrücken-Rippenstück;
d aus dem Rippenstück geschnittene Koteletts;
e ein Hammellendchen (Filet mignon) in natürlicher Gestalt;
f ein Hammellendchen, lang plattiert. — Es ist von allem Fett und der Sehne zu befreien; dann wird es in der Länge und in der Breite plattiert.

Hammelsattelstück = Mutton-chop
Hammelnieren am Spieß — Hammelnüßchen

a Bei dem Schnitt des Mutton-chop ist die dünne Außenhaut vom Rücken zu entfernen. Eine mäßig starke Fettschicht muß unbedingt verbleiben. Die um das Filet mignon gelagerte Fettschicht ist zu entfernen, die äußere mit einem daran verbleibenden Stückchen Bauchlappen ist nach innen zu ringeln und mit einem Spieß zusammenzuhalten.

b Die Hammelnieren werden von dem sie umgebenden Häutchen befreit; danach sind sie zu öffnen, aber nicht völlig zu durchschneiden. Wenn sie auseinandergespreizt sind, werden sie mit einem Spieß derart durchstochen, daß sie sich beim Rösten nicht zusammenziehen können.

c Für den Schnitt der Lammnüßchen ist ein Lamm-Chop zu spalten und dann vom Rückgratknochen zu befreien. Die innere an dem Filet haftende Fettschicht wird zum großen Teil herausgenommen, die äußere wird ganz um das Kernstück gerollt. Für eine Portion braucht man zwei solcher Nüßchen, die dann, wie das Bild zeigt, mit einem Spieß durchstochen und zusammengehalten werden.

86. Hammel-Röstgerichte

Das reguläre Mixed-grill

Das Mixed-grill setzt sich aus mehreren Boucherieteilen zusammen, und zwar aus:

a Hammelkotelett;
b Tournedo;
c Schweinslendchen;
d magerem Speck;
e halber Hammelniere;
f einem kleinen Bratwürstchen;
g Kalbsleber.

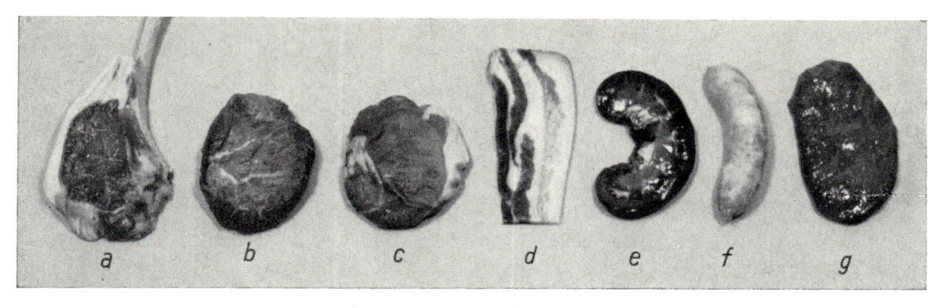

87. Mixed-grill

2. Portions-Rohgewichtstabellen

1. Rohgewichtstabelle der Einzelportionen für Fische.
2. Rohgewichtstabelle der Einzelportionen für Schlachtfleisch zum Schnellbraten.
3. Rohgewichtstabelle der Einzelportionen für Ragouts.
4. Rohgewichtstabelle der Einzelportionen für Verschiedenes.

Das Gewicht der einzelnen Portionen für die à-la-carte-Bestellungen sowie innerhalb der Menüs wird in fast allen Betrieben mit größeren oder kleineren Gewichtsunterschieden auskalkuliert. Aus diesem Grund können die nachfolgenden Tabellen keine Richtschnur sein, sondern sie geben eine auf der Durchschnittslinie aufgebaute Übersicht.

Rohgewichtstabelle für die gebräuchlichsten Fische

Durchschnittsgewicht pro Portion:

Art	à la carte	Innerhalb einer Mahlzeit mit mehreren Gängen
a) Flußfische:		
Aal, abgezogen	200 g	150 g
Bachforelle	250 g	150 g
Felchen	250 g	150 g
Hecht mit Gräte	250 g	150 g
Hecht-Filet	150 g	100 g
Karpfen, Karpfen Kopfstück } Durchschnittsgewicht	400 g	200 g
Lachsforelle mit Gräte	250 g	150 g
Lachsforellen-Filet	150 g	100 g
Salm mit Gräte	250 g	125 g (1/2 Scheibe)
Salm-Filet	150 g	100 g
Schleie	250 g	150 g
Zander mit Gräte	250 g	150 g
Zander-Filet	150 g	100 g
b) Seefische:		
Heilbutt mit Gräte	250 g	150 g
Heilbutt-Filet	150 g	100 g
Kabeljau mit Gräte	250—300 g	175 g
Kabeljau-Filet	200 g	125 g
Makrele	250 g	175 g
Rochen (blanchiert)	200 g	150 g
Rotzunge mit Gräte, abgezogen und pariert	250 g	150 g
Rotzungen-Filet	200 g	120 g
Scholle mit Gräte	250 g	150 g
Schollen-Filet	200 g	120 g
Seezunge mit Gräte, abgezogen und pariert	250 g	150 g
Seezungen-Filet	180—200 g (3—4 Filets)	120 g (2 Filets)
Steinbutt mit Gräte	250 g	150 g
Steinbutt-Filet	150 g	100 g
Merlan	250 g	175 g

Rohgewichtstabelle für Schlachtfleisch

Das Gewicht der nachstehenden Fleischportionen wurde z. T. bereits bei den Kalkulationen der verschiedenen Schlachtfleischteile angegeben. Hier sind sie mit weiteren Ergänzungen zu einer übersichtlichen Tabelle vereinigt.

Rohgewichtstabelle für Pfannen- und Grillgerichte

Durchschnittsgewicht pro Portion:

Art	à la carte	Innerhalb einer Mahlzeit mit mehreren Gängen
Rumpsteak = Entrecôte	180 g	150 g
Wiener Rostbraten	180 g	150 g
Rostbraten zum Schmoren	180—200 g	150—175 g
Hamburger Beefsteak	160 g	130 g
Filetsteak	150 g	120 g
Tournedos	150 g	120 g
Kalbskotelett, naturell	175 g	150 g
Kalbssteak	150 g	120 g
Kalbsschnitzel, naturell	150 g	120 g
Kalbsfiletsteaks	2 Stück je 75 g	2 Stück je 60 g
Kalbsleber	150 g	120 g
Grenadins	2 Stück je 75 g	2 Stück je 60 g
Kalbsmilcher (blanchiert)	150 g	120 g
Kalbsnierenschnitzel	150 g	120 g
Schweinskotelett, naturell	175 g	150 g
Schweinsfiletsteaks	2 Stück je 75 g	2 Stück je 60 g
Kasseler Kotelett	175 g	150 g
Hammelkoteletts	2 Stück je 75 g	2 Stück je 60 g
Hammelfilets	2 Stück je 75 g	2 Stück je 60 g
Mutton-chop	200 g	—
Hammelnieren	3 Stück	2 Stück
Deutsches Beefsteak	150 g	130 g
Brisoletten	2 Stück je 75 g	2 Stück je 60 g
Porter-house Steak	4 Pers. = 1000 g	
Entrecôte double	2 Pers. = 400—450 g	
Chateaubriand	2 Pers. = 400 g	
Mixed-grill	2 Pers. = 400 g	

Rohgewichtstabelle für Ragouts

Durchschnittsgewicht pro Portion:

Art	à la carte	Innerhalb einer Mahlzeit mit mehreren Gängen
Hammel-Ragout mit Knochen	250 g	200 g
Irish Stew	250 g	200 g
Pichelsteiner Fleisch	250 g	200 g
Kalbs-Ragout mit Knochen	250 g	200 g
Kalbs-Frikassee ohne Knochen	200 g	175 g
Kalbskopf-Ragout einschl. Hirn und Zunge	250 g	175 g
Rinds-Gulasch	250 g	200 g
Wild-Ragout ohne Knochen	200 g	150 g
Filet-Gulasch à la minute	150 g	120 g
Nieren für Omelett	75 g	50 g
Geflügelleber für Omelett	75 g	50 g

Rohgewichtstabelle für Verschiedenes

Durchschnittsgewicht pro Portion:

Art	à la carte	Innerhalb einer Mahlzeit mit mehreren Gängen
Kalbshirn, naturell (blanchiert)	150 g	120 g
Kalbshirn, paniert	150 g	110 g
Gänseleber, Geflügelleber	150 g	100 g
Rindsroulade	180—200 g	150 g
Kalbsroulade	175 g	130 g
Schweinsroulade	175 g	130 g
Königsberger Klops	2 Stück je 75 g	2 Stück je 60 g
Kalbsfüße, gepreßt	200 g	125 g

E. Bearbeitung des rohen Geflügels

a) Küchenfachliches über Qualitäten und Alter des Geflügels

Um den Wünschen der einzelnen Betriebsarten entgegenzukommen, wird das Geflügel in verschiedenen Herrichtungsformen angeboten.

Geschlossen Das Tier ist geschlachtet und gerupft, mit oder ohne Kopf und Ständer (Füße).

Entdärmt Wie „geschlossen", zusätzlich ist der Darm entfernt.

Bratfertig-Kochfertig Das Tier ist geschlachtet, gerupft und ausgenommen. Kopf, Hals und Ständer sind entfernt. Herz, Leber, Magen, Hals sind getrennt verpackt im Inneren des Geflügels.

Grillfertig Wie bratfertiges Geflügel vorbereitet, doch sind die Innereien nicht beigelegt.

Hühner

Bei einem jungen Tier wird sich das Brustbein oder die äußerste Spitze des Brustknochens leicht biegen lassen, ohne zu brechen, denn der Knochen ist vorläufig noch knorpelartig und nicht verhärtet. Bei einem alten Huhn hat sich aber der Knorpel zum Knochen ausgewachsen. Ebenso kann man auch an den Füßen eine Probe auf das Exempel machen. Sie sind bei jungen Tieren glatt, bei älteren jedoch rauh und schuppig. Bei einem alten Huhn bemerkt man, wenn es gerupft ist, lange, feine Härchen auf der Haut.

Truthühner

Bei Truthühnern ist der Brustknorpel ebenfalls das Erkennungszeichen; in der Jugend bleibt er biegsam, verhärtet sich jedoch mit zunehmendem Alter. Alte Truthühner erkennt man auch an den schuppigen Beinen; die jungen haben glatte Füße. Wenn Truthühner älter als 18 Monate sind, gelten sie als alt.

Tauben und Perlhühner

Von den Tauben und Perlhühnern ist zu sagen, daß sie dieselben Erkennungszeichen haben wie das Huhn. Bezeichnend ist, daß das Perlhuhn im Alter von 6 bis 10 Monaten am besten ist; von diesem Zeitabschnitt ab verringert sich sein kulinarischer Wert.

Enten und Gänse

Das Alter der Enten und Gänse erkennt man am besten an der Nachgiebigkeit des Schnabels. Bei jungen Tieren läßt er sich biegen, bei alten nicht. Auch die Luftröhre gibt Anhaltspunkte; wenn sie sich leicht eindrücken läßt, so hat man es mit einem jungen Tier zu tun. Bei älteren Vögeln ist sie bereits hart und läßt sich nicht mehr eindrücken. Man kann sich auch an den Schwimmhäuten vergewissern, ob das Geflügel jung oder alt ist. Bei jungen Tieren läßt sich die Schwimmhaut einreißen, bei alten nicht.

Rebhühner

Bei Rebhühnern verrät die Farbe der Füße das Alter. Die jungen Tiere haben gelbe, ältere bräunliche und die alten graue Füße und Beine. Auch die spitzigen Enden der Schwungfedern geben Aufschluß über das Alter; bei alten Rebhühnern sind sie abgerundet.

Fasane

Das Fasanenalter läßt sich an der Biegsamkeit des Brustbeins sowie an dem mehr oder weniger entwickelten Sporn erkennen. Beim Fasanenhahn zeigt sich im ersten Jahr ein nur kleiner Spornansatz, der sich im zweiten Jahr bereits verlängert und zu einer Spitze auswächst; im dritten hat er bereits den Sporn, der mit jedem Jahr mehr und mehr verhärtet.

b) Aufbewahrung des Geflügels

Frisches Geflügel, unausgenommen oder bratfertig, wird stets im Kühlraum aufbewahrt. Puten und Gänse werden an Fleischhaken aufgehängt, kleinere Geflügelarten auf Tüchern in den Regalen untergebracht. Jedes Geflügel ist täglich zu kontrollieren, ob es weitere Aufbewahrung verträgt oder ob es verarbeitet werden muß. – Ausgenommenes Geflügel wird gewöhnlich vor dem Binden gewaschen. Dadurch ist die Gefahr schnellen Anlaufens gegeben, und es ist besser, ausgenommenes Geflügel ungewaschen im Kühlraum aufzubewahren. Falls angelaufenes Geflügel nicht sofort verarbeitet werden kann, ist es gewissenhaft zu waschen, abzutrocknen und zu blanchieren oder in der Friture abzusteifen. Dann muß es recht bald verwendet werden.

Mit wenigen Ausnahmen wird heute das Geflügel (zumindest das Hausgeflügel) *tiefgefroren* und nach Gewicht sortiert geliefert. Die verschiedenen Arten sind ausgenommen in Spezial-Zellglas- oder Kunststoff-Folie verpackt. Die kochfertigen Innereien liegen gebeutelt im Hohlraum des Geflügels. Dieses Geflügel ist im Tiefkühler als Vorrat aufzubewahren. Um es vor dem Austrocknen zu schützen, beläßt man es im Karton. Vor der Verwendung wird das Geflügel im Kühlraum oder (zum baldigen Bedarf) in der Küche aufgetaut, kann dann aber nur zeitlich begrenzt aufbewahrt werden; dabei ist die Spezialverpackung zu entfernen. Es muß täglich auf einwandfreien Zustand kontrolliert werden.

c) Vorbereitung des Geflügels

Herausziehen der Sehnen aus den Keulen eines Puters

Beim Vorbereiten eines frischen Puters ist etwas zu berücksichtigen, was bei allen anderen Geflügelarten nicht erforderlich ist, nämlich das Herausziehen der starken Sehnen aus den Puterkeulen. Es wird ein Schnitt mit der Spitze eines scharfen Messers von der wulstigen Sohle bis zum Gelenk geführt, wodurch die hornartige, das Bein umschließende Haut geöffnet wird und die Sehnen freigelegt werden. Da sie oftmals sehr fest sitzen und in die Hand einschneiden, so erfaßt man sie gegebenenfalls mit einem Tuch und zieht sie nacheinander alle heraus. Die Sehnen sind im Schenkel verwachsen.

Variationen mit Matjesheringsfilets

Salatkombinationen in Bananen sowie Melone mit Ingwer und Parma-Schinken

Aspikgericht mit gefüllten Seezungenröllchen

Languste Belle-vue

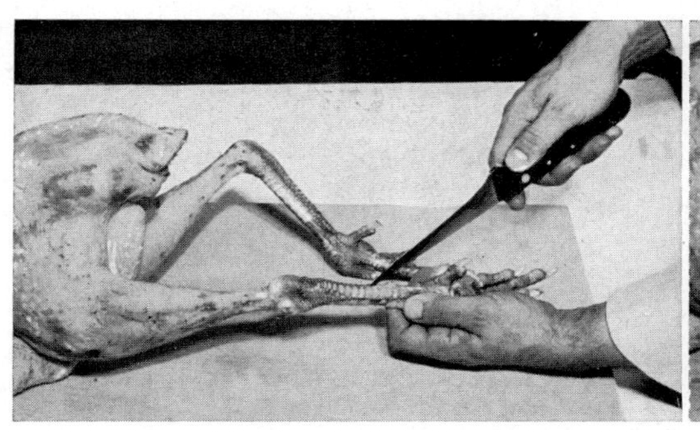

88. Aufschneiden der Beine des Puters
Mit der Schneide nach oben wird mit der Messerspitze der Schnitt von der Sohle bis zum Gelenk durchgeführt

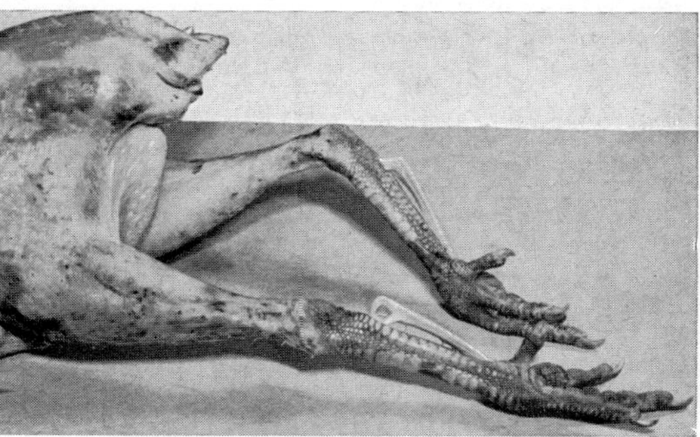

89. Die aufgeschnittenen Puterbeine
Die Sehnen liegen frei

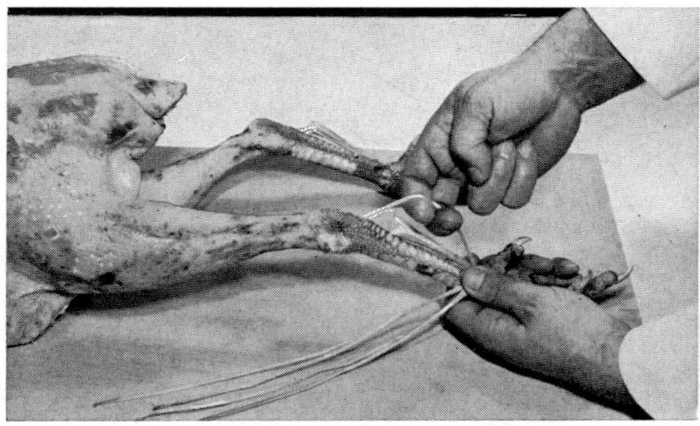

90. Herausziehen der Sehnen
Die Sehnen, 7 an der Zahl, sind einzeln herauszuziehen

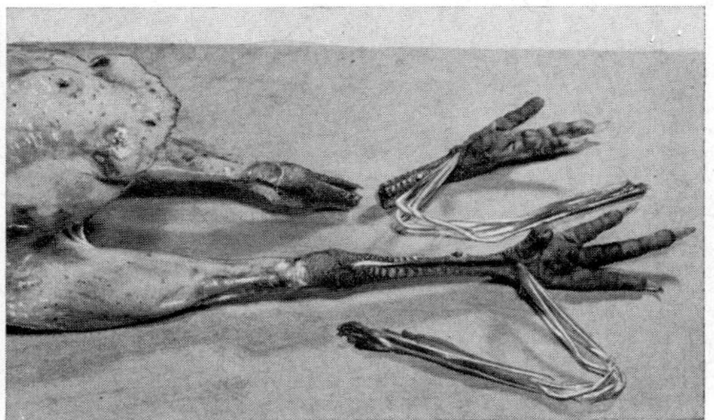

91. Die Beine werden abgeschlagen
Erst wenn die Sehnen herausgezogen sind, werden die Beine etwa in der Mitte abgeschlagen

Die weiteren Arbeiten beim Ausnehmen eines Puters sind die gleichen, wie sie in den Bildern 92—98 gezeigt sind.

Ausnehmen des Geflügels

Allgemeines

Fast alle Geflügelarten gelangen heute von den Züchtern ausgenommen und tiefgekühlt in die Hand des Kochs. Er hat nur noch die Aufgabe, sie sachgemäß in den Tiefkühlanlagen zu stapeln oder für den Verbrauch vorschriftsmäßig aufzutauen. Bevor das aufgetaute Geflügel der warmen Küche zur Zubereitung übergeben wird, ist es selbstverständlich noch zu waschen, zu sengen und zu binden.

Dennoch kommt es vor, daß auch frisch geschlachtetes Geflügel oder geschossenes Wildgeflügel unausgenommen zu bearbeiten ist.

Das Ausnehmen bezieht sich auf alle Hühnerarten, wie Poularden, Poulets, Puter usw., ferner Gänse, Enten, Tauben und Wildgeflügel im allgemeinen.

Bei diesen Vorgängen sind für die einzelnen Fälle unterschiedliche Vorschriften zu beachten, die in den nachfolgenden Abhandlungen bildlich und textlich erklärt werden.

Der Gänse- und auch der Entenhals (vgl. Bild 93) werden anders abgeschlagen als der eines Huhnes; die fettgepolsterte Halshaut wird bei ihnen nicht entfernt; die Beine sind im Gelenk abzuschneiden.

Schnepfen und Krammetsvögeln werden die Beine, der Kopf und der Hals überhaupt nicht abgehackt, sie sind an diesem Wildgeflügel charakteristische Merkmale, mit denen sie als fertiges Gericht auf der Tafel zu erscheinen haben (Bild 116).

Beim Puter hat man zu beachten, daß die Beine nicht abgeschlagen werden, bevor die Sehnen herausgezogen sind.

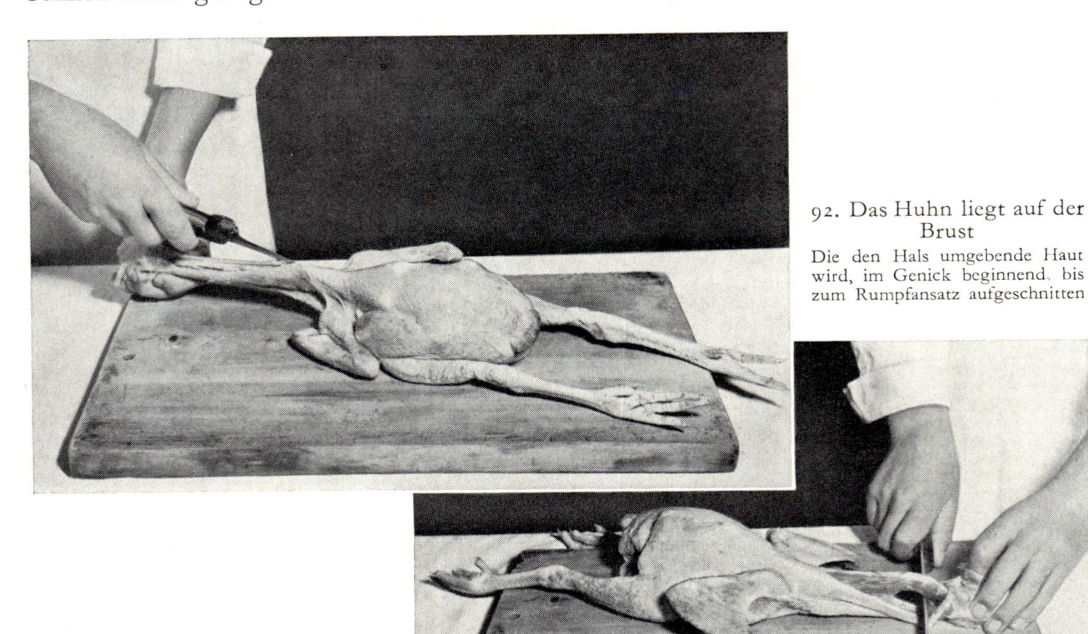

92. Das Huhn liegt auf der Brust

Die den Hals umgebende Haut wird, im Genick beginnend, bis zum Rumpfansatz aufgeschnitten

93. Die Halshaut wird unmittelbar unter dem Kopf durchschnitten

Bevor das Geflügel ausgenommen wird, muß es vollständig gerupft und gesengt sein. Gesengt wird je nach der Größe des Geflügels auf kleinerer oder größerer Flamme, wobei Vorsicht nötig ist, um die Haut nicht zu beschädigen. Dann wird das Geflügel ausgenommen, wie es in den Bildern reihenfolgemäßig und anschaulich dargestellt wird. Dazu ist zu bemerken:

Bild 92: Zuerst wird das Geflügel auf die Brust gelegt, und dann wird der Hals geöffnet. Der Schnitt ist, beim Genick beginnend, bis zum Rumpf zu führen. Die Messerschneide zeigt dabei nach oben. (Bei der Gans ist eine andere Methode üblich, s. S. 98, Unterschrift zu Bild 101.)

Bild 93: Die Halshaut wird dicht am Kopfe durchschnitten, um eine möglichst lange Halshaut zu erhalten.

Bild 94: Die lang belassene Halshaut ist unter die Brust geschoben, so läßt sich der Hals bequem abhacken.

Bild 95: Die Beine werden in der Regel 2—3 cm unter dem Gelenk abgehackt, bei Gänsen jedoch im Gelenk. Beim Puter sind stets vor dem Abhacken der Beine die Sehnen herauszuziehen (Bilder 88—91).

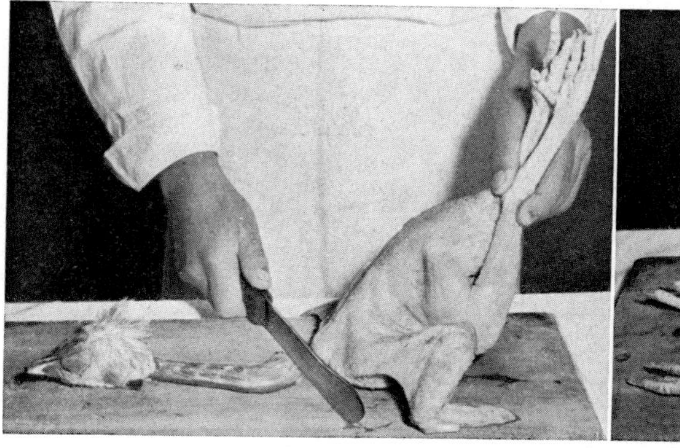

94. Abhacken des Halses

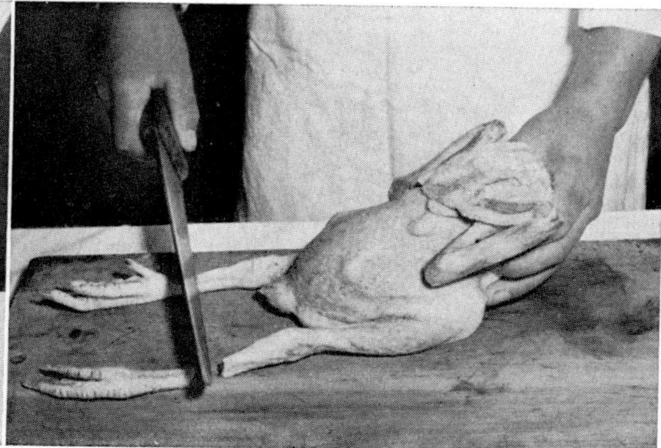

95. Abhacken der Beine
Sie werden etwa 2 cm hinter dem Gelenk abgeschlagen

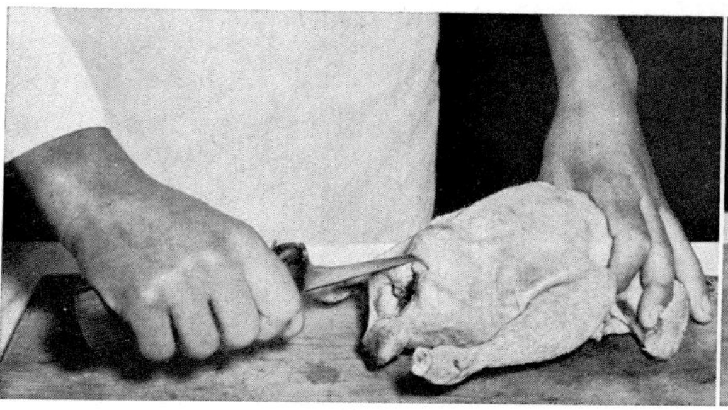

96. Aufschneiden des Rumpfes
Der Rumpf wird durch einen 3 cm langen Schnitt vorsichtig geöffnet, ohne die Innereien zu verletzen

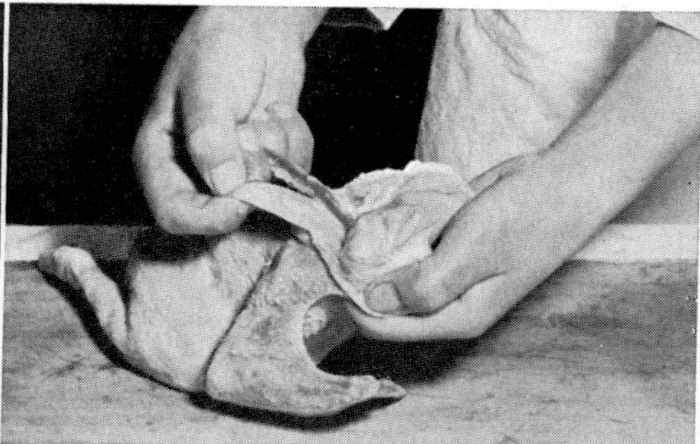

97. Herausnehmen des Kropfes
Der Kropf ist von der Halshaut zu lösen und dann durch einen Schnitt zu entfernen

Bild 96: Nachdem die Darmöffnung kurz abgeschnitten wurde, wird der Rumpf aufgeschnitten, doch soll die Öffnung so klein wie möglich gehalten sein. Es ist darauf zu achten, daß bei dem Schnitt die Eingeweide nicht verletzt werden. Bei der Schnittführung ist die Messerschneide nach oben zu halten.

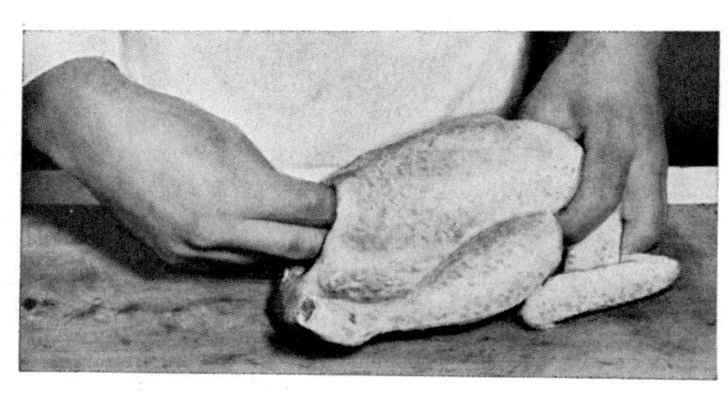

98. Das Ausnehmen
Dabei ist zu beachten, daß der Einschnitt nicht erweitert wird

Bild 97 zeigt das Herausnehmen des Kropfes mit der daran befindlichen Luft- und Speiseröhre. Wenn der Kropf leer ist, erscheint er als ein Hautgewebe; auf alle Fälle muß er entfernt werden.

Bild 98: Beim Ausnehmen soll die Öffnung so klein wie möglich bleiben. Man ist zunächst bestrebt, das Innere von dem Rumpf loszulösen; dann erst sind die Eingeweide herauszunehmen.

Herrichten des Geflügelkleins

In jeder ordnungsmäßig geführten Küche wird das Geflügelklein hergerichtet und verarbeitet. — Lebern werden für besondere Gerichte reserviert, alles übrige ist gekocht verwendbar. Die Teile von kleinem Geflügel verwendet man zu Suppen und Saucen. Aus dem Klein des größeren Geflügels, der Poularden, Puten und Gänse, lassen sich Spezialgerichte herstellen.

Über die Verwendungsmöglichkeit gibt die folgende Übersicht Aufschluß.

Teil	Verwendungsmöglichkeit
a die Flügel, die oberhalb des ersten Gelenks abgeschlagen sind	Von kleinem Geflügel für Bouillon und Kraftbrühe; von großem Geflügel zu besonderen Gerichten
b der Hals	
c das Herz	
d der Magen (vgl. Bild 99)	
e die Leber	zum Braten oder auch für Farcen sowie als Ragoutbestandteil

Herrichten des Hühner-, Puten- und Taubenmagens

Der Magen wird vom Darm und Fett befreit und dann aufgeschnitten.

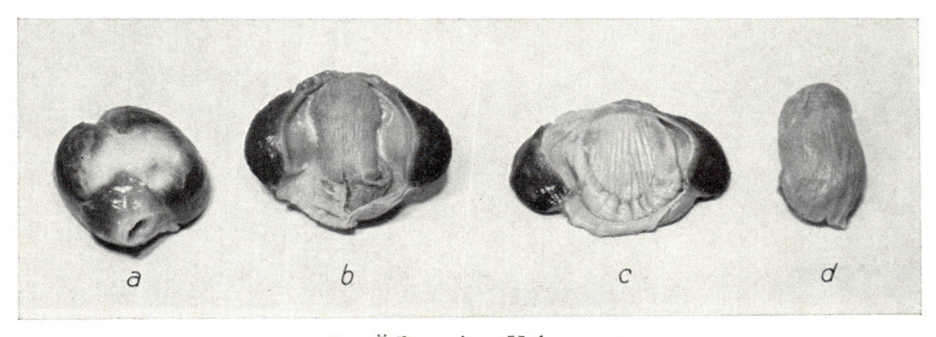

99. Das Öffnen eines Hühnermagens

a zeigt den Magen ungeöffnet; *b* der Magen ist geöffnet. Rechts und links zeigen sich die Schnittflächen. In der Mitte liegt der Magensack mit dem unverdauten Inhalt. *c* Der fertig hergerichtete, kochfertige Magen. — Der Magensack läßt sich herausnehmen. *d* Der herausgenommene Magensack

Herrichten des Gänsemagens

Aus Gänse- und Entenmagen läßt sich der Magensack nicht so leicht entfernen wie aus dem Magen eines Huhnes. Wollte man sie wie den Hühnermagen (Bild 99) öffnen und behandeln, käme man zu keinem befriedigenden Ergebnis, denn Magensack und Magenwände einer Gans sind miteinander verwachsen. Die Zerteilungsmethode für den Gänsemagen ist aus dem Bild 100 ersichtlich.

a, *b* und *c* vermitteln die Zerlegung des Gänsemagens. — *a* und *c* sind die genießbaren Teile. — Im Teil *b* innerhalb der punktierten Linien befindet sich der Magensack mit dem Schlundeingang und dem Magenausgang.

d Die Fleischteile sind beiderseitig abgeschnitten. — *d* entspricht hier dem Teil *b*.

e Eine Magenhälfte mit der sie bedeckenden Haut.

f Bei der zweiten Magenhälfte ist die Haut abgezogen.

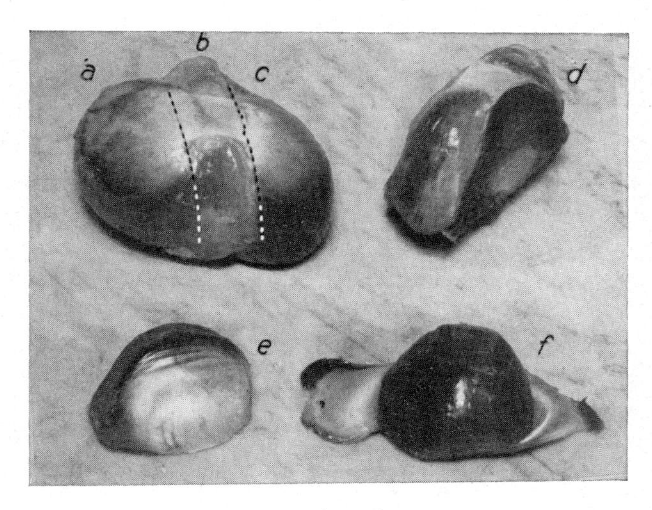

100. Bearbeitung eines Gänsemagens

Der Magen, von Schlund, Darm und Fett befreit, ist von der Breitseite, also in größter Sichtfläche, veranschaulicht. Die beiden punktierten Linien kennzeichnen die proportionale Zerteilung. Innerhalb der punktierten Linien liegt der unbrauchbare Teil — der Magensack — mit dem mehr oder weniger verdauten Inhalt. Die Teile rechts und links sind die Fleischteile, die verwendet werden sollen. Um sie zu erhalten, schneidet man mit einem sehr scharfen Messer den Weg, den die punktierten Linien kennzeichnen. Während des Schnittes beachte man, daß das Messer scharf an der Außenseite des Magensackes entlanggeführt wird, damit die Fleischteile so groß wie möglich ausfallen.

Der Magen ist von einer festen, bläulich-weiß erscheinenden Haut umgeben, die vor dem Kochen an beiden Magenhälften abgezogen werden muß. — Mit einem Messer erfaßt, läßt sich die Haut nach kleinem Einschnitt leicht abziehen. *f* zeigt eine von der Haut befreite und somit verwendungsfertige Magenhälfte.

Herrichten des Gänsekleins

Das Bild 101 zeigt das Klein einer Gans, kochfertig vorbereitet. Die Flügel, der Hals und der Kopf sind meist beim Einkauf der Gans nicht vollständig gerupft. Da sich die Federn aus diesen Teilen nur sehr schwer ausrupfen lassen, wird das Klein mit kochendem Wasser gebrüht und, sobald sich die Federn leicht ausziehen lassen, mit kaltem Wasser abgeschreckt. Aufmerksamkeit ist erforderlich, damit das Gänseklein nicht verbrüht wird; die Federn ließen sich dann schwerer herausziehen. Das gebrühte Gänseklein ist nun schnell zu rupfen. Die Beine der Gans sind ebenfalls in kochendes Wasser zu halten und dann von der sie umgebenden Haut und den Krallen zu befreien. Zum Gänseklein gehören die nachfolgend abgebildeten Teile.

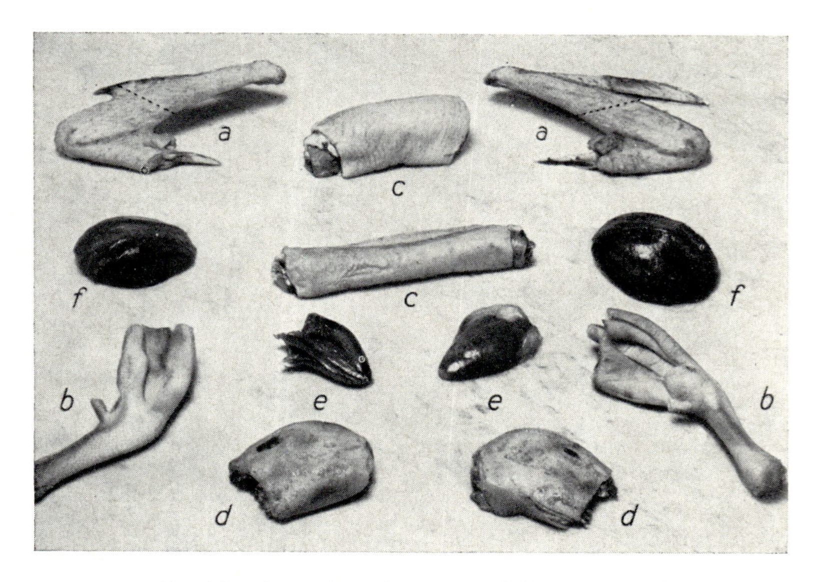

101. Zwei Portionen kochfertig hergerichtetes Gänseklein

a Die oberhalb des ersten Gelenkes abgeschlagenen Flügel; *b* die im Gelenk abgeschnittenen Füße; *c* der dicht am Rumpf mit der ihn umgebenden Haut abgetrennte Hals; er wird in der Mitte durchgehackt, Luft- und Speiseröhre sind herauszunehmen. *d* Der Kopf ist gespalten, die Augen und der Schnabel sind entfernt; *e* das Herz (halbiert); *f* der Magen (halbiert) (vgl. Bild 100)

Binden des Gänsekleins für den Restaurationsbetrieb

In den Gaststätten gehört das Gänseklein zu den Gerichten, die immer Liebhaber finden. Um dem Besteller einer Portion Gänseklein von jedem Teil etwas zu bieten, wird das Klein jeder Gans in zwei Portionen geteilt. Zu einer Portion Gänseklein gehören, wie aus Bild 101 ersichtlich ist, 1 Flügel, 1 Pfote, 1/2 Hals, 1/2 Kopf, 1/2 Herz und 1/2 Magen. Da im flotten Restaurationsbetrieb auf schnelles Anrichten gesehen werden muß, ist es ratsam, die Portionen vor dem Kochen richtig einzuteilen, einzeln mit Bindfaden zu umschnüren und zu kochen. Dann ist es leicht, jede Portion rasch anzurichten, so daß der Kellner die Bestellung gleich mitnehmen kann. Zusammenlegen und Binden einer Portion Gänseklein ist aus Bild 102 ersichtlich. Es sei dazu noch erläutert:

a zeigt den als Unterlage dienenden Flügel, auf den die übrigen Teile zu legen sind. Der Flügel wird in der Mitte mit dem Rücken eines schweren Messers eingeknickt (punktierte Linie Bild 101). Der Flügel läßt sich dadurch drehen, und nun steckt man die äußerste Flügelspitze unter den dicken Teil des Flügels, wodurch ein verschobenes Viereck zustandekommt.

b Der Flügel als Unterlage mit dem halben Hals und einer Pfote.

c Die fertige Gänsekleinportion (1 Flügel, 1 Pfote, 1/2 Hals, 1/2 Kopf, 1/2 Herz, 1/2 Magen). Obenauf liegt der Magen. An ihm ist der kleine Einschnitt zu beachten, der notwendig ist, um durch ihn den Bindfaden zu führen. Erfahrungsgemäß rutscht der Magen beim Kochen herunter, wenn der Einschnitt nicht gemacht wird. — Ob die Gänsepfote mit zu servieren ist, richtet sich nach den Gepflogenheiten des Hauses.

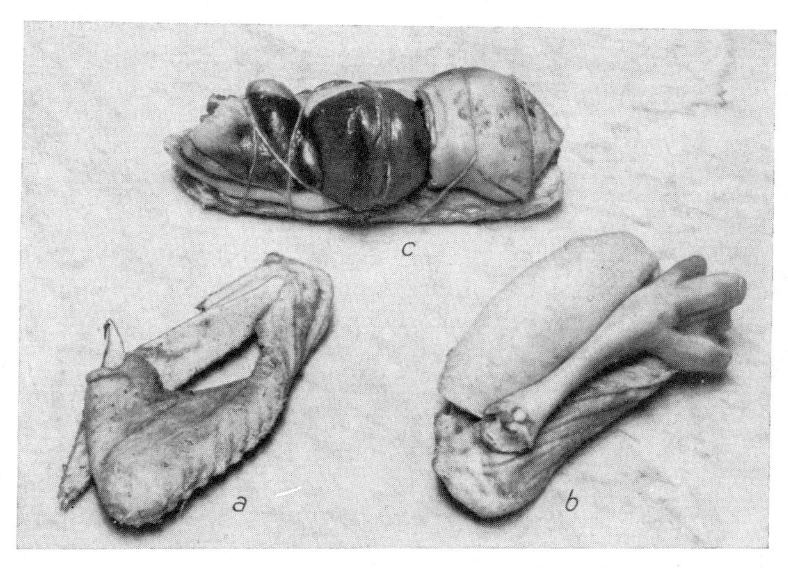

102. Zusammenstellung einer Portion Gänseklein

d) Brat- und Kochfertigmachen ganzen Geflügels

Einstecken von Geflügel

Bei alten Hühnern, die gekocht und dann für Ragouts, Frikassee oder Einlagen geschnitten werden, kann man sich das Bridieren (Binden) sparen; sie werden dann küchenfachlich „eingesteckt“;

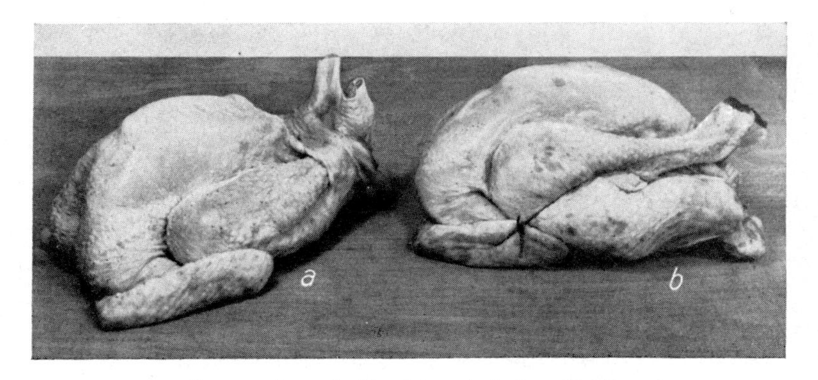

103. Eingestecktes Geflügel (vereinfachtes Bridieren)

a Das Geflügel erhält rechts und links einen Durchstich durch die Bauchlappen, die Beine werden durchgesteckt; *b* zeigt die am meisten angewandte Bridiermethode

a Das Geflügel erhält rechts und links einen Durchstich durch die Bauchlappen, die Beine werden durchgesteckt.

b zeigt die am meisten angewandte Bridiermethode.

Zu diesem Zweck wird beiderseitig zwischen beiden Keulen in die dünnen Lappenteile des Rumpfes mit scharfer Messerspitze je ein Loch gestochen. Durch sie führt man von außen nach innen die Hühnerbeine, wodurch erreicht wird, daß sie beim Kochen am Rumpf bleiben und sich nicht spreizen (vgl. Bild 103*a*).

Bridieren (Binden) des Geflügels

Die einfachste Art, Geflügel zu bridieren, d. h. daß es mit nur einem Faden gebunden wird, darf zwar als allgemein bekannt vorausgesetzt werden, doch soll sie der Vollständigkeit halber hier kurz erwähnt sein.

Bei diesem Vorgang legt man das Geflügel auf die Brust und sticht die mit fester, dünner Schnur versehene Dressiernadel zunächst durch den dicken Teil des rechten Flügels, dann durch den Übergang vom Hals zum Rumpf, wobei die Kropfhaut mit erfaßt wird, und läßt die Nadel heraustreten, nachdem sie auch durch den anderen Flügel geführt wurde. Dann führt man die Nadel oberhalb des Schenkelknochens unweit der abgeschlagenen Beine durch den dünnen Teil des Schenkelfleisches beider Keulen. Beide Bindfadenenden werden nun straff verknotet, wodurch die Brust herausgepreßt und dem Geflügel bessere, zum Tranchieren vorteilhaftere Form gegeben wird (vgl. Bild 103 b). — Außer der erläuterten Weise kennt man noch andere Methoden, Geflügel zu bridieren.

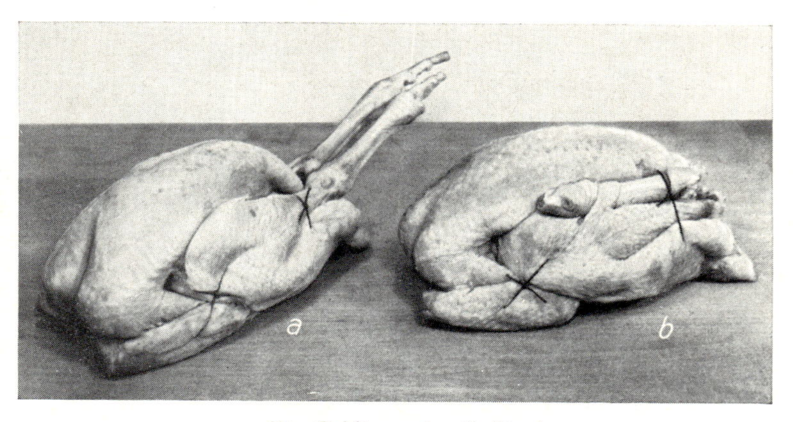

104. Das Bridieren des Geflügels

Das Bild 104 zeigt bei *a* ein Geflügel, wie es zum Braten zu bridieren ist. — Der erste Faden wird durch die Flügel, die Kropfhaut, den Rücken und unmittelbar unter den Keulengelenken durchgeführt, zusammengezogen und verknotet. — Der zweite Nadelstich ist oberhalb der Beingelenke durch das zu bridierende Geflügel zu führen. Die Nadel wird unterhalb des Knochens zurückgeführt. An der Austrittstelle der Nadel ist der Bindfaden zu verknoten. An den Beinen sind, falls sie nicht abgeschlagen werden, nur die großen Zehen zu belassen.

Das Bild 104*b* zeigt eine andere Bindeart für Geflügel: Die Gelenksehne ist zu durchschneiden, die Zehen sind abzuhacken. Die Beine werden dann durch die Haut gesteckt und mit Faden angezogen. Der Brustteil des Geflügels ist bridiert wie bei dem Bild 104*a*.

Das Bild 105 zeigt ein gefülltes Geflügel. Nach dem Ausnehmen werden die Brustknochen herausgenommen, ebenso z. T. die Keulenknochen. Die Keule erhält ungefähr in der Mitte einen kurzen Schlag mit dem Messerrücken, um den Schenkelknochen zu brechen.

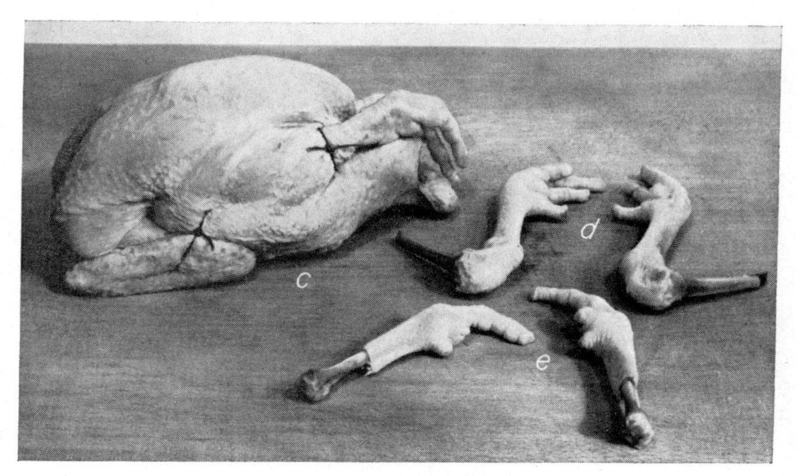

105. Ein gefülltes, bridiertes Masthuhn

Oberhalb des Gelenkes wird ringsherum die Haut bis auf den Knochen eingeschnitten, wodurch sich das Bein herausziehen läßt (*d*). Das Bein wird abgeschlagen. Dem dann zurückbleibenden Fußknochen wird nun ein Stück von der Knochenhaut ringsherum abgeschnitten, wobei der untere Knochenteil freigelegt wird. Die Füße (*e*) schiebt man dann wieder in das Keulenfleisch hinein.

Bridiert wird wie bei dem Bild 104*b*.

Schneiden der Speckplatten

Speckplatten zum Bardieren zu schneiden, erfordert Geschick und Übung. Man braucht ein Stück Speck von der Größe, wie die Platten gewünscht sind. Dies legt man auf die Schwartenseite und schneidet die Oberfläche zuvor glatt. Der Schnitt ist dann, wie aus folgendem Bild ersichtlich, waagerecht zu führen. Erforderlich ist ein scharfes, möglichst schmales Messer oder auch zwei, die abwechselnd für jeden Schnitt in heißes Wasser getaucht werden, damit sie leichter durch den Speck hindurchgleiten und nicht anhängen. Die übliche Stärke einer Speckbarde beträgt 2—3 mm.

Bardieren des Geflügels

Unter Bardieren versteht man das Belegen und Umwickeln des Geflügels, das zum Braten bestimmt ist, mit dünnen Platten von fettem Speck. Das zarte Brustfleisch soll vor allzu starkem Bräunen geschützt werden. Damit es beim Braten bräunt, werden die Speckplatten leicht eingeritzt. Dem Geflügel wird also, nachdem es bridiert wurde (vgl. Bild 106), die Brust mit einer entsprechend großen rechteckigen Speckplatte belegt und dann, um ihr beim Braten Halt zu geben, mit dünnem Bindfaden umschnürt.

106. *a* Das Schneiden dünner Speckplatten. *b* Mit einer Speckplatte belegtes (bardiertes) Geflügel

Das Trüffeln von Geflügel

In der Küchenpraxis wird man ab und zu vor die Aufgabe gestellt, die Brust des Geflügels, das gebraten werden soll, zu „trüffeln“. Dann sind frische rohe Trüffeln zu verwenden. Sie werden geschält, in fünfmarkstückdicke Scheiben geschnitten und unter die vom Brustfleisch gelockerte Brusthaut geschoben. Das Geflügel ist zu bridieren.

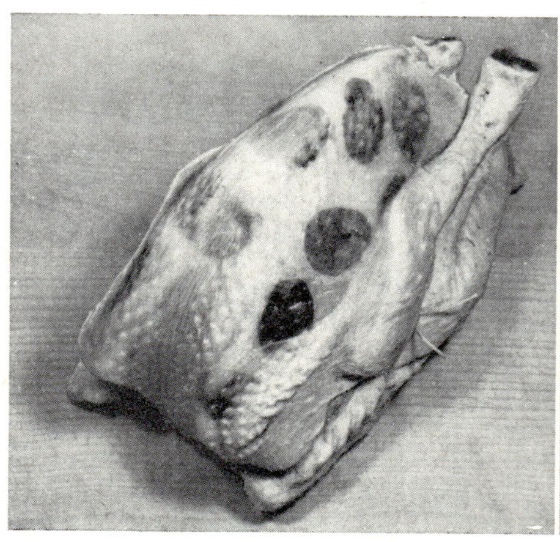

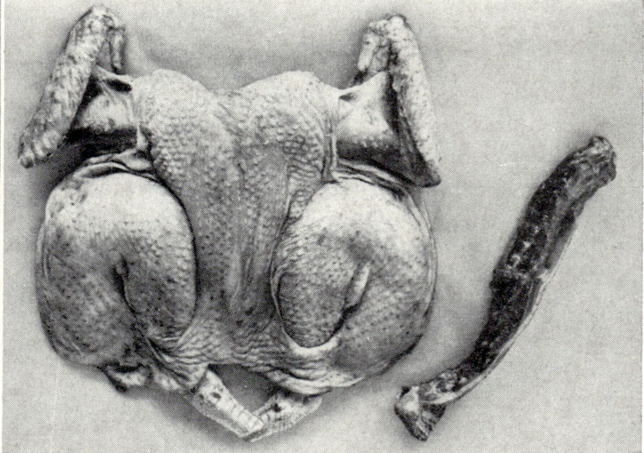

107. Getrüffeltes Geflügel

108. Ein zum Rösten hergerichtetes Masthuhn

e) Zerlegen des rohen Geflügels

Vorbereitung des Geflügels zum Grillieren

Dem ausgenommenen Geflügel wird der Rücken der Länge nach gespalten und dann der Rückgratknochen abgeschlagen. Um dem Geflügel eine möglichst gleichmäßig flache Form zu geben, wird es mit einem Beil plattiert. Damit sich die Geflügelkeulen beim

Rösten nicht verziehen, werden sie, wie aus Bild 108 ersichtlich ist, eingesteckt und die Flügel auf den Rücken gelegt.

Zerlegen des rohen Kleingeflügels zum Schmoren (Poulet sauté)

Ein Huhn wird ausgenommen, und dann werden die Brüste (*a* und *b*) vom Brustknochen (*c*) abgelöst. In den beiden Brusthälften verbleiben nur die Flügelknochen.

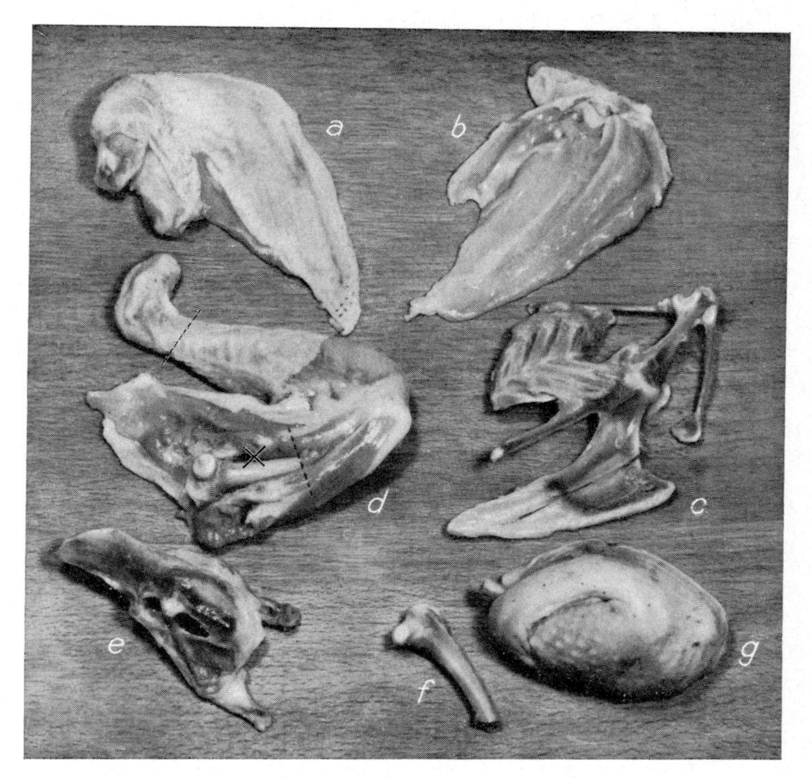

109. Roh zerlegtes Huhn zum Sautieren

Nun sind die Keulen (*d*) herzurichten. Nachdem der Schlußknochen (*e*) abgelöst ist, wird der Oberschenkelknochen mit einem spitzen Messer freigelegt; er erhält in Höhe der punktierten Linie mit dem Messerrücken einen leichten Schlag, wodurch der Knochen bricht und sogleich herausgenommen wird (*f*).

Nun befassen wir uns mit dem Beinknochen. Er wird über dem Gelenk abgeschlagen, und das Fleisch wird mit dem Messer um 1 cm zurückgeschoben. Dadurch wird der untere Beinknochen vom Fleisch entblößt. Dann macht man in das Keulenfleisch × einen kleinen Stich und führt durch diese Öffnung im Fleisch den unteren, aus der Keule herausragenden Knochen. Nach diesen Handgriffen ist die Keule fertig vorbereitet (*g*).

Roh zerlegtes Geflügel für Frikassee nach alter Art

In manchen Fällen wird das rohe Geflügel für besondere Gerichte zerlegt. — Zunächst werden die Flügel und die Beine abgeschlagen, und dann trennt man die Keulen ab.

Dann wird der Rücken abgehackt und noch einmal quer durchgeschlagen. Die Brust wird derart geteilt, daß man rechts und links den Flügelansatz mit einem schönen Stück Brustfleisch abschneidet. Die Keulen werden je nach Größe des Geflügels in zwei oder mehrere Stücke geteilt.

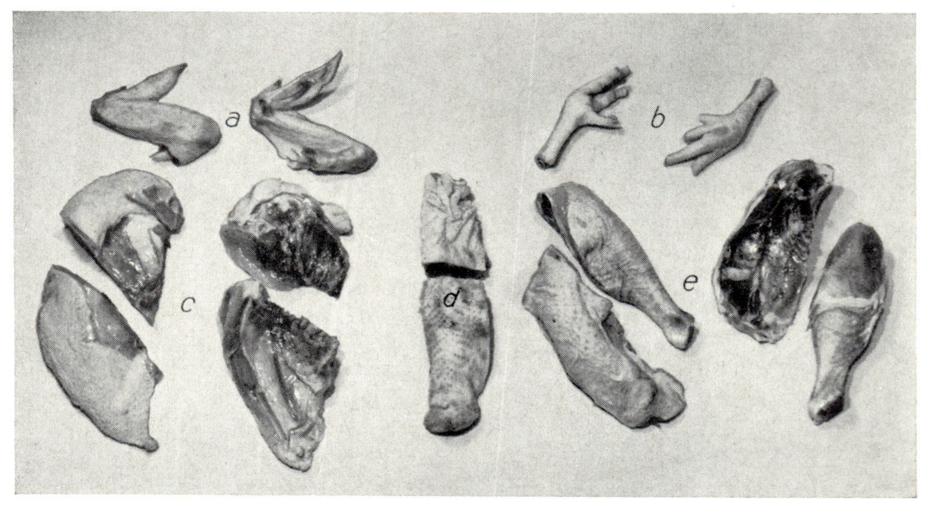

110. Roh zerlegtes Huhn für Frikassee

a Die an der Brust abgehackten Flügel; *b* die unterhalb des Gelenks abgehackten Füße; *c* die linke und rechte, durchschnittene Brusthälfte; *d* das Rückgrat ist quer geteilt; *e* die linke und die rechte Keule, zerlegt in das untere Keulenstück und das sog. Kaiserbein

Auslösen der Hühnerbrüste

Das Auslösen der Hühnerbrüste ist eine Arbeit, die in großzügig geführten, abwechslungsreichen Küchen für Bestellungen à la carte oft auszuführen ist. Es ist erforderlich, junge, fleischige Hühner zu wählen. Beim Auslösen muß man das Fleisch haarscharf vom Brustknochen herunternehmen. Der Flügelknochen bleibt, wie das Bild zeigt, in der Brust.

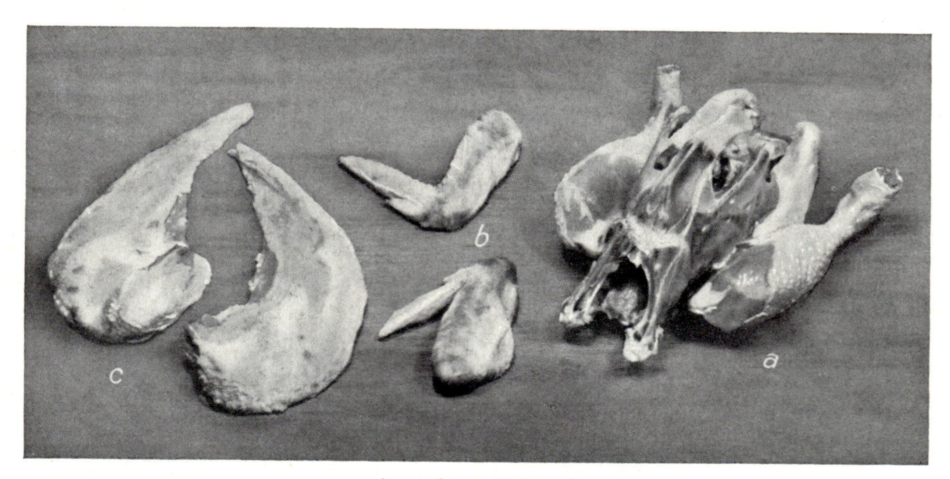

111. Ausgelöste Hühnerbrüste

a Das Knochengerüst mit den daran verbliebenen Keulen; *b* die abgeschlagenen Flügel; *c* die beiden ausgelösten Brusthälften

Das zurückbleibende Knochengerüst mit den Keulen wird anderweitig verwendet; das Knochengerüst wird zu Bouillon und Suppen verwertet, und die Keulen, falls es Puten oder Poularden sind, werden am vorteilhaftesten zu Ballotinen verarbeitet.

Vorbereitung der Geflügelkeulen zu Ballotinen

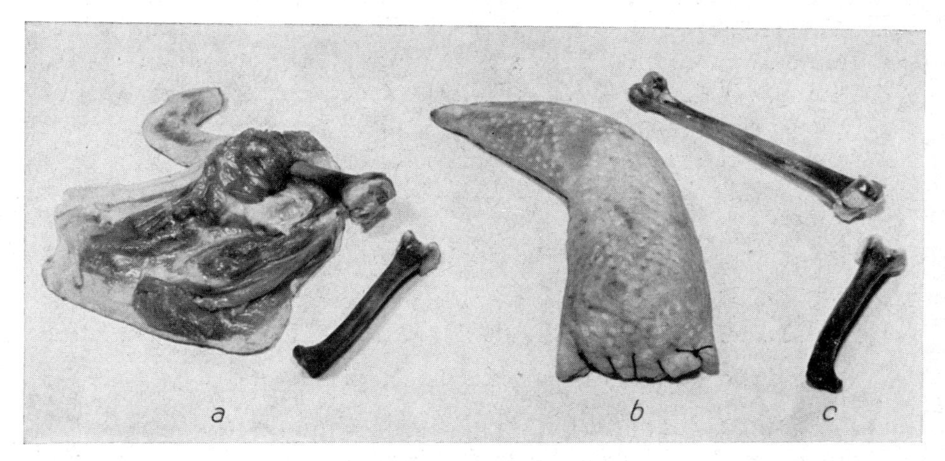

112. Ausbeinen von Geflügelkeulen
a Das Herausnehmen der Knochen; *b* die gefüllte, zugenähte Geflügelkeule; *c* die herausgenommenen Knochen

Beim Herausnehmen der Knochen aus der Geflügelkeule ist darauf zu achten, daß die Keule nicht aufgeschnitten wird. Am besten läßt es sich erreichen, wenn man, wie das Bild zeigt, an den Knochen herunterschabt, bis sie vollständig freiliegen. Die von den Knochen befreite Keule ist dann mit Farce zu füllen, zuzunähen und als Ballotine zuzubereiten.

Taube nach Kröten-Art (à la crapaudine)

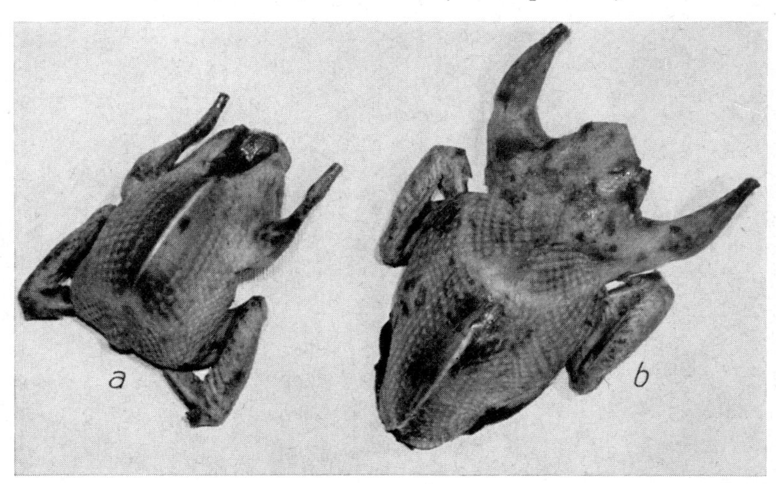

113. Eine für «à la crapaudine» hergerichtete, auf dem Grill zu röstende Taube
a Die Keulen werden nicht durchschnitten, sondern während des Schneidens seitlich abgebogen; *b* die zum Rösten fertig vorbereitete Taube

Die Art und Weise, wie die Taube hergerichtet und auf dem Grill zubereitet wird, bewirkt, daß sie, wenn sie fertig geröstet ist, an die Gestalt einer Kröte erinnert. Daher kommt auch die aus der französischen Küche entnommene Bezeichnung «à la crapaudine».

Die Vorbehandlung: Die wie üblich ausgenommene Taube erhält, nachdem beide Keulen seitlich abgebogen sind, einen horizontalen Schnitt, der über dem Sterz beginnt und oberhalb der zurückgesteckten Flügel unmittelbar vor dem Flügelgelenk unterhalb des dicken Brustfleisches endet. Dadurch wird die Brust von der Rückenpartie so weit getrennt, daß nur am breitesten Teil des Brustfleisches ein Zusammenhalt verbleibt. — Dann wird die Brust nach vorn geklappt, so daß im Zusammenhang mit dem Rücken die doppelte Länge der Taube gegeben ist. Nachdem die Brust gut und die Keulen ein wenig mit einem kleinen Küchenbeil plattiert sind, wird die Taube auf dem Grill geröstet.

Füllen der Tauben

In manchen Fällen wird Geflügel, das gebraten werden soll, mit Farce gefüllt, besonders Tauben, aber auch Puten. Für das Taubenfüllen können zwei Methoden angewendet werden:

1. Die Taube wird nicht ausgebeint und vom Kropf aus gefüllt.
2. Die Taube wird vom Knochengerüst ausgelöst und gefüllt.

Für den einfacheren Betrieb wird die Taube zum Füllen aus wirtschaftlichen Gründen nicht ausgelöst. Um sie zum Füllen vorzubereiten, wird der vordere Teil der langgelassenen Brust- oder Kropfhaut mit dem Zeigefinger vorsichtig vom Brustfleisch gelöst, so daß zur Aufnahme der Farce ein Zwischenraum entsteht. Durch die Dehnbarkeit der Brusthaut ist für die Farce dann Raum vorhanden. Nach dieser Vorbereitung kann Fleisch- oder Brotfüllung (S. 119/120) verwendet werden. Nach dem Füllen ist die Taube zu bridieren.

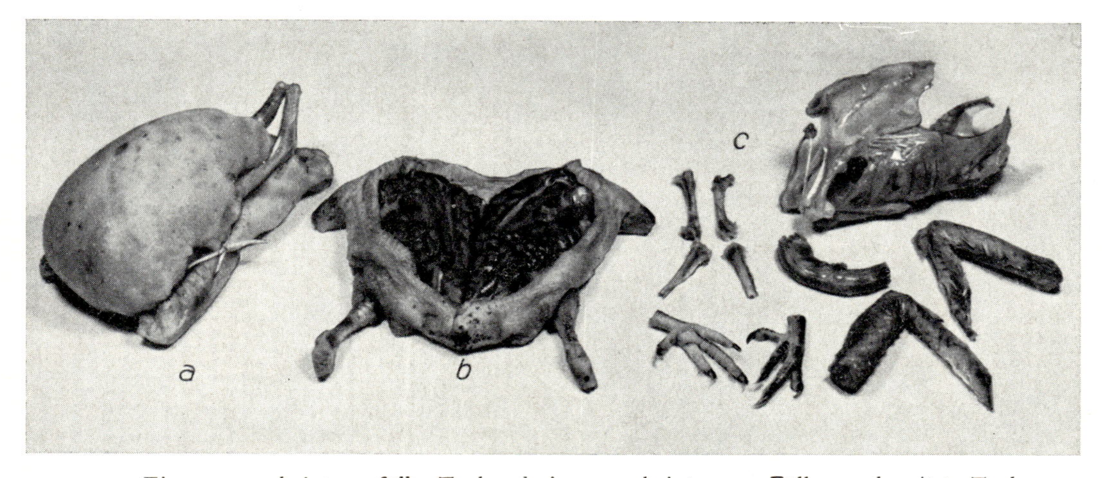

114. *a* Eine unausgebeinte, gefüllte Taube; *b* eine ausgebeinte, zum Füllen vorbereitete Taube

Will man es dem Gast bequem machen, so wird die Taube vor dem Füllen von den Knochen ausgelöst. Die Bilder 114*b* und *c* veranschaulichen diese Arbeit. Die Taube ist vom Rücken aus geöffnet.

Wenn die Taube fertig ausgelöst ist, wird sie mit der entsprechenden Menge Farce gefüllt, zu ursprünglicher Gestalt geformt, mit angemessen großer Speckplatte bardiert und mit Bindfaden umschnürt, um ihr Halt zu geben.

Tauben in der Papierhülle

Die hier gezeigte Methode, ausgebeintem, gefülltem Geflügel, ohne zu bridieren, die vorschriftsmäßige Form zu geben, ist speziell für Großbetriebe von Bedeutung.

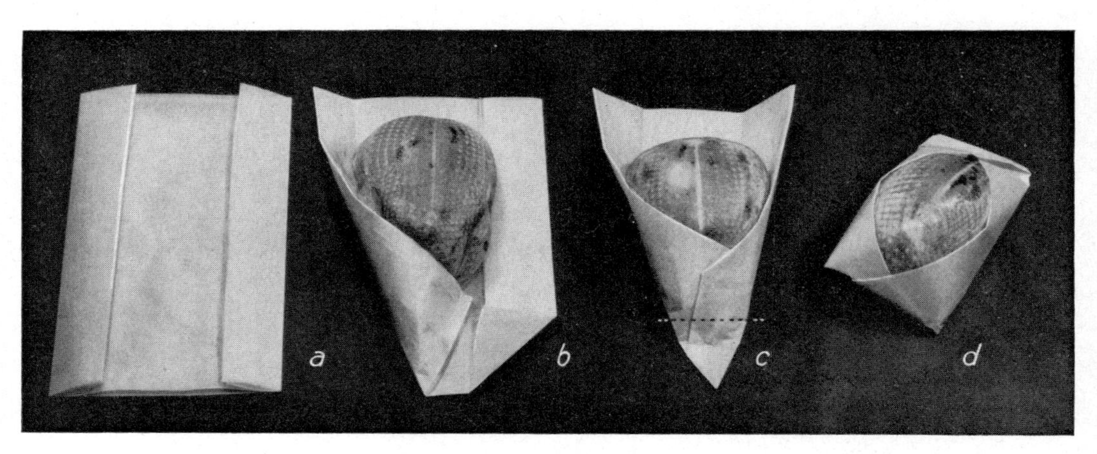

115. Einkniffen einer ausgebeinten, gefüllten Taube in eine Papierhülle
a Doppelt gekniffte Pergamentbogen, die für das Geflügel in angemessener Größe zu schneiden sind; *b* der 1. Kniff; *c* der 2. Kniff, die vordere Spitze wird nach unten umgeklappt; *d* der Kniff an der Brustseite

Für das Bild 115 ist eine Taube verwendet worden. Sie wurde völlig ausgebeint (Bilder 114*b* und *c*), wobei die Kropfhaut so lang wie möglich belassen wurde. Alle Knochen, bis auf die Keulen-Manschettenknochen, sind entfernt.

Das ausgebreitete und gewürzte Geflügel ist mit Fleisch- oder Semmelfarce zu füllen und dann, wie üblich, ursprünglich zu formen. Durch die Papierhülle erübrigt sich das Bridieren mit Bindfaden.

Das Papier (zwei doppelte Pergamentbogen) wird in entsprechende Größe geschnitten, rechts und links gekniffl und dann mit Butter bestrichen. Darauf setzt man das Geflügel und kniffl so, wie es die Bilder zeigen.

Das Geflügel kann, da die Brust frei bleibt, im Ofen Farbe bekommen. Wenn es zu $^3/_4$ fertig ist, wird das Papier entfernt.

Bratfertigmachen der Schnepfe

Bei der Schnepfe ist zu beachten, daß das Innere mitsamt den Eingeweiden nicht fortgeworfen werden darf, nur der Magen ist nicht verwendungsfähig; alles übrige ist für die Herstellung der Schnepfen-Croûtons erforderlich.

Die Schnepfe wird ausgenommen; Kopf und Beine werden aber nicht abgeschlagen. — Vom Kopf ist der untere Teil des Schnabels mit der Kehle und dem Kropf zu entfernen, außerdem sind die Augen herauszunehmen. Die Beine werden nicht verkürzt, nur die Krallen sind abzuschneiden. Um der Schnepfe die Form zu geben, die sie während des Bratens behalten soll, werden zunächst beide Beine in den Gelenken zurückgebogen und die Füße hinter die Oberschenkel gesteckt. Nachdem der Schnabel, der in diesem Falle die Nadel ersetzt, durch die Schenkel über den Schenkelknochen gesteckt wurde, ist die Schnepfe noch mit Speck zu umwickeln und ist dann bratfertig.

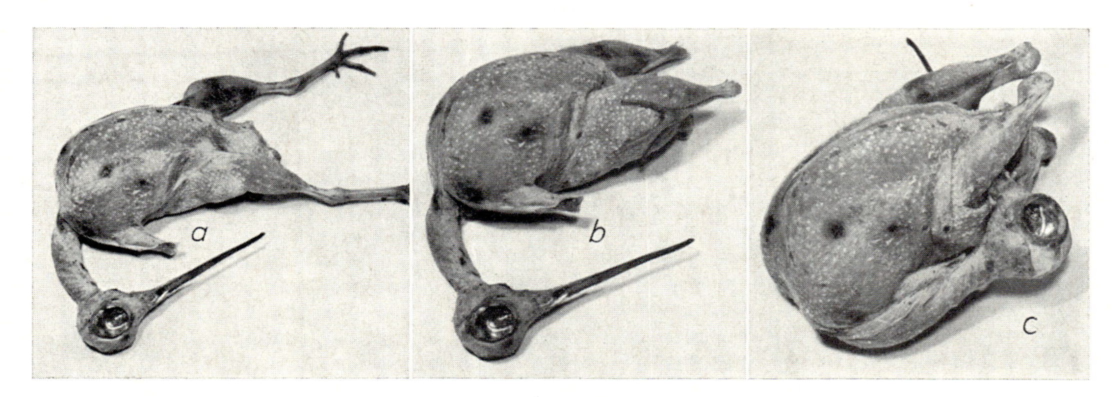

116. Die bratfertige Schnepfe
a Die ausgenommene Schnepfe. *b* Zurücklegen der Beine. *c* Durchstechen der Keulen mit dem Schnabel (bratfertig)

Bratfertigmachen von Krammetsvögeln und Wachteln

Krammetsvögel und Wachteln werden vorsichtig gerupft und ausgenommen; Kopf, Hals und Füße werden nicht abgeschnitten. Der untere Schnabelteil mit der Kehle und dem

117. Dressierte Wachteln 118. Entbeinte, gefüllte Wachteln

Kropf ist zu entfernen; außerdem sind die Augen herauszunehmen. Die Beine werden nicht verkürzt; nur die Krallen sind abzuschneiden. Um den Vögeln die Form zu geben, die sie während des Bratens behalten sollen, werden beide Beine in den Gelenken zurück-

Gefüllte Hummer Rot-Schwarz

Bachforellen Franz Schubert

Bukett von gefüllten Cavaillon-Melonen

Kiebitzeier auf königliche Art

gebogen und die Füße nach innen hinter die Oberschenkel gesteckt. Dann steckt man das eine Bein durch das andere, wodurch der eine Unterschenkel hervorragt, und auf ihn schiebt man den Kopf durch die Augenhöhlen. Hierdurch wird die charakteristische Gestalt erreicht, in der diese Vögel auf der Tafel erscheinen sollen.

Zum Füllen werden sie entbeint, wie das auch bei den Tauben geschieht (vgl. Bild 114*b*, S. 106). Die gefüllten Krammetsvögel oder Wachteln werden zur ursprünglichen Gestalt geformt und in gebutterte Pergamentpapiere gerollt, die zu beiden Seiten zu schließen sind. Danach muß man die eingepackten Vögel mit dünner Schnur über Kreuz zubinden und sie so in Butter fertig braten.

F. Zerlegen und Vorbereiten des Haarwildes

Wild wird erst dann wohlschmeckend, wenn es genügend abgehangen ist. Natürlich darf auch hier eine Grenze nicht überschritten werden, denn die Ablagerung darf keineswegs so weit vorgeschritten sein, daß das Fleisch einen üblen Geruch angenommen hat. Hirsche oder Rehe werden nach gleicher Methode abgezogen und zerlegt. Da das Wild fettarm ist, ist es zu spicken. Wie dies nach fachlichen Regeln zu geschehen hat, ist auf S. 112 erörtert und illustriert. Vor dem Spicken ist das Wild gewissenhaft zu häuten.

Abziehen eines Rehes

Hier werden die Grundregeln gezeigt, die beim Abziehen des Haarwildes beachtet werden müssen. Bei dieser Arbeit wird an den Keulen begonnen. Das Fell ist, wie das

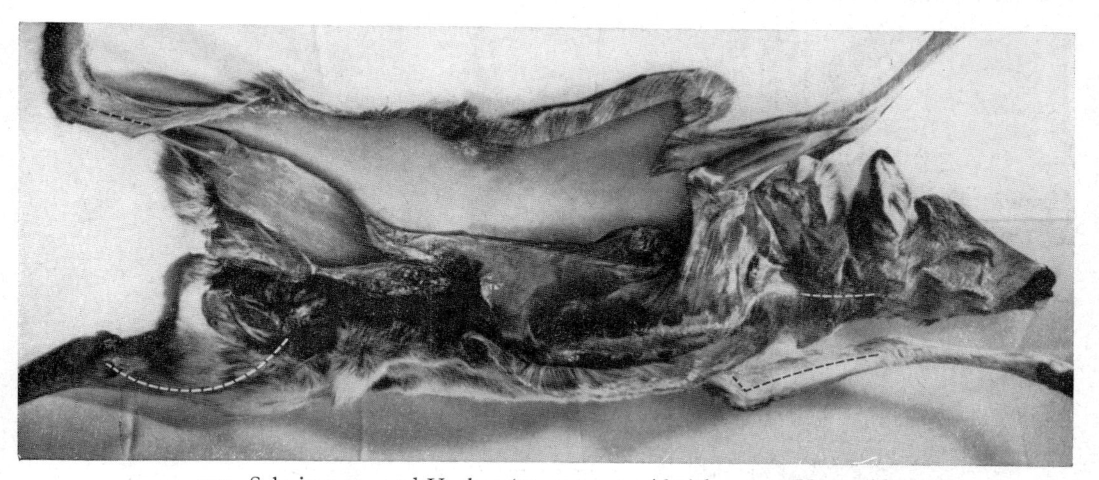

119. Schnittwege und Vorbereitungen zum Abziehen von Haarwild

Bild zeigt, an der Innenseite der Keulen längs bis zu den Beingelenken aufzuschneiden und dann nach und nach, ohne einzuschneiden, herunterzuziehen. Der zweite Schnitt durch das Fell führt vom Brustkorb bis zum Kopf.

An den Blättern wird das Fell ebenfalls wie bei den Keulen an der Innenseite aufgeschnitten. Wenn die Keulen und die Blätter freigelegt sind, ist es leicht, das Fell vollends abzuziehen. Der Hals wird ebenfalls mit abgezogen; im Fell verbleiben nur der Kopf und die in den Gelenken durchschnittenen Beine.

Zerlegen eines Rehes

Die nächste Arbeit nach dem Abziehen ist das Zerlegen. Zuerst werden die Filets aus dem Rücken herausgeschnitten und für besondere Zwecke zurückgelegt. Nun sind die Keulen kurz hinter den Hüftknochen vom Rücken mit scharfem Handwerkszeug zu trennen. Die Keulen wiederum werden genau in der Mitte der Rückgratverlängerung auseinandergenommen. Dann sind die Blätter vom Rumpf abzulösen. Dies ist leicht auszuführen, da man sich hierbei nur nach dem natürlichen Schnittkanal zu richten hat, der mit dem ersten Schnitt getroffen wird, wenn man dabei das Blatt seitlich vom Rumpf abbiegt. Es verbleibt dann nur noch der Rücken mit dem Hals und der Brust. Die Brust wird vom Rücken so weit abgetrennt, daß an ihm die Rippen in genügender Länge verbleiben. Dies geschieht am besten mit einer scharfen Säge. Nachdem nun von dem Rücken das Halsstück abgeschnitten wurde, ist das Zerlegen beendet.

Die einzelnen Teile müssen, falls sie sehr blutig sind, kalt abgewaschen werden, oder sie sind, was noch besser ist, nur mit feuchtem Tuch abzureiben.

Abziehen und Zerlegen des Wildschweins

Ehe mit dem Abziehen des Wildschweins begonnen wird, ist der Kopf vom Rumpf abzutrennen, und zwar eine Handbreit hinter den Ohren. Das übrige Wildschwein wird abgezogen und zerlegt, wie dies beim Haarwild erörtert ist.

Auslösen des Wildschweinkopfes zum Füllen

Der Kopf wird zunächst abgesengt, bis alle Borsten und Stoppeln verschwunden sind. Dann ist er in warmem Wasser zu bürsten, bis er gründlich gesäubert ist.

Zum Füllen wird er wie ein Kalbskopf (Bilder 62 und 63) ausgelöst oder, ohne ihn am Hals aufzuschneiden, im ganzen vom Schädel ausgebeint, was allerdings mühsamer ist. — Weitere Behandlung: S. 288.

G. Spicken nach den Fachregeln

Das Häuten

Gespickt wird erst, wenn der Fleischteil von Häuten und Sehnen befreit ist. Diese Arbeit erfordert Geschick und Übung. Man wird, namentlich beim Wild, immer erst die obenauf lockerer liegenden Hautschichten entfernen müssen, ehe das eigentliche Häuten beginnen kann. Die letzten, unmittelbar auf dem Fleisch lagernden feinen Häute sind mit dem Fleisch verwachsen. Hier gilt es, die Haut fein säuberlich zu entfernen, ohne das Fleisch einzuschneiden. Man braucht dazu ein schmales, scharfes, spitzes Messer. Beim Wildrücken beginnt man, wenn die oberen Häute abgenommen sind, hart am Gratknochen des Sattelstücks. Das Weitere ergibt sich dann von selbst.

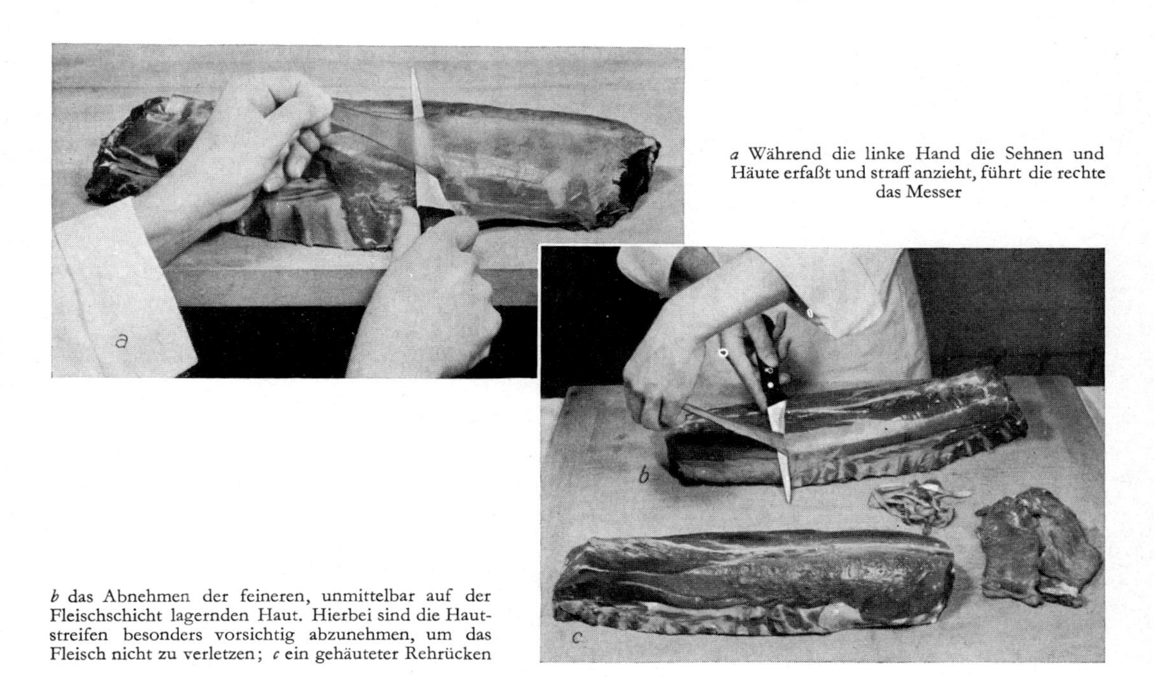

a Während die linke Hand die Sehnen und Häute erfaßt und straff anzieht, führt die rechte das Messer

b das Abnehmen der feineren, unmittelbar auf der Fleischschicht lagernden Haut. Hierbei sind die Hautstreifen besonders vorsichtig abzunehmen, um das Fleisch nicht zu verletzen; *c* ein gehäuteter Rehrücken

120/121. Fachgemäßes Häuten eines Rehrückens

Schneiden des Spickspecks

Spickspeck muß vor dem Schneiden gut durchgekühlt sein, damit er recht fest ist. Die übliche Länge der Speckfäden beträgt 4—5 cm. Um sparsam und praktisch zu sein, geht man beim Schneiden des Spickspecks so zuwege: Zunächst ist die äußere Kante der Speckseite glattzuschneiden, dann schneidet man einen 4—5 cm breiten Streifen herunter. An diesem Stück sind nun die äußeren unregelmäßigen Kanten und Flächen zu parieren. Dann sind von dem langen Streifen Querstücke in etwa 6 cm Größe zu schneiden; so erhält man das ebenmäßige schnittfertige Speckstück.

Beim Schneiden des Spickspecks legt man das schnittfertige Speckstück (Bild 122) auf die Schwarte, hält es mit der linken Hand und macht in gleichen Abständen (4—6 mm) bis auf die Schwarte reichende Einschnitte.

Wenn auf diese Weise das ganze Stück eingeschnitten ist, legt man es so, daß die Einschnitte waagerecht liegen. Wie das Bild 123 zeigt, erhält man durch senkrechte Schnittführung die einzelnen Speckfäden. Wichtig ist es, dabei zu beachten, daß das Messer vor jedem Schnitt in heißes Wasser getaucht wird, damit die Speckstreifen nicht an der Messerklinge anhängen. Wird ein Kuhlenmesser (s. Bild 189) verwendet, ist das Tauchen in heißes Wasser überflüssig.

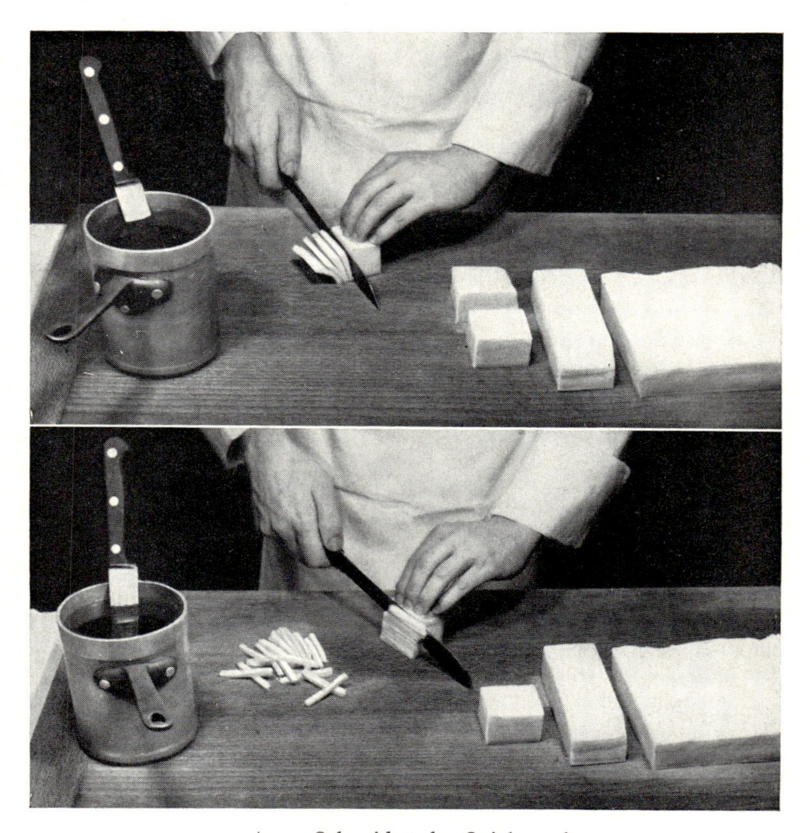

122/123. Schneiden des Spickspecks

Spicken nach den Fachregeln

Der Zweck des Spickens ist, fettarmem Fleisch (Wild usw.) Fett zuzuführen. Beim Spicken ist zu beachten, daß die Speckfäden so in das Fleisch geführt werden, daß sie mit und nicht gegen die Fleischfasern laufen. Nach diesem Prinzip ist das Spicken an verschiedenen Fleischteilen in den Bildern 124—128 dargestellt. Die Skizze zeigt die Führung der Spicknadel; man sieht, daß die nächstfolgende Speckreihe immer in die Zwischenräume eingreift. — Nach jeder geschlossenen Speckreihe wird mit der Spicknadel quer über das Fleisch eine dünne Linie gezogen. Sie ist das Hilfsmittel, einen Braten korrekt zu spicken.

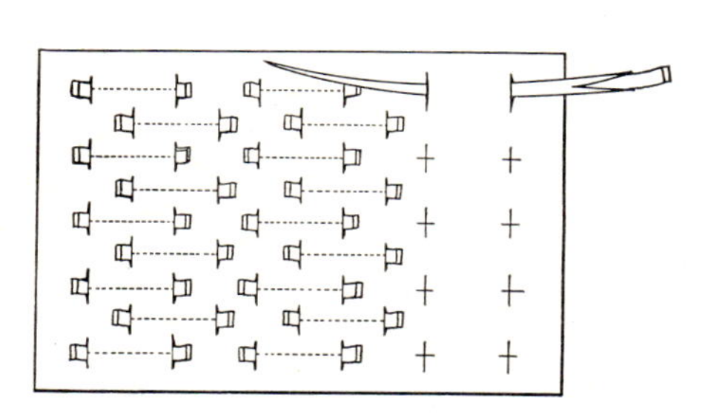

124. Anleitung zum korrekten Spicken

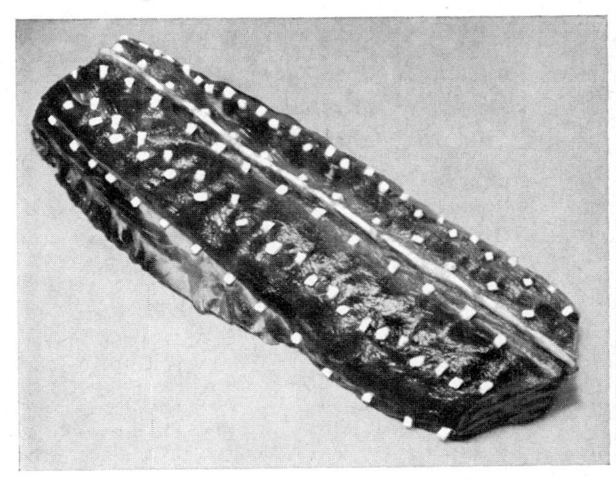

124. Die schmalen Fleischlagen eines Rehrückens werden mit 1—2 Speckreihen gespickt

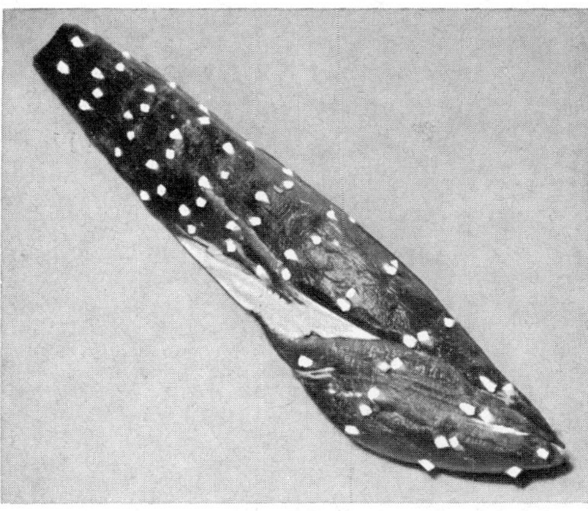

125. Bei dem Rinderfilet beginnt man mit dem Spicken am dicken Teil, dem sog. Filetkopf

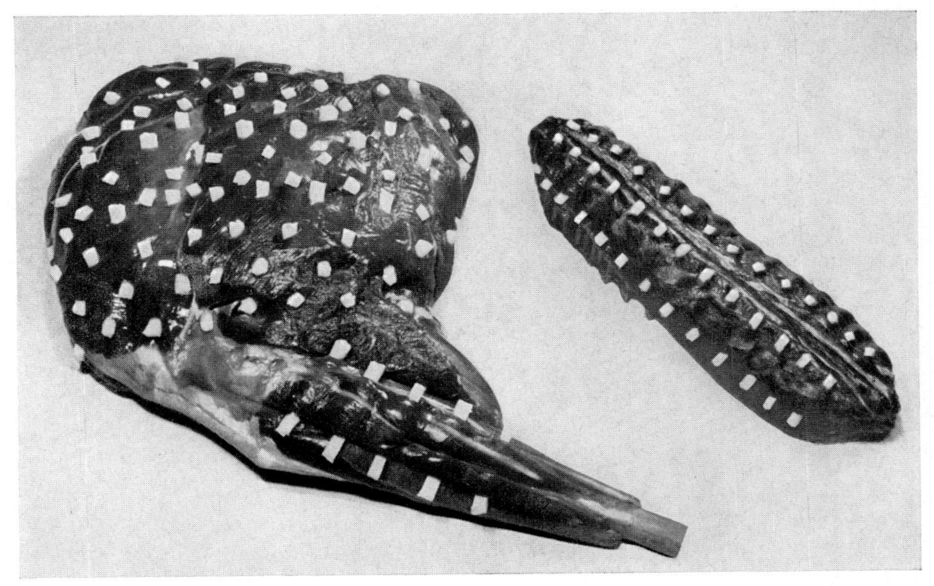

126. An dieser Abbildung wird gezeigt, welchen Lauf die Speckfäden beim Spicken einer Rehkeule nehmen müssen

127. Für einen Hasenrücken ist beim Spicken eine Speckreihe ausreichend

Spicken des Schmorbratens

Bisher wurde gezeigt, wie mit einer Spicknadel und mit dünnen Speckstreifchen gespickt wird. Beim Schmorbraten werden jedoch Speckstifte von 1 cm Dicke und beliebiger Länge, je nach Größe des Fleischstückes, verwendet. Die Nadel wird hier durch ein Spickrohr mit aufklappbarer Metallspitze und abnehmbarem Griff ersetzt. Das Rohr ist zum Einlegen der Speckstreifen in der ganzen Länge geöffnet. Hinter der aufklappbaren Spitze halten zwei Metallzähne den Speck fest. Das Rohr ist auf den Griff zu stecken und längs der Fleischfaser in den Schmorbraten zu schieben, bis die Spitze am anderen Ende so weit herausragt, daß sie senkrecht aufgeklappt werden kann. Der Holzgriff wird entfernt. Man erfaßt die quergestellte Spitze und zieht das Rohr in Einstechrichtung aus dem Fleisch, wobei mit dem Daumen der anderen Hand der Speck zurückgehalten wird. – Die Schmorbratenstücke sind je nach Größe mit zwei oder drei Speckreihen zu versehen.

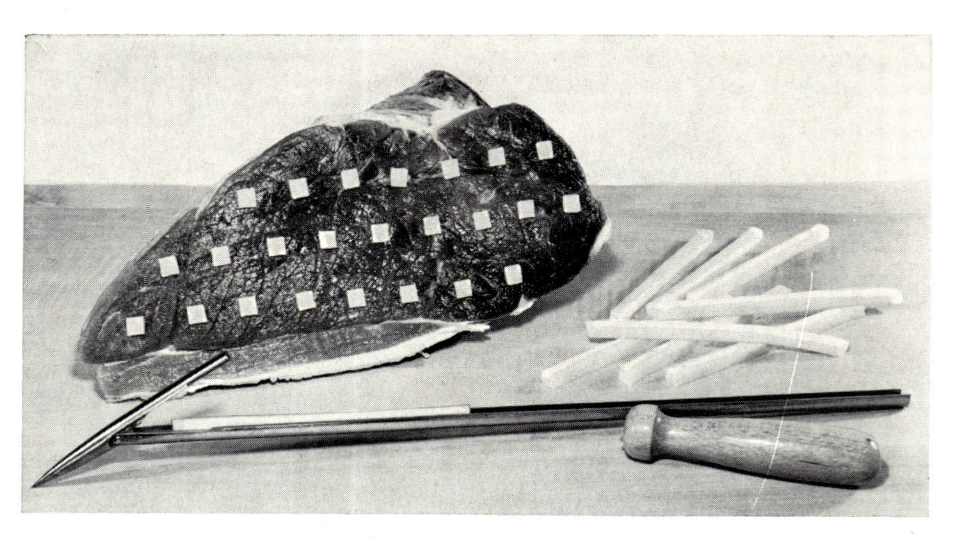

128. Spicken des Schmorbratens

Durch Anwendung des Spickrohrs vermeidet man das Zerschneiden des Bratens. Die alte Methode bestand darin, mit einem Messer Öffnungen für den Speck in das Fleisch zu stechen, die mit dem Stiel eines Holzlöffels vergrößert wurden

H. Pökeln

Das Pökeln erfordert sehr saubere Gefäße, die nicht für andere Zwecke benutzt werden dürfen. Glasfiberbehälter eignen sich erfahrungsgemäß am besten, aber auch Steinbassins und Steintöpfe kann man dafür verwenden. Das Gefäß mit dem Pökelinhalt soll keinem wesentlichen Temperaturwechsel ausgesetzt sein. Eine ständige Temperatur von +8 bis 10 °C ist am besten. Das Material muß ganz frisch sein; es wäre z. B. falsch, Fleisch mit einem kleinen Stich durch Pökeln wieder einwandfrei machen zu wollen. Das Pökeln gelingt nur, wenn dies alles beachtet wird.

Die Zusammensetzung der Pökellake steht fest. Verschieden ist jedoch der Salzgehalt, je nach Art des Fleisches. Er hängt von der Dicke und Schwere des Pökelgutes und von dessen Beschaffenheit ab. Nach den Erfahrungen sind für die einzelnen Fälle bestimmte Normen als Richtschnur aufgestellt. Am sichersten ist es, wenn man den nötigen Salzgehalt der Lake mit der Lakewaage bestimmt. Eine 18gradige Pökellake setzt sich zusammen aus einer Mischung von 5 kg Salz, 50 g Salpeter, 10 g Zucker und 20 l Wasser. Diese Mischung wird in dem Wasser aufgelöst und mit der Lakewaage (bzw. Lakemesser) auf den gewünschten Grad abgestimmt. Zur Aromabildung können Pfefferkörner, Wacholder, Koriander, Lorbeer, Thymian oder im Handel befindliche Lake-Essenzen zugefügt werden.

Wünscht man eine schärfere Lake, so muß mehr von der Salzmischung hinzugefügt werden; soll sie jedoch schwächer sein, so wird entsprechend Wasser hinzugegeben, bis die Lakewaage den gewünschten Grad anzeigt. Das Prüfen durch Ei- und Kartoffelschwimmproben ist als unhygienisch und ungenau abzulehnen. In manchen Betrieben wird die Pökellake aufgekocht, in den Schlächtereien jedoch wird sie kalt hergestellt.

Pökeln der Schinken zum Rohaufschneiden

Zunächst werden die Schinken mit der beschriebenen Salzmischung (Salz, Salpeter und Zucker) trocken von allen Seiten eingerieben und dann mit nur wenig Zwischenraum in einen Behälter geschichtet. Jede Schicht wiederum wird noch extra mit Salzmischung eingestreut. Die eingepackten Schinken sind nun mit einem Deckel und einem Gewicht zu belasten. Sie müssen 14 Tage liegen bleiben. Nach dieser Zeit sind sie so umzupacken, daß die obersten Schichten nach unten kommen. Bei diesem Vorgang werden die Schichten abermals mit der beschriebenen Salzmischung eingestreut. Von den Schinken wird sich nach dieser 14tägigen Pökelzeit bereits etwas Lake gebildet haben, die jedoch noch nicht genügt. Die Schinken müssen nun vollständig in der Lake liegen, und deshalb wird das fehlende Quantum 18gradiger Lake zugegeben. Im ganzen brauchen Schinken 4 Wochen Pökelzeit; sind sie sehr groß, verlängert man die Zeit um einige Tage. Nach der Entnahme aus dem Pökelbehälter sollen die Schinken zum „Nachbrennen“ (letztes Ausreifen im Kern des Schinkens) noch etwa 6—8 Tage im Pökelraum bei gleicher Temperatur liegen bleiben. Um einen milden Geschmack zu erreichen, kommen sie schließlich für 6—8 Std. in fließendes kaltes Wasser und werden nach völligem Abtrocknen kalt geräuchert.

Pökeln der Kochschinken

Schinken zum Kochen sind beim Pökeln anders zu behandeln. Ihnen wird zunächst 10gradige Nitritpökellake (Spritzlake) mit einer Temperatur von 20 °C mittels Lakespritze eingespritzt, dann werden sie in 16gradiger Salpeterpökellake (Dauerlake) 2 Tage gepökelt.

Gepökeltes Schweinskarree

Das Schweinskarree wird wie Kochschinken gepökelt. Zum Spritzen sticht man die Nadel zwischen jeden Rippenknochen quer in das Fleisch. Die eingespritzte Lakemenge darf 10% des Fleischgewichts betragen.

Kasseler Rippespeer

Für Kasseler Rippespeer wird das Schweinskarree wie vorstehend gepökelt und dann kalt geräuchert.

Lachsschinken

Lachsschinken ist Dauerware, deshalb wird das Schweinskarree, nachdem alle Knochen ausgelöst sind, gepökelt wie der rohe Schinken. Die Pökelzeit beträgt jedoch nur 16 Tage. Nach diesem Vorgang wird das Karree rundum vollkommen von Fett und Sehnen befreit und trocken in 3 cm dicke Speckplatten eingerollt. So hergerichtet werden die Stücke mit einem Goldschlägerhäutchen (dünne Hautschicht der Rinderbutte) überzogen und mit gewachstem Bindfaden engmaschig gebunden. Danach sind die Lachsschinken noch 2 Std. in kaltem Rauch goldgelb zu räuchern.

Magerer Speck

Die Speckseiten werden in 16gradiger Dauerlake 14 Tage gepökelt und danach kalt geräuchert.

Luftspeck

Die fetten Speckseiten werden trocken gesalzen, wobei man sie auf den Tisch legt und von beiden Seiten und an den Kanten tüchtig mit Salz einreibt. Sie werden nochmals mit Salz bestreut; die Speckseiten werden übereinandergelegt und 14 Tage im Kühlraum gelagert. Nach dieser Zeit wäscht man den Speck ab und hängt ihn an die Luft.

Gepökelte Rinderbrust

Die Brust erhält eine Gewebespritzung mit temperierter 10gradiger Nitritpökellake und wird 2 Tage in 16gradige Dauerlake gelegt. Nach dem Pökeln ist die Brust 2 Std. zu wässern und kann dann gekocht werden.

Gepökelte Rinderzungen

Bei Rinderzungen sollte man zweckmäßig die Aderspritzung mit 10gradiger Nitritpökellake anwenden. Die Nadel der Lakespritze wird in die Arterie geführt. Über die feine Verästelung der Adern erreicht die Lake jede Stelle in der Zunge. Eine weitere Pökelung in Dauerlake (Salpeterpökellake) wird dadurch nicht erforderlich. Die Zungen können nach dem Spritzen sofort gekocht werden.

I. Marinaden

In der kalten Küche muß oft Schlachtfleisch oder Wild mariniert werden. Erreicht wird dadurch, daß das Gut sich auf längere Zeit konserviert, daß es zarter und mürber wird und daß der Geschmack der Gewürze sich besser mitteilt.

Weinessig-Marinade

Für 3 l abgekochtes, erkaltetes Wasser braucht man 1 l Weinessig und 1 Eßlöffel Salz. Dieser Zusammenstellung sind in Scheiben geschnittene Zwiebel, Karotte, Sellerie und Petersilienwurzel, Pfefferkörner, einige Nelken, Lorbeerblatt und Thymian beizufügen. In dieser Marinade sind die Fleischstücke je nach Art und Größe 4—6 Tage zu belassen.

Milch-Marinade

Auf 1 l frische, ungekochte, gut gekühlte Milch nimmt man 1/2 Eßlöffel Gewürzsalz (S. 272). Man läßt das Fleisch in dieser Marinade 3—4 Tage liegen. Zu beachten ist, daß in der heißen Jahreszeit die Marinade alle 2 Tage zu erneuern ist.

Weißwein-Marinade

Diese Marinade ist speziell für Wildgeflügel anzuwenden. Auf 1 Flasche leichten Weißwein gibt man 1 Teelöffel voll Gewürzsalz. Das Fleisch ist 4—5 Tage darin zu belassen.

Marinade für Fisch-Grilladen

Wenn große Stücke von Steinbutt oder Lachsscheiben für großes Service zu grillieren sind, so müssen diese Stücke mehrere Stunden vorher mariniert werden. Der Fisch ist mit Petersilienstengeln, feingeschnittenen Schalotten, Lorbeerblatt und Thymian in ein flaches Gefäß zu legen, mit Zitronensaft und mit Öl zu beträufeln. Vor dem Grillen wird er dann gesalzen.

K. Herstellen von Farcen

Allgemeines

Unter einer Farce versteht man rohes, gewürztes, gründlich durchkühltes Fleisch, das fein zerkleinert mit anderen (feuchtigkeitshaltigen) Naturalien zu einer gebundenen, saftigen Masse vereinigt ist.

Farce wird verwendet als

- eigenes Gericht
- Füllung
- Einlage
- Ragoutbestandteil
- Garnitur

Die Frische des Grundstoffs, seine Inhaltsstoffe sowie die Verarbeitung bestimmen die Qualität des Endprodukts. Zustandsform und Menge des Eiweißgehalts im Grundstoff beeinflussen seine (Wasser)bindefähigkeit. Die Bindung beruht auf der Quellung der Eiweißstoffe. Je höher der Eiweißgehalt des Grundstoffs, desto größer ist seine Bindefähigkeit, also die Möglichkeit, andere (flüssige) Rohstoffe aufzunehmen.

Voraussetzungen

Farcen erhalten die Bindung durch den Eiweißstoff Globulin. Dieser ist in den Fasern aller Fleischarten (Fisch, Krustentiere, Wild, Geflügel, Schlachtfleisch) enthalten. Darum können Farcen auch sehr unterschiedlich zusammengesetzt sein.

Die Bindefähigkeit des Globulins ist jedoch an bestimmte Voraussetzungen gebunden:

- Globulin muß durch Zerkleinern freigelegt werden — darum wird der Rohstoff durch den Wolf gelassen oder gekuttert.
- Globulin ist nur bei Vorhandensein von Salz voll löslich — darum muß der Rohstoff bereits vor dem Zerkleinern mit Salz vermengt werden.
- Globulin gerinnt durch Wärmeeinwirkung und verliert dann die Bindefähigkeit — darum müssen alle Rohstoffe vorgekühlt werden.

Farcen müssen also während der Herstellung unter 20 °C gehalten werden — darum ist zwischen bzw. während der Arbeitsgänge ein Kühlen erforderlich.

Grundrezept für 1 kg Farce		
	500 g	Fleisch von Fisch, Krebstieren, Wild oder Geflügel oder Schlachtfleisch
	8 g	Salz
	1 g	Pfeffer
	80 g	Eiklar
	500—600 g	Sahne

Verarbeitung mit Hilfe des Wolfes

Bedingung ist eine präzise Arbeitsweise des Wolfes, um die mit einer Faserquetschung verbundene Erwärmung zu vermeiden.

Das gut vorgekühlte, gewürzte Fleisch wird durch die feine Scheibe (⌀ 1 mm) gelassen, wieder gekühlt und nochmals durchgelassen. Die Weiterbearbeitung erfolgt dann auf Eis. Eiklar und Sahne sind in kleineren Mengen nach und nach beizugeben. — Ähnlich wie das Öl beim Rühren einer Mayonnaise. — Damit eine feine Masse entsteht, ist jede Beigabe gründlich einzuarbeiten, ehe die nächste folgt. Würde z.B. zuviel Flüssigkeit auf einmal zugesetzt werden, so weichen die kleinen Fleischteilchen einander aus; die Farce wird körnig, und die Bindung ist nicht vollständig

Verarbeitung mit Hilfe des Kutters oder Mixers

Beim Kutter legen rotierende Messer das bindunggebende Globulin weitgehend frei; der Mixer arbeitet nach dem gleichen Prinzip, doch ist er nur für die Herstellung kleiner Mengen geeignet.

Das Fleisch wird wie oben behandelt, jedoch nur einmal durch den Wolf gelassen und erneut gekühlt. Dann gibt man das durchgelassene Fleisch in die Kutterschüssel, schaltet die Maschine ein und fügt nach und nach Eiklar und Sahne — beides gekühlt — zu. Denn Voraussetzung für das Gelingen ist auch hier das Vermeiden von Erwärmung.

Beim Herstellen großer Mengen Farce ist es zweckmäßig, die erforderliche Sahne zunächst zu frieren und sie danach zu zerkleinern. Die gestoßenen Sahnestückchen werden dann beim Kuttern dem Fleisch beigegeben. Damit erreicht man, daß die durch die Rotation der Messer entstehende Wärme von den schmelzenden Sahnestückchen aufgefangen wird.

Die Konsistenz einer Farce ist von wesentlichem Einfluß auf die geschmackliche Beurteilung. Weil aber anderseits der Grundstoff in seiner Bindefähigkeit sehr unterschiedlich, sogar von Fall zu Fall variiert, ist es zweckmäßig, während der Herstellung eine Probe zu machen. Dazu legt man einfach ein Farcestückchen in heißes Wasser.

Mängel	Ursache	Abhilfe
Farce ist fest und trocken	Bindevermögen ungenügend genutzt	Weitere Flüssigkeit beigeben
Farce setzt ab, Saft läuft aus	Bindevermögen überschritten oder Zutaten zu rasch beigeben oder Farce zu warm geworden	Erneut Fleisch durchlassen, statt der erforderlichen Flüssigkeit geronnene Farce nach und nach beigeben

Mousselinefarce

Mousselinefarce ist eine Schaumfarce. Sie wird nach dem vorstehenden Grundrezept (S. 117) hergestellt. Um die Farce besonders locker zu machen, erhält sie noch eine Beigabe von geschlagener Sahne, die auf Eis leicht eingerührt wird. Die beizugebende Menge richtet sich nach der Bindefähigkeit des verwendeten Rohstoffs.

Mousselinefarce wird in Formen oder Förmchen gefüllt, im Wasserbad im Ofen pochiert, danach gestürzt und mit einer passenden Sauce aufgetragen. In großen Formen gegart, bezeichnet man die Farce mit Mousses, die in Förmchen fertiggestellte mit Mousselines. Außerdem läßt sich Mousselinefarce auch mit einem Eßlöffel zu länglichen Klößchen formen. Diese werden dann auf ein flaches, gebuttertes Geschirr placiert, mit Flüssigkeit untergossen und mit Folie abgedeckt im Ofen gegart. Auch zu Klößchen serviert man eine passende Sauce.

Lockerungs- bzw. Streckmittel

Für spezielle Herstellungsweisen, aber auch aus wirtschaftlichen wie ernährungsbedingten Erwägungen, kann bei der Farcebereitung durchfeuchtetes Weißbrot oder Panade zur Verarbeitung gelangen. Die Menge der Beigabe ist unterschiedlich. Je nach Bindevermögen des Grundstoffs kann sie bis zum gleichen Anteil (1:1) betragen. – Panade wird kalt verarbeitet.

Panade

0,25 l Wasser
25 g Butter
Salz, Pfeffer, Muskat
100 g Mehl

Flüssigkeit, Fett und Gewürz kochen, gesiebtes Mehl auf einmal dazuschütten. Glattrühren und abbrennen

Panade mit Ei

0,25 l Wasser oder Milch
25 g Butter
Salz, Pfeffer, Muskat
100 g Mehl
2 Eier

Zubereitung wie nebenstehend, dann Eier nacheinander in der heißen Masse glattrühren.

Brot

Bei Verarbeiten von Brot ist nur frisches Weißbrot ohne die Backkruste zu nehmen. Des leichteren Durchfeuchtens wegen wird die Krume in dünne Scheiben geschnitten und diese – je nach Rezeptangabe – mit Sahne, zerschlagenem Eiklar oder Ei benetzt. So behandelt, entspricht die Brotkrume in ihrer Konsistenz etwa einer Panade. Herstellung und Verarbeitung erfordern jedoch einen weit geringeren Zeitaufwand.

Richtwerte für Farcemengen:

Selbständiges Gericht, Vorspeise	60– 70 g
Hauptmahlzeit	150–160 g
Füllung in Fisch- oder Fleischportion	40– 50 g
Einlage je Tasse	20– 30 g

Farcen können roh eingefroren werden. Das Tiefkühlen hat keinen negativen Einfluß.

Kalbfleischklößchen

Bedarf: 200 g Weißbrot ohne Kruste, 60 g Eiweiß, 1 kg sehnen- und fettfreies Kalbfleisch, Salz, Pfeffer, 600 g Sahne.

Weißbrot in dünne Scheiben schneiden, mit Eiweiß und etwas Sahne durchfeuchten, gewürztes Kalbfleisch dazugeben und alles zweimal durch die feine Scheibe des Fleischwolfs lassen. Masse auf Eis kräftig rühren und die Sahne nach und nach einarbeiten. Konsistenz durch Probe feststellen. Für Klößchen als Ragoutbestandteil hält man die Farce allgemein etwas fester.

Trüffelklößchen

Trüffelklößchen werden wie Kalbfleischklößchen hergestellt. Die Farce erhält noch eine Beigabe von gehackten Trüffeln.

Pistazienklößchen

Bedarf: 200 g Weißbrot ohne Kruste, 60 g Eiweiß, 1 kg sehnen- und fettfreies Kalbfleisch, Salz, Pfeffer, 200 g abgezogene Pistazien, 250 g Milch, 150 g Sahne.

Weißbrot in dünne Scheiben schneiden, mit Eiweiß und etwas Sahne durchfeuchten, gewürztes Kalbfleisch dazugeben und alles zweimal durch die feine Scheibe des Fleischwolfs lassen. Masse auf Eis setzen und kräftig rühren. Pistazien und Milch im Mixer sehr fein pürieren und die entstandene dickfließende Pistazienmilch sowie die restliche Sahne nach und nach in die Fleischmasse einarbeiten.

Leberklößchen

Bedarf: 500 g Schweins-, Kalbs- oder Poulardenleber, 500 g durchwachsenes Schweinefleisch, 200 g krustenfreies, mit Milch durchfeuchtetes Weißbrot, 2—3 Eier, 100 g Schalotten, das Weiße einer Lauchstaude, 10 g getrockneter Majoran, Schnittlauch, Petersilie, Salz, frischgemahlener Pfeffer.

Leber, Fleisch, Weißbrot, kleingeschnittener, angeschwitzter Lauch und Schalottenzwiebeln, Majoran, Salz und Pfeffer werden vermengt und durch die feine Scheibe des Fleischwolfes getrieben. Nachdem die Eier, feingeschnittener Schnittlauch und gehackte Petersilie daruntergemischt wurden, sind Klößchen (vgl. Bilder 129—132) in Fleischbrühe abzustechen und garzusieden.

Markklößchen

Bedarf: 200 g Weißbrot ohne Kruste, 200 g Mark, 200 g Eier, Salz, Pfeffer, geriebene Muskatnuß, 1 El gehackte Petersilie.

Weißbrot in dünne Scheiben schneiden, Mark darüberbröckeln. Eier schlagen, wenig Salz, Pfeffer und Muskatnuß beimischen. Die Mischung über Brot und Mark gießen, alles vermengen und durch die feine Scheibe des Fleischwolfs lassen. Petersilie zum Durchgelassenen geben, kräftig verrühren und die Masse zur besseren Aufarbeitung durchkühlen. Dann Klößchen formen (s. S. 122), sie in kochendes Salzwasser geben, 6 Min. garen und in Brühe umgesetzt bereithalten.

Das Formen von Einlageklößchen mit einem Löffel

Die längliche Form von Klößchen entsteht durch Abstechen der Farce mit einem Löffel. Die Größe wird durch die aus der gefüllten Löffellaffe geschobene Farcemenge bestimmt.

Vorgang: Farce an den Tellerrand häufen. Löffel — Wölbung nach oben — leicht auf die Farce drücken und zum Tellerrand hin über diesen ziehen, damit die Laffe gestrichen gefüllt ist. Nun mit dem Zeigefinger aus dem gefüllten Löffel die gewünschte Farcemenge herausschieben. Dann mit der Löffelkante — Wölbung schräg nach oben haltend — das sich gebildete und am Finger haftende Klößchen schnell abstreifen, wodurch es in die kochendheiße Flüssigkeit fällt. Vorgang laufend wiederholen. Löffel nicht in die Flüssigkeit tauchen, sonst bleibt die erneut aufzunehmende Farce nicht in der Laffe des Löffels haften. Damit exakte Formen entstehen, darf die äußere Wölbung des Löffels nicht mit Farce verschmiert sein.

129—132. Abstechen von Fleischklößchen

Das Formen mit einem Spritzbeutel

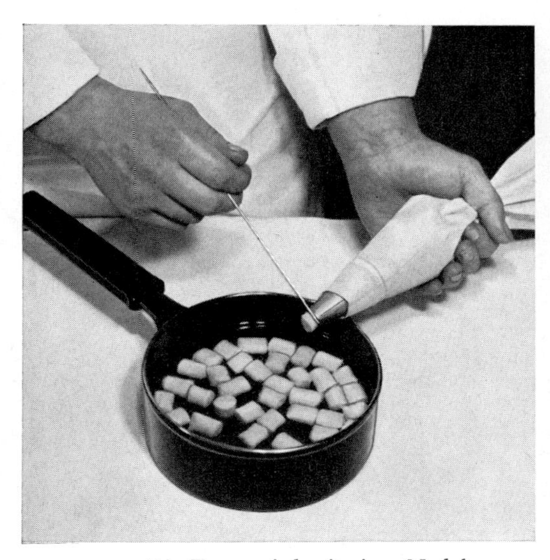

133. Die Farce wird mit einer Nadel abgestreift

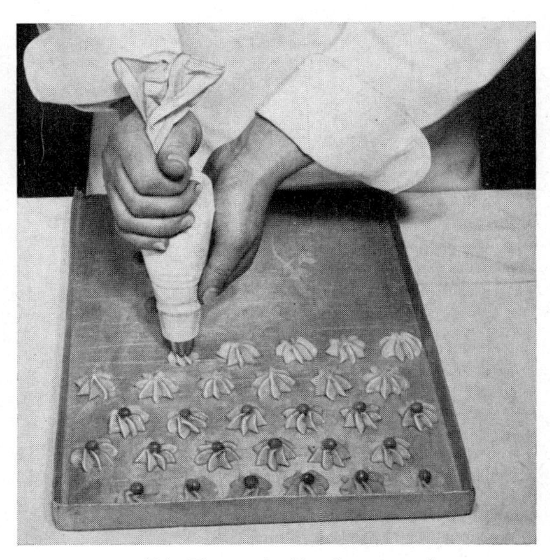

134. Die Farce als Tupfen gespritzt

Erläuternder Text auf der folgenden Seite.

Die aus dem Beutel herausgerückte Farce wird in gleichmäßigen Abständen mit einer Nadel, die immer wieder in die Flüssigkeit getaucht wird, in das Gefäß mit kochender Fleischbrühe oder Salzwasser abgestreift.

Das Formen der Fleischklößchen mit dem Spritzbeutel ermöglicht es, kleine Rosetten auf ein mit Butter ausgestrichenes Blech zu spritzen. Die Klößchen können mit Erbsen, mit Paprika-, Morchel- oder Trüffelstückchen und Ähnlichem garniert werden.

Das Formen mit einem Rahmensieb

135. Zeitsparende Arbeit bei der Herstellung von Markklößchen

Das Formen kleiner, runder Klößchen nimmt viel Zeit in Anspruch. Man spart Zeit, wenn man, wie das Bild zeigt, zweckmäßig arbeitet. Der Markklößchenteig wird geteilt und zu gleichmäßigen Walzen gerollt, die in entsprechende Stücke geschnitten werden. Diese Teilchen werden in einem Haarsieb mit Mehl bestäubt und durch kreisende Bewegungen zu Kugeln geformt.

Fleischfarce für Puten

Bedarf: 500 g durchwachsenes Schweinefleisch, 2 Eier, 200 g Weißbrot ohne Rinde, $^1/_8$ l Sahne, die Puterleber, das Puterherz, eine mittlere Sellerieknolle, in Scheiben geschnittene Schalotten, gehackte Petersilie, Salz, Pfeffer, Pastetengewürz, 1 Glas Madeira.

Diese Zutaten reichen für einen großen Puter. Der geputzte, geschälte, in flache Plättchen geschnittene Sellerie wird in Butter angeschwitzt; er darf keine Farbe nehmen. Späterhin fügt man die Leber, ebenso das Herz, die in Scheiben geschnittenen Schalotten hinzu und läßt dies noch ein wenig anschwitzen und schließlich vollends auskühlen. Die angeschwitzten Zutaten werden mit dem Schweinefleisch und dem in Sahne eingeweichten Weißbrot einmal durch die feine Scheibe des Fleischwolfes getrieben und mit den übrigen Zutaten gut vermengt.

Maronen-Fleischfarce für Puten

Bedarf: 500 g Maronen, 500 g durchwachsenes Schweinefleisch, 2 Eier, die Puterleber, in Scheiben geschnittene Schalotten, gehackte Petersilie, Thymian, Salz, Pfeffer, 1 Glas Madeira. — Die vorgenannten Zutaten reichen für einen großen Puter.

Die geschälten, von der Haut befreiten, weichgedünsteten Maronen werden noch warm auf einem Brett zerdrückt und ausgekühlt. Dann wird das durch die feine Scheibe des Wolfes getriebene Fleisch mit den Zutaten vermengt.

Man kann die Farce der beiden vorgenannten Rezepte in den Puter füllen; man kann sie auch in einem Porzellangefäß extra pochieren. Diese Art ist für den Restaurationsbetrieb vorteilhafter.

Brotfüllung für Kalbsbrust und kleines Geflügel

Bedarf: 300 g Weißbrotwürfelchen, 60 g gehackter, gekochter Schinken, 1 El gehackte Schalotten, 1 El gehackte Petersilie, 50 g Butter, 5 Eier, 180 g Sahne, Salz, Pfeffer, Muskatnuß.

Schinken, Schalotten und Petersilie in Butter leicht anschwitzen und zu den Brotwürfelchen geben. Eier schlagen, mit der Sahne mischen, die Mischung leicht würzen, über die Brotwürfelchen gießen und alles behutsam vermengen.

Veränderung: Unter die Füllung kann man grob gehackte, leicht gewürzte Geflügel- oder Gänselebern geben. Zum Füllen für Tauben oder Küken können deren Herzen sowie Lebern und einige Apfelwürfelchen der Füllung zugesetzt werden.

Gratinfarce

Für Gratinfarce werden die Zutaten zuerst kurz, jedoch scharf angebraten. Durch die gebildeten Röststoffe (Krusten) – die Bezeichnung der Farce bezieht sich darauf – erhält die Farce dann einen besonderen Geschmack. Sie wird als Füllung in junges, kleines Geflügel wie Tauben, Küken oder Rebhühner gegeben oder zum Bestreichen von Croûtons verwendet.

Gratinfarce für kleines Geflügel

Bedarf: 50 g Bauchspeck, 50 g gehackte Champignons, 20 g Butter, Msp. Thymian, 200 g Kalbfleisch, Msp. feingehacktes Lorbeerblatt, 200 g Kalbs- oder Geflügelleber, 2 El Cognac, 8 g Pastetensalz, 2 El Madeira, 1 g Pfeffer, 0,1 l Demiglace, 1 El gehackte Schalotten, 2 Eigelb.

Fertige Farce: 500 g Füllmenge je Stck. = 60 g

Speck und Butter in schwarzer Stielpfanne erhitzen. Gewürztes Fleisch und Leber darin rasch scharf anbraten. Inhalt aus der Pfanne nehmen; im Bratrückstand Schalotten und Champignons anschwitzen. Thymian sowie Lorbeer dazugeben, mit Cognac und Madeira ablöschen, Demiglace angießen und die Flüssigkeit sirupartig einkochen. Einkochung über das Angebratene schütten und alles durch die feinste Scheibe des Wolfs lassen. Mit einem Holzlöffel die Farce glattrühren und die Eigelb daruntermengen.

Der Farce kann gehackte Petersilie oder Trüffel beigegeben werden.

Gratinfarce für Croûtons

Bedarf: 50 g gekochten Schinken, 20 g Schalotten, 50 g Butter, 250 g Geflügel- oder Wildgeflügelleber, 7 g Pastetensalz, Pfeffer nach Geschmack, 3 El Cognac, 0,1 l Jus.

Fertige Farce: 400 g Aufstrichmenge je Croûton = 10 g

Gekochten Schinken sowie Schalotten in Butter anschwitzen. Gewürzte Leber dazugeben, scharf anbraten. Inhalt aus der Pfanne nehmen, Bratsatz mit Cognac ablöschen und zur Geschmacksbildung flambieren. Jus aufgießen, sie dickfließend reduzieren und über die Leber geben. Das Ganze feinhacken, größere Mengen durch die feinste Scheibe des Wolfs lassen und alles glattrühren.

Die bestrichenen Croûtons mit geriebenem Käse bestreuen, mit Butter beträufeln und im Salamander überkrusten.

Lebercroûtons reicht man zu Geflügel, Wild und Wildgeflügel.

Farce für Pastete, Terrine und Galantine

Kalte Feingerichte müssen im voraus hergestellt werden. In der dazu benötigten Farce wird der Grundstoff mit frischem Rückenspeck verarbeitet, denn mit Fett hergestellte Farce ist haltbarer als z.B. mit Sahne aufgezogene.

Als Grundstoff kommen Wild, Wildgeflügel, Geflügel und Schlachtfleisch ohne Knorpel, Sehnen, Haut und sichtbares Fett in Betracht. Zur Unterstützung der Bindung wird dem jeweiligen Grundstoff mageres Schweinefleisch aus Sattel oder Schulter — das bekanntlich gute Bindefähigkeit besitzt — beigegeben. Denn um eine lockere, saftige Farce zu erhalten, muß das Fleisch die gleiche Menge seines Gewichtes an kernigem, frischem Speck aufnehmen[1]. Alle Bestandteile müssen gewürzt und gut durchkühlt sein. Das Prinzip der Verarbeitung ist das gleiche, wie bereits zu Beginn dieses Abschnitts erläutert. Gewürzt wird mit Pastetensalz, einer Mischung aus Salz und Pastetengewürz (im Handel erhältlich).

---

[1] Andere Fettarten sind nicht zu empfehlen, denn sie lassen wegen des geringeren Schmelzpunktes die Farcen leicht gerinnen.

Mischungsverhältnis:

1 kg Salz + 40 g Pastetengewürz = Pastetensalz
Bedarf für 1 kg Farcebestandteile: 16 g Pastetensalz

Grundrezept für 1 kg Farce	300 g	Fleisch von Wild, Wildgeflügel oder Geflügel oder von Schlachtfleisch
	300 g	Schweinefleisch aus Sattel oder Schulter
	600 g	frischer Rückenspeck
	20 g	Pastetengewürz

Verarbeitung:

Alle Bestandteile würzen und kühlen. Fleisch durch die feine Scheibe des Wolfs lassen, kühlen und nochmals wolfen. Dann den Speck durch den Wolf lassen. Das Durchgelassene erneut gut durchkühlen. Danach das Fleisch – am besten im Kutter – zusammenarbeiten. Anschließend das Fett in mehreren Chargen dem Fleisch beigeben, bis eine glatte Farce erreicht ist, und sie bis zur Weiterbehandlung kühlstellen. Die Farce selbst wird nicht mit Alkohol aromatisiert.

Verbesserung:

Ein besonders guter Geschmack wird erzielt, wenn man unter die Grundfarce 100–200 g durch ein Sieb passierte *rohe* Gänsestopfleber mischt.

Einlage

Bevor die Farce zusammen mit speziellen, vorbehandelten Fleischstückchen, Gänsestopfleber-Medaillons, Trüffelscheiben usw. schichtweise eingefüllt wird, erhält sie selbst noch eine kleinwürfelige Einlage.

Unter 1 kg Farce mischt man:

70 g abgezogene Pistazien,
250 g gekochten Schinken oder Pökelzunge oder eine Mischung von beidem.

Die Fertigstellung von Pasteten und anderen Feingerichten s. S. 270.

Farce für Fischpastete und Fischgalantine

Für Pasteten werden bessere Fischarten wie Lachs, Forelle, Aal oder Seezunge verwendet, denn die weiteren Zutaten wie Krebstierfleisch, Trüffel, Austern oder Schnecken würden den Aufwand zu einem geringeren Fisch nicht rechtfertigen.

Farce

Die Farce wird nach dem Grundrezept Seite 117 hergestellt. Pastetensalz wird für Fischfarce nicht verarbeitet. Es würde den spezifischen Fischgeschmack überdecken.

Einlage

Auch Fischfarce kann eine in kleine Würfel geschnittene Einlage erhalten, bevor sie mit vorbehandelten Fischfleischstücken schichtweise in die mit Teig ausgelegte Pastetenform placiert wird.

Als Einlage kommen in Betracht: Pistazien, Trüffel, Räucherlachs, Räucheraal, geräucherte Forelle, Krebstierfleisch, Pilze oder gehackte Kräuter.

Die Menge der Einlage ist die gleiche wie bei Fleischfarce.

Hummerfarce

Bedarf: 1 kg Hummer, 60 g Butter, 40 g Schalotten, 50 g Cognac, 300 g Sahne, Salz, Cayenne.

Hummer durch Eintauchen in kochendes Wasser töten. Danach spalten, das gesamte Fleisch entnehmen, auch das dunkle Mark aus den Kopfbruststücken. Fleisch und Mark beiseitestellen. Krusten zerkleinern, in Butter zusammen mit den Schalotten anschwitzen, bis die Krusten rote Farbe haben, mit Cognac flambieren. Sahne dazugießen und 15 Min. langsam kochen. Dann durch ein feines Sieb passieren und kaltstellen. Hummerfleisch und Mark fein wolfen, das Durchgelassene durch ein feines Sieb streichen, auf Eis setzen und den erkalteten Hummer-Sahne-Fond nach und nach darunterarbeiten. Konsistenz der Farce durch eine Probe feststellen. Ist sie zu fest, noch etwas geschlagene Sahne unter die Farce ziehen.

Hummerfarce eignet sich zu Pasteten, zu Klößchen, zu Mousselines und zum Füllen. Durch das Hummermark entwickelt sich während des Garens die natürliche rote Färbung.

L. Herd- und ofenfertige Vorbereitungen

Allgemeines zum Aufgabengebiet der kalten Küche

Die kalte Küche ist innerhalb des Küchenbetriebes die Zentrale, von der alle Abteilungen mit dem Rohmaterial versorgt werden. Der Saucier, Poissonnier, Entremetier, Potager, Rôtisseur und z. T. auch der Pâtissier, alle diese Partieposten stehen mit der kalten Küche (Gardemanger) stets in enger Verbindung. Es wäre unwirtschaftlich, wenn in größeren Betrieben in der warmen Küche jeder Koch das, was er für die Erfüllung seiner Aufgaben an rohem Material und sonstigen Präparationen braucht, eigenhändig herrichten wollte oder müßte. Die Köche in der warmen Küche sind mit den ihnen zufallenden Arbeiten nach einem besonderen Arbeitssystem stets voll beschäftigt. Die kalte Küche oder das Gardemanger ist somit als Vorküche der Ausgangspunkt eines großen Teils der täglichen Küchenarbeit, die sich nach den Menüs und Speisekarten richtet.

Der Chef-Gardemanger ist der Sachwalter und Betreuer des größten Teiles alles schnell verderblichen Küchengutes. Er muß also gute Warenkenntnisse haben und genau wissen, wie die verschiedenen Werte sachkundig aufzubewahren und zu behandeln sind.

Die erste Arbeit ist, frühmorgens allen Abteilungsköchen die Küchenrohstoffe koch- und bratfertig auszuhändigen, damit sie mit den dringendsten Arbeiten sofort beginnen können, z. B. Ansetzen von Brühen und Fonds, Rinderbrust, Schinken, Zungen, Schmorbraten, Ragouts usw.

Der Saucier (Abteilungskoch für Saucen, Ragouts, Schmor- und Dünstgerichte) braucht u. a.:

136. Bestandteile für Ragout «Toulouse»
Kalbsmilcherstücke, Geflügelfleischstücke, geschnittene Champignons, Kalbfleischklößchen

137. Bestandteile für «Kalbskopf en tortue»
Krebse, Kalbfleischklößchen, Champignons, Kalbszungenscheiben, gefüllte Oliven, tournierte Gewürzgurken, gekochte Kalbshirn- und Trüffelscheiben, Weißbrot-Croûtons

138. Gefüllte Rindsrouladen (vgl. Bild 80)

139. Gevierteilte Hühner für «Poulet sauté» (vgl. Bild 109)

140. Kalbshachsen, in Portionen zerteilt

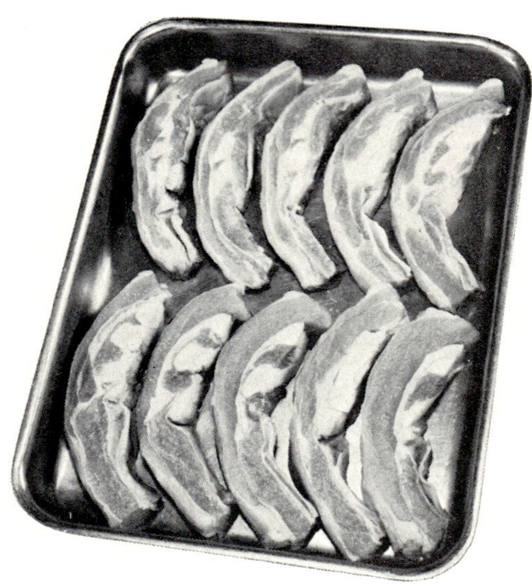

141. Kalbsbruststücke für „Tendron“

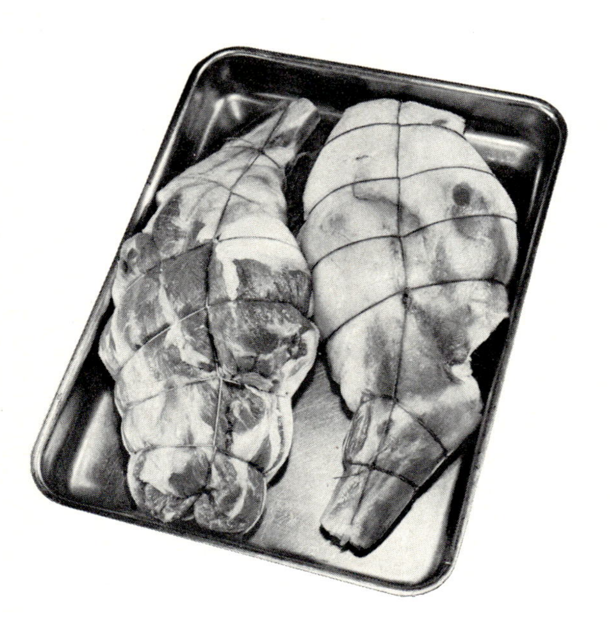

142. Gebundene Lammkeulen, vorbereitet zum Kochen; Röhren- und Schlußknochen sind entfernt

143. Ochsenschwanz für Ragout

Der Poissonnier (Abteilungskoch für Fischgerichte) braucht u. a.:

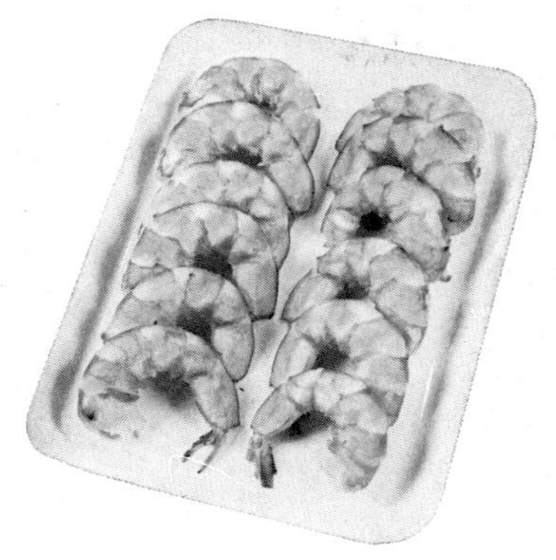

144. Ausgeschälte Scampi zum Rösten

145. Für à la carte-Bestellung: zum Backen präparierte Schnecken

146. Muscheln und Krebsschwänze als Bestandteile zu Fischgerichten

147. Lachsscheiben zum Kochen oder Rösten

148. Seezungenröllchen zum Hohlpochieren

Nach dem Garen wird die gebutterte Form entfernt. In den Hohlraum füllt man ein Ragout

149 Farcierte Zanderschnitten zum Dünsten

150. Merlans hergerichtet zum Backen

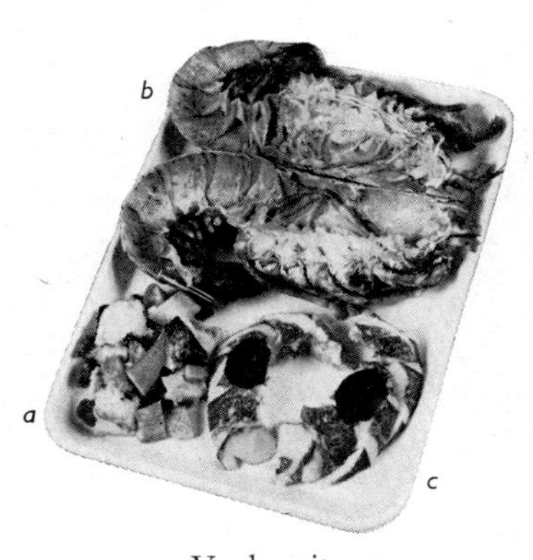

151. Vorbereitung „Hummer Thermidor“

a Das kleinwürflige Ragout wird gebunden in die Hummerschalenhälften *b* gefüllt. *c* Hummerschwanz und Trüffelscheiben dienen als Auflage

152. Zum Braten vorbereitete Fischspießchen

Bestandteile: Stücke von Rotbarschfilet und Paprikaschote sowie halbe Champignons

Der Entremetier (Abteilungskoch für Eierspeisen und Gemüse) braucht u. a.:

153. Schinkenwürfel für Rühreier

154. Garnitur „Milanaise“: *a* Streifchen von Schinken; *b* Champignons; *c* gekochte Pökelzunge; *d* Trüffeln

155. Würstchen und Speckscheiben für Risotto

156. Garnitur „Elysée“: *a* Kalbsmilcher- und *b* Trüffelscheiben für Omeletts

157. Halbierte Lammnieren für Spiegeleier

158. Feingeschnittenes Ragout für Omelettfüllung

Der Potager (Abteilungskoch für Suppen) braucht u. a.:

159. Suppenkrebsnasen mit den Scheren und Schalen der ausgebrochenen Krebsschwänze zur Krebssuppe

160. Markklößchen für die Tagessuppe

161. Rohes Geflügelklein zum Ansetzen von Geflügelkraftbrühe

162. Einlage zur Krebssuppe: Mit Fischfarce gefüllte Krebskörper

163. Geflügelstreifchen

164. Rindermark-Croûtons

165. Trüffelklößchen

Der Rôtisseur (Abteilungskoch für Braten) braucht u.a.:

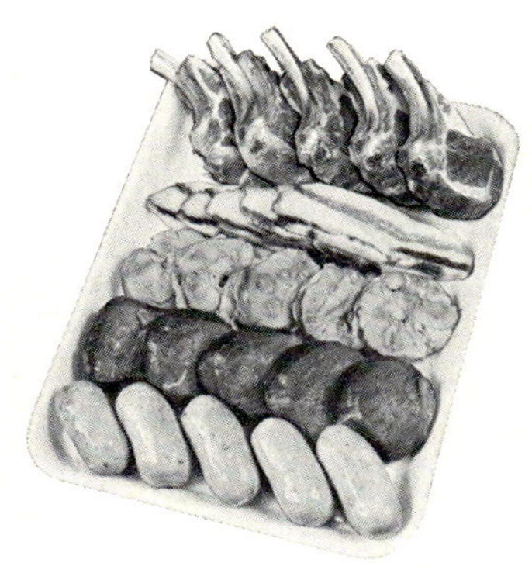

166. Mixed-grill

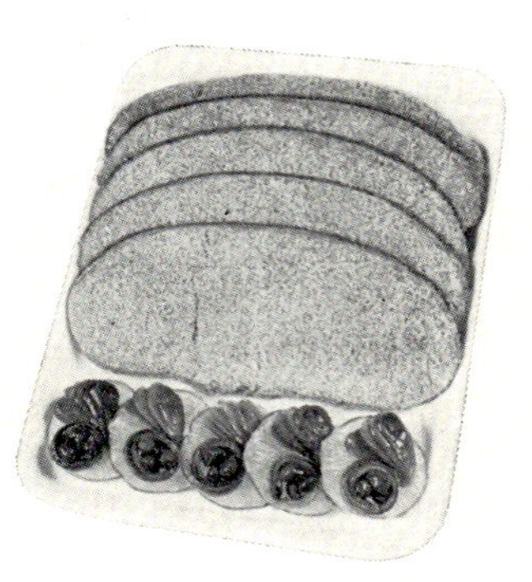

167. Wiener Schnitzel mit Garnituren

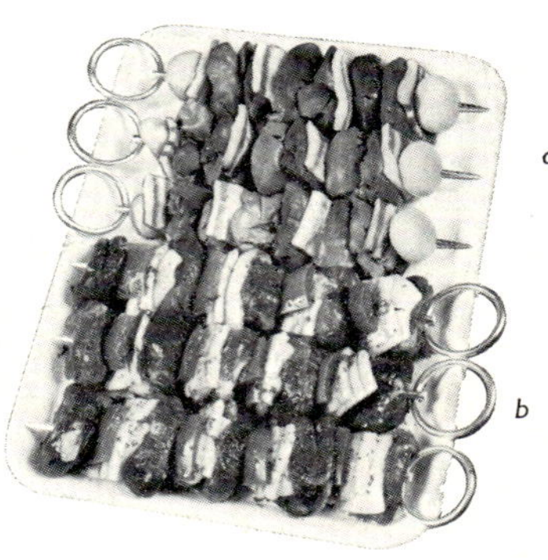

168. *a* Geflügelleberspießchen; *b* Schaschlik

169. Gefüllte Tauben

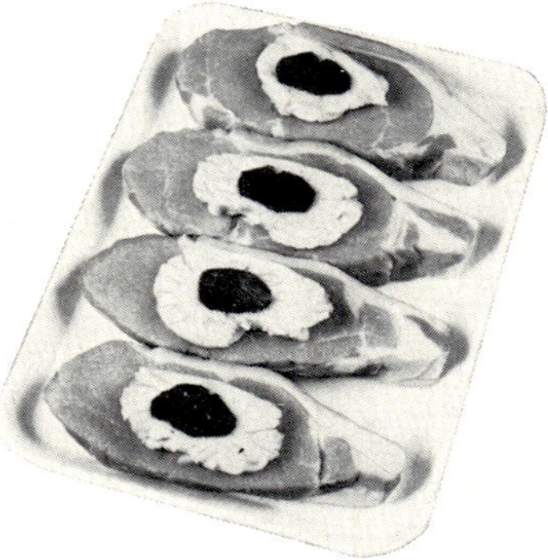

170. Kalbsrückenstück „Elysée“
Garnitur:
Kalbsmilcher- und Trüffelscheiben

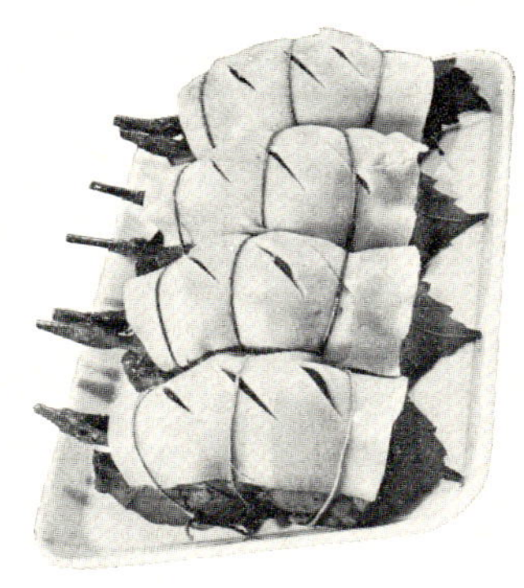

171. Bratfertige Rebhühner
Auf die Brüstchen sind Weinblätter
und Speckscheiben gebunden

172. Hochrippe — Côte de boeuf
Der Rückgratknochen ist bis zum Rippenansatz abgehauen.
Dieses Stück eignet sich auch zum Braten unter der Salzkruste

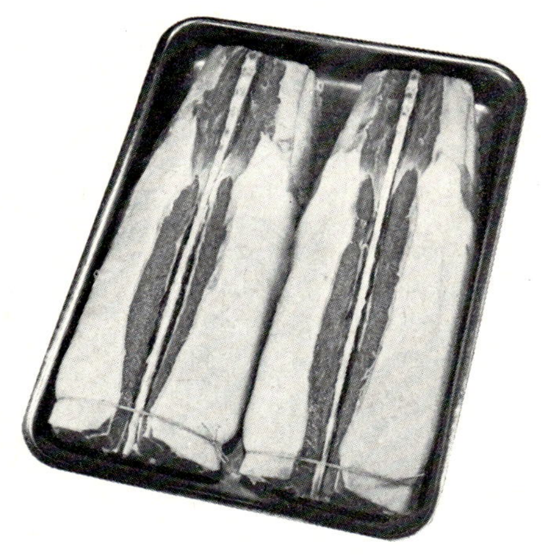

173. Ganze Hammelrücken, hergerichtet zum Braten
Die starken Sehnenbänder neben dem Rückgratknochen sind
entfernt. Rationelles Tranchieren wird hierdurch begünstigt

3. Abschnitt

Hilfsmittel

Servietten — Eissockel — Gelee — Natürliche Farbstoffe in der Küche

A. Anrichten auf Servietten

Die Serviette anzuwenden ist nicht immer nötig, zumal wenn schönes Silber oder Porzellan zur Verfügung steht. Wenn jedoch das Servicegeschirr nicht ganz tadellos ist, so ist die Serviette ein gutes Hilfsmittel. Die in der Praxis am häufigsten gebräuchlichen Serviettenformen sind im Bild gezeigt.

Meistens verwendet man die längsgebrochene Serviette (Bild 174). Sie ist leichtverständlich unter *a*, *b*, *c* dargestellt. — Man kann diese Serviette auch mit geschwungenen Hörnern versehen. Die Bilder 175 bis 178 geben den Werdegang dieser Form wieder.

In eine Serviette legt man ein dreieckiges Stück nicht zu starkes Papier, klappt sodann die eine Serviettenhälfte darüber und legt sie seitlich einige Male doppelt zusammen (Bilder 175 und 176).

Das Bild 177 zeigt die Serviette, in der das Papier eingeknifft ist; Bild *c* veranschaulicht das letzte Stadium. Diese Serviette drückt man nun mit der linken Hand auf den Tisch und zieht mit der Rechten mit kurzen Rucken an der auslaufenden breiten Seite (nach dem linken Handgelenk zu), bis die Serviette hornförmig gestaltet ist und zahlreiche Kniffe zeigt (Bild 178). Bei diesen Handgriffen legt man um die Serviette eine zweite, damit die erste beim Hin- und Herziehen sauber bleibt. Im Bild ist mit Rücksicht auf deutliche Darstellung auf die zweite Serviette verzichtet.

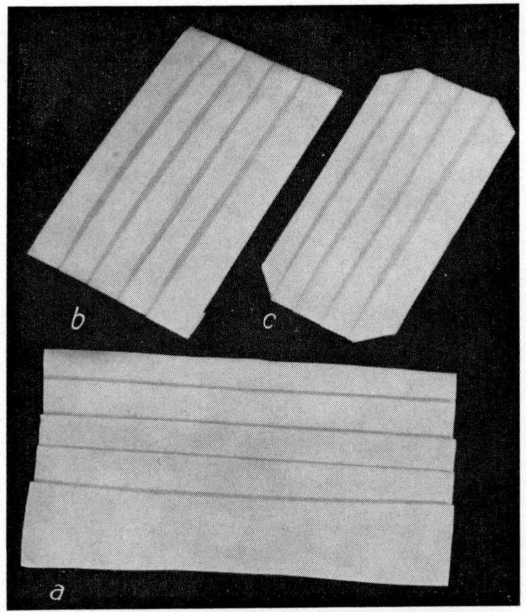

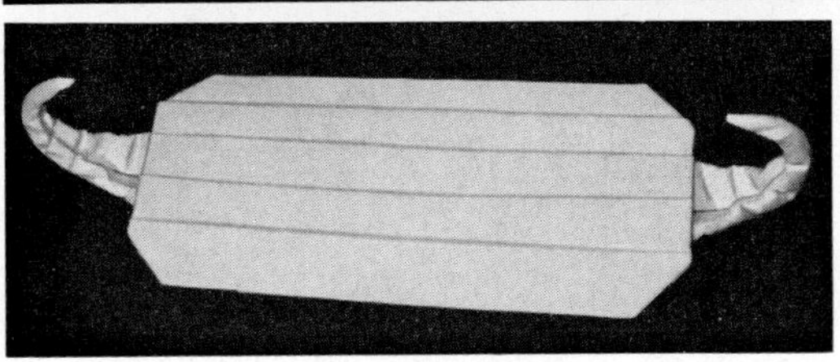

174. Längsgebrochene Serviette

a Die Serviette wird in gleichen Abständen 5- oder 6 mal längs geknifft und nach jedem Kniff nochmals straff glattgestrichen. *b* Die Längsenden werden evtl. mit einem Lineal oder Messerrücken nach unten umgeknifft. *c* Die 4 Ecken sind, da sie sich so der Plattenform besser anpassen, ebenfalls nach unten umzukniffen. Unten: Die Serviette *c* kann durch 2 weitere Servietten, die unter die Serviette *c* geschoben wurden, vervollständigt werden (vgl. Bilder 175—178, Geschwungene Serviettenhörner)

Nachdem man 2 Servietten derart gebrochen hat, setzt man sie auf die Enden einer ovalen Platte und bedeckt den Zwischenraum mit einer flach gefalteten Serviette (Bild 174).

175/176. Formen geschwungener Servietten-Hörner

Werdegang I: Der linke Teil der Serviette ist mit einem nicht zu starken Papierdreieck belegt, ohne jedoch die Serviettenkante zu bedecken

Werdegang II: *a* Das Papierdreieck liegt nunmehr in der über Eck zusammengeklappten Serviette; *b* zeigt, wie die Serviette keilförmig nach innen gebrochen wird. Wenn die Serviette auf diese Weise bis zur Hälfte gebrochen ist, wird auch die andere Hälfte ebenfalls nach innen zu, gebrochen

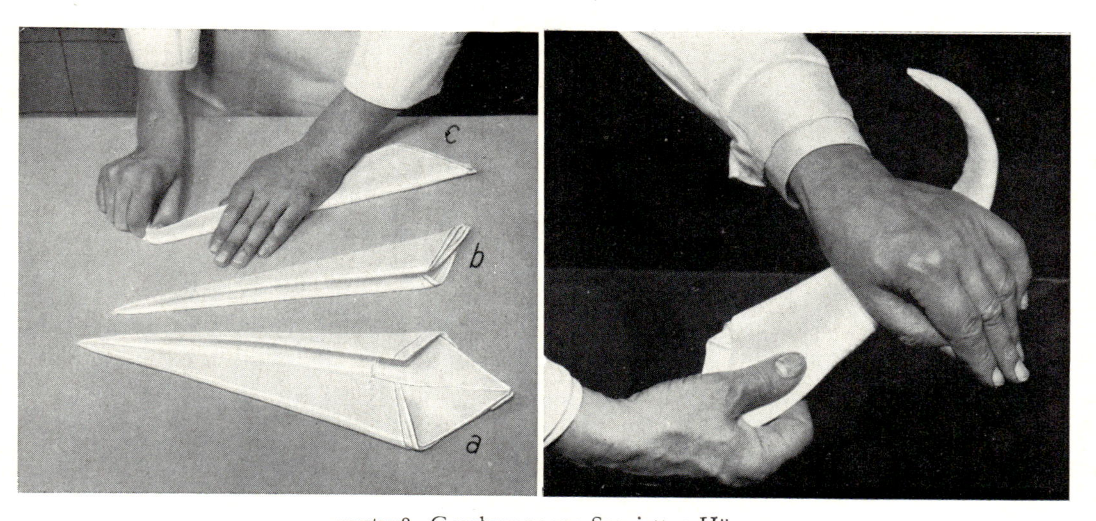

177/178. Geschwungene Servietten-Hörner

a zeigt den beiderseitig vollendeten Serviettenbruch; *b* die Serviette *a* erhielt noch einen weiteren Kniff, so daß eine schmale Keilspitze entstanden ist; *c* die Lage der Serviette *b* ist verändert, die Kante liegt nunmehr nach vorn und jetzt wird, an der Spitze beginnend, die Serviette rund, schneckenartig eingerollt

Die vollendete Serviettenform. Die hörnerartig geformte Serviette wird am unteren Teil auseinandergeklappt und ist nun gebrauchsfertig

Servietten für das Service kalter Gerichte und für Eissockel

Bei kalten Gerichten, die auf Eissockeln serviert werden, muß das abschmelzende Eiswasser sogleich von einem daruntergelegten Tuch aufgesogen werden; dafür verwendet

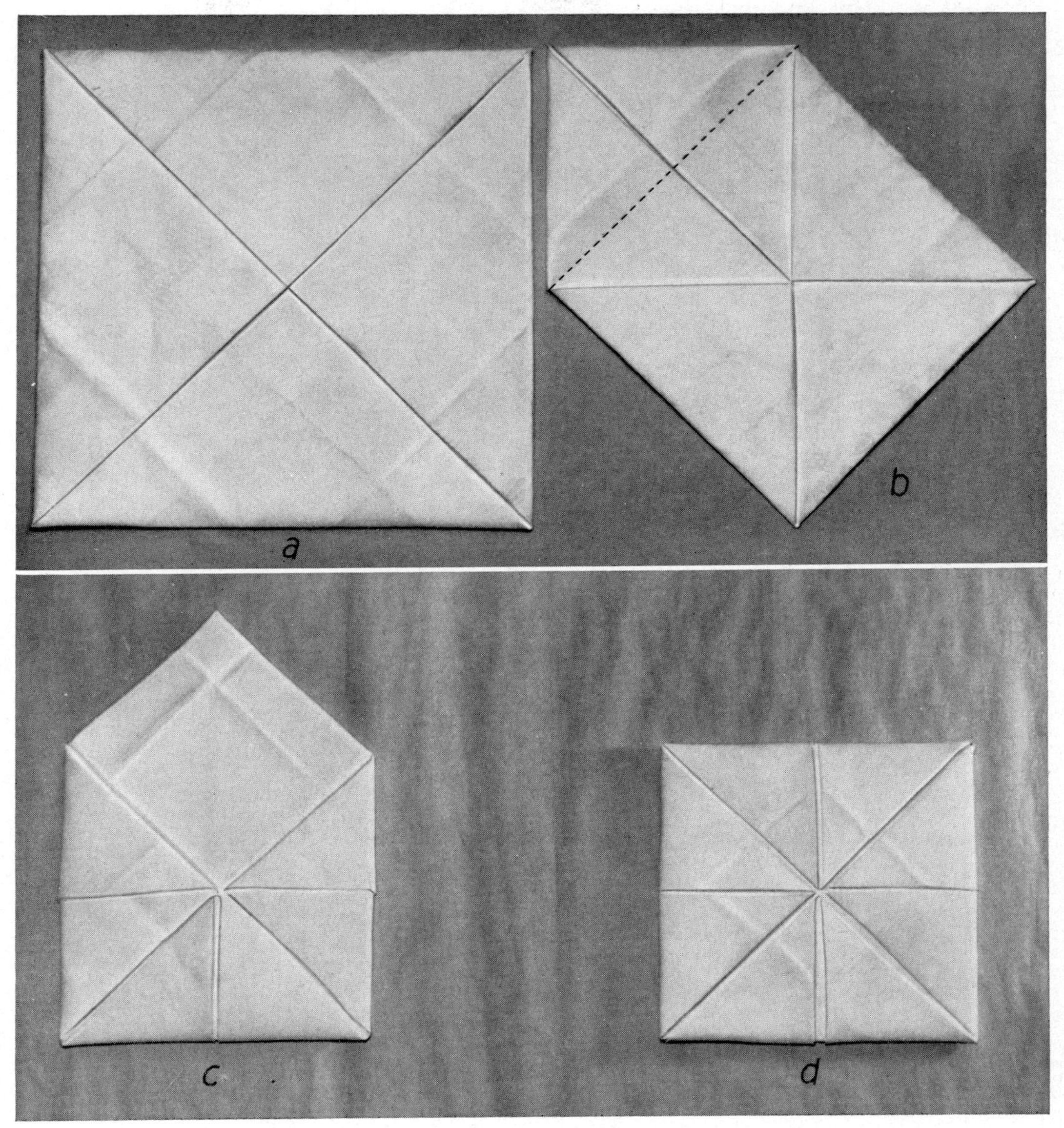

179/180. Brechen von Servietten für Eissockel

man besonders gebrochene Servietten. Sie erfüllen bei Eissockeln auch einen dekorativen Zweck. Wie diese Servietten gebrochen werden, ist in einigen Bildern gezeigt. Nur mit genau quadratischen Servietten sind exakt gebrochene Formen zu erzielen. Etwaige Mängel lassen sich jedoch abstellen, indem man einen Zipfel der ausgebreiteten Serviette erfaßt und diesen genau auf den gegenüberliegenden legt. Falls die Kanten nicht genau aufeinanderliegen, ist der hervorstehende Teil soweit einzukniffen, bis dies erreicht ist.

Servietten werden nach bestimmten Regeln gebrochen. — Nähere Erklärung ergibt sich aus der folgenden Erläuterung.

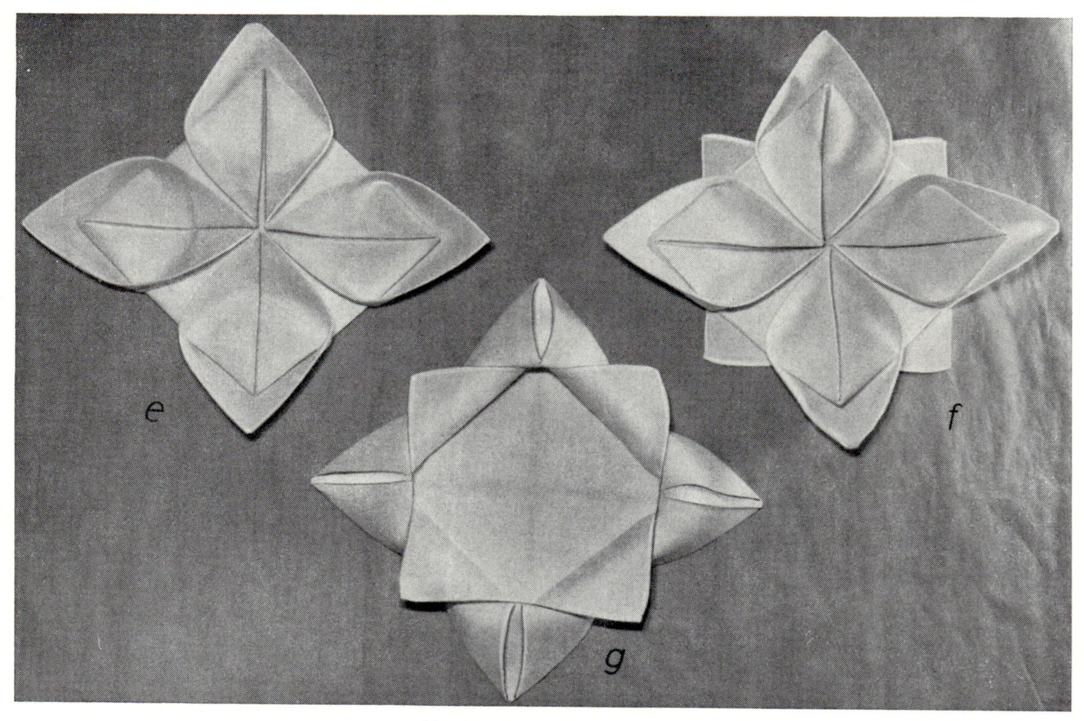

181. Fertig gebrochene Servietten

a Von der ausgebreiteten quadratischen Serviette sind zunächst die vier Zipfel genau nach der Mitte zusammenzulegen, womit der erste Bruch durchgeführt wird: Bild 179*a*.

b Ohne nun die Lage der Serviette zu verändern, sind die vier Zipfel abermals nach dem Mittelpunkt zu legen, wobei die Kanten scharf zu kniffen sind: Bild 179*b*.

c Jetzt ist die zweimal gebrochene Serviette umzuwenden, so daß also die obere Ansicht nach unten zu liegen kommt, um wiederum die Zipfel nach dem Mittelpunkt zu legen und die Kanten scharf zu kniffen: Bild 180*c*.

d Nachdem die Brüche auf vorgenannte Weise durchgeführt wurden, hat die Serviette das Aussehen des Bildes 180*d*.

e Die so bearbeitete Serviette ist nun „auszuziehen“. Dies geschieht derart, daß man die unter den Ecken liegenden Zipfel erfaßt und so weit hervorzieht, wie es in Bild 181*e* gezeigt ist. Dies ist eine der gebräuchlichsten Servietten.

f Eine andere, ebenso beliebte Form ist schnell erreicht, wenn man von der Serviette *e* vier weitere Ecken vorzieht und diese ein wenig nach oben stellt: Bild 181*f*.

g Die Serviette *g* ist die gleiche Form wie Serviette *f* — hier liegt jedoch die Unteransicht nach oben.

B. Herstellung von Eissockeln

Eissockel dienen zum Kühlen von Speisen.

Bei der Bearbeitung von Eisblöcken empfiehlt es sich, mit einer grobgezahnten Fuchsschwanzsäge zu arbeiten, wodurch von vornherein viele Vorteile gegeben sind. Die Auswahl unter den Eismeißeln ist ziemlich groß, doch kann man sich mit 3 oder 4 Meißeln schon ganz gut helfen. Es kommt ein 4 cm und ein 1 cm breiter Flach-, ein etwa 3 cm breiter, halbrunder und ein zum Kerben anzuwendender spitzwinkeliger Meißel in Frage.

Eismeißeleien, die bei kalten Büfetts auf die Tafel gestellt werden, dürfen jede Größe haben; Eissockel dagegen, auf denen Speisen serviert werden, sollen so klein und so leicht wie möglich sein.

Einem Eisblock gibt man zunächst die Grundform. Dann wird die Vertiefung eingemeißelt, die die Glasschale mit dem Gericht oder die Kaviardose aufnehmen soll. Wenn dieses Gefäß tief ist, wird ein leeres gleichgroßes Gefäß mit heißem Wasser gefüllt und in das Loch hineingesetzt, bis das Eis soweit abgeschmolzen ist, daß die Schale oder Dose oder ein sonstiges Gefäß genau hineinpaßt. Wenn der Eissockel eine flache Schale aufnehmen soll, so sucht man eine aus, deren Boden etwas vertieft ist. Für sie meißelt man in den Sockel die passende Vertiefung. Auf die Berührungsstellen legt man zusammengefaltetes Seidenpapier, damit die Glasschale nicht rutscht.

Soll der Eissockel beleuchtet werden, muß er entsprechend hoch sein, damit eine kleine elektrische Batterie untergebracht werden kann. Die Höhle für sie wird gemacht, bevor die eigentliche Meißelarbeit beginnt.

Die eingeschaltete Batterie setzt man auf ein dünnes Brettchen und dann in die Höhle. Man kann die Miniatur-Glühbirnen mit farbigen Lacken anstreichen, wenn man Farbeneffekte erzeugen will. Die Bilder 182—186 zeigen die Entwicklung verschiedener Eissockel.

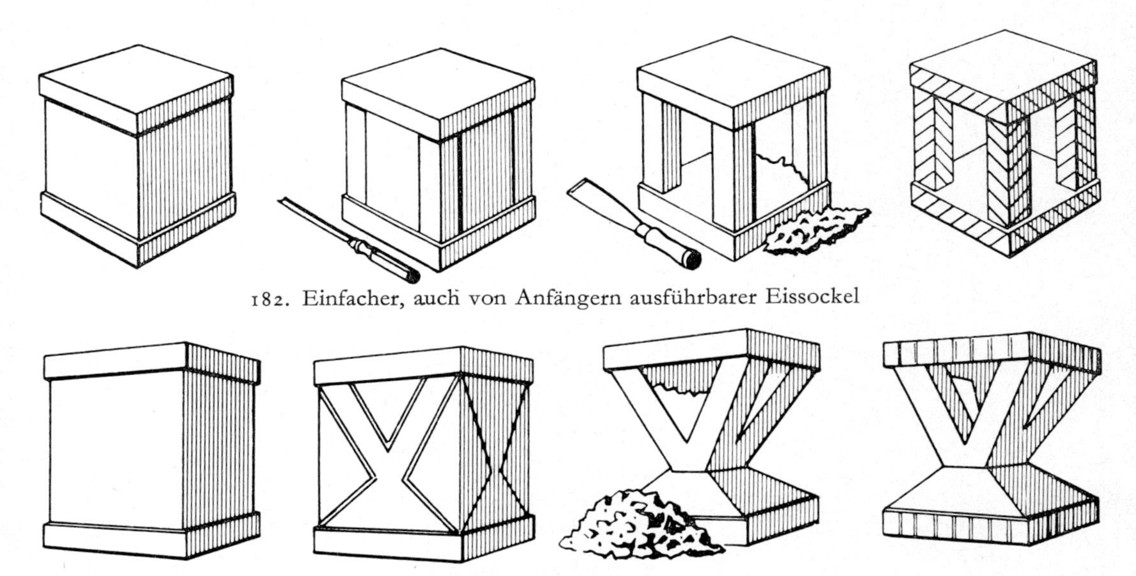

182. Einfacher, auch von Anfängern ausführbarer Eissockel

183. Zum Erleuchten geeigneter Sockel
Wird nicht erleuchtet, so können oberer und unterer Sockelteil gleich groß sein; in diesem Fall ist auch der untere Teil zu durchbrechen

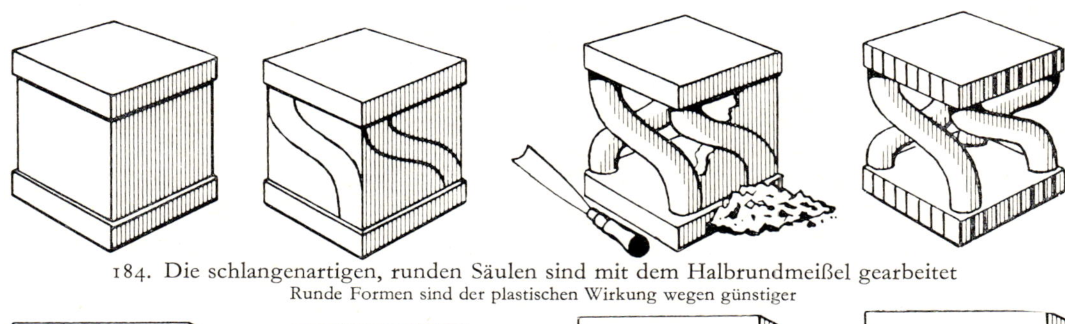

184. Die schlangenartigen, runden Säulen sind mit dem Halbrundmeißel gearbeitet
Runde Formen sind der plastischen Wirkung wegen günstiger

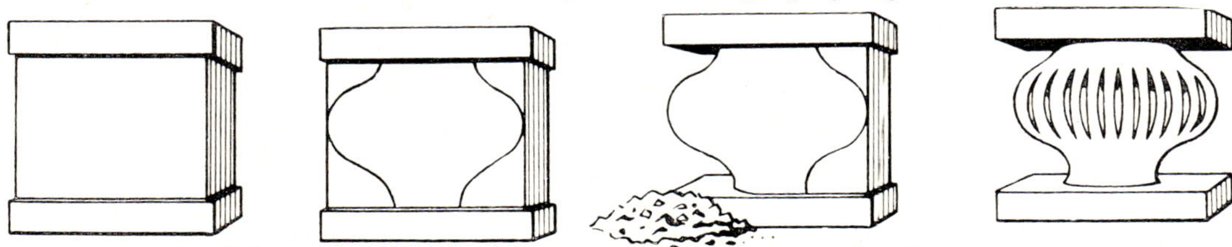

185. Schwierige Sockelart, die nur gut wirkt, wenn sie völlig ebenmäßig ist

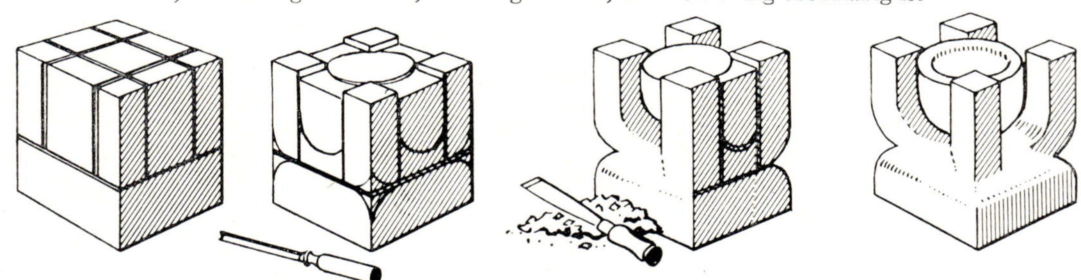

186. Massiver Eissockel für tief einzulassende Formen (wie Original-Porzellan-Kaviardose)
Batterie und sehr kleine Spezial-Glühbirnen können im Sockelfuß angebracht werden

Bild 182: Man gibt dem Eisblock mit einem breiten Meißel die gewünschte Grundform; sie muß höher als breit sein. Mit einer Säge macht man oben an der Stelle, wo die obere Platte, und unten, wo der Sockelfuß gedacht ist, an allen 4 Flächen einen etwa 1 cm tiefen Einschnitt. Zwischen beiden Einschnitten ist dann auf allen 4 Flächen das Eis mit einem breiten Meißel, so tief wie der Sägeschnitt reicht, herauszustoßen.

Bild 183: Nach dieser Vorarbeit wird mit einem spitzwinkligen Meißel, der bei diesen Arbeiten sozusagen die Stelle eines Bleistiftes vertritt, die gewünschte Sockelform durch eingekerbte Linien markiert.

Bild 184: Im dritten Stadium der Arbeit entsteht der beinahe fertige durchbrochene Sockel. Beim Durchbrechen muß man mit einem schmalen, flachen Meißel hantieren. Hierbei muß man sehr vorsichtig sein; ein einziger, ungeschickt geführter kleiner Meißelansatz kann die ganze Arbeit vernichten.

Bild 185: Bei den Werdegängen sind die Skizzen der fertigen Sockel jeweils als Abschluß gezeigt. Durch die mit dem Spitzmeißel geführten Einkerbungen erhielten sie ihren letzten Schliff.

Bild 186: Bei dieser Sockelart ist zunächst, ehe mit dem Meißeln begonnen wird, eine dem Servicegeschirr entsprechende Vertiefung (z. B. für eine Kaviardose) auszumeißeln. Späterhin wird diese Vertiefung präzise durch das mit warmem Wasser gefüllte Gefäß ausgeschmolzen. – Die Sockel sind mit kaltem Wasser abzuspülen und bis zum Gebrauch im Tiefkühlraum aufzubewahren.

Spezial-Serviergeschirre zum Kühlen

Nicht immer ist Zeit zur Anfertigung eines Eissockels gegeben. Hierfür hat die Hotel-Industrie für kalte Speisen verschiedener Art praktische Silberbehälter mit Glaseinsätzen

187. Spezialgeschirr für eisgekühlte Speisen

a Sellerieglas, *b* Kühlschale für Kaviar, *c* Kühlschale für Melone, *d* Kühlschale für Obstsalat, *e* Kühlschale für Spezialsalate

in den Handel gebracht, die in der kalten Küche gern gebraucht werden. Ihre Anwendung erstreckt sich auf das Kaviar-Service, auf die Darbietung eisgekühlter Melone, auf Spezialsalate, die besonders kalt serviert werden müssen, und auf gefüllten oder ungefüllten Staudensellerie. Außerdem steht auch ein Spezialbehälter für Fruchtsalat zur Verfügung, der Bestandteil fast jeden kalten Büfetts ist.

C. Gelee

Allgemeines

Gelee ist entfettete, geklärte Flüssigkeit, die mit Essig, Zitrone oder Wein geschmacklich ergänzt und mit Geliermitteln fertiggestellt wird.

Aspik ist die Bezeichnung für Geleegerichte, die man in Schalen oder Formen oder gestürzt auf Platten anbietet.

Nahezu alle gegarten Fisch- und Krustentierarten, Fleisch-, Geflügel- und Wildsorten sowie Eier und Gemüse eignen sich zu Aspiks.

Das Gelee stellt man aus dem anfallenden Fond der Zubereitung her. Die präparierten Naturalien werden in Geschirre gelegt, gut gekühlt und dann mit dem abgekühlten Gelee überstehend bedeckt. Zum völligen Stocken des Gelees sind die Aspiks nochmals kaltzustellen.

Geliermittel

Gallert

Die in der Küche anfallenden Knochen und Knorpel, Schwarten und Sehnen enthalten Leimstoffe, die zur Herstellung von Gelee verwendet werden können. Die Grundsubstanzen werden mit Wasser aufgesetzt und 5—6 Std. gekocht; dabei gehen die Gelierstoffe in die Flüssigkeit über, es entsteht das Gallert. Der Fond wird später passiert; er dient als Geliermittel, das man wie Gelatine den behandelten Brühen beigibt.

Gallerte dieser Art sind trüb. Zur Herstellung von Gelee müssen sie zusammen mit der in Frage kommenden Brühe geklärt werden.

Wirtschaftlicher, weil einfacher und preiswerter, ist zum Anfertigen von Gelees die Verwendung von wasserklaren Gelatinefabrikaten. Die eingeweichte Gelatine wird einfach in der geklärten, passierten Brühe aufgelöst.

Gelatine

Gelatine ist der verdauliche Eiweißstoff Kollagen in reinster Form, der industriell wie die Gallerte aus Haut und Knochen gewonnen wird und in getrockneter Form in den Handel kommt.

Speisegelatine ergibt hellfarbige Gelees von hoher Gelierkraft, die absolut geschmacksneutral und glasklar sind.

Handelsformen

- feines Pulver, Kornverteilung 0—1,0 mm
- grobes Granulat, bis 4 mm
- dünne Blätter, 700 Blätter/kg (1,43 g/Blatt) 500 Blätter/kg (2 g/Blatt)
  650 Blätter/kg (1,54 g/Blatt) 400 Blätter/kg (2,5 g/Blatt)
  600 Blätter/kg (1,67 g/Blatt) 300 Blätter/kg (3,3 g/Blatt)
  550 Blätter/kg (1,8 g/Blatt) 200 Blätter/kg (5 g/Blatt)

Jedes einzelne Blatt, gleich welcher Qualität, ergibt bei Verwendung die gleiche vorbestimmte Gelierkraft.

6 Blätter Dünnblattgelatine entsprechen der Gelierkraft von 10 g Pulvergelatine.

Verpackungsgrößen

Gelatinepulver	Packungen zu 10 kg, 5 kg, 1 kg, Beutel mit 10 g, 12 g;
Dünnblattgelatine	Gebinde zu 1 kg, 0,5 kg, Schlauchbeutel mit 6, 8, 10, 12 Blättern.

Quellen und Löslichkeit

In kaltem Wasser ist Gelatine unlöslich. Sie quillt lediglich und nimmt dabei 5—10 Teile Wasser auf.

Bei 30—40 °C beginnt Gelatine, sich aufzulösen.

Kleine Mengen Säure und Salz begünstigen Quellung und Löslichkeit der Gelatine, während große Mengen die Gelierfähigkeit aufheben.

Osterküken — Poussins de pâques

Durch die Wahl der Naturalien und ihre Gestaltung läßt sich bei besonderen kalten Platten der Anlaß, für den sie bestimmt sind, optisch zum Ausdruck bringen. So erkennt man, daß die Farbaufnahme eine Eierplatte zum Osterfest zeigt.

Im Mittelpunkt der Platte ruht auf einem kleinen Brot-Croûton ein halbes, aus Pastetenteig hohlgebackenes Ei, in das ein vormarinierter Salat von Spargel, Karotten, grünen Erbsen und Champignons, mit etwas Mayonnaise gebunden, erhaben eingefüllt wurde. Die mit der Palette egalisierte Wölbung ist mit dicker, würziger Mayonnaise überzogen. Eine sich nach oben verjüngende Einfassung von Spargelspitzen und gezackt ausgeschnittene kleine Tomaten mit einem Häufchen Kaviar, der wegen der Feuchtigkeit auf einer dünnen Eiweißscheibe liegt, bilden den Dekor. Einige zarte Dillstengel und Kopfsalatrosetten erhöhen das Farbenspiel. Die gleichen Tomatensterne stehen zusammen mit gefüllten Eiern wahllos auf der mit Geleespiegel versehenen Platte.

Hartgekochte Eier, quer gezackt aufgeschnitten; die Eigelb, zu Krem verarbeitet, wurden mit Spritzbeutel und glatter Tülle wie Küken in die Eihälften gespritzt. Halbkugelig der Körper, darauf der runde Kopf. Indem man den Spritzbeutel schräg nach oben wegzieht, entsteht ein spitzer Zapfen, der einem Schnabel ähnelt. Zwei kleine Tupfen als Augen sowie ein Streifchen als Kammansatz geben den gefüllten Eiern das Aussehen von schlüpfenden Osterküken. Zum Kontrast ist der Eigelbkrem hierfür mit etwas Tomatenmark vermengt worden.

Halbe garnierte Eier — Oeufs garnis

Erläuterungen zu den Garnituren:

1 *Räucheraal, Olivenscheibchen*
2 *Radieschen, Kaviar*
3 *Gänseleber*
4 *Räucherlachs, Kapern*
5 *Gefüllte Olive*
6 *Essigzwiebelchen, Kapern*
7 *Kaviar*
8 *Hummer- und Champignonscheibe*

1 bis 8: mittels glatter Tülle mit Eigelbkrem gefüllt

9 *Kerbel, Trüffel*
10 *Radieschen, Kresse*
11 *Sild mit Cornichonscheibe*
12 *Krebsschwänze, Trüffel*
13 *Spargel, Räucherlachs, Radieschen*
14 *Streifen von rotem Paprika mit Kaviar*
15 *Tomatenfächer*
16 *Estragon, Kaviar*

9 bis 16: erhaben aufgestrichener Eigelbkrem

17 *Sild, Gewürzgurke*
18 *Schinkentüte mit Senfpickles*
19 *Tomatenstreifen, Mitte: pikanter Salat*
} *ungefüllt*

20 *Füllung: Sahnemeerrettich, darauf das halbe Eigelb, mit Kräutersauce überzogen, Trüffelscheibe, im Vordergrund Kaviar*
21 *Tomatenscheibe, $^1/_2$ gefülltes Ei, Estragonblätter, Kaviar; Füllung: Eigelbkrem*
22 *Füllung: Kaviarsahne, darauf das halbe Eigelb mit Hummersauce überzogen, Tomatenscheibchen*

23 *Gurkenfächer, Sardellenring mit Kapern*
24 *Räucherlachsrosette, Kaviartupfen*
} *ungefüllt*

Auflösen von Gelatine

Gelatinepulver

Speisegelatine in kaltes Wasser einrühren (im Verhältnis 1:5), 10 Min. quellen lassen und die Masse unter Rühren in die zu gelierende heiße Flüssigkeit bringen.

Blattgelatine

Gelatineblätter 5 Min. in kaltem Wasser einweichen. Danach in ein Sieb schütten, gut abtropfen lassen (kleinere Mengen einfach mit der Hand ausdrücken), und die Masse in die heiße Flüssigkeit rühren.

Gequollene Gelatine löst sich bereits bei 60 °C. Um ein gleichmäßiges Verteilen zu erreichen, muß die Flüssigkeit gründlich umgerührt werden.

Die Gelierfähigkeit wird verringert, wenn die Zubereitung mit der Gelatine zu lange und zu stark erhitzt wird.

Die Festigkeit des Gelees kann durch die Menge der Gelatinebeigabe bestimmt werden. Der Endwert der Gelierfestigkeit tritt nach 20stündigem Kaltstehen im Kühlschrank ein.

Herstellung und Verarbeitung

Grundrezept für Gelee

Bedarf für 1 l: 1 l Brühe (Fisch, Geflügel, Wild oder Schlachtfleisch), 0,2 l Weißwein oder 0,1 l Essig, 100 g Eiweiß, 100 g Gemüse (Lauch, Möhren, Petersilienwurzel), 60 g Tomaten, 6 zerdrückte Pfefferkörner, Bruchstück Lorbeerblatt, Salz.

Gelatine für 1 l: 24 Blätter oder
40 g Pulver und 0,2 l Wasser zum Quellen
(Konsistenz: schnittfest zum Garnieren, Überglänzen und Ausfüttern),
12 Blätter oder
20 g Pulver und 0,1 l Wasser zum Quellen
(Konsistenz: leicht für Aspikgerichte).

Kalte Brühe entfetten, mit Wein oder Essig abschmecken, eventuell nachsalzen. Eiweiß mit etwas Brühe schlagen, Gemüse sowie Tomaten zerkleinern und alles zusammen mit Pfefferkörnern und Lorbeerblatt in die Brühe geben. Unter ständigem Rühren an den Kochpunkt bringen, dann nicht mehr rühren. Zum Auswerten der Gemüse bei wenig geöffnetem Deckel und schwacher Hitze 30 Min. ziehen lassen.

Inzwischen Blattgelatine in Wasser einweichen; bei Verwendung von Pulvergelatine dieses mit dem Wasser anrühren und quellen lassen.

Geklärte Brühe durch ein Tuch passieren und die ausgedrückten Gelatineblätter oder das in dem Wasser aufgequollene Gelatinepulver in die heiße, passierte Brühe geben. Gut umrühren, damit sich die Gelatine in der Flüssigkeit lösen und gleichmäßig verteilen kann. Sollte die Brühe einmal zu stark abgekühlt sein, muß sie wieder erhitzt werden, bevor das Geliermittel dazugegeben wird. Denn Gelatine, die miterhitzt wird, setzt sich leicht am Gefäßboden fest, verfärbt sich und gibt einen unangenehmen Geschmack ab.

Färben von Gelee

Zum Verzehr bestimmte Fleischgelees oder Aspiks dürfen auch bei Kennzeichnung nicht mit Farbstoffen gefärbt werden. Erlaubt sind aber natürliche farbgebende Stoffe, wie z. B. gebräunte Knochen, Gemüse oder Zwiebeln sowie Südweine u. ä.

Bei Gelee, das in geschnittener Form zu kaltem Fleisch und Geflügel oder zu kalten Pasteten und anderen Feingerichten gegeben wird, ist eine goldbraune Farbe äußerst wirkungsvoll. Dieser Farbton wird am besten erreicht, wenn beim Herstellen der Brühen die Knochen zuvor hellbraun angeröstet werden.

Zum Glacieren ist ein helles, fast farbloses Gelee erforderlich, denn die Speisen sollen, nachdem sie überglänzt sind, in ihrer natürlichen Farbe erhalten bleiben und optisch noch appetitlicher wirken.

Um helle Gelees zu bereiten, bedarf es gepflegter, heller Brühen. Diese werden aus sorgfältig blanchierten Knochen und Parüren sowie Gemüsen ohne grüne Blätter hergestellt. Das Grüne von Lauch und Sellerie würde einen dunklen Farbton an die Brühe abgeben.

Madeiragelee

Bedarf für 1 l: 1 l kalte, entfettete Brühe, 100 g Eiweiß, 100 g Klärfleisch, 200 g Geflügelklein (Hälse, Flügel ohne Fettstoff im Ofen gebräunt), 0,2 l Madeira, 100 g Gemüsewürfel (Lauch, Sellerie, Petersilienwurzel), 60 g Tomatenwürfel, Bruchstück Lorbeerblatt, 6 zerdrückte Pfefferkörner, Salz nach Geschmack.

Eiweiß mit der kalten Brühe schlagen, die andern Zutaten dazugeben und alles unter Rühren an den Kochpunkt bringen, dann nicht mehr rühren. Die geklärte Brühe 45 Min. sieden. Eingekochte Flüssigkeit durch Angießen von kaltem Wasser ergänzen.

Nach dem Passieren muß zum Bereiten des Gelees 1 l Brühe verfügbar sein.

Die Gelatinebeigabe erfolgt nach dem Grundrezept, die Menge richtet sich nach dem Verwendungszweck des Gelees.

Der Madeirawein kann auch abschließend in den fertigen, erkalteten, aber noch flüssigen Gelee gerührt werden. Der Geschmack des Südweins kommt wohl so am besten zur Geltung. Doch ist Vorsicht geboten, denn manche Weine trüben das Gelee; deshalb ist zuvor eine Probe durchzuführen, indem man ein wenig Brühe und Wein vermengt.

Portweingelee/Sherrygelee

Durch die Veränderung der Weinbeigabe können auf die gleiche Weise Portwein- und Sherrygelee hergestellt werden.

Fischgelee

Die Zubereitung erfolgt unter Verwendung von Fischbrühe nach dem Grundrezept.

Zur Verstärkung des Geschmacks können beim Klären je l Brühe 100 g geschrotete Fischreste (Steinbutt- oder Heilbuttlappen) oder Fleisch von billigeren Konsumfischen (Kabeljau, Rotbarsch, Seelachs) beigegeben werden. Nach dem Aufkochen muß die geklärte Brühe dann noch 30 Min. sieden.

Geformtes Gelee

Das Gelee ist zum Garnieren kalter Fleisch- oder Fischplatten unentbehrlich. Für Garniturzwecke formt man es so, wie es auch für Croûtons aus Weißbrot geschnitten oder ausgestochen wird.

188. Muster für Geleeformen

Umgang mit Gelee

Überglänzen (Glasieren)

Vom aufgelösten hellen Gelee gibt man einen Teil in eine temperaturleitende Metallschüssel und rührt auf Eis kalt. Kurz vor dem Stocken wird das dickflüssige Gelee mit einem Pinsel oder einer kleinen Schöpfkelle auf die gekühlten Speisen aufgetragen.

Bindet das Gelee zu stark ab, so erreicht man die zum Auftragen nötige Konsistenz wieder, wenn man ein wenig vom flüssigen und damit noch wärmeren Gelee unterrührt.

Ausfüttern (Chemisieren)

Für Aspiks, die gestürzt angerichtet werden sollen, sind die Formen zunächst mit Gelee auszufüttern, bevor man die zubereiteten Naturalien einlegt. Die fertige, gestürzte Speise ist dann mit einer Geleeschicht umgeben.

Fettfreie (temperaturleitende) Metallformen sind bis zum Rand in Eis einzusetzen und mit abgekühltem, aber noch flüssigem Gelee randvoll zu füllen. An den kalten Formwandungen beginnt das Gelee zu stocken und bildet hier einen Geleemantel. Nach etwa 15 Sekunden gießt man das flüssige Gelee wieder aus den Formen und setzt sie in das Eis zurück. Die verbliebene, etwa 3 mm dicke Geleeschicht erreicht dann die nötige Festigkeit.

Während die Formen mit den jeweiligen Naturalien garniert, ausgelegt und gefüllt werden, beläßt man sie im Eis.

Mit der Anordnung der Naturalien wird von der Bodenmitte aus begonnen. Das Auslegen geschieht kreisförmig. Damit die einzelnen Teile Halt bekommen, sind sie vor dem Einsetzen in kühles, aber noch flüssiges Gelee zu tauchen. Beim Einlegen ist zu berücksichtigen, daß das Gesicht nach unten kommt, damit es nach dem Stürzen oben ist.

Sind die Formwandungen ausgelegt, wird der Innenraum gefüllt. Die ebene Füllhöhe muß einer 3 mm dicken abschließenden Geleeschicht Platz bieten. Dazu wird das Gelee bis zum Stocken kaltgerührt und auf die entsprechend gefüllte Form gegossen.

Bevor die Formen gestürzt werden, müssen sie im Kühlschrank je nach Größe 2–3 Stunden kaltstehen.

Stürzen von Aspik

Zum Stürzen wird der Rand des Gelees, mit der Spitze eines kleinen Messers von der Form gelöst. Danach hält man die Form einen Augenblick in warmes Wasser, stürzt sie auf ein Anrichtegeschirr und hebt sie vorsichtig ab.

Bei großen Formen wird ein flacher, angefeuchteter Teller umgekehrt auf die Form gelegt, dann dreht man beides um und hebt die Form vom Aspikgericht ab. Das gestürzte Gelee läßt sich so sauber und leicht vom Teller auf eine mit Geleespiegel versehene Servierplatte schieben.

Gelee zum Ausgießen für Spiegel

Der Geleespiegel bildet zwischen Silberplatte und den aufgesetzten Objekten eine Isolierschicht. Sie verhindert, daß austretende Flüssigkeit der Lebensmittel mit dem Metall in Verbindung gerät und dadurch oxydiert. Ferner wird das Aussehen der auf einem Geleespiegel ruhenden Objekte wirkungsvoller.

Da der Geleespiegel nicht zum Genuß bestimmt ist, bereitet man ihn aus wirtschaftlichen Erwägungen nicht mit Fleischbrühe, sondern mit Wasser. Die erforderliche Farbtönung erzielt man durch Zuckercouleur, die notwendige Festigkeit erhält er durch größeren Gelatinezusatz.

Fertigstellung

1 l Wasser aufkochen, 50 g eingeweichte Gelatine darin auflösen und den gewünschten Farbton mit etwas Zuckercouleur herstellen.

D. Natürliche Farbstoffe in der Küche

Die Grundfarben Weiß und Braun lassen sich durch Kochprozesse verhältnismäßig einfach herausarbeiten, denn der braune oder weiße Farbton ist, soweit es sich um Chaudfroid-Saucen handelt, die Grundlage. Die weiße Chaudfroid-Sauce wird mit Sahne oder Sahne mit Eigelb bearbeitet und vollendet. Außer Braun und Weiß kommen noch Hellgrün, Rosa und allenfalls Gelb in Frage. Auch für die drei letztgenannten Farben hat uns die Natur Mittel gegeben, die, wenn sie sachgemäß und zur rechten Zeit behandelt werden, jede andere Farbe in den Schatten stellen. Es soll nicht gesagt sein, daß alle fertigen Farbenfabrikate überflüssig seien, sondern daß sie nur als Notbehelf dienen dürfen.

Gelb

Will man schönes Gelb erzielen — in der kalten Küche besonders für Aspik —, so sind Safran oder Fleischextrakt gute Mittel.

Rot

Rot wird in der kalten Küche durch Hummermark erzielt. Es wird feingerieben und dann in dieser Form als Farbstoff verwendet. Für Hummerfarce und in manchen Fällen auch für Fischfarce braucht man das rohe Mark, das dann innerhalb der Farce beim Garmachen die Färbung entwickelt; für Hummersauce u. dgl. braucht man das ebenfalls feingeriebene Mark, jedoch von gekochten Hummern.

Grün

Die natürliche, aus dem Spinat gewonnene Farbe bezeichnet man mit Spinat-Matte.

Man gewinnt sie wie folgt: Einige Hände voll frischen verlesenen Spinats werden gründlich gewaschen, abgetropft und dann roh durch ein feines Sieb des Fleischwolfes gedreht.

Das dünnflüssige Püree gibt man in ein Passiertuch, aus dem nun durch Zusammendrehen die Flüssigkeit herausgepreßt wird. Diesen grünen Saft erwärmt man in einem flachen Chromstahltopf unter fortwährendem Rütteln. Man wird beobachten, daß sich in Kürze die Farbkörperchen von der Flüssigkeit scheiden. Sobald man diese Wahrnehmung macht, darf die Wärme nicht mehr gesteigert werden, vielmehr wird man wenige Augenblicke später den Inhalt des Geschirrs auf ein bereitgehaltenes Passiertuch gießen, damit das klar abgesetzte Wasser abläuft. Die im Tuch zurückbleibende winzige Menge ist die Spinat-Matte. Dieser Farbstoff wirkt sehr kräftig. In einem kleinen Porzellangefäß kann er bis 2 Tage im Kühlraum oder auf Eis aufbewahrt werden.

E. Das Handwerkszeug

Zum Tranchieren und Dekorieren bedarf es richtiggewählter Arbeitsgeräte. Gutes Handwerkszeug ist die halbe Arbeit!

Beim Zerlegen von Schlachtfleisch, Wild, Geflügel, Krustentieren und Fischen sind neben scharfen Schlagmessern auch Tranchiermesser verschiedener Größe zur ökonomischen Zerkleinerung erforderlich. Besonders für zartes und weiches Schneidgut sind die Kullenmesser empfehlenswert. Durch die eingeschliffenen Kuhlen haften die Scheiben nicht an der Messerklinge und bleiben unbeschädigt.

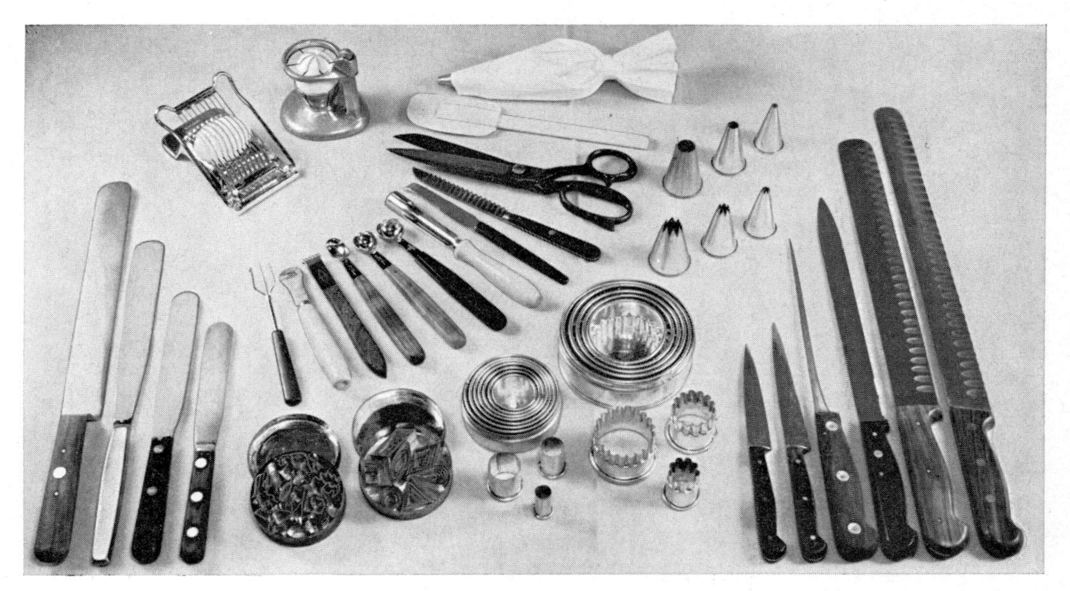

189. Arbeitsgeräte zum Tranchieren und Dekorieren
Eine Auswahl der gebräuchlichsten Handwerkszeuge

Spezialmesser, Ausstecher, Tüllen, Ausbohrer, Scheren, Paletten und Gabeln sowie Eiteiler und -schneider sind die Werkzeuge, die beim Dekorieren kalter Gerichte gute Dienste leisten. Mit Hilfe dieser Geräte lassen sich die verschiedensten Naturalien, die wir zum Garnieren unserer Platten verwenden, zu ansprechenden Formen gestalten.

4. Abschnitt

Küchentechnische Arbeiten

A. Korrektes Tranchieren

Kochkunst und Tafelwesen umschließen auch korrektes Tranchieren. Tranchieren bedeutet, fertig zubereitete gebratene oder gekochte Fleischteile in tellergerechte Portionen zu schneiden. Soweit sich dies auf Schlachtfleisch oder Wild bezieht, ist zu beachten, daß der Schnitt nicht mit, sondern stets gegen die Fleischfasern geführt werden muß, denn bei dieser Zerkleinerungsart ist jedes Fleisch leichter verdaulich.

Am diffizilsten ist das Tranchieren von Geflügel. Hierbei müssen besondere Methoden angewandt werden. Man verfährt nach praktischen Regeln, die sich seit vielen Jahrzehnten bewährt haben. Bei dieser Handhabung ist Voraussetzung, die den Geflügelarten eigenen Fleischteile und deren Lage zueinander sehr genau zu kennen. Der Koch muß wissen, wie er die Keule vom Geflügelrumpf trennt, ohne das Brust- oder Keulenfleisch zu verletzen. Auch muß er die Gelenklage und den Verlauf der Knochen kennen, um von vornherein eine sachgemäße ökonomische Zerkleinerung zu erreichen, die allen Essensteilnehmern gleiche güte- und mengenmäßige Portionen sichert. Beim Anfertigen seiner Platten muß er das Augenmerk speziell auf fachgerechtes und lukratives Tranchieren lenken. Denn hier hat er Gelegenheit, an allen Objekten auch vollendete Fertigkeit küchentechnischen Könnens zu zeigen.

Mit korrektem Tranchieren wird nicht nur gefällige Darbietung angestrebt, sondern es gilt gleichzeitig, rationell zu wirtschaften, denn jeder Hotel- und Restaurationsbetrieb muß kaufmännisch kalkulieren; auch hier sind letztlich, wie in jeder anderen Betriebsführung, Zahlen ausschlaggebend. Das Ganze ist der Wirkungszusammenhang von Kosten und Erträgen, den man mit Wirtschaftlichkeit bezeichnet. In gastgewerblichen Betrieben ist rationelles Tranchieren nicht allein eine feinsinnige Betrachtung, sondern eine sich aus dem Konkurrenzkampf ergebende Notwendigkeit. Grundsatz bleibt, daß dabei den Gästen sowie dem Unternehmen angemessene Erwartungen erfüllt werden.

In diesem Buch sind nahezu alle Beispiele für die Schnittführung bei Schlachtfleisch, Wild, Geflügel und Wildgeflügel sowie Fischen gegeben und in den folgenden Abschnitten zu Übersichten zusammengefaßt.

B. Rationelle Aufteilung von Fischen, Schlachtfleisch und Geflügel

1. Rohstücke portionsweise aufgeteilt

In vielen Fällen wird das Küchengut roh *vor der Zubereitung* in Portionen geschnitten oder aufgeteilt. Die folgende Übersicht gibt hierzu Seitenhinweise:

	Seite
Zerlegen von Seezungen	28
Zerlegen von Karpfen	30
Zerlegen von kleinen Fischfilets	31
Zerlegen von großen Fischfilets	32
Zerlegen von großen Fischen	33
Zerlegen von Steinbutten	33 u. 35
Zerlegen von Aal	34
Zerlegen von rohem Hummer	38
Schneiden von Rinderkoteletts (Côte de boeufs)	80
Schneiden von Wiener Rostbraten	80
Schneiden von Rumpsteaks (Entrecôtes)	81
Schneiden von Porter-house Steaks	82
Schneiden von Chateaubriand	82
Schneiden von Filetsteaks	82
Schneiden von Tournedos	82
Schneiden von Hamburger Beefsteaks	83
Schneiden von Kalbskoteletts	84
Schneiden von Kalbssteaks	84
Schneiden von Kalbsschnitzeln	86
Schneiden von Grenadins	86
Schneiden von Kalbs-Medaillons	86
Schneiden von Tendrons	86
Schneiden von Hammelkoteletts	87
Schneiden von Moutton-Chops	87
Schneiden von Hammelnüßchen	88
Schneiden von Hammelnieren	88
Schneiden von Mixed-grill	88
Schneiden von Spickspeck	111
Schneiden von Speckplatten	102
Zerlegen von Geflügel zum Rösten	102
Zerlegen von Kleingeflügel zum Schmoren	103
Zerlegen von Geflügel für Frikassee nach alter Art	104
Zerlegen von Hühnerbrüstchen	104
Zerlegen von Tauben (à la crapaudine)	105

2. Tranchiermethoden

Die vorstehende Übersicht mit Seitenhinweisen über das Portionieren *vor der Zubereitung* wird durch die folgende ergänzt, die auf die vielfältigen Tranchiermethoden verweist, die *nach der Zubereitung* an großen, im Ganzen zubereiteten Stücken anzuwenden sind. Korrektes Tranchieren ist Übungssache.

Vorbereitung eines rohen Knochenschinkens zum Tranchieren

Wird ein roher Schinken geliefert, so ist seine Güte sogleich durch eine Nadelprobe zu prüfen. Eine lange Bridiernadel wird entlang dem Knochen in den Schinken eingeführt und wieder herausgezogen. Der Geruch an der Nadel zeigt an, ob der Schinken gut oder zu beanstanden ist.

Zur rationellen Verarbeitung stellt man den Schinken seitlich aufrecht, durchsägt hinter dem Kugelgelenk den Knochen und löst das Gelenk aus. Etwa 10—15 cm des Frikandeaumuskels werden abgeschnitten und die Schwarte sowie ein Teil des Fettes mit einem Schnitt um den Schinken entfernt.

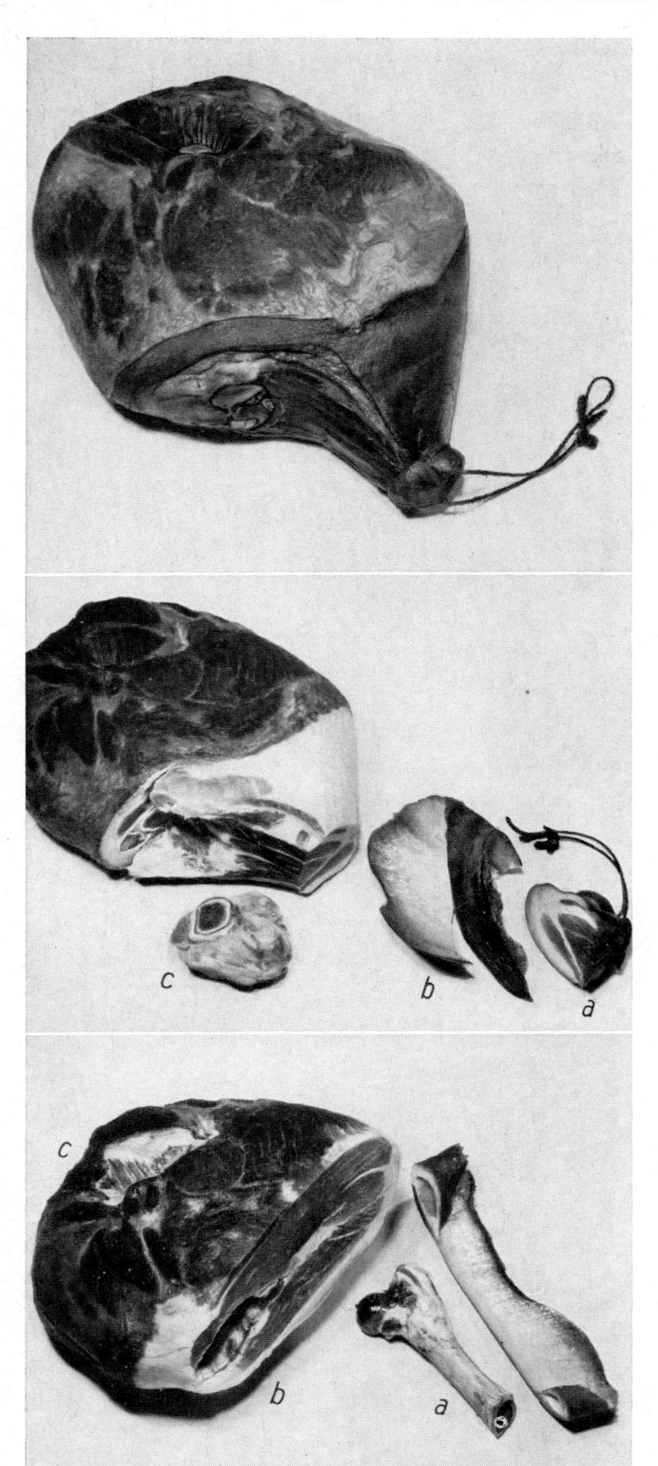

Mit der Aufschnittmaschine kann man den Schinken bis zum beginnenden Röhrenknochen schneiden. (Bei einer nur langsamen Verkaufsmöglichkeit ist diese Teilentfernung des Knochens besonders günstig, weil sich so der Schinken besser hält und besser aussieht.) Bei Schinken mit Schlußknochen ist dieser *vor* dem Entfernen des Röhrenknochens auszulösen und wie vorstehend weiterzubehandeln.

Bei dem Knochenschinken, wie ihn das Bild zeigt, liegt ein Gewicht von 6,5 kg zugrunde.

Durch das Entfernen von Schwarte, Röhrenknochen und Fett entstehen 2,2 kg = 34% Abgang.

Durch Entfernen des Anschnittes und des abgesägten Kugelgelenkes stehen bis zur Weiterbearbeitung (Auslösen des Röhrenknochens und Abtrennen restlicher Schwarte sowie Fett) 1,1 kg = 17% schnittfertiger Schinken zur Verfügung.

Löst man den Röhrenknochen aus und schneidet Schwarte und übermäßiges Fett ab, verbleibt das größere Endstück schnittfertigen Schinkens von 3,2 kg = 49% zum Verkauf.

Endergebnis:

	kg	%
Abgang	2,2 =	34
1. Schinkenstück, schnittfertig	1,1 =	17
2. Schinkenstück, schnittfertig	3,2 =	49
	6,5 =	100

190 (oben).
Der ohne Hachse geräucherte Schinken

191 (Mitte).
Der Schinken nach Entfernung des Anschnittzipfels (*a*)

Die Schwarte und ein Teil des Fettes werden mit scharfem Messer entfernt (*b*); das Kugelgelenk (*c* wurde abgesägt

192 (unten).
Der Röhrenknochen (*a*) wird vorsichtig ausgebeint

b und *c* kennzeichnen die Ausgänge der durch die Entnahme des Knochens entstandenen Höhlung

Tranchieren des Geflügels

Tranchieren einer Pute

Der gebratenen Pute werden zunächst beide Keulen (*b*) abgenommen. Dann sind die Brusthälften (*a*) von der Karkasse zu schneiden. Dabei verbleiben die Flügelknochen an den Brusthälften; sie werden im Gelenk durchschnitten. Die einzelnen Fleischteile sowie

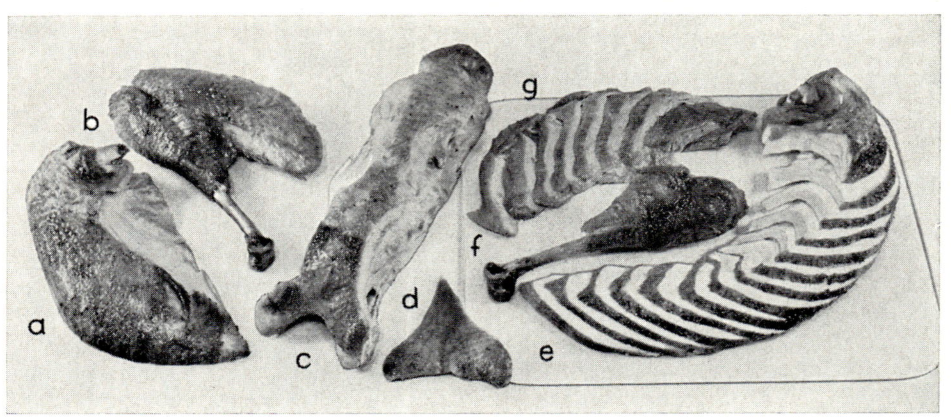

193. Tranchieren einer Pute

a die halbe, zum Tranchieren vorbereitete Putenbrust, *b* die Keule, *c* der Putenrücken, *d* Teil der Brusthaut, *e* die tranchierte Putenbrust; zu beachten ist der schräg und flach geführte Schnitt, *f* das Putenbein, *g* das Keulenfleisch, ebenfalls schräg und flach tranchiert

die Karkasse dürfen nicht beschädigt werden. Die an der Karkasse zwischen dem Brustgabelknochen verbliebene dicke Brusthaut (*d*, Dreieckform), wird vorsichtig abgelöst und reserviert. Mit einer Geflügelschere ist der Putenrücken (*c*) mit dem Flügelknochenansatz in etwa 4 cm Höhe von der Karkasse abzutrennen.

194. Die tranchierte, zur ursprünglichen Form gestaltete Pute

Am Flügelknochen beginnend, wird die Brust mit schräggeführtem Schnitt in gleichmäßig dünne Scheiben zerlegt. Mit genauem Abstand sind diese im Bogen gefällig anzuordnen (*e*).

Von den Keulen sind die Beine (*f*) abzuschneiden; die Knochen werden aus dem dicken Keulenfleisch (*g*) gelöst. Um auch hiervon schöne Stücke zu erhalten, wird dieser Teil ebenfalls mit schrägflachem Schnitt tranchiert.

Soll eine ganze Pute auf die Tafel gebracht werden, legt man den Rücken (*c*) auf die Platte, links und rechts daneben die Keulenfleischtranchen (*g*). Bei dieser Handhabung schiebt man ein langes Messer mit breiter Klinge unter die tranchierte Brust, hebt sie über das in Scheiben geschnittene Keulenfleisch und läßt sie vorsichtig, mit der linken Hand nachhelfend, ohne die Tranchen zu verschieben, auf das Keulenfleisch gleiten. Nachdem die Beine (*f*, untranchiert) ihren Platz erhielten, ist das dicke Brusthautdreieck (*d*) im Vorderteil beider Brusthälften zu placieren.

195. Tranchieren einer Ente

Die Ente wurde mit einem Schlagmesser längs halbiert, das Rückgrat abgehauen. Links: Eine Brusthälfte und eine Keule; daneben die ausgebrochenen Brust- und Keulenschlußknochen. Rechts: Die mit schräg-flachem Schnitt zerteilte Brusthälfte und die mit senkrechten Schnitten zerlegte Keule; dahinter ein Fleischgeleewürfel. Im Hintergrund befinden sich die Zutaten für die Salatbeigabe: Kopfsalat, rote Beete, Ananasscheiben, Mayonnaise und Gewürze

196. Die angerichtete Ente mit der Salatbeigabe

Das Rückgrat wird zuerst auf die Platte gelegt, dann zu beiden Seiten die Keulenstücke. Darüber werden die beiden Brusthälften angeordnet. Im Zwischenraum erhalten die Keulengelenkstücke ihren Platz. Die Salatbeigabe besteht aus marinierten, korbartig übereinandergelegten Kopfsalatblättern, gefüllt mit Streifchen von roten Beeten. Letztere wurden mit pikanter Mayonnaise angemacht und mit frischen Ananaswürfelchen bestreut

197. Tranchieren einer Poularde

Die Poularde wurde wie die Ente (S. 151) zerlegt. Der Keulenknochen ist jedoch entnommen und das Keulenfleisch, wie das Bild zeigt, schrägflach geschnitten. — Im Hintergrund: Eine Melone, eine Paprikaschote, eine Tomate, Kopfsalatblätter, Gewürze; alles Zutaten für den Melonensalat

198. Die angerichtete Poularde

Auf den geschnittenen Keulen wurden die tranchierten Brusthälften angeordnet. Die Poulardenbeine liegen an den mit Geleewürfeln umgebenen Brustscheiben; dazwischen ist eine Rosette aus grünen Kopfsalatblättern placiert. — Eine kleine Melone, sternförmig geöffnet, dient zur Aufnahme folgenden Salates: Das entnommene Melonenfleisch, eine Paprikaschote und die abgezogene Tomate werden in Streifchen geschnitten und mit Orangen- und Zitronensaft, Öl, Salz, Pfeffer und Petersilie zu einem pikanten Salat vermischt. Der kleine Melonendeckel und ein Tomatenstern bilden die Dekoration. Sie werden mit einem Hölzchen an den Melonenrand gesteckt und mit einer Trüffelscheibe und Buttertupfen versehen. Zum Anrichten wurde eine Platte mit Geleespiegel benutzt

Das große Geflügel wird, einerlei, ob es sich um Gänse, Enten, Puten oder Poularden handelt, nach ein und derselben Art tranchiert, wenn es darauf ankommt, es mit oder doch zum allergrößten Teil ohne Knochen auf die Tafel zu bringen. Je nach Größe des Geflügels wird man mehr oder weniger Stücke herausschneiden. Bei dem gefüllten, für das kalte Service gebratenen Geflügel kann man genauso verfahren. Die Farce dient in diesem Falle als Unterlage, sie kann aber auch geschnitten um das Geflügel herum gruppiert werden. Dem Geflügel, angenommen einer Ente, wird zunächst die Brust durchschnitten und danach der Rücken durchschlagen, und zwar so, daß das vollständige Rückgrat an der einen Hälfte verbleibt; es wird dann als ganzes Stück abgehauen, um später, beim Anrichten, in mehrere Teile geschnitten, als Unterlage benutzt zu werden. An den Bildern 193—198 wird der Vorgang des Tranchierens gezeigt.

Tranchier- und Bearbeitungsmethoden für Poularden „Bristol", „York" usw.

Erläuterung zu Bild 199:

Mitte: Die von der Karkasse heruntergeschnittenen Brustfilets wurden reihenfolgemäßig mit genügend Abstand auf einem Ablaufgitter geordnet und mit weißer Chaudfroid-Sauce überzogen.

Links: Die Keulen werden ebenfalls mit weißer Chaudfroid-Sauce überzogen. Nachdem die Sauce erstarrt ist, wird die Brust mit Geflügel-Schaumbrot zu ihrer ursprünglichen Gestalt geformt.

Rechts: Das Auflegen der Brustscheiben beginnt zwischen den Keulen (im Gegensatz zur Ente, S. 320). Zu beachten ist Innehaltung gleichmäßigen Abstandes.

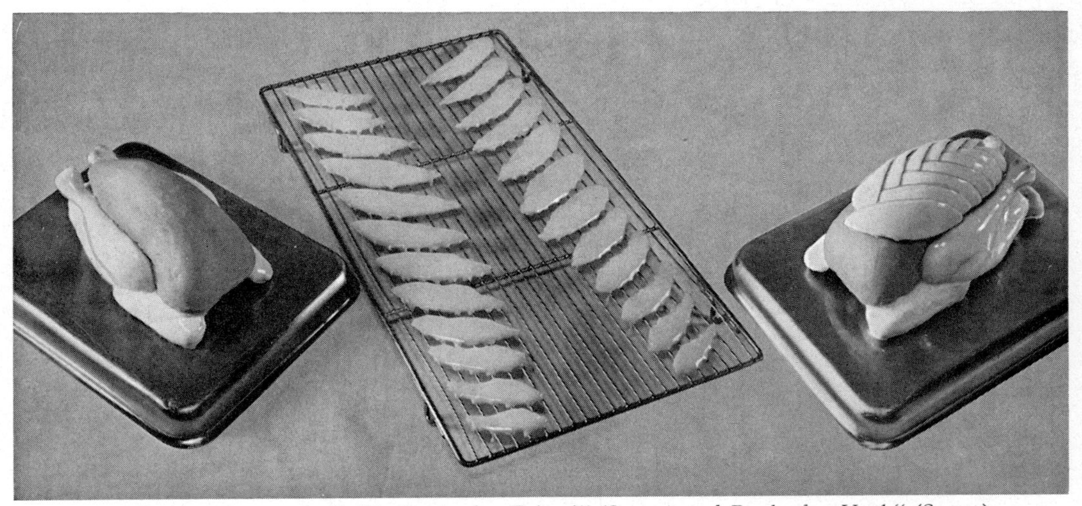

199. Bearbeitungsmethode für Poularde „Bristol" (S. 311) und Poularde „York" (S. 314)

Tranchier- und Bearbeitungsmethode für Fasane und anderes Wildgeflügel

Um schöne Fasanenbrustscheiben zu erhalten, werden sie längs von der Brust heruntergeschnitten. Je nach Größe des Fasans wird man jede Brusthälfte in 4—5 Scheiben teilen. Das Bild 200 vermittelt, wie der Schnitt zu führen ist. Die Scheiben sind reihenfolgemäßig, wie man sie abschneidet, abzulegen und späterhin so wie man sie abgenommen hat, wieder auf dem Fasan zu ordnen. — Die gleiche Tranchiermethode läßt sich auch für Poulardenbrust anwenden. Es werden in diesem Falle von jeder Brusthälfte 5—6 Längsscheiben von der Karkasse heruntergeschnitten.

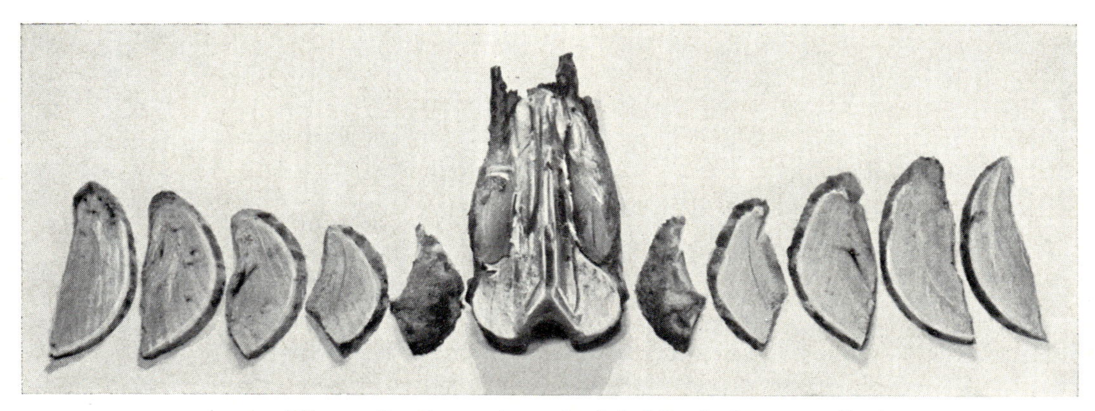

200. Die zerteilte Fasanenbrust (auch bei Poularden anwendbar)

Das Knochengerüst des Fasans (Bild 200) wurde mit Gänseleber- oder Fasanenschaumbrot zur ursprünglichen Gestalt geformt und zunächst im Kühlraum zum Erstarren gebracht. Anschließend daran wurden die Brustscheiben, wie Bild 201 zeigt, an die gefüllte Brust gelegt.

201. Die wieder aufgelegten Fasanenbrustscheiben
Die Fasanenbrustscheiben liegen links und rechts an der Füllung. Das mittlere Feld ist frei geblieben und bietet passendem Dekor Raum. (Poularden können in gleicher Weise behandelt werden

5. Abschnitt

Dekor und neuzeitlicher Anrichtestil

A. Allgemeines

Zeitgemäße Kochkunst und Tafel erfordern, alles zu vermeiden, was dem praktischen Service abträglich ist. Wer das verkennt oder ablehnt, kann schwere Fehler begehen. Es soll deshalb unmißverständlich gesagt werden, was zeitgemäß und was überholt ist.

So wie sich die Mode wandelt, ist es auch mit der Küche. Sie hat im Lauf der Zeiten, besonders seit der Jahrhundertwende, nicht nur die Koch- und Zubereitungsweise mancher Gerichte geändert, sondern auch beim Anrichten der Speisen ganz neue Wege beschritten.

Früher wurden die kalten Platten geschmückt mit Fettsockeln, Terra-Alba-Gebilden, Wachsblumen, Aspikspießen, Papierzierspießen, Kartoffel- und Rübenschnitzereien, Fasanen- und Schnepfengefiedern, künstlichem Grün, rotem Aspik, Pergamentkapseln, Holz- und Reissockeln, Krustaden, Aspikmalereien und Trüffelzeichnungen. Diese Hilfsmittel werden heute nicht mehr anerkannt, sie wären auch wirtschaftlich nicht mehr tragbar. Heute soll ein Gericht durch sein natürliches Material wirken, es soll unverformt und ohne überflüssiges Beiwerk praktisch, zweckmäßig und appetitlich angerichtet sein. Heute darf nur das auf die Platte gebracht werden, was genießbar ist und im Geschmack harmoniert. Alles Eßbare soll für sich selbst sprechen und durch seine Anordnung schön wirken.

Diese Grundsätze sind in der vorliegenden Auflage beachtet. Die Bilder zeigen, wie neuzeitlich und stilgerecht anzurichten ist.

B. Was ist bei der Anfertigung kalter Platten zu beachten?

Manche Arbeiten bei kalten Platten wiederholen sich oft. Die wichtigsten sollen genau und grundlegend für alle weiteren Abhandlungen erklärt werden.

Für alle Fälle gilt, daß Geflügel für Chaudfroid stets ausgekühlt sein muß, daß das auf Geflügel aufgetragene Schaumbrot völlig durchgekühlt sein muß, damit die Chaudfroid-Sauce nicht herunterläuft.

Die aufgetragene Chaudfroid-Sauce muß ganz fest sein, bevor der Dekor aufgetragen werden kann. Beim Dekorieren muß jedes Dekorationsstück erst in flüssiges Gelee getaucht werden, damit auch die sehr feinen Teile sofort haften bleiben und beim Überglänzen nicht fortgespült werden. Wenn Fisch, Geflügel usw. so behandelt worden sind, darf man nur mit glasklarem, hellem Aspik überglänzen, damit die Stücke ihre natürliche Farbe behalten. Das Gelee darf nicht zu kalt, doch muß es unbedingt leicht dickflüssig sein.

Bevor Fische bearbeitet werden, müssen sie ganz ausgekühlt und abgelaufen sein; nur dann kann man sie sauber bearbeiten. Es ist praktisch und zeitsparend, die Garnituren gleichzeitig mit dem großen Stück zu überglänzen.

Zum Anrichten darf man nie eine zu kleine Platte verwenden. Das Ganze würde dadurch stark herabgemindert werden. Eine flache Platte mit niedrigem Rand wirkt meist am vorteilhaftesten. Für kalte Platten ist immer ein wohlschmeckendes, klares Gelee zu verwenden, es erbringt den Effekt, es erfreut das Auge.

Wenn Spieße verwendet werden, so sind — nach modernen Richtlinien — nur genießbare Naturalien zu nehmen; ihr Geschmack muß mit dem des Gerichtes übereinstimmen.

Den Eissockeln kommt eine gewisse praktische Bedeutung zu. Ein gemeißelter Eisuntersatz wirkt dekorativ und gallerthaltige Gerichte, Schaumbrote usw. haben die Kälte nötig, damit sie ihre Form behalten. Auch für das Anrichten von Kaviar sind sie zweckmäßig.

Den sog. Butterskulpturen aus Kunstfetten ist weder wirtschaftlicher noch praktischer Wert beizumessen, denn sie dienen ausschließlich dekorativen Zwecken. Ihre Anfertigung erfordert neben viel Zeit absolut künstlerische Begabung. Am kalten Büfett behindern diese Gebilde den praktischen Service-Ablauf und sind aus diesen wie auch aus ökonomischen Gründen abzulehnen.

Es ist praktisch und üblich, den Plattenboden mit einem klaren Geleespiegel auszugießen, denn die Speisen darauf erscheinen vorteilhafter und nehmen durch diese Isolierung keinen Metallgeschmack an.

Die Proportionen der Garnituren müssen dem Hauptstück je nach Bedarf in größeren oder kleineren Mengen angepaßt werden.

Die letzten Handgriffe müssen vorher gut durchdacht sein. Die Garnituren dürfen nicht hin- und hergezogen werden, damit der Geleespiegel nicht blind wird. Jedes Stück muß also gleich den richtigen Platz bekommen.

Diese Hinweise mögen, wenn man sie einzeln betrachtet, gering erscheinen, doch als Ganzes gesehen verhelfen sie dazu, formvollendete Arbeiten zu schaffen.

C. Dekor

Die Küche ist bestrebt, fertige Gerichte durch Dekorationen reizvoller zu machen. Es gibt Mittel, deren einfache Formen sehr gut wirken. Mit einer an der richtigen Stelle angebrachten Trüffelscheibe oder einem Krebsschwanz oder Champignonkopf kann man schöne Wirkungen erzielen. Überflüssiger Dekor soll verschwinden. Das Küchenmaterial wirkt durch sich selbst.

Für die Gerichte soll nur Dekorationsmaterial verwendet werden, das zu ihnen paßt, mit ihnen zusammenstimmt. Man wird also den Heringssalat nicht mit Trüffeln und die Geflügel-Mayonnaise nicht mit Räucherlachs garnieren. Wohl aber kann man den Heringssalat mit Räucherlachs dekorieren. Geschmack und Aufmachung sind zu beachten. Mangelhafte oder ungeschickte Dekoration kann ein Gericht herabmindern, selbst wenn es schmackhaft ist. „Das Auge ißt mit.“

Sachkundig und großzügig ausgeführte Dekorarbeit erfordert viel Zeit. Heute muß jedoch rentabel gewirtschaftet werden, d. h. daß auch die Arbeitszeit in den Verkaufspreis

Halbe gefüllte Eier mit Gemüsesalat — Oeufs farcis au salade de légumes

Gemüsesalat (Zubereitung S. 354) wird in einer Glasschale angerichtet und mit einem Tischmesser kuppelartig gewölbt. Er erhält eine Garnitur von Spargelspitzen, Eier- sowie Tomatenscheibchen und wird mit einer Ranke von hellgelben Kopfsalatblättchen umgeben.

Die auf einem Geleespiegel angerichteten Eier sind mit Eigelbkrem gefüllt und mit einer Rosette von Räucherlachs und Dillfäden vollendet.

Garnierte Eier können als Hors-d'oeuvre-Bestandteil aufgenommen werden, sie können aber auch als kalte Eierspeisen für sich allein gelten, wenn sie mit einem beliebigen, dazu passenden Salat oder einer Mayonnaisensauce serviert werden. Schließlich sind sie als Garnitur zu kalten Fischplatten und auch in Verbindung mit Krustentieren gut anwendbar. — Um gerade Stellflächen zu erhalten, werden die hartgekochten Eier rechts und links beschnitten und genau in der Mitte zerteilt. Alle Flächen müssen parallel zueinander verlaufen. Ein Messer mit sehr dünner und schmaler Klinge ermöglicht einen geraden, sauberen Schnitt.

Salat Rivoli — Salade Rivoli

Für diese exklusive Platte ist eine schöne Melone zu kühlen und längs zu halbieren. Von Kernen und weichen Teilen befreit, wird das Fruchtfleisch zu einem Drittel in Spalten aus der Schale geschnitten. Den Rest des Melonenfleisches entnimmt man mit dem Olivenausbohrer. Eine entsprechende Menge des Fruchtfleisches ist zum Garnieren bestimmt. Das übrige Melonenfleisch wird zum Salat Rivoli (S. 360) verarbeitet. Dieser Salat, in die halben Melonen gefüllt, erhält eine Garnitur von länglich geschnittenem Hühnerbrustfleisch und den ebenso geschnittenen Melonenscheibchen. Dann folgt je ein Kranz von Krebsschwänzen und olivenförmig ausgestochenem Melonenfleisch. Die Mitte ist mit Streifchen von rohem englischen Sellerie und Trüffelfäden abgeschlossen. Das feurige Rot einiger Krebse bringt diese Platte zu überraschend guter Wirkung.

jeder kalten Platte einkalkuliert werden muß. Darum kann nur in besonderen Fällen zeitraubender Dekor angewendet werden.

Die Bevorzugung üppigen Dekors hat sich gewandelt. Die Gäste betrachten zwar gern eine künstlerisch gut ausgeführte Platte, aber an einem kalten Büfett kann man beobachten, daß den einfach angerichteten, nur wenig dekorierten kalten Gerichten am meisten zugesprochen wird. Das sollte den Köchen zu denken geben; sie müssen sich dem Geschmack der Gäste anpassen.

202. Dekor aus Gemüsen und Früchten

Das Bild zeigt eine Auswahl von Gemüsen und Früchten und die Möglichkeiten ihrer nützlichen Anwendung für den Dekor. Von links nach rechts: Tomatensterne; Bananen zum Füllen hergerichtet; halbierte, mit Nuß-Schaumbrot gefüllte Walnüsse; Weinbeeren verschiedenartig aufgeschnitten und gefüllt; zugeschnittene Radieschen; im Werdegang grüne Außenblätter des Salatkopfes zu Rosetten geformt. Im Vordergrund Figuren aus frischen Gurken. — Auch mit Kerbel- und Kresseblättchen sowie Dillstielchen läßt sich wirksam garnieren

Zunächst mag es scheinen, als ob dies der Entwicklung der Kochkunst Abbruch täte; das ist aber keineswegs der Fall. Dem Koch bleiben bei der Gestaltung seiner Platten hinreichend „Ausdrucksmittel", doch muß er sie richtig empfinden und wirksam anzubringen wissen. An den fertig angerichteten Platten und vielen in Einzelportionen aufgeteilten Gerichten in diesem Buche wird gezeigt, was heute verlangt wird.

Man kann dem Grundmaterial angepaßt (sei es Fisch, Geflügel, Schlachtfleisch usw.) wirksam dekorieren mit: Cornichonfächern, Eierscheiben, gefüllten oder ungefüllten Schinken- oder Lachstütchen oder -röllchen, Spargelköpfen, Tomatenscheiben oder -achteln, Sardellenringen, Radieschenscheiben, mit Piment gefüllten Oliven, Estragonblättern, Spargelspitzen, kleinen gekochten Hummerscheren, weiß oder braun chaudfroidierten Champignonköpfen, Krebsschwänzen, Scheibchen gepökelter Kalbszunge, kleinen Gänselebermedaillons, Trüffelscheiben, gefüllten Krebsnasen, mit dem Buntmesser geschnittenen Gurken, grünen Bohnen, Krebs- und Hummerkörpern, Orangenschnitzen, Orangengelee in Orangenschalen, Scheibchen eingerollter Trüffelbutter, halben, mit verschiedenen Salaten gefüllten Orangenschalen, gefüllten Tomaten, gefüllten Artischockenvierteln, Artischockenherzen, Blumenkohlröschen, Krabbenschwänzchen, gedünsteten Apfelscheiben mit einer Kirsche, Artischockenböden mit verschiedenartigen Salaten gefüllt, halben gefüllten Eiern, Zitronensternen und Zitronenachteln, jungen Maiskölbchen, Hummerbeinen, Hummereiern, Kapern, kleinen Heringsfilets, gebrochenen Servietten, Eissockeln, Kresse, krauser Petersilie, Kerbelblättchen usw.

Wenn die hier erwähnten Dinge richtig angewendet werden, d. h. sofern sie mit dem Hauptstück geschmacklich harmonieren, lassen sich überraschend schöne Platten herrichten.

D. Dekorationsmaterial

Eiweiß

Das Dekorationsmaterial muß manchmal vorbehandelt werden. Wenn Eiweiß für Dekorationszwecke gebraucht wird, kann man es, sofern es sich um kleine Teile handelt, von gekochten Eiern zurechtschneiden. Wird jedoch Eiweiß für kleinere Flächen und größere Muster gebraucht, so kann man es für diese Zwecke pochieren. Sauber abgelassenes Eiweiß wird etwas durchgeschlagen und dann durch ein Spitzsieb in ein Steingut- oder Porzellangefäß passiert, das gut mit Butter ausgestrichen ist. Dieses Gefäß setzt man in siedendes Wasser und läßt es zugedeckt in schwacher Ofenhitze wie «Royale» langsam, ohne kochen zu lassen, pochieren. Sobald das Eiweiß durch und durch fest ist, setzt man die Form in kaltes Wasser, bis das Eiweiß vollständig ausgekühlt ist.

Lauch

Für größere Blumenmotive kann man aus dem Lauch die Stengel schneiden; auch wenn größere Flächen hellgrün sein sollen, kann man ihn verwenden. Die saftiggrünen Lauchblätter werden von der Staude abgenommen, gut gewaschen, leicht in Wasser blanchiert, dem wenig Salz zugesetzt wird. Sie werden dann sofort in kaltem Wasser gekühlt.

Estragonblätter

Frische Estragonblätter werden ebenso behandelt wie Lauchblätter.

Schnittlauchhalme

Schnittlauchhalme werden bei feinen Blumenmustern als Stengel angewendet. Sie werden wie Estragon und Lauch behandelt.

Paprikaschote

Das feurige Rot der Paprikaschote ist sehr ansprechend. Man taucht rote Paprikaschoten in die heiße Fritüre, bis sich die Haut abziehen läßt. Dann entfernt man die Stiele mit einem Teil des Deckels, kratzt die Körner heraus, kocht die Schoten in Salzwasser gar und läßt sie darin erkalten.

Tomate

Auch die rote Tomate ist gut zu verwenden, man muß aber sehr feste und schönfarbige Früchte aussuchen. Um die Haut abziehen zu können, wird der Stielansatz ausgestochen.

Mit einem Drahtkorb taucht man sie einen Moment in kochendes Wasser, schüttet sie flach auf ein Blech und zieht sie nach Bedarf ab.

Hummermark

Das leuchtend rote Mark gekochter Hummer eignet sich, feingehackt, zum Bestreuen von gefüllten Eiern, einschlägigen Salaten, Fischen usw. Auch mit Gelee hohl ausgegossene Förmchen lassen sich damit ausstreuen. – In mäßig warmem Ofen getrocknet ist es zwar für einige Tage haltbar, den feinen Geschmack büßt es jedoch ein.

Trüffel

Die gekochte Trüffel wird geschält und in dünne Scheiben geschnitten. Wenn man eine größere Menge Trüffelscheiben braucht, schneidet man sie zweckmäßig mit dem Trüffelhobel. Man erhält gleichmäßig schöne Scheiben und gleichzeitig wird das teure Material gut ausgenutzt.

Schneiden kleiner Gewürzgurken zum Garnieren

Kleine Gurken werden zum Garnieren von kalten Gerichten immer wieder gern angewandt. Man formt sie zu Fächern, Kränzen, Hufeisen usw. oder verwendet sie halbiert und ausgehöhlt zum Füllen. Gefüllte Gewürzgurken eignen sich vorzüglich zu kaltem Braten.

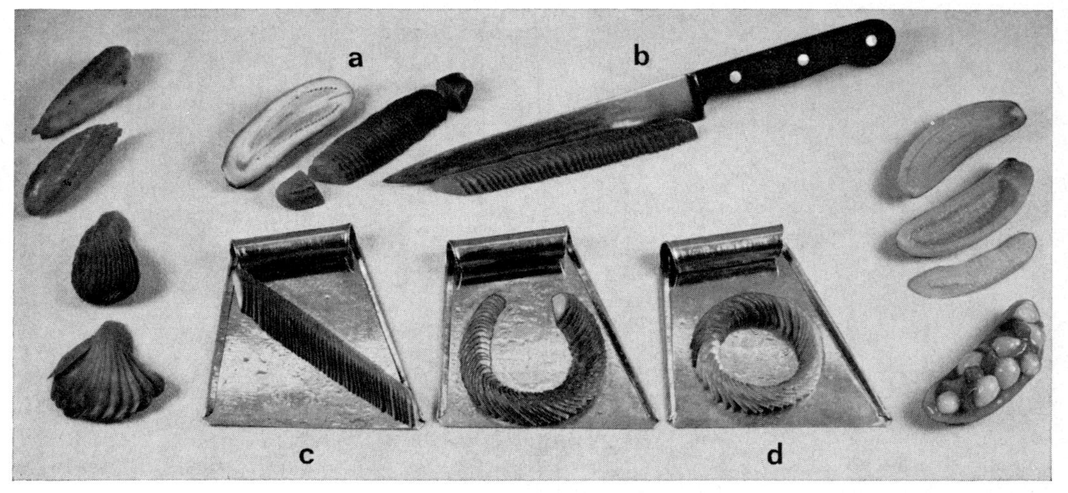

203. Gewürzgurken als Dekorbestandteile

Das Bild veranschaulicht links: Das Schneiden und Formen von Gurkenfächern; rechts: den Werdegang einer gefüllten Gewürzgurke, die mit einem Kugelausbohrer ausgehöhlt wurde und eine Füllung von Perlzwiebeln und Paprikaschotenwürfeln erhielt. Das Formen von Kränzen und ähnlichen Figuren ist im nachstehenden Text beschrieben

a Kleine Gewürzgurken werden der Länge nach halbiert und mit scharfem Messer quer in feine Scheiben geschnitten, doch so, daß sie sich nicht verschieben;

b drückt man sie gegen eine lange Messerklinge, so erhält man ein langes, gleichmäßiges Gurkenband; dieses wird, ohne seine Lage zu verändern, auf eine leicht mit Öl bestrichene Unterlage abgestreift;

c das Gurkenband wird nun auf der Unterlage um einen runden Ausstecher oder aus freier Hand zu einer Hufeisenform oder zu einem Kranz gestaltet;

d der Gurkenkranz läßt sich auf leicht geölter Fläche beliebig formen und mühelos abstreifen, ohne das Bild zu zerstören. Um die so geformte Gurke unversehrt zur Anwendung zu bringen, hält man die Unterlage dicht über die Stelle, wo die geformte Gurke liegen soll, legt dann die eine Hand leicht über die Unterlage, zieht mit der anderen Hand die Unterlage hervor und streift dabei den Gurkenkranz auf die ihm zugedachte Stelle (Nutzanwendung: Bild 336, S. 386).

Pflanzenmotive als Dekorvorlage

Die nachstehenden, schnell herzurichtenden Dekormuster kommen den Erfordernissen bei Zeit- und Personalmangel entgegen. Sie können zur Dekoration verschiedener Objekte zu kalten Büfetts, wie Galantinen, Schinken, Aspikgerichten, Schaumbrot aller Art, großen Geflügelbrüsten, großen Fischen, Salaten und Mayonnaisen usw., verwendet werden. Die Größe des Dekors ist jeweils der Größe der zu dekorierenden Fläche anzupassen. — Bei der Herstellung geht man wie folgt zuwege: Die Dekorbestandteile können aus grünen, blanchierten Lauchblättern geschnitten oder ausgestochen sein. Weiterhin sind blanchierte Estragonblätter, grüne Gewürzgürkchen, Tomate, grüne und rote Paprikaschote, pochiertes Eiweiß, Trüffel, Radieschen, gekochtes Eigelb, gekochte, tiefrote Karotten, Schnittlauchhalme usw. geeignete Mittel. Die einzelnen Teile werden zuvor in flüssiges Gelee

204. Pflanzenmotiv als Dekor für eine große Fläche
Material: Halme und Blätter aus blanchiertem Lauch; Blüten gespritzt mit Eigelbkrem

getaucht und dann flink mit der Dekornadel auf die zu dekorierende Fläche gelegt. — Die Blütenstempel können aus gekochtem ausgestochenem Eigelb, Karotte oder roter Paprikaschote bestehen. Kleine Blüten oder Knöspchen können auch mit Eigelbkrem gespritzt werden. — Wenn die einzelnen Dekorteilchen z. B. auf einer Galantine zum fertigen Dekor zusammengefügt sind, wird das Ganze mit hellem, flüssigem Fleischgelee leicht überglänzt.

205. Pflanzenmotive als Dekorvorlagen

a Material: Schnittlauchhalme, Estragonblätter, Radieschenanschnitte

b Material: Lauchstengel, Lauchblätter; die Blüten sind aus ausgestochenen Eiweißplättchen und ausgestochenem gekochtem Eigelb zusammengefügt

c Material: Blütenstengel und Blätter aus Lauch; die Blütenblätter sind aus roter Paprikaschote oder Tomate zu schneiden Blütenstempel: Gekochtes Eigelb und Trüffelwürfelchen

d Material: Blütenstengel und Blätter sind aus Lauch zu schneiden; für die Blüten eignet sich Tomate, sie können aber auch aus ausgestochenen Plättchen von roter Paprikaschote oder großen Radieschen zusammengefügt sein

E. Zierspieße

Der Zierspieß wird gelegentlich noch verwendet, jedoch in sehr einfacher Form. Je nach der Art des Gerichtes sind anwendbar: Trüffeln, kleine feste Tomaten, Zitronensterne, kleine Krebse, große Krabben, Champignonköpfe, kleine Kopfsalatherzen usw. Aus diesen einfachen Mitteln lassen sich schnell und sicher trotz ihrer Einfachheit gut wirkende Zierspieße herrichten.

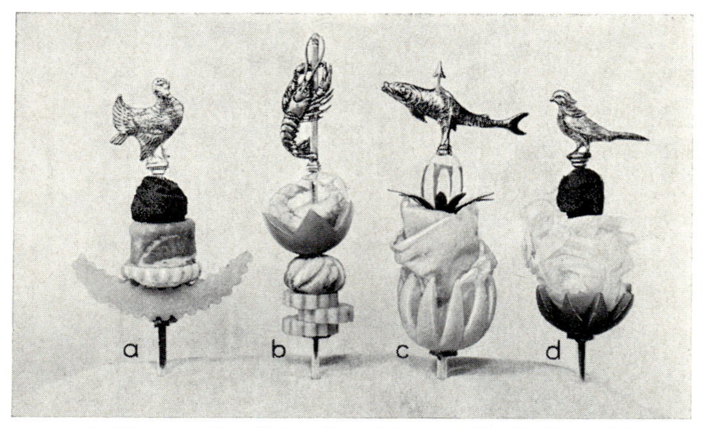

206. Ohne großen Zeitaufwand herzustellende Zierspieße
a *Trüffel*, Schinkenröllchen, Artischockenboden, Melonenhalbmond; *b* 2 Krebsschwänze, Tomatenstern, Champignonkopf, 3 grün Gurkenscheiben; *c* Radieschen, Kopfsalatrosette, Zitronenstern; *d* Trüffel, Kopfsalatherz, Tomatenstern

F. Anrichten mit einfachem Dekor

In dem Bestreben, althergebrachte Anrichteweisen gelegentlich durch neuartige Abwechslung abzulösen, wird ab und zu etwas Gutes erreicht. Je einfacher die angewandten

207. Ein wirkungsvolles Stilleben

Mittel sind, um so mehr sind wir über den manchmal überraschenden Erfolg erstaunt. Nebenstehendes Bild 207 zeigt Geflügel-Chaudfroids mit Gemüsesalat. In den meisten Fällen wird ein feinwürfelig geschnittener, mit Mayonnaise gebundener Gemüsesalat serviert. Hier handelt es sich jedoch um ausgestochene und mit dem Buntmesser geschnittene, gedünstete Gemüse, mit Salz, Pfeffer, Essig und Öl angemacht. – Die Anrichtemethode ist originell-eigenwillig. Entkernte Tomatenviertel wurden auf dem Schüsselrand geordnet und der Salat mit Spargelköpfen eingefaßt.

208. Ananas-Melonen mit frischen Krebsschwänzen

Es wird angestrebt, den Dekor zu vereinfachen, indem das Dargebotene selbst nur einfachen Dekor erhält. – Bei dem obenstehenden Bild wurden zwei Melonen gezackt auseinandergeschnitten. Das entnommene Melonenfleisch und frisch ausgebrochene Krebsschwänze sind die Bestandteile eines mit pikanter Marinade abgeschmeckten Salates, der in gefälliger Aufmachung in den ausgehöhlten Melonenhälften angeordnet wurde. Dillfäden und Trüffelstreifchen bilden hier den Dekor.

Der farbliche Effekt wurde durch einen stilisierten Strauß aus blanchiertem Porree gesteigert (s. Farbtafel). Die linealen Blätter der Pflanze mit ihren unterschiedlichen Farbtönen verhalfen zu kontrastreicher Darstellung.

Die mit Schere und Messer zugeschnittenen Blatteile des Porrees – zuvor in flüssiges Gelee getaucht – fanden bukettartige Anordnung. So verfahren, blieb das Gebilde auch beim späteren Ausgießen der Platte mit einem Geleespiegel erhalten, auf den dann die garnierten Melonenhälften gesetzt wurden.

Hier ist mit einfachen Mitteln der Übergang zu modernem Anrichten aufgezeigt.

6. Abschnitt

Schnell-Imbiß und Restaurationsplatten

A. Das Lunchpaket — Reiseproviant

Hotelgäste wünschen gelegentlich die Mittagsmahlzeit im Hotel nicht einzunehmen, weil sie Ausflüge machen. Dann wird gern ein Lunchpaket mitgenommen.

Andere, z. B. Autoreisende, die keine Autoraststätten besuchen wollen, oder Gäste, die sich in „ihrem Hotel" so gut aufgehoben fühlen, daß sie meinen, an einem anderen Platz nicht entsprechend bedient zu werden, nehmen häufig Proviant aus dem Hotel mit auf die Reise.

Es geht nicht an, ein Proviantpaketchen wahllos fertigzumachen, das den Gast nicht befriedigt. Wenn dieser draußen in freier Natur eine Serviette entfaltet und seine wohlverpackte kalte Mahlzeit ausbreitet, soll er sich umsorgt und mit dem Hotel verbunden fühlen. Das ist an sich nicht schwer zu erreichen, nur erfordert es einige Überlegungen, die Auswahl des Imbisses und einige erforderliche Gegenstände betreffend.

Belegte Brote, Sandwiches, gekochte Eier, Tomaten und überhaupt alles Eingepackte ist zu beschriften, damit schnelle Übersicht möglich ist. Gemischter Aufschnitt darf nicht zusammen verpackt werden; jede Fleisch- oder Wurstart ist gesondert in Pergamentpapier einzuschlagen. Weißwurst, insbesondere Leberwurst, ist als Reiseproviant ungeeignet, weil sie durch Temperaturschwankungen schnell sauer wird. Rosa gebratenes Roastbeef ist wegen des austretenden Saftes nur dann zu empfehlen, wenn es in Zellophan verpackt wird. Neben kaltem Aufschnitt ist verschiedenartiges Gebäck, Käse, trockener Kuchen und Obst am geeignetsten. — Als Getränk ist ein leichter Landwein oder Fruchtlimonade das gegebene. Wenn auch warmes Getränk berücksichtigt werden soll, so sind kleine Thermosflaschen (die vom Gast selbst gestellt werden) geeignet.

Es müssen aber auch Gebrauchsutensilien, wie Pappbecher, Flaschenöffner, kleine Bakelitlöffel und -gabeln (für Salate u. dgl.) und Salzbeutelchen, mitgegeben werden.

Der Reiseproviant stellt praktisch die letzte Dienstleistung eines Hotels an den Gast dar; die Ausführung wird für die Wiederkehr des Gastes mitbestimmend sein.

B. Belegte Brötchen

Belegte Brötchen sind in Restaurationsbetrieben mit starkem Passantenverkehr viel gefragt.

Die mit Butter bestrichenen, belegten Brötchen, eine an sich höchst einfache Sache, nehmen eine Sonderstellung ein, so daß ihnen mehr Aufmerksamkeit geschenkt werden muß, als im ersten Augenblick nötig erscheint. Vor allen Dingen läßt sich mit den belegten

Brötchen ein dankbares Geschäft machen, denn zu deren Herstellung sind keine geschulten Kräfte erforderlich. Es können in kurzer Zeit verhältnismäßig viele Wünsche ausgeführt werden, die ja im Restaurationsbetrieb sehr vielseitig sind. Diese belegten Brotarten werden je nach Gegend und Sitte mit Brötchen, Brot, Schnittchen oder Bemmchen usw. bezeichnet.

Übersicht schnell herzurichtender Brötchenauflagen:

Tomatenscheiben, feinwürfelig geschnittene Zwiebel und gehackte Petersilie.

Rohe Gurkenscheiben, feinwürfelig geschnittene Zwiebel, frisch gemahlener Pfeffer und gehackte Petersilie.

Liptauer Käse mit Kümmel bestreut.

Streifchen von Matjessild und lang geschnittene Cornichonscheibchen.

Gänseschmalz mit Schweizer Käse.

Passierter, mit Sahne und Salz verarbeiteter Quark, Radieschenscheiben und Schnittlauch.

Gehacktes rohes Rindfleisch, feinwürfelig geschnittene Zwiebel und Gurkenfächer.

Sardellenbutter mit Kapern bestreut.

Kalbsbratenscheibe, 2 Gurkenscheibchen und etwas Fleischgelee.

1 Scheibe Schweinebraten, 1 Stückchen Schweineschwarte und rote Rübe.

1 Scheibe Roastbeef und mit dem Buntmesser geschnittene Pfeffergurke.

1 Scheibe Schinken — Cornichonfächer.

Gekochte Pökelbrust, geschabter Meerrettich und Gewürzgurkenscheibchen.

Gekochte Pökelzunge — Fleischgelee oder Gurke.

Leberpastete, Fleischgelee.

Scheiben von hartgekochten Eiern, Sardellenfilets und Kapern.

Räucherlachs und Kapern.

Italienischer Salat, 1 Eierscheibe, Sardellenring und Cornichonfächer.

Krabben, 2 Spargelspitzchen.

Scheiben von hartgekochten Eiern, Radieschen und Schnittlauch.

Bismarckhering, 1 Gurkenscheibe und Zwiebelringe.

2 Eierscheiben, 1 Sardine und Kapern.

Holländer Käse, Pumpernickel, Radieschen.

C. Restaurationsbrötchen

Sie werden mit verschiedenartigem Belag und pikanten Beigaben zum appetitlichen Imbiß gestaltet. Es sind kleine kulinarische Kompositionen, die, mit besonderem Namen gekennzeichnet, auf den Speisekarten der mittleren Restaurants erscheinen. Es gibt Gäste, die für derartige Zusammenstellungen eine Vorliebe haben. Ob Brötchen, Weißbrot, Grau- oder Schwarzbrot verwendet werden, bleibt den Gepflogenheiten des Hauses überlassen.

Einige Beispiele:

Appetit-Brötchen

Jedes halbe Brötchen erhält Schinken und Kalbsbraten. Sie werden dann auf eine Platte mit Papierserviette gesetzt und mit Sardellenringen mit Kapern, Gurkenfächern sowie Eier- und Radieschenscheiben garniert.

Brabanter Brötchen

Die Brötchen werden mit Sardellenbutter bestrichen und dann mit einer Sardine belegt. Daneben legt man Zitronenstückchen und einige hartgekochte Eierscheiben.

Ostfriesische Brötchen

Die Brötchen werden mit Möweneierscheibchen und dann mit einem Streifen Kaviar belegt.

Diplomaten-Brötchen

Eine mit Sardellenbutter bestrichene Weißbrotschnitte, die mit Sardinen, Lachs, Krevetten und Kaviar garniert ist.

Frühlings-Brötchen

Das Brötchen wird mit Butter bestrichen, mit Spargelköpfen, Eier-, Tomaten- und Champignonscheiben belegt und mit feingeschnittenem Schnittlauch bestreut.

Kater-Brötchen

Die Brötchen sind mit einer oder mehreren marinierten Fischsorten zu belegen; Zwiebelringe und Gurkenscheiben sind beizulegen.

Hamburger Brötchen

Der Belag besteht aus gehacktem, gut gewürztem rohem Rindfleisch. Durch die Mitte führt man ein Streifchen Kaviar, rechts und links mit je einem Sardellenfilet begrenzt.

Hubertus-Brötchen

Das Brot oder Brötchen wird mit Senfbutter bestrichen, mit beliebigem Wildbraten belegt und mit einigen Eierscheiben, Sardellenfilets, Streifchen von Senfgurke und Kapern garniert.

Restaurations-Brot

Dies ist eine beliebig ausgarnierte Scheibe Brotes mit Roastbeef, Kalbsbraten und Schinken, Wurst, einem halben harten Ei mit Sardellenring, Essiggürkchen, roten Rüben, Zwiebelringen und Gelee.

Tatar-Brötchen

Die Brötchen sind mit gehacktem rohem Rindfleisch, das mit Salz, Pfeffer, Paprika, Eigelb, Anchovis-Essenz und feingeschnittenen Zwiebeln abgeschmeckt wurde, zu bestreichen. Sie werden mit Sardellenringen und Kapern garniert und mit etwas Mixed Pickles serviert.

Warschauer Brötchen

Kleine Brötchen werden der Länge nach halbiert und dann mit russischem Salat gefüllt, dem man in Würfel geschnittene Heringsfilets beigibt.

Katerfrühstück

Auf ein Butterbrot legt man in Streifchen geschnittene Salzgurke, bestreicht sie mit Senf und belegt das Brot gitterartig mit langen Streifen Heringsfilets. — Beigabe: Zwiebelringe, rote Rüben und Kapern.

Faschingsgurke

Eine Salzgurke wird geschält, der Länge nach halbiert; die Kerne werden mit einem Löffel herausgenommen. Der entstandene Hohlraum ist mit italienischem Salat zu füllen; dann werden beide Hälften wieder zur ursprünglichen Form zusammengelegt. Obenauf setzt man einige Eierscheiben mit Sardellenringen und füllt sie mit Kapern.

Würzige Schnittchen

Häufig werden von den Gästen kleine, ansprechende, würzige Schnittchen verlangt, die als Vorspeise oder gelegentlich als kleiner appetitanregender Imbiß dienen. Hierfür eignet sich geröstetes oder ungeröstetes Weißbrot mit einem Belag oder Aufstrich aller Arten von Räucherfischen, gebeizten Fischfilets, Fischen in Öl, ferner von allen Krustentieren in Verbindung geschmacklich harmonischer Beigaben sowie Fleisch- und Fischmus, pikanten Buttermischungen usw.

D. Feine Schnittchen — Sandwiches

Für Sandwiches, die aus dünn geschnittenen Weißbrotscheiben herzurichten sind, wird frisches Kastenbrot verwendet. Mit einem langen Kullenmesser läßt sich frisches Brot ohne Schwierigkeiten in tadellose Scheiben jeder gewünschten Stärke schneiden. Die 3 mm dicken Brotscheiben sind mit weicher Butter zu bestreichen, der man etwas englischen Senf und, wenn nötig, noch Salz hinzufügt, zu belegen und mit einer zweiten Brotscheibe zu bedecken. — Als Belag dienen dünn geschnittene Scheiben Schlachtfleisch-, Wild- oder Geflügelbraten, Zunge, Schinken, Wurst, Käse, Eier, Sardellen, Räucherlachs sowie verschiedenartige Pürees aus allen Fleisch- und geräucherten Fischarten. Die Brotränder sind abzuschneiden, wie aus dem Bild 209 ersichtlich.

Sie werden bequem und mundgerecht hergerichtet und finden besonders zum Nachmittagstee und dort Anklang, wo man ohne Zeit zu verlieren zu essen wünscht.

Die Club-Sandwiches sind eine beliebte Platte; sie wird in der kalten Küche hergerichtet. Man braucht dazu drei in Butter frisch geröstete Weißbrotscheiben. Die erste Scheibe wird mit dünnen Hühnerfleischschnitten belegt und mit einer Schicht Kopfsalat; der Salat wird mit Mayonnaise angemacht. Dann wird magerer, grillierter, heißer Speck daraufgelegt. Darauf wird die zweite Brotscheibe gelegt, die ebenso wie die erste ausgestattet wird. Mit der dritten Brotscheibe wird abgeschlossen. Das ist die bekannteste Methode. Bei Toastsandwiches werden die Brotränder nicht abgeschnitten.

Es gibt Gäste, denen das zusammengeklappte Club-Sandwich nicht zusagt; es ist unbequem zu zerteilen; es wird unansehnlich. Das offene, auf zwei Toastscheiben hergerichtete Sandwich läßt sich sehr appetitlich darbieten. Man kann es mit Tomatenscheiben vervollständigen.

209. Club-Sandwiches und Sandwiches

Der geordnete Aufbau des Arbeitsplatzes — Mise-en-place — erleichtert und beschleunigt die Herstellung der Sandwiches. *a* belegte Toastscheiben; *b* fertiges Club-Sandwich — die belegten Toaste sind aufeinandergesetzt und mit der dritten Scheibe bedeckt —; *c* offenes Club-Sandwich mit Tomatenscheiben dekoriert; *d* reguläre Sandwiches; *e* Sandwiches dreieckig und rechteckig zerteilt

E. Dänische Brötchen

a) Allgemeines

Die dänischen Brötchen sind zwar auch bei uns bekannt, wie groß jedoch das Interesse an dieser Spezialität in Dänemark selbst ist, kann man sich kaum vorstellen.

In Dänemark erhält der Gast vom Kellner den „Smørrebrødsseddel" gewissermaßen als eine Spezial-Speisekarte, jedoch ist er ein Bestellzettel, auf dem der Gast seine Wünsche in die Rubriken einträgt.

Der Kellner rechnet danach auf dem unten angehefteten Bon die Stückzahl auf, gibt den Zettel in die Küche, wo die Bestellung sofort ausgeführt wird. Der Bon wird abgetrennt und zur Verrechnung in eine verschlossene Bonkassette gelegt. Der Zettel wird aber zusammengefaltet und zur Kontrolle des Gastes unter die Papiermanschette geschoben, auf der die Brötchen angerichtet werden.

Die Brötchen sind durch ihr appetitliches Aussehen und die Vielfalt der Arten jederzeit sehr begehrt. Bemerkenswert ist noch die Schnelligkeit der Bedienung, die den Wünschen der Gäste sehr entgegenkommt.

b) Muster eines dänischen Butterbrotzettels

(Smørrebrødsseddel)

		Preis p. Stück	Schwarzbrot	Graubrot	Weißbrot	Kr.	Öre
	Kaviar						
	Geräucherte Gänsebrust						
	Straßburger Gänseleber auf geröstetem Brot						
Fisch	Hummer (frisch) mit Mayonnaise						
	Krabbenschwänze, einfach belegt						
	Krabbenschwänze, doppelt belegt						
	Gebratener Dorschrogen						
	Gebrat. Schollenfilets und Remouladensauce						
	Geräucherter Lachs						
	Geräucherter Lachs mit Rührei				1		
	Räucheraal						
	Sardinen						
	Sardinen in Tomatensauce						
	Gabelbissen						
	Marinierter Hering						
	Geräucherter Hering						
	Geräuchertes Heringsfilet mit Rührei						
	Sardellen						
Kalbfleisch	Kalbsbraten mit Jus und Senfgurke						
Ochsen-	Tatarfleisch mit gehackten Zwiebeln						
fleisch	Frische Ochsenbrust mit Mixed Pickles						
	Frische Ochsenbrust mit Gurke						
	Roastbeef mit Meerrettich						
	Roastbeef mit Remouladensauce			2			
	Beefsteak mit Zwiebeln und Spiegelei						
	Pökelbrust						
	Zunge						
	Frikadellen mit Senfgurke						
Schweine-	Geräuchertes Schweinefilet						
fleisch	Roher Schinken						
	Gekochter Schinken						
	Gekochter Schinken mit Spiegelei						
	Schweinebraten						
Wurst	Leberwurst						
	Salamiwurst						
	Zungenwurst						

		Preis p. Stück	Schwarz-brot	Grau-brot	Weiß-brot	Kr.	Öre
Wild	Hirsch-Steak mit Gelee						
Salat	Italienischer Salat						
	Heringssalat mit Ei						
	Russischer Salat						
Verschiedenes	Leber-Pastete mit Jus						
	Leber-Pastete mit Senfgurke		1				
	Ei und Sardellen						
	Ei und entgräteter Hering						
	Gehacktes Ei und Hering						
	Tomatenscheiben						
	Tomatenscheiben mit Ei						
	Stück mit Butter						
	Stück mit Butter (geröstet)						
Käse	Dänischer Meierei-Fettkäse						
	Holländer						
	Schweizer						
	Roquefort		1				
	Holsteiner						
	Gorgonzola						
	Camembert						
	Gruyére						
				i/Sa: Kr.			

Kellner No. . . . 3 . . . Datum . . . 27. 2. Stück . . . . 5 . . . .

Rechnung No. . . . . Kr. . . . .

F. Restaurationsplatten

Restaurationsplatten lassen sich nicht so wirkungsvoll aufmachen wie große Services. Bei Einzelportionen werden eben nur kleinere Mengen verabfolgt; auch die Kosten sind zu beachten. Trotzdem muß das Beste geleistet werden. Man muß mit den gebotenen Mitteln auch die bescheidenste Platte gefällig und appetitlich gestalten. Aber nicht immer sind die Kosten entscheidend; es hängt viel davon ab, wie z. B. ein einfaches kaltes Kotelett auf die Platte gebracht wird, so daß es nicht nur wie ein kaltes Kotelett wirkt. Durch einfache Mittel kann es ein kleines einladendes Stilleben werden, das das Auge erfreut. Es folgen Beispiele.

Restaurationsplatten für je eine Person

210. Ein halbes Dutzend Austern
Text S. 191

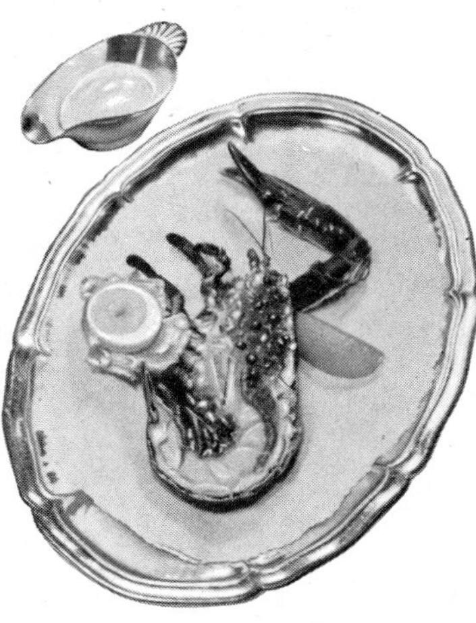

211. Ein halber Hummer, Sc. Mayonnaise
Text S. 253

212. 1 Portion Kaviar
Text S. 196

213. Wildschweinspastete mit Cumberland-Bananen

214. Kalter Rheinlachs
Garnitur: Eischeibe, grüne Bohnen. Tomatenspalte.
Beigabe: Champignon- und Gurkensalat.
Zubereitung S. 241

215. 1 Portion Sandwiches
Zubereitung S. 167

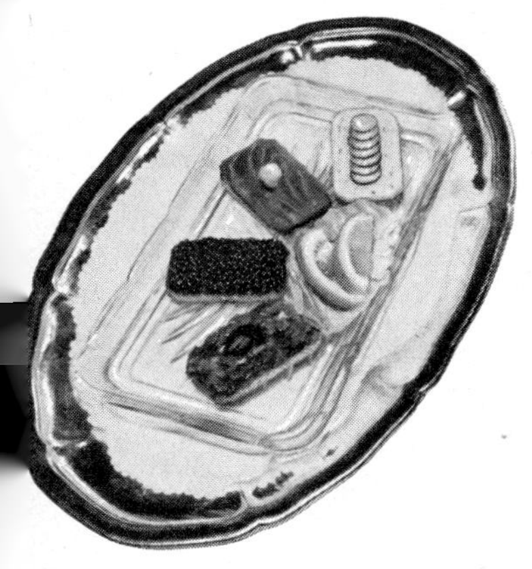

216. 1 Portion Canapés
..r, in Würfel geschnittener Schinken, Kaviar, ..herlachs, Holländer Käse. Zubereitung S. 206

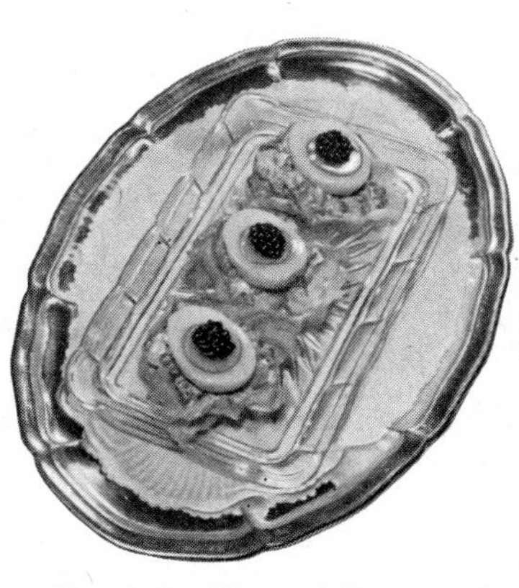

217. Russische Eier auf Gemüsesalat
Zubereitung S. 206

218. Weiche Eier mit Chicorée- und Tomatensalat, Sc. vinaigrette
Zubereitung S. 227

Restaurationsplatten für je eine Person

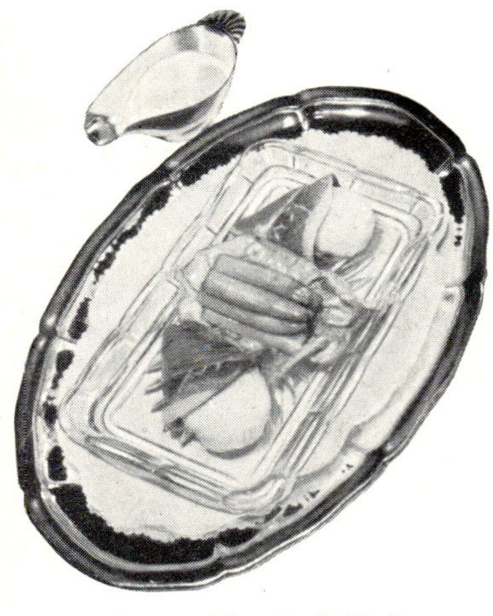

219. Verlorene Eier in Schinkentüten, Spargelspitzen, Sc. Mayonnaise

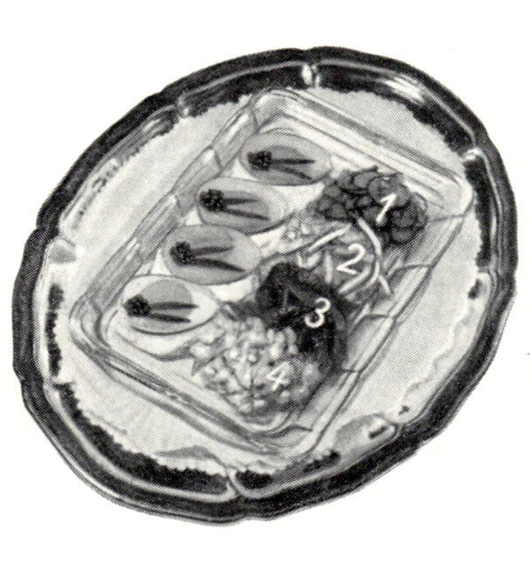

220. Möweneier auf Sahnemeerrettich
Beigabe: Radieschen-, Gurken-, Tomaten-, Blumenkohlsalat

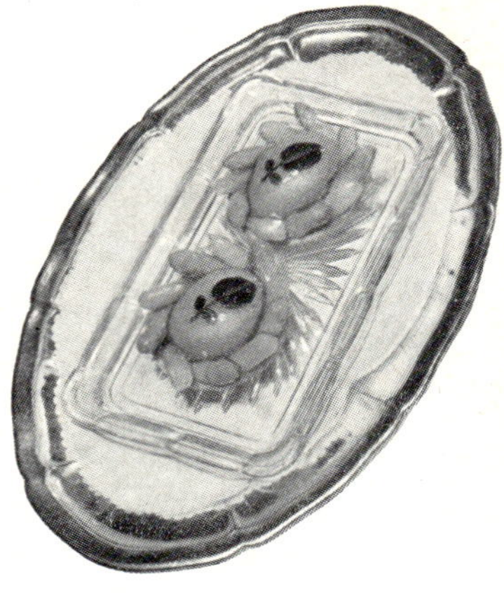

221. Verlorene Eier auf Frühlings-Art angerichtet auf Gemüsesalat mit Spargelköpfen. — Kräutersauce

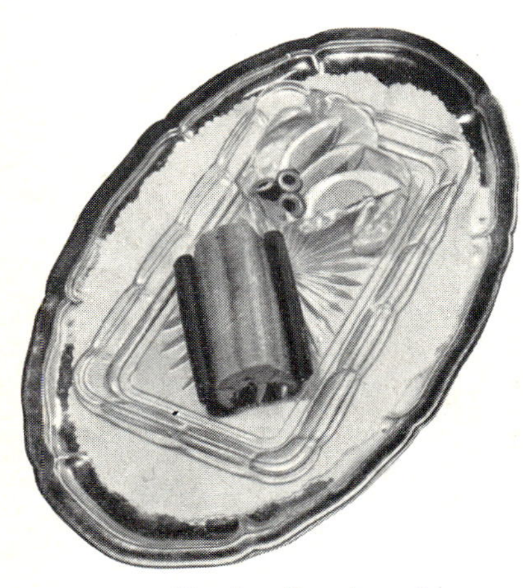

222. 1 Portion Räucheraal
Die Aalhaut ist der Länge nach aufgeschnitten und nach unten gerollt

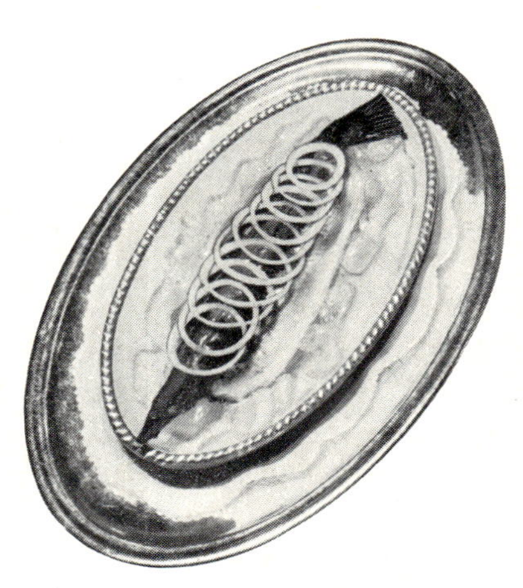

223. Matjeshering auf Eis mit Zwiebelringen
Text S. 391

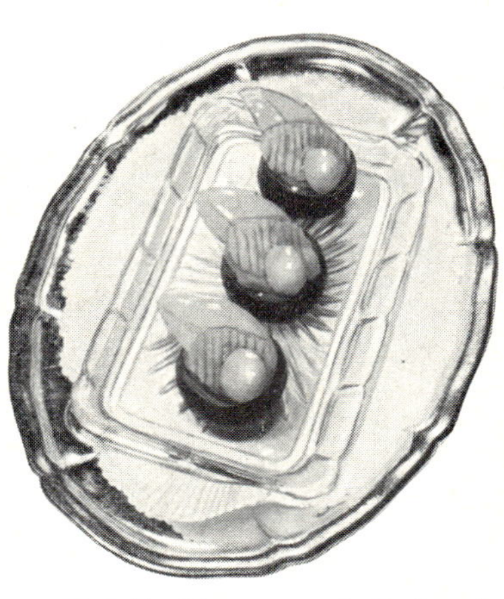

224. Gefüllte Tomaten mit Geflügelsa
Garnitur: Geflügelbrustscheibe, grüne Gurkenscheibe, Champignonkopf

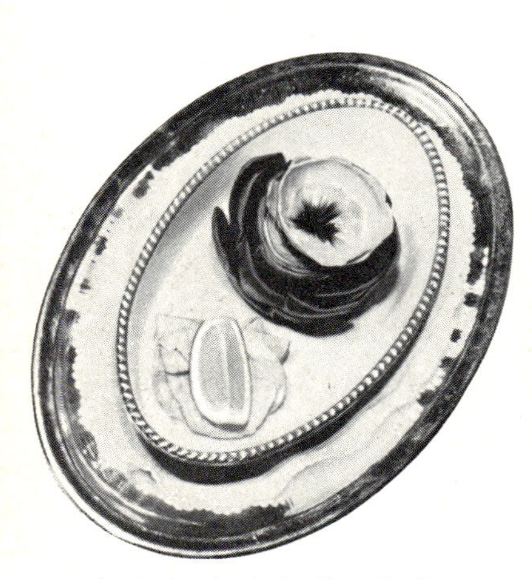

225. Artischocke kalt, Sc. vinaigrette
Die entnommenen Artischockenherzblätter sind in die Höhlung gesetzt

226. 1 Portion Melone mit Katenschinken

227. 1 Portion gefüllte Melone
Füllung: Melonenfleisch, Krebsschwänze, Dill.—Sauciere: Rahmmayonaise mit Melonen

Restaurationsplatten für je eine Person

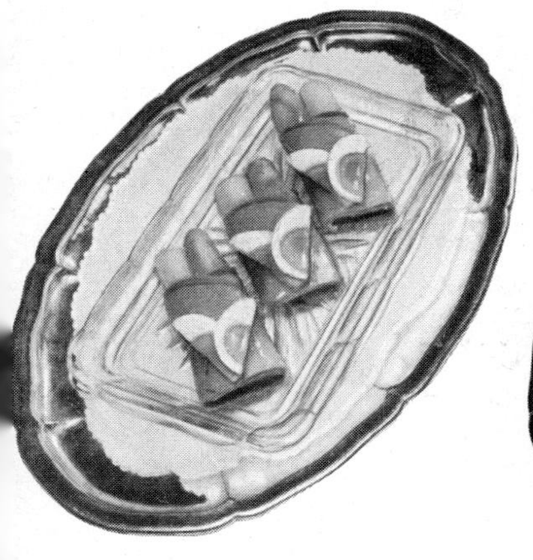

28. Schinkenröllchen mit Spargel und Ei

229. 1 Portion gemischter Aufschnitt

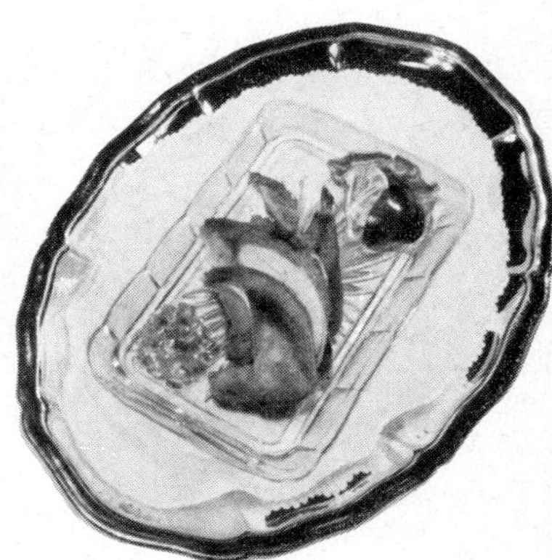

230. 1 Portion kalte Poularde

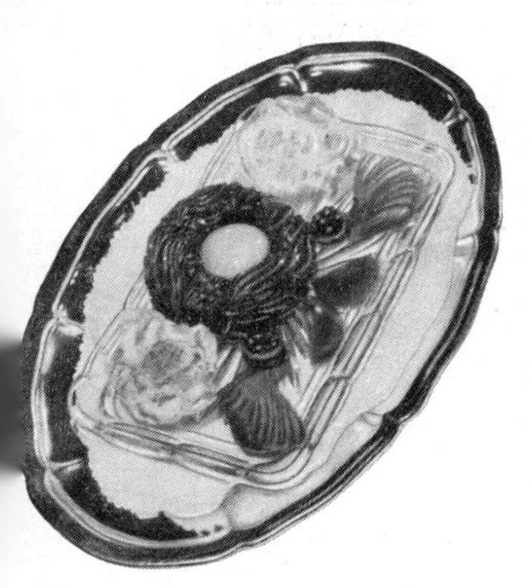

231. Tatar-Beefsteak
Garnitur: 1 Eigelb, geriebener Meerrettich, feingeschnittene Zwiebel, Cornichonfächer, Sardellen, Kapern, Tomatensechstel. Das Würzen ist dem Gast zu überlassen

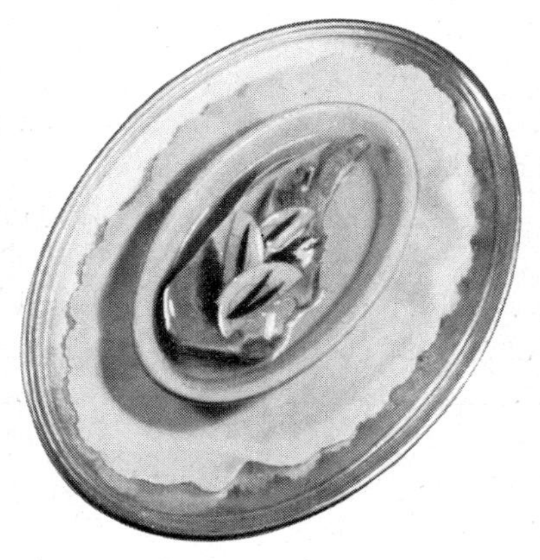

232. Sülzkotelett
Garnitur: Ei, Tomate, Estragon. Zubereitung S. 386

233. Kalter Schmorbraten
Zubereitung S. 301. Beigabe: Tomaten- und Gurkensalat

234. Geflügelsalat
arnitur: Salatranke, Spargel, Hühnerbrustscheibe, ampignons, Trüffelscheibe

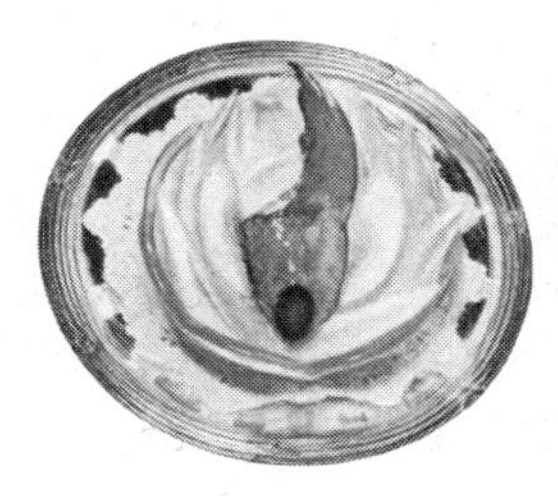

235. Hummersalat
Garnitur: Chicoréespitzen, Eisechstel, Hummerschere Trüffelscheibe

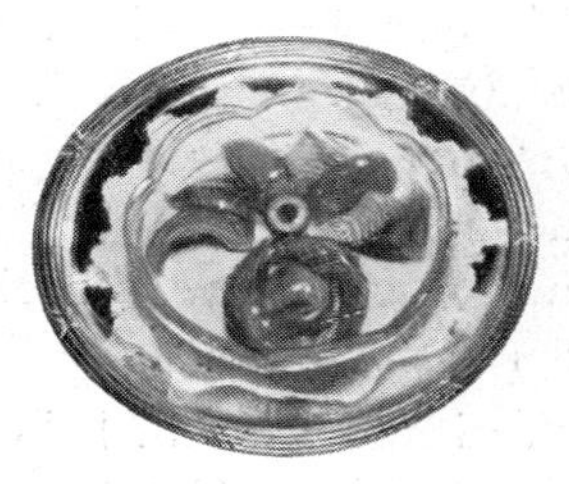

236. Heringssalat
Garnitur: Tomaten- und Heringsstückchen, Cornichonkranz, Räucherlachs, gefüllte Olive

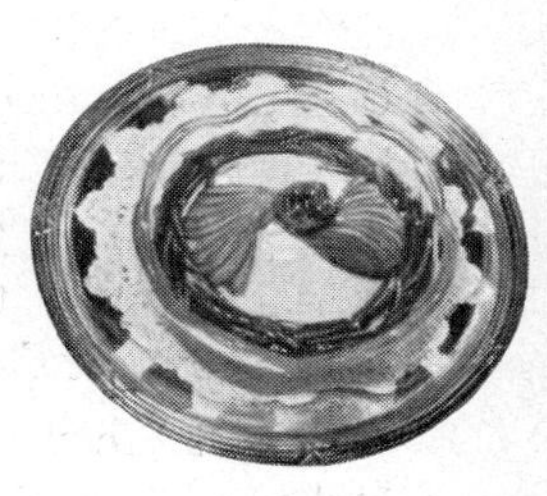

237. Italienischer Salat
Garnitur: Zungenstreifchen, Cornichonfächer, Sardellenring mit Kapern

7. Abschnitt

Arrangements von kalten Büfetts

1. Allgemeines

Zu den verschiedensten Anlässen, zu Kongressen, Tagungen, Einweihungen, Bällen, Hochzeiten, Geburtstagen usw., können kalte Büfetts aufgestellt werden mit dem Ziel, einer Vielzahl von Gästen gleichzeitig und schnell Speisen zu verabfolgen.

Hierzu müssen erfahrene Fachkräfte beauftragt werden, vor allem wenn die Büfett-Speisen gegen Bezahlung abgegeben werden. Ist das Büfett durch einen Gastgeber bestellt, werden sich die Gäste zwanglos selbst bedienen; der erfahrene Koch ist ihnen dann gern behilflich. Er wird sie bei der Auswahl beraten und für eine reibungslose, ordentliche Ausgabe oder Entnahme der Speisen sorgen.

Die Erstellung eines kalten Büfetts stellt hohe Anforderungen organisatorischer, zeitlicher und fachlicher Art an den gesamten Küchenbetrieb. Das kalte Büfett ist als Aushängeschild des Betriebes zu werten. Auf einer Tafel arrangiert, kann der Betrachter mit wenigen Blicken das Niveau des Gebotenen ermessen. Hieraus ergibt sich die Verpflichtung, daß außer dem schönen Aussehen vor allem dem Geschmack der Speisen große Aufmerksamkeit gebührt.

Bei der Annahme eines Auftrags für ein kaltes Büfett sind mit dem Auftraggeber alle wichtigen Fragen sofort zu klären, so über Teilnehmerzahl, Tag und Stunde des Festes sowie über den Preis. Anlaß und Sonderwünsche werden dem Büfett die besondere Note verleihen. Der begabte Koch kann hier mit Phantasie und Überlegung eine Prunkplatte als Mittelstück erstellen, die den Anlaß des Büfetts nach außenhin präsentiert. Beim Anblick eines schönen Büfetts wird es der Wunsch der Gäste sein, von all dem Gebotenen zu genießen. Hierbei ist es wesentlich, die Hauptstücke maßvoll zu portionieren sowie die dazugehörenden Umlagen möglichst klein zu halten, um einer Sättigung schon nach dem Genuß von nur einer Speise vorzubeugen. Durch maßvolle Zuteilung wird auch bei Darbietung erlesener Delikatessen die wirtschaftliche Seite vorteilhaft berücksichtigt und die Preisgestaltung günstig beeinflußt. Serviertechnisch ist zu beachten, daß die Beilagenmenge der des tranchierten Hauptteiles einer Platte entspricht und keine komplizierte Anrichteweise das Service erschwert.

Getränke werden nicht an einem kalten Büfett ausgegeben, sondern werden durch Kellner über eine kontrollierte Getränke-Ausgabe serviert. Ist es für große Anlässe erforderlich, Getränke-Büfetts zu errichten, so sind diese vom kalten Büfett getrennt aufzustellen.

Plan 1

2. Reichhaltiges kaltes Büfett für 50 bis 75 Personen

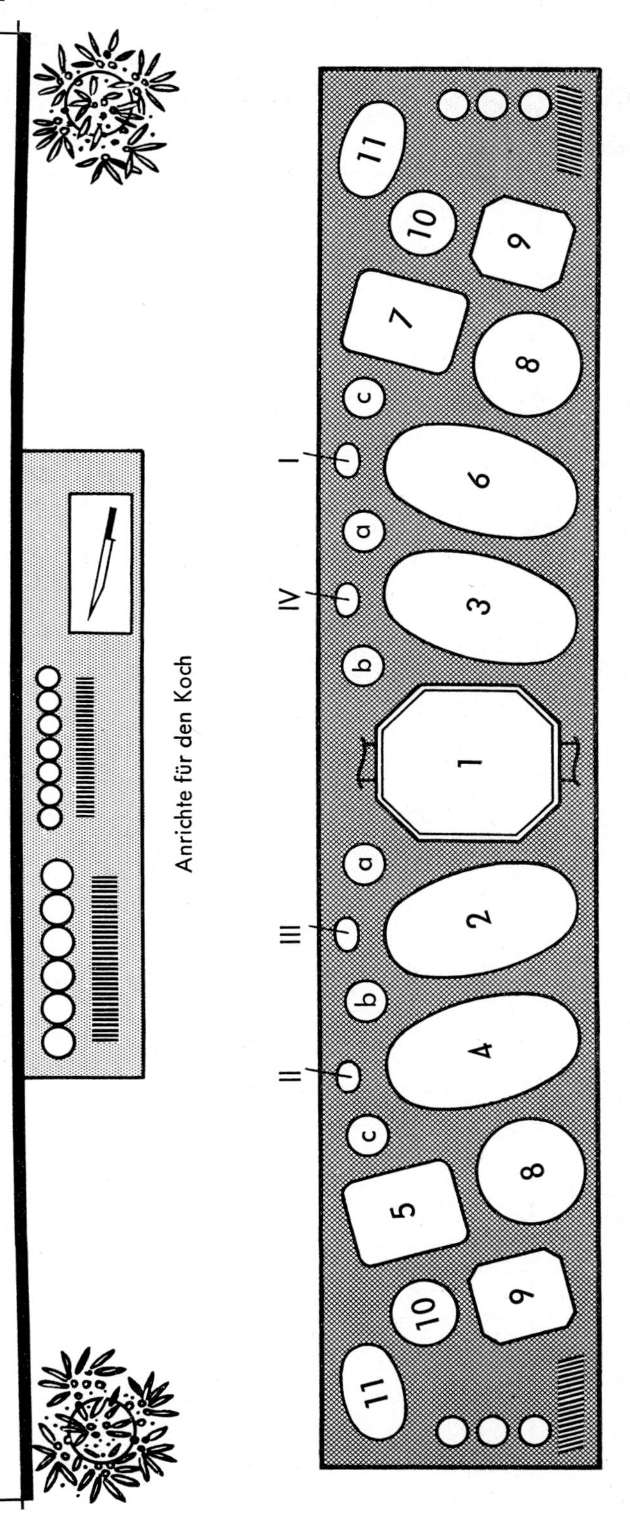

1. Hummer mit Kaviar-Eiern
2. Poularde mit gefüllten Artischockenböden
3. Rehrücken mit Äpfeln und Weintrauben
4. Roher und gekochter Schinken mit Spargel
5. Salm mit gefüllten Tomaten
6. Roastbeef und Pökelzunge mit Gemüsen
7. Fasanenpastete mit Orangensalat
8. Frisches Gänseleber-Parfait
9. Gemischte Käseplatte
10. Obstsalat
11. Kleingebäck im Zuckerkorb

a Waldorf-Salat
b Tomaten- und Gurkensalat
c Kartoffelsalat ohne Mayonnaise

I Remouladen-
II Grüne
III Mayonnaisen-
IV Cumberland-
} Sauce

Brot, Brötchen, Toast und Butter sind auf den Tischen eingesetzt.

3. Ein kaltes Büfett für 150 Personen

(Plan 2: Ausschlagtafel rechts)

Delikatessen, wie Kaviar, Hummer, Gänseleber und frischer Salm, sind nicht eingeschlossen.

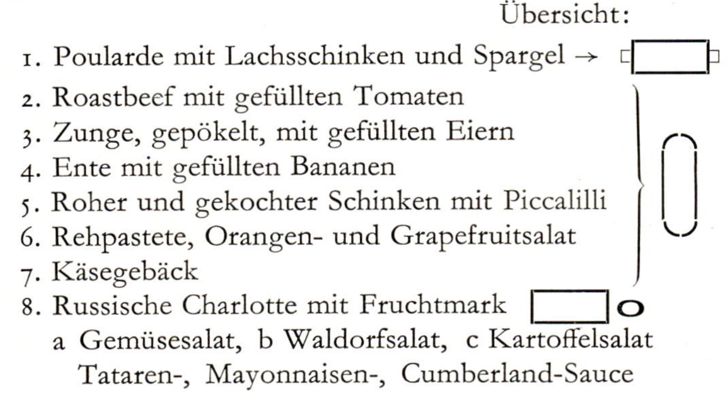

Übersicht:
1. Poularde mit Lachsschinken und Spargel →
2. Roastbeef mit gefüllten Tomaten
3. Zunge, gepökelt, mit gefüllten Eiern
4. Ente mit gefüllten Bananen
5. Roher und gekochter Schinken mit Piccalilli
6. Rehpastete, Orangen- und Grapefruitsalat
7. Käsegebäck
8. Russische Charlotte mit Fruchtmark
a Gemüsesalat, b Waldorfsalat, c Kartoffelsalat
Tataren-, Mayonnaisen-, Cumberland-Sauce

Brot und Butter stehen auf jedem Tisch; die Kellner sorgen dafür, daß nachgefüllt wird

*

Um das Büfett interessant und ansprechend zu gestalten, steht in der Mitte jeder Zone, für deren Bedienung jeweils ein Koch zur Verfügung steht, eine Prunkplatte. Sie ist in jeder Zone verschieden, wie aus der Zahlenanordnung auf den Platten ersichtlich ist. — Ohne Käse und Süßspeise verbleiben 18 Platten, auf denen mengenmäßig je 8—9 Fleischportionen angerichtet sein müssen. Dies ergibt 144—162 Fleischportionen. Man muß berücksichtigen, daß manche Fleischarten begehrter sind. Es ist vorteilhaft, neben dem geschnittenen Fleisch auch ganze Fleischstücke auf die Platte zu bringen. Dann kann der Koch auf dem kleinen Tisch, der hinter jeder Büfett-Zone steht und entsprechend ausgestattet ist (Tranchierbrett und Messer), schnell das verlangte Fleisch nachschneiden (rationelle Arbeitsweise). Im voraus zuviel geschnittenes Fleisch, das später in der Küche anderweitig verwendet wird, wird minderwertig und wirkt sich auf die Gesamt-Küchenkalkulation nachteilig aus.

Von Blumenschmuck, wie großen Vasen usw., auf dem Büfett selbst ist Abstand zu nehmen, weil er den Köchen beim Bedienen der Gäste hinderlich ist. Damit flott und sauber bedient werden kann, darf der Büfett-Tisch nicht breiter als 90 cm sein. — Die Tellerstöße, die vorn am Büfett an verschiedenen Stellen stehen, dürfen nicht zu hoch sein, da sie sonst das Gesamtbild empfindlich stören. — Reserveteller und Reservebestecks, ebenso Dessertteller (die erst viel später nötig werden) stehen auf dem kleinen Tisch hinter dem Büfett bereit.

Der breite Raum vor dem Büfett ist erforderlich, weil fast alle Gäste zugleich an das Büfett treten. Das Büfett muß an einem zentralen Platz aufgestellt werden, damit es die Gäste auf kürzestem Wege erreichen. Zwischen den Tischgruppen müssen bequeme Zugänge zum Büfett führen.

Nachdem jeder Gast das Büfett gesehen und seine Speisen selbst ausgesucht hat, wird das Nachservieren in den meisten Fällen von den Kellnern besorgt.

4. Kaltes Büfett für 500 Personen

(Plan 3: Ausschlagtafel links)

Speisenauswahl:

1. Roastbeef modern (mit Sweetpickles und Mayonnaise; die Roastbeefscheiben sind zu bestreichen, zu würzen und Staudensellerie einzurollen)
2. Schinkenröllchen mit Spargel
3. Zungentaschen mit Sahnemeerrettich (Garnitur: Champignons und Kresse)
4. Tranchiertes Geflügel mit Portweingelee
5. Kleine Forellen mit gefüllten Tomaten
6. Gänseleber-Pastete (Garnitur: Apfelstückchen mit Ananas)
7. Rehmedaillons „Carmen"
8. Räucheraal, Räucherlachs, Sardinen
9. Gefüllte Eier mit Estragon und Kaviar
10. Melone „Rivoli" (gefüllt mit Salat Rivoli)
11. Schiffchen mit Hummer-Schaumbrot (Garnitur: Hummermedaillons und Trüffeln)
12. Obstsalat mit feinem Gebäck

Saucen: Remoulade
Grüne Sauce
Oxford

Brötchen und Butterrollen sind auf allen Tischen eingesetzt.

*

Da hier für 500 Personen (50 Services je 10 Personen) angerichtet ist, müssen auf 2 Abstelltischen je 13 Obstsalatschüsseln und Gebäckplatten aufgestellt werden, wie auf Abstelltisch II und III ersichtlich ist. Auf Tisch I und IV stehen je 12 Obstsalatschüsseln und Gebäckplatten.

Extra-Essen und kalte Büfetts bedeuten eine weitere Belastung des Normalbetriebes. Das muß bei großen kalten Büfetts in besonderem Maße berücksichtigt werden. Im Gegensatz zu kleineren Büfetts wird hier alles portioniert angerichtet. Große Fleischstücke werden nicht aufgelegt. Die Speisenauswahl ist so getroffen, daß auf Salatbeigaben verzichtet werden kann. Die Auswahl ist reichhaltig, und als Süßspeise ist der Obstsalat fast jedem Gast willkommen. Die Speisen können schnell eingenommen werden, und die Fachkräfte werden für den Küchenbetrieb in kurzer Zeit wieder frei. — Da sich die Gäste meist selbst bedienen, genügt für jede Zone ein Koch.

5. Das stationäre Restaurationsbüfett

(Plan 4: Seite 179)

Das ständige Restaurationsbüfett sollte in einer Kühlvitrine untergebracht sein. Denn der Staub — er kommt auch aus den Vorhängen, Sesseln, aus Kleidern usw. —, der Tabakrauch, intensiv riechende Parfums wirken unhygienisch auf die ausgestellten Speisen, wenn sie nicht fest umschlossen sind; sie sind auch unter Umständen stundenlang hohen Wärmegraden ausgesetzt. Besonders empfindlich dafür sind Fleisch- und Fischstücke und Pasteten, die oft tagelang immer wieder an das Büfett geschickt werden müssen, bevor sie restlos verkauft sind.

In der Kühlvitrine werden ausgestellt: Räucherlachs, Räucheraal, ganze Hummer, Pasteten, Galantinen, Schinken, Hochrippe, Kalbsbraten, Pökelzunge u. a. m. Ferner rohes, zum Braten vorbereitetes Geflügel, das in den elektrischen „Lowa"-(Glasgrillröhren-) Bratapparaten (eine Erfindung von Alfred Walterspiel) vor den Augen der Gäste zubereitet wird. Auch Spezialsalate, der Jahreszeit entsprechend, sind bereitzuhalten; ebenso verschiedene Käse und einige Obstkörbe. Käse und Obst werden in den Abteilungen rechts und links in der Vitrine untergebracht und durch eine Glaswand geruchsicher von dem anderen Material getrennt.

Die Rückfront der Vitrine hat Glasschiebetüren. Die schmale Anrichte für den Koch ist unmittelbar an der Rückfront der Vitrine, denn der Gast beobachtet gern die Arbeit des Kochs, besonders wenn er Hummer, Geflügel oder Schlachtfleisch tranchiert. Der Koch muß über die schmale Anrichte durch die Glasschiebetür ins Innere der Vitrine hineinlangen können.

Auf dem Plan wurden vor der Vitrine 4 Vorspeisenwagen so aufgestellt, daß zwischen ihnen genügend Raum bleibt, so daß die Gäste die Speisen in der Vitrine betrachten können. Auch die Vorspeisenwagen sollten mit Kühlplatten ausgestattet sein. Sie werden durch Steckkontakte an das Stromnetz angeschlossen. Wird der Vorspeisenwagen von Gästen beansprucht, so kann die Kühlung unterbrochen werden, indem man den Stecker herauszieht. Beanspruchen die Gäste den Wagen nicht mehr, so wird er wieder zur Vitrine zurückgefahren und dort wieder gekühlt.

Auf jedem Wagen stehen 4 silberne Vorspeisenplatten, in die je 4 Porzellanschalen passen. Die Vorspeisen können sich beispielsweise wie folgt zusammensetzen:

1. Platte: Geflügel-, Straßburger, Waldorf- und Heringssalat;
2. Platte: Halbe Kaviareier, Rehmedaillons, Schinkentütchen und gefüllte Tomaten;
3. Platte: Frische Salmstückchen mit Gurken- und Tomatensalat, Crabmeat mit Orangen und Estragon, Muscheln vinaigrette, Krebsschwänze mit Spargel und Champignons;
4. Platte: Sardinen, Appetitsild, Gabelbissen, Heringsfilets in Dillsahne.

Mayonnaisen- und Cumberland-Sauce und Sahnemeerrettich stehen in Saucieren an der Stirnseite des Wagens. — Die Auswahl ist auf jedem Vorspeisenwagen gleich.

In unserer schnellebigen Zeit möchte kein Gast lange warten. Durch die 4 bereitgehaltenen Vorspeisenwagen können Gäste an mehreren Tischen zugleich mit Vorspeisen bedient werden. Wenn sie Platz genommen haben, wird sogleich ihre Bestellung an

Plan 4

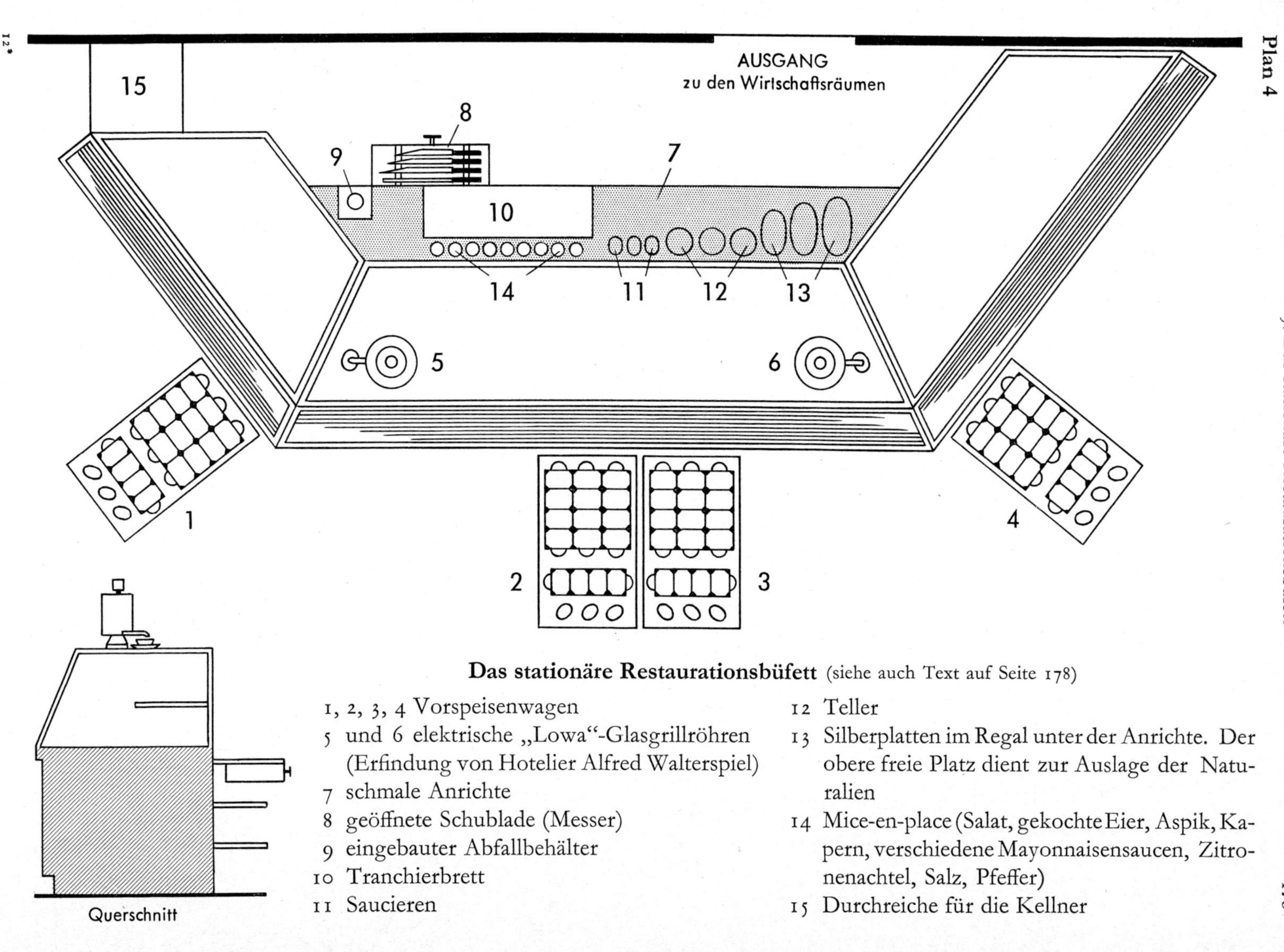

Das stationäre Restaurationsbüfett (siehe auch Text auf Seite 178)

1, 2, 3, 4 Vorspeisenwagen
5 und 6 elektrische „Lowa“-Glasgrillröhren (Erfindung von Hotelier Alfred Walterspiel)
7 schmale Anrichte
8 geöffnete Schublade (Messer)
9 eingebauter Abfallbehälter
10 Tranchierbrett
11 Saucieren
12 Teller
13 Silberplatten im Regal unter der Anrichte. Der obere freie Platz dient zur Auslage der Naturalien
14 Mice-en-place (Salat, gekochte Eier, Aspik, Kapern, verschiedene Mayonnaisensaucen, Zitronenachtel, Salz, Pfeffer)
15 Durchreiche für die Kellner

warmen Speisen entgegengenommen und in der Küche zubereitet. In der Zwischenzeit wird den Gästen von dem an ihren Tisch gefahrenen Hors-d'oeuvre-Wagen serviert. Damit wird die Wartezeit auf die warmen Gerichte, falls sie frisch zubereitet werden müssen, überbrückt und Verstimmungen über zu langes Warten vermieden.

Alle am Büfett vom Koch angerichteten Speisen kommen über die Durchreiche zum Kellner und zum Gast. — Der in den Tisch eingebaute und mit einem Deckel versehene Abfallbehälter trägt wesentlich dazu bei, daß hinter dem Büfett sauber gearbeitet werden kann.

6. Das freistehende Restaurationsbüfett

a) Allgemeines

In manchen Betrieben ist das Restaurationsbüfett noch nicht in gekühlten Glasvitrinen untergebracht; es steht frei auf gedeckter Tafel. Die Platten werden nur während des Mittags- und Abendservices aufgestellt und dann sogleich wieder in einem Kühlraum aufbewahrt.

Auf dem Restaurationsbüfett wird ganz einfach angerichtet. Es werden meistens zwei augenfällige Platten präsentiert, doch werden aus praktischen und wirtschaftlichen Gründen die Speisen, soweit angängig, in fertige Portionen geteilt. Das läßt sich im allgemeinen auch gut ausführen. Bei starkem Geschäftsverkehr, bei dem man überblicken kann, wieviel ungefähr verkauft werden könnte, ist es für die Küche vorteilhaft, wenn sie das Geflügel selbst tranchiert. Eine gebratene Gans z. B. wird halbiert, in Portionen geteilt und angerichtet. Das kleine Geflügel dagegen wird erst im Restaurant tranchiert, wenn es bestellt worden ist. Das Geflügel vorher zu tranchieren, kann sich nur ein Betrieb mit starkem Umsatz leisten, denn sonst würde sich das Material nicht bezahlt machen.

Bei Fischen ist das anders. Der ganze Lachs, oder mindestens ein größeres Stück davon, entwickelt beim Kochen einen besseren Geschmack als kleine Portionsstücke. Das trifft besonders für kalten Lachs zu. Darum kocht man größere Stücke, wenn es sich rechtfertigen läßt. Schließlich läßt sich ja der Lachs in Einzelportionen auch als Lachs in Gelee gut verwenden.

Von Pasteten, Galantinen, Wildschweinsköpfen usw. werden meistens für das Restaurationsbüfett nur einige Scheiben geschnitten und mit dem großen Stück zusammen angerichtet.

Vom Haarwild kommen meist nur der Rücken und die Keulen für das Restaurationsbüfett in Frage. In vornehmeren Betrieben werden Rückenfilets von der Karkasse heruntergenommen, in Scheiben geschnitten und wieder eingeordnet. Für mittlere Betriebe wäre das zu kostspielig; man serviert darum ein Portionsstück am Knochen.

Hummer und Kaviar werden nach Gewicht verkauft.

Gekochter Fisch, gebratenes Fleisch, Chaudfroids usw. werden mit Gelee überzogen, weil sie sonst den Tabakrauch sehr bald anziehen, der den Geschmack benachteiligt und das Aussehen beeinträchtigt. Das Gelee bildet eine Isolierschicht; diese ist nicht so empfindlich wie das Fleisch.

Das freistehende Restaurationsbüfett ist unzulänglich, besser dagegen ist das Büfett in der gekühlten Glasvitrine.

b) Gefällig angerichtete Salate für das Restaurationsbüfett

Pikanten Salaten wird gern zugesprochen. Damit Auge und Appetit angeregt werden, bietet man die Salate recht ansprechend dar und garniert sie gefällig. Man darf es nicht übertreiben, denn der Gast, der am Büfett auswählen will, muß sehen, woraus der Salat besteht.

Alle Salate sind möglichst nur mit dem Material zu garnieren, das in ihnen enthalten ist (vgl. S. 342—363).

Diplomatensalat (S. 350)

Garnitur: In Weißwein pochierte Apfelringe, Bananen-, Trüffel-, Ananas- und Champignonscheibchen, ferner feingeschnittene Mandeln, Orangenfilets und Kopfsalat.

Polnischer Salat (S. 353)

Garnitur: Rote Rübe, Heringsdreiecke, ein Kranz von Pfeffergurke und ein Netz von feinen Heringsstreifchen.

Elsässer Salat (S. 358)

Er kann auch mit Mayonnaise, der man reichlich französischen Senf beigibt, angemacht werden. — Garnitur: Dreiecke von Käse, ganze oder halbe Knoblauchwurstscheibchen, längsgeschnittene Eiersechstel und sehr dünn geschnittene Zwiebelringe.

Fischmayonnaise (S. 355)

Garnitur: Ovale Eierscheiben, Cornichonkränze (Bild 203). Sardellenfilets und Kapern.

Heringssalat (S. 355)

Garnitur: Gurkenkränze (Bild 203) und Tomatenachtel.

Helgoländer Salat (S. 357)

Garnitur: Längsgeschnittene Eiersechstel, Krabbenschwänze, Muscheln, Tomatenscheiben; obenauf ist durch ein grobes Sieb gedrücktes Hummermark zu streuen.

Geflügelsalat (S. 358)

Garnitur: Champignonscheibchen, hartgekochtes Ei und Spargelköpfe.

Gemüsesalat (S. 354)

Garnitur: Tomatenscheiben, grüne Bohnen, Radieschenscheiben und Spargelköpfe.

7. Ein amerikanisches Cocktail-Büfett

Die amerikanische Gastlichkeit hat ebenfalls ihre Eigenheiten. Es liegt im Wesen der sog. Parties, daß alles, was geboten wird, nach Möglichkeit als Mundbissen, z. T. auf kleine Holzspeile gespießt, zur Verfügung steht.

Gewöhnlich finden Partys dieser Art in mit reichlichem Blumenschmuck ausgestatteten Sälen statt. Häufig ist auch die Ausschmückung der Räumlichkeiten dem Anlaß der Feier angepaßt. Zum Ablauf einer solchen Party ist zu sagen, daß alles, was auf der Tafel vereint ist, ein farbenfreudiges, lebhaftes Bild ergeben soll. Dies bezieht sich auch auf die Auswahl der Gerichte. Statt des bei uns üblichen Services ist hier der Gebrauch von Bestecken eingeschränkt. Am Büfett herrscht Selbstbedienung.

Oftmals werden je nach Art der Veranstaltung zwei, drei oder auch vier Büfetts im Saale aufgestellt. Zum Platznehmen für die Gäste sind nur wenige kleine Tische und Stühle bereitgehalten, denn Parties dieser Art spielen sich bei lebhafter Unterhaltung im Stehen ab. Die Gäste bedienen sich eigenhändig und nehmen von den mundgerecht hergerichteten Dingen je nach Wahl so oft und so viel sie mögen. Da die Getränke, eiskalt verabfolgt, in der Hand behalten werden, wird das Glas jeweils in eine Papierserviette gehüllt. Die Kellner verabreichen nur Getränke von der im Saal oder in Nebenräumen befindlichen Bar.

Bei Veranstaltungen dieser Art werden auch kleine, warme Leckerbissen verschiedener Zubereitung verabfolgt. Zu diesem Zweck stehen Köche hinter dem Büfett in Bereitschaft, die dort auf kleinen Grillapparaten vor den Augen der Gäste kleine Steaks, kleine Würstchen und kleine Hacksteaks rösten. Solche Parties, bei der die Gäste zu verschiedenen Zeiten kommen und gehen, dauern gewöhnlich 2—3 Stunden. Ein derartiges Cocktail-Büfett wurde von MANFRED MEINHOLD, seinerzeit Küchenmeister im Kasino des amerikanischen Hauptquartiers in Heidelberg, gelegentlich der IKA in Frankfurt/M. aufgestellt und fand allgemeines Interesse. Es setzte sich wie folgt zusammen:

Turkey
Truthahn aufgeschnitten und wieder aufgesetzt

Roast Tenderloin
Ochsenfilet

Roast Pork
Schweinebraten

Baked Virginia Ham
Schinken geschnitten — gefüllt und zusammengesetzt

Lobster Toast gratin
Hummer-Toast warm

Pastry Shells with Lobster
Pastetchen mit Hummer

Pastry Shells with Chicken à la King
Pastetchen mit Hühner-Ragout

Pastry Shells with Crab Meat
Pastetchen mit Seekrebs-Ragout

Biscuits with Ham and Butter
Biskuits mit Schinken und Butter (warm)

Small Filetsteak on the Bun
Brötchen mit Steaks (warm)

Rissoles with assorted Filling
Verschiedene Rissoles (warm)

Small Tea Sandwich
Ganz kleine Sandwiches

Canapés
Appetitbissen

Stuffed Celery with Cheese Cream
Gefüllter Sellerie mit Käsekrem

Shrimp Plate with Cocktail-Sauce
Adria-Krebsart mit Cocktail-Sauce

Salted Nuts
Gesalzene Nüsse

Cheese Sticks
Käsestangen

Raw Vegetable Plate with Cheese
Rohe Gemüseplatte mit weißem Käsekrem,
Zwiebel, Meerrettich, Knoblauch, Schnittlauch

Potatoes Chips
Chips-Kartoffeln

Pickles—Olives
Gurken — Oliven, gefüllt

Mustard-Catsup
Senf-Catchup

Mandoline Potatoes
Gitter-Kartoffeln

Rolls—Butter
Brötchen und Butter

Petits-fours
Kleines französisches Gebäck

8. Ein kaltes Büfett nach englischem Stil für Weihnachten und Silvester

Nach englischem Brauch ist ein kaltes Büfett für Weihnachten und Silvester stilecht, wenn bestimmte, traditionell betonte Gerichte, die dem englischen Geschmack entsprechen, darin enthalten sind.

Wie die Amerikaner lieben es auch die Engländer, bei einem kalten Büfett auch einen kleinen warmen Imbiß einzunehmen.

Fleisch und Geflügel werden in ganzen Stücken angerichtet; nur zwei oder drei Portionen werden vorgeschnitten. Außerdem lassen sich die Gäste von den Köchen am Büfett von dem tranchieren, was ihnen zusagt. Es ist Aufgabe der am Büfett arbeitenden Köche, auf Verlangen auch Suppen in Tassen, warme Schweinswürstchen und warmgehaltene Süßspeisen zu verabfolgen.

Büfett-Aufstellung für 100 Personen

2 Services Krabbensalat
2 Services Räucherlachs und Räucheraal
3 Services Sandwiches und Canapés
2 Services gefüllte Eier und Brunnenkresse
1 Service gefüllte Tomaten

—

1 Service gefüllter Wildschweinskopf — Cumberland-Sauce
1 Service *gekochter Schinken mit Weißbrotkrume — Meerrettichsahne
2 Services gebratene Hochrippe — Remouladensauce
1 Service gebratene Schweinskeule mit Schwarte — Apfelsauce
1 Service junge Enten
2 Services gefüllter Truthahn
1 Service junge Hühner
1 Service Pökelzunge

* Erläuterung S. 184

Je 1 Service Tomaten-, Kartoffel-, Endivien-, Gemüse-,
Lauch- und Spargelsalat

—

Stachelbeer-Flan, Haselnußkrem,
Fruchtsalat mit geschlagener Sahne
Eiskrem (Halbgefrorenes).

—

Englischer Stilton-Käse
Chester-Käse
Gruyère-Käse
Camembert-Käse

*Käsekrackers
Kleines Käsegebäck
Radieschen und englischer Sellerie

—

Butter — Toast — Weißbrötchen — Salzmandeln und Salzerdnüsse

—

Diverse Würzsaucen: Tabasco-, Worcestershire-, Catchup-, Chili-Würzsauce.
Pickles: Gurken — Walnüsse — Senffrüchte — Perlzwiebeln

—

50 Tassen Hühnerbrühe
50 Tassen Tomatenkremsuppe
Schweinswürstchen (warm)
*Apfel-Pie — *Zitronen-Meringen-Pie — Mince-Pies

Erläuterungen zu den mit * bezeichneten Gerichten:

Gekochter Schinken mit Weißbrotkrume:

Der gekochte, von der Schwarte befreite warme Schinken wird auf der gesamten Fettschicht dick mit Weißbrotkrume gepolstert, die durch ein Drahtsieb gerieben ist. Das austretende Fett wird beim Überbräunen im Ofen von der Brotkrume aufgenommen und vermittelt dieser einen ausgezeichneten Geschmack.

Krackers:

Sie sind im Handel erhältliche, talergroße Spezial-Salzbiskuits, die in Verbindung mit pikantem Fisch-, Krustentier-, Geflügel- oder Wildpüree sowie würzigem Käsekrem beliebte kleine Näschereien darstellen.

Apfel-Pie,
Zitronen-Meringen-Pie:

(vgl. Banzer-Friebel: „Die Hotel- und Restaurationsküche“, amerikanische Gerichte).

9. Der schwedische Vorspeisentisch „Smörgåsbordet“

Wenn in Deutschland, der Schweiz und weiter im Süden schwedische Vorspeisen serviert werden, so geschieht dies im üblichen Service, daß der Gast, wenn er Platz genommen hat, das Gewünschte serviert bekommt. — Anders in Schweden. Nach der Landessitte stehen die Vorspeisen im Speisesaal auf einer besonderen Tafel zur Auswahl.

Der Gast begibt sich zunächst an die Tafel und wählt dort selbst aus. In mittleren Betrieben bedienen die Gäste sich selbst. Im Restaurant vornehmeren Stils tun sie das auch, zuweilen teilen sie aber auch dem Oberkellner oder Trancheur nach Besichtigung des Smörgasbordet ihre Wünsche mit und lassen sich von dem servieren, worauf sie besonderen Appetit haben.

Das Arrangement eines solchen kalten Büfetts setzt sich in seinen Einzelheiten aus den unter „Schwedische Vorspeisen" (S. 223) angeführten Dingen zusammen. Ergänzt wird es aber noch ganz erheblich durch verschiedene andere kalte Speisen. Zunächst wird man wohl immer eine gebratene Schweinskeule finden, ebenso rohen und gekochten Schinken und gebratene Beefsteaks aus gehacktem Fleisch. Auch gebratenes Roastbeef ist stets vorhanden, ferner Strömlinge, Ren und rote Rüben, weiterhin ein kalter Lachs oder aber zum mindesten Lachs-Mayonnaise in Muschelschalen angerichtet. Gebratene Koteletts und kleine Steaks mit Gurken-, Spargel-, Tomaten- oder Blumenkohlsalat sind ebenfalls beliebt. Weiterhin wird Wert darauf gelegt, daß einige Käsearten, die stets in großen Stücken aufgetischt sind, von den Gästen ausgewählt werden können. Salate schwedischen Ursprungs gibt es nur wenig, denn was dort an Salatzusammenstellungen serviert wird, ist mehr oder weniger der französischen Küche entnommen.

Aus alledem geht hervor, daß der Smörgasbordet den Rahmen der sog. schwedischen Vorspeisen übersteigt und in dieser Form nach unseren Begriffen ein regelrechtes Restaurationsbüfett darstellt, wie wir es allerdings von den nordischen Ländern erst übernommen haben. Die Art des Anrichtens ist einfacher als sonst bei kalten Büfetts, und das ist praktischerweise für den flotten Restaurationsbetrieb eine Notwendigkeit.

10. Allgemeines über russische Vorspeisen — Sakuski

Wie man in Schweden die kalten Vorspeisen auf dem Smörgasbordet arrangiert, kennt man in Rußland eine ähnliche Sitte, denn auch dort haben die Vorspeisen, die mit „Sakuski" bezeichnet werden, eine große Bedeutung. Die diversen Vorspeisen werden nach russischer Landessitte auf einer möglichst von allen Seiten zugänglichen Tafel aufgestellt. Die Eigentümlichkeit des „Sakuskatisches" beruht darin, daß darauf gleichzeitig verschiedene Branntweine mit bereitstehenden Gläsern präsentiert werden. Ehe man zu Tisch geht, um die eigentliche Mahlzeit einzunehmen, bedient man sich vorerst nach eigener Wahl an dem aufgestellten Sakuskatisch mit den Sakuski, die stehend verspeist werden.

Die französischen Köche haben, wie überall, auch in Rußland den Einfluß der französischen Küche geltend gemacht, denn vieles findet sich unter den Sakuski wieder, was von dorther stammt. Was aber den Sakuski die eigentliche Note gibt, sind selbstverständlich die speziellen russischen Landesprodukte, unter denen vor allen Dingen der Kaviar in seinen vielen, bei uns unbekannten Arten vorherrscht.

Wie man auf dem schwedischen Smörgasbordet Ren und gebratene Schweinskeule nicht vermissen zu dürfen glaubt, geht es nach russischen Begriffen nicht gut an, einen Sakuskatisch ohne Spanferkel zu präsentieren. Gewöhnlich wird es ausgebeint, wie eine Galantine gefüllt, ebenso pochiert und wie eine solche naturell serviert. Auch gekocht und ungefüllt wird es dort unter den Sakuskifreunden gern mit saurer Sahne und Meerrettich genossen. Besondere Delikatessen, die auf dem Sakuskatisch heimisch sind, sind eine Anzahl hochwertiger Fische, wie Lachse, Hausen, Störe, Sigi usw., die gesalzen und geräuchert zur Auswahl bereitstehen. Eine weitere Ausbeute für den Sakuskatisch sind auch verschiedene Fischarten in Gelee. Ebenso charakteristisch ist es, marinierte Pilzarten auf diesen Büfetts anzutreffen. Zu den dort üblichen Salaten für Vorspeisen findet vielfach russisches Wildgeflügel, vor allem das russische Steppenhuhn, Verwendung. — Ein besonderer Hinweis mag dann noch gegeben sein, daß in der kalten Küche Dill, Gurken und saure Sahne stärker verwendet werden als in anderen Ländern.

In diesen Dingen liegen die wesentlichen Merkmale, die den Sakuski, soweit es sich um kalte Vorspeisen handelt, eigen sind.

11. Das Service auf Tellern

Während längerer Pausen bei Konferenzen, Theatervorführungen oder sonstigen Veranstaltungen, aber auch auf Bällen ist das Ausgeben fertig angerichteter Einzelportionen auf Tellern zweckmäßig. Dabei ist den Teilnehmern die Mahlzeit so bequem und mundgerecht wie möglich herzurichten. – Im Gegensatz zu einem Festessen, bei dem die Gäste

238. Gefüllte Seezungenröllchen

Die Seezungenfilets werden um gebutterte Förmchen gelegt und senkrecht nebeneinander gedünstet. Auf Tomatenscheiben gestellt, ist der Hohlraum mit einem Salat von Champignons, Erbsen, Maiskölbchen und Piccalilli zu füllen. Garnitur: Krebsschwänze. Beigabe: Blanchierte grüne Gurkenscheiben mit Räucherlachs-Schaumbrot, Räucherlachsringen und Radieschenscheiben

239. Garnierte Forelle

Die gegarte Forelle wird lauwarm abgezogen, in den Fond zurückgelegt und erkaltet mit einem Tomatenfächer, Sahnemeerrettichtupfen und etwas Kaviar garniert. Beigabe: Mit gesulzter Tomaten-Mayonnaise überzogene Sellerieböden, auf denen grüne Bohnen und Karottenscheibchen angeordnet sind

längere Zeit in angeregter Stimmung an der Tafel zusammenbleiben, ist es bei Veranstaltungen doch wesentlich anders. Hier bleibt den Teilnehmern nur die Pause zu einem Verzehr übrig, oder bei Bällen, wo das Ereignis absolut in den Vordergrund tritt, liegt ihnen nichts daran, längere Zeit an einer Tafel zu verweilen.

240. Verlorene Eier mit Krebsscheren und Estragon

Die Eier sind mit grüner Kräutersauce überzogen und liegen auf gruppiert angeordnetem Salat von Tomaten, Spargel und Radieschen

241. Gefüllte Eier und Tomaten

Längshalbierte, gekochte Eier mit Kaviar-Meerrettichsahne gefüllt, erhalten einen flachen Eigelbkrem-Tupfen sowie ein Stückchen Paprikaschote als Garnitur. Beigabe: Sternförmig aufgeschnittene Tomaten mit Gemüsesalat

242. Gefüllte Artischockenviertel

Die Artischockenviertel werden roh vorbereitet und danach gekocht. Füllung: Gemüsesalat, Kalbsbratentütchen mit Fleischgelee, Trüffelscheibchen

243. Gebratene Ente mit Rahmäpfelchen

Zu Kästchen zugeschnitten, werden die Äpfel in Rahm mit etwas Zucker gegart. Füllung: Mit Cognac flambierte Ananaswürfelchen, garniert mit aufgeschnittenen Weinbeeren

Als Beispiel mag ein Ball-Souper aus einem Luxushotel der Schweiz während der Wintersaison betrachtet werden. Das Arbeitsfeld ist St. Moritz, das als Zentrum des Wintersports für ein internationales anspruchsvolles Publikum bekannt ist. Dieser Platz wird von vielen Sportsleuten besucht; Sportfeste und Bälle sind an der Tagesordnung und lösen einander ab. In der Hochsaison findet beinahe täglich in einem der führenden Hotels ein Ball statt, zu dem sich fast regelmäßig eine nach Hunderten zählende Gesellschaft einfindet und selbstverständlich auch an dem Ball-Souper teilnimmt. — Der Andrang ist dann groß und bringt natürlich auch seine Schwierigkeiten für das Service mit sich. Die Gäste sollen unter allen Umständen befriedigt werden, und so ist man seit langem dazu übergegangen, bei diesen Veranstaltungen den Gästen die in dem Menü geführten kalten Speisen auf Tellern zu servieren. Die Zweckmäßigkeit dieser Gepflogenheit mag manchem der Aufmachung wegen fraglich erscheinen, doch ist jedes Vorurteil tatsächlich unbegründet.

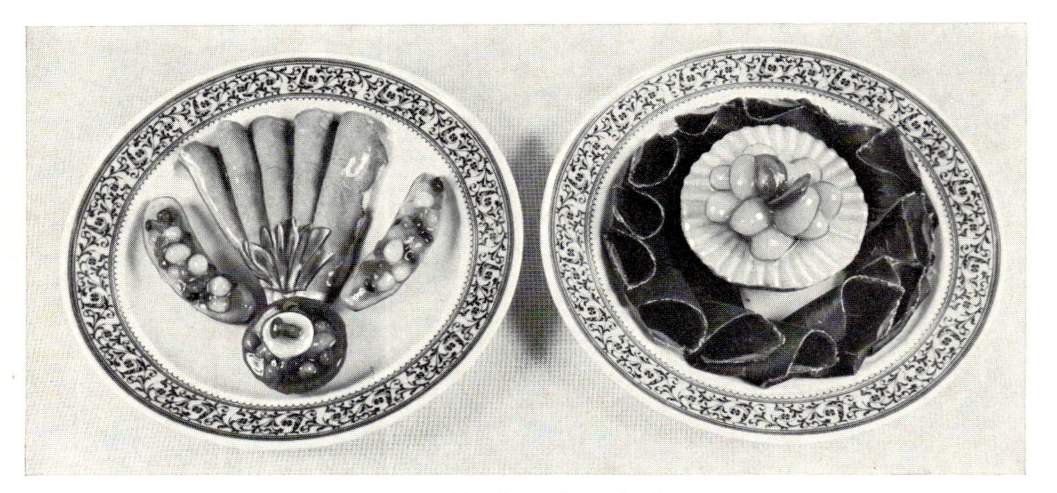

244. Garniertes Roastbeef

Die Roastbeefscheiben sind fächerartig angerichtet. Zwei halbe, mit Perlzwiebeln und Paprikaschote gefüllte Gewürzgurken, eine halbe gefüllte Tomate und ein Geleefächer bilden die Garnitur

245. Cantaloup-Melone mit Bündner-Fleisch

Halbiert und von den Kernen befreit, ist der Hohlraum mit ausgebohrten Melonenkügelchen angefüllt. Das Bündner-Fleisch ist hauchdünn geschnitten

Sauber und phantasievoll angerichtet, wirken diese Tellergerichte ungemein appetitanregend. Sobald aber der zweite oder dritte Gast von einer Platte genommen hat, bietet der Rest oftmals ein unappetitliches Chaos. Beim Anrichten auf Tellern wird das vermieden; es fördert das schnelle Service, das in diesen Fällen notwendig ist.

Die betreffenden kalten Gerichte werden zu dem Zeitpunkt, zu dem die ersten Gäste erwartet werden, fix und fertig angerichtet. Gewöhnlich ist es so, daß sich die Gäste nicht allzufrüh vor Beginn des Balles einfinden, und dadurch gibt es dann für die Küche und das Servierpersonal ein Stoßgeschäft, das bei der Ungeduld der Gäste so rasch wie möglich abgewickelt werden muß. Das ist bekanntlich in einem Saisonbetrieb mit verhältnismäßig wenig Personal eine schwierige, nicht zu unterschätzende Aufgabe. — Die Bilder 238—247 sind Beispiele für die Küchenpraxis.

Plan 3

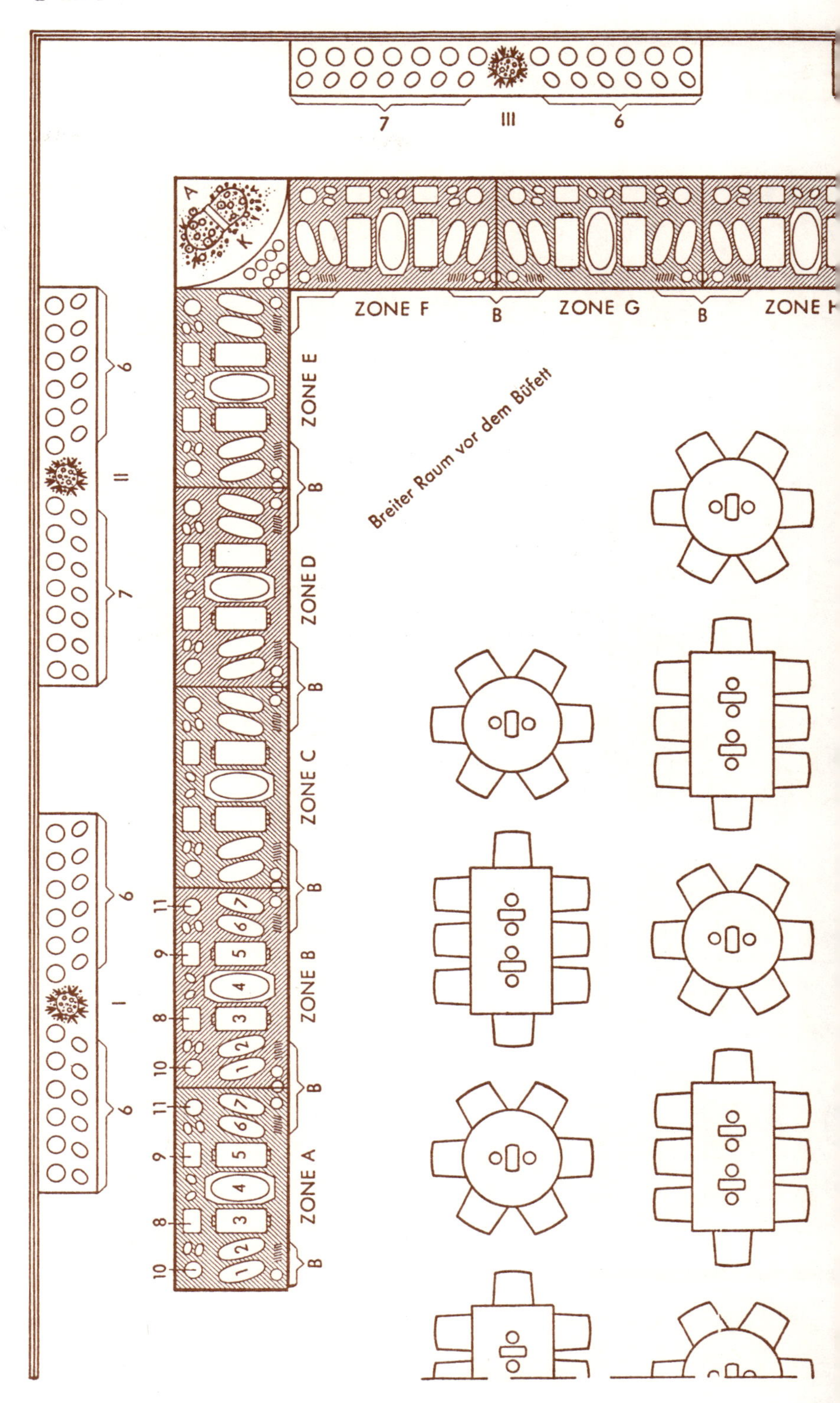

7
III
6
A
K
ZONE F
B
ZONE G
B
ZONE H
6
II
7
6
I
6
ZONE E
B
ZONE D
B
ZONE C
B
ZONE B
B
ZONE A
B
Breiter Raum vor dem Büfett

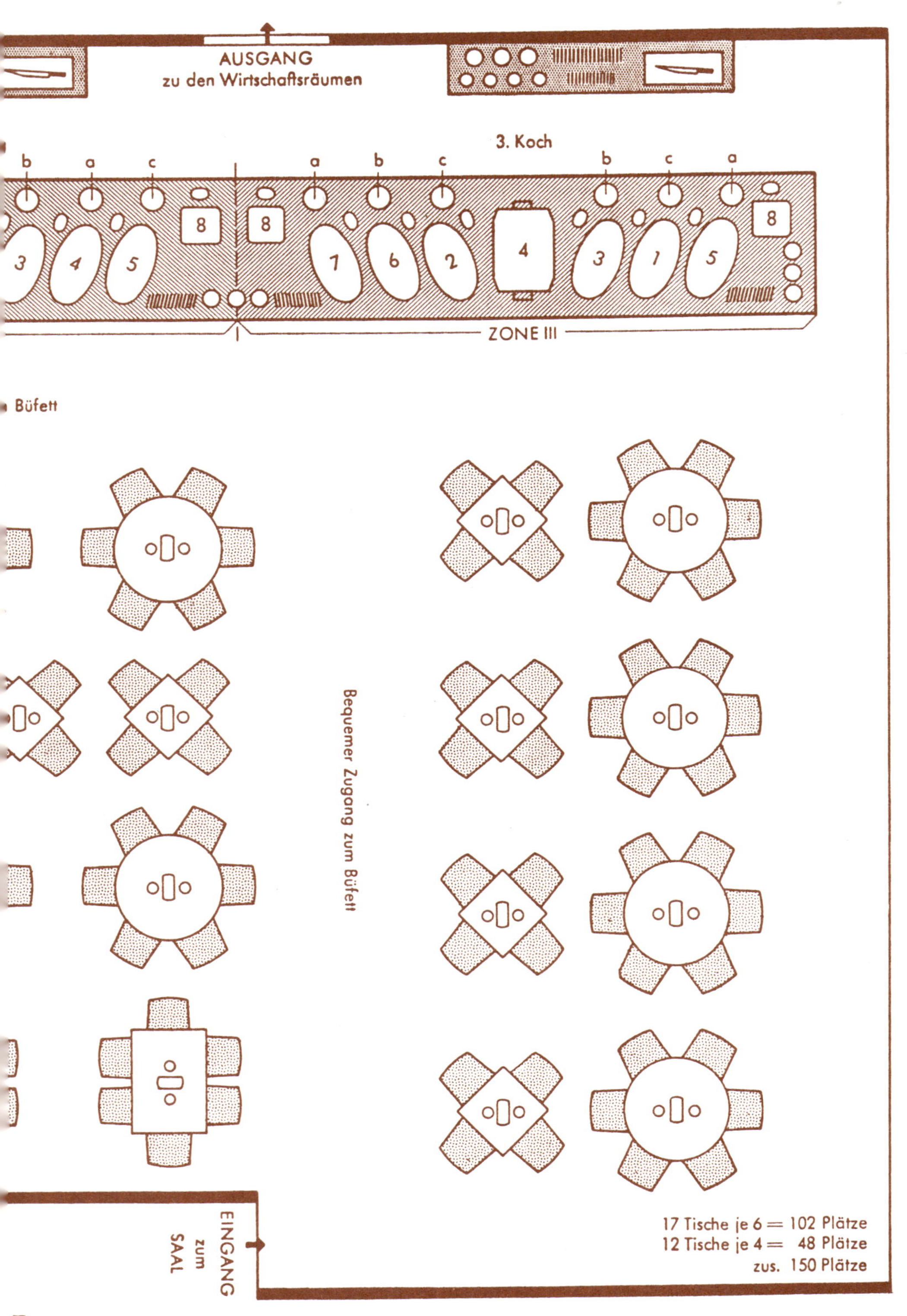
AUSGANG
zu den Wirtschaftsräumen
3. Koch
b
a
c
a
b
c
b
c
a
8
8
8
3
4
5
7
6
2
4
3
1
5
ZONE III
Büfett
Bequemer Zugang zum Büfett
EINGANG
zum
SAAL
17 Tische je 6 = 102 Plätze
12 Tische je 4 = 48 Plätze
zus. 150 Plätze

Personen

76)

Plan 2

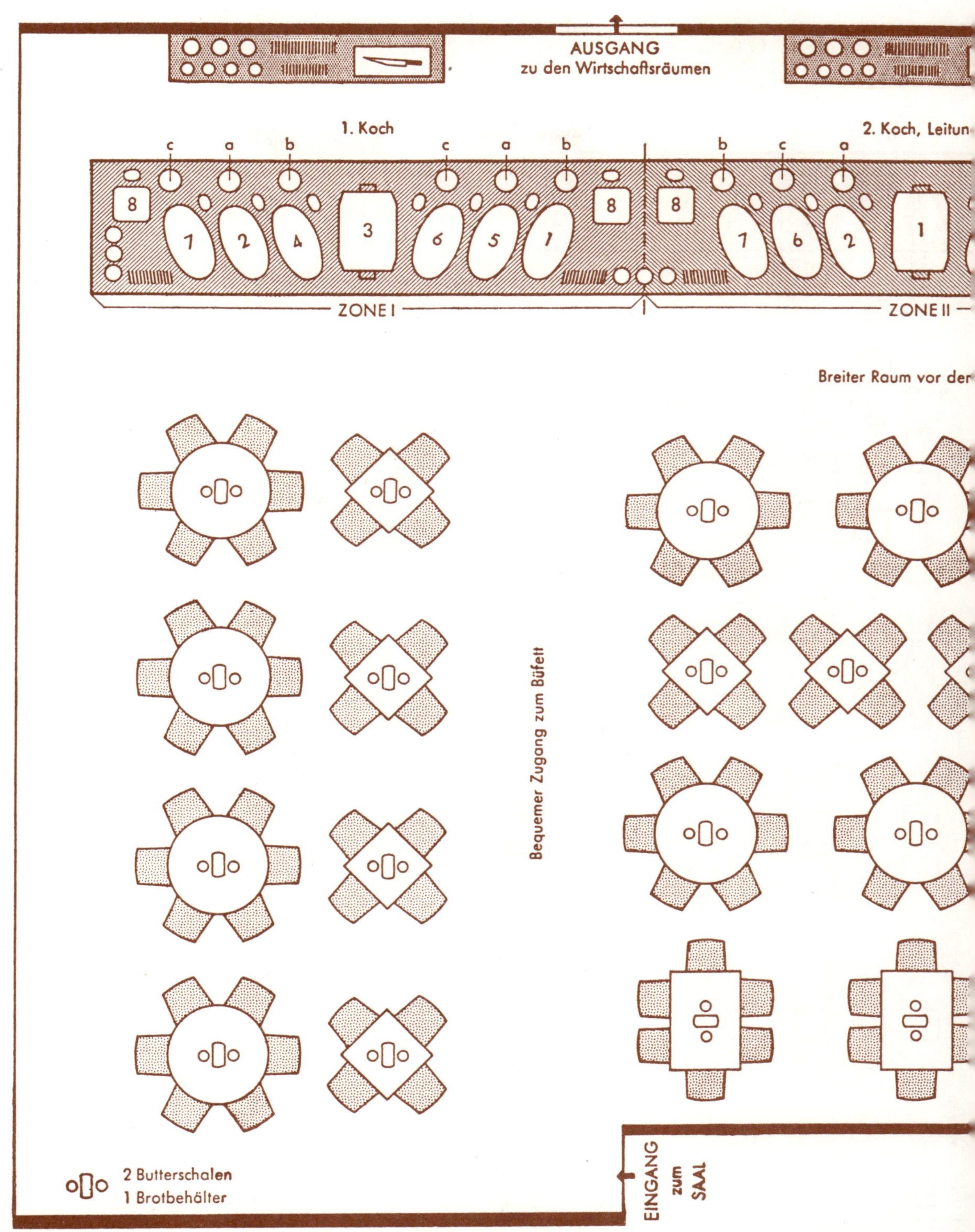

Kaltes Büfett für 150
(Text auf Seite 1

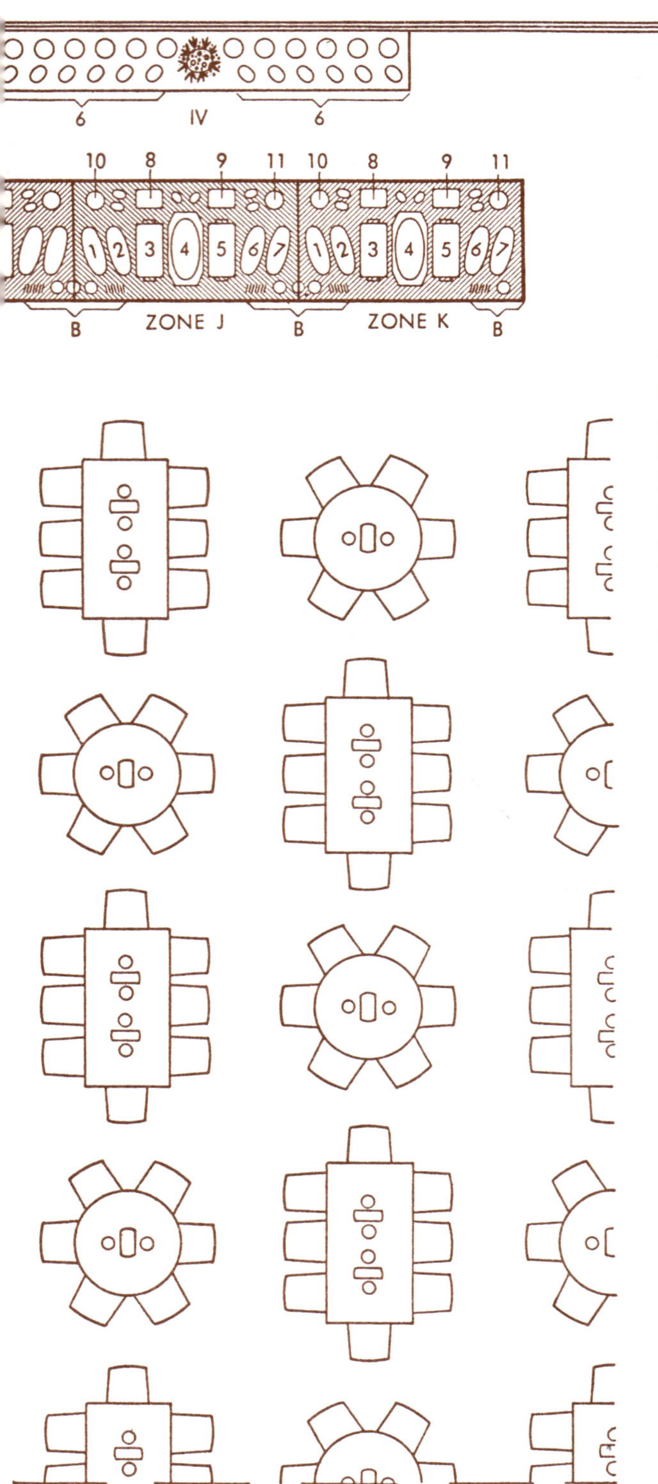

Ein kaltes Büfett für 500 Personen

Im Schnittpunkt des in Winkelform aufgestellten Büfetts steht ein Aufsatz (A) mit großem Blumen-Arrangement im Korb (K). In 10 Büfett-Zonen (A — K) wiederholen sich die Plattenanordnungen, ebenso die Aufstellung der Teller und Bestecke (B).

Hinter den Büfett-Tischen stehen je 2 hohe, schmale Abstelltische (I—IV). Auf den Abstelltischen sind der Obstsalat und die Gebäckplatten, die erst später gebraucht werden, angeordnet. Die Mitte (I—IV) wird durch eine Blumenvase verziert. Auf den Zwischenborden der hohen, schmalen Abstelltische stehen die Teller und Löffel für den Obstsalat bereit (aus der Zeichnung nicht ersichtlich).

(siehe auch Text auf Seite 177)

Galantine von Aal — Galantine d'anguille

Ein 1000 g schwerer Aal wird abgezogen, vom Rücken aus entgrätet, plattiert und mit Salz, Pfeffer, englischem Senfpulver, reichlich Dill, Petersilie und sehr fein gehackten Schalotten gewürzt. Zur Herstellung einer würzigen Farce sind 600 g Hecht zu filieren und zu häuten und mit 120 g in Sahne durchfeuchtetem Weißbrot ohne Rinde zu verarbeiten. Die lockere Konsistenz erreicht man durch Beigeben von geschlagener Sahne; durch eine Probe stellt man ihre Haltbarkeit fest. Kleine Würfel von Räucheraal, Zunge und einige Pistazien werden unter die Füllung gezogen, worauf sie mit einem Beutel walzenförmig in die Mitte des präparierten Aals zu spritzen ist. Zur ursprünglichen Form gestaltet, zugenäht und in geöltes Pergamentpapier und Folie eingerollt und leicht verschnürt, wird der gefüllte Aal in Fisch-Fond mit Rheinwein (ohne Zitrone) 20—30 Minuten im Ofen langsam gedünstet.

In dem Fond läßt man die Aal-Galantine erkalten, sie wird weder nachgebunden noch gepreßt (Hecht-Farce hat die Eigenschaft, sich stark auszudehnen, Hohlräume entstehen also nicht).

Die in Scheiben geschnittene Aal-Galantine erhält folgende Beigaben:

1. *Halbe, mit streifenartig geschnittenem Gurkensalat gefüllte Tomaten,*
2. *halbe, mit aufgestrichenem Eigelbkrem gefüllte Eier mit einer Spargelspitze und Radieschenscheiben.*

Gefüllte Seezungen — Soles farcies

Zu dieser interessanten Platte werden 3 Seezungen verwendet, die man wie für „Colbert" (S. 28) vorbereitet und in einem flachen, mit gehackten Schalotten ausgestreuten Geschirr in kräftigem Fisch-Fond, Champignonsud und Weißwein dünstet. Nach dem Auskühlen werden sie aus dem Fond herausgenommen, auf einem Tuch abgetropft und von den Gräten befreit, doch so, daß der Fisch ganz bleibt. Nach weiterem Durchkühlen im Kühlraum füllt man die Seezungen mit leichtgehaltenem Hummer-Schaumbrot (S. 258). Die ungeteilte Seezunge in der Mitte erhält als Auflage einen in Scheiben geschnittenen Hummerschwanz und 2 Hummerscheren. Der Dekor der tranchierten Seezungen besteht aus pochierten Austern und Trüffelscheiben sowie aus Krebsschwänzen und Trüffelscheiben. — Beigabe: Mit Eigelbkrem gefüllte, mit Radieschenscheiben und Kaviartupfen dekorierte halbe Eier; ein kleiner, feurig roter Hummer, auf hellgrünen Salatblättern ruhend, krönt das Arrangement.

Mayonnaisensaucen, pikante Saucen von Früchten, verschiedene Meerrettich-Mischungen und Essigkräutersaucen stehen für die angerichteten Teller zur Auswahl bereit (vgl. Übersichtstabelle für Saucen S. 367).

246. Gefüllte Kalbsmedaillons mit Spargelspitzen

Die Medaillons sind querhalbiert, mit Leberschaumbrot gefüllt und wieder zusammengesetzt. Beigabe: Blanchiertes Paprikaschotendrittel mit Morchel-Tomaten-Salat gefüllt und mit gehacktem Eigelb bestreut

247. Gebratene Rehkoteletts

Garnitur: Rosette von süßen Mandeln. Beigabe: Eine Banane, gefüllt mit einem Salat von Banane, Pfirsich, Orange, Weintraube und Sahnemayonnaise; belegt mit Bananenscheiben und halben Weinbeeren

8. Abschnitt

Vorspeisen - Hors-d'oeuvre

Hinweise auf Farbtafeln mit Vorspeisen

Vorspeisenauswahl vom Wagen	siehe Farbtafel-Übersicht
Verschiedene Vorspeisen	
Erlesene Vorspeisen	
Kleine Vorspeisen	
Cocktail-Snacks	
Salat Rivoli	
Osterküken	
Halbe garnierte Eier	
Gemüsesalat mit halben gefüllten Eiern	
Salat von Krebsschwänzen	

1. Allgemeines

Vorangestellt sei mit Rücksicht auf die Vielseitigkeit der Vorspeisen ein orientierender Überblick über das Ganze. In den verschiedenen Ländern wird den kalten Vorspeisen nicht immer die gleiche Bedeutung zugemessen. In den südlichen Ländern z. B. spielen sie bei weitem nicht die Rolle wie in den nördlichen. Die Vorspeisen sollen aus verschiedenen kleinen, appetitanregenden Einzelheiten zusammengesetzt, würzig und pikant abgeschmeckt sein, aber dennoch den Appetit nicht derart beeinträchtigen, daß sie sättigend wirken. Die Wahl und die Ausführung der Details sind so zu treffen, daß der Gast Freude an ihnen hat und gute Hoffnungen auf die kommenden Genüsse setzen kann.

Die Vorspeisen werden in den meisten Fällen zur Auswahl dargeboten und umfassen alle Arten von Delikatessen. Für das appetitliche Anrichten ist eine geschmackvolle Garnitur sehr wesentlich, und für die Zusammenstellung ist auch die Jahreszeit ausschlaggebend.

Das Service à la carte erhält je nach Preislage eine mehr oder weniger reiche Auswahl und Ausstattung. Am vorteilhaftesten wirkt es, wenn die verschiedenen Bestandteile auf einzelnen Glasschalen angerichtet und auf einer flachen Silberplatte gruppiert werden. Falls Kaviar einbegriffen ist, so wird für diesen ein kleiner Eissockel den Reiz des Ganzen erhöhen. Wenn spezielle Fischkonserven angeboten werden, so ist der Inhalt mit dem Fond in die Schalen zu ordnen und mit einem kleinen passenden Dekor zu versehen. Selbstverständlich kommt es immer auf die Personenzahl, sonstige Umstände und auf die Ansprüche der Gäste an.

Verschiedene Vorspeisen zur Auswahl
(Vorbestellung zu einem Essen für 8 Personen)

Für die Gäste, für die Bedienung und für die Küche ist es vorteilhaft, wenn auch die kleineren Extra-Essen vorher angemeldet werden. Den Köchen ist es dann möglich, sich mit allem besondere Mühe zu geben und sich mit den Einzelheiten eingehender zu befassen, was leider während der Servicezeit, in der sich alles zusammendrängt, oftmals nicht möglich ist. Je gefälliger und appetitlicher die Vorspeisen auf den Tisch kommen, um so günstiger ist es für den Betrieb.

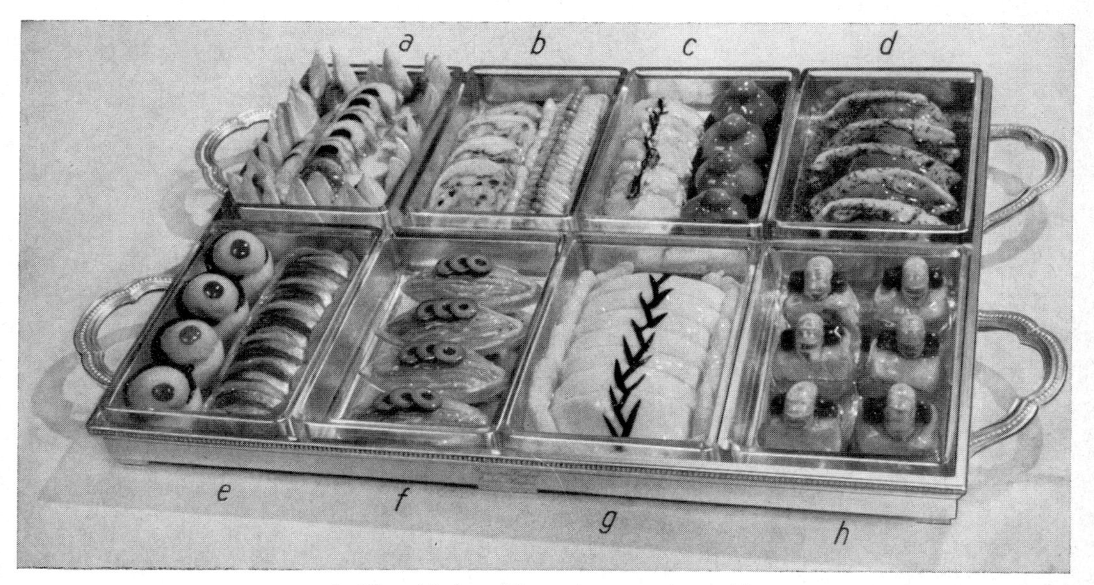

248. Verschiedene Vorspeisen zur Auswahl

Vorstehendes Service setzt sich zusammen aus:

a Salat von frischem Hummer mit Brüsseler Chicorée;
b Entengalantine mit Gemüsesalat;
c Rehmedaillons, garniert mit Kirschen und Weintrauben, dabei Salat von Äpfeln, frischer Ananas und Walnüssen;
d Forellenfilets mit Austern in pikantem Kräutergelee;
e mit Sahnemeerrettich gefüllte Eier — Garnitur: Kaviar, das halbe Eigelb mit Radiesschenstück, dabei Heringssalat;
f Schinken-Schaumbrot in Schiffchen — Garnitur: Streifchen von gekochtem Schinken und gefüllte Olivenscheibchen;
g Geflügelsalat mit frischen Champignons — Garnitur: Geflügelbrustscheiben, Estragonblätter und Spargelköpfe;
h Salmmedaillons mit Krebsschwänzen in grüner Sauce.

2. Vorspeisen von Austern

Es ist Bedingung, die Austern im Lieferfaß im Kühlraum oder in Eis eingegraben aufzubewahren und stets mit einem passenden, belasteten Holzdeckel derart zu beschweren, daß sie sich nicht öffnen können. Der Austernesser erwartet, daß die Austern erst kurz vor dem Servieren gewaschen und geöffnet werden. — Beim Öffnen gelangen oft Schalensplitter in die Austern. Sie sind mit einem in Eis-Salzwasser getauchten Pinsel zu entfernen.

Die Auster darf beim Öffnen nicht verletzt werden. In Ermangelung einer Austernöffnungsmaschine bedient man sich eines kurzen, starken, abgerundeten Austernmessers. Mit diesem wird die Auster, die man mit einem Tuch erfaßt hat, aufgebrochen. Sobald die Schale sich zu sperren beginnt, führt man das Messer mit nach oben gerichteter Schneide unter der oberen Deckelschale entlang, wodurch das Beschädigen der Auster vermieden wird.

Mit dem maschinellen Austernöffner, der viel Zeit und Arbeit spart, können die Austern nur in waagerechter Stellung geöffnet werden. Dies hat den Vorteil, daß so der Austernsaft nicht ausfließt.

Die geöffneten Austern sind auf kleinen, sauberen Eisstückchen oder auf einem flachen Eisblock anzurichten und mit Zitronenstückchen zu servieren.

Austern in Essigwürz-Sauce

Huîtres à la vinaigrette

Ausgebrochene, vom Bart befreite Austern legt man in eine Coquille-Schale und mariniert mit Vinaigrette-Sauce.

Austern nach Feinschmecker-Art

Huîtres à la gourmet

Ein sehr fein geschnittener Salat von Hühnerbrustfleisch wird in marinierten Artischockenböden angerichtet und mit einer obenauf gelegten Auster vollendet.

Austern nach russischer Art

Huîtres à la russe

Die Austern werden vom Bart befreit und in ihrer Schale leicht mit Zitronensaft beträufelt. Kurz vor dem Anrichten werden sie mit einem Kaviarkränzchen umgeben.

Austern-Schiffchen

Barquettes d'huîtres

Kleine Teigschiffchen sind mit einem beliebigen Fisch-Schaumbrot zu füllen und mit entbarteten Austern zu belegen.

Austern in Tarteletts

Tartelettes d'huîtres

Hierfür braucht man ganz kleine Tarteletts, die mit Kaviar gefüllt und mit einer entbarteten, wenig mit Zitrone beträufelten Auster belegt werden.

Austern in Catchup

Huîtres en catchup

Frische Austern schmecken in Verbindung mit Catchup und scharfwürzigen Bestandteilen vorzüglich und sind ganz speziell vom amerikanischen Publikum geschätzt. — Näheres ist nachstehend unter Austern-Cocktail erläutert.

3. Cocktails

Cocktails sind zwar im eigentlichen Sinne Getränke, die jedoch mit den hier angeführten Vorspeisen unter diesem Namen nichts zu tun haben.

Das, was den Cocktail als Vorspeise auszeichnet und ihn besonders charakterisiert, ist, daß er stets eiskalt in eisgekühlten Cocktailschalen zu servieren ist. Zur Sommerzeit wirken sie sehr erfrischend und durch die Anwendung pikanter Bestandteile appetitanregend. Man kommt mit diesen Kombinationen vor allem dem Wunsch nach kleinen ausgefallenen Finessen entgegen.

Wenn es sich um Cocktails von oder mit Früchten handelt, so ist der äußere Reiz größer, wenn diese in der Fruchtschale einer Grapefruit, Orange usw. angerichtet und auf kleinen Eisstückchen serviert werden anstatt in Cocktailschalen.

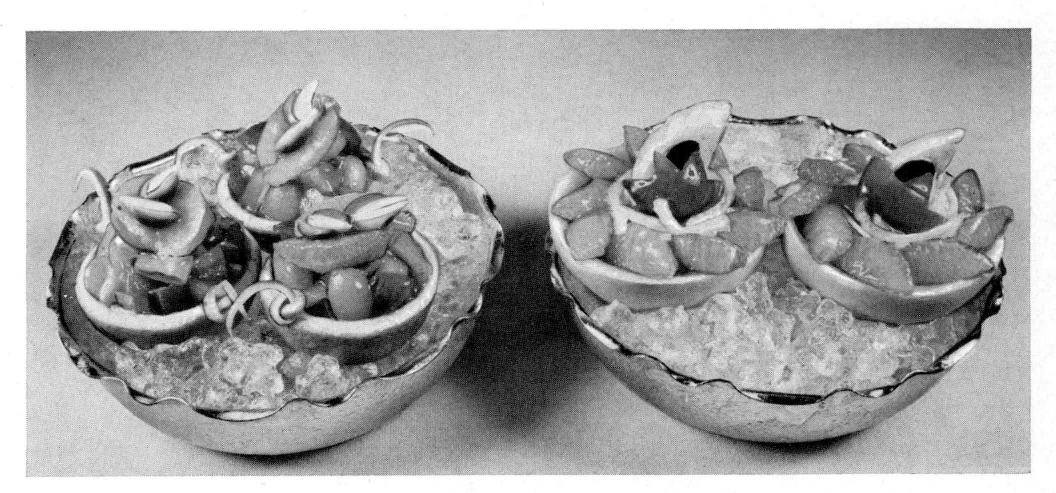

249. California-Cocktail — Cocktail Monika

Austern-Cocktail

Unter Austern-Cocktail versteht man frische Austern, die mit einer pikanten Sauce serviert werden. — Zur Bereitung der Cocktail-Sauce, die auf verschiedene Art gewürzt werden kann, gehört immer als Basis Tomaten-Catchup, ungefähr $^2/_3$, und eine Tomaten-Präparation, ungefähr $^1/_3$. — Dazu gibt man nach Belieben und Geschmack etwas sehr fein geriebenen Meerrettich, Worcestershiresauce, Selleriesalz, frisch gemahlenen Pfeffer, Zitronensaft und einige Tropfen Chili- und Tabasco-Sauce, welche äußerst scharf und beißend ist.

Die Austern werden, nachdem sie geöffnet sind, in der Schale auf eine Platte mit fein zerkleinertem Eis gelegt. In die Mitte setzt man die Cocktail-Sauce in einem kleinen runden, besonders für diesen Zweck hergestellten Glas, welches als Austern-Cocktailglas bekannt ist.

Die Austern werden von dem Gast mit der Gabel aufgespießt, in die Sauce getaucht und gegessen, oder der Cocktail wird, wie Bild 250 zeigt, im Cocktailglas angerichtet.

Nie und nimmer sollen Whisky, Gin oder Cognac mit Austern genossen werden, da diese stark alkoholischen Getränke die Eigenschaft haben, die Austern zu verhärten.

250. Austern-Cocktail Scampi-Cocktail Hummer-Cocktail

Cocktails von verschiedenen Schaltieren

Für diese Zusammenstellung wird das gut gekühlte Fleisch von frischen Hummern, Krebsen und Garnelen in eisgekühlte Cocktailschalen gelegt und mit vorstehend beschriebener Cocktail-Sauce bedeckt.

Hummer-Cocktail I

Das Fleisch von frisch gekochtem Hummer, ebenso roher Staudensellerie, werden in Würfel geschnitten und kaltgestellt. — Die Sauce wird aus Mayonnaise, Tomaten-Catchup, Worcestershiresauce, Chutney, Tarragonessig, gehacktem Estragon, Petersilie und Kerbel sowie Salz und Pfeffer, einem Schuß Wodka und Cognac zusammengestellt. Mit diesem wird der Sellerie und das Hummerfleisch vermischt, in eine Cocktailschale oder ein Rotweinglas gefüllt und dann, mit feingeschnittenen Streifchen von englischem Sellerie und grob gehacktem Hummermark bestreut, stark gekühlt serviert.

Hummer-Cocktail II

Nachdem man eine Cocktailschale mit Grapefruitfleisch ausgelegt hat, gibt man in die Mitte in Würfel geschnittenes Fleisch von frischem Hummer, das mit Tomaten-Catchup, verdünnt mit Chablis, überzogen wird.

Krebsschwanz-Cocktail I

Hierfür ist ein wenig Mayonnaise, eine gleiche Menge Doppelrahm, etwas sehr fein geriebener Meerrettich, Tomaten-Catchup, Salz und Cayenne zu einer hellrosa, nicht zu dicken Sauce zu vereinigen und dann mit etwas geschlagener Sahne zu unterziehen. — Hiervon gibt man eine angemessene Menge in die stark gekühlte Cocktailschale, legt obenauf möglichst frisch gekochte, ausgekühlte Krebsschwänze und serviert das Ganze recht kalt.

Krebsschwanz-Cocktail II

Die Cocktailschale wird mit entkerntem, in Scheiben geschnittenem, bitterem Orangenfleisch ausgelegt. Die Füllung besteht aus Krebsschwänzen, die mit Tomaten-Catchup, das mit einem kleinen Spritzer Cognac geschmacklich gehoben wurde, gebunden werden. Obenauf gibt man etwas feingeschnittenen Dill.

Scampi-Cocktail

Scampi- und Orangenstücke werden mit Zitrone, Öl, Pfeffer, Salz, Orangensaft, Chutney, Dill, Meerrettich und Sahne vollendet. Garnitur: 3 Scampischwänze, Orangenfilets, Mango-Chutney, 2 Chicoréeherzblättchen.

Krabben-Cocktail

Grönland-Krabben, Bananenfleisch und in feine Streifchen geschnittene grüne Paprikaschoten werden mit einer angemessenen Menge kalter Curry-Sauce leicht gebunden, in die Cocktailschale gefüllt und dann mit einigen Krabben und Bananenscheibchen umgeben. Für die Sauce wird Curry in Öl angeschwitzt, mit Weißwein abgelöscht, ausgekühlt, mit pikanter Mayonnaise, etwas geschlagener Sahne und englischem Senf angemacht und mit Zitrone und Selleriesalz geschmacklich vollendet.

Melonen-Cocktail

Von recht kalter, dicker saurer Sahne, die man mit sehr fein geriebenem Meerrettich, Tomaten-Catchup und ein wenig Worcestershiresauce zu einer pikanten Sauce vereinigt hat, gibt man eine entsprechende Menge in die gekühlte Cocktailschale und darauf zierlich geschnittene Melonenscheibchen oder ausgebohrte Melonenkügelchen.

Tomaten-Cocktail

Abgezogene, halbierte, ausgedrückte, in Stücke geschnittene Tomaten werden mit Salz, Pfeffer, Zitronensaft und Öl mariniert und bis zum Gebrauch im Kühlraum aufbewahrt. Beim Anrichten gibt man in stark gekühlte Cocktailschalen zunächst eine kleine Schicht gefrorene Meerrettichsahne, auf diese etwas von den Tomaten, die dann mit Tomaten-Catchup zu überziehen sind. Ein Kaviarhäufchen bildet den Abschluß.

Cocktail Monika

Grapefruits, englischer Staudensellerie und Hühnerbrust, in Streifchen geschnitten, sind mit Mayonnaise, die man mit ein wenig gehacktem Ingwer, Currypuder, saurem Rahm, Tomaten-Catchup, Chutney sowie Salz und Pfeffer zu einer pikanten Sauce verrührt, zu vermischen und kaltzustellen. Zum Anrichten bedient man sich halber Grapefruitschalen, die man zum Servieren auf kleine Eisstückchen setzt. Obenauf gibt man noch feingeschnittene Selleriestreifchen und einige Tropfen Wodka. — Salzmandeln und Oliven sind gesondert dazu zu servieren (s. Bild 249).

Washington-Cocktail

Das Fleisch einer Grapefruit und einer abgezogenen, von den Kernen befreiten Tomate wird in Stückchen geschnitten und, mit 10—15 Krebsschwänzen vermischt, kaltgestellt. — Inzwischen ist etwas Tomaten-Catchup, ein Dessertlöffel dick ausgerührte Mayonnaise, eine Idee feingehackter Estragon und ein Spritzer Haut-Sauternes zu vereinigen, dann mit dem Vorerwähnten zu vermischen und in stark gekühlte Cocktailschalen oder aber auch in den halben Grapefruitschalen, die man auf kleine Eisstückchen setzt, zu servieren.

California-Cocktail

Orangen, Ananas, Grapefruit und Melone werden in Würfel geschnitten und bis zum Gebrauch in den Kühlraum gestellt. — Beim Anrichten füllt man in halbe, gekühlte Orangenschalen etwas Orangeneis (schwach gezuckert, ohne Rahm), gibt darauf ein

Häufchen von den Früchten, bedeckt leicht mit Cumberland-Sauce, garniert jede halbe Fruchtschale mit Orangenfilets und je einer grünen Olive und serviert die Cocktails auf einer Unterlage von kleinen Eisstückchen (s. Bild 249).

4. Vorspeisen von Kaviar

Der in den Handel kommende echte Kaviar ist der zubereitete Rogen von Stören, die im Schwarzen und Kaspischen Meer leben. Für die gewerbliche Kaviargewinnung kommen vier Störarten in Betracht: der Hausen oder Beluga, der Stör oder Osietra, der Waxdick oder Schipp sowie der Schergstör oder Sevruga. Eine weitere unter dem Namen Sterlet bekannte Störart, die wegen ihres wohlschmeckenden Fleisches sehr begehrt ist, scheidet jedoch für die gewerbliche Kaviargewinnung aus.

Bei der Beurteilung der Qualität spielt die Größe und Farbe des Korns eine wesentliche Rolle. Dem leicht gesalzenen, grobkörnigen Beluga-Kaviar von hellgrauer Farbe gibt man den Vorzug. Da Kaviar nur 3—4% Salz enthält, ist seine Haltbarkeit beschränkt; er muß ständig sehr kühl aufbewahrt werden. Im Fachhandel werden die Qualitäten der vier Kaviarsorten mit den Namen der Störe bezeichnet; als beste gilt der Beluga, danach folgen Osietra, Schipp und Sevruga.

Kaviar mundet am besten, wenn er recht kalt gereicht wird. Deshalb wird er stets auf Eis oder auf einem Eissockel serviert. Zitrone, Butter und Toast werden dazugegeben. Oft ist keine Zeit übrig, einen Eisblock zu meißeln. Dann umgibt man den Kaviar mit Eisstückchen; das erfordert wenig Zeit, keinen Aufwand und ist zweckmäßig.

Beispiele für praktisches Kaviar-Service *(Bilder 251 und 252)*

251. Kaviar in der Originaldose auf Eis
Vor und nach dem Service wird die Dose gewogen und damit festgestellt, wieviel Gramm Kaviar berechnet werden müssen

252. Komplettes Kaviar-Service auf Eissockel

Kaviarkrem

Crème de caviar

Unter geschlagene Sahne wird eine angemessene Menge Kaviar recht vorsichtig mit einer kleinen Holzgabel gemischt. Kaviarkrem ist in einer Glasschale auf Eis zu servieren; Toast ist dazuzureichen.

Kaviarkrapfen

Duchesses au caviar

Von Brandteig werden Windbeutel in der Größe einer großen Walnuß gebacken und nach dem Auskühlen mit Kaviar oder Kaviarkrem gefüllt.

Kaviarröllchen

Cannelons au caviar

Dünn ausgerollte, um ein Holzröllchen gewickelte Blätterteigstreifen werden gebacken und nach dem Erkalten mit Kaviar gefüllt.

In gleicher Weise kann man auch Blätterteigtütchen mit Kaviar füllen. Der Kaviar ist erst kurz vor dem Servieren einzufüllen.

Kaviarschälchen nach russischer Art

Coquilles à la russe

In kleine Muschelschalen gibt man je einen Teelöffel Kaviar, der mit einer entbarteten Auster und einigen frischen Krebsschwänzen garniert wird.

Kaviar-Schiffchen

Barquettes au caviar

Recht kleine, blindgebackene Blätterteigschiffchen werden mit Kaviar gefüllt, auf gebrochener Serviette angerichtet und mit Zitronenstückchen serviert.

Lucca-Augen

Canapés au caviar et huîtres

Rund ausgestochene Weißbrotscheiben in der Größe eines Fünfmarkstückes werden geröstet und mit Butter bestrichen. Mit Kaviar bedeckt, wird alsdann jede Scheibe mit einer entbarteten englischen Auster belegt.

Russische Mundbissen

Bouchées à la russe

Die Blätterteigpastetchen sind immer erst kurz vor dem Service mit Kaviar zu füllen und mit einer entbarteten Auster zu bedecken. — Die Pastetchen können auch ohne Austern mit ihrem Teigdeckel serviert werden.

Tarteletts Walterspiel

Tartelettes Walterspiel

Eine hervorragende Kaviar-Vorspeise ist in den auf S. 221 beschriebenen „Tarteletts Walterspiel" gegeben.

5. Vorspeisen von Fischen und Schaltieren

Aal in Kräutersauce

Anguille à la vinaigrette

Abgezogener, in Stücke geteilter Aal wird in kurzem, stark aromatisiertem Fond gekocht, abgekühlt und dann von den Gräten gelöst. Mit pikanter Vinaigrette-Sauce, der man gehackte Eier beigegeben hat, wird das Fleisch alsdann mariniert und in tiefen Glasschälchen oder auch in kleinen Porzellankästchen angerichtet.

Geräucherter Aal

Anguille fumée

Um den geräucherten Aal mundgerecht zu servieren, wird er von der Gräte befreit. Nachdem noch die Haut abgezogen wurde, schneidet man ihn in längliche, fingerdicke Streifen.

Geräucherte Forellen

Truites fumées

Die Räuchereien liefern die Forellen bereits filiert und ohne Gräten. Damit sie nicht betrocknen, sind die Filets in die Häute zurückgelegt und in Spezial-Folie eingeschlossen. Eine erstklassige Qualität wird durch milde Pökelung und Räucherung dieser hochwertigen Fischart erreicht. — Toast, Sahnemeerrettich und Zitrone sind die geeigneten Beigaben.

Heringe mit grünen Bohnen

Harengs aux haricots verts

Matjesheringe, die hierfür in Frage kommen, sind solche, die noch nicht gelaicht haben und voll- und fettfleischig sind. Man nimmt ihnen das Grätengerüst heraus, wobei es kurz vor dem Genick und kurz vor dem Schwanzende abgebrochen wird, damit der Fisch den Zusammenhang behält. Nachdem Augen und Kiemendeckel entfernt sind, wird er gewaschen und auf klaren Eisstückchen angerichtet, mit Zwiebelringen belegt und mit frischer Butter oder mit Salat von grünen Bohnen oder auch mit in Butter geschwenkten Bohnen serviert.

Heringe auf Brüsseler Art

Harengs à la bruxelloise

Von den Gräten befreite Heringsfilets werden gewaschen, in kleinere Stücke geschnitten und, nachdem sie mehrere Stunden in Milch gelegen haben, abgetrocknet. Kurz vor dem Servieren überzieht man sie mit Mayonnaise, bestreut diese mit gehacktem Ei und garniert mit ausgebrochenen frischen Krabben.

Heringe nach Diepper Art

Harengs à la dieppoise

Nachdem man ein flaches Geschirr mit Butter ausgestrichen hat, legt man darein kleine, gesäuberte Heringe und übergießt diese mit einer kochenden Marinade, die aus Weißwein, etwas Essig, Lorbeerblatt, Thymian, gehackten Schalotten, Petersilienwurzel sowie Zwiebel- und Karottenscheiben bereitet wurde. Darin werden die Heringe vorsichtig gedünstet und müssen dann in ihrem Fond erkalten. Beim Servieren bedeckt man sie mit Zwiebel- und Karottenscheiben und garniert mit einigen Scheiben Zitrone.

Heringe nach russischer Art

Harengs à la russe

Geräucherte Heringe werden ausgebrochen, in schöne Stückchen geschnitten, auf flache Glasschälchen in gefälliger Anordnung mit gekochten Kartoffelscheiben gelegt, mit gehackten Schalotten, Estragon, Fenchel und Kerbel bestreut und mit Essig und Öl mariniert.

Geräucherter Lachs

Saumon fumé

Um den Räucherlachs rentabel zu verarbeiten, empfiehlt es sich, von einer Lachshälfte etwa 10 cm breite Stücke abzuteilen und von diesen dann die Scheiben quer, dünn und schräg zu schneiden.

Sardellenstreifen

Filets d'anchois

Gewässerte Sardellenfilets werden in Öl mariniert und dann gitterartig mit Kapern und gehacktem Ei angerichtet.

Sardellenröllchen

Paupiettes d'anchois

Sardellenfilets werden zu kleinen Ringen zusammengerollt, auf Glasschälchen gesetzt und mittels kleinen Spritzbeutels mit einer Lachsbuttermischung gefüllt.

Tamarin-Sardellen

Anchois des tamarins

Diese Vorspeise wird nach der Escoffier-Methode in folgender Weise behandelt: Auf eine flache Glasschüssel gibt man eine dünne Schicht warm geriebener Kartoffeln, die man mit einem Kranz von Sardellenröllchen belegt. In jedes Röllchen setzt man eine ausgesteinte Olive. Die Kartoffeln werden mit wenig Essig und Öl benetzt und mit feingehackten Kräutern bestreut.

Sardinen

Sardines

Sardinen werden meist in der Originaldose naturell serviert. Wenn sie jedoch für Canapés verarbeitet werden, sind die Mittelgräten zu entfernen.

Spanische Marinade

Escabèche

Escabèche ist eine Zubereitungsart, die besonders bei Sardinen angewendet wird. Man nennt den Namen immer in Verbindung mit der Fischart, z. B. Escabèche von Sardinen.

Für die Zubereitung sind die gereinigten Fische mit einem Tuch gut zu trocknen, in Mehl zu wälzen und dann in erhitztem Öl anzubraten. Danach gibt man die Fische in ein flaches Geschirr und übergießt sie mit einer Marinade folgender Zusammenstellung: Knapp $^1/_4$ l Öl wird gut heiß gemacht, in dieses gibt man 3—4 Knoblauchzehen mit der Schale sowie eine in Scheiben geschnittene Zwiebel, ebenso etwas Karotte, und läßt dieses einen Moment rösten, um sogleich $^1/_{10}$l Weinessig und einen Schuß Wasser hinzuzufügen. Nachdem noch einige kleine Pfefferschoten, wenig Lorbeerblatt, etwas Thymian, einige Petersilienstiele und die erforderliche Menge Salz beigegeben wurden, läßt man das Ganze langsam eine Viertelstunde kochen und gibt diese Marinade warm über die angebratenen Fische. Es ist erforderlich, das Gericht recht kalt zu servieren.

Sprotten

Melettes

Um die Sprotten genußfertig zu machen, wird der Kopf entfernt und die Haut abgezogen. Abwechslungshalber werden sie gelegentlich in Essig, Öl und gehackter Petersilie mariniert.

Thunfisch in Öl

Thon à l'huile

Der Thunfisch wird vorsichtig aus der Büchse genommen, in schöne Scheiben geschnitten und mit Kapern und gehackten Eiern serviert.

Thunfisch mit Tomaten

Thon aux tomates

Abgezogene, halbierte und von den Kernen befreite, marinierte Tomaten werden mit einer Mischung von würfelig geschnittenem Thunfisch, gehacktem Ei und feinwürfelig geschnittener Zwiebel gefüllt. Mit Eierscheiben bedeckt, werden sie zur Tafel gegeben.

Krebsschwänze, portugiesisch

Queues d'écrevisses à la portugaise

Marinierte Artischockenviertel sind mit feinwürfelig geschnittenem Tomatensalat zu füllen und mit marinierten Krebsschwänzchen zu bedecken.

Muscheln in Senfsauce

Moules, sauce à la moutarde

Die zum Anmachen für die Muscheln erforderliche Sauce bereitet man aus Mayonnaise, der man Senf und frische Sahne beigefügt hat. Recht pikant abgeschmeckt, gibt man in diese noch sehr kleinwürfelig geschnittenen englischen Sellerie und zuletzt die gedünsteten, vom Barte befreiten Muscheln. Auch in Vinaigrette oder Vinaigrette mit Tomaten-Catchup sind Muscheln sehr schmackhaft.

Meeresfrüchte

Fruits de mer

Wenn „Meeresfrüchte" serviert werden, so versteht man darunter ein Arrangement kalter Vorspeisen, das ausschließlich aus Meeresschätzen besteht, z. B. aus Austern, Hummer, Taschenkrebsen, Krabben und Muscheln. Zu diesem Service gehören frisch gerösteter Toast, Butter und Zitrone.

6. Vorspeisen von Gemüsen

Artischocken nach griechischer Art

Artichauts à la grecque

Kleine Artischocken werden geputzt, in Viertel oder Sechstel geteilt, wie üblich weiterbehandelt, alsdann in leicht gesäuertem Wasser blanchiert und ausgekühlt. Im Anschluß daran bereitet man eine Marinade, die sich aus etwa $^3/_4$ l Wasser, $^1/_{10}$ l Öl, Salz, Zitronensaft, Lorbeerblatt, Pfefferkörner, Thymian, Koriander, Fenchel und Sellerie zusammensetzt. In dieser sind die Artischocken garzukochen und auszukühlen. Diese vorzügliche Vorspeise gewinnt an Geschmack, wenn sie recht kalt serviert wird. Die Marinade ist für etwa 12—15 kleine Artischocken ausreichend.

Essiggemüse

Mixed Pickles

Sind als fertiges Produkt im Handel erhältlich. Eine Zusammenstellung verschiedener Gemüse: Kleinste Gurken, Perlzwiebeln, Blumenkohlröschen, Spargel, Bohnen, Maiskölbchen, Karotten und Paprikaschoten, gewürzt in scharfem Essig mit Beigabe von Salz, Paprika, Ingwer und Chilies (orangegelber Cayennepfeffer, Goldpfeffer). — Mit Senf zubereitet werden sie als Senfgemüse — Piccalillies — angeboten.

Italienische Essigfrüchte

Aceto-dolce

Sie sind eine italienische Spezialität, hergestellt aus Früchten und jungen Gemüsen. Nachdem diese mit Essig, Muskatweinmost-Sirup und mit Senf gewürztem Honig behandelt wurden, kommen sie als Konserve in den Handel. Sie werden zusammen mit anderen Vorspeisen, jedoch nie als Vorspeise allein serviert.

Fenchel-Stauden

Fenouil

Die Knollen werden je nach Größe längs in Stücke geteilt und ebenso hergerichtet, wie die „Artischocken nach griechischer Art“ beschrieben sind.

Gurken nach dänischer Art

Concombres à la danoise

Von geschälten, frischen, nicht zu dicken Gurken schneidet man kleine Kästchen, blanchiert sie gut in Salzwasser, um sie dann eine Zeitlang mit Essig, Öl, Salz und Pfeffer zu marinieren. Vor dem Anrichten werden sie umgestülpt, auf ein Tuch zum Ablaufen gesetzt und mit einem Püree von Räucherlachs, Hering und geräucherten Fischen, dem man etwas gehackte Eier beigegeben hat, gefüllt. Sie sind mit feingeriebenem Meerrettich bestreut zu servieren.

Gefüllte Gurken

Concombres farcis

Die Gurken sind wie vorstehend zu behandeln und erhalten eine Füllung von feinwürfelig geschnittenem Gemüse- oder Fleischsalat oder Fisch- bzw. Fleischmus.

Gefüllte Artischockenböden

Fonds d'artichauts garnis

Gedünstete Artischockenböden lassen sich als Vorspeise recht dankbar verwenden, indem man sie leicht mit Essig, Öl, Salz und Pfeffer mariniert und dann mit einem beliebigen, mit Mayonnaise gebundenen, feinwürfelig geschnittenen Salat von Fischen, Krustentieren, Gemüsen oder Fleisch füllt. Desgleichen lassen sich auch Pürees von Fischen und Krustentieren in Anwendung bringen.

Gefüllte Tomatenviertel

Tomates en quartiers farcies

Feste Tomaten mittlerer Größe werden abgezogen, ausgehöhlt, gesalzen, gepfeffert und dann zum Abtropfen auf ein Tuch gestülpt. Sie sind nun mit einem beliebigen gesulzten Fisch-Püree zu füllen, auf Eis zu stellen und zum Servieren in Viertel zu schneiden.

Lauch nach griechischer Art

Poireau à la grecque

Den unteren weißen Teil der Porree-Stauden schneidet man in 6—8 cm lange Stücke, blanchiert diese, kühlt sie ab und verfährt dann nach dem Rezept „Artischocken nach griechischer Art“ (S. 201).

Radieschen

Radis

Radieschen sind gleichzeitig mit den Vorspeisen zu reichen. Sauber geputzt, werden sie zugeschnitten als Röschen oder Fächer; sie können aber auch in Scheiben geschnitten als Salat oder zur Verzierung anderer Vorspeisen dienen.

Englischer Sellerie

Céleri anglaise

Von dem englischen Sellerie werden die Stauden, und zwar soweit sie schön weiß sind, roh zu Tisch gegeben. Sauber gebürstet und geputzt, können sie auch naturell mit den Vorspeisen gereicht werden. Weiterhin findet englischer Sellerie zu Salaten für Vorspeisen sehr häufig Verwendung. Ebenso ist er als Beigabe zur Käseplatte geschätzt.

Stauden-Sellerie nach griechischer Art

Céleri à la grecque

Nachdem englischer Sellerie geputzt ist, schneidet man ihn in 5 cm lange Stücke, blanchiert ihn und läßt ihn auskühlen. Die weitere Behandlung ist die gleiche, wie sie für „Artischocken nach griechischer Art" (S. 201) beschrieben wurde.

Marinierte Steinpilze

Cèpes marinés

Diese unter den russischen Sakuski typische Vorspeise erfordert folgende Zubereitung: Feste, kleine Steinpilze werden gut gesäubert und ungeschnitten 6—8 Minuten gedünstet und dann ausgekühlt. Man gibt sie in ein Ton- oder Porzellangefäß und bedeckt sie mit passierter, noch kochender Marinade: 1 kg Steinpilze erfordern $^1/_{10}$ l Essig, $^1/_8$ l Öl, 10 g zerquetschten Knoblauch, etwas Thymian und Lorbeer, 6 Pfefferkörner, 1 Spitze Koriander sowie etwas Fenchel und Petersilienwurzel. In dieser Marinade müssen die Pilze mehrere Tagen liegen, sie werden aber ohne diese angerichtet.

*

Gemüsefrüchte mit verschiedenen Füllungen

Zur Aufnahme von kleingeschnittenen Salaten und sonstigen Füllungen wird man in der kalten Küche oftmals vor die Aufgabe gestellt, dafür natürliche Formen oder Früchte anzuwenden. In erster Linie kommt der Artischockenboden in Frage, dann die Tomate, die als kleine Frucht ganz und als große halbiert gefüllt wird, nachdem sie von den Kernen befreit und mariniert wurde. Eine weitere Gepflogenheit ist es, Knollensellerie zu verwenden. Man kann ihn rund ausstechen und zu kleinen Näpfchen aushöhlen, wozu man sich ebenfalls eines etwas kleineren Ausstechers bedient, oder aber ihnen durch Schnitzen eine gewünschte Form geben. Ebenfalls sehr gut kann Gurke unter Zuhilfenahme von Ausstechern für derartige Kästchen bearbeitet werden. Hierzu sind keine dicken Gurken zu wählen, denn die dünnen wirken bei dem Service eleganter. Sie werden geschält, in 5 cm lange Stücke geschnitten und dann ausgehöhlt, jedoch so, daß ein Boden darin bleibt; die Gurken sind alsdann vorsichtig in Salzwasser zu blanchieren, damit sie nicht zu weich werden. Nach dem Abkühlen werden sie bis zum Gebrauch mit Salz, Pfeffer, Essig und Öl mariniert. — Die Paprikaschote kann gleichfalls in dieser Weise angewandt werden, doch müssen ihr, nachdem sie der Länge nach halbiert ist, in allen Fällen die scharf schmeckenden Körner herausgenommen werden (vgl. Bild 246).

7. Vorspeisen von Aufschnitt

Bündner-Fleisch

Das Bündner-Fleisch, eine schweizerische Spezialität, das durch das lange Trocknen sehr fest ist, wird mit der Maschine in papierdünne Scheiben geschnitten und naturell angerichtet.

Zervelatwurst

Cervelas

Nachdem die Wurst von der Haut befreit wurde, wird sie in feine Scheiben geschnitten und ohne alles Weitere serviert.

Geräucherte Gänsebrust

Estomac d'oie fumé

In Scheiben geschnitten, wird sie naturell angerichtet.

Hamburger Rauchfleisch

Boeuf fumé à la hambourgeoise

Das Fleisch ist sehr dünn zu schneiden und wird mit geriebenem Meerrettich serviert.

Italienische Mettwurst

Mortadelle

Die Wurst ist in sehr feine Scheiben zu schneiden und gerollt auf Glasschälchen zu servieren.

Yorker Schinkentüten

Cornets d'York

Mageren rohen Schinken schneidet man in sehr dünne Scheiben, rollt diese zu Tüten zusammen und füllt sie mit krauser Petersilie.

8. Vorspeisen von Schaumbrot (Schaummus)

Die Zubereitungsweise der verschiedenen Schaumbrote ist auf S. 291—293 eingehend erläutert. Es folgen einige Beispiele für die Darbietung kleiner Schaumbrote (Mousselines).

a Wild-Schaumbrot

Darioleförmchen mit Gelee hohl ausgegossen und mit einem Eiweiß- und Trüffeldekor versehen, werden mit Wild-Schaumbrot gefüllt und mit einer Geleeschicht abgeschlossen. Nach dem Erstarren sind sie zu stürzen.

b Gänseleber-Schaumbrot

Das erste Kasseröllchen wurde mit einem über den Rand hinausragenden Papierrand ausgelegt, gefüllt, dann mit einem Gänselebermedaillon belegt und mit einer dünnen Geleeschicht abgeschlossen. — Das zweite Kasseröllchen, nach Entfernung des Papierstreifens, ist servierbereit.

c Geflügel-Schaumbrot

Das Schaumbrot wird mit glatter Tülle in kleine Porzellanförmchen gespritzt. — Dekor: Kleines Geflügelmedaillon mit grüner Paprikaschote bzw. mit Tomatenachteln.

Garnierter kalter Lachs — Saumon froid garni

Am kalten Büfett ist der Lachs wegen seines zarten, wohlschmeckenden Fleisches die begehrteste, aber auch teuerste Fischdelikatesse. Wurde in früheren Jahren der Lachs als ganzer Fisch präsentiert, was ohne Zweifel ansprechend aussah und geschmacklich wohl den größten Wert hatte, entsprach diese Methode doch nie dem praktischen Service, denn nach der Abnahme von nur einigen Portionen war das Bild der „schönen Ansicht" stark verunstaltet. Um dem praktischen Service näherzukommen, ging man später dazu über, den rohen Lachs nebst Kopf und Schwanzflosse längs zu halbieren, die Grätenpartien zu entfernen und nach dem Pochieren und Abziehen diese haut- und grätenlosen Lachshälften garniert nebst Umlagen anzurichten. Nun konnte, mit dem Messer geschnitten, grätenlos vorgelegt werden. Doch war die Garnituraufteilung, besonders bei Krebsschwänzen oder Hummerfleisch, nicht korrekt durchführbar. Auch diese Methode war noch keine Ideallösung. Die heutige Zeit verlangt ein sauberes, schnelles und praktisches Service, dem wir beim Anrichten unserer Platten entsprechen müssen. Dieser Erkenntnis folgend hat sich ein Anrichtestil entwickelt, bei dem der kalte Lachs portioniert angerichtet und durch Anlegen von Kopf und Schwanzstück die ursprüngliche Form des Fisches betont wird. Diese Art des Anrichtens trägt darüber hinaus der wirtschaftlichen Seite voll Rechnung.

Die Zubereitung des Lachses ist auf den Seiten 240—244 eingehend beschrieben.

Umlagen: Oval ausgestochene dicke Scheiben grüner Gurken, die ausgebohrt und kurz blanchiert wurden. Füllung: Krebs-Schaumbrot (S. 260), garniert mit kupierten Krebsnasen und Krebsschwänzen.

Hartgekochte halbierte Eier. Das Eigelb, entnommen und zu Krem verarbeitet, wurde mit breiter Sterntülle als Tupfen auf die mit Kaviarsahne erhaben aufgestrichenen Eihälften gespritzt. Im Mittelpunkt Tomatenwürfel.

Garnierte Lachs-Mayonnaise — Mayonnaise de saumon garni

Gekochter Lachs, Spargelstücke und Champignonscheiben, mit Zitrone, Öl, Salz, Pfeffer und etwas frischem Dill angemacht, werden kuppelartig auf einer runden Porzellan- oder Glasplatte angerichtet. Die Oberfläche wird mit Mayonnaise überzogen. Als Dekor verwendet man mit Eigelbkrem bespritzte und mit einem Kaviartupfen versehene Eierscheiben und auf marinierten, frischen Gurkenscheiben ruhende, mit Estragonblättern und einem Radieschenanschnitt garnierte Lachsmedaillons. Radieschenscheiben und ein Blumenkohlröschen bilden den Abschluß. Zwischen den Eierscheiben liegen Scheibchen von gefüllten Oliven.

d Schinken-Schaumbrot

Mürbteigschiffchen erhalten eine Füllung. – Dekor: Feine Streifchen von Schinken und eine aus geriebenem Meerrettich geformte Kugel.

e Räucherlachs-Schaumbrot

Inhalt: Räucherlachs-Schaumbrot. — Dekor: Räucherlachstüte mit Kaviar.

f Schinkentüten

Inhalt: Schinken-Schaumbrot. — Dekor: Kresse.

g Krebs-Schaumbrot-Tartelett

Inhalt: Krebs-Schaumbrot. — Auflage: 2 Krebsschwänze.

h Karpfenmilch-Schaumbrot-Tartelett

Inhalt: Schaumbrot von Karpfenmilch. — Auflage: Eine Auster und Trüffelscheibchen.

Der Dekor zu den verschiedenen Mousselines kann beliebig variiert werden, jedoch muß die Auflage mit dem Grundmaterial geschmacklich harmonieren.

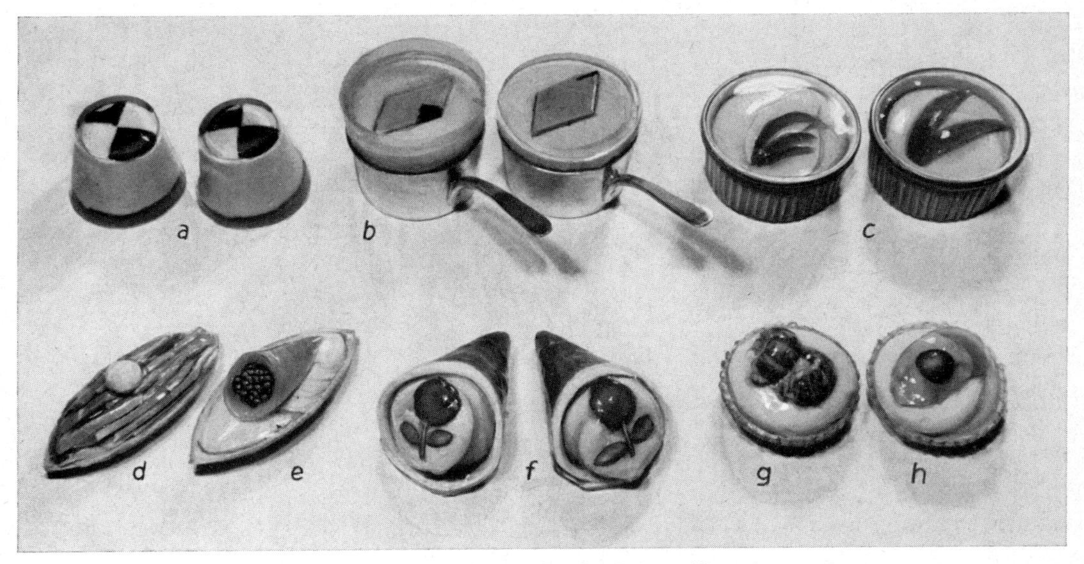

253. Service-Methoden für Mousselines

9. Vorspeisen in Gelee

Diverse Aspik - Förmchen

Kleine Aspiks in Dariole-Förmchen werden auch als Vorspeisen angewandt. In allen Fällen werden sie stets mit Gelee hohl ausgegossen, fast bis zum Rande gefüllt und dann mit Gelee abgeschlossen. Je nach Art, Zweck und Zeit können sie dekoriert oder undekoriert sein. Das Material für den Dekor richtet sich ganz nach der Füllung, für die ungezählte Variationen möglich sind. Krustentiere, Fisch, Fleisch, Wild und Geflügel können als Grundmaterial in den verschiedensten Verarbeitungen angewendet werden,

z. B. gekocht oder gebraten, in zierliche Stücke geschnitten oder als Schaumbrot oder als Salpikon mit Mayonnaise gebunden; desgleichen können auch gesulzte Salate von Gemüsen zur Anwendung gelangen.

10. Vorspeisen von Gänseleber

Aus dem Abschnitt „Gänselebergerichte" (S. 266) lassen sich die meisten Rezepte auch als Vorspeisen verwenden.

11. Belegte Röstbrotschnitten — Canapés

Die Canapés haben anderen Vorspeisen gegenüber den Vorzug, daß sie den Gästen in völlig mundgerechter Weise serviert werden und keiner weiteren Zutaten bedürfen. In manchen Fällen kommt es darauf an, das Service für die Gäste so bequem wie möglich zu gestalten. Dies ist bei den Cocktail-Empfängen oder während der Pausen bei Veranstaltungen ganz besonders der Fall.

Für die Canapés ist ausschließlich von der Rinde befreites Weißbrot erforderlich. Die Brotscheiben können von runder, ovaler oder eckiger Form und etwa $^1/_2$ cm dick sein. Sie können in geklärter Butter gebacken werden, es genügt aber auch, sie einfach zu rösten, doch sind sie dann, solange sie noch warm sind, mit Butter zu bestreichen. Wenn Canapés für eine nur kleine Personenzahl herzustellen sind, ist es üblich, die Schnittchen einzeln zu belegen. Kommt man jedoch in die Lage, solche für eine große Personenzahl herrichten zu müssen, so ist es angebracht, lange, von dem ganzen Brot geschnittene Platten in einem Stück fertigzumachen und diese dann in entsprechend kleine Stücke zu schneiden. Dies läßt sich natürlich nur da anwenden, wo ein Belag von Schinken, Zunge, Räucherlachs oder dergleichen in Frage kommt. Da die Herstellung größerer Mengen in diffiziler Ausführung sehr zeitraubend ist, wird man gezwungen sein, beizeiten mit der Anfertigung zu beginnen; jedoch wird dadurch der Belag leicht unansehnlich. Dem ist vorzubeugen, wenn man den Canapés mit einem Pinsel einen leichten Geleeüberzug gibt.

Für die Ausführung sind unendlich viele Variationen erdenklich; Hauptsache bleibt jedoch, daß bei den Kompositionen niemals die Harmonie außer acht gelassen wird. Dem Phantasiebegabten bietet sich hier ein unbegrenztes Feld zur Bearbeitung. Die folgende Serie der Canapés ist als kleiner Bruchteil der Möglichkeiten auf diesem Gebiete anzusehen; sie ist eine Richtschnur, nach welcher weitere Abweichungen zu entwickeln sind.

Dänische Schnittchen

Canapés à la danoise

Oval ausgestochene Brötchen werden mit Meerrettichbutter bestrichen und dann mit Streifen von Heringsfilet, Räucherlachs und Kaviar belegt.

Fischschnittchen

Canapés au poisson

Schaumig gerührte Butter verarbeitet man mit fein durchgestrichenem Hummermark und bestreicht damit trocken geröstete Weißbrotschnittchen. Außerdem erhalten sie von der gleichen Butter eine gespritzte Einfassung. Schließlich werden sie in der Mitte mit Streifchen von gedünstetem Fisch gefüllt.

Frühlingsschnittchen

Canapés printaniers

Runde geröstete Weißbrotscheiben werden mit frischer Butter bestrichen, alsdann mit Eier- und Radieschenscheiben belegt und mit Schnittlauch bestreut.

Hummer-Röstbrotschnitten

Canapés de homard

Ovale Weißbrotscheiben werden mit Sardellenbutter bestrichen und dann mit dünnen Hummerschwanzscheibchen belegt. Weiterhin werden sie mit gehacktem Eiweiß und Eigelb vollendet.

Kaviarschnittchen mit Eierbutter

Canapés au caviar à la Czarine

Kleine Toaste von beliebiger Form werden mit Butter bestrichen und erhalten mit der Zackentülle einen gespritzten Rand von schaumig gerührter Butter, der man durch ein feines Sieb gestrichenes Eigelb beigefügt hat. Der Kaviar ist in den Innenraum zu füllen.

Krabben auf Röstbrotschnitten

Canapés aux crevettes

Große geschälte Krabben werden gewaschen und auf ovale Röstbrotschnitten, die erhaben mit Sardellenbutter bestrichen sind, gelegt.

Krebsschnittchen mit Kaviar

Canapés d'écrevisses au caviar

Die mit Butter bestrichenen Schnittchen werden mit Eierscheiben belegt. Darauf garniert man eine mit Kaviar gefüllte Räucherlachsrosette und einige Krebsschwänze.

Krebsschnittchen

Canapés d'écrevisses

Rechteckige, kleine Buttertoaste werden mit dickgehaltener Remouladensauce bestrichen und dann mit halbierten, marinierten Krebsschwänzen belegt.

Kresseschnittchen

Canapés au cresson

Rund ausgestochene, trocken geröstete Weißbrotscheiben werden mit Sardellenbutter bestrichen und erhalten dann einen Rand von gehacktem Eigelb. Das innere Feld wird mit gehackten Kresseblättchen ausgefüllt.

Lucile-Schnittchen

Canapés Lucile

Rund ausgestochene Röstbrotscheiben werden mit Senfbutter bestrichen und erhalten dann eine Umrandung von gehackter Pökelzunge. Der innere Teil wird mit gehacktem weißem Geflügelfleisch gefüllt.

Neptun-Schnittchen

Canapés à la Neptune

Ovale Röstbrotschnittchen erhalten eine Einfassung von Krabbenschwänzchen. Der innere freie Raum wird alsdann mit einem in pikanter Mayonnaise angemachten Salat von zartem Fisch gefüllt und mit Hummer-Corail bestreut.

Nervi-Schnittchen

Canapés Nervi

Auf runde, trocken geröstete Weißbrotscheiben spritzt man ein Rändchen von schaumig gerührter Butter, die mit Zitronensaft und Pfeffer gewürzt ist. Der freie Innenraum ist alsdann mit einem pikanten, feinwürfelig geschnittenen Salat von englischem Sellerie und Languste zu füllen und mit einer halben, mit Piment gefüllten Olive zu garnieren.

Nikolaus-Schnittchen

Canapés St. Nicolas

Mit Butter bestrichene, ovale Röstbrotscheiben werden mit dünnen Scheiben von Gänseleber, die in Madeira gedünstet wurde, belegt und mit halben, abgezogenen Walnüssen garniert.

Périgord-Schnittchen

Canapés à la Périgord

Geröstete Schnittchen von ovaler Form sind mit Trüffelbutter zu bestreichen und mit einer dicken Trüffelscheibe zu vollenden.

Russische Heringsschnittchen

Canapés au hareng à la russe

Marinierte Heringsfilets, schräg in Streifen geschnitten und zu Ringen geformt, werden auf gebutterte runde Röstbrotschnitten gesetzt. In die Mitte füllt man eine feingeschnittene Mischung aus Äpfeln und Gewürzgurke, die mit pikanter Mayonnaise leicht gebunden wurde, und legt Cornichonfächer darauf.

Russische Schnittchen

Canapés à la russe

Oval ausgestochene Weißbrotscheiben erhalten einen Aufstrich von Lachsbutter, auf die man eine dünne Scheibe geräucherten Stör legt und mit einem Kaviarhäufchen vollendet.

Sardinenschnittchen auf französische Art

Canapés de sardines à la française

Für rechteckig geschnittene Scheibchen von Weißbrot werden entgrätete Sardinenfilets hergerichtet und reserviert. Weiterhin ist von einigen abgezogenen Sardellen eine Buttermischung zu bereiten, mit dieser sind die Schnittchen zu bestreichen und mit den Sardinenfilets zu belegen. Obenauf streut man einige Zitronenfleischwürfelchen.

Türkische Schnittchen

Canapés à la turque

Diese Schnittchen sind trocken zu rösten, mit Sardinenbutter zu bestreichen und dann mit Scampifleisch und mit Streifchen von marinierten roten Pfefferschoten zu garnieren.

Die Möglichkeiten für die Ausgestaltung der Canapés sind bei weitem noch nicht erschöpft. Sehr gut sind auch die verschiedenen Pürees, die aus Schlachtfleisch, Wild, Geflügel, Fisch, Schaltieren usw. hergerichtet werden können. Mit Butter zerrieben und pikant abgeschmeckt, lassen sich diese mittels Sterntülle schnell und sauber aufspritzen.

12. Cocktail-Bissen — Cocktail-Snacks

Eine von den Amerikanern und Engländern mitgebrachte Sitte ist die auch bei uns beliebt gewordene Cocktail-Party (vgl. S. 181). Dabei werden zu den wohlschmeckenden Mixgetränken Cocktail-Bissen gereicht. Sie werden auch mit "Snacks" bezeichnet. Diese Snacks sind kleinste geröstete Weißbrotschnitten von beliebiger Form oder kleinste Schiffchen und Tarteletts sowie aus passenden Teigen ausgestochene und gebackene Teilchen, die recht pikant und verschieden bestrichen, belegt und dekoriert werden. Diese Beigabe macht den Cocktail bekömmlicher und muß geschmacklich und qualitativ harmonisch zum gereichten Drink passen. Es kommt darauf an, diese Snacks recht appetitlich und ansprechend herzurichten. In folgenden Bildern sind Beispiele gegeben.

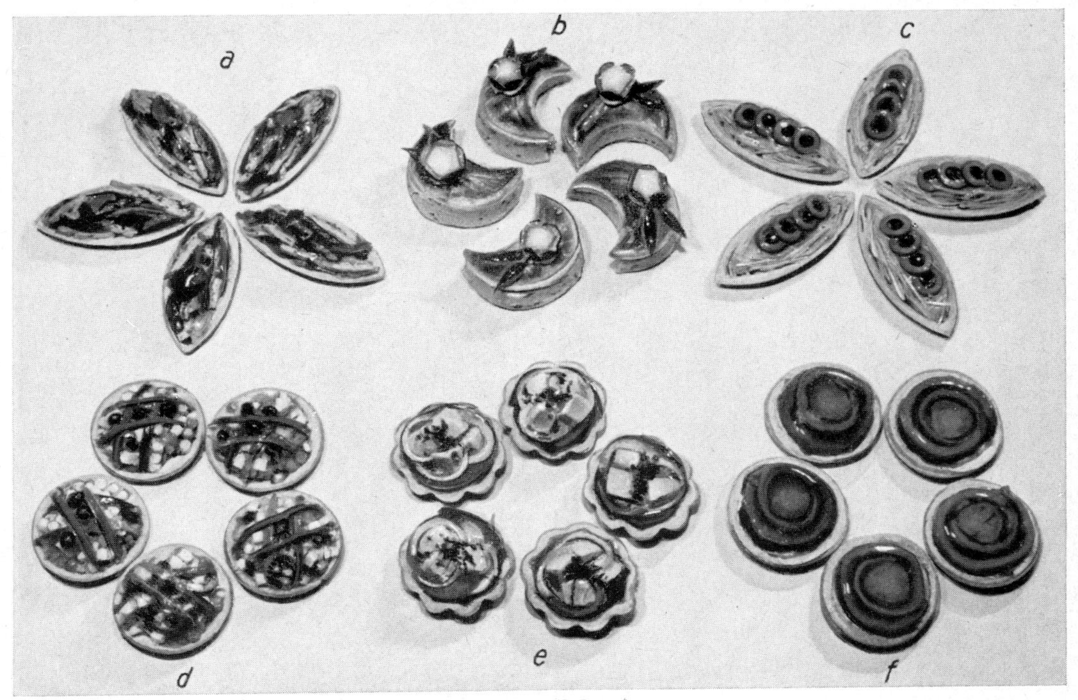

254. Cocktail-Snacks
Gefüllte Schiffchen, Tarteletts und ausgestochene, gebackene Teigplättchen mit verschiedenen Füllungen

a Wurst- und Tomatenstreifchen auf Chili-Meerrettich mit Kresseblatt;
b Halbmonde-Teigplättchen mit einer Füllung von Käsekrem, obenauf Radieschenrose mit Blatt von grüner Bohne;
c Hirn mit Senf, Sahnemayonnaise und Kräutern gebunden, mit einer Auflage von Selleriestreifchen und gefüllten Olivenscheibchen;
d Gemüsesalat mit einer Auflage von Eierwürfeln, Sardellenstreifchen und Kapern;

e Zwiebeln, Pilze, Kapern, Gurken und feine Kräuter werden mit Olivenöl angeschwitzt, mit Weißwein abgelöscht und mit Catchup verkocht. Diese Mischung wird kalt in Tartelett gefüllt, mit Würfeln von Thunfisch belegt, mit Zwiebel- und Tomatenstreifchen eingefaßt und mit Schnittlauch bestreut;

f Heringsröllchen mit Gurkenscheibe auf Remoulade.

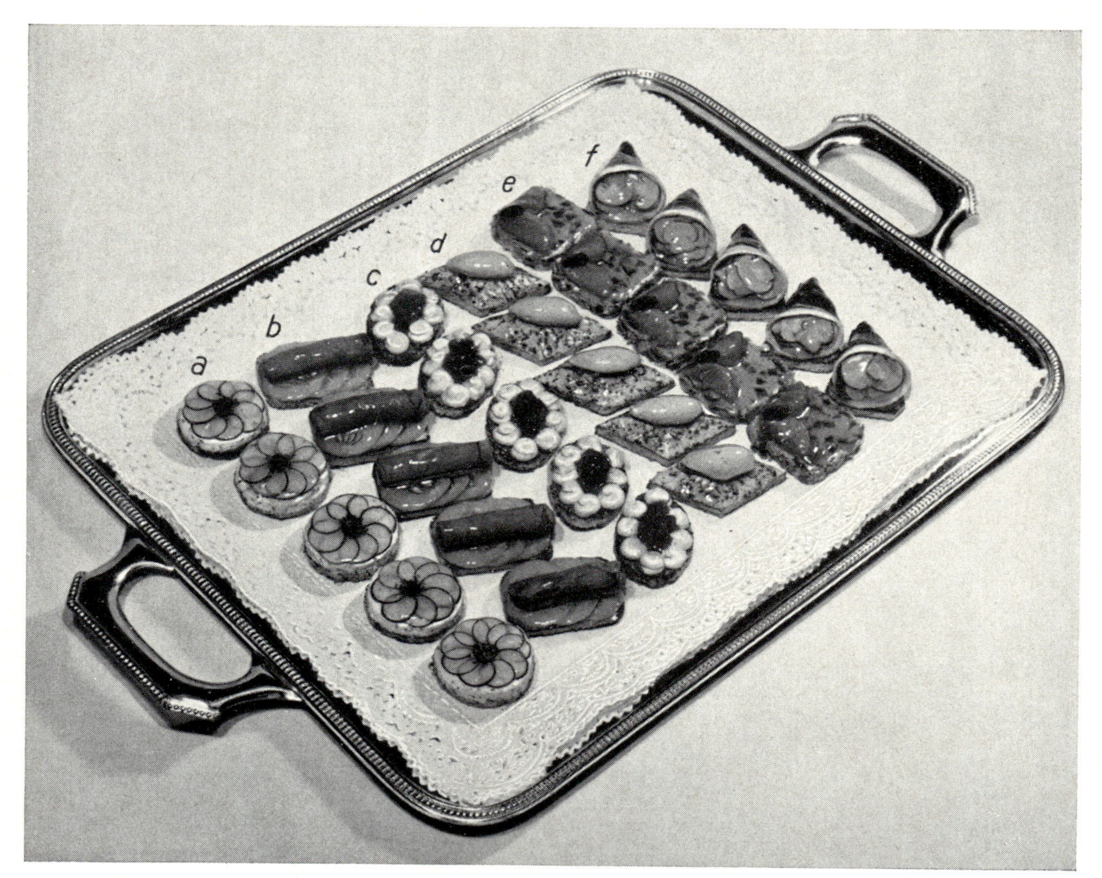

255. Cocktail-Snacks
Geröstete Weißbrotschnittchen von beliebiger Form mit verschiedenem Belag

a Gervaiskrem. Auflage: Radieschenscheiben und geschnittener Schnittlauch;

b Aufstrich von Schalottenbutter, Belag: frische marinierte Gurkenscheiben, darauf ein Roastbeefröllchen gefüllt mit Sweetpickles;

c Einfassung: Eigelbkremtupfen — Mitte: Mit Pfeffer und Salz gewürzte Tomatenfleischwürfel;

d Aufstrich von getrüffeltem Gänseleberpüree, darauf ein Gänseleberei;

e Fasanenterrine (Scheibchen) auf Trüffelbutter, seitlich mit gehobelten, gerösteten Mandeln eingestreut, Dekor: Mandarinenfilets und Trüffelscheibe;

rohe Schinkentüten auf Senfbutter, gefüllt mit pikanten, mit Sahne gebundenen Champignonscheibchen.

256. Cocktail-Bissen mit verschiedenen Beigaben

Die Weißbrotschnittchen, 3 cm lang und 2 cm breit, sind oval ausgestochen, geröstet, mit Butter bestrichen und verschieden belegt. Auf einer mit Geleespiegel versehenen Silberplatte wurden sie in Reihen geordnet angerichtet. Mit Salzmandeln, Oliven, kleinen Brezeln und Chips stehen sie zum Empfang bereit. Mit den bunten Cocktailstäbchen im Hintergrund werden die kleinen Bissen aufgespießt. Bei großen Anlässen ist es zweckmäßig, die Röstbrotschnittchen jeweils mit einem Spießchen zu bestecken; allerdings wird die schöne Ansicht durch den „Spießchenwald" beeinträchtigt

Der Belag der abgebildeten Schnittchen besteht aus:

1. Räucherlachswürfelchen, Sahnemeerrettichstern mit gehackten Radieschen
2. Ei, Tomatenstreifen und Schnittlauch
3. Roastbeefschlaufen mit Cornichonfächer
4. Käsekrem mit Paprika, darauf aufgeschnittene Weinbeere mit Schweizerkäsewürfelchen
5. Kaviarsahne mit 2/2 Krebsschwänzen
6. Piccalilli-Eiersalat, Kalbsbratentütchen mit Fleischgelee
7. Katenschinkenwürfelchen mit Melone und Trüffelscheibchen

Hier ist für die kalte Küche ein neues, interessantes und sehr umfangreiches Aufgabengebiet entstanden. Diese Arbeit erfordert geschickte, sehr schnelle Hände und ein wohldurchdachtes Mise-en-place.

Die Anlässe für die Cocktail-Parties sind sehr verschieden. Drinks und Snacks reicht man auch vor einem Essen, in Sitzungspausen, bei Vorstellungen, Empfängen und Kongressen sowie bei zwanglosen Zusammenkünften. Da der Cocktail meistens im Stehen eingenommen wird, besteckt man die Cocktail-Canapés zur besseren Entnahme mit Holzstäbchen oder Cocktailspießchen. Zu großen Cocktail-Parties, bei denen eine Vielzahl solcher Canapés gereicht werden und rechtzeitig vorbereitet sein müssen, erweist es sich als vorteilhaft, diese mit einem Pinsel ganz leicht mit Gelee zu betupfen. — Außer den genannten Snacks werden Kartoffel-Chips, Salzmandeln, Salzstangen und -brezeln sowie Oliven bereitgehalten.

13. Gekühlte Früchte als Vorspeise

Melonen

Man unterscheidet zwischen Zucker- und Wassermelonen. Die Saisonzeit für *Zuckermelonen* ist von Juni bis Oktober. Ausgezeichnete Sorten kommen aus Frankreich, von denen die Cantaloup- und Ananasmelonen aus Charantaise und Cavaillon den Vorzug genießen. Sie haben süßes, sehr wohlschmeckendes Fruchtfleisch und starken aromatischen Geruch.

Melonen werden meistens frisch verzehrt. Wegen ihres reichen Saftgehaltes (90—95 %) sind sie äußerst erfrischend. Ihr volles Aroma entwickeln sie erst, wenn sie gut gekühlt sind.

Auch in den Winter- und Frühjahrsmonaten sind Melonen aus heißen Ländern auf dem Markt, die jedoch die Qualität der französischen Melonen nicht erreichen.

Wassermelonen werden von August bis Oktober geerntet. Sie haben rotes, wäßriges Fruchtfleisch, durchsetzt mit zahlreichen braunen bis schwarzen Kernen und einen faden Geschmack. Wassermelonen sind minderwertig und scheiden darum für die gewerbliche Küche aus.

Melone mit Schinken

Melon au jambon

Gut durchgekühlte Melonen werden halbiert, von den Kernen befreit und auf Eisstückchen angerichtet. Als Beilage reicht man milden Schinken beliebiger Art, wie Katen-, Coburger, Westfäler, Bündner-, Parma- oder Lachsschinken.

Auch hauchdünn geschnittenes Bündner-Fleisch eignet sich gut zur Melone.

Melone mit Ingwer

Melon au gingembre

Aus Melonenhälften entfernt man die Kerne, setzt sie auf eine Unterlage von kleingemahlenem Eis und füllt in die Hohlräume je einen Eßlöffel Sahnemeerrettich, unter den zuvor feingehackte Senffrüchte gemengt wurden. Weißer, in Zuckersirup eingelegter Jamaika-Ingwer, in Streifchen geschnitten, wird abschließend auf den eingefüllten Sahnemeerrettich gestreut, worauf die Melonen sogleich zu Tisch gegeben werden.

Melone mit Krebsen

Melon aux écrevisses

Das Fruchtfleisch vorbereiteter, halbierter Melonen wird mit dem Olivenausbohrer entnommen und mit einigen frischgekochten, ausgebrochenen Krebsen kaltgestellt. Mit

Orangensaft, Chilisauce, etwas Cognac, wenig Salz und frischgemahlenem Pfeffer sowie Dill und Öl sind die gekühlten Bestandteile zu vermengen und in die Melonenschalen einzufüllen. Der Fond wird mit pikanter Mayonnaise und geschlagener Sahne gebunden, um damit die gefüllten Melonen zu überziehen. Nachdem noch Trüffelstreifchen aufgestreut wurden, serviert man sie recht kalt (vgl. auch Bild 208).

Melone in Kirsch oder Cognac

Melon au Kirsch ou Cognac

$1^1/_2$—2 cm große Melonenwürfel oder -scheiben gibt man in eine Terrine, bestreut den Inhalt mit Zucker und stellt das Ganze auf Eis. Vor dem Servieren werden sie mit Cognac, Kirsch oder auch Maraschino getränkt und in gekühlter Glasschale serviert.

Melone in Wein gekühlt

Melon frappé au vin

Eine schöne reife Cantaloup-Melone wird um den Stiel herum aufgeschnitten, so daß eine etwa 10 cm breite Öffnung gegeben ist. Nun bedient man sich eines silbernen Löffels und nimmt mit diesem die Fasern und Körner aus der Frucht. Dann gibt man in das Innere $^2/_{10}$—$^3/_{10}$ l Portwein, Madeira, Sherry oder Marsala, schließt die Melone wieder mit dem abgenommenen Deckel und läßt sie mehrere Stunden im Kühlraum stehen. Zum Gebrauch wird das mit Wein getränkte Fleisch mit dem Löffel muschelartig ausgestochen und auf eisgekühltem Spezialgeschirr (vgl. S. 139) oder auf eisgekühlten Glastellern angerichtet und sofort serviert.

Eine weitere Möglichkeit für das Service der Melone als Vorspeise besteht darin, diese mit Salz und Pfeffer zu genießen. In diesem Falle wird die Melone geschält und in Stücke geschnitten serviert.

Pampelmuse

Grapefruit

Bei gewöhnlicher Zubereitung wird die Grapefruit in der Mitte quer durchgeschnitten, die Kerne herausgenommen, das Fleisch von der Schale gelöst, eingeschnitten und mit Zucker bestreut. Die so hergerichteten Früchte können noch mit Cognac, Kirsch oder mit verschiedenen Likören getränkt werden.

Eine bevorzugte Zubereitungsart für die Grapefruit ist die «en surprise». Zu diesem Zweck werden die Früchte korbartig ausgehöhlt, das Fleisch dann mit Orangen-, Apfel-, Bananen-, Pfirsich-, Ananasscheiben und Kirschen vermischt und mit Arrak, gutem Weinbrand oder Maraschino eine Stunde vor dem Service mariniert. Die Früchte sind sodann in die Schalen zu füllen und darin auf Eis zu servieren.

Feigen

Figues

Diese werden als frisch-reife Früchte mit Weinblättern eisgekühlt serviert.

Kirschen nach deutscher Art

Cerises à l'allemande

Sauren Kirschen bester Qualität wird der Stiel mit der Schere bis auf 2 cm gestutzt. Die Früchte sind alsdann in einen hohen, schmalen Steintopf zu geben, in dem sie unter Hinzufügen von ein wenig geriebener Muskatnuß, etwas Zimt, Nelken und frischem Estragon mit Weinessig übergossen werden, der mit Zucker aufgekocht wurde. Die Beize muß völlig ausgekühlt sein, wenn sie darübergegeben wird. Bis zum Gebrauch müssen die Früchte 14 Tage stehen.

Oliven

Olives

Oliven sind hier nur als Konserven erhältlich. Sie werden, mit dem Kern oder auch verschiedenartig gefüllt, meistens in Gläsern angeboten.

Gefüllte Oliven

Olives farcies

Für diese Zwecke sind die Oliven zu entsteinen und mit Sardellen-, Räucherlachs- oder einer sonstigen Buttermischung zu füllen.

Ein Vorspeisen-Arrangement von Früchten und Schaltieren

Zu diesem Vorspeisen-Arrangement wurden Ananas, Melone, Bananen, Pfirsiche, Orangen, blaue Weintrauben, rohe Staudenselleriestreifchen und Walnußkerne sowie das Fleisch von Hummer und Krebsen, zierlich und korrekt geschnitten, zu einem Salat vereint, der mit Salz, Pfeffer, Orangen- und Zitronensaft, Tomaten-Catchup und Olivenöl angemacht wurde. — Vor dem Anmachen wurden schöne Dekorstücke von allen Einzelheiten reserviert.

Nachdem man den Salat in die ausgehöhlten Früchte gefüllt hat, wird der rückständige Fond mit geschlagener Sahne und wenig Mayonnaise versetzt. Mit dieser dickflüssigen Bindung wird die Oberfläche der gefüllten Früchte überzogen. Obenauf werden, wie aus dem Bild 257 ersichtlich, die Auflagen gefällig angeordnet.

Eine längs halbierte Ananashälfte, mit dem Salat gefüllt, erhielt eine Auflage von Ananas- und Trüffelscheiben; außerdem wurde sie mit Hummerscheren flankiert.

Die Melone erhielt eine Füllung vom gleichen Salat. Der Dekor besteht aus rund ausgebohrtem Melonenfleisch, blauen Weintrauben, Hummerschwanzscheiben, Bananenscheiben, längs durchgeschnittenen Pistazien und einem am aufgeklappten Melonendeckel befestigten Zierspieß mit Früchten.

Die Bananen werden ebenfalls mit dem vorerwähnten Salat gefüllt und dann mit Bananen- und Hummerschwanzscheiben dekoriert.

Schließlich haben noch halbe Pfirsiche, mit gleichem Salat gefüllt, mit Hummerschwanzscheiben, längs halbierten Pistazien und Trüffelstiften garniert, auf der Platte ihren Platz gefunden.

Das Hummerfleisch ist von der unteren Schwanzseite dem Hummerkörper entnommen. Dieser ist leer als Dekoration angewandt und ruht auf einer mit Salatblättern umkleideten Pampelmuse, mit einem Zitronenstern-Zierspieß gehalten.

257. Vorspeisen von Früchten und Schaltieren

Frische Erdbeeren und abgezogene Walnußkerne vollenden das zu einem Stilleben gestaltete, farbenfreudige, moderne Vorspeisen-Arrangement.

14. Kleines Gebäck als Vorspeise

Blätterteigstäbchen

Allumettes

Halbblätterteig ist dünn auszurollen und in Stäbchen von etwa 2 × 8 cm zu schneiden. Die Teigplättchen sind alsdann mit herzhaft gewürzter, sehr leicht gehaltener Farce zu bestreichen und in mäßig heißem Ofen zu backen. Der beizulegende Name richtet sich nach der verwendeten Farce.

Blätterteigstäbchen mit Champignonfüllung

Allumettes aux champignons

Die Füllung besteht aus Kalbfleisch-Farce, die man mit gehackten, in Butter ansautierten Champignons vermischt hat.

Blätterteigstäbchen mit Lachsfüllung

Allumettes de saumon

Die Behandlungsweise ist die gleiche wie vorher beschrieben. Für die Füllung ist Lachs-Farce erforderlich, der man feingeschnittene Würfel von Räucherlachsresten beigegeben hat.

Blätterteigstäbchen mit Trüffelfüllung

Allumettes aux truffes

Zur Füllung nimmt man Geflügel-Farce, der in Madeira gedünstete, feingehackte Trüffeln beigefügt sind.

Blätterteigstäbchen mit Sardellen

Allumettes aux anchois

Halbblätterteig, wie vorstehend angegeben, erhält einen Aufstrich von leichter Fischfarce, unter die man Sardellenbutter und feinwürfelig geschnittene Sardellenfilets gezogen hat. Die Stäbchen werden alsdann langsam gebacken.

Herzogin-Krapfen mit Geflügel-Schaumbrot

Duchesses au mousse de volaille

Die Duchesses unterscheiden sich von den Carolines nur in der Form. Sie werden aus dem gleichen Teig (Brandteig) gebacken, doch in diesem Falle in Form kleiner Windbeutel von Walnußgröße. — Die Füllung der Duchesse-Krapfen besteht aus Geflügel-Schaumbrot.

Herzogin-Krapfen mit Kaviar

Duchesses au caviar

Für diese Krapfen verwendet man eine Füllung von geschlagenem Rahm, der mit Kaviar unterzogen ist. Leicht mit Gelee überglänzt, sind sie kalt zu servieren.

Herzogin-Krapfen Nantua

Duchesses Nantua

Für diese Art ist zur Füllung ein Krebs-Schaumbrot erforderlich.

Herzogin-Krapfen auf norwegische Art

Duchesses à la norvégienne

Püree von Sardellen wird mit Butter verarbeitet und dann in kleinen Mengen zum Füllen der Krapfen verwendet.

Herzogin-Krapfen mit Räucherlachs

Duchesses au saumon fumé

Die Krapfen werden mit einem aus Räucherlachsresten und frischer Butter im Mixer feingeriebenen Püree sparsamst gefüllt. Es ist erforderlich, die Krapfen recht kalt zu servieren.

Herzogin-Krapfen nach türkischer Art

Duchesses à la turque

Die Füllung besteht aus mild gehaltenem Scampi-Schaumbrot, dem man gehackte Pistazien unterzogen hat. Dünn mit Gelee überglänzt, werden die Krapfen mit gehackten Pistazien bestreut.

Blitzkuchen

Carolines

Aus ungezuckertem Brandteig spritzt man kleine längliche Streifen auf ein Backblech und bäckt diese zu hellgelber Farbe. Nach dem Erkalten füllt man diese Blitzkuchen mittels Spritzbeutel mit Püree von Gänseleber, Wild oder Geflügel. Die Blitzkuchen (Carolines) unterscheiden sich von den Herzogin-Krapfen (Duchesses) nur in der Form.

Blitzkuchen mit Schnepfenpüree

Carolines au mousse de bécasses

Für die Füllung werden Reste von gebratenen Schnepfen zu einem feinen Püree verarbeitet, das, nachdem es durchgestrichen ist, mit frischer Butter und Cognac geschmacklich vollendet wird. Sie werden mit einer Trüffelscheibe belegt und dünn mit Gelee überglänzt.

Sardinen-Roulade

Roulade de sardines

Eine dünne Biskuitplatte ohne Zucker wird unmittelbar nach dem Backen mit Sardinenpüree bestrichen und dann zu einer Roulade von 5 cm Durchmesser zusammengerollt. Nach dem vollständigen Erkalten schneidet man von dieser Roulade dünne Scheiben.

15. Mürbteig-Schiffchen mit verschiedenen Füllungen

Eine sehr feine Art von Vorspeisen ist in den Schiffchen und den Tarteletts gegeben. Im Grunde genommen sind sie dasselbe; sie unterscheiden sich nur in der äußeren Form. In Escoffiers Kochkunstführer wird diese Art von Vorspeisen unter dem Sammelnamen «Frivolités» geführt.

Die Füllung kann höchst verschiedenartig sein, dem Geschmack und der Phantasie sind hier größte Entfaltungsmöglichkeiten gegeben. Es sind z. B. alle Schaumbrotarten anwendbar. Wenn das Schaumbrot in die Schiffchen gefüllt wird, so ist es mit einem in warmes Wasser getauchten Tischmesser ein wenig erhaben aufzustreichen und zu glätten. Man kann das Schaumbrot mit dem Messer oder auch mit Spritzbeutel und Tülle in die Schiffchen füllen. Durch geeigneten Dekor können die Schiffchen zu sehr guter Wirkung gebracht werden.

Es ist nach Möglichkeit zu vermeiden, die Schiffchen allzulange vor dem Servieren fertig zu halten, denn die verschiedenen Füllungen haben mehr oder weniger Feuchtigkeit in sich, die der Teig aufnimmt und die ihn unansehnlich macht.

Die gefüllten Schiffchen sind, nachdem sie einen leichten Gelee-Überzug erhalten haben, auf flacher Kristallschale oder auf einer Platte mit gebrochener Serviette anzurichten.

Der Teig ist nach folgendem Rezept herzustellen: 300 g Mehl, etwas Salz, 1 Ei, 1 Eigelb, 150 g flüssige, jedoch kalte Butter und ganz wenig Wasser sind zu einem Teig anzuwirken, jedoch nicht mehr zu bearbeiten als gerade erforderlich ist. Zusammengerollt läßt man ihn dann mehrere Stunden ruhen, um später Schiffchen oder Tarteletts damit auszulegen und diese blaßgelb zu backen.

Hummer-Schiffchen

Barquettes de homard

Die Füllung ist Hummer-Schaumbrot, garniert mit einem kleinen Hummerschwanzscheibchen und einem Häufchen Kaviar.

Kaviar-Schiffchen

Barquettes de caviar

Die Schiffchen werden mit Kaviarkrem (S. 197) erhaben gefüllt und mit einem Strich Kaviar garniert.

Krabben-Schiffchen

Barquettes de crevettes

Die Teigschiffchen sind mit Krabben-Schaumbrot zu füllen; sie werden dann mit einem Krabbenkörper mit dem daran verbliebenen ausgebrochenen Krabbenschwanz verziert und mit Gelee überglänzt.

Krebs-Schiffchen

Barquettes d'écrevisses

Für die Füllung wird Krebs-Schaumbrot verwendet. Garnitur: Krebsschwänze.

Lachs-Schiffchen

Barquettes de saumon

Die mit Lachs-Schaumbrot gefüllten Schiffchen erhalten eine Garnitur von einem kleinen Räucherlachsring, der mit Kaviar zu füllen ist.

Schiffchen mit Gänseleber-Schaumbrot

Barquettes au mousse de foie gras

Die gefüllten Schiffchen sind mit ausgestochenen Trüffelscheiben oder mit kleinen Gänseleber-Trüffeln zu dekorieren.

Schiffchen mit Geflügel-Schaumbrot

Barquettes au mousse de volaille

Hierfür ist eine Garnitur von grünen Spargelspitzen anzuwenden.

Schiffchen mit Wild-Schaumbrot

Barquettes au mousse de gibier

Wirksame Garnituren für diese Schiffchen sind weiß oder braun chaudfroidierte Champignonköpfe.

Seezungen-Schiffchen

Barquettes de filets de sole

Die Schiffchen werden mit Tomaten-Schaumbrot gefüllt und mit länglich geschnittenen Stückchen von gedünsteten Seezungenfilets garniert. Auf diese legt man wiederum eine ausgestochene Trüffelscheibe und Kerbelblättchen.

Sprotten-Schiffchen

Barquettes de mélettes

Die Schiffchen sind mit Sprotten-Schaumbrot zu füllen und mit unbeschädigten Sprottenfilets zu belegen. Am inneren Rand des Schiffchens ist alsdann mit schaumig gerührter Butter eine sehr feine Einfassung zu spritzen.

Yorker Schiffchen

Barquettes d'York

Die Schiffchen werden mit Schinken-Schaumbrot, wie auf S. 304 erläutert ist, mit schwacher Wölbung gefüllt und erhalten als Garnitur ein kleines Schinkentütchen, das mit der Zackentülle ebenfalls mit Schinken-Schaumbrot gefüllt wird.

Zander-Schiffchen

Barquettes de sandat

Zander-Schaumbrot wird in Teigschiffchen gefüllt, erhaben aufgestrichen und mit einer kleinen entbarteten Muschel belegt.

*

In der gleichen Art lassen sich Mayonnaisen von Krustentieren und Fischen sowie die verschiedensten, allerdings sehr kleinwürfelig geschnittenen Salate wirkungsvoll für das Service von Vorspeisen gestalten.

258. Kleine Vorspeisen in Teigschiffchen und -tarteletts

Erläuterungen zu Bild 258:

a Gänseleberträffeln (S. 268) auf Madeiragelee;

b Thunfischwürfel auf Tomaten-Schaumbrot (S. 292), Auflage: Tomatenstückchen und gefüllte Olivenscheiben;

c Krebs-Schaumbrot (S. 260), Auflage: Krebsschwänze und Kaviartupfen;

d Roastbeefröllchen, leicht mit Orangenmarmelade eingestrichen, auf Sahnemeerrettich, Auflage: feine Selleriestreifchen;

e Hummer-Schaumbrot (S. 258), Auflage: Hummerschere, Trüffelscheibe, Estragonblatt, Erbse;

f Seezungen- und frische Gurkenstreifchen sowie Tomatenraute auf Fisch-Schaumbrot (S. 291);

g Geflügelmedaillons auf Geflügel-Schaumbrot (S. 291), Auflage: Champignonkopf, Trüffelscheibe, rote Paprikaschote;

h Räucherlachs-Schaumbrot (S. 291) zwischen 2 Blätterteigscheiben, Auflage: Räucherlachsring, gefüllt mit geriebenem Meerrettich;

i Schinken-Schaumbrot (S. 305), Auflage: Schinkenröllchen mit Spargel.

16. Tarteletts mit verschiedenen Füllungen

Es folgen einige weitere Beispiele für Tartelett-Füllungen, die genausogut wie die Schiffchen verwendet werden können, ebenso wie deren Füllungen zu den Tarteletts.

Tarteletts mit Gänseleber-Parfait

Tarteletts au parfait de foie gras

In kleine Tarteletts gibt man 1 cm hohe, in Fünfmarkstückgröße ausgestochene Gänseleber und darauf eine rund ausgestochene Trüffelscheibe. Die Tarteletts werden alsdann bis zum Rand mit dickflüssigem Gelee gefüllt.

Hummer-Tarteletts

Tartelettes de homard

Ein großer Hummer wird ausgebrochen, und danach wird von den Scheren und Parüren ein feinwürfeliger Salat geschnitten, der mit pikanter Mayonnaise anzumachen ist. Mit dem Salat füllt man nun die Tarteletts bis zu halber Höhe, gibt auf jedes ein dünn geschnittenes Hummerschwanzscheibchen und darauf eine Trüffelscheibe.

Forellen auf norwegische Art — Truites à la norvégienne

Der an den Forellen haftende Schleim bewirkt beim Garziehen das Blauwerden, deshalb wäscht man sie stets unter fließendem Wasser, wie auch das Ausnehmen und Binden auf einer nassen Fläche erfolgt (vgl. Bild 21). Für kalte Platten ist es vorteilhaft, die Forellen 5—6 Stunden vor dem Sieden zu schlachten, wodurch zu starkes Reißen der Fische verhindert wird. Mit Essig beträufelt sind sie in reichlich kochendes Salzwasser zu legen. Sofort wieder vom Feuer genommen, ziehen die Forellen je nach Größe 5—10 Minuten abseits des Herdes gar und bleiben bis zum Erkalten im Fond liegen. — Bei eiligen Bestellungen kann das Auskühlen vom Zeitpunkt des Garseins an durch Hinzufügen von Kristalleis und einer dem Eis entsprechenden Menge Salz beschleunigt werden. — Zum Garnieren setzt man die kalten Fische auf ein Abtropfgitter. Die Rückenflossen werden entfernt; in die Krümmungen steckt man je 3 Spargelspitzen und einen Krebsschwanz und überglänzt die garnierten Forellen mit Fischgelee. An die Stelle der Flosse wird abschließend ein Streifen Kaviar gesetzt. Die Forellen sind auf einer Silberplatte mit Geleespiegel anzurichten. Die Umlage besteht aus gewürzten Tomatenvierteln, auf denen Eierviertel mit einer Füllung von Eigelbkrem mit feinen Räucherlachswürfeln und feingeschnittenem Schnittlauch geordnet sind. Beigabe: Mayonnaisensauce.

Garnierte Hummer-Mayonnaise — Mayonnaise de homard garni

Die Hummer-Mayonnaise wird, wie auf Seite 256 näher erörtert, vorbereitet. Vor dem Auflegen der Garnitur sind auf der Oberfläche 8 gleich große Teile zu markieren (vgl. Schema S. 400 u. 403).

Die Garniturbestandteile: Längshalbierte Hummerscheren, längshalbierte, in schräge Scheiben geschnittene Hummerschwänze, Spargelspitzen, halbierte Champignonköpfe, Trüffelscheiben, längshalbierte Oliven, Würfel von gekochtem Ei und Hummer-Corail.

Die Garnitur ist wie folgt anzuordnen: Zunächst werden 2 und abermals 2 sich gegenüberliegende Felder mit je einem kleinen längshalbierten, in schräge Scheiben geschnittenen Hummerschwanz in Hufeisenform belegt. Zwischen jede Hummerschwanzscheibe ist ein Trüffelscheibchen einzufügen. Der Hohlraum wird jeweils mit 2 Spargelköpfen ausgefüllt und mit einer längshalbierten Olive abgeschlossen. Nun erst werden die 4 weiteren, sich gegenüberliegenden, noch freien Felder ausgefüllt, und zwar, wie das Bild zeigt, mit kleinen längshalbierten Hummerscheren. Zwischen den Hummerscheren liegen Spargelköpfe, längshalbierte Oliven sowie Trüffelscheibchen. Die Mitte wird mit würfelig geschnittenem Ei und Hummer-Corail bedeckt. Einfassung: halbierte Champignons.

Lachs-Tarteletts

Tartelettes de saumon

Marinierte Lachsreste werden mit Mayonnaise gebunden, in Tarteletts gefüllt und dann mit Scheiben von gefüllten Oliven garniert.

Tarteletts Walterspiel

Tartelettes à la Walterspiel

Am besten schmecken die Tarteletts aus Blätterteig, sie können aber auch aus Pâte brisée hergestellt werden. Sie müssen rösch gebacken sein. Die Hauptsache ist, daß sie erst im letzten Moment gefüllt werden. Schwänze von frisch gekochten Krebsen sind für diese Zusammenstellung am geeignetsten. Erforderlich sind frisch geriebener Meerrettich mit wenig Schlagsahne, etwas Salz, Zucker und Paprika vermischt. Von diesem gibt man einen Mittellöffel voll in die Tarteletts, darauf je 25 g Malossol-Kaviar und um diesen je nach Größe 3—4 Krebsschwänze. — Beim Genuß sind die Tarteletts senkrecht zu zerteilen. Sie sind eine ganz vorzügliche Komposition, die nicht nur pikant und fein schmeckt, sondern auch leicht verdaulich ist.

*

Kleine Vorspeisen für das Hotel-Service

a Rehrückenscheibchen mit gedünsteter Apfelspalte und Paprikastreifchen;

b Salmmedaillons mit Spargelspitze und Krebsschwanz;

c halbe Eier, gefüllt mit mit Curry abgeschmeckten Erbsen, darauf Eigelbkrem gespritzt und Chutneystückchen;

d halbe Delikateßgürkchen, gefüllt mit italienischem Salat; 2 gefüllte Olivenscheibchen.

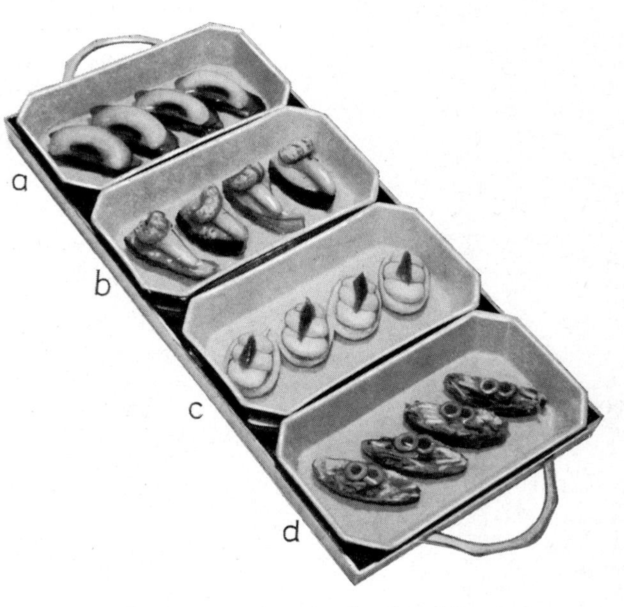

259. Kleine Vorspeisen für das Hotel-Service

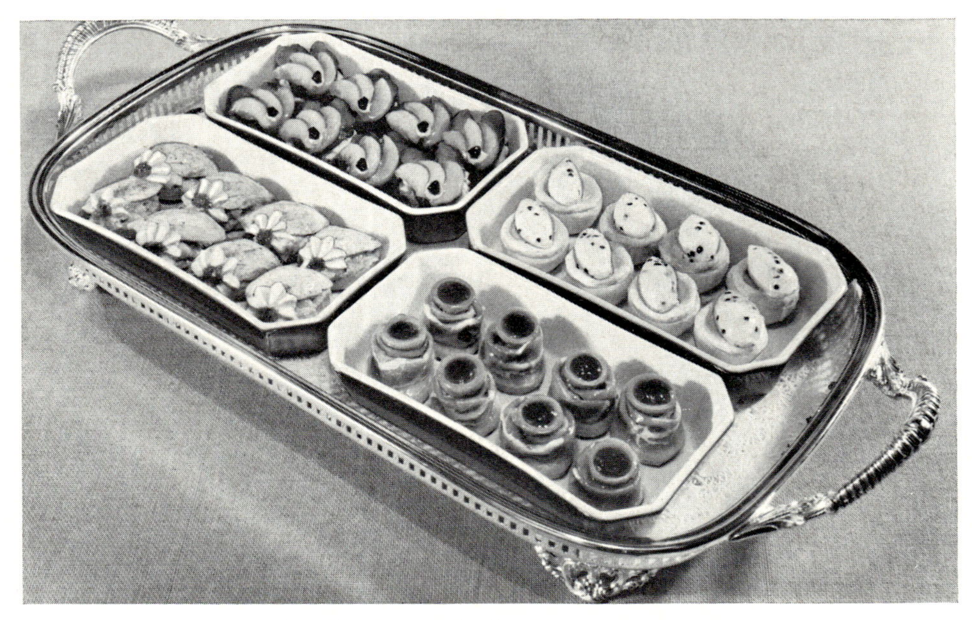

260. Ein Service für den Vorspeisenwagen

a Tomaten mit Apfelsalat, darauf Rehfiletscheiben, Melonenhalbmonde und Trüffelscheiben. *b* Halbierte, ausgehöhlte frische Feigen, gefüllt mit Salat von Mais, Feigen und roter Paprikaschote. Garnitur: Hühnerbrüstchen und Tupfen von Cognacsahne mit gehackten Senffrüchten. *c* Halbe, mit Eikrem gefüllte Eier, garniert mit Kaviarsahne. *d* Sellerieböden mit Schlaufen von rohem Schinken, darin $^1/_2$ Zwergorange mit Johannisbeergelee und dem Fruchtfleisch gefüllt

261. Kleine Vorspeisen für das Hotel-Service

a Eierscheiben vinaigrette;

b gefüllte Oliven, Tomatenstückchen und Zwiebelstreifchen in Zitrone- und Öl-Marinade;

c Chicorée auf griechische Art;

d Geflügelfleischstreifchen, Birnen- und Orangenspalten in Zitrone- und Öl-Marinade.

*

Vergleiche Vorspeisen für das Hotel-Service:

Farbtafeln
Kleine Vorspeisen für den Hors-d'oeuvre-Wagen und

Farbtafel
Erlesene Vorspeisen

17. Salate für Vorspeisen

Die Salat-Zusammensetzungen für Vorspeisen lassen sich in sehr großer Auswahl herstellen. Die Anrichteweise kann verschiedenartig sein. Gewöhnlich werden sie in kleinen Glasschälchen mit entsprechender Garnitur oder in flachen, großen Schalen angerichtet.

Salate für Vorspeisen sind im Kapitel „Salate", S. 342—363, zusammengefaßt.

18. Verschiedene Vorspeisen

Vorspeisen nach provenzalischer Art

Hors-d'oeuvre à la provençale

Das Arrangement entspricht der in der Provence üblichen Zusammenstellung, und zwar aus jungen marinierten Artischocken, Oliven, Radieschen, Sardinen, Sardellen, Tomatensalat und englischem Sellerie.

Schwedische Vorspeisen

Wenn von schwedischen Vorspeisen die Rede ist, so sind damit vor allem Fische gemeint, also alle möglichen Fischmarinaden, wie z. B. Gabelbissen, Matjes-Sild, Anchovis, Heringsfilets, Neunaugen, Bratheringe usw. Ferner kommen Fische in Öl, in Gelee, in Mayonnaise und auch geräucherte Fische in Frage. Weitere Bestandteile für schwedische Vorspeisen sind Hummer und Kaviar, die wiederum in Verbindung mit hartgekochten Eiern mannigfaltigste Zusammenstellungen ergeben. Auch die Tomate ist beliebt und wird in vielerlei Variationen serviert.

Vorspeisen, wie sie auf dem Restaurationsbüfett bereitgehalten werden

In stark besuchten Gaststätten werden die Vorspeisen, in den meisten Fällen zur Auswahl angerichtet, bereitgehalten. Für das appetitliche Anrichten ist natürlich eine geschmackvolle kleine Garnitur sehr wesentlich; für die Zusammenstellung ist auch die Jahreszeit ausschlaggebend.

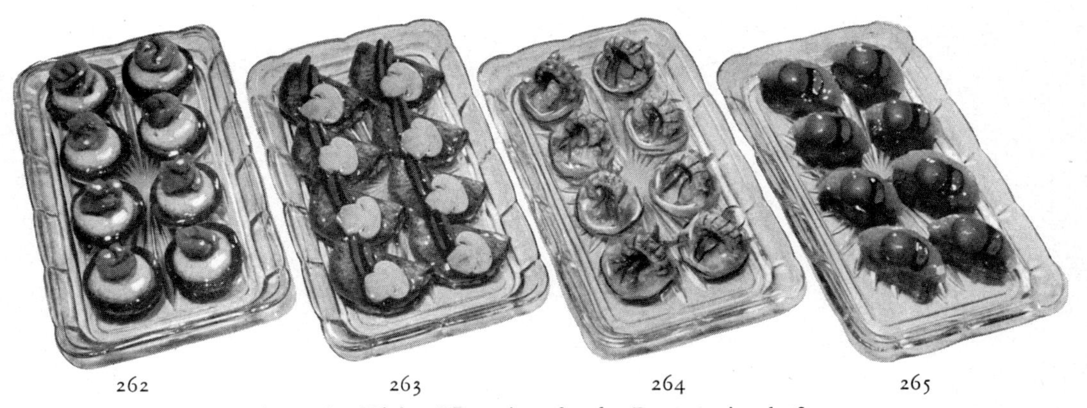

262 263 264 265

262.—265. Kleine Vorspeisen für das Restaurationsbüfett

266 267 268 269

266.—269. Salate für das Restaurationsbüfett

Erläuterung zu den Bildern.

262: Tomaten, gefüllt mit Räucherlachs-Schaumbrot und Rosette von Räucherlachs;

263: Zungentaschen, gefüllt mit Sweetpickles, Garnitur: grüne Bohne und Champignonscheibchen;

264: Artischockenböden, gefüllt mit Geflügelsalat, Garnitur: Krebsschwanz und Paprikastreifchen;

265: Rehmedaillons, Garnitur: Orangenspalte, Trüffelscheibe und $^1/_2$ Kirsche.

266: Zander auf provenzalische Art (vgl. S. 252);

267: Straßburger Salat (vgl. S. 358);

268: Reissalat mit Räucheraal, Tomaten und Paprikaschoten;

269: Salat Raphael: Endivien, Krebsschwänze, gekochtes Huhn und gekochte Eier.

9. Abschnitt

Eierplatten

Hinweise auf Farbtafeln mit Eierspeisen

Osterküken	siehe Farbtafel-Übersicht
Kollektion von halben garnierten Eiern	
Gefüllte Eier mit Gemüsesalat	

Mit Eier bezeichnet man im Handel nur Hühnereier. Alle anderen Geflügeleier, wie die unten abgebildeten Möwen-, Kiebitz- und Wachteleier, müssen mit ihrem Namen aufgeführt werden. Dies gilt auch für Eier von Gänsen, Enten und Puten. Für die Verwendung in der kalten Küche scheiden die letzten drei Eierarten jedoch aus. Enteneier sind für bestimmte Mikroorganismen sehr anfällig und unterliegen daher einer Verordnung, die auch eine Verwendungsvorschrift einschließt.

270. Hühnereier, Kl. 5 Gewicht 50—55 g | Möweneier Gewicht 25—45 g | Kiebitzeier Gewicht 25 g | Wachteleier Gewicht 5—10 g

Die Abbildung veranschaulicht die Größenunterschiede zwischen Hühner-, Möwen-, Kiebitz- und Wachteleiern wie auch ihre unterschiedliche Zeichnung und Form.

Frische Wachteleier kommen aus Züchtereien auf den Markt; für ihre Zubereitung lassen sich die Rezepte von Möwen- und Kiebitzeiern anwenden.

1. Hartgekochte Eier

Eier auf dänische Art

Oeufs durs à la danoise

Die hartgekochten Eier werden quer oder der Länge nach durchgeschnitten und erhalten dann an Stelle des herausgenommenen Eigelbs eine Füllung von sehr kleinwürfelig geschnittenem Hummersalat, der mit Mayonnaise, zu der auch durchgestrichenes Eigelb verwendet wurde, angemacht ist.

Eier nach Fischerin-Art

Oeufs à la pêcheuse

Halbe Eier sind mit feinwürfelig geschnittenen Resten von Räucherlachs, Sardellen und einigen Krabben, die man mit pikanter Mayonnaise gebunden hat, zu füllen, mit Hummer-Corail zu bestreuen und mit Gelee zu überglänzen.

Eier mit Gemüsesalat

Oeufs à la jardinière

Aus halbierten harten Eiern sind die Eigelb herauszunehmen, durch ein Sieb zu passieren und unter eine kleine Menge Mayonnaise zu verarbeiten. Die leeren Eierhälften füllt man nun mit einem sehr kleinwürfelig geschnittenen Gemüsesalat, den man mit der Mayonnaise angemacht hat. Die Eier sind mit feingeschnittenem Schnittlauch zu bestreuen.

Eier mit Krabben

Oeufs aux crevettes

Große hartgekochte Eier werden längs halbiert und an der Rundung ein wenig beschnitten, damit sie geradestehen. Dann wird das Eigelb herausgenommen und durch pikante Krabben-Mayonnaise ersetzt. Über die Eier gibt man nun durch ein Drahtsieb gedrückte Eigelb; jedes Ei wird außerdem mit einer Trüffelscheibe belegt.

Eier nach norwegischer Art

Oeufs à la norvégienne

Der Länge nach halbierte harte Eier werden mit Meerrettichsahne erhaben bestrichen, erhalten eine Auflage von kleinen Krabbenschwänzen und werden dann mit Hummer-Corail bestreut.

Eier nach Moskauer Art

Oeufs à la moscovite

Hummer-Schaumbrot, rund ausgestochen, bildet für die halbierten, mit kleiner Hummerscheibe und einem Häufchen Kaviar versehenen Eier eine Unterlage. Sie sind um geschlagenen Rahm, unter den man Kaviar gezogen hat, anzurichten. Butter-Toast vervollständigt diese Platte.

Pikante Eier

Oeufs piquantes

Hartgekochte Eier werden quer oder der Länge nach halbiert. Das Eigelb ist herauszunehmen, mit einigen gewässerten Sardellenfilets durch ein feines Sieb zu streichen und dann mit etwas Butter glattzurühren. Mit Spritztülle wird dieser Krem dann in die Eierhälften gespritzt. Man kann diese Eier mit einer Radieschen- oder Cornichonscheibe, einem Sardellen- oder Räucherlachsring usw. garnieren.

Russische Eier

Oeufs à la russe

Unter diesem Namen serviert man hartgekochte halbe Eier, die mit einem Kaviarhäufchen bedeckt und auf Remouladensauce angerichtet werden.

Eier nach spanischer Art

Oeufs à l'espagnole

Auf marinierte Tomatenscheiben setzt man halbe Eier, deren Eigelb zu einem Krem verarbeitet und dann mit dem Spritzbeutel auf die Eier gespritzt wurde. Jedes Ei erhält eine Garnitur von mit Piment gefüllten Olivenringen. Die so hergerichteten Eier werden um einen in Julienne geschnittenen Salat von englischem Sellerie und rotem Pfeffer angerichtet. Trüffeljulienne über den Salat gestreut vollenden die Platte.

Gefüllte Eier mit Wild-Pastete

Oeufs farcis au pâté de gibier

Reste von beliebiger Wildpastete sind durch ein feines Sieb zu streichen, mit Butter zu verarbeiten und geschmacklich zu vervollkommnen. Mit diesem Püree füllt man halbe hartgekochte Eier mittels Spritzbeutel und Sterntülle. Die Eier sind dann mit feingehackten Trüffeln zu bestreuen und mit Gelee zu überglänzen.

2. Weiche Eier

Nachfolgende Rezepte lassen sich auch für verlorene Eier anwenden.

Weiche Eier nach Boulogner Art

Oeufs mollets à la boulognaise

Weiche Eier setzt man auf ovale, vertiefte, in Butter ausgebackene Weißbrot-Croûtons und gruppiert diese um einen Salat folgender Zusammenstellung: Gekochte Muscheln, die in Mehl gewälzt, in Öl gebacken und längere Zeit mit Salz, Pfeffer und Öl angemacht wurden, werden mit Krebsschwänzen, Krabben, gekochten Blumenkohlröschen und gehackten Kräutern in einer Salatmarinade, der man etwas Senf beigefügt hat, mariniert.

Weiche Eier auf Jäger-Art

Oeufs mollets à la chasseur

Weichgekochte Eier setzt man auf oval ausgestochene, ein wenig ausgehöhlte, in Butter gebackene Weißbrot-Croûtons und richtet diese auf runder Platte um den nachfolgend beschriebenen Salat an: Von Wild- oder Wildgeflügelfleisch schneidet man kleine Würfel und gibt dazu ausgebohrte Olivenringe sowie Blumenkohlröschen. Dies wird mit Öl, Salz, Pfeffer, Zitronensaft, gehackter Petersilie und wenig Fenchel angemacht.

Weiche Eier mit Scampischwänzen

Oeufs mollets aux queues de scampis

Weichgekochte Eier werden gut durchgekühlt, mit einem aus Kräuterbutter und Estragonblättern bestehenden Dekor versehen und mit hellem Gelee leicht überglänzt. Beim Anrichten sind sie auf einer Unterlage von Gemüsesalat und Scampischwänzen in gefälliger Weise auf einer Platte zu gruppieren. Das Gericht ist mit hellgelben Salatblättchen einzufassen. Beigabe: Sahne-Kräutermayonnaise.

271. Weiche Eier in Tomaten

Weiche Eier in Tomaten

Oeufs mollets aux tomates

In halbe marinierte Tomaten setzt man weichgekochte Eier und bestreut sie mit sehr feingeschnittenen, gedünsteten Gemüsestreifchen. Die Blüten werden mit Eigelbkrem, den man mit Tomatenpüree und Butter aufarbeitete, gespritzt. Kaviartupfen bilden den Abschluß. — Beigabe: Tiroler Sauce.

Eier nach Nizzaer Art

Oeufs à la niçoise

Auf abgezogene, halbierte, von den Kernen befreite, marinierte Tomaten legt man weiche oder pochierte Eier und bringt diese in gefälliger Anordnung mit Spargel- und Bohnensalat auf eine Platte. Kurz vor dem Service ist jedes Ei mit Vincent-Sauce (S. 370) leicht zu bedecken und mit einer Trüffelscheibe zu garnieren.

3. Verlorene Eier

Nachfolgende Zubereitungsarten lassen sich auch für weiche Eier anwenden.

Verlorene Eier Alexandra

Oeufs pochés Alexandra

Tarteletts sind mit Hummer-Schaumbrot zu füllen, mit pochierten Eiern, die man mit Chantillysauce überzogen hat, zu belegen und mit Trüffelscheiben zu garnieren.

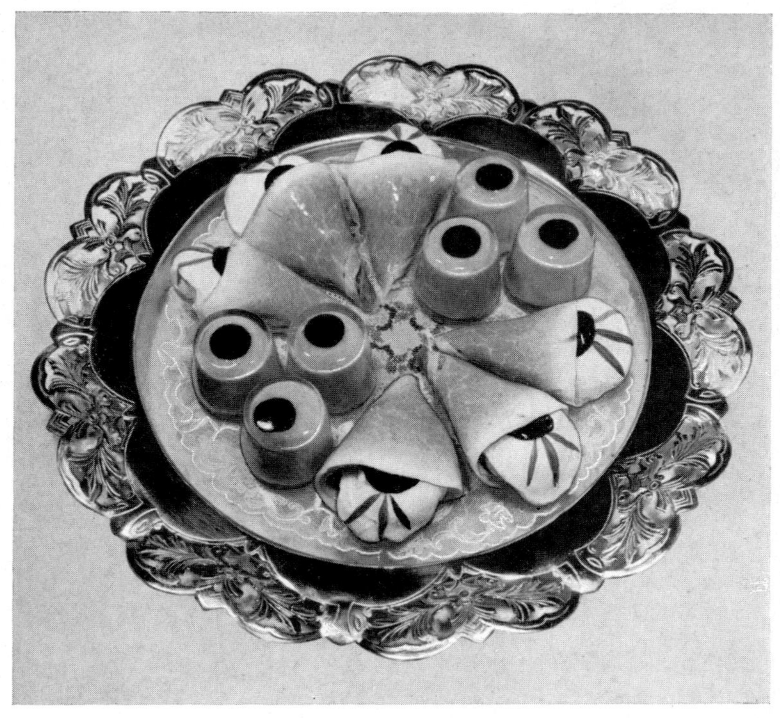

272. Verlorene Eier Bristol

Verlorene Eier Bristol
Oeufs pochés à la Bristol

Gut parierte verlorene Eier werden in Schinkentüten gelegt und erhalten von Trüffel und Estragonblättern einen Dekor. Nachdem sie mit Gelee überglänzt wurden, sind sie um kleine Formen Schinken-Schaumbrot anzurichten oder mit solchen zu umgeben.

Verlorene Eier nach sizilianischer Art
Oeufs pochés à la sicilienne

Mittelgroße Tomaten werden, nachdem sie abgezogen sind, halbiert, ausgedrückt und mit Essig, Öl, Salz und Pfeffer mariniert. Kurz vor dem Anrichten läßt man sie auslaufen, um dann in jede Tomate ein verlorenes Ei zu setzen. Über die Eier gibt man ein Gemisch von gut weichgedünsteten, in Streifen geschnittenen Karotten, Sellerie, Champignons und Trüffeln. Mit Gelee überglänzt, sind die Eier auf flacher Glasplatte anzurichten und mit Kresse zu garnieren. Beigabe: Mayonnaisensauce.

4. Eier in Kokotten

Dieses Service läßt sich ungemein vielseitig ausgestalten. In den meisten Fällen wird man verlorene oder weichgekochte Eier mit einer Füllung von einem beliebigen Schaumbrot oder einem feingeschnittenen Salat anwenden. Praktischerweise erhalten die Eier einen Dekor von Trüffel, Zunge, Estragon usw. und werden dann mit Gelee nappiert. Bei

Verwendung von Salaten als Unterlage ist es wiederum üblich, die Eier mit Mayonnaise oder einer Mayonnaisensauce zu überziehen. Auf Silberplatte mit Serviette angerichtet, ist es ein praktisches, sauberes, flottes Service und namentlich für Saisonbetriebe geeignet.

Eier nach Berliner Art
Oeufs à la berlinoise

Bücklingsfilets werden ausgebrochen und mit frischer Butter im Mixer fein gerieben. Dieses Püree gibt man in kleine Eier-Kokotten, setzt darauf je ein pochiertes Ei und überzieht diese mit Hummersauce.

Eier mit grünen Spargelspitzen
Oeufs aux pointes d'asperges verts

Verlorene Eier werden in Porzellankästchen gesetzt und dann mit Andalusischer Sauce überzogen. Obenauf legt man einige grüne Spargelspitzen.

Eier „Elisabeth“
Oeufs „Elisabeth“

In kleine Kasseröllchen oder Porzellankästchen gibt man etwas pikanten Salat von rohen, in Scheiben geschnittenen Champignons und Trüffeln. Darauf legt man pochierte Eier, die kurz vor dem Servieren mit gut deckender Mayonnaise überzogen werden. Mit gehackten Kräutern bestreut, belegt man jedes Ei mit einer Trüffelscheibe.

Eier nach Spontini
Oeufs à la Spontini

In zierliche Stücke geschnittene, frisch gedünstete Bohnen, die man mit pikanter Mayonnaise angemacht hat, werden in Porzellankästchen gefüllt und mit einem pochierten Ei bedeckt. Kurz vor dem Service werden die Eier mit gut deckender Mayonnaise überzogen und mit gehackten Pistazien bestreut.

Eier auf ungarische Art
Oeufs à la hongroise

Gekochtes, durch ein Sieb passiertes Kalbshirn wird mit wenig saurem Rahm, französischem Senf, gehackten Kräutern, Salz und Paprika zu einer pikanten, dickflüssigen Sauce verarbeitet und dann über halbierte, hartgekochte, in Kokotten angerichtete Eier gegeben.

5. Kiebitzeier

Der Kiebitz gehört zu den ersten Frühlingsboten. Das Nest findet man am häufigsten auf weiten Rasenflächen, feuchten Äckern, seltener in unmittelbarer Nähe des Wassers und niemals im eigentlichen Sumpf. Die Legezeit fällt in günstigen Jahren in die letzten Tage des März, gewöhnlich aber in die ersten Tage des April. Die Eier sind olivgrün und graubraun gesprenkelt. — In Deutschland steht der Kiebitz unter Naturschutz. Die in Deutschland angebotenen Kiebitzeier kommen zum großen Teil aus Holland.

Gekochte Kiebitzeier

Kiebitzeier müssen frisch sein; nur dann sind sie von den Feinschmeckern begehrt. Will man Unannehmlichkeiten vermeiden, muß man die Kiebitzeier vorher auf ihre

Frische hin prüfen, indem man sie vorsichtig in eine Lösung von 120 g Kochsalz und 1 l Wasser legt. Gehen sie auf den Grund, so haben sie das Alter von 3 Tagen nicht überschritten und gelten als frisch. Steigen sie etwa bis zur Mitte, so sind sie über 5 Tage alt; sobald sie jedoch an die Oberfläche kommen, sind sie zum Kochen nicht mehr geeignet. Die Kiebitzeier werden mit kaltem Wasser aufgesetzt und müssen, vom Beginn des Kochens an gerechnet, dann noch 8 Min. kochen. Das Eiweiß der gekochten Kiebitzeier unterscheidet sich von dem der Hühnereier dadurch, daß es nicht die gleiche Festigkeit erreicht und eine milchige Färbung annimmt. Gekochte, kalte Kiebitzeier können in der Schale mit frischer Butter oder in einer der folgenden Arten serviert werden.

Kiebitzeier mit Meerrettich

Oeufs de vanneau au raifort

Die gekochten Kiebitzeier werden in einem flachen Weidenkörbchen angerichtet. Jedes Ei liegt in einem Kopfsalatblättchen. Die Mitte ist mit einem Bukett frischer Kresse ausgefüllt. Für die Beigaben von Sahnemeerrettich (Zubereitung S. 372) und Radieschensalat dienen Henkelkörbchen mit Steinguteinsätzen. Ein Teil des Sahnemeerrettichs wird eingefüllt und mit Paprika bestäubt. Den Rest formt man mit einem heißen Kaffeelöffel zu kleinen Eiern und ordnet sie im Kreis darauf an. Der Radieschensalat wird mit Schnittlauch bestreut und einigen zu Röschen zugeschnittenen Radieschen garniert.

273. Kiebitzeier mit Meerrettich

In dieser Aufmachung werden die kalten Kiebitzeier am meisten serviert, denn das Herrichten geht schnell vonstatten, und die Platte erreicht dennoch durch ihre Einfachheit bestechende Wirkung.

Kiebitzeier nach Demidoff

Oeufs de vanneau à la Démidoff

Blindgebackene kleine Törtchen aus Butterteig werden mit Geflügel-Schaumbrot, dem man gehackten Estragon beigefügt hat, gefüllt und kaltgestellt. Nach dem Erstarren sind mit Estragonblättern dekorierte und mit Gelee überglänzte, gekochte Kiebitzeier daraufzusetzen und dann mit einem kleinen Kranz gespritzter Meerrettichbutter einzufassen.

Kiebitzeier auf russische Art

Oeufs de vanneau à la russe

Die Kiebitzeier werden ohne Dekor mit Kaviar in Butterteigtörtchen auf gebrochener Serviette serviert.

274. Gefüllte Kiebitzeier mit Räucherlachs

Gefüllte Kiebitzeier mit Räucherlachs

Oeufs de vanneau farcis aux saumon fumé

Kleine ovale Toaste belegt man mit Räucherlachsschlaufen, in die halbierte Kiebitzeier gesetzt werden. Die zuvor entnommenen Eidotter sind unter Verwendung von ein wenig Butter, Mayonnaise, Salz, Pfeffer und etwas Cognac zu einem Krem zu rühren und mit Spritzbeutel und Lochtülle wieder erhaben einzufüllen. Mit Gelee leicht überglänzt, werden die vorbereiteten Eier auf einer Platte mit Aspikspiegel gefällig angeordnet. Kleine, mit Meerrettichsahne gefüllte und mit Schnittlauch bestreute Tomatensterne bilden die dekorative Umlage. Den farblichen Effekt unterstreicht eine grüne Kopfsalatrosette mit Dillfäden.

Kiebitzeier auf Frühlings-Art

Oeufs de vanneau à la printanière

Tarteletts füllt man mit einem Salat aus Streifen von weißem Hühnerfleisch und Trüffeln, der mit pikanter Mayonnaise angemacht ist. Darauf setzt man die gekochten, mit Kerbelblättchen belegten und mit Gelee überglänzten Kiebitzeier und richtet die Tarteletts dann auf einer Platte mit Serviette an.

Kiebitzeier nach Mozart

Oeufs de vanneau à la Mozart

Kleine Butterteigtörtchen sind mit einem aus Zunge, Trüffeln und Pistazien bestehenden, mit Mayonnaise gebundenen Salpicon zu füllen, worauf dann die mit kleiner, oval ausgestochener Zungenscheibe und einer Pistazie dekorierten, mit Gelee überglänzten Kiebitzeier zu setzen sind.

Kiebitzeier Sven Hedin

Oeufs de vanneau à la Sven Hedin

Geschälte Kiebitzeier setzt man in Butterteigschiffchen und spritzt auf jedes Ende aus geschlagenem Rahm eine Rosette, die man mit einem Kaviarhäufchen füllt.

Kiebitzeier auf holländische Art

Oeufs de vanneau à la hollandaise

Reste von kaltem Braten schneidet man in kurze Streifen, die man mit ebenso geschnittenen, gedünsteten grünen Bohnen und kleinen Tomatenstückchen mit einer Salatmarinade beizt. Dieser Salat wird auf einer Glasschale angerichtet und mit gekochten Kiebitzeiern umlegt. Beigabe: Mayonnaise.

6. Möweneier

Möweneier dürfen auch in Deutschland gesammelt werden. Die Saison ist etwa vom 25. April bis 25. Mai. Sie haben eine grünliche bis graue Farbe und sind hell- bis dunkelbraun gesprenkelt. In Größe, Form und Zeichnung sind sie ziemlich unterschiedlich und auch geschmacklich nicht so wertvoll wie Kiebitzeier. Das häufig mit dem Möwenei verwechselte kleinere Kiebitzei ist früher auf dem Markt, etwa ab 1. April; die Saison dafür ist sehr begrenzt.

Gefüllte Möweneier

Oeufs de mouettes farcis

Gekochten, längshalbierten Möweneiern sind die Dotter zu entnehmen. Durch ein Sieb gestrichen, werden sie mit Mayonnaise und Butter zu einem Krem gerührt. Davon spritzt man an den Rand der Schnittfläche kleine Tupfen und füllt in die Mitte einen Salat von feinwürfeligem Räucherlachs und Radieschen. Die gefüllten Eier werden mit Schnittlauch bestreut und um ein Salatherz mit Kresse angerichtet.

Möweneier nach Frühlings-Art

Oeufs de mouettes à la printanière

Erforderlich ist ein mit Rahmmayonnaise gebundener Salat, der sich aus Sellerie, Champignons, Spargel und frischen Gurken zusammensetzt. Für die Einfassung des Salates, der auf flacher Glasplatte angerichtet wird, eignet sich ein Kranz von frischen marinierten Gurkenscheiben. Die Möweneier sind mit Radieschenscheiben und Kerbelblättchen zu garnieren und mit hellem Gelee zu überglänzen. Beigabe: Sauce Vincent.

275. Möweneier nach Frühlings-Art
276. Möweneier mit Krebsschwänzen 277. Möweneier mit Krabben

Möweneier mit Krebsschwänzen

Oeufs de mouettes aux queues d'écrevisses

Hartgekochte, längshalbierte, gefüllte, mit Krebsschwänzen sowie Trüffelscheiben garnierte Möweneier werden mit hellem Gelee überglänzt und auf einer Platte mit Gemüsesalat angerichtet.

Möweneier mit Krabben

Oeufs de mouettes aux crevettes

Längshalbierte, mit frischen Krabbenschwänzen und Kaviar garnierte Möweneier werden auf nachstehend beschriebenem Salat angerichtet: Geflügelfleisch, Spargel und Tomaten werden in kleine Würfel geschnitten und mit pikanter Mayonnaise, die mit geschlagenem Rahm unterzogen wurde, angerichtet.

10. Abschnitt

Fischgerichte

Hinweise auf Farbtafeln mit Fischgerichten

Galantine von Aal	siehe Farbtafel-Übersicht
Gefüllte Seezungen.	
Garnierter kalter Lachs	
Garnierte Lachs-Mayonnaise	
Forellen auf norwegische Art	

1. Allgemeines

Die kalten Fischplatten, wie sie hier behandelt werden, sind zwar mehr für das kalte Büfett oder auch für Extra-Essen geeignet. Da die Küchenfachleute bestrebt sind, die Menüs so abwechslungsreich wie möglich zu gestalten, sind die Platten in entsprechender Abänderung aber auch für das Service à part umzuformen.

Eine große Zahl von Fischgerichten läßt sich durch Anwendung verschiedener Saucen, Salate und sonstiger Garnituren, wie Schaltiere, Eier usw., in vielen Variationen servieren. Hierbei ist es erforderlich, sich den gegebenen Umständen, der Saison, den Preisen und nicht zuletzt dem persönlichen Geschmack der Gäste anzupassen. Die Bilder können daher innerhalb dieses großen Gebietes nur als Anregung dienen und Richtlinien geben, nach welchen Grundprinzipien zu arbeiten ist.

Kalte Fischgerichte können als Fische naturell gekocht mit beliebigen Garnituren und Saucen auf der Tafel erscheinen; ebenso beliebt sind Fischgerichte in Gelee, aber auch als Mayonnaise oder Salat zubereitet sind sie sehr populär.

Vom Dekor ist im allgemeinen zu sagen, daß mit jedem Material gearbeitet werden kann, das mit dem Fisch in harmonischen Einklang zu bringen ist.

2. Fische in Aspik

Die Fische werden am besten in Glasschalen oder Porzellan eingesetzt; Metallgeschirr ist hierfür nach Möglichkeit zu vermeiden, es sei denn, daß gutes Silbergeschirr zur Verfügung steht. Für das Service ist es angebracht, das Gericht auf einem Eisblock oder auf gemahlenem Eis zu servieren. Das ist keine Notwendigkeit, kommt aber dort in Frage, wo besonderer Wert darauf gelegt wird. — Auf einer Unterplatte mit gebrochener Serviette angerichtet, können derartige Speisen trotz aller Einfachheit in dieser Aufmachung von bester Wirkung sein und namentlich dann, wenn durch ein wenig frisches Grün das Bild belebt wird.

3. Aal

Galantine von Aal

Galantine d'anguille

Einem etwa 2 kg schweren Aal werden, nachdem er abgezogen ist, mit einer Schere die Flossen abgeschnitten. Alsdann wird er, ohne den Bauch aufzuschneiden, vom Rücken aus ausgenommen, gewaschen und vom Rückgrat befreit, ohne daß das Rückenfleisch beschädigt werden darf. Den so behandelten Aal legt man auf ein Tuch, plattiert ihn ein wenig, würzt ihn dann mit Salz und Pfeffer und bestreut ihn mit gehackten Schalotten, Dill, Petersilie und englischem Senfpulver. Dann füllt man ihn mit einer feinen Hechtfarce, der man feinwürfelig geschnittene Pökelzunge, Trüffeln und Pistazien beigefügt hat. Der Aal wird in seiner ganzen Länge $1^1/_2$ cm dick mit der Farce bestrichen, zur ursprünglichen Gestalt zusammengerollt, zugenäht, in ein mit Butter bestrichenes Pergamentpapier eingerollt und netzartig mit Bindfaden umschnürt. Man setzt nun den Aal mit gut gewürztem Fisch-Fond und Weißwein auf das Feuer, läßt ihn langsam weichsieden und dann in dem Fond, leicht gepreßt, ohne nachzubinden, erkalten. Für das Service wird der Aal, nachdem der Bindfaden herausgezogen wurde, in etwa $1^1/_2$ cm dicke Scheiben geschnitten, mit dem aus dem Fond bereiteten Gelee überglänzt und mit feinwürfelig geschnittenem Gelee und frischem Grün angerichtet. Man reicht dazu eine beliebige Mayonnaisensauce.

Galantine von Aal nach Kardinals-Art

Galantine d'anguille à la cardinale

Der Aal wird, wie im vorhergehenden Rezept, zu einer Galantine verarbeitet, doch wird dafür eine Hummerfarce (Fischfarce mit Hummermark, s. S. 120) verwendet. Die Einlage ist die gleiche wie oben. Nachdem die Galantine in $1^1/_2$ cm dicke Stücke geschnitten wurde, legt man auf diese je einen ausgestochenen Trüffelring und füllt den Innenraum mit Hummer-Corail. Leicht mit Gelee überglänzt, werden die Aalschnitten auf einer runden Platte um einen kleinwürfelig geschnittenen, mit pikanter Mayonnaise angemachten Gemüsesalat angerichtet.

Galantine von Aal nach venezianischer Art

Galantine d'anguille à la vénitienne

Für diese Zubereitungsart ist der Aal mit Fischfarce zu füllen, die man mit sehr fein passiertem frischen Spinat, feingehackten Kräutern, gehackten Champignons und der im vorigen Rezept angewandten Einlage vollendet und schließlich, falls erforderlich, mit Spinat-Matte (S. 144) färbt. Nachdem der Aal zur Galantine verarbeitet ist, wird er in $1^1/_2$ cm dicke Scheiben geschnitten. Mit je einem kleinen Champignonkopf belegt, sind die Scheiben leicht mit Fischgelee zu überglänzen und um einen aus Scampis, Krabben und Spargelspitzen mit Essig und Öl angemachten Salat anzurichten.

Aal in Gelee

Anguille en gelée

Die Zubereitungsart dieses Gerichtes ist auf S. 383 in dem Kapitel „Küchenerzeugnisse für den Ladenverkauf in Feinkostgeschäften" beschrieben.

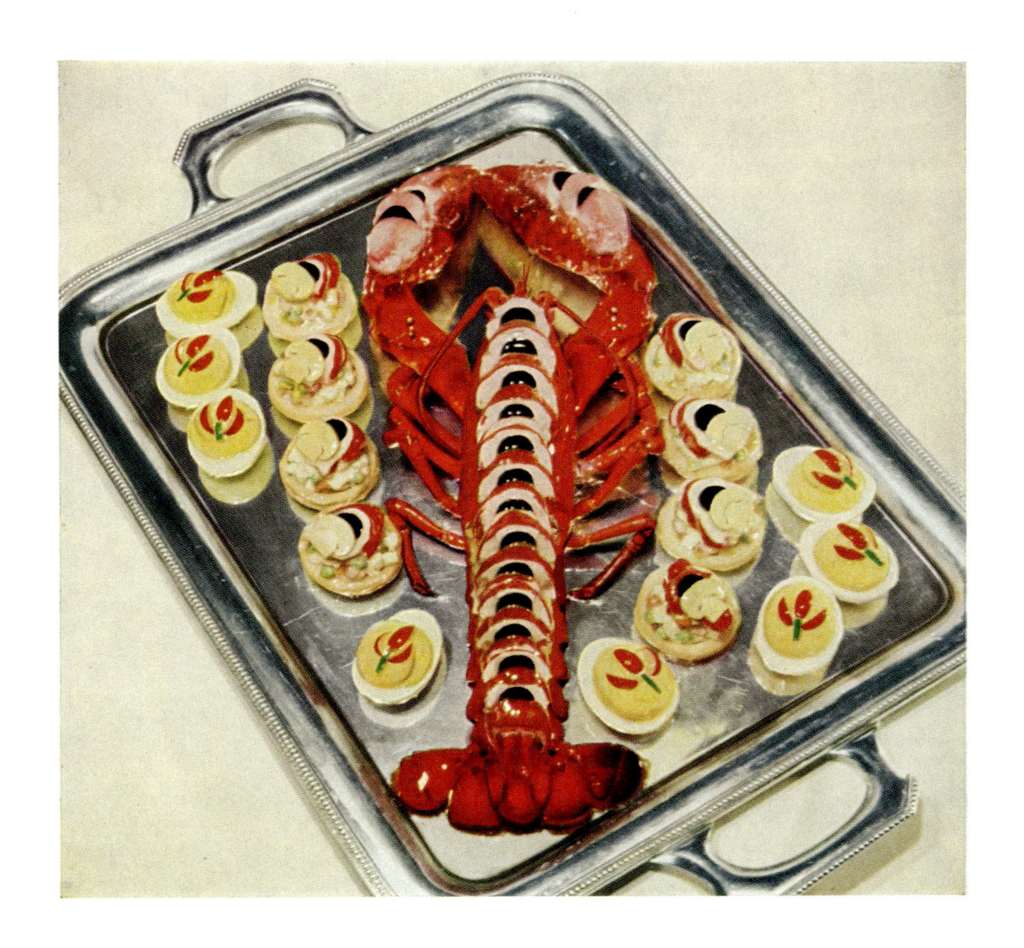

Hummer nach Pariser Art — Homard à la parisienne

Die Herstellung dieser Platte ist auf S. 256 erläutert. Zum Anrichten braucht man eine entsprechend große Platte. Der Plattenboden wird mit einem etwa 3 mm dicken Geleespiegel ausgegossen und zum Erstarren gebracht. Darauf legt man den langgestreckten Hummer. Nun legt man die Hummerscheiben in der Weise auf die Karkasse, daß man oben beginnt und immer eine Scheibe die andere fast bis zur Hälfte bedeckt. In dieser Art wird man mit der letzten Scheibe gerade am Schwanzende angelangt sein und einen schönen Abschluß finden. Zwischen jede der Hummerschwanzscheiben wurde ein ausgestochenes Trüffelscheibchen eingefügt. — Bei der Anordnung ist der persönliche Geschmack des Kochs ausschlaggebend, wobei Form und Größe der Platte bestimmend mitwirken.

Die Beigabe besteht aus Artischockenböden mit Gemüsesalat gefüllt und ist mit je einer Hummerschwanz-, Champignon- und Trüffelscheibe garniert. Dazu kommen mit Eigelbkrem gefüllte und mit Radieschen garnierte halbe Eier. Beigabe: Mayonnaisensauce.

Krebsschwänze in Dillgelee — Aspic de queues d'écrevisses

Das Ausbrechen von Krebsschwänzen und Krebsscheren ist auf S. 39 in Wort und Bild erläutert. Krebsgerichte können in der kalten Küche vielseitig zubereitet werden. — Krebssalate, auf verschiedene Arten hergerichtet, sind auf kalten Büfetts fast immer bevorzugt, und in der Krebssaison sind Krebsschwänze in Gelee ein sehr beliebtes Gericht. Genaue Erläuterung für Zubereitung und korrektes Einfügen der Krebsschwänze in die Form ist auf S. 259 gegeben, jedoch ist die hier abgebildete Form, nachdem sie mit Gelee hohl ausgegossen wurde, mit wenig feingeschnittenen Dillfäden auszustreuen.

Die Umlage besteht aus geviertelten, marinierten, gefüllten Tomaten. Füllung: Eigelbkrem, dem etwas Krebsfleisch beigegeben wurde. Blumenkohlröschen bilden den Abschluß.

4. Forellen

Forellen in Gelee

Truites en gelée

Blau zubereitete Forellen werden aus ihrem Fond herausgenommen, auf ein Tuch gelegt und müssen dann zunächst im Kühlraum abtropfen. Danach ordnet man sie in geeignete Glasschalen, um sie mit dickflüssigem, leichtgehaltenem Fischgelee (S. 140/143) zuzugießen. Zur Belebung der Platte sind Zitronensterne oder -achtel sowie frisches Grün anzuwenden.

Forellen mit Gemüsesalat

Truites — salade de légumes

Auf flacher Porzellan- oder Glasplatte formt man eine Unterlage von feinwürfelig geschnittenem, mit pikanter Mayonnaise gebundenem Gemüsesalat, worauf man die blau zubereiteten, mit Gelee überglänzten Forellen ordnet. Um den Rand herum gruppiert man halbe hartgekochte Eier, die abwechselnd mit einem Kaviarhäufchen oder mit Krebsschwänzen gefüllt und mit einer gespritzten Kante von Eigelbkrem eingefaßt sind.

Forellen nach königlicher Art

Truites à la royale

Die Forellen werden gekrümmt (vgl. Bild 21), in Fisch-Courtbouillon vorsichtig gargemacht, abgekühlt und abgezogen. Dann sind die Forellen in eine vertiefte Platte zu setzen und erhalten in den gebildeten Ring eine Füllung von Krebs-Schaumbrot (S. 260). Es wird mit einigen frischen Krebsschwänzen und Estragonblättern garniert. Die Forellen selbst erhalten auf dem Rücken eine Auflage von rund ausgestochenen kleinen Trüffel- und Eiweißplättchen. Nachdem die Forellen mit Gelee überglänzt sind, legt man außen herum einen Kranz von marinierten Tomatenstückchen.

Forellen mit pikantem Salat

Truites au salade piquante

Kleine Forellen sind mittels Bindfaden zu krümmen und blau zuzubereiten. Sobald sie fertig sind, legt man sie in kaltes Salzwasser, um sie darin völlig auszukühlen. Nachdem sie auf einem Tuch gut abgetropft sind, werden sie mit Gelee überglänzt und dann auf eine mit Geleespiegel ausgegossene Platte abwechselnd mit marinierten, mit grünen Spargelspitzen gefüllten Artischockenböden geordnet. Jede dieser rund angerichteten Forellen bildet einen Ring, und dieser ist mit einem Salat zu füllen, der aus Krebsen, Spargeln und Tomaten besteht, feinwürfelig geschnitten, mit pikanter Mayonnaise gebunden und mit gehacktem Estragon vollendet ist. Obenauf legt man noch einige Krebsschwänzchen.

Forellen nach schwedischer Art

Truites à la suédoise

Vorsichtig pochierte Forellen läßt man in ihrem Sud erkalten, legt sie dann auf ein Blech mit einem Tuch zum Abtropfen und stellt sie eine Zeitlang in den Kühlraum. Inzwischen hat man den Boden einer tiefen Kristallschale mit einem Geleespiegel bedeckt und ihn erstarren lassen. Auf diesen setzt man nun die Forellen und verteilt darüber schön gleichmäßig geschnittene Streifchen von geräuchertem Lachs. Nach dieser Arbeit füllt man die Schale mit soviel leichtgehaltenem stockendem Fischgelee, daß die Forellen völlig bedeckt sind. Es ist üblich, Mayonnaise mit feingeriebenem Meerrettich dazu zu servieren.

Gefüllte Forellen
Truites farcies

Gleich große Forellen werden vom Rücken aus entgrätet (s. Bild 21 e), ausgenommen, gewaschen, abgetropft und leicht gewürzt. In jede Forelle steckt man ein 6 cm langes, 3 cm hohes und $1^1/_2$ cm dickes Kartoffel- oder Karottenstück, das zuvor mit geöltem Pergamentpapier umwickelt wurde. So vorbereitet sind die Forellen, in einem entsprechend großen Fischkocher nebeneinanderstehend, unter Verwendung von Fisch-Courtbouillon, Champignonsud und Weißwein, zu garen. Dabei wölben sich die Rückenpartien leicht nach außen. Wenn sie in ihrem Fond völlig erkaltet sind, entfernt man vorsichtig die Einlage und kann nun den Hohlraum mit einem passenden Salat oder einem feinen, leichten Mus füllen. – Damit die Forellen während des Pochierens nicht zerreißen, müssen sie mindestens 24 Std. zuvor geschlachtet werden.

Das Bild zeigt Forellen, die in der beschriebenen Art pochiert wurden. Der Hohlraum ist mit einem zarten Räucherlachs-Schaummus gefüllt. Die Garnitur besteht aus Spargelspitzen, Tomatenstreifchen und Trüffelscheibchen. Die Beilagen sind gefüllte Eier mit Radieschenscheiben dekoriert und mit Gemüsesalat gefüllte Artischockenbödchen, auf denen ein Sahnemeerrettichtupfen und etwas Kaviar angeordnet ist.

Zum Anrichten wurde eine tiefgrüne Keramikplatte mit Fischmotiv verwendet.

278. Gefüllte Forellen.
Die Fische wurden nach dem Pochieren gefüllt

Forellenfilets in Dillgelee

Filets de truites en gelée

Nachdem die Forellenfilets in kräftigem Weißweinfischfond mit Dillzweigchen sehr vorsichtig pochiert wurden, werden sie in einer tiefen Porzellanplatte mit Spargelköpfen, Krebsschwänzen, Scheiben von frischen, gedünsteten Champignons und Dillzweigchen gefällig arrangiert und mit dem geklärten, nur leicht gelierenden Fisch-Fond bedeckt.

279. Forellenfilets in Dillgelee

Forellen nach Undine

Truites à la Undine

Mit Bindfaden rund geformte Forellen sind in Fisch-Courtbouillon vorsichtig garzumachen und auszukühlen. Später läßt man sie auf einem Tuch abtropfen und zieht ihnen die Haut ab. Die Forellenrücken werden nun mit kleinen Krevettenschwänzchen belegt und mit Fischgelee überzogen. Sie sind auf flacher, mit einem Geleespiegel ausgegossener Silberplatte anzurichten und mit kleinen gekochten Krebsen, Medaillons von Hummer in Gelee, kleinen Förmchen mit Krebssalat sowie mit Artischockenböden, die mit Scampisalat gefüllt wurden, zu garnieren. Als Beigabe ist Kaviar-Sauce zu servieren.

5. Hering

Hareng

Die verschiedenen Herings-Zubereitungsarten sind auf S. 391 in dem Kapitel „Küchenerzeugnisse für den Ladenverkauf in Feinkostgeschäften" beschrieben.

6. Karpfen

Carpe

Für Karpfen anwendbare Rezepte sind unter Schleien-Zubereitungen (S. 352) angeführt.

7. Lachs

a) Der kalte Lachs

Für kalten Lachs hat der Feinschmecker eine gewisse Vorliebe. So kommt es, daß dieses Gericht nicht nur fast auf jedem kalten Büfett, das von Stadtküchen in Privathäuser geliefert wird, anzutreffen ist, sondern auch eine fast regelmäßige Erscheinung auf dem Restaurationsbüfett wurde.

Wenn der Lachs garniert werden soll, muß man sich dafür entschließen, ihn abzuziehen, wenigstens in dem Maße, wie man ihn zu dekorieren gedenkt. Gerade ein Lachs läßt sich sehr verschiedenartig dekorieren, und ebenso mannigfaltig sind die Garnituren, mit denen er serviert werden kann. Auf Grund dieser Möglichkeiten sind allmählich feststehende Kombinationen entstanden, die wiederum ihre bestimmten Benennungen erhalten haben: z. B. Lachs nach norwegischer Art, mit Kräuterbutter usw. Es kommt nun in der Praxis häufig vor, daß dieser oder jener Bestandteil für eine der genannten Originalplatten nicht zu beschaffen ist. Der erfahrene Praktiker weiß sich jedoch in solchen Fällen einen Weg offen zu lassen. Es fällt ihm gar nicht ein, gegen die Regel zu verstoßen, und so entscheidet er sich für einen Lachs «Belle-vue». Bei Anfertigung dieser Platte ist ihm weitester Spielraum gelassen; er kann dabei verschiedene Möglichkeiten ausnutzen, die ihm gerade zu Gebote stehen. Er kann sich so nach der Saison, den Preisen und schließlich nach den persönlichen Wünschen der Gäste richten. Das alles sind willkommene Gewohnheiten, und so ist für die Küche in den meisten Fällen ein Lachs «Belle-vue» das Gegebene.

Der kalte Lachs für das Service à part im Restaurationsbetrieb, wie er zum Diner oder Souper serviert wird, ist natürlich von einem anderen Standpunkt aus zu beurteilen. Hier kommt es darauf an, sich auf den jeweiligen Bedarf einzustellen, um stets passende Scheiben für eine oder mehrere Personen in Reserve zu haben. Ein Dekor kommt hier nicht in Frage; man kann allenfalls, wenn man etwas mehr tun will, die Scheiben mit Gelee überglänzen. Zum Lachs können verschiedene Gemüsearten, als Salat zubereitet, gereicht werden; vornehmlich sind es Tomaten, Spargel, Gurken, grüne Bohnen und Champignons. Als Beigabe eignen sich Mayonnaise und jede Mayonnaisensauce; ferner Vinaigrette- oder Gribiche-Sauce.

b) Vorbereitung und Kochen des Lachses

Dem Lachs werden zunächst die Kiemen entfernt. Um die schöne Gestalt des Fisches zu erhalten, wird beim Ausnehmen der Bauch nicht vollends aufgeschnitten, sondern am Kopf und am Schwanzende je ein 10 cm langer Einschnitt gemacht, wodurch sich das Ausnehmen ganz gut bewerkstelligen läßt. Gut gewaschen, bindet man ihn aufrechtstehend auf den Einsatz eines Fischkessels, wobei zu beachten ist, daß der Faden den Fischrücken nicht übermäßig spannt. Auf den Boden des Fischkessels gibt man in Scheiben geschnittene Zwiebeln, Karotten, Petersilienwurzel, ein wenig Thymian, Lorbeerblatt, das erforderliche Salz, Pfefferkörner und etwas Essig. Der Fisch wird nun in den Kessel gehoben und mit kaltem Wasser aufgesetzt. Man bringt ihn dann schnell zum Sieden, läßt ihn leicht aufwallen und hält ihn auf dem Siedepunkt, um ihn langsam gar werden zu lassen. Der Fisch muß in seinem Fond vollständig auskühlen. Vor seiner weiteren Bearbeitung hebt man ihn aus dem Fond und läßt ihn gut abtropfen, um leichter und sauberer arbeiten zu können.

c) Servicemöglichkeiten für den Lachs

Wie der Lachs mit verschiedenem Dekor und mannigfachen Variationen der Garnitur als ganzer Fisch behandelt wird, so läßt er sich auch als Mittelstück, als gespaltenes Mittelstück, als Schwanzstück und in Scheiben zu ansehnlichen Arrangements gestalten (vgl. Bilder 280, 281).

Die Art, wie der Lachs als ganzer Fisch bearbeitet wird, läßt sich ohne weiteres auf das Mittelstück, auf das gespaltene Mittelstück und auf das Schwanzstück übertragen. Wenn also z. B. aus dem ganzen Lachs ein Teil der Haut von dem Rücken sattelförmig herauszunehmen ist, so geschieht es bei dem Mittel- oder Schwanzstück derart, daß man rechts und links einen Streifen Haut stehen läßt; man kann diese aber auch ganz entfernen. Die übrige Behandlung bleibt die gleiche, wie sie an einem ganzen Fisch auszuführen wäre.

Auch Scheiben können, falls erwünscht, dekoriert werden. Das Dekor-Dessin muß sich nun natürlich der Scheibengröße anpassen, doch bleiben das Dekorationsmaterial und die Garnitur ganz die gleichen, wie sie bei einem ganzen Lachs mit dieser oder jener Benennung Vorschrift sind.

Bei Lachsschnitten, die also in Portionsstücke geteilt sind, läßt sich ein Arrangement unter genannten Gesichtspunkten ebenfalls vorteilhaft durchführen (vgl. Bilder 280, 281).

Zu erwähnen ist schließlich noch die Lachs-Mayonnaise, die sich, in kleinen Schälchen angerichtet, speziell für den Restaurationsbetrieb eignet und auch immer gern von den Gästen genommen wird.

Lachs „Belle-vue“

Saumon en belle-vue

Dem Lachs wird auf dem Rücken die Haut sattelförmig abgezogen. Längs über den Rücken ordnet man eine Reihe von rund ausgestochenen Trüffel- und Eiweißplättchen. Das übrige Feld wird mit halbierten Krebsschwänzen und Estragonblättern dekoriert. Die Garnitur besteht aus halbierten Eiern, mit einer ausgestochenen Trüffelscheibe belegt, und aus kleinen, mit Gemüsesalat gefüllten Tarteletts, die mit Krebsschwänzen, halbierten Eiersechsteln und einem kleinen Champignonkopf garniert sind. Weitere Garniturbestandteile: gekochte Krebse, grüne Salatblätter, Zitronenstückchen und gehacktes Gelee.

Lachs in Chambertin

Saumon au chambertin

Für dieses Service eignet sich am besten ein gespaltenes Lachsmittelstück. Es wird mit Fischsud, den man schon vorher bereitet hat, unter Zusatz von Chambertin aufs Feuer gebracht und langsam gedünstet. Wenn der Fisch in seinem Fond erkaltet ist, nimmt man ihn heraus, läßt ihn abtropfen und zieht die Haut ab, um ihn mit Trüffeln, Eiweiß, Kerbel und Estragon zu dekorieren. Das Lachsstück legt man nun sogleich in eine genügend tiefe Glasschale und setzt diese in den Kühlraum. Der Fond wird, nachdem man ihn passiert und mit Fließpapier abgefettet hat, zu Gelee verarbeitet (S. 141/143). Wenn das Gelee später zu erstarren beginnt, wird der Lachs mit diesem vollständig übergossen. Man kann den Lachs nun in seinem Geschirr auf gebrochener Serviette oder mit Eisstückchen umgeben oder auch auf einem Eisuntersatz servieren.

Lachs nach norwegischer Art

Saumon à la norvégienne

Hierfür kann ein gekochtes Lachsmittelstück oder auch ein kleiner ganzer Lachs verwendet werden. Nachdem der Fisch in der üblichen Weise gekocht und in seinem Fond ausgekühlt wurde, zieht man ihm nach dem Ablaufen die Haut ab und belegt ihn mit einem geeigneten Dekor, wozu vor allem kleine Krabben zu wählen sind. Sie sind das Typische an dieser Platte und dürfen daher nicht fehlen. Die beste Wirkung ist zu erzielen, wenn die Krabben parademäßig auf das Rückgrat des Lachses gesetzt oder mit den spitzen Köpfchen in schräger Richtung, nach dem Lachsschwanz zu abfallend, in die Mittellinie des Rückenfleisches gesteckt werden. Es handelt sich hier also um ganze, frischgekochte, hochrote Krabben, denen nur die Schale von den Schwänzchen abgenommen wurde. Nachdem der Lachs mit Gelee überglänzt ist, setzt man ihn auf eine angemessen große Platte auf einen 3 mm dicken Geleespiegel. Für die Garnitur verwendet man blanchierte, marinierte und mit Räucherlachspüree gefüllte Gurkenkästchen. Weiterhin sind halbe hartgekochte Eier und aus roten Rüben geschnittene Förmchen, die mariniert mit Krevetten-Mayonnaise zu füllen sind, erforderlich. Die Förmchen dürfen erst kurz vor dem Service gefüllt werden, weil die rote Rübe alles mit ihr in Berührung Kommende stark färbt. Als letzter Garniturbestandteil sind ganz kleine Tomaten herzurichten oder größere, die zuvor abgezogen, geteilt und ausgedrückt wurden. Diese werden dann in einem Passiertuch zu kleinen Kügelchen gedreht und erhalten mit Kräuterbutter gespritzte kleine Blättchen und einen Stiel aus Petersilienstengel. Für diesen Fisch eignet sich russische Sauce ganz besonders.

Rheinlachs mit Forellen

Saumon du Rhin aux truites

Der Lachs ist nach der vor den Lachs-Rezepten geschilderten Methode zu kochen und nach dem Auskühlen vollständig abzuziehen. Als Dekor sind längs auf der Rückenlinie weiß chaudfroidierte Champignonköpfe und Krebsschwänze und an den Seiten Estragonblätter und kleine Trüffelplättchen anzubringen. Der so dekorierte Lachs und kleine, blau zubereitete Forellen werden mit Fischgelee (S. 141/143) überglänzt. Als weitere Ausgarnierung sind für diese Platte feinwürfelig geschnittenes Fischgelee, hellgelbe Salatherzblätter und gekochte Krebse anzuwenden. Dieses Arrangement eignet sich als Prunkplatte oder Mittelstück für ein kaltes Büfett. — Beigabe: Mayonnaisensauce.

In Portionen aufgeteilte Lachsplatten

Brachte man vor dem Kriege zu kalten Büfetts des öfteren kalte dekorierte Lachse im ganzen auf die Tafel, so verlangt die heutige Praxis andere Anrichtemethoden. Bilder 280 und 281 geben Beispiele. Der rohe Fisch wurde bereits in Portionen aufgeteilt und dann in kräftigem Fischsud pochiert. Nach dem Auskühlen erhalten die einzelnen Stücke einen aus Spargelköpfen, Krebsschwänzen, Champignonköpfen, Olivenringen, Estragonblättchen, Trüffel usw. bestehenden Dekor. So vorbereitet, werden die Stücke samt dem Kopf und dem Schwanzstück mit kräftigem Fischgelee überglänzt und schließlich auf geeigneter Platte angerichtet. Mit diesem Anrichtestil wird durch den Kopf und den Schwanz betont, daß hier ein Lachs dargeboten ist.

Es hat sich in der Praxis erwiesen, daß diese Darbietungsform gegenüber der alten Methode große Vorteile bringt. Es läßt sich auf diese Weise rationeller wirtschaften, und das ist für die Nutzanwendung ausschlaggebend. Von großem Vorteil ist die hier gegebene Möglichkeit, auch bei großem Gästeansturm am Büfett ein schnelles, reibungsloses Service durchführen zu können. Auch das Küchen- und Servierpersonal wird auf diese Weise erheblich entlastet.

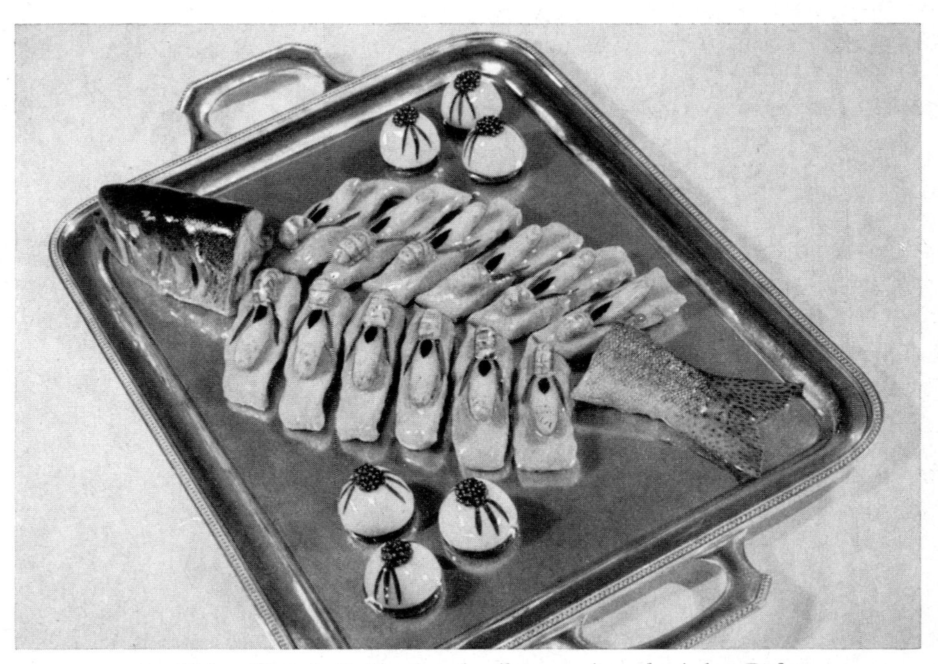

280. Kalter Rheinlachs für ein schnell zu servierendes kaltes Büfett

Der hier angewandte Dekor und auch die kleinen Beigaben können je nach Umständen und der Jahreszeit variabel gestaltet werden. Als Beigabe eignen sich besonders halbe garnierte Eier.

Ein Service Lachs für 4 Personen

In Restaurationsbetrieben wird oftmals schnell eine exquisite Sache verlangt. Zeit für besondere Arbeiten ist nicht gegeben, also wird mit den Mitteln gearbeitet, die augenblicklich zur Hand sind. Eine Lachsscheibe ist schnell gekocht und auch bald ausgekühlt. Diese legt man auf eine entsprechend große Platte. Eier, Kaviar und marinierte Krebsschwänze harmonieren zum kalten Lachs vorzüglich, und damit ist die Möglichkeit gegeben, in kürzester Zeit eine Platte zu servieren, die die verwöhntesten Gäste befriedigt. Mayonnaisensauce ist dazu zu reichen.

Lachsmedaillons in Gelee

Médaillons de saumon en gelée

Die Lachsmedaillons sollen nicht zu groß ausfallen, deshalb schneidet man sie möglichst aus einem kleinen Fisch oder aus einem Schwanzstück. Es empfiehlt sich, das betreffende Stück Lachs auszulösen und jedes Filet nochmals der Länge nach zu teilen, um dann aus diesen medaillonförmige Scheibchen zu schneiden. Diese werden in ein flaches, mit Butter ausgestrichenes Sautoir eingeordnet, leicht gesalzen und dann mit Fisch-Fond und Champignonsud langsam gedünstet. Nachdem sie in ihrem Fond erkaltet sind, werden sie herausgenommen, von der noch anhaftenden Haut befreit und zum Abtropfen auf ein Tuch gelegt. Die Lachsmedaillons sind in ein flaches Servicegeschirr zu ordnen, mit einem ansprechenden Dekor zu versehen und in den Kühlraum zu stellen. Nach völliger Durchkühlung wird das Ganze mit leichtgehaltenem Fischgelee zugegossen. Das Gericht ist nun servierbereit.

Lachs-Mayonnaise

Mayonnaise de saumon

Der gekochte Lachs ist von Haut und Gräten zu befreien und alsdann vorerst zu marinieren. Dann gibt man in das Geschirr, in dem die Mayonnaise anzurichten ist, in Streifen geschnittenen Kopfsalat und darauf den Lachs, der, mit Mayonnaise bedeckt, mit einem Tischmesser kuppelartig aufgestrichen wird. Zum Dekorieren sind Sardellen, hartgekochte Eier, Pfeffergürkchen, Kapern und Kopfsalatherzen das übliche Material.

Schaumbrot von Lachs

Mousse de saumon

$^1/_2$ kg ausgebrochene Reste von gedünstetem Lachs werden mit $^2/_{10}$ l Velouté fein zerrieben, durch ein Haarsieb gestrichen und dann eine Zeitlang auf Eis gestellt, damit die durch das Arbeiten erzeugte Wärme wieder verlorengeht. Unter dieses Püree mengt man nun $^1/_8$ l flüssiges, ausgekühltes Gelee und im Anschluß daran $^2/_{10}$ l geschlagene Sahne. Nachdem man das Schaumbrot mit Salz und Cayenne-Pfeffer abgeschmeckt hat, füllt man es in Formen oder Schalen. Die Service-Aufmachung kann sehr verschiedenartig sein. Das Sonderkapitel „Die Behandlungsweise der Schaumbrote“ (Seite 291) gibt darüber nähere Aufklärung.

*

281. Eine kalte Lachsplatte mit Kaviar-Eiern, in Portionen aufgeteilt

8. Lachsforelle

Für die Lachsforellen gelten die gleichen Zubereitungsarten wie für den Lachs.

Lachsforelle auf Schaumbrot

Truite saumonée sur mousse

Hierfür sind die Filets einer kleinen Lachsforelle am dankbarsten. Sie sind in kräftiger Fisch-Courtbouillon sehr vorsichtig zu pochieren. Nach dem Erkalten läßt man sie abtropfen und zieht dann die Haut ab.

Vorher hat man ein Schaumbrot (S. 291—293) von Hummer, Krebsen, Krabben oder auch Tomaten hergerichtet und von diesem eine lange, vertiefte Kristallschale etwa halbvoll gefüllt. Wenn dieses fest genug ist, sind die beiden Fischfilets flach nebeneinander daraufzulegen, evtl. ist der mitgekochte Kopf und Schwanz an seinem Platze anzubringen. Je nach Verwendung des Schaumbrotes werden die Filets nun mit Hummerscheibchen, Krebsschwänzen, Krevetten, Hummer-Corail, Estragon, Kerbelblättchen, pochiertem Eiweiß, Eierscheiben oder Sardellenfilets dekoriert. Zum Schluß gibt man über das Ganze eine Schicht sehr leicht gehaltenes Fischgelee und serviert das Gericht auf Eis.

Wiederum lassen sich mit diesen Schaumbroten andere Fischarten, die man ausgelöst, in kleine Portionen geschnitten und einzeln dekoriert hat, zu neuen Zusammensetzungen vereinigen.

9. Gerichte von Seezungen

a) Seezungenröllchen

Seezungenröllchen in Gelee

Aspic de paupiettes de sole

Kleine Seezungenfilets werden plattiert und mit Fischfarce, die man mit gehackten Trüffeln oder feinem Kräuterpüree und Spinatmatte oder Hummermark oder gehackten Champignons mit feinen Kräutern versetzt hat, bestrichen, zusammengerollt und dann in gut gewürztem Fisch-Fond im Ofen gedünstet. Nach dem Erkalten werden sie pariert und in etwa 1 cm dicke Scheiben geschnitten. Auf jedes Scheibchen kann man vor dem Einsetzen ein in Gelee getauchtes Trüffelscheibchen legen, man kann es aber auch fortlassen. An Formen können Zylinder-, Timbale-, Kuppel- oder auch Ringformen in Frage kommen. Weiterhin ist zu erwähnen, daß diese Seezungenröllchen entweder nur in Fischgelee eingesetzt werden können, oder auch bei Anwendung von Timbale- oder Kuppelformen im Hohlraum einen geeigneten, mit gesulzter Mayonnaise gebundenen Fisch-, Krustentier- oder Gemüsesalat bergen können. Ebenso ist es aber auch angängig, den Hohlraum mit einem aus Fischen oder Krustentieren bereiteten Schaumbrot zu füllen.

Die Form wird zunächst mit Gelee hohl ausgegossen und am Boden mit ausgestochenen Trüffelscheibchen und Scheiben von Seezungenröllchen ausgelegt. Alsdann sind die Seitenwände ebenfalls mit Scheiben von Seezungenröllchen auszulegen. Jedes einzelne Scheibchen ist vorerst in Gelee zu tauchen, damit es sogleich an der Geleewand unverändert seinen Platz behält. Der Hohlraum wird dann mit einem feinwürfelig geschnittenen, mit gesulzter, pikanter Mayonnaise gebundenen Salat von englischem Sellerie, Champignons, Hummer und den Seezungen-Parüren gefüllt und mit einer Geleeschicht abgeschlossen. Nach dem Festwerden stürzt man die Form auf eine flache Glasplatte, die jedoch in der Mitte etwas Vertiefung haben soll, damit sie evtl. auf einen Eissockel mit vorher eingemeißelter Vertiefung gesetzt werden kann. Wenn flache Glasschüsseln auf Eissockel gesetzt werden, so empfiehlt es sich, die Berührungsfläche der Sockelvertiefung, die der Schüsselvertiefung angepaßt sein muß, mit zusammengefaltetem Seidenpapier auszulegen, damit die Schüssel festen Halt bekommt.

Die auf die Glasplatte gestürzte Form kann mit einigen Krebsen, frischen Salatblättern, in Gelee eingesetzten, rund ausgestochenen Seezungenröllchenscheiben und mit gehacktem Gelee garniert werden. Das Gericht kann auf einem Eissockel serviert werden; wenn man jedoch davon absehen will, läßt es sich aber auch sehr wirksam auf einer Platte mit gebrochener Serviette anrichten.

Gefüllte Seezungenröllchen

Paupiettes de soles farcis

Seezungenfilets von gleicher Größe werden leicht plattiert, mit Kräuter-Mousseline-Fischfarce (S. 120) bestrichen, zusammengerollt und in kräftigem Fisch-Fond und Weißwein

282. Gefüllte Seezungenröllchen in Tomaten

gedünstet. — Nach dem Auskühlen läßt man sie abtropfen und setzt sie in abgezogene, halbierte, von den Kernen befreite, mit Salz, Pfeffer, Essig und Öl marinierte Tomaten. Nachdem sie mit Trüffelstreifchen bestreut und mit hellem Gelee überglänzt wurden, werden sie auf einer Glas- bzw. Silberplatte angerichtet. Beigabe: Spargelsalat und Tiroler Sauce.

Seezungenröllchen Jeannette

Paupiettes de sole à la Jeannette

Kleine Seezungenfilets von gleicher Länge sind leicht zu plattieren, zu würzen und mit Fischfarce, unter welche man etwas Gänseleberpüree gezogen hat, zu bestreichen. Zusammengerollt und seitlich mit Butter bepinselt, werden sie dann aufrechtstehend dicht in ein mit Butter ausgestrichenes flaches Geschirr eingesetzt, in dem sie sich gegenseitig berühren, so daß ein Aufrollen verhindert wird. In Weißwein- und Champignonsud gedünstet, läßt man sie in ihrem Fond erkalten. Später werden sie erforderlichenfalls pariert. Mit einer schönen ausgestochenen Trüffelscheibe belegt, sind sie mit Fischgelee zu überglänzen und dann auf einer Unterlage von kleinwürfelig geschnittenem Fischgelee anzurichten.

Seezungenröllchen nach russischer Art

Paupiettes de sole à la russe

Kleine Seezungenfilets werden gerollt, in mit Butter ausgestrichene Dariole-Förmchen gesetzt und dann in gutem Fisch-Fond im Ofen gargemacht. Sobald sie ausgekühlt sind, werden sie pariert, mit einer Trüffelscheibe bedeckt und mit Gelee überglänzt. Jedes Röllchen setzt man in einen marinierten Artischockenboden und richtet diese auf runder Platte an. In den freien Mittelraum gibt man auf frische Salatblätter kleinwürfelig geschnittenen Gemüsesalat.

Seezungenröllchen Calypso

Paupiettes de sole Calypso

Schön parierte, gleichgroße Seezungenfilets werden plattiert, um mit Butter bestrichene Holzröllchen von etwa 2 cm Durchmesser gerollt und dann senkrecht und dicht nebeneinander in einem mit Butter ausgestrichenen, flachen Geschirr in gutem Fisch-Fond mit genügend Zitronensaft gedünstet. Nach dem Erkalten zieht man die Hölzchen heraus und setzt jedes Fischröllchen auf eine passende, abgezogene, ausgedrückte und leicht gesalzene Tomate. Alsdann sind die Hohlräume mit Krebs-Schaumbrot, dem man würfelig geschnittene Krebsschwänze beigefügt hat, bis zum Rand zu füllen. Obenauf gibt man als dekorativen Abschluß ein schönes Krebsschwänzchen und eine pochierte Auster. Im Kranze angerichtet, werden diese Seezungenröllchen mit Fischgelee-Croûtons garniert.

b) Seezungenschnitten

Seezungenschnitten Cäcilie

Filets de sole Cécile

In Weißwein gedünstete, zusammengeklappte Seezungenfilets werden um eine Form Krebs-Schaumbrot, die man mit Trüffelscheiben ausgelegt hat, angerichtet. Mit dem gleichen Schaumbrot sind Krebskörper, denen man einen ausgebrochenen Krebsschwanz eingesetzt hat, zu füllen. Die so gefüllten Krebse sind zwischen je einer Seezungenschnitte zu gruppieren. Zu dieser Platte ist Kaviar-Sauce zu servieren.

Seezungenschnitten Charlotte

Filets de sole Charlotte

Geklappte Seezungenfilets werden wie üblich in gutem Fond gedünstet und müssen darin fast erkalten, um dann leicht gepreßt zu werden. Im vorliegenden Falle erhalten die

Filets nach dem Parieren einen Dekor von Kerbelblättchen und Hummer-Corail, und im Anschluß daran werden sie sogleich mit Gelee überglänzt. Beim Anrichten stürzt man in die Mitte der Platte eine kleine, mit Fischgelee hohl ausgegossene und mit Hummer-Corail ausgestreute Kuppelform, die eine Füllung von Hummer-Schaumbrot enthält. Die Seezungenfilets werden abwechselnd mit Gelee-Croûtons im Kranze herum gruppiert.

Seezungenschnitten in Gelee

Filets de sole en gelée

Die erforderliche Anzahl kleiner Seezungenfilets wird in Rechtecke geschnitten oder geklappt und in gutem Fond gedünstet. Wenn sie ziemlich erkaltet sind, werden sie leicht gepreßt und später pariert. Alsdann ist eine Zylinderform in Eis einzugraben und mit Gelee, aus Fisch-Fond bereitet, hohl auszugießen. Die Form kann nach Belieben mit Mustern aus Trüffel, Karotten, Eiweiß und Kerbel usw. ausgelegt werden. Da man stets bedacht sein muß, das Gelee nicht fester zu halten, als es gerade erforderlich ist, empfiehlt es sich, nicht zu schwere Fischfilets einzusetzen, denn es besteht sonst die Gefahr, daß diese durch die eigene Schwere die später gestürzte Form zum Bersten bringen. Bevor die einzelnen Filets in die Form gesetzt werden, sind sie in stockendes Gelee zu tauchen, damit sie sogleich an der gewünschten Stelle haften bleiben. Nach dem Einsetzen wird die Form mit stockendem Gelee bis zum Rande gefüllt. Beim Anrichten kann man sie mit kleinen gekochten Krebsen, feinwürfelig geschnittenem Fischgelee und etwas frischem Grün garnieren; auch empfiehlt es sich, einen mit Mayonnaise gebundenen Gemüsesalat gesondert zu servieren. — Eine einfachere Methode zum Einsetzen der Seezungenfilets besteht darin, daß die Filets wie üblich gedünstet und, mit einer Trüffelscheibe belegt, in einer flachen Glasschale mit dickflüssigem Gelee bedeckt werden.

Seezungenschnitten mit Hummer

Filets de sole au homard

Gedünstete Seezungenfilets setzt man auf ein Ablaufgitter und garniert jedes einzelne mit einem Hummerscheibchen oder einer gespaltenen kleinen Hummerschere. Darauf legt man je eine rund ausgestochene Trüffelscheibe und überglänzt die Filets mit Fischgelee.

Um ein rasches Service zu begünstigen, füllt man Kopfsalatblätter mit je einem Eßlöffel Gemüsesalat. Darauf legt man je ein garniertes Seezungenfilet. Die so gefüllten Kopfsalatblätter werden auf flacher Glas- oder Silberplatte angerichtet. Beigabe: Kräuter-Sahnemayonnaise.

Seezungenschnitten auf Seemanns-Art

Filets de sole à la marinière

Seezungenfilets sind zu dünsten, nach dem Erkalten mit je 2 schönen Seemuscheln zu belegen und mit Fischgelee zu überglänzen. Um einen pikant abgeschmeckten Salat von Krabben, Äpfeln und Sellerie finden sie dekorative Anordnung.

Seezungenschnitten auf Krebs-Schaumbrot

Filets de sole sur mousse d'écrevisses

Seezungenschnitten von gleicher Größe werden geklappt, schön weiß gedünstet, kurz vor dem Erkalten leicht gepreßt und dann später mit Krebsschwänzen, Trüffelscheiben und Kerbelblättchen dekoriert.

In eine tiefe Kristallschale gibt man eine etwa 3 cm hohe Schicht Krebs-Schaumbrot (S. 260) und läßt es im Kühlraum erstarren. Dann gruppiert man darauf die dekorierten Seezungenschnitten und bedeckt das Ganze mit stockendem, schwach gelierendem Fischgelee. Es empfiehlt sich, das Gericht auf Eisstückchen zu servieren.

Seezungenschnitten auf Tomaten-Schaumbrot

Filets de sole sur mousse de tomates

Die Seezungenfilets werden wie „Seezungenschnitten auf Krebs-Schaumbrot" behandelt, erhalten aber als Unterlage Tomaten-Schaumbrot (S. 292). Die Garnitur besteht aus Trüffelscheiben und Estragonblättern.

Marinierte Seezungenschnitten

Filets de sole marinés

Gut gewürzte Seezungenfilets werden grilliert oder in Öl zu hellgelber Farbe geröstet. In ein flaches Geschirr gelegt, sind sie mit Tomatenwürfeln, feingeschnittener Zwiebel, Lorbeerblatt, Öl, Zitronensaft, Salz und Pfeffer zu marinieren und kalt zu servieren.

Seezungenschnitten nach Prinzessin-Art

Filets de sole à la princesse

Geklappte, in Weißwein gedünstete, erkaltete Seezungenfilets werden mit Gelee überglänzt. Sie lassen sich am vorteilhaftesten auf einer flachen Glasplatte anrichten, die man auf eine Silberplatte mit schön gebrochener Serviette setzt. In das freigelassene Mittelfeld gibt man einen Salat von Spargelspitzen und bestreut ihn mit Trüffelfäden. Beigabe: Chantillysauce.

Seezungenschnitten mit Spargel auf pikantem Salat

Filets de sole aux asperges et salade piquante

Die Seezungenfilets werden vorsichtig, mit der Hautseite nach innen, zu Schleifen um 2 Stücke gekochten Spargel gelegt, wobei zu beachten ist, daß die dünne Schwanzspitze um $^2/_3$ länger als das dickere Vorderstück und über dieses, also obenauf, zu liegen kommt. Die so präparierten Seezungenfilets mit dem Spargel werden in ein mit Butter ausgestrichenes, flaches Geschirr gelegt. Sie werden mit Weißwein, Champignonsud und Fisch-Fond überdeckt und gedünstet. Nach völligem Erkalten werden sie auf ein Abtropfgitter gelegt, mit einer Trüffelscheibe dekoriert und mit dem aus dem Fond bereiteten Fischgelee überglänzt.

Beim Anrichten setzt man sie um einen Salat von frischen Champignons und abgezogenen Tomaten. (Das Tomatenfleisch wird in zwei verschiedenen Größen rund ausgestochen.) Der Salat wird mit wenig Zitronensaft, Öl und Gewürzen angemacht. Die Platte ist mit frischen marinierten Krebsschwänzen zu vollenden. Beigabe: tomatierte Sahnemayonnaise mit feinen Kräutern.

283. Seezungenschnitten mit Spargel auf pikantem Salat (Text Seite 249)

Seezungenschnitten nach venezianischer Art

Filets de sole à la vénitienne

Die Seezungenfilets werden in kurzem Fond gedünstet und erhalten einen Dekor von einem längs halbierten Scampischwanz und einigen Estragonblättern. Nachdem die Filets mit Fischgelee leicht überglänzt wurden, sind sie um eine Form von Scampis in Gelee anzurichten. Beigabe: Sauce Vincent (S. 370).

Seezungenschnitten Viktoria

Filets de sole à la Victoria

Kleine, geklappte Seezungenfilets werden schön weiß gedünstet, in ihrem Fond ausgekühlt und auf einem Tuch abgetropft. Auf jedes dieser Filets legt man einige zuvor in flüssiges Gelee getauchte Kerbelblättchen und eine Trüffelscheibe. — Auf einem pikanten Salat von Hummer, Seezungen-Parüren, rohem englischen Sellerie und Spargel, der mit leichter Sahnemayonnaise gebunden ist, werden die Filets angerichtet.

10. Steinbutt

Der Steinbutt kann als kalter Fisch von vorzüglichem Geschmack sein, er darf aber, was bei anderen Fischen möglich ist, nicht lange Zeit kalt stehen; deshalb soll man sich lediglich darauf einstellen, den Fisch bald nach seiner Zubereitung zu servieren.

Grund dieser Erscheinung ist der ungewöhnlich große Gallertgehalt.

Steinbutt Bristol

Turbot à la Bristol

Mit Salz feingeriebenen Knoblauch, feingehackte Schalotten und Zwiebeln streut man in ein mit Öl ausgestrichenes, flaches Geschirr oder Randblech. Darauf legt man die Steinbutt-Scheiben, denen man die schwarze Haut entfernt hat. Über diese gibt man nun Salz, Pfeffer, Zitronensaft, Scheiben von frischen Champignons, Würfel von abgezogenen, festen Tomaten, ein Kräutersträußchen, Thymian, Lorbeerblatt, Öl, grob gehackte Petersilie, Weißwein und etwas guten Fisch-Fond. Der Fond muß so zusammengesetzt sein, daß er sehr pikant ist und nicht länger als gerade unbedingt nach dem Auskühlen zum Bedecken nötig ist. Sollten die Tomaten sehr weich sein, so empfiehlt es sich, diese erst im letzten Moment beizufügen, damit sie nur kurz aufkochen. Nach dem Pochieren wird der Fisch in flachen Kokotten angerichtet. Er wird mit seinem Fond und der Einlage bedeckt. — Der Fisch schmeckt am besten, wenn er fast lauwarm gegessen wird.

284. Steinbutt Bristol

Steinbutt nach griechischer Art

Turbot à la grecque

Steinbutt à la grecque ist nach derselben Art wie „Steinbutt Bristol" zuzubereiten. Die Einlage besteht nur aus Tomaten, kleinen ausgesteinten Oliven oder Olivenringen und Streifchen von rotem Piment.

Steinbutt nach provenzalischer Art

Turbot à la provençale

Der Steinbutt wird ebenfalls wie für „Bristol" behandelt. Die Einlage jedoch besteht nur aus Tomatenwürfeln und gehackter Petersilie. Weiterhin wird der Fond nach dem Erkalten mit Tomaten-Catchup geschmacklich vollendet.

11. Schleie

Schleie mit Essigkräutersauce

Tanches à la vinaigrette

Die Schleie werden langsam pochiert und abgezogen. Wenn sie fast erkaltet sind, legt man sie in ein flaches Geschirr und bedeckt sie mit Vinaigrette-Sauce, der man noch gehacktes Ei und Tomatenscheibchen hinzufügen kann.

Schleie in Gelee

Tanches en gelée

Die Schleie werden, nachdem sie in kräftiger, gut gewürzter Fisch-Courtbouillon gargemacht wurden, in ihrem Fond ausgekühlt. Alsdann werden sie abgezogen und in flache Kokotten gesetzt. Mit blanchierten Estragonblättern und kleinen Trüffelplättchen belegt, stellt man sie eine Zeitlang in den Kühlraum und bedeckt sie dann mit dem aus dem Fond bereiteten, im Erstarren begriffenen Gelee.

Schleie mit Krebsschwänzen und Muscheln in Gelee

Tanches aux queues d'écrevisses et moules en gelée

Schleie von gleicher Größe werden vorschriftsmäßig geputzt, in Fisch-Courtbouillon mit etwas Safran und Weißwein pochiert und in diesem Fond ausgekühlt.

Später werden sie abgezogen und mit Krebsschwänzen, gekochten Muscheln und kleinen Fischklößchen in ein passendes Geschirr eingesetzt. Nachdem das Ganze eine Zeitlang recht kaltgestanden hat, gibt man sehr leicht gehaltenes Gelee, das von dem Fond bereitet wurde, in stockendem Zustande darüber. Als besondere Beigabe eignet sich Meerrettichsahne.

Die Rezepte für Schleie sind auch für Karpfen anwendbar.

12. Gerichte von Zander

Zubereitungen für Zander lassen sich nach Rezepten, wie sie bei den vorgenannten Fischarten Anwendung fanden, ableiten.

*

Arrangements von Fischen, Schal- und Krustentieren

Aus Fischen, Schal- und Krustentieren lassen sich geschmackvolle und ansehnliche Arrangements herrichten, denn hierbei sind im Hinblick auf Farbenkontraste beste Möglichkeiten gegeben. Das Rot gekochter Hummer, blaugesottene Forellen, zartgrün gefüllte, im Anschnitt gezeigte Seezungenröllchen in hellem Gelee, mit Spargelköpfen gefüllte Tomaten, hellgelbe Kopfsalatblättchen mit Muschelsalat gefüllt, frische Krabbenschwänzchen, Möweneier, Krebsschwänze in Gelee, Blätterteigschiffchen mit Hummer- oder Fisch-Schaumbrot sind sehr dankbare Objekte.

Um das Ganze zu vollem Effekt zu bringen, kommt es in jedem Fall darauf an, eine genügend große Platte zur Verfügung zu haben. In der Anrichteweise ist das persönliche Talent ausschlaggebend. — Als Beigabe eignet sich Mayonnaise, Hummer- oder grüne Kräutersauce.

*

Unter den Fischen sind nur Aal, Forellen, Lachs, Lachsforellen, Seezungen, Schleie und Steinbutt angeführt. Eine große Zahl weiterer Fischarten lassen sich nach gleichen Rezepten zubereiten.

Salat von Krebsschwänzen — Salade de queues d'écrevisses

Auf einen Salat von Krebsschwänzen, Krebsscheren, Äpfeln und rohem englischen Sellerie, der mit Rahmmayonnaise, Catchup und viel Dill angemacht wird, placiert man, wie die Aufnahme zeigt, Garniturbestandteile, die mit Krebsen geschmacklich harmonieren.

Zunächst ist der Krebssalat mit aufrechtgestellten, gleichgroßen Krebsschwänzen (ohne Darm) zu umkränzen. Anschließend daran folgt ein Ring von geviertelten Artischockenherzen, die mit je einem Trüffelscheibchen zu belegen sind. Der dann von Radieschenscheiben gebildete Kranz, dessen Innenfläche mit würfelig geschnittenem, gekochtem Ei und einer ausgestochenen Trüffelscheibe vollendet wird, ist ein guter Abschluß und erhöht das Farbenspiel.

Die Einfassung der Platte besteht aus sehr feinen, marinierten Streifchen von grüner Paprikaschote. Das feurige Rot der 2 gekochten Krebse, auf Dillbüscheln gebettet, wirkt mit den übrigen Garniturbestandteilen in der Farbaufnahme als kulinarisches Stilleben.

Roastbeef mit gebratenen Masthühnern — Roastbeef aux poulardes rôties

Das Arrangement von Roastbeef und gefüllten Masthühnern wird wie folgt hergerichtet: Der nicht tranchierte Teil des Roastbeefs erhält eine Ranke von kleinen Maiskolben, in Essig und Öl mariniert, und gefüllten Oliven. Seitlich der Roastbeefscheiben ist diese Ranke ebenfalls mit Maiskolben und mit grüner Paprikaschote fortgesetzt.

Die gebratenen Masthühner sind auf dem Keulenfleisch und Geflügel-Schaumbrot, das geschmacklich mit Haselnußpüree und Madeira betont wird, angerichtet. Die hierbei angewandte Tranchiermethode ist auf S. 152, Bild 151, eingehend erläutert. Das im ganzen, jedoch tranchiert angerichtete Masthuhn im Hintergrund, mit Geflügel-Schaumbrot gefüllt (vgl. Bild 308, S. 310), wird mit Spargelköpfen, Tomate und Trüffel dekoriert.

Als Beigabe dienen Tomaten; sie sind mit feinwürfelig geschnittenem Salat aus Spargel und Champignons, leicht mit geschlagener Sahne, Zitrone und feinen Kräutern gebunden, gefüllt. Dekor: Eiweißrosette und Trüffelpunkt.

11. Abschnitt

Krustentiere

Hinweise auf Farbtafeln mit Krustentiere n

Salat Rivoli.	siehe Farbtafel-Übersicht
Garnierte Hummer-Mayonnaise	
Hummer nach Pariser Art	
Krebsschwänze in Dillgelee.	
Salat von Krebsschwänzen	

Aufbewahrung von Langusten-, Hummer-, Krebs- und Krabbenfleisch

Gekochte ausgebrochene Krustentiere lassen sich — in roher Milch in säurebeständigen Gefäßen in den Kühlraum gestellt — längere Zeit aufbewahren, ohne ihren eigentümlichen Geschmack zu verlieren.

1. Hummer

Das Kochen und Tranchieren von Hummern

Hummer gekocht

Hummer und alle Krustentiere röten sich während des Kochens. Das beruht auf der Zerstörung eines bläulichen Farbstoffes, der bei den lebenden Tieren den roten verdeckt.

Man gibt die lebenden Hummer, um sie schnell zu töten, in stark kochendes, gesalzenes Wasser. Vom Beginn des Wiederaufkochens gerechnet, läßt man Hummer im Gewicht von $^1/_2$ kg 8 Min. langsam kochen und 15—20 Min. an der Seite des Herdes vollends garziehen und schließlich in der Brühe auskühlen. — Wenn Hummer warm angerichtet werden, nimmt man sie aus der Brühe und läßt sie vor dem Aufschneiden zunächst 3 Min. ruhen.

Die Schwere der Hummer wird aber für die Kochdauer nicht immer allein ausschlaggebend sein, weil auch andere Umstände zu berücksichtigen sind. Zum Beispiel ist beim Kochen von Hummern zu unterscheiden, ob man nur 3 oder 4 Stück oder $^1/_2$ Ztr. mit einem Mal kocht. Große Hummermengen erfordern kürzere Kochzeit, weil sich in dem großen, vom Herd genommenen, nur langsam auskühlenden Kessel das Garwerden der Hummer geraume Zeit länger fortsetzt als in einem kleinen Gefäß. Die Kochzeit und die Zeit des Ziehenlassens ist entsprechend zu verkürzen oder zu verlängern. — Hummer werden am besten in ihrer Kochbrühe im Kühlraum aufbewahrt.

Zerlegen der Hummer

Um sie zu zerkleinern oder zu zerlegen, werden zuerst die Scheren dicht am Körper abgebrochen. Dann wird der Hummer der Länge nach durchgeschnitten, indem man mit einem stabilen Messer in die Mitte des Körpers senkrecht einsticht und mit schnellem Druck nach unten den Schwanz genau in der Mitte durchschneidet; mit einem zweiten Schnitt teilt man dann auch den vorderen Teil des Hummerkörpers.

An den Scheren werden zunächst die Arme oder Glieder der Länge nach aufgehackt; dann erst werden die Scheren geöffnet. Zu diesem Zweck wird die Schalenkante beiderseitig abgehackt, wodurch sich der obere Schalenteil abbrechen und das Hummerfleisch herausnehmen läßt. — Oder: Sie werden an der oberen und an der unteren Kante mit einem schweren Messer leicht eingeknickt und erhalten dann mit dem Messerrücken auf beiden flachen Seiten einen leichten Schlag, so daß sich nun die Schale gut brechen und das Fleisch herausnehmen läßt. Beide Methoden haben sich bewährt.

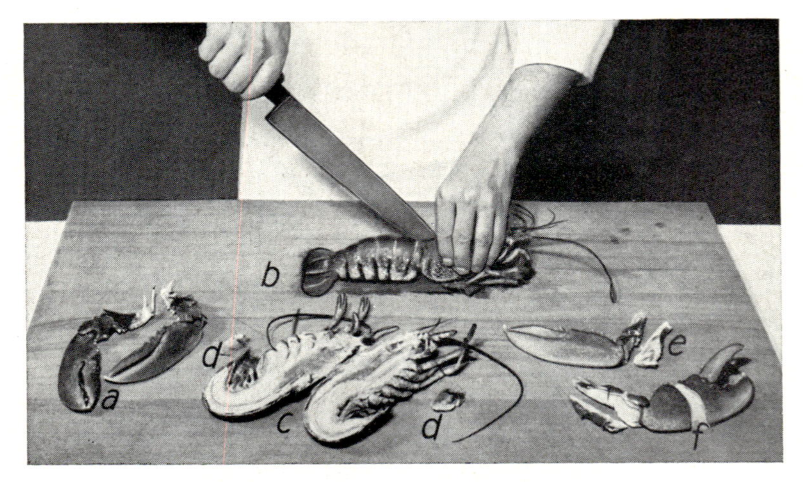

285. Zerschneiden der Hummer

Die abgebrochenen Hummerscheren; *b* das Durchschneiden des Hummers; *c* der aufgeschnittene Hummer; *d* die entfernten Magenhälften; *e* das aufgeschlagene Hummerglied; *f* die geöffnete Hummerschere

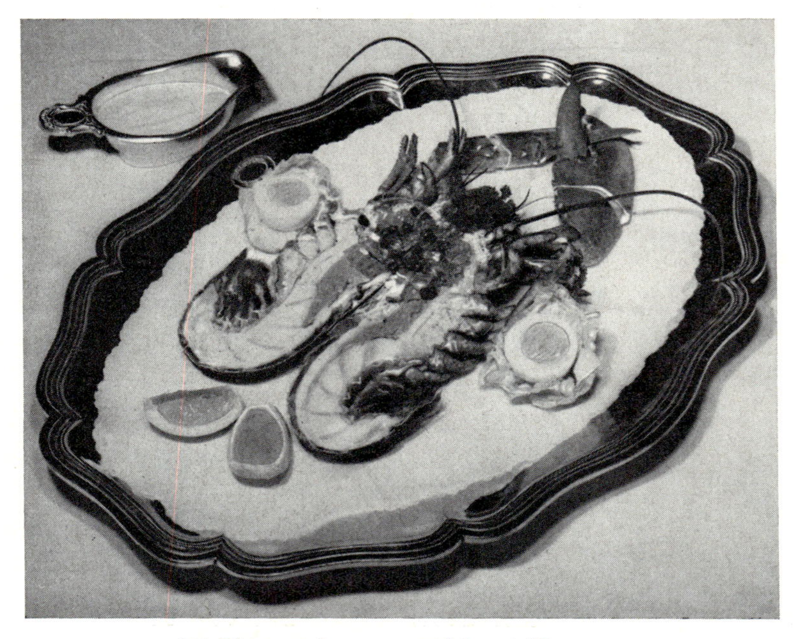

286. Ein gespaltener, angerichteter Hummer

Anstelle des entfernten Magens werden Geleewürfel und Kapern gelegt. Weitere Beigaben: Salatherzblättchen, gekochte halbe Eier, Zitronenachtel, Petersiliensträußchen, Mayonnaise

Hummer gekocht mit verschiedenen Saucen

Für das Restaurations-Service wird der gekochte Hummer der Länge nach durchschnitten und Magen und Darm entfernt. Die Scheren sind aufzuhacken und mit den längsdurchschnittenen Hummerhälften auf gebrochener Serviette anzurichten.

Hummer nach Carnot

Homard à la Carnot

Diese Platte ist eine Komposition von Hummer-Schaumbrot und gekochtem Hummer. Das Service läßt sich vorteilhaft gestalten, wenn man das Schaumbrot (S. 231) in eine mit Gelee hohl ausgegossene Form gibt. Kurz vor dem Gebrauch stürzt man die Form auf eine runde, mit einem Geleespiegel ausgegossene Platte und legt um diese schön gleichmäßig geschnittene Hummerschwanzscheiben und die ausgebrochenen Scheren, die man mit Trüffel und Kerbel dekoriert und leicht mit hellem Gelee überglänzt hat. Beigabe: Russische Sauce.

Hummer in Gelee

Aspic de homard

Eine Form wird mit hellfarbigem Gelee hohl ausgegossen und am Boden mit beliebig dekorierten Eierscheiben ausgelegt. Bedingung ist, daß der Dekor vorerst mit Gelee an dem Boden befestigt wurde. — Danach folgt vorerst eine 2 mm dicke Geleeschicht. Wenn sie erstarrt ist, wird das in schöne gleichmäßige Scheiben geschnittene Fleisch der Hummerschwänze, an denen je eine ausgestochene Trüffelscheibe mit Gelee befestigt wurde, an die Außenwand gesetzt. Der verbleibende Rest von den Schwänzen und das Scherenfleisch ist in dem Hohlraum zu verteilen. Zum Schluß wird die Form mit stockendem Gelee zugegossen und muß dann auf Eis gesetzt werden.

Beim Anrichten wird die Form am besten auf eine Glasplatte gestürzt. Dazu serviert man einen pikanten Gemüsesalat und krönt diesen mit einem frischen Salatherz. Für die weitere Garnitur sind Hummerkarkassen, auch Hummerbeine sehr gut zu verwenden.

Hummer nach Grammont

Homard à la Grammont

Ein ausgekühlter, jedoch frisch gekochter Hummer wird gespalten. Die beiden Schwanzhälften und die ausgebrochenen Scheren sind bis zur weiteren Behandlung zu reservieren. Inzwischen sind die Hummerschalen zu waschen und zum Abtropfen auf ein Tuch zu legen. Im Anschluß hieran bereitet man von dem Scherenfleisch ein Hummer-Schaumbrot nach den Erläuterungen, wie sie auf S. 291 gegeben sind. Mit diesem Schaumbrot werden die Hummerschalen bis zum Rand gefüllt und zum Erstarren kaltgestellt. Nun sind die halbierten Hummerschwänze in gefällige Scheibchen zu schneiden und abwechselnd mit ausgestochenen Trüffelscheiben auf das Schaumbrot zu legen. Nachdem der vordere Teil der Hummerhälfte mit einigen pochierten Austern belegt wurde, wird das Ganze leicht mit Gelee überglänzt. Auf einer Platte mit Serviette angerichtet und mit hellgrünen Salatblättern garniert, wirkt diese Platte ohne jedes weitere am vorteilhaftesten. Eine Mayonnaisensauce kann extra gereicht werden.

*

Wie in diesem Falle die Hummerschalen mit Schaumbrot gefüllt sind, können auch kleinwürfelig geschnittene Salate verschiedener Kompositionen, soweit sie mit dem Hummergeschmack harmonieren, den gleichen Zweck erfüllen. Das Hummerfleisch — in diesem Falle auch die Scheren — erhält die gleiche Anwendung wie vorstehend.

Hummer-Mayonnaise

Mayonnaise de homard

Der Hummer wird in geeignete Stücke geschnitten und in einer Glasschale auf frischen Salatblättern schichtweise mit pikanter Mayonnaise angerichtet. Nachdem das Ganze mit einem Tischmesser ebenmäßig gewölbt wurde, garniert man die Mayonnaise mit hartgekochten Eierscheiben, Essiggürkchen, Sardellen, Kapern usw. Man kann auch einige reservierte Hummerscheren und -schwanzscheiben dazu benutzen, ebenso als Einfassung einige gleich lang geschnittene Hummerbeine.

Hummer nach Pariser Art

Homard à la parisienne

Ein lebender, nicht zu kleiner Hummer wird ausgestreckt auf ein passendes Brettchen gebunden, abgekocht und im Fond ausgekühlt. Er wird nun aus dem Sud herausgenommen und muß vor seiner weiteren Verarbeitung gut abgelaufen sein. Als nächstes ist der Hummerschwanz aus der Schale herauszunehmen, ohne die Hummerschwanzschale vom Rumpf zu trennen. Hierbei lassen sich zweierlei Methoden anwenden: Als erstes kann die Hummerschwanzschale von oben geöffnet werden, und zwar derart, daß man vom Schwanzende bis zur Mitte des Oberkörpers zwei parallele Einschnitte in die Schale macht, ohne jedoch das Hummerfleisch zu verletzen. Die Schnitte müssen soweit voneinander entfernt sein, daß das Fleisch unbeschädigt und mühelos herausgenommen werden kann (vgl. auch Languste Bild 288).

Im zweiten Falle wird die Innenseite des Hummerschwanzes vollständig von der Schale freigelegt, wobei vorher die kurzen Beinchen entfernt werden müssen. Nachdem das Fleisch herausgenommen ist, wird der so vorbereitete Hummerkörper bis zum Gebrauch in den Kühlraum gestellt. Hat man sich jedoch für die erste Art entschieden, so wird der oben freigelegte Innenraum mit einem kurz angemachten Gemüsesalat, dem man etwas dünnflüssiges Gelee beigegeben hat, gefüllt und glattgestrichen. Die gefüllte Karkasse ist ebenfalls in den Kühlraum zu stellen, damit der mit Mayonnaise angemachte Gemüsesalat gut durchkühlt.

Das nächste ist nun, den Hummerschwanz in schöne gleiche Scheiben zu schneiden und diese in Reihenfolge auf ein Ablaufgitter zu setzen. Im Anschluß hieran sind die einzelnen Scheiben mit einem gefälligen Dekor zu versehen, wozu sich Trüffel, Estragon und Hummer-Corail am besten eignen. Es ist allgemein üblich, die so garnierten Hummerscheiben mit Gelee zu überglänzen.

Wir kämen nun zu der für „Hummer nach Pariser Art" erforderlichen Garnitur. Das Typische liegt darin, daß harte Eier, Artischockenböden und Gemüsesalat verwendet werden. Man kann, wenn man vereinfachen will, mit halben harten Eiern und mit Artischockenböden, die mit Gemüsesalat gefüllt wurden, garnieren.

Kommt es aber darauf an, das Gericht zu einer Prunkplatte zu gestalten, so hat der Koch die beste Gelegenheit, mit Phantasie und Schönheitssinn sich frei zu entfalten.

Um den Gemüsesalat in schöner Aufmachung zu zeigen, bedient man sich kleiner Förmchen, die man zunächst mit Gelee hohl ausgegossen hat. Der Boden wird mit einem Dekor ausgelegt und der Mantel mit ausgebohrten, gekochten, kleinen Gemüseperlen aus Karotten, Sellerie, weißen Rüben und kleinen hellgrünen Erbsen. Der Innenraum aber wird mit dem obengenannten Salat gefüllt. Zum Schluß werden die Förmchen mit Gelee zugegossen.

Die Artischockenböden werden ebenfalls mit Gemüse- oder Spargelsalat gefüllt.

Schließlich kann man den hartgekochten Eiern durch Füllung oder Garnitur besonderen Reiz geben. Es eignen sich hierfür alle gekochten, kalten Eier-Kompositionen, soweit sie sich in ihren Bestandteilen zum Hummer als passend erweisen.

Denken wir uns den Hummer, der an der Innenseite geöffnet wurde. — Diesen legt man auf ein Gitter, stellt die hergerichtete Garnitur dazu und überglänzt alles mit Gelee.

Zum Anrichten braucht man eine entsprechend große Platte. Der Plattenboden wird mit einem etwa 3 mm dicken Geleespiegel ausgegossen und zum Erstarren gebracht. Darauf setzt man den langgestreckten Hummer. Nun legt man die Hummerscheiben in der Weise auf die Karkasse, daß man oben beginnt und immer eine Scheibe die andere fast bis zur Hälfte bedeckt. In dieser Art wird man mit der letzten Scheibe gerade am Schwanzende angelangt sein und einen schönen Abschluß finden.

Über die Anordnung der Garnitur läßt sich nicht viel sagen; hier ist der persönliche Geschmack des Verfertigers ausschlaggebend, wobei Form und Größe der Platte bestimmend mitwirken.

Hummer nach russischer Art

Homard à la russe

Frisch gekochte Hummer werden der Länge nach halbiert und sogleich ausgebrochen, ferner sind die Scheren zu öffnen. Sie erhalten einen leichten Geleeüberzug, ebenso die halbierten Hummerschwänze. — Nun ist ein Salat herzurichten, der sich aus englischem Sellerie, Champignons und Spargel zusammensetzt und mit pikanter Mayonnaise gebunden wird. Der Salat wird auf runder Platte angerichtet, mit einem Salatherzchen gekrönt und mit Trüffelstreifchen bestreut. Ringsherum gruppiert man die geöffneten Hummerscheren und -schwänze. In die Krümmung der Hummerschwänze legt man eine Eierscheibe, auf die man ein Häufchen Kaviar setzt. — Mayonnaise ist extra zu reichen.

Hummersalat

Salade de homard nature

Der Hummer wird in schöne Scheibchen geschnitten und dann mit wenig Zitrone, Öl, Salz und Pfeffer mariniert. Der Salat wird in einer Glasschale auf frischen Salatblättern angerichtet und mit Eierscheiben und Kapern garniert.

Hummersalat in Spargelrand

Salade de homard en bordure d'asperges

Eine sog. Spargel-Ringform wird mit hellem Gelee hohl ausgegossen und alsdann mit soviel Spargelköpfen ausgelegt, als die Form Vertiefungen aufweist. Die Innenwand ist ebenfalls mit Spargelstücken in entgegengesetzter Richtung auszulegen, doch sind hierfür keine Köpfe erforderlich. Beachtenswert bleibt, daß der Spargel vor seiner Verarbeitung auf einer Serviette zum Abtropfen und Durchkühlen einige Stunden im Kühlraum aufbewahrt wurde. Nach dem Einlegen des Spargels wird die Form mit stockendem Gelee zugegossen und bis zum Gebrauch gut kaltgestellt.

Beim Anrichten ist die Form auf eine Glasplatte zu stürzen. In den Hohlraum füllt man feingeschnittenen Kopfsalat und darauf das in Scheiben geschnittene Hummerfleisch. — Es ist vorher mit Salz, Pfeffer und Zitrone zu marinieren und mit Rahmmayonnaise zu binden. Die Garnitur besteht gewöhnlich aus Eierscheiben, Sardellenringen, Kapern, ausgesteinten Oliven usw. — Hinzuzufügen wäre, daß auch Krebssalat oder Krebs-Mayonnaise in dieser Aufmachung serviert werden kann. Im übrigen ist dieses Service auch für Langusten und Scampis anwendbar. Vorstehende Anrichteweise ist speziell in Stadtküchenbetrieben üblich.

Hummer-Schaumbrot

Mousse de homard

Fleisch und Mark von frisch gekochten Hummern wird, sobald es ausgekühlt ist, ausgebrochen und dann im Mixer zu Püree zerkleinert. Während der Bearbeitung gibt man auf $^1/_2$ l Hummerpüree $^2/_{10}$ l Fisch-Velouté und passiert das Ganze durch ein feines Haarsieb. Die weitere Behandlungsweise ist die gleiche wie bei allen Schaumbrotarten. Die durchgestrichene Masse gibt man jetzt in ein entsprechend großes Gefäß und läßt es eine Zeitlang auf Eis stehen. Dann folgt erneute Bearbeitung mit einem Holzlöffel, wobei das Schaumbrot mit $^1/_8$ l aufgelöstem Gelee und $^2/_{10}$ l halbfest geschlagener Sahne vollendet wird. Der Geschmack ist durch Cayenne und Cognac zu verfeinern.

Man kann nun das Schaumbrot in eine Glasschale füllen, mit einem Trüffeldekor oder auch nur mit einigen Trüffelscheiben belegen und eine dünne Geleeschicht darübergeben. Es ist aber auch üblich, das Schaumbrot in eine mit Papierrand versehene Timbale-Form oder Souffléschale zu füllen, die Oberfläche mit einer dünnen Geleeschicht zu bedecken und nach dem Erstarren für das Service den Papierrand zu entfernen. Die beiden angeführten Arten entsprechen der modernen Service-Methode. Auf eine gebrochene Serviette gesetzt, ist das Gericht gut gekühlt zu servieren. Auf S. 291—293 ist in der Abhandlung „Die Schaumbrote und ihre Behandlungsweise“ Ergänzendes erörtert.

Hummer Viktoria

Homard à la Victoria

Einem schönen gekochten, der Länge nach halbierten Hummer wird das Fleisch herausgenommen und in schräge Scheiben geschnitten. Nun bereitet man von feinen Gemüsen unter Verwendung von Champignons einen mit pikanter Mayonnaise angemachten Salat. Diesen füllt man in die zuvor gereinigten Hummerschalen und ordnet darauf das in Scheiben geschnittene Schwanzfleisch sowie eine Hummerschere, wobei zwischen jede Hummer- eine Trüffelscheibe gefügt wird. Um dieser Platte besonderen Effekt zu geben, legt man die rechte Hälfte des Hummerschwanzes auf die linke Hummerschale und auf die rechte Hummerschale den linken Hummerschwanz. Man richtet die Hummer gefällig an und garniert mit Herzsalatblättchen, die man mit krauser Petersilie gefüllt hat.

2. Krebsspeisen

Krebsschwänze in Dillgelee. . . . . } siehe Farbtafel-
Salat von Krebsschwänzen . . . . } Übersicht

Krebsgerichte haben immer etwas für sich, und so ist es begreiflich, daß sie bei den Feinschmeckern beliebt sind. Wir unterscheiden zwei Arten: den Edelkrebs von dunkelbrauner Färbung und den galizischen Teichkrebs, der eine bläuliche oder grünlich-graue Farbe hat, die sich auch beim Kochen kaum verändert. Geschmacklich steht der Edelkrebs an erster Stelle.

Krebsschwänze in Gelee

Aspic de queues d'écrevisses

Ausgebrochene Krebsschwänze werden vom Darm befreit. Will man sie in Gelee einsetzen, wird eine Kuppelform mit kräftigem Gelee 3 mm dick hohl ausgegossen. Die Form, deren Boden mit einer Trüffelscheibe belegt ist, bleibt während der ganzen Dauer des Einsetzens der Krebsschwänze in gemahlenem Eis nebst kaltem Wasser bis zum Rand eingegraben. Für die ersten Lagen Krebsschwänze sind die kleinsten auszusuchen und dann später, wenn sich die Form erweitert, entsprechend größere anzuwenden. — Jeder einzelne Krebsschwanz ist zuvor in flüssiges Gelee zu tauchen, damit er sofort anhaftet. Beim Einfügen der Krebsschwänze ist zu beachten, daß immer eine Reihe geschlossen wird und die dann folgende in die Zwischenräume eingreift (vgl. Tafel). Sobald die Form bis zum Rand gefüllt ist, erhält die ganze innere Fläche einen dünnen Überzug mit dickflüssigem Gelee, damit beim Stürzen die Gewähr für guten Zusammenhalt gegeben ist. Der hohle Innenraum ist mit einem Salat zu füllen, der aus kleinwürfelig geschnittenem Spargel, Tomaten und Krebsscheren besteht und mit gesulzter Mayonnaise gebunden wurde, der man zur Verfeinerung des Geschmacks gehackten Dill beigegeben hat. Den Abschluß der Form bildet wiederum eine Geleeschicht. — Als Beigabe eignet sich Mayonnaisensauce.

Krebssalat

Salade d'écrevisses

Krebsschwänze und Spargelspitzen werden mit sehr pikanter Rahmmayonnaise, der man Tomaten und gehackten Dill beigefügt hat, angemacht und bergartig in einer Glasschüssel angerichtet. Als Garnitur verwendet man halbe Eier und Salatherzen.

Krebssalat mit Tomaten

Salade d'écrevisses aux tomates

$^1/_3$ längshalbierte Krebsschwänze, $^1/_3$ Spargel und $^1/_3$ Tomaten, in entsprechender Weise geschnitten, werden mit Rahmmayonnaise gebunden. Die Anrichteweise ist die gleiche wie vorher beschrieben, doch sind noch Blumenkohlröschen anzuwenden.

Krebssalat nach Kardinals-Art

Salade d'écrevisses à la cardinale

Vom Darm befreite Krebsschwänze und Spargelspitzen sowie halbe frische Gurkenscheiben werden mit pikanter Rahmmayonnaise, die mit Hummermark gerötet wurde, angemacht und kaltgestellt. Dieser Salat ist in einer Glasschale, die mit frischen Salatblättern ausgelegt wurde, anzurichten und mit gehackter Petersilie und Dill zu bestreuen. Die Schale wird auf eine Silberplatte gestellt und mit schönen roten Krebsnasen umgeben. Als weitere Garnitur sind marinierte Salatherzen zu empfehlen.

Schaumbrot von Krebsen

Mousse d'écrevisses

50 Suppenkrebse werden mit sehr feinwürfelig geschnittenen Zwiebeln, Karotten, ein wenig Thymian, Petersilienstengeln angeschwitzt und in kurzem Weißwein-Fond mit einem Gläschen Cognac gargedünstet. Darauf ist das Fleisch auszubrechen und feinzustoßen. Dieses Püree ist mit 50 g frischer Butter, der einschließlich nach Möglichkeit auch etwas Krebsbutter beizufügen ist, zu vermengen. Ferner sind auch $^{2}/_{10}$ l Fisch-Velouté und $^{1}/_{10}$ l aufgelöstes Gelee darunterzuarbeiten. Nachdem das Ganze durch ein Haarsieb getrieben wurde, wird die Masse in einer Schüssel auf Eis gestellt. Zum Schluß sind $^{2}/_{10}$ l geschlagene Sahne darunterzuziehen. Der Geschmack ist mit Salz, Cayenne und evtl. mit Krebsextrakt zu heben.

Auflauf von Krebs-Schaumbrot

Soufflé d'écrevisses

Krebs-Schaumbrot wird ohne Einlage in eine Soufflé-Schale gefüllt, die im Innern mit einem das Geschirr um etwa 2 cm überragenden, geölten Papierstreifen ausgelegt ist. Die Art entspricht der Beschreibung im Kapitel „Die Schaumbrote und ihre Behandlungsweise" (S. 291) und bezweckt, einen Auflauf vorzutäuschen. Wenn das Schaumbrot fest geworden ist, wird der Papierstreifen mit einem in warmes Wasser getauchten Messer gelöst und behutsam herausgezogen. Die Oberfläche wird mit Krebsschwänzen garniert, erhält einen leichten Geleeüberzug und wird mit einer feinen Dillranke umkränzt. Es ist üblich, das Gericht auf gebrochener Serviette anzurichten und mit einigen kleinen Krebsen zu garnieren.

Krebs-Schaumbrot in kleinen Förmchen

Petits soufflés d'écrevisses

Die Böden kleiner Eiernäpfchen erhalten eine dünne Geleeschicht. Nach dem Festwerden legt man auf die Geleeschicht zwei längshalbierte Krebsschwänze und zwei Champignonscheiben. Nun sind die kleinen Förmchen mit Krebsschaumbrot soweit zu füllen, daß noch die Aufnahme einer dünnen Geleeschicht gegeben ist. — Nach dem Festwerden sind sie, in lauwarmes Wasser getaucht, zu stürzen, anzurichten und mit frischem Grün zu garnieren.

3. Krabben

Krabben in Gelee

Aspic de crevettes

Hierfür braucht man Fischgelee (S. 140/143), mit dem man eine Zylinder- oder Kuppelform hohl ausgießt. Man kann nun die gewaschenen und gut abgetrockneten Krabben lagenweise in die Form geben und immer mit stockendem Gelee nachfüllen, bis die Form voll ist. Wenn jedoch auch die Aufmachung berücksichtigt werden muß, so wird man die schönsten Krabben reservieren und mit diesen die Form zuvor symmetrisch auslegen. Beim Anrichten garniert man die Platte mit gehacktem Gelee und frischem Grün.

Schaumbrot von Krabben in halben Tomaten

Mousse de crevettes aux tomates

Krabben sind gut zu säubern und in der gleichen Weise zuzubereiten wie die Krebse im Rezept „Krebs-Schaumbrot" (s. oben). Ehe die Krabben weiter bearbeitet werden, ist ein Teil davon auszubrechen.

Die Schalen und den Rest verreibt man mitsamt der Mirepoix und einem Stück frischer Butter zu Püree. Das Ganze wird fein passiert. Auf 400 g Püree gibt man 100 g Velouté und $^2/_{10}$ l Fischgelee. Diese Zusammenstellung läßt man kurz aufkochen, setzt sie auf Eis und rührt sie kalt. Wenn das Püree ausgekühlt ist, wird es abgeschmeckt und mit $^2/_{10}$ l geschlagener Sahne vollendet.

Inzwischen hat man abgezogene, halbierte, entkernte Tomaten gut gewürzt. Die so vorbereiteten Tomaten werden mit dem Spritzbeutel und glatter Tülle erhaben angerichtet. Die Oberfläche wird mit Krabbenschwänzchen garniert und leicht mit Fischgelee überglänzt.

4. Languste

Languste „Belle-vue"

Langouste en belle-vue

Eine schwungvoll angerichtete Languste ist für ein kaltes Büfett immer ein Glanzpunkt und wirkt verlockend auf die Gäste. Die Gestalt dieses eigenartigen Meereskrustentieres lenkt schon allein das Interesse auf sich und um so mehr, wenn dies Geschenk der Schöpfung nach kulinarischen Grundsätzen behandelt wurde, so daß es der menschlichen Nahrung dienstbar gemacht werden kann.

Die für eine solche Platte in Frage kommende Languste soll springlebendig und unbeschädigt sein. Es ist besonders darauf zu achten, daß die Fühlhörner (Geißeln) nicht abgebrochen sind, denn diese sind für die Wirkung des Ganzen in hohem Maße ausschlaggebend. Die Languste wird zunächst in kaltem Wasser mit scharfer Bürste gründlich gereinigt und dann, wie aus Bild 287 ersichtlich, auf ein passendes Brettchen gebunden, denn sie würde sonst, wenn sie in das kochende Wasser gelegt wird, sofort den Schwanz einkrümmen, und das muß der späteren Bearbeitung wegen verhindert werden. Die Fühler kann man nach hinten abwärts biegen, aber auch dann ist es gut, wenn sie durch Bindfaden gehalten werden. Das Bild zeigt die Fühler aufwärts gestellt. Damit dies erreicht wird, ist zwischen beide Fühler ein Holzstäbchen zu binden, das bis auf das Brettchen reicht. Beim Kochen ergibt das einige Schwierigkeiten, falls es an genügend großem Geschirr fehlt. Man hilft sich dadurch, daß die Languste

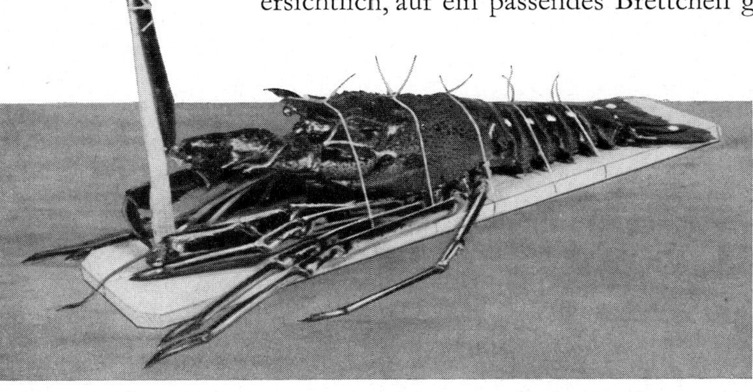
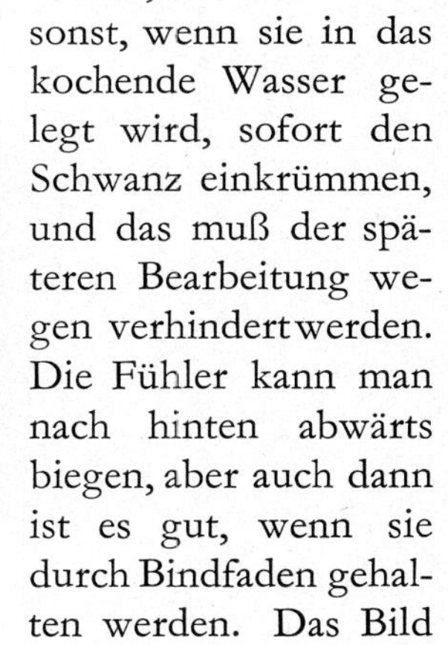

287. Die zum Kochen vorbereitete Languste
Die Languste wird vor dem Kochen ausgestreckt auf ein Brettchen gebunden

zunächst in dem kochenden Wasser getötet wird. Dann nimmt man sie heraus, hält die Fühler einige Zeit in das kochende Wasser, bis diese gekocht sind und sich gerötet haben, und legt dann die Languste in das Wasser zurück, um sie vollends fertig zu kochen. Sie wird in Salzwasser gekocht und muß in der Brühe vollends auskühlen. Die Kochzeit wird je nach Größe 25—40 Min. betragen. Nach dem Auskühlen wird die Languste von dem Brettchen entfernt und die Schwanz-Rückenschale in der Weise herausgeschnitten, daß das Fleisch völlig freiliegt und mit einiger Vorsicht ganz unbeschädigt herausgenommen werden kann. Hierzu macht man zu beiden Seiten der Schwanzschale zwei parallel laufende Einschnitte in den Panzer, jedoch nicht etwa so tief, daß das Fleisch getroffen werden könnte. Dann wird die Schale in den einzelnen Gliedern an der Kerbung durchbrochen und heruntergenommen. Nach diesen Handgriffen ist das Fleisch bloßgelegt und kann nun unter Zuhilfenahme eines Messerschleifstahles aus der Schale behutsam herausgehoben werden. Es ist nun ratsam, den Langustenkörper an einer Schnur aufzuhängen, damit die Flüssigkeit völlig herauslaufen kann, was sonst später leicht auf der fertig angerichteten Platte eintreten könnte.

Die nächste Arbeit ist nun, den Langustenschwanz in schöne gleichmäßige, etwa $^3/_4$ cm starke Scheiben zu schneiden. Diese werden auf ein Abtropfgitter gelegt und dekoriert, wofür Trüffeln, Kerbel und Corail am geeignetsten sind. Die fertigen Langustenscheiben werden sogleich mit Gelee überglänzt und bis zum weiteren Gebrauch in den Kühlraum gestellt.

Die Langustenkarkasse wird nun mittels Pinsel mit dickflüssigem Gelee überglänzt und auf eine entsprechend große, mit einem Geleespiegel ausgegossene Platte gestellt. Dann wird man den Hohlraum der Karkasse mit einem mit gesulzter Mayonnaise gebundenem Salat füllen, dem man die Parüren vom Langustenfleisch beigegeben hat. Der Hohlraum wird mit dem Salat derart ausgefüllt, daß dieser die ursprüngliche Langustenschwanzform erreicht. Nach dieser Arbeit werden die Langustenscheiben recht sauber und akkurat aufgesetzt. Mit dem Auflegen wird vom Kopfe aus begonnen.

288. Die zum Füllen vorbereitete Languste
Die leere Langustenkarkasse, die nun zur Aufnahme des Salates dient. — Im Vordergrund die oberen Teile der abgelösten Schwanzschale und das herausgenommene Langustenfleisch; letzteres wird schräg in $^3/_4$ cm dicke Scheiben geschnitten

Bei der Languste „Belle-vue“ sind die Beigaben an keine Regel gebunden. Alles, was mit dem Geschmack des Langustenfleisches harmoniert, ist anwendbar. — Diese Langustenplatte läßt sich sehr vielseitig gestalten, weil alle Möglichkeiten ausgeschöpft werden können. Als Prunkplatte ist sie äußerst dankbar, wenn sie durch Einbeziehung von Hummer, Krebsen, Scampi und Krabben zu einem Krustentier-Arrangement erweitert wird.

Als weitere Beigaben eignen sich halbe garnierte Eier, gefüllte kleine Tomaten und Artischockenböden, ferner Mayonnaise oder eine Mayonnaisensauce.

Mit diesem Anrichtestil wird eine einfache und doch dem Auge gefällige Darbietung gezeigt. — Der Langustenschwanz, von oben geöffnet, ist mit einem Salat von Äpfeln und rohem englischen Sellerie gefüllt. Gleichzeitig wurde der Anschnitt des Langustenschwanzes dazu verwendet. Die auf der Karkasse geordneten Langustenscheiben sind mit Trüffelscheiben und Kerbelblättchen dekoriert. — Die im Vordergrund gruppierten Beigaben sind beim Servieren ohne Schwierigkeiten zu entnehmen.

Erste Reihe vor der Languste:

Halbe, mit Langustensalat gefüllte Tomaten; eine Spargelspitze und ein Krebsschwanz bilden den Abschluß.

Zweite Reihe:

Artischockenböden, gefüllt mit Langustensalat; obenauf zwei ineinandergesteckte, frische Gurkenscheiben.

Dritte Reihe:

Halbe gefüllte Eier mit Radieschenscheiben umlegt; obenauf Kaviartupfen.

289. Languste „Belle-vue“

Languste Newa

Langouste à la Néva

Einer Languste, die zum Kochen lang ausgestreckt auf ein passendes Brettchen gebunden wurde, wird nach dem Kochen das Fleisch von der oberen Seite des Schwanzes herausgenommen und in schöne, gleiche, knapp 1 cm dicke Scheiben geschnitten. Diese erhalten einen Dekor von einer rund ausgestochenen Trüffelscheibe, die von einem der Länge nach halbierten Krebsschwanz umrandet wird.

Von den Langustenfleisch- und Hummerresten bereitet man ein Schaumbrot, füllt damit die Höhlung der Langustenschwanzschale und stellt diese in den Kühlraum.

Der Langustenrücken wird ebenfalls mit ein wenig von dem Schaumbrot bestrichen. Nun setzt man die mit Gelee überglänzten Langustenscheiben stufenartig auf den Rücken und im weiteren Verlauf auf das in die Schwanzschalen gefüllte Schaumbrot, wobei jede Scheibe das letzte Drittel der vorhergehenden bedeckt. Diesem Umstand ist schon vor dem Auflegen des Dekors Rechnung zu tragen; den Dekor soll also dieses Feld nicht mehr berühren.

Die hierfür in Frage kommende Garnitur besteht aus kleinen Dariole-Förmchen mit Krabben in Gelee und Gemüsesalat. Die Platte wird mit frischem Grün ausgarniert und ist als Prunkplatte oder Büfett-Mittelstück gedacht.

Languste nach Pariser Art

Langouste à la parisienne

Die Vorbereitung der „Languste nach Pariser Art" ist dieselbe, wie sie für Hummer nach Pariser Art (S. 256) erforderlich ist. Das Kochen, das Öffnen, Schneiden, Füllen und Anrichten bleibt dasselbe wie dort angeführt.

Der wesentliche Unterschied liegt darin, daß die einzelnen Scheiben nur eine Trüffelscheibe als Dekor erhalten. Weiterhin ist die Garnitur für die Languste nach Pariser Art eine bestimmte, die keinerlei Abweichungen duldet. Sie besteht aus marinierten Artischockenböden, die mit Gemüsesalat pyramidenförmig gefüllt und mit einer Trüffelscheibe bedeckt sind. Außerdem gebraucht man hartgekochte Eier, die sich am vorteilhaftesten zeigen, wenn man sie der Länge nach halbiert, mit Eigelbkrem füllt und mit einem Tupfen Kaviar vollendet. Beigabe: Mayonnaise.

Languste und Forellen

Langouste et truites

Die Languste wird, wie auf S. 261 erläutert, behandelt. Der Langustenschwanz, von der Unterseite entnommen, ist auf dem Körper mit Trüffelscheiben anzuordnen.

Umlage: Blau zubereitete Forellen mit Kaviar und mit Spargelspitzen gefüllte Tomaten. — Beigabe: Rahmmayonnaise.

5. Langustenschnitten (Medaillons)

In manchen Fällen ist es erwünscht, das Langusten-Service zu vereinfachen und die Karkasse fortzulassen. Für diesen Zweck werden die Langustenschwänze in Medaillons geschnitten und um einen beliebigen Salat oder gelegentlich auch um ein passendes Schaumbrot angerichtet. Nachfolgend einige Beispiele:

Langustenschnitten

Médaillons de langouste

Die Langustenscheiben erhalten aus Piment und Trüffel einen Dekor, werden mit Gelee überglänzt und um einen aus roten und grünen Paprikaschoten bestehenden Salat angerichtet. Man serviert dazu mit Schlagsahne unterzogene Mayonnaise, unter die gehackte Walnüsse gegeben werden.

Langustenschnitten auf Nizzaer Art

Médaillons de langouste à la niçoise

Eine ovale silberne Fischplatte wird mit einem Geleespiegel bedeckt. Auf diesen stürzt man — exakt geordnet — eine Reihe kleiner, mit Schaumbrot von Krustentieren gefüllter

Dariole-Förmchen. Die Langustenschnitten werden mit gefüllten Olivenscheiben belegt und erhalten je in einer Reihe rechts und links von den Förmchen ihren Platz. Die freibleibenden Plattenenden sind mit frischem Grün auszugarnieren. Zu dieser Platte eignet sich eine dünne Mayonnaisensauce, der man Püree von frischen Tomaten und gehacktem Estragon beigefügt hat.

Langustenschnitten nach Pariser Art

Médaillons de langouste à la parisienne

Der Garnitur „nach Pariser Art" entsprechend werden gebraucht:

1. dicke marinierte Tomatenscheiben mit einer Auflage von in Streifen geschnittenem, mit Mayonnaise gebundenem Gemüsesalat, bestehend aus Karotten, rohem englischem Sellerie und feinen Erbsen;
2. marinierte Artischockenböden, in gleicher Weise gefüllt;
3. quer halbierte, mit Eigelbkrem gefüllte, hartgekochte Eier.

Die so vorbereiteten Tomaten, Artischocken und Eier werden mit je einem Medaillon von Langusten belegt, mit Kerbelblättchen dekoriert und mit Gelee überglänzt. Sie werden gefällig angerichtet und mit gut abgeschmeckter Mayonnaisensauce serviert.

Langustenschnittchen in Blätterteigtörtchen

Médaillons de langouste en tartelettes

Die Tarteletts werden mit einem Schaumbrot von Fisch oder Krustentieren oder mit einem feinwürfelig geschnittenen und mit Dill-Mayonnaise gebundenen Salat von Ananas und Äpfeln gefüllt. Darauf setzt man die Langustenscheiben und obenauf eine Spargelspitze sowie eine Trüffelscheibe. Die Tarteletts sind mit Gelee zu überglänzen und vorteilhaft anzurichten.

Das Service von Langustenmedaillons kann in verschiedenen Variationen geboten werden. Als Garniturbestandteile sowie Dekor kann alles verwendet werden, was mit dem Geschmack des Langustenfleisches harmoniert.

Languste in Gelee

Aspic de langouste

Langustenschwanzscheiben erhalten aus ausgestochenen Trüffeln einen Dekor, der sogleich mit flüssigem Gelee befestigt wird. Die Scheiben sind alsdann in eine mit Gelee hohl ausgegossene Kuppelform einzusetzen. Der Hohlraum wird, nachdem er mit einem aus Langusten-Parüren, englischem Sellerie und Spargel bestehenden, feinwürfelig geschnittenen, mit pikanter, gesulzter Mayonnaise gebundenen Salat gefüllt wurde, mit Gelee abgeschlossen. Nach dem Festwerden stürzt man die Form auf eine mit einem Geleespiegel ausgegossene Platte und garniert die Form mit feinwürfelig geschnittenem Gelee und mit halben Eiern, die man mit dem Eigelb-Püree und Kaviar gefüllt hat. Es empfiehlt sich, eine Mayonnaisensauce dazu zu servieren.

12. Abschnitt

Gänselebergerichte

Ganz besonders sei darauf hingewiesen, daß Gänseleber-Pastete, -Block, -Parfait usw. stets gut gekühlt sein müssen, denn sonst ist mit Verlust zu rechnen, und der Feinschmecker käme nicht auf seine Rechnung. Zu allen kalten Gänselebergerichten sind Madeiragelee, frisch gerösteter Toast und frische Butter übliche Ergänzung.

Getrüffelte Gänseleber auf moderne Art

Foie gras truffé à la moderne

Ein getrüffelter Gänseleber-Parfait-Block wird in gefällige Portionen aufgeteilt, in Madeiragelee eingegossen und im Kühlraum zum Erstarren gebracht. Zum Anrichten

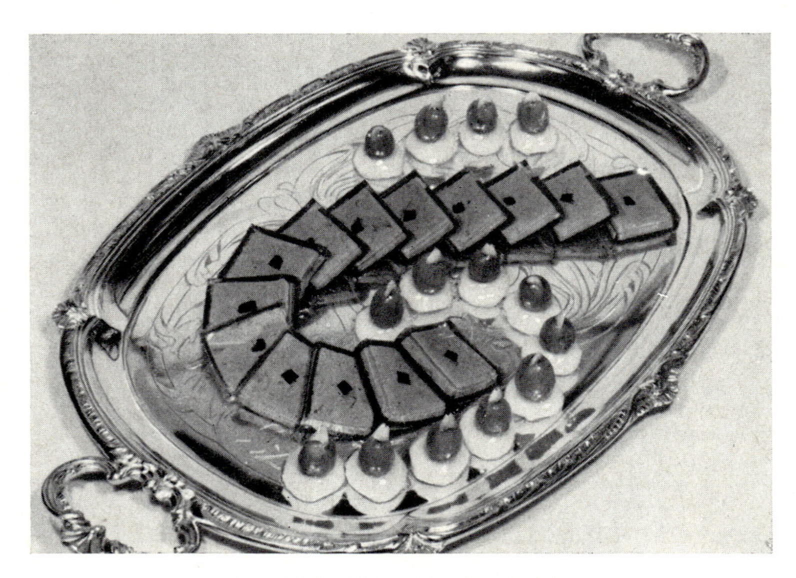

290. Getrüffelte Gänseleber in Madeiragelee

werden die Scheiben mit passendem Ausstecher ausgestochen oder mit einem in warmes Wasser getauchten Messer herausgeschnitten, doch so, daß auch die Ränder mit einer Geleeschicht umgeben sind. – Die Art des Anrichtens bleibt dem persönlichen Geschmack überlassen. Als Beigabe sind vom Kerngehäuse befreite, in Weißwein gedünstete Apfelscheiben verwendet worden, die mit mit Mandeln besteckten Weinbeeren belegt wurden.

Eier von Gänseleber

Oeufs de foie gras à la gelée

Halbe, mit Gelee hohl ausgegossene Eiförmchen sind mit Gänseleber-Schaumbrot auszustreichen, mit einem Stückchen Gänseleber-Parfait und Trüffel zu füllen und dann glattzustreichen. Diese Förmchen sind auf Eis zu stellen, nach dem Festwerden zu stürzen und dann immer je 2 zu einem Ei zu vereinigen. Nachdem sie eine Zeitlang recht kalt gestanden haben, erhalten sie mit flüssigem, beinahe stockendem Gelee einen leichten Überzug. Beim Anrichten setzt man diese Eier auf ovale, vertiefte, in Butter geröstete Weißbrot-Croûtons.

Gänseleber in Gelee

Aspic de foie gras

Eine beliebige Form wird mit Madeiragelee hohl ausgegossen und mit Trüffelscheiben oder einem Dekor aus Trüffel versehen. — Die in kräftigem Madeirafond gedünstete Gänseleber schneidet man in Quadrate oder Rechtecke oder sticht sie mit einem scharfen Löffel muschelförmig aus. Das Einsetzen in die Form geschieht in der Weise, daß jedes Stück das folgende stufenartig berührt. Gewöhnlich gibt man nicht mehr als zwei Lagen Gänseleber in eine Form, denn sonst könnte es geschehen, daß das leichtgehaltene Gelee durch die Schwere der Leber auseinanderfällt.

Die Gänseleber wird beim Anrichten mit Gelee-Croûtons und feinwürfelig geschnittenem Gelee garniert. Gerösteten warmen Toast gibt man extra.

Gänseleber mit Paprika

Foie gras au paprica

Eine frische Stopfleber wird pariert, wobei etwa vorhandene Galleflecken sorgfältig zu entfernen sind. Dann wird sie mit der entsprechenden Menge Salz und Paprika eingerieben und in einer feuerfesten Kokotte mit einer in feine Scheiben geschnittenen spanischen Zwiebel bis zum Garpunkt im Ofen gedünstet.

Die fertige, ausgekühlte Leber setzt man dann in eine andere, ihrer Größe angepaßte Kokotte, jedoch sind vorher die an ihr haftengebliebenen Zwiebeln zu entfernen. Nachdem das Fett über die Leber passiert wurde und das Ganze erkaltet ist, gibt man darüber flüssiges Madeiragelee und setzt dann die Form bis zum Gebrauch auf Eis.

Medaillons von Gänseleber nach Prinzeß Alice

Médaillons de foie gras à la princesse Alice

Aus einem Gänseleber-Block sind 10 ovale Medaillons zu schneiden. Fünf erhalten einen Überzug mit brauner und fünf einen solchen mit weißer Chaudfroid-Sauce. Danach werden die weißen Medaillons mit einem braun chaudfroidierten Champignonköpfchen und die braunen mit einem weißen sehr wirksam dekoriert. Mit Gelee leicht überglänzt, werden die Medaillons abwechselnd auf runder Platte mit feinwürfelig geschnittenem Madeiragelee angerichtet.

Gänseleber-Schaumbrot

Mousse de foie gras

Gänseleber-Schaumbrot ist herzurichten, wie es im Kapitel „Die Schaumbrote und ihre Behandlungsweise" (S. 291—293) erörtert ist. — Die Zusammensetzung der Bestandteile erfährt insofern eine kleine Änderung, als keine Velouté anzuwenden ist, und deshalb muß die Geleemenge entsprechend ergänzt werden. Alles, was in genannter Abhandlung über Schaumbrot-Bearbeitung und -Service im allgemeinen gesagt ist, findet hier volle Anwendung.

Gänseleber-Schaumbrot nach königlicher Art

Mousse de foie gras à la royale

Gänseleber-Schaumbrot wird in eine mit Gelee hohl ausgegossene und mit Trüffeln dekorierte Form gefüllt, mit Gelee zugegossen und später mit kleinen Hühnerbrustscheiben angerichtet, die mit grünen Spargelspitzen zu dekorieren sind.

Gänseleber-Schaumbrot nach Frankfurter Art

Mousse de foie gras à la Francfort

Hierunter versteht man in der Praxis Gänseleber-Schaumbrot, dem man Würfel von Pökelzunge, Trüffel und Gänseleber beigegeben hat. Das Ganze ist in eine Form zu füllen, die vorerst mit Madeiragelee hohl ausgegossen wurde. Wenn bei dieser Platte besonderer Wert auf Dekor und Garnitur gelegt wird, so kann die hohl ausgegossene Form mit Trüffeln, Eiweiß und Pökelzunge ausgelegt werden. Außenherum gruppiert man Champignonköpfe auf rund ausgestochenen kleinen Gänseleber-Parfait-Scheiben.

Gänseleber-Schiffchen

Barquettes au foie gras

Teigschiffchen (S. 217) werden mit Gänseleber-Schaumbrot gefüllt; sie erhalten einen Dekor und einen dünnen Madeirageleeüberzug.

Gänseleber-Tarteletts

Tartelettes au foie gras

Blätterteig-Tarteletts bekommen eine Gänseleber-Schaumbrotfüllung und einen Dekor von einer kleinen runden, in Gelee eingesetzten, ausgestochenen Gänseleberscheibe. Ferner kann auch eine sehr kleine Gänseleber-Trüffel oder aus dem gleichen Schaumbrot ein Spritzdekor angewandt werden, im übrigen aber auch alle auf S. 217 dargestellten Anwendungsmöglichkeiten für verschiedene Schaumbrötchen.

Gänseleber-Trüffeln

Truffes en surprise

Durch ein feines Sieb gestrichene Gänseleber oder Gänseleberreste werden mit etwas Butter verarbeitet, gewürzt, zu kleinen Trüffeln geformt und in den Kühlraum gestellt. Nach dem Festwerden sind diese Kugeln in nicht zu fein gehackten Trüffeln zu rollen, so daß sie allseitig gleichmäßig bedeckt werden. Sie sind dann mit Gelee zu überziehen und auf einer Glasschale anzurichten. Sehr dekorativ wirken sie auch, wenn sie in kleine Petits-fours-Kapseln eingesetzt werden. Diese Trüffeln können als Vorspeise gelten, aber auch als Garnitur zu kalten Zwischengerichten Verwendung finden.

Kalbsnüßchen mit Gänseleber — Noisettes de veau au foie gras

Glacierte Kalbsnüßchen erhalten als Dekor getrüffelte, rund ausgestochene Gänseleberscheibchen sowie abgezogene Haselnußkerne. — Die Beigaben bestehen aus mit Geflügel-Schaumbrot gefüllten Champignonköpfen und Pistazienscheibchen. Die Platte wird mit Tomatensechsteln, die je zwei Spargelköpfchen und ein Estragonblatt bedecken, eingefaßt.

Zu kalten Platten läßt sich Kalbfleisch in vielerlei Zubereitungsarten verwenden. Sehr groß sind auch die Möglichkeiten bei der Auswahl passender Beigaben. Da Kalbfleisch fast immer bei allen Gästen Zuspruch findet, ist darauf zu achten, daß innerhalb eines kalten Büfetts auch Kalbfleischgerichte vertreten sind.

Vor allem wird man mit einem Kalbsrücken oder Kalbssattel als Büfett-Mittelstück meistens das Richtige treffen. Kalbsrücken „Carlton", „Försterin-Art", „Prinzessin-Art", „Riviera" usw. werden diesem oder jenem Geschmack entgegenkommen. — Anregungen sind auf S. 294 bis 298 gegeben.

Enten-Pastete mit gefüllter Ananas — Pâté de canard à l'ananas

Die Zubereitung von Pasteten, wie sie die obenstehende Farbaufnahme zeigt, ist auf den S. 270 bis 281 sehr ausführlich behandelt und illustriert.

Die Pastetenscheiben werden vor dem Anrichten leicht mit Gelee überglänzt. Die Anrichteweise kann beliebig sein (vgl. S. 278 und 280). Als Beigabe zur Enten-Pastete wird hier eine kleine, längshalbierte Ananas verwendet. Das Ananasfleisch, keilförmig aus der Schale herausgenommen, wird in exakte Scheiben geschnitten und zunächst reserviert. Nun ist von den Ananasresten, von Äpfeln und rohem englischen Sellerie ein Salat Waldorf, mit geschlagener Sahne gebunden, herzurichten und in die leeren Ananasschalenhälften zu füllen. Auf dem Bild sind Ananasscheiben, Kirschen, Trüffel- und längsgeschnittene Pistazienscheibchen dekorativ angeordnet.

Gänseleberwurst

Saucisse de foie gras

Dieses Rezept ist in dem Abschnitt „Pasteten“ (S. 270) ausführlich behandelt.

*

Gänseleber-Terrine

Foie gras en terrine

Auf einer mit Serviette bedeckten Platte erhält die geöffnete, vom Fett befreite Terrine ihren Platz. Das gesäuberte Deckelchen wird an diese angelehnt. Die weitere Garnitur besteht aus einigen Butterkugeln, die in einem frischen Salatblatt liegen. Frisch gerösteter Toast, fächerartig danebengelegt, vervollständigt das kleine Stilleben. In dieser Weise lassen sich Einportionsterrinen günstig und ansprechend darbieten.

Ausgestochene Gänseleber

Foie gras enleve

Mit dem Pastetenlöffel ausgestochene Gänseleber wird auf einer Glasschale angerichtet und mit gehacktem Madeiragelee oder geschnittenen Gelee-Croûtons umgeben.

Beigabe: Geröstetes Weißbrot und frische Butter.

13. Abschnitt

Pasteten, Terrinen und Galantinen

Hinweise auf Farbtafeln mit Pasteten, Terrinen und Galantinen

Galantine von Aal	siehe Farbtafel-Übersicht
Enten-Pastete	
Lachsschinken-Galantine	
Galantine von Masthuhn	
Gefüllter Rehrücken in Pastetenteig	

1. Allgemeines

Ein Spezialgebiet im Kochberuf, das schon seit langer Zeit von sehr leistungsfähigen Fabriken übernommen wurde — nämlich das Herstellen von Gänseleber-Pasteten und Gänseleber-Parfaits —, finden wir nur noch in ganz wenigen Küchen erster Hotels und Restaurants.

Die Gründe hierfür sind die schwierige Beschaffung frischer Gänsestopflebern und frischer Trüffeln sowie der hohe Preis für diese Naturalien. Aber auch der Mangel an erfahrenen Fachleuten trägt dazu bei, denn wenn bei der Verwendung teurer Delikatessen nur mangelhafte Ergebnisse erzielt werden, ist weder dem Unternehmen noch dem Gast gedient.

Die Pastetenherstellung aller Arten gehört zu den diffizilsten Arbeiten gepflegter Küchen. Gänsestopflebern und Périgord-Trüffeln — die Brillat-Savarin „Edelsteine der Küche" nannte — sind Grundstock und Begriffe bei der Pastetenbereitung. Die Behandlung der Lebern und Trüffeln, die Herstellung der verschiedenen Pasteten-Farcen, die Zusammenstellung der Pastetengewürze, die Bereitung des Pastetenteiges sowie das Auslegen der Formen, Schließen und Backen der Pasteten setzen langjährige Erfahrung voraus. Um auf diesem Gebiet auf der Höhe zu sein und zu bleiben, bedarf es unausgesetzter Verbesserung und Vervollkommnung. Fest steht, daß kulinarische Spitzenleistungen nur durch intensiven Fleiß und stete Selbstkontrolle ihre Wertbeständigkeit behalten können. Die Spezialgebiete des Kochs, die zwangsläufig immer mehr anderen Interessengruppen zufallen, sollte man weiterhin dem Beruf erhalten und Spitzenleistungen, zu denen zweifellos auch die Herstellung der kalten Feingerichte gehört, nach Möglichkeit pflegen.

Neben Gänseleber-Pasteten und -Parfaits finden Fleisch- und Geflügel-Pasteten oder Terrinen dieser Art starken Zuspruch. Hinzu kommen noch die zahlreichen kalten Delikatessen, zu denen ebenfalls Gänseleber und Périgord-Trüffeln verwendet werden. Die vier folgenden Gruppen von Feingerichten, deren Material-Zusammenstellungen und Anfertigungsweisen sehr verschieden sind, werden vielfach nicht genau benannt. Nachstehende Erläuterungen sollen die Bezeichnungen klar herausstellen. Wir unterscheiden:

1. *Pasteten*, deren Füllungen immer in Teig eingeschlossen sind und die in Pastetenformen im Ofen gebacken werden.
2. *Galantinen*, die aus Schlachtfleisch, Geflügel, Wild- oder Wildgeflügel und Fischen mit einer Füllung versehen, in Tücher gerollt und eingebunden werden und in einem vorbereiteten Fond garziehen.
3. *Terrinen*, deren Füllungen in mit Speck ausgelegten Formen verschiedener Art, im Wasserbad, im Ofen fertiggestellt werden.
4. *Gänseleber-Parfaits*, bei denen ausgesuchte Gänsestopflebern und frische Trüffeln, ohne Verwendung von Farcen, im Wasserbad im Ofen pochiert werden. Die Lebern mit den Trüffeln sind in Speck gehüllt und in Spezialformen fest eingedrückt.

Die Herstellung dieser kalten Spezialitäten setzt dauernde Übung und routiniertes Können voraus.

Behandlung der Gänsestopflebern

Die Leber ist mit großer Sorgfalt zu behandeln. Man trennt den großen von dem kleineren Teil und schneidet zunächst alle Galleflecken heraus. Danach macht man an der Innenseite, am dicken Ende beginnend, einen etwa 1 cm tiefen Einschnitt und drückt zu beiden Seiten die Leber etwas herunter, wodurch die Gallengänge und die Adern mit den Blutgerinnseln freigelegt werden. Mit der stumpfen Seite des Messers erfaßt man diese Verästelungen und zieht sie heraus, drückt die Leber in ihre ursprüngliche Form zurück und entfernt die sie umgebende dünne Haut. Die Spitzen der beiden Leberteile sind fast immer von dunkler Färbung, diese werden sorgfältig abgeschnitten und zur Farcebereitung reserviert. Die vorbereiteten Lebern sind mit Gewürzsalz zu bestreuen, mit Cognac und Madeira zu beträufeln und bis zum weiteren Gebrauch kaltzustellen.

Trüffelbehandlung

Die bekannten Périgord-Trüffeln wachsen unterirdisch in den Laubwäldern Südfrankreichs. Sie haben festes, marmoriertes Fruchtfleisch von schwarzgrauer Farbe und duftenden, würzigen Wohlgeruch.

Wegen ihrer stark genarbten Oberfläche sind sie in reichlich Wasser gründlich zu bürsten. Für den Gebrauch zu Pasteten, Terrinen oder anderen Feingerichten werden sie dünn geschält und, ganz oder in Stücke zerteilt, roh verarbeitet. Die Trüffelschalen sind für einen anderen Verwendungszweck bestimmt. — Zum Konservieren werden die Trüffeln in den Dosen in Rotwein gedünstet und sterilisiert.

Farce für Gänseleberpasteten

Die Farce für Gänseleber-Pasteten und -Terrinen ist die gleiche und setzt sich aus 4 Teilen frischem Kernspeck, 1 Teil Gänseleber-Parüren und 3 Teilen magerem Schweinefleisch zusammen. Hierfür eignet sich am besten das magere Rückenfleisch aus dem Sattelteil, weil mit diesem die beste Bindung zu erreichen ist.

In Betrieben, wo ein „Blitz“ oder „Kutter“ zur Verfügung steht, wird das Fleisch und der Speck in kleine Würfel geschnitten und im „Kutter“ zur Farce verarbeitet. In Ermangelung eines solchen ist das Fleisch durch das feinste Sieb einer Fleischmaschine (Wolf) zu drehen und dann durch ein Drahtsieb zu streichen.

Die Farce für Fleisch- und Geflügel-Pasteten sowie für Terrinen und Galantinen ist unterschiedlich und wird in den folgenden Rezepten genau beschrieben. Für den Wohlgeschmack dieser Feingerichte ist es vorteilhaft, die jeweilige Fleischeinlage mit einigen feingehackten Schalotten in Butter kurz anzubraten, mit Cognac zu flambieren, den Bratsatz mit der passenden Jus einzukochen und alles dem Gericht lagenweise beizugeben.

Bei der Farcebereitung ist in allen Fällen zu beachten, daß das Fleisch gut durchkühlt ist und nicht zu lange in den Maschinen belassen wird, da man sonst Gefahr läuft, daß die Farce warm wird, ihre Bindung verliert und gerinnt. Farce ohne Bindung wird trocken und schmeckt grieselig. (Siehe auch Abschnitt K. Herstellen von Farcen.)

Pastetengewürze

Sämtliche nachstehenden Gewürze sind im lauwarmen Ofen gut zu trocknen, feinzustoßen, durch ein feines Sieb zu ribbeln und dann in verschlossener Büchse aufzubewahren.

I.

Starkes, intensives Gewürz:

10 g Nelken	10 g Muskatnuß
10 g Ingwer	10 g Muskatblüte
9 g weißer Pfeffer	10 g Basilikum
9 g schwarzer Pfeffer	10 g Thymian
9 g Paprika	4 g Majoran
10 g Lorbeerblatt	

II.

Leichtes Gewürz für Schaumbrot:

20 g Lorbeerblatt	1 g Muskatblüte
20 g Majoran	5 g Muskatnuß
20 g Basilikum	
20 g Thymian	
10 g weißer Pfeffer	
5 g Nelken	

$^{1}/_{2}$ kg fein gemahlenes Speisesalz ist mit 20 g Pastetengewürz gut zu vermischen. Von dieser Gewürzsalz-Zusammenstellung werden für $^{1}/_{2}$ kg Farce 15 g benötigt.

Pastetenteig I

Zutaten: 450 g Mehl, 150 g Schmalz, 5 g Salz und $^{2}/_{10}$ l Wasser.

Mehl und Salz sind auf die Marmorplatte zu sieben. Das feste Schmalz wird in Scheiben darübergeschnitten und alles zusammengerieben wie Streusel. Danach ist das kalte Wasser schnell darunterzugreifen. Dieser Teig darf nicht intensiv geknetet werden, da er sonst zäh wird. Ohne ihn ruhen zu lassen, kann er sofort ausgerollt und verarbeitet werden. Die Teigmenge ist ausreichend für eine rechteckige Kastenform mit 2 l Inhalt. Zum Auslegen der Form sind $^{4}/_{5}$ des Teiges erforderlich. Der Rest, also $^{1}/_{5}$, wird zum Verschließen der Pastete gebraucht. Die Teigdekoration schneidet man aus den nicht zusammengekneteten Resten der Teigplatte. (Auf S. 274—275 ist das Auslegen und Schließen einer Pastete gründlich beschrieben und illustriert.)

Pastetenteig II

Das erforderliche Material besteht aus 500 g Mehl, 125 g Schmalz, $^{1}/_{6}$ l warmem Wasser und 10 g Salz.

Der Teig ist wie folgt zu bearbeiten: Das Mehl wird auf eine Marmorplatte geschüttet und erhält in der Mitte eine Vertiefung. Unten hinein gibt man das Salz, dann das Schmalz und zuletzt gießt man das warme Wasser darüber. Salz und Schmalz lösen sich schnell auf.

Nun wird begonnen, das Mehl nach und nach zu verarbeiten. Der Teig wird noch ein- oder zweimal mit dem Handballen ausgestoßen und dann zu einer Kugel geformt. Nach 4—5stündigem Ruhen kann dieser Teig erst verarbeitet werden.

Auslegen der Pastetenformen und Schließen der Pasteten

Vom Pastetenteig werden $^4/_5$ der Menge zu einer rechteckigen Platte $^1/_2$ cm stark ausgerollt. Mit dieser ist die Form so auszulegen, daß 1 cm des Teiges über die Formränder hinausragt. Bevor mit dem Füllen begonnen wird, ist die mit Teig versehene Form noch mit dünngeschnittenen Speckplatten auszulegen. Nach dem Füllen der Pastete bildet eine passende Speckplatte den Abschluß.

Um die Pastete fachgerecht schließen zu können, darf die Füllung keinesfalls über die Form hinausragen. Außerdem bäckt eine vorschriftsmäßig gefüllte Pastete egal, hat eine korrekte Figur und gewährleistet somit eine ökonomische Aufteilung.

Der überstehende Teig wird nun nach innen auf die Füllung gelegt und zur Mitte hin um die Hälfte seiner Dicke, also auf $^1/_4$ cm, ausgezogen. Durch Auflegen einer rechteckigen Pappschablone, die der verkleinerten Formöffnung entspricht, begradigt man den ausgezogenen Teigrand, indem ein kleines Messer entlang der Schablone geführt wird. Dann entfernt man den abgeschnittenen Teig und fügt in diesen rechteckigen freien Raum ein gleich großes wie gleich starkes Stück ausgerollten Teigs, wozu die Schablone als Maß dient. Die ganze Oberfläche ist mit Eistreiche zu bepinseln und die vom Rest des Teiges ($^1/_5$) angefertigte $^1/_4$ cm starke Platte daraufzulegen und fest anzudrücken. Mit einem Messer schneidet man die überhängenden Teile direkt an der äußeren Formkante steil nach unten ab. Die Kanten der Teigdecke werden mit einer kleinen Palette fest am Auslegteig angedrückt; beide müssen eine gute Verbindung bekommen und unbeschädigt bleiben.

Durch diese Behandlung ist die ganze Pastete mit einer gleichmäßigen, $^1/_2$ cm starken Teigschicht umgeben.

Mit dem Teigkneifer wird die Oberfläche an den Seiten lediglich verziert. Die Aufgabe des Verschließens hat der Teigkneifer hierbei nicht. Mit einem runden Ausstecher macht man nun in die Teigdecke zwei $1^1/_2$ cm große Löcher, umlegt sie mit einem ausgestochenen, schmalen Teigring und setzt in jedes ein gefettetes Papierröhrchen, um den Dämpfen, die sich während des Backens entwickeln, Abzug zu ermöglichen. Dadurch wird auch ein Aufreißen der Teigkruste vermieden. Abschließend ist die Pastete mit Teigornamenten zu dekorieren, mit zerschlagenem Ei leicht zu bestreichen und zu backen.

Backen der Pasteten

Beim Backen der Pasteten ist große Sorgfalt nötig. Es kommt zunächst darauf an, die Pastete in einem heißen Ofen rasch anzubacken und dann in einem weniger heißen vollends fertig werden zu lassen. Auch hierbei wird man guttun, die Oberfläche der Pastete mit Folie zu bedecken, um sie vor starker Oberhitze zu schützen. Über das Garsein der Pasteten kann man sich Gewißheit verschaffen, indem man eine nicht zu dünne Nadel durch die Pastete bis auf den Boden sticht, sie einen Augenblick darin stecken läßt und sie dann sogleich an die Lippen führt. Sobald die Nadel gleichmäßig gut erwärmt ist, kann die Pastete aus dem Ofen genommen werden. Ein weiteres Zeichen ist der klare Fond in den Kaminen.

291. Auslegen der Pastetenform

Vor dem Füllen ist die Form mit ausgerolltem Pastetenteig *a* und dünngeschnittenen Speckplatten *b* auszulegen. *c* Die ausgelegte Pastetenform

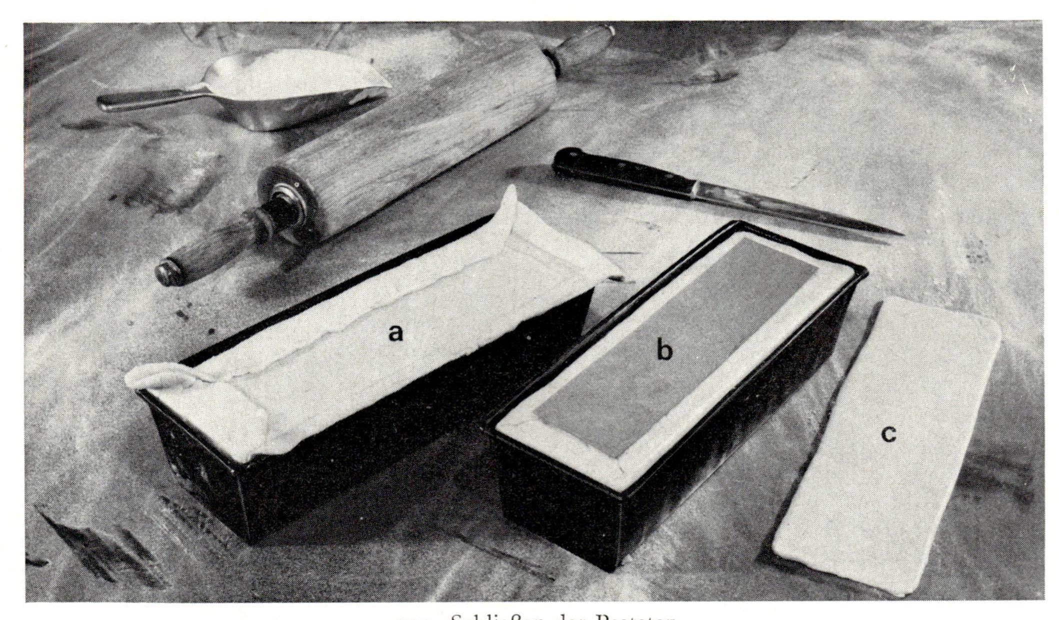

292. Schließen der Pasteten

a Nach dem Füllen und Abdecken mit Speck wird der überstehende Teig auf die Füllung gelegt. Der Teig an den Ecken wird abgeschnitten. *b* Die Pappschablone liegt auf der Pastetenmitte. Die nach innen gelegten unregelmäßigen Teigränder werden entlang der Schablone abgetrennt. *c* Die dünne Teigplatte rechts wird ebenfalls mit Hilfe der Schablone zugeschnitten

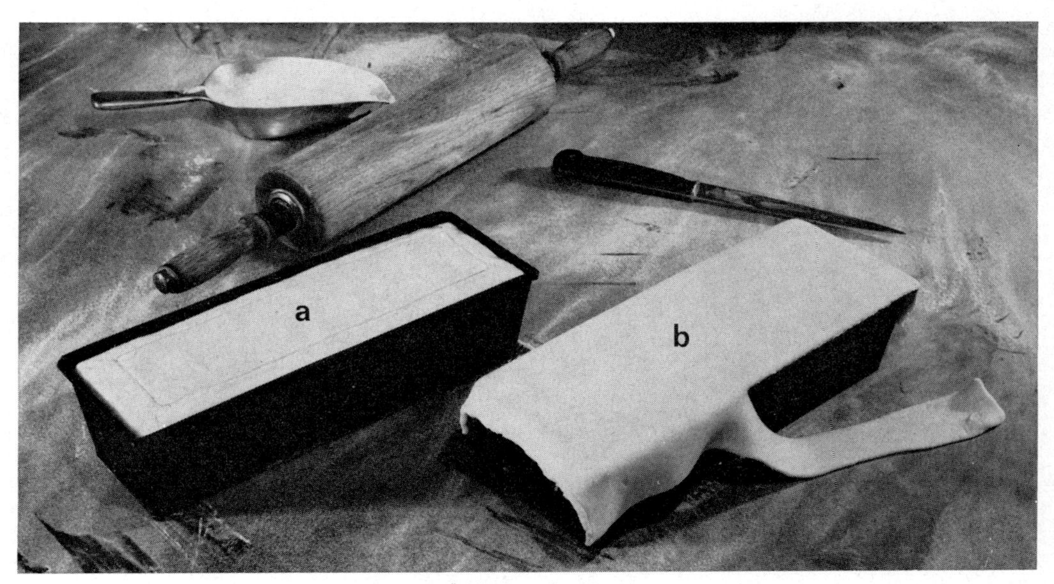

293. Schließen der Pasteten

a Die passende dünne Teigplatte liegt im gleichgroßen Mittelraum des Auslegteiges. Die Oberfläche ist mit Eistreiche bepinselt. *b* Eine weitere dünne Teigplatte liegt auf der Pastete; der überstehende Teig ist schon zum Teil am Formrand steil nach unten abgeschnitten

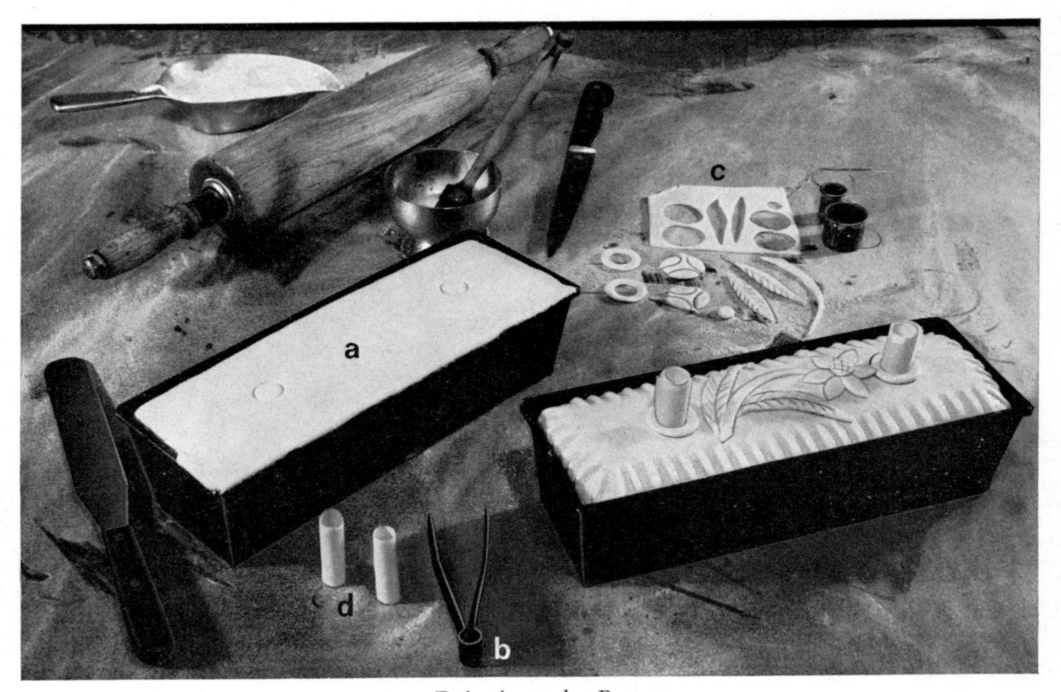

294. Dekorieren der Pasteten

a Mit der Palette ist der Abdeckteig größtenteils am Auslegteig fest angedrückt. Die Löcher für die Kamine sind markiert. Mit dem Teigkneifer *b* wurde der Rand der Oberfläche verziert. Die Teigornamente *c* liegen auf der mit Ei bestrichenen Oberfläche. Die Kamine *d* stecken in den mit Teigringen umlegten Abzuglöchern der backfertigen Pastete

Gänseleber-Pastete

Pâté de foie gras

Zur Herstellung von Gänseleber-Pasteten bedient man sich zweckmäßig langer Kastenformen, um die Pastete rationell aufschneiden zu können. Für besondere Anlässe werden auch runde oder ovale Formen verwendet.

Der Boden und die Wände der ausgelegten Pastetenform sind nun mit einer nicht zu dicken Farceschicht auszufüttern. Hohe Formen werden bis zur Hälfte mit Gänseleber gefüllt, die man mit ganzen oder großen Stücken roher Trüffeln spickt. Es folgt nun wieder eine dünne Farceschicht, abermals mit Trüffeln gespickte Leber und als Abschluß wiederum eine Farceschicht.

Wenn man niedrige Kastenformen benutzt, wird man nur mit einer Leberschicht arbeiten können. Zu beachten ist, daß die Füllung nicht zu stark ausfällt und über die Form hinausragt.

Nach dieser Arbeit ist die Pastete zu schließen und zu backen (vgl. S. 274/275).

Sobald die Pastete fertiggebacken ist, wird sie aus dem Ofen genommen. Nun zeigt sich, daß in den Kaminöffnungen Saft und Fett stehen, die nach und nach von der Pastete aufgesogen werden. Erst nach völligem Erkalten der Pastete ist das Gelee mit einem Trichter durch die ausgestochenen Öffnungen wohl kalt, aber noch flüssig, einzufüllen.

Ergänzungen für die Herstellung sind den vorangehenden Abhandlungen zu entnehmen.

Gänseleber-Parfait

Parfait de foie gras

Ausgesuchte helle Gänsestopflebern von gleichmäßiger Farbe werden genauso behandelt wie zu Gänseleber-Pasteten, mit Gewürzsalz gewürzt und getrüffelt. Zum Garen eignen sich am besten feuerfeste, glasierte, halbeiförmige Fayenceformen oder Tunnelformen aus Weißblech. Die Leberhälften werden so zusammengepreßt, daß sie die Gestalt der Formen annehmen. Farce wird für die Herstellung von Parfaits nicht verwendet.

Vor dem Einlegen wird die Form mit entsprechend großen Speckplatten ausgelegt und die Leber fest in die Form gedrückt. Auf die glatte Oberfläche legt man abschließend eine passende Speckplatte. — Die Parfaits werden zugedeckt im Wasserbad im Ofen gargemacht. Nach dem Erkalten bleiben sie bis zur Verwendung in ihren Formen im Kühlschrank. Bei Bedarf ist die Speckhülle zu entfernen. Das Parfait wird danach in Scheiben geschnitten, mit Gelee überzogen und mit Madeirageleewürfeln zusammen angerichtet.

Gänseleberwurst

Saucisse de foie gras

Zur Herstellung der Gänseleberwurst müssen die Lebern wie zu einer Pastete vorbereitet sein. Die Farce setzt sich zur Hälfte aus magerem Schweinefleisch und zur anderen aus grünem Kernspeck sowie den Leber-Parüren zusammen.

Man schneidet nun passende rechteckige Platten aus grünem Kernspeck. Diese legt man auf eine mit Wasser benetzte Marmorplatte und gibt darüber eine schön gleichmäßig verteilte, $1^1/_2$ cm dicke Schicht Farce. Nun wird gewürzte Gänsestopfleber in Länge der Speckplatte walzenförmig zusammengedrückt und in die Mitte der Farce gelegt. In die

Gänseleber macht man dann der Länge nach einen Einschnitt, legt in diesen geschnittene Trüffeln und drückt die Leber wieder zusammen. Nun wird die Speckplatte mit der Farce um die Leber geschlossen. Es ist dabei zu beachten, daß sich die äußeren Kanten der Speckplatte gerade berühren und nicht übereinanderschlagen. Die so entstandene Walze ist nun schnell in lauwarmes Wasser zu tauchen und sogleich in den bereitliegenden Darm, der aber gewendet sein muß, gleiten zu lassen. Im Anschluß daran wird die Wurst oben und unten zugebunden und in siedendes, aber nicht kochendes Wasser gelegt. Während des Pochierens (nicht über 85 °C) wird die Wurst häufig gewendet; es ist streng zu beachten, daß die Wurst nicht zum Kochen kommt. Zur Regulierung der Temperatur wird zwischendurch mit lauwarmem Wasser ausgeglichen. Kleine Würste brauchen etwa 25 Min. Garzeit, größere entsprechend länger. Sobald sie fertig ist, wird sie in kaltes Wasser gelegt und später auf einem Tuch abgetropft; nach einiger Zeit wird der Darm nachgebunden.

2. Fleisch-Pasteten

Kalbfleisch- und Schinken-Pastete

Pâté de veau et de jambon

Die in Frage kommende Form wird wie üblich mit Pastetenteig und dünnen Speckplatten ausgelegt und dann ebenfalls mit Farce ausgestrichen. Die Zutaten für die Farce setzen sich zusammen aus 200 g magerem Schweine- und 200 g magerem Kalbfleisch sowie 400 g fettem, grünem Kernspeck. Für die Einlage braucht man 1 cm dicke Streifen von gekochtem Schinken, ferner ansautierte lange, schmale Streifen von zartem Kalbfleisch (Filets mignons) und gehackte Trüffeln. Nach gutem Würzen ist alles abwechselnd mit Farceschichten in die Pastete zu füllen. Sie wird nun mit einer Speckplatte und einem Teigdeckel geschlossen, gebacken, ausgekühlt und mit Madeiragelee gefüllt. Eine 2-kg-Pastete dieser Art braucht etwa eine Stunde zum Backen.

Schinken-Pastete

Pâté de jambon

Eine lange Pastetenform wird, wie üblich, mit Teig und dünnen Speckplatten ausgelegt, sodann mit feiner Farce, die zur Hälfte aus magerem Schweinefleisch und zur Hälfte aus frischem, fettem Speck zusammengestellt ist, ausgefüttert. Die Einlage besteht nur aus gekochten, mageren, fingerdick geschnittenen Schinkenstreifen und Trüffeln. Das Gewicht des Schinkens kann ungefähr den vierten Teil der verwendeten Farce ausmachen. Wenn die Pastete abwechselnd mit Farce, Schinkenstreifen und Trüffeln vollgefüllt ist, wird sie mit einer dünnen Speckplatte und einer Teigdecke wie alle übrigen Pasteten geschlossen, gebacken und nach dem Auskühlen mit Madeiragelee vollgefüllt. (Ergänzungen S. 274/275.)

Familien-Pastete

Pâté de famille

Für diese Pastetenart verwendet man eine Farce, wie sie auf S. 271 beschrieben ist, ferner vorschriftsmäßig behandelte Gänseleber, Trüffelreste, Pistazien, in Scheiben geschnittenen Schinken und Filets mignons von Kalb, die, in Scheiben geschnitten, mit feinen Kräutern gemischt und ansautiert werden.

Eine ovale Teigplatte von etwa $^3/_4$ cm Stärke ist auszurollen und auf ein Backblech zu legen. Auf diese bringt man einen Streifen Farce von etwa 5 cm Breite und $1^1/_2$ cm Höhe, darauf legt man die Trüffelreste und die Pistazien, und auf diese ordnet man abwechselnd schuppenartig die Schinkenscheiben und die Filets mignons. Darüber gibt man eine Farceschicht und als nächstes eine Schicht getrüffelte Gänseleber, die wiederum mit Farce zu bedecken ist. Es folgen nun noch einmal Trüffelreste, Pistazien, Schinkenscheiben und ansautierte Filets mignons. Abschließend ist alles mit Farce zu bedecken.

Die nächste Arbeit ist das Schließen der Pastete. Die rechte und die linke Teigseite werden über die Füllung gelegt und mit Ei bestrichen. Darüber gibt man als Verschluß noch eine oval ausgerollte Teigdecke. Um die Pastete vollends zu schließen, werden die beiden Enden angerollt. Das Ganze wird nun nochmals mit Eistreiche bepinselt und erhält eine ganz dünne Blätterteigdecke als Abschluß. Nachdem man ein oder zwei Papierröhrchen, wie bei den Pasteten, angebracht hat, erhält die Oberfläche einen beliebigen Teigdekor und einen leichten Anstrich mit zerschlagenem Ei. Nunmehr wird im mittelheißen Ofen gebacken. Den Garpunkt stellt man mit der Nadelprobe fest. Wenn die Pastete vollends ausgekühlt ist, wird sie mit Madeiragelee gefüllt.

3. Geflügel-Pasteten

Hühner-Pastete

Pâté de volaille

Die Zubereitung von Pasteten ist auf S. 270—275 unter „Allgemeines" ausführlich erörtert. Die Einlage besteht aus jungen Hühnerbrüsten, Gänseleber, Trüffeln, Pökelzunge und Pistazien. Nach dem Backen und Auskühlen wird die Pastete mit Geflügelgelee ausgefüllt.

295. Hühnerpastete

Beigabe: In Portionsschalen angerichteter Grapefruit-Orangensalat mit Mandel- und Trüffelstiften

Hahn im Teig nach Elsässer Art
Coq en pâté à l'alsacienne

Der kurze Werdegang dieses Feinschmeckergerichtes ist folgender: Ein schönes Masthuhn wird wie eine Galantine ausgelöst (vgl. S. 284), jedoch sind die unteren Keulenknochen nicht zu entfernen. Die Fleischhülle wird nun auseinandergespreizt, gewürzt und 1 1/2 cm dick mit Pasteten-Farce bestrichen. Im Anschluß daran setzt man lang durch die Mitte eine große und eine kleine vorbereitete Gänsestopfleber, die gewürzt und getrüffelt wird, wie dies auf S. 271 beschrieben ist. Nach diesen Vorbereitungen ist das Mastgeflügel zu schließen und mit dem Schnitt nach unten in eine 1 cm starke Hülle aus Pastetenteig einzuschlagen. — Mit einem Dekor und einem Kamin versehen, ist die Pastete zu backen und nach dem Auskühlen mit Madeiragelee zu füllen. Die Behandlung ist genau dieselbe wie die einer Pastete, deren Werdegang auf S. 273—275 eingehend erörtert ist.

Tauben-Pastete
Pâté de pigeons

Hierfür ist in ihrem Größenverhältnis eine Königskuchenform am zweckmäßigsten. Mit Pastetenteig und Speck ausgelegt, wird sie mit feiner Farce, die zur Hälfte aus magerem Schweinefleisch und zur Hälfte aus fettem Speck hergerichtet ist, ausgefüttert.

Für die Einlage hat man junge Tauben ausgebeint (vgl. Bild 114b auf S. 106), gewürzt und mit der auf S. 271 beschriebenen Farce unter Hinzufügen würfelig geschnittener Pökelzunge, Trüffel, Gänseleber und Pistazien gefüllt. Nachdem die Tauben dicht aneinander in die Form gelegt wurden, sind sie mit einer Farceschicht zu bedecken und mit einer Speckplatte zu belegen. Die Pastete wird nun mit einer Teigdecke abgeschlossen, gebacken und nach dem Auskühlen mit Madeiragelee gefüllt.

4. Wild-Pasteten

Einfache Wild-Pastete
Pâté de gibier simple

1 kg völlig von Sehnen und Haut befreites Wildfleisch wird mit 500 g fettem, ungesalzenem Speck zu einer feinen Farce verarbeitet, die mit 2 Eigelb und etwas fast zu Glace gekochtem Wild-Fond vervollständigt und zuletzt mit gehackten Trüffeln und einer Handvoll geriebenem Parmesankäse untermischt wird. Geschmacklich mit Salz, Pfeffer und Pastetengewürz vollendet, ist die Farce in Kastenformen zu füllen, die mit Teig und Speckscheiben ausgelegt wurden. Mit Speckplatten und Teig wiederum verschlossen, werden die Pasteten im Ofen gebacken. Nach dem Auskühlen ist in die Pasteten gutes Fleischgelee einzugießen.

Hasen-Pastete
Pâté de lièvre

Hierfür braucht man einen jungen Hasen. Der Rücken und die Keulen werden vollständig gehäutet und dann von den Knochen gelöst. Das Rückenfleisch und die Filets sind für die Einlage zu verwenden, das verbleibende Keulenfleisch wird für die Farce verarbeitet. Für die Zusammenstellung der Farce nimmt man einschließlich der Hasenfleischreste 300 g mageres Kalb- und 300 g mageres Schweinefleisch, 600 g fetten, ungeräucherten Speck. Auf 1/2 kg Farce werden etwa 15 g Gewürzsalz erforderlich sein.

Das Rückenfleisch wird in lange Streifen geteilt und samt den Filets mignons gewürzt und leicht in Butter angebraten. Als weitere Einlage dienen magere, gekochte Schinkenstreifen. Die Einlage wird abwechselnd mit Farceschichten recht exakt in die mit Speckplatten ausgelegte Pastete eingelegt und zum Abschluß mit einer dünnen Speckplatte belegt. Das Schließen geschieht wie bei der Gänseleber-Pastete. Nach dem Backen und Auskühlen wird diese mit Gelee, dem die Essenz von den Hasenknochen und -sehnen beigegeben wurde, zugegossen.

Fasanen-Pastete

Pâté de faisan

Zwei mittelgroße Fasanen werden ausgebeint. Für die Einlage wird das Brustfleisch herausgenommen, mit Pökelzunge und Trüffeln gespickt und leicht angebraten. Sowohl

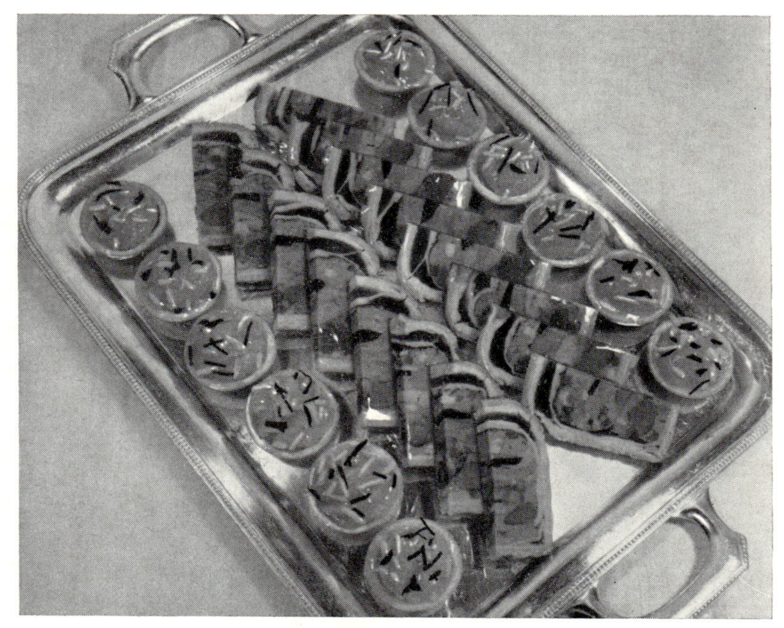

296. Fasanenpastete

Beigabe: Orangensalat mit Mandeln und Trüffeln. Der Salat ist in halben Orangenschalen angerichtet

die Einlage als auch Trüffelstücke und Pökelzungenscheiben sind bis zum Gebrauch mit Cognac zu marinieren. Die Farce-Zusammenstellung weicht von der vorhergehenden wiederum etwas ab. Sie wird aus dem verbleibenden Fasanenkeulenfleisch (300 g), 100 g Kalb- und 100 g Schweinefleisch sowie 500 g fettem, ungeräuchertem Speck zusammengesetzt. Dieser Farce ist $^1/_3$ ihrer Menge Wild-Gratin-Farce (S. 118) hinzuzufügen. Die Form wird mit Pastetenteig und außerdem mit einer dünnen Speckplatte ausgelegt und dann abwechselnd mit Farce, Zungenscheiben, Trüffeln sowie den Fasanenfilets ausgefüllt.

Zum Abschluß mit einer Speckplatte belegt, wird die Pastete mit einer Teigdecke wie vorhergehend geschlossen. Nach dem Backen und Erkalten ist die Pastete mit Gelee, das aus den Fasanenknochen bereitet wurde, auszugießen.

Schnepfen-Pastete

Pâté de bécasses

Die Schnepfen werden wie für Galantinen ausgebeint und dann, ausgebreitet, mit Gewürzsalz und Cognac mariniert. Es kommt nun darauf an, das Brustfleisch wie eine Galantine zu füllen. Für diesen Zweck verwendet man die gleiche Farce wie für die Fasanen-Pastete, doch sind dieser das Keulenfleisch, die gehackten, mit feinen Kräutern ansautierten Schnepfeneingeweide und gehackte Champignons hinzuzufügen. Die Einlage besteht aus Trüffeln und Gänsestopfleber. Die gefüllten Schnepfen werden in eine entsprechend große, mit Pastetenteig und dünnen Speckplatten ausgelegte und mit Farce ausgefütterte lange Pastetenform eingesetzt, mit einer weiteren Farceschicht und dünner Speckplatte bedeckt. Die Pastete wird mit Pastetenteig geschlossen, gebacken und nach dem Erkalten mit Gelee ausgefüllt, das von den Schnepfenkarkassen hergestellt wurde.

Krammetsvogel-Pastete

Pâté de grives

Eine lange Kastenform wird mit Pastetenteig und dünnen Speckplatten ausgelegt, mit einer getrüffelten Farce ausgefüttert, die zur Hälfte aus magerem Schweinefleisch und den ausgelösten Krammetsvogelkeulen und zur anderen Hälfte aus fettem, ungeräuchertem Speck zubereitet und mit $^1/_4$ Wild-Gratin-Farce (S. 118) vermischt wurde. Nun gibt man je nach den Umständen eine oder zwei Lagen ausgebeinte, gefüllte, in dünne Speckscheiben gewickelte Krammetsvögel zwischen Farceschichten in die Pastete. Als Abschluß muß wiederum eine Farceschicht dienen. Die Vollendung dieser Pastete ist die gleiche wie bei den anderen.

Für die Füllung der Krammetsvögel wird nachstehende Farce gebraucht: 100 g in Würfel geschnittener fetter Speck, 100 g Wildfleisch und 100 g Hühnerlebern werden je für sich angebraten. Nachdem gibt man alles zusammen in das gleiche Sautoir, fügt Champignon- und Trüffelschalen, Salz, Pastetengewürz, Thymian, gehackte Schalotten und ein wenig Lorbeerblatt hinzu, läßt das Ganze noch einige Augenblicke anbraten und dann kurze Zeit mit einem Glas Madeira dünsten. Man läßt dieses auf einem Durchschlag ablaufen und treibt es mit etwas roher Gänseleber durch das feine Sieb des Fleischwolfes. Nachdem man ein wenig Salmi-Sauce und einige Eigelb hinzugefügt hat, wird die Farce durch ein Sieb gestrichen und ist nun für die Krammetsvögel gebrauchsfertig. Wenn man diese Farce nicht anwenden will, können die Krammetsvögelbrüstchen auch nur mit Gänseleber und Trüffel gefüllt werden.

5. Fisch-Pasteten

Allgemeines

In der Art, wie die Gänseleber- und Wild-Pasteten hergestellt werden, sind auch Fisch-Pasteten herzustellen.

Man wird für diese Zwecke immer eine bessere Fischart wählen, denn die übrigen Zutaten, wie Trüffeln u. dgl., würden den Aufwand zu einem geringeren Fisch nicht rechtfertigen.

Für eine Fisch-Pastete kommt eine aus Hecht- oder Zanderfilet zuzubereitende Fischfarce in Betracht (vgl. S. 120).

Lachs-Pastete
Pâté de saumon

Hierfür ist eine lange Form mit Pastetenteig auszulegen und mit Fischfarce auszustreichen. Alsdann legt man auf den Boden zwei lange Streifen von entgrätetem, gut gewürztem Lachsfleisch, bedeckt diese mit Farce und führt durch die Mitte einen Streifen dick geschnittener Trüffeln. Nachdem diese ebenfalls mit Farce bedeckt sind, folgen zwei weitere Streifen Lachs und abermals ein durch die Mitte geführter Trüffelstreifen. Nunmehr folgt die letzte Farceschicht, dann wird die Pastete mit einem Teigdeckel geschlossen. Eine Pastete von 2 kg Inhalt braucht etwa 1 Std. Backzeit. Nach dem Backen und Erkalten wird der entstandene Hohlraum wie bei den übrigen Pasteten mit Gelee, in diesem Falle mit Fischgelee, ausgegossen.

Um der Pastete im Schnitt ein gutes Aussehen zu geben, kann man von dem rohen Lachsfleisch auch flache Platten schneiden, die man mit Fischfarce bestreicht, zu Rouladen zusammenrollt und dann zwischen die Farceschichten legt.

6. Terrinen

Terrinen sind im Grunde nichts anderes als Pastetenfüllungen, die vielfach in glasierten Tongefäßen (Fayencen), aber auch in beliebigen Formen (rund, oval oder lang), ohne Verwendung von Teig, hergestellt werden. Das Garen erfolgt im Wasserbad im Ofen. Bei Formen, die man im ganzen serviert, ist die Oberfläche nach völligem Erkalten von überflüssigem Fett zu befreien und mit gutem Fleischgelee zu bedecken. Das Gelee ist mit Madeira oder Portwein zu verfeinern. Sind lange Formen angewendet worden, so ist es zweckmäßig und wirtschaftlich, die Terrine in Scheiben zu schneiden. Anhaftendes Fett ist zuvor abzunehmen. Die Scheiben werden mit Gelee überzogen und zusammen mit Madeirageleewürfeln angerichtet.

Gänseleber in Terrinen
Foie gras en terrines

Die mit Speckplatten ausgelegten Formen werden mit der gleichen Farce ausgefüttert, wie sie zur Gänseleber-Pastete Verwendung findet. Nach dem Ausfüttern der Terrinen gibt man die vorschriftsmäßig vorbereitete, gut gewürzte Gänseleber hinein. In dieser werden nun die Lebern mit Trüffeln angemessener Größe gespickt und im Anschluß daran werden die Terrinen mit Farce zugedeckt. Damit die Farce nicht so stark betrocknet, bedeckt man die Oberfläche mit Speckscheiben. Die so gefüllten Terrinen kommen nun im Wasserbad zum Pochieren in den Ofen; man kann auch hier, wie bei der Pastete, durch die Nadelprobe feststellen, wann die Terrinen gar sind. Sobald die Terrinen fertig sind, nimmt man sie aus dem Wasserbad und läßt sie fast auskühlen, um sie danach leicht zu pressen.

Terrinen können auch in eigens dazu hergestellten Dosen konserviert werden, in welchen die Haltbarkeit für längere Zeit gewährleistet ist.

Terrinen von Geflügel, Wild und Wildgeflügel
Terrines de volaille, gibier et gibier à plumes

Bei Terrinen von Enten, Fasanen, Schnepfen sowie Feldhühnern gilt folgendes: Das Geflügel wird vollständig vom Knochengerüst ausgelöst und von seiner Haut und den Sehnen befreit. Das Fleisch ist in Stücke zu schneiden, so groß, wie man sie benötigt, leicht mit Gewürzsalz zu bestreuen und bis zum weiteren Gebrauch beiseite zu stellen. Von den Knochen und den übrigen Abgängen wird ein Auszug bereitet, in dem man alles schnell sautiert, mit Cognac ablöscht, mit kräftiger Brühe auffüllt, eine Zeitlang kocht, durch ein feines Sieb passiert und dann zu Glace einkocht. Diese Fleischstücke werden angebraten und mit der Essenz vermischt.

Nach diesen Vorbereitungen werden die Terrinen mit Speck ausgelegt und mit Farce (S. 271) ausgefüttert; sie erhalten unten eine Lage von dem vorbereiteten Fleisch. Man läßt dann eine dünne Schicht Farce folgen, darüber gibt man eine mit Trüffeln gespickte Schicht Gänseleber, wieder eine dünne Farceschicht usw., bis die Form voll ist. Der Abschluß muß natürlich eine Farceschicht sein. — Wie eingangs erwähnt, lassen sich auf diese Art von sämtlichem Wild und Wildgeflügel Terrinen herstellen; auch Hausgeflügel kann dazu benutzt werden, doch nimmt man dann keine Essenz.

Leber-Terrine

Terrine de foie

Man nimmt dazu 1 kg frische Schweine- oder Kalbsleber, ebenso auch Geflügellebern, wenn von diesen genügend vorhanden sind. Nachdem die Leber einige Minuten in siedendes Wasser gelegt wurde, wird sie in kaltem Wasser abgekühlt, abgezogen und mit 1 kg fettem Schweinefleisch durch ein feines Sieb des Fleischwolfes getrieben. Alsdann sind etwa 200 g fetter Speck in Stücke zu schneiden, in etwas Fleischbrühe weichzukochen und zu hacken. Außer diesem sind 250 g frischer, fetter Speck für die Einlage in feine Würfel zu schneiden. Nachdem noch einige Schalotten feingehackt und blanchiert wurden, gibt man die Leber, die Speckwürfel und den gehackten Speck mitsamt der Brühe in ein flaches Geschirr, fügt die gehackten Schalotten, etwas Rotwein sowie nach Bedarf Salz, Pfeffer und Pastetengewürz hinzu. Das Ganze wird auf dem Feuer gerührt, bis es anfängt, dick zu werden. Wenn das erreicht ist, nimmt man die Masse vom Feuer, füllt sie in eine mit fetten Speckplatten ausgelegte Kastenform und bäckt das Ganze bei mäßiger Hitze etwa 1 1/2 Std. im Ofen. Nachdem die Terrine aus dem Ofen genommen wurde, ist sie eine Zeitlang stehen zu lassen und dann mit einem flachen Gegenstand zu beschweren, damit später ein besseres Schneiden möglich ist. Zum Gebrauch wird die Terrine gestürzt, von dem ausgetretenen Fett befreit und geschnitten.

7. Galantinen

Der Werdegang einer Masthuhn-Galantine

Diese Abhandlung erläutert den Werdegang einer Galantine in allen Einzelheiten.

Mit Galantine bezeichnet man jedes von allen Knochen befreite, roh gefüllte, gekochte, kalt zu servierende Geflügel. Auch von Wildgeflügel werden Galantinen hergestellt, besonders von Fasanen und Rebhühnern. Das zahme Geflügel ist für diese Zwecke jedoch geeigneter, und zwar hauptsächlich Poularden und Enten, des weiteren aber auch Puten und Tauben. Ebenso können auch Galantinen von Schlachtfleisch hergestellt werden.

Altes Geflügel eignet sich nicht dazu. Fleisch und Farce (Füllung) müssen gleichzeitig gar werden. Bei Verwendung eines alten Huhns wird die Füllung trocken, denn es muß viel länger sieden, als es für die Farce nötig wäre.

Im vorliegenden Fall soll die Entstehung einer Poularden-Galantine behandelt werden. Nur schönes weißes, stoppelfreies Geflügel ist hierfür geeignet. – Die Zubereitung ist der Vollständigkeit wegen an einer unausgenommenen Poularde erklärt. Selbstverständlich können auch bereits ausgenommene, also küchenfertige Masthühner verwendet werden. Die Öffnung wird dann mit Nadel und Faden geschlossen, um den Vorgang korrekt ausführen zu können.

Nachdem die Poularde gesengt wurde, werden die Flügel oberhalb des ersten Gelenkes abgeschlagen, ebenso die Beine kurz vor den Gelenken. Nun ist das Wichtigste, daß die Poularde nicht aufgeschnitten und nicht ausgenommen wird, wie es sonst üblich ist. Man legt das Geflügel auf die Brust, und nun folgt die exakt auszuführende Arbeit, das Geflügel von seinem Knochengerüst kunstgerecht auszubeinen. Man braucht ein kleines, sehr scharfes Messer und durchschneidet Haut und Fleisch vom oberen Halsende, die Rückenpartie entlang bis 5 cm vom Schwanzende entfernt bis auf den Knochen. Nun kommt es darauf an, die Fleischhülle unbeschädigt von dem Gerippe herunterzuschälen. Hat man das Knochengerüst ausgelöst, so sind die noch verbliebenen Keulen- und Flügelknochen zu entfernen, wobei zu beachten ist, daß die Fleischhülle nicht eingeschnitten wird. Ist die Arbeit soweit vorgeschritten, so wird die Fleischhülle auf einer Tischplatte auseinandergespreizt, sodann das Keulenfleisch nach innen gewendet, um dadurch der späteren fertigen Galantine eine elegante Form zu geben.

Da das an der Haut haftende Fleisch ungleichmäßig verteilt ist, muß ein Ausgleich geschaffen werden; deshalb sind die kleinen Brustfilets fortzunehmen und dorthin zu legen, wo die Hülle nur aus der Haut besteht. Wenn nun das Fleisch gleichmäßig verteilt ist, wird die ausgebreitete Poularde mit Gewürzsalz (S. 272) bestreut und alsdann mit leicht angeschwitzten, gehackten feinen Kräutern und Schalotten eingerieben.

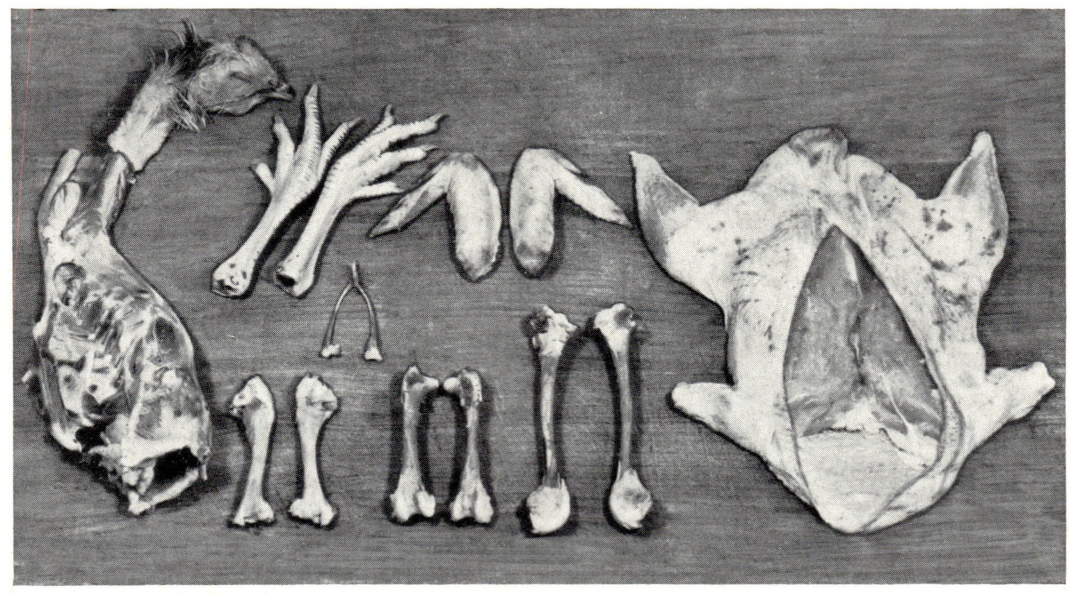

297. Vorbereitung des Geflügels für eine Galantine

Die vom Knochengerüst ausgelöste Fleischhülle wird zum Füllen von sämtlichen Knochen entbeint

Pastete mit Wachteln und frischer Gänseleber

Gefüllte Poularden und Avocados

Gebratene Poularde Stephanie

Truthahn Mayflower

Zur Füllung wird eine gut bindende Farce benötigt. Um dies zu erreichen, ist sie durch den Fleischwolf zu treiben und durch ein feines Sieb zu passieren. Zur Zusammensetzung der Farce gehören: $^1/_2$ kg mageres Kalbfleisch, $^1/_2$ kg mageres Schweinefleisch und 1 kg fetter frischer Speck. Nachdem das Fleisch passiert ist, werden noch 2 Eier und 1 Glas Cognac daruntergearbeitet. Für 1 kg Farce werden etwa 30 g Gewürzsalz benötigt.

Als nächstes wäre die Einlage herzurichten, wofür gekochte Pökelzunge, Trüffeln, Pistazien und Gänsestopfleber gebraucht werden. Diese Einlage kann man nun in 1 cm große Würfel schneiden und unter die Farce mengen oder die angeführten Dinge in lange Streifen schneiden und schön gleichmäßig verteilt in die Farce einlegen. Von der Einlage wäre noch zu sagen, daß diese vor dem Gebrauch ebenfalls zu würzen ist.

Die Galantine wird nunmehr wie folgt gefüllt: Die ausgebreitete Poularde wird zunächst mit einer $1^1/_2$ cm dicken Farceschicht ausgestrichen. Darüber legt man durch die Mitte einen dicken Streifen Gänsestopfleber, des weiteren zu beiden Seiten kleinfingerdicke Streifen von Zunge; ferner werden Trüffeln und Pistazien über die Fläche verteilt. Es folgt dann abwechselnd eine Schicht Farce und Einlage, bis die Galantine fertig zum Schließen ist; dies geschieht durch Zusammennähen des aufgeschnittenen Rückenfleisches mit Bindenadel und dünnem, festem Faden. Es muß hierbei beachtet werden, der Galantine eine schöne Form zu geben und den Ausgleich zu schaffen, daß die Hülle weder zu voll noch zu wenig gefüllt wird.

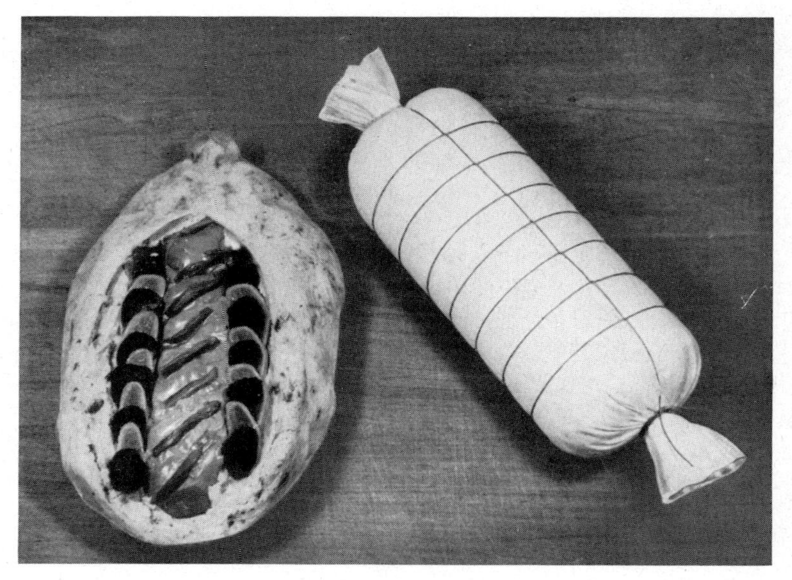

298. Die gefüllte und zum Kochen fertig eingeschnürte Galantine

Links: Auf der ausgebreiteten Fleischhülle liegt eine Farceschicht, darüber die aus Stopfleber, Pökelzunge, Trüffeln und Pistazien bestehende Einlage. Vor dem Schließen gibt man über die Einlage noch eine Farceschicht. — Rechts: Die zum Kochen fertige, in eine Serviette eingeschnürte Galantine

Im nächsten Arbeitsgang wird die Galantine in eine dünne Speckplatte gewickelt, in eine Serviette oder ein Passiertuch eingerollt, gut verschnürt und langsam vorsichtig gekocht. Das Kochen einer Galantine von 2 kg Schwere wird $1^1/_4$ Std. Zeit in Anspruch nehmen.

Ob sie nun leichter oder schwerer ausfällt, immer ist dieser Maßstab anzuwenden. Es ist Voraussetzung, daß man einen weißen, kräftigen, gut gewürzten Fond für diesen Zweck zur Verfügung hat. Sobald die Galantine fertig gekocht ist, wird sie vom Herd heruntergenommen. Wenn sie späterhin nur noch lauwarm ist, wird sie, in ihrem Fond liegend, mit einem entsprechend großen Brettchen und einem Gewicht soweit beschwert, wie es zum leichten Pressen erforderlich ist. Am folgenden Tage wird die Galantine, die man im Kühlraum völlig auskühlen ließ, ausgewickelt, von noch anhaftendem Fond befreit und mit einem trockenen Tuch sauber abgetupft. Nun kann sie tranchiert und angerichtet werden. (In gleicher Weise können auch Galantinen von Schlachtfleisch, wie Kalbsbrust, Spanferkel usw., behandelt werden.)

Wenn es darauf ankommt, die Galantine einfach anzurichten, wird sie in Scheiben geschnitten und mit Gelee, das von dem Fond hergestellt wurde, serviert. Soll sie jedoch in recht ansprechender Aufmachung präsentiert werden, so wird man sich dazu entschließen, einen Dekor anzuwenden. Am besten eignet sich hierfür ein Dekor aus Trüffeln.

Mit dem Ausstecher lassen sich auch Blumen und Blätter aus Tomaten, Estragon, Schnittlauch, Radieschen, Piment, Eigelb usw. zu Zweigen zusammenfügen (vgl. S. 160). Vor dem Auflegen des Dekors ist die für das Service erforderliche Anzahl Scheiben abzuschneiden. Nach dem Auflegen des Dekors wird die Galantine mit leicht dickflüssigem Gelee überglänzt. Das Arrangement beim Anrichten ist dem persönlichen Geschmack überlassen.

8. Verschiedene Geflügel-Galantinen

Enten-Galantine nach Sevillaner Art

Galantine de caneton à la sévillane

Die Ente ist wie üblich auszubeinen und dann mit einer Farce, die aus $^1/_4$ Schweinefleisch, $^1/_4$ rohem Hühnerfleisch und zu zwei weiteren Vierteln aus Leber-Gratin-Farce (S. 119) zusammengesetzt ist, zu füllen. Die Farce erhält jedoch zuvor noch eine weitere Ergänzung mit etwas stark eingekochtem Tomatenpüree und eine Einlage von würfelig geschnittener, gewürzter Gänsestopfleber. Die Ente wird zugenäht, in ein Tuch geschnürt, in gut gewürztem Fond gekocht und später in ihrem Fond gepreßt. Nach dem Auskühlen schneidet man sie in Scheiben, die man dann nochmals halbiert, auf ein Ablaufgitter setzt und mit Gelee überglänzt. Diese Galantinescheiben sind auf geeignetem Servicegeschirr anzurichten. — Für die Garnitur braucht man große, ausgesteinte Oliven, die mit Gänseleberpüree zu füllen sind und je 3 Stück auf einer dicken, gewürzten Tomatenscheibe Anordnung finden.

Hühner-Galantine nach Stroganow

Galantine de volaille à la Stroganow

Hierfür verwendet man junge Hühner, die wie die Poularde (S. 284) ausgelöst werden. Danach sind sie auf dem Tisch auszubreiten, zu würzen und mit fein gehackten, angeschwitzten Kräutern und Schalotten einzureiben. Dann werden sie mit feiner Hühner-Farce gefüllt, der man Würfel von Trüffeln, Gänseleber und Pökelzunge, ferner dick geschnittene Champignonscheiben sowie Streifen von roter Paprikaschote hinzufügt. Im Anschluß daran werden die Hühner zugenäht, in Tücher eingerollt, gebunden und in gutem, gewürztem Fond, dem man die Hühnerknochen beigibt, langsam gargekocht. Die

Hühner-Galantinen müssen in diesem Fond fast erkalten, werden dann wie üblich noch einmal nachgebunden, wieder in den Fond gelegt und darin gepreßt, um vollends zu erkalten. Späterhin sind sie auszuwickeln, in Scheiben zu schneiden, auf Abtropfgitter zu legen und mit kräftigem Geflügelgelee zu überziehen. — Hierzu serviert man einen Salat von frischer Gurke und in Scheiben geschnittenen rohen Champignons, angemacht mit saurer Sahne, Salz und Pfeffer.

9. Galantinen von Schlachtfleisch

Galantine von Kalb

Galantine de veau

Für eine Kalbfleisch-Galantine verwendet man am vorteilhaftesten eine kleinere Kalbsbrust, die von allen Knochen und Knorpeln befreit und dann wie üblich ausgehöhlt bzw. untergriffen wird. Der so entstandene Hohlraum dient zur Aufnahme der Füllung. Sie setzt sich zusammen aus gleichen Teilen magerem Schweinefleisch und fettem, ungeräuchertem Speck. Die Farce ist sehr fein zu passieren und dann mit Gewürzsalz zu vollenden, wofür man, wie bei den Pasteten-Farcen, auf $^1/_2$ kg etwa 15 g rechnet. Die Einlage besteht aus Speck, Pökelzunge und in manchen Fällen auch aus Trüffeln. Alles dies wird in Würfel geschnitten, unter die Farce verarbeitet und dann in die Brust gefüllt, die nachdem zuzunähen ist. Die so vorbereitete Kalbsbrust wird nunmehr in ein Tuch geschnürt (vgl. Bild 298, S. 285) und dann mit Kalbsknochen und Kalbsfüßen langsam gekocht. Der Fond ist mit Wurzelwerk, ein wenig Lorbeer, Gewürzkörnern und dem erforderlichen Salz zu versehen. Auch diese Galantine wird, wie alle übrigen, wenn sie fast erkaltet ist, aus dem Fond herausgenommen, aus dem Tuch gewickelt, erneut eingeschnürt und dann in den Fond zurückgelegt, wo sie leicht gepreßt bis zum völligen Durchkühlen verbleibt. Die so behandelte Galantine ist naturell mit dem aus dem Fond bereiteten Gelee zu servieren.

Galantine von Spanferkel

Galantine de cochon de lait

Ein Spanferkel mittlerer Größe ist vollständig von allen Knochen auszubeinen, zu würzen und dann mit einer Farce, wie sie zum Wildschweinskopf (S. 288) angewandt wird, zu füllen. Die Einlage für die Füllung besteht aus kleinen, von Zunge, fettem Speck und Trüffeln geschnittenen Würfeln. Nachdem die Fleischhülle wieder zusammengenäht ist, wobei man darauf achten muß, daß die Galantine eine gute Form erhält, wird sie in ein Tuch gerollt, vorschriftsmäßig verschnürt und in kräftigem Fond langsam gekocht. In der Brühe erkaltet, wird die so hergerichtete Spanferkel-Galantine später ausgewickelt und mit Fleischglace eingepinselt.

*

Sulzgericht von Geflügel-Galantinen

Chaud-froid de galantine de volaille

Die nachstehende Chaudfroid-Zubereitung ist besonders für Saisonbetriebe während der Hochsaison praktisch und willkommen. — Es handelt sich hier um ein Chaudfroid von Galantine. Sie wird folgendermaßen hergerichtet: Die erforderliche Anzahl mittelgroßer junger Hühner wird wie für eine Galantine ausgebeint (Bild 297, S. 284). Nun ist das Brust- und Keulenfleisch gleichmäßig zu verteilen derart, daß die rechte Brusthälfte und die linke Keule von der Haut getrennt und dann diese Fleischpartien gewissermaßen verwechselt auf ihren Platz gelegt werden. Innerhalb des ausgelösten Huhns liegen also nun je eine Brusthälfte und eine Keule nebeneinander. Die Hühner werden dann wie eine Galantine (S. 283) weiter bearbeitet, doch kommt hier nur die dort angegebene Farce ohne jede Einlage in Frage.

In Tücher eingerollt und gebunden, werden die Hühner mit ihren Karkassen langsam pochiert und dann in ihrem Fond ausgekühlt. Vor dem völligen Auskühlen sind die kleinen Galantinen in ihrem Fond leicht zu pressen, damit sie Form bekommen. Wenn nun die Stücke zu schneiden sind, so wird jede dieser kleinen Galantinen lang über Eck durchgeteilt und dann der Länge nach in $^{3}/_{4}$ cm dicke Scheiben geschnitten. Durch diese besondere Bearbeitung liegt in jeder Scheibe ein Stück Keule, ein Stück Brust und gleichzeitig die Farce. Das Chaudfroid selbst hat die richtige Gestalt und braucht kaum pariert zu werden. Diese Stücke sind nun mit der von dem Fond bereiteten Chaudfroid-Sauce zu überziehen und nach Belieben zu dekorieren. Mit Gelee überglänzt, sind die Chaudfroids mit Gemüsesalat zu servieren.

Gefüllte Geflügelkeulen

Ballotines

In Betrieben, wo häufig durch das à la carte-Service von verschiedenen Geflügelarten die Brüste für sich allein serviert werden, kommt man in die Lage, die Keulen anderweitig verwerten zu müssen. Diese werden dann mit Vorliebe zu Ballotinen verarbeitet (vgl. S. 105). Nachdem sie ausgelöst sind, erhalten sie die gleiche Füllung wie die beschriebenen Galantinen. Nach dem Füllen sind sie an den Enden zuzunähen, deshalb ist es vorteilhaft, die Haut recht lang daran zu belassen. Die so behandelten Keulen werden geschmort und später leicht gepreßt. Nach dem Auskühlen werden sie in Scheiben geschnitten, mit Gelee überglänzt und mit verschiedenen Salaten zu Tisch gegeben.

10. Wildschweinskopf

Gefüllter Wildschweinskopf

Tête de sanglier farcie

Bei dem zum Füllen bestimmten Wildschweinskopf ist darauf zu achten, daß dieser ziemlich lang vom Rumpf abgeschnitten wird; auch soll immer berücksichtigt werden, daß hierfür nur junge Tiere geeignet sind. Die nächste Prozedur am Kopf ist das Absengen der Borsten. Anschließend läßt man den Kopf eine Zeitlang wässern und reinigt ihn dann gründlich mit einer scharfen Bürste. Erst danach kann der Kopf ausgelöst werden. Es gibt zwei Methoden: entweder man schneidet ihn an der Halsseite auf und löst ihn dann aus wie einen Kalbskopf (vgl. S. 65), oder man löst das Fleisch vom Schädel herunter, ohne es an der unteren Seite zu durchschneiden. Nach dem Auslösen des Kopfes wird er an den etwa noch blutigen Stellen nochmals pariert, wobei der Säuberung der Ohrmuscheln ganz besondere Sorgfalt zuzuwenden ist. Vor weiterer Bearbeitung wird er abermals einige Stunden in fließendem Wasser gewässert.

Der Kopf wird alsdann mit Salz und etwas Salpeter eingerieben, in einen Steintopf gelegt, mit wenig Salzwasser begossen und ein bis zwei Tage in den Kühlraum gestellt und dann gefüllt. Vor dem Füllen sind die Öffnungen der Augen und der Schnauze zuzunähen, um beim späteren Kochen das Austreten der Farce zu verhindern. Die Farce zum Füllen setzt sich aus gleichen Teilen magerem Schweinefleisch und frischem, fettem Speck zusammen. Nachdem das Fleisch passiert ist, werden einige Eier sowie etwas Cognac und Madeira daruntergearbeitet. Für 1 kg Farce sind etwa 30 g Gewürzsalz erforderlich.

Nun ist die Einlage bzw. weitere Füllung herzurichten. Sie besteht aus Schinken, Pökelzunge, Trüffeln und Pistazien. In manchen Betrieben ist es üblich, außerdem auch noch Stopfleber zu verwenden. Man kann nun diese Einlage in Würfel schneiden und unter die Farce mischen oder auch so verfahren wie bei einer Galantine, indem man Schinken und Zunge in lange Streifen schneidet und diese abwechselnd mit Farceschichten in den Kopf einlegt. Wenn man beim Auslösen den Kopf an der Halsseite nicht durchschneidet, so ist es praktisch, die Einlage würfelig unter die Farce zu geben und das Ganze dann in die Kopf-Fleischhülle zu stopfen. Wenn man jedoch die Einlage in lange Streifen schneidet, so verfolgt man den Zweck, diese recht gleichmäßig und ebenmäßig innerhalb des Kopfes verteilen zu können. Um dies zu erreichen, muß natürlich die Möglichkeit gegeben sein, sowohl die Farce als auch die Einlage vorerst auf eine Fläche verteilen zu können, und dafür wird es erforderlich, dem Kopf beim Auslösen die Halspartie zu öffnen. — Der Kopf wird nach derselben Art gefüllt, wie es aus dem Bild der Galantine auf S. 298 ersichtlich ist.

Angenommen, wir haben einen an der Halsseite aufgeschnittenen Wildschweinskopf vor uns. Nachdem er breit auf den Tisch gelegt wurde, werden aus dem Genick einige dicke Fleischteile herausgeschnitten und auf solche Stellen verteilt, wo nur dünne Fleisch- bzw. Hautschichten liegen. Dann wird die Innenfläche noch einmal leicht mit Gewürzsalz bestreut und mit leicht angeschwitzten, gehackten feinen Kräutern und Schalotten eingerieben.

Nunmehr kann der Kopf gefüllt werden. Zunächst wird auf die Fleischhülle eine etwa $1^1/_2$ cm dicke Farceschicht verteilt; darüber legt man abwechselnd $1^1/_2$ cm dicke Streifen von gekochtem Schinken und schöner roter gekochter Pökelzunge, zwischen diesen sind abgezogene Pistazien und Trüffelstückchen zu verteilen, gegebenenfalls auch Gänseleber. Dann folgt abermals eine Farceschicht mit daraufgelegter Einlage, bis das erforderliche Quantum aufgetragen ist.

Jetzt ist der Kopf zuzunähen. Man beginnt dabei an der Schnauze und führt die Naht bis zur Beendigung des Halsschnittes. Bevor der frische Speck für die Farce zerschnitten wurde, hat man die Schwarte losgelöst, um sie beim Schließen des Kopfes als bequeme Abschlußplatte benutzen zu können. Über die jetzt noch freiliegende Farcefläche legt man ein der Größe entsprechend zugeschnittenes Stück Schwarte und vernäht mit deren Außenkante rund herum die Abschnittstelle des Kopfes. Für diese Arbeit ist eine sehr spitze, stabile Bindenadel erforderlich.

Nachdem der Kopf auf diese Weise durch Zunähen aller Öffnungen verschlossen wurde, legt man ihn auf ein Tuch, schlägt ihn darin ein und verschnürt ihn ziemlich fest, genauso, wie es bei der Galantine (Bild 298, S. 285) ausgeführt ist. Beim Einwickeln ist zu beachten, daß die Ohren richtig zu liegen kommen, damit der Kopf seine charakteristische Form behält.

Beim Kochen legt man den Kopf in ein passendes Geschirr, gibt Rinderknochen und einige Kalbsfüße hinzu und garniert mit Zwiebeln, gelben Rüben, Sellerie, Porree, Petersilienwurzeln, Lorbeerblatt, Pfefferkörnern, Thymian, ein paar Nelken, etwas

Wacholderbeeren und der erforderlichen Menge Salz. Mit Wasser oder noch besser mit Fleischbrühe aufgefüllt, wird die Brühe nach dem Aufkochen ausgeschäumt. Der Kopf muß dann sehr langsam je nach Größe 3—4 Stunden kochen. Um sich zu überzeugen, ob der Kopf fertig ist, durchsticht man ihn mit einer langen, dünnen Nadel. Wenn er gar ist, wird sich die Nadel leicht herausziehen lassen, dagegen wird man den Kopf an der Nadel in die Höhe ziehen, wenn er noch nicht gar ist. Sobald der Kopf genügend lange gekocht hat, läßt man ihn in seinem Fond fast erkalten. Damit der Kopf eine gute Form bekommt, wird er zur Kontrolle jetzt aus dem Tuch herausgenommen, erneut darin fest eingeschnürt und wieder in seinen Fond zurückgelegt, in welchem er erkalten muß.

Wenn es darauf ankommt, den Kopf ganz zu präsentieren, so wird er mit guter Fleischglace eingepinselt. Nachdem man von der Halsseite des Kopfes einige Scheiben geschnitten und diese wiederum zerteilt hat, wird der Kopf mit den Scheiben auf einer Platte angerichtet, die mit einem Geleespiegel ausgegossen ist. Beigabe: Madeirageleewürfel und Cumberland-Sauce.

Wildschweinskopf-Roulade
Roulade de tête de sanglier

Für diese Zwecke wird der sauber hergerichtete Wildschweinskopf an den Anschnittstellen pariert; dann werden ihm die Ohrmuscheln gesäubert und die Augen entfernt. Unausgelöst ist er in guter Brühe mit Sellerie, Karotten, Zwiebeln, Lorbeerblatt, Gewürz- und Pfefferkörnern, einem Thymiansträußchen, einigen Wacholderbeeren sowie zwei Kalbsfüßen und etwas Schweineschwarten langsam gut weich zu kochen. Danach nimmt man ihn aus dem Fond und löst das Fleisch so von dem Schädel herunter, daß es möglichst ganz bleibt, breitet dieses auf einem Tuche aus und belegt die Fläche dann mit 1 cm dicken Streifen von gekochtem Schinken und Pökelzunge sowie einigen Trüffelstücken. Ebenso verwendet man die vorher aus dem Wildschweinskopf herausgenommene und für sich gekochte Zunge. Der Kopf wird nun in dem Tuch zu einer Roulade zusammengerollt, verschnürt und noch eine Zeitlang in dem vorher passierten Fond gekocht; er muß dann darin auskühlen. Wenn er fast ausgekühlt ist, wird er in seinem Fond mit einem Brettchen und einem Gewicht beschwert, um späterhin ein besseres Schneiden zu ermöglichen. Der Fond wird zu Gelee verarbeitet (S. 140) und dann zu der Roulade serviert. Außerdem ist Cumberland-Sauce die übliche Beigabe.

Frischlings-Roulade
Roulade de marcassin

Für diesen Zweck verwendet man die weniger guten Teile vom jungen Wildschwein, wie Brust, Blätter und Bauchstücke. Nachdem sie gründlich gewaschen wurden, sind sämtliche Knochen herauszunehmen und das Fleisch zunächst einige Tage in eine mit Wurzelwerk versehene Essig-Marinade zu legen. Nach dieser Zeit werden die Fleischstücke so auf ein Tuch gelegt, daß man sie zu einer Roulade zusammenrollen kann. Als Roulade verschnürt, wird das Fleisch in ein passendes Geschirr gelegt und alsdann mit Brühe oder Wasser, etwas Marinade und Salz weichgekocht. — Kurz vor dem Fertigwerden ist dem Fond etwas aufgeweichte Gelatine beizugeben. Das Fleisch legt man später in ein passendes Geschirr, in dem es mit dem entfetteten, passierten Fond übergossen und kaltgestellt wird. Die Roulade ist, in Scheiben geschnitten, mit Aspik zu garnieren und mit Cumberland-Sauce zu servieren.

14. Abschnitt

Die Schaumbrote (Mousse) und ihre Behandlung

Ein Schaumbrot oder Schaummus verdient nur dann so genannt zu werden, wenn es von äußerster Feinheit ist. Wenn es nicht nach den Regeln der Kunst hergerichtet wurde, so ist alle Arbeit nutzlos vertan. Die Herstellung erfordert Sachkenntnis und Sorgfalt. Die Schaumbrote sind ausgesprochene Schlemmerspeisen; an Material erfordern sie das Beste vom Besten. Sparsamkeitsrücksichten sind hierbei nicht angebracht, und wenn sie dennoch walten, so wird das Gelingen in Frage gestellt. Es ist wohl statthaft, Reste zu verwerten, doch müssen diese völlig frisch sein, so daß sie an Geschmack keine Einbuße erlitten haben.

Nun zu den Gerichten selbst. — Was ist ein Schaumbrot, Schaummus oder Mousse? Fachlich ausgedrückt: ein Püree von besonderer Feinheit, mit geschlagener Sahne versetzt, das von Geflügel, Wild, Schinken, Zunge, Fischen, Krustentieren, Gänseleber usw. hergerichtet sein kann und zur Erlangung einer leichten Konsistenz mit einem Gelierstoff vollendet wird.

Grundsatz bleibt, daß das Schaumbrot recht leicht gehalten wird und dennoch die ihm gegebene Gestalt unverändert behält, sei es als eine gestürzte Form, als Füllung einer Geflügelbrust oder auch als „Mousseline" (Schaummus in kleiner Form).

Nach diesen wesentlichen Grundsätzen wenden wir uns der Herstellungsart zu. Der größte Teil läßt sich nach einem Schema bearbeiten, einige jedoch mit besonderen Abweichungen in ihren proportionalen Zusammensetzungen. Zunächst mag die Serie angeführt sein, die einheitlich zu behandeln ist.

Das Geflügel-Schaumbrot mag als Beispiel gelten. Es ist einerlei, ob gekochtes oder gebratenes Geflügel verwendet wird. Die Zusammensetzung ist folgende: $^{1}/_{2}$ kg ausgebrochenes, von der Haut befreites Geflügelfleisch, $^{2}/_{10}$ l Velouté oder Béchamel, $^{1}/_{8}$ l aufgelöstes Gelee und $^{2}/_{10}$ l geschlagener Rahm. — Das Geflügelfleisch wird durch die feine Scheibe des Fleischwolfes getrieben, mit der Velouté fein zerrieben, durch ein feines Sieb gestrichen, in eine passende Schüssel gegeben und eine Zeitlang auf Eis bearbeitet, damit die Wärme durch das vorherige Durchstreichen genommen wird. Nun ist das flüssige Gelee nach und nach hinzuzufügen, das Schaumbrot zu würzen und dann erst die geschlagene Sahne darunterzuziehen. Anstelle von Gelee kann auch $^{1}/_{8}$ l konzentrierter (eingekochter) Fond (weiß oder braun) des jeweiligen Grundbestandteils verarbeitet werden. In dem warmen Fond sind dann für die vorgeschriebene Menge $2^{1}/_{2}$—3 Blatt eingeweichte Gelatine aufzulösen.

Folgende Grundbestandteile sind nach gleichem Prinzip zu bearbeiten:

$^{1}/_{2}$ kg Püree von Geflügel $^{1}/_{2}$ kg Püree von Wild $^{1}/_{2}$ kg Püree von Gänseleber $^{1}/_{2}$ kg Püree von Fisch $^{1}/_{2}$ kg Püree von Hummer $^{1}/_{2}$ kg Püree von Scampi $^{1}/_{2}$ kg Püree von Languste	$^{2}/_{10}$ l Velouté $^{1}/_{8}$ l aufgelöstes Gelee oder $^{1}/_{8}$ l Fond des Grundbestandteils und $2^{1}/_{2}$—3 Blatt Gelatine. $^{2}/_{10}$ l geschlagene Sahne.

Im allgemeinen ist nach dieser von A. Escoffier gegebenen Richtschnur zu arbeiten, doch sind in manchen Fällen durch besondere Materialbeschaffenheit kleine Abänderungen bedingt.

Bei den mehr fetthaltigen Grundbestandteilen, wie Schinken und Gänseleber, ist durch das Hinzufügen der Sahne die Möglichkeit des Gerinnens gegeben. Vorkommendenfalls ist die Schüssel mit dem Schaumbrot kurze Zeit in warmes Wasser zu halten. Gewöhnlich ist dann durch vorsichtiges Bearbeiten die Bindung wieder zu erreichen.

Schaumbrot von Tomaten

Mousse de tomates

$^{1}/_{2}$ kg Tomaten sind in kochendem Wasser zu brühen, abzuziehen und zu halbieren. Nachdem man die Kerne und das Wasser ausgedrückt hat, werden die Tomaten kleingehackt und mit 60 g frischer Butter verkocht. Unter dieses Püree verarbeitet man 4 Löffel Velouté-Sauce und 4 Blatt aufgelöste Gelatine. Durch ein Tuch passiert, wird dieser Masse, wenn sie ziemlich abgekühlt ist, die Hälfte ihres Volumens halbfest geschlagene Sahne beigefügt. Cayenne, Salz und Zitronensaft sind die in Frage kommenden Gewürze.

*

Anrichteweisen für Schaumbrote

Die Verwendung von beliebigem Schaumbrot kann in den verschiedensten Arten zur Geltung kommen. Zunächst einmal als Gericht für sich allein. In diesem Falle gilt es als Zwischengericht.

Ferner kann Schaumbrot aber auch nur Bestandteil eines Zwischengerichts sein, z. B. bei den vielen Variationen von Geflügel-Chaudfroids, wo Schaumbrot vielfach zum Ausfüllen an Stelle des ausgelösten Brustfleisches benötigt wird. Ebenso wird das dazu passende Schaumbrot bei einigen Arten kalt zu servierender Wildrücken angewandt (vgl. S. 332, Bild 319).

Wenn das Schaumbrot in größeren Formen für ein Service hergerichtet wird, so kann die Aufmachung verschiedenartig gestaltet sein. Die neueste Richtung ist, daß das Mousse oder Schaumbrot in eine Kristallschale gefüllt, mit einem modernen Dekor versehen und mit einer dünnen Geleeschicht bedeckt wird. Dieses Service kann auf einem Eisblock oder auch auf gebrochener Serviette präsentiert werden. Die bisher gebräuchlichste Art war, das Schaumbrot in eine mit Gelee ausgegossene, dekorierte Form zu füllen und später zu stürzen.

Es besteht aber auch die Gepflogenheit, beliebiges Schaumbrot in eine silberne Timbale-Form oder Soufflé-Schale zu füllen, in der man zuvor am Boden eine 5 mm dünne Geleeschicht erstarren ließ. Am inneren Rande des Gefäßes wird ein eingeölter Papierstreifen befestigt. Das Schaumbrot wird nun so hoch eingefüllt, daß es den Rand des Gefäßes um 2 cm überragt. Diese Form ist in den Kühlraum zu stellen und nach dem Erkalten mit einer 2 mm dünnen Geleeschicht zu bedecken. Kurz vor dem Service ist der Papierrand abzunehmen, was sich mit einer heißgemachten Messerklinge bequem erreichen läßt. Diese Aufmachung hat den Zweck, einen Auflauf vorzutäuschen.

Eine weitere Möglichkeit für das Schaumbrot-Service besteht darin, daß es von beliebigem Geflügel, Fisch, Krustentieren, Schinken, Zunge usw. in eine tiefe Glasschale oder sonstiges geeignetes Servicegeschirr gegeben wird. Dieses läßt man im Kühlraum erkalten und richtet dann darauf je nach Verwendung des Grundmaterials Hummer-, Langusten-, Fisch-, Wild-, Schinken-, Zungen- oder Geflügelmedaillons oder auch kleine Geflügelbrüstchen an. Alle diese Materialien können naturell oder aber chaudfroidiert sein. Man kann diese Auflagen mit einem geeigneten Dekor vollenden und dann ein recht leicht gehaltenes, im Erstarren begriffenes Gelee darübergeben.

299. Geflügel-Schaumbrot

Das Geflügel-Schaumbrot wurdei n eine Glasschale gefüllt, im Kühlraum durchgekühlt und dann mit einem Dekor versehen, der sich aus Tomate, grünen Bohnen, Lauch und Trüffel zusammensetzt. Die Oberfläche erhielt einen leichten Geleeüberzug

Kleine Schaummusformen — Mousselines

Vorstehend wurde das Service in großen Formen erörtert. Wir wollen nun auf die Mousselines eingehen. Die Herstellungsart bleibt ganz dieselbe, es ist also darunter nicht etwa eine Steigerung zu verstehen. Ausschlaggebend ist allein die äußere Form, der innere Wert bleibt unverändert. Der Zweck des Ganzen ist eben, daß man diese Gerichte portionsweise servieren kann und daß sie sich dadurch dem Restaurationsservice besser anpassen lassen. Sie können als solche genausogut als Zwischengericht gelten wie in großen Formen. Es ist aber auch üblich, diese Mousse-Arten als Vorspeisen zu bestimmen. Das Bild 253 zeigt verschiedene Möglichkeiten der Aufmachung für das Service dieser Mousselines. Hierbei ist es zulässig, eine kleine Garnitur anzubringen, die geschmacklich mit dem Grundmaterial harmoniert.

15. Abschnitt

Schlachtfleisch

Hinweise auf Farbtafeln mit Gerichten von Schlachtfleisch

Coburger Schinken garniert . . . . } siehe Farbtafel-Übersicht
Roastbeef mit gebratenen Masthühnern. . . . . .
Kalbsnüßchen mit Gänseleber. . . . .

1. Gerichte von Kalb

Kalbsrücken

Wenn der Kalbsrücken ganz oder als Sattelstück herzurichten ist, wird er ziemlich kurz abgehackt, um nicht unnötig großen Platz einzunehmen. Er wird tranchiert und gewöhnlich mit Gemüsesalaten umlegt.

Kalbsrücken Carlton

Selle de veau Carlton

Einem saftig gebratenen Kalbsrücken oder- sattelstück nimmt man das Fleisch vom Knochengerüst und füllt das letztere mit einem feinwürfelig geschnittenen, mit pikanter, gesulzter Mayonnaise angemachten Gemüsesalat. Auf diesen ordnet man dann reihenfolgemäßig das in nicht zu dicke Scheiben geschnittene Rückenfleisch, und zwar so, daß der Rücken wieder seine frühere Gestalt erhält. Genau auf das Rückgrat legt man nun stufenartig einen Strang grüner Spargelspitzen derart, daß je nach Größe immer 4—6 halb übereinander liegen. Zu beiden Seiten folgt dann je eine Linie in Sechstel geschnittener, kleiner, jedoch gleich großer Tomaten, und anschließend daran setzt man wieder eine Reihe kleiner grüner Bohnen in der gleichen Weise wie die Spargelspitzen. Mit Gelee überglänzt, wird der Rücken alsdann auf entsprechend großer Platte angerichtet und mit gehacktem Gelee garniert.

Kalbsrücken auf Försterin-Art

Selle de veau à la forestière

Ein kleiner Kalbsrücken oder ein Sattelstück wird gut pariert. Nachdem man einen Stahlspieß durch das Rückgrat geführt hat, um ein Verziehen zu verhüten, wird er gebraten und ausgekühlt. Nun ist er in üblicher Weise zu tranchieren und wieder aufzusetzen. Leicht mit Gelee überglänzt, bringt man ihn auf eine passende Platte. Er erhält auf dem Rückgrat entlang eine Reihe gleich großer, weiß chaudfroidierter Champignonköpfe. Die Außengarnitur besteht aus kleinen Tarteletts, die zur Hälfte mit einem mit pikanter Mayonnaise gebundenen Morchelsalat und zur anderen Hälfte mit Pfifferlingen gefüllt sind. Die Pfifferlinge sind mit magerem Speck anzubraten und noch lauwarm mit Weinessig und Öl zu marinieren. Die Pilze werden mit gehacktem Schnittlauch bestreut.

Kalbsrücken nach Prinzessin-Art

Selle de veau à la princesse

Von einem schönen weißen Kalbsrücken wird das Sattelstück bratfertig gemacht, gebraten und dann kaltgestellt. Inzwischen bereitet man aus feinwürfelig geschnittenem Sellerie, Spargel, Karotten und Erbsen einen pikanten, mit gesulzter Mayonnaise gebundenen Salat. Das Rückenfleisch wird von dem Knochengerüst heruntergenommen und in gleichmäßige dünne Scheiben geschnitten. Die Karkasse wird nun mit dem Salat derart gefüllt, daß die richtige Gestalt wieder gegeben ist. Nach dem Festwerden des Salats werden die Fleischscheiben reihenfolgemäßig, wie sie geschnitten sind, wieder auf den Rücken gelegt. Als nächstes ist nun das Rückgrat mit Spargelspitzen zu belegen. Dies ist in der Weise auszuführen, daß man immer je 3 marinierte Spargelköpfe mit 3 weiteren bis zur Hälfte bedeckt, so daß also die Spargelspitzen von dem einen Ende des Rückens bis zum anderen stufenartig gelegt werden. Zu beiden Seiten des Spargels ist nun eine Reihe rund ausgestochener Trüffelscheiben zu legen. Der Rücken wird, nachdem er mit Gelee überglänzt wurde, auf passender Platte mit Kresse angerichtet.

Kalbsrücken Riviera

Selle de veau Riviera

Der Kalbsrücken wird schön saftig gebraten und tranchiert. Das Knochengerüst erhält eine Füllung von feinwürfelig geschnittenem, mit gesulzter Mayonnaise gebundenem Gemüsesalat. Die Fleischtranchen werden in 2 Reihen auf den Rücken gelegt. — Auf dem Rückgrat werden Scheiben und Tütchen von Pökelzunge sowie Champignonköpfe und Trüffelscheiben in dekorativer Weise angeordnet.

Die Beigabe besteht aus jungen, im ganzen gekochten Artischocken, die von den Staubfäden befreit, mariniert und mit einem Gemüsesalat gefüllt werden. Die sog. Artischockenrosen dienen, umgestülpt in die Artischocken eingesetzt, zur Aufnahme eines farbenfreudigen Dekors. Es können Füllungen von Radieschenscheiben, Tomate mit Meerrettich, Selleriestreifchen mit Erbsen, Karottenkranz mit Erbsen, Artischockenböden mit Palmenmark sowie Kresse mit Trüffel angewendet werden. Außerdem wird die Platte mit mit Spargelsalat gefüllten Tomaten garniert.

Kalbskoteletts nach Pariser Art

Côtelettes de veau à la parisienne

Kleine parierte Kalbskoteletts werden leicht plattiert, gespickt, gewürzt und mit Röstgemüse (Mirepoix) langsam angebraten. Wenn sie schöne Farbe bekommen haben, gibt man Kalbs-Fond hinzu und läßt die Koteletts in diesem zugedeckt weichdünsten. Sobald dies erreicht ist, nimmt man sie aus dem Fond und stellt sie kalt. Vor dem vollständigen Auskühlen werden sie noch eine Zeitlang leicht gepreßt. Der Fond wird nun eingekocht, bis er sich am Boden des Geschirrs leicht zu bräunen beginnt. Jetzt gießt man das Fett ab, um dann wiederum mit Kalbs-Fond nachzugießen; man braucht jedoch nur eine Menge, die gerade dazu reicht, die Koteletts zu überglänzen. Mit etwas gutem Gelee verkocht, wird der Fond passiert und kurz vor dem Erstarren über die Koteletts gegeben.

Beim Anrichten setzt man die Koteletts um einen pikant abgeschmeckten, feinwürfelig geschnittenen, mit Mayonnaise gebundenen Gemüsesalat. Um diesen herum gruppiert man die Koteletts abwechselnd mit marinierten Kopfsalatherzen.

Kalbsnüßchen nach Nizzaer Art

Noisettes de veau à la niçoise

In die Mitte einer flachen Glasschale gibt man in Streifen geschnittenen, pikant abgeschmeckten Gemüsesalat von Karotten, Staudensellerie und jungen Erbsen. Dieser Salat wird mit Spargelköpfen eingefaßt und mit gefüllten Olivenscheiben bestreut. Außen herum werden im Kranze auf marinierte halbe Tomaten gebratene kleine Kalbssteaks gesetzt, die soeben erst ausgekühlt sind. Darüber gibt man Champignonscheiben, die mit dem Bratensatz der Sauteuse und Demiglace gedünstet wurden. Diese Sauce soll nicht fest, sondern gerade dickflüssig sein. Obenauf wird ein wenig Petersilie gestreut.

Gebratene Kalbsnüßchen

Noisettes de veau rôtis

Aus dem Kalbsfilet geschnittene Medaillons, saftig gebraten und abgekühlt, erhalten mit dem Spritzbeutel zierliche Rosetten von Gänselebermus. Der weitere Dekor besteht aus Pistazienscheibchen und Traubenbeeren. — Beigabe: Marinierte, mit Erbsensalat gefüllte Tomaten, die mit Eischeiben und feinen Streifchen von gekochtem Schinken einen dekorativen Abschluß erhielten. — Die Filets und die Tomaten werden leicht mit Gelee überglänzt; die Platte wurde mit Escarole-Salatblättchen und einem Bukett krauser Petersilie vollendet.

300. Gebratene Kalbsnüßchen

Kleine gebratene Kalbsfilets

Mignons de veau rôtis

Von den Kernen befreite, marinierte Tomatenviertel werden mit Sträußchen von Brunnenkressesalat gefüllt und in der Mitte der Platte angerichtet. Diese umkränzt man mit saftig gebratenen, mit Trüffelscheiben dekorierten kleinen Kalbsfilets. Als Beigabe eignen sich mit Salat von Spargelköpfen gefüllte Kopfsalatherzen. Diese sind kurz vor dem Servieren mit Rahmmayonnaise zu überziehen und mit feinen Kräutern zu bestreuen.

Garnierte Kalbssteaks

Steaks de veau garnis

Saftig gebratene Kalbssteaks werden, nachdem sie abgekühlt sind, mit Champignonscheibchen belegt, die zuvor mit Salz, Pfeffer, Zitronensaft, Öl und einigen Tropfen Sahne gebunden wurden. Obenauf gibt man 2 Streifchen von roter Paprikaschote und in

301. Garnierte Kalbssteaks

die Mitte einige Brunnenkresseblättchen. — Beigabe: Marinierte Artischockenböden, gefüllt mit einem Salat von Radieschen, frischer grüner Gurke und kleinsten rohen Blumenkohlröschen mit reichlich feinen Kräutern. Man reicht dazu mit geschlagenem Rahm aufgezogene Mayonnaise.

Garnierte Kalbsfilets

Filets de veau garnis

Im ganzen gebratene Kalbsfilets werden tranchiert. Diese Filetscheiben sind mit Tomate, Grapefruitfilets sowie Walnußkernen zu garnieren und in gefälliger Weise anzurichten. Dazu serviert man Chicoréesalat, der mit Catchupsahne angemacht wurde.

Kalbsnüßchen auf schwedische Art

Noisettes de veau à la suédoise

Gebratene Kalbsnüßchen werden nach dem Auskühlen mit tütchenartig geformten Pökelzungenscheiben, die mit Sahnemeerrettich zu füllen sind, belegt. So hergerichtet, werden sie mit Gelee überglänzt und mit Salat aus Äpfeln, Staudensellerie und Tomaten, der mit Essig und Öl angemacht wurde, zu Tisch gegeben.

Kalbfleischröllchen auf römische Art

Paupiettes de veau à la romaine

Von einer Kalbsnuß wird der kleinere Teil saftig gebraten, ausgekühlt und in schöne gleichmäßige, dünne Scheiben geschnitten. Diese sind $^1/_2$ cm dick mit Tomaten-Schaumbrot (S. 292) zu bestreichen, zu rollen, mit einer kleinen Tomatenscheibe und einem kleinen Champignonkopf zu belegen und mit kräftigem Fleischgelee zu überglänzen. — Man richtet die Röllchen auf flacher Glasplatte um einen Berg Spargel- und Champignonsalat an und garniert mit Herzblättern von Kopfsalat.

2. Gerichte von Lamm

Gebratenes Lammfleisch

Agneau rôti

Lammfleisch wird in der kalten Küche in beschränktem Maße verarbeitet. — In England wird zu gebratenem Lammfleisch Pfefferminzsauce bevorzugt (vgl. S. 367).

Milchlammrücken nach Eduard VII.

Selle d'agneau Édouard VII

Man wählt hierfür ein Sattelstück mit 2 oder 3 Rippen und löst dieses vollständig vom Knochengerüst herunter, ohne die über das Rückgrat laufende dünne Haut zu verletzen. Beim Auslösen ist an der Innenseite des Rückens zu beginnen. Der vom Knochen befreite Rücken wird dann auseinandergeklappt, leicht gewürzt und in seiner Länge mit einer mit Trüffeln gespickten Stopfleber, die in Marsala mariniert wurde, belegt. Alsdann klappt man die Seitenteile zusammen und gibt dem Rücken durch leichten Druck wieder seine ursprüngliche Gestalt. Er wird dann in ein Musselinetuch eingewickelt, leicht geschnürt und in ein genau passendes, genügend tiefes Geschirr gesetzt, dessen Boden zuvor mit blanchierten Speckscheiben ausgelegt wurde. Nun gibt man über den Rücken etwas guten Braisierfond von Kalb und den von der Leber übrigen Marsala. Man läßt den Rücken ungefähr $^3/_4$ Std. langsam dünsten. Sobald der Rücken gar ist, wird das Tuch entfernt. Nachdem man sich vergewissert hat, daß auch die Leber gar ist, nimmt man ihn vom Feuer, legt ihn in eine passende Steinkokotte und passiert den Fond darüber. Erkaltet wird der Rücken, so wie er ist, serviert.

Lammkoteletts in der Kasserolle

Côtelettes d'agneau en casserole

Lammkoteletts werden gewürzt, auf beiden Seiten schön braun gebraten, dann in eine feuerfeste Tonkasserolle gesetzt, mit kräftigem Kalbs-Fond übergossen und im Ofen, zugedeckt, langsam weichgedünstet. Im Anschluß hieran sind sie in ein anderes flaches Servicegeschirr einzuordnen, dann mit dem mit etwas Madeira und kräftigem Fleischgelee versetzten, passierten Fond zu bedecken und nach vollständigem Erkalten zu servieren.

3. Gerichte von Ochsenfleisch

Rinderpökelzunge

Langue de boeuf salée

Die Pökelzunge wird mit gehacktem Gelee und zuweilen mit Beigaben, wie sie für das Roastbeef üblich sind, serviert. Als Beigaben eignen sich Gemüsesalate, vornehmlich aber Spargel. Angerichtet wird meistens so, daß man die Zunge in möglichst gleichmäßige dünne Scheiben schneidet und diese reihenfolgemäßig flach aneinandergelehnt auf die Platte legt.

302. Pökelzunge mit gefüllten Eiern und Tomaten

Falls es darauf ankommt, diese Platte effektvoll zu gestalten, setzt man eine ganze, im Anschnitt gezeigte Pökelzunge auf die Platte und belegt sie mit einer aus Tomaten- und grünen Paprikaschotenstreifen geformten Rosette. Eine zweite Zunge, in feine Scheiben geschnitten und zu Röllchen geformt, wird in ansprechender Weise ebenfalls auf die Platte gelegt. Die beigegebenen halben Tomaten erhalten eine Füllung von Salat, der sich aus Mustardpickles und Steinpilzen zusammensetzt. Die halbierten Eier erhalten eine Füllung von Sahnemeerrettich, Eigelbkremtupfen und Kaviar.

Roastbeef

Roastbeef

Das Roastbeef wird gut pariert, in ziemlich dünne Scheiben geschnitten und mit gehacktem Gelee, geriebenem Meerrettich und Mixed Pickles serviert. Remouladensauce ist die übliche Beigabe.

Als kaltes Roastbeef ist das Rippenstück bevorzugt. Besonderer Wohlgeschmack ist zu erzielen, wenn es für diesen Zweck nach der bekannten Methode in Salzkruste gebraten wird.

Das saftig rosa gebratene Roastbeef ist nur zur Hälfte tranchiert. Der Rest kann bei Bedarf schnell nachgeschnitten werden. — Als Beigabe sind junge Gemüse, die je für sich gedünstet und dann pikant mariniert wurden, verwendet worden. Zusammenstellung: Blumenkohlröschen, tournierte Karotten, Artischockenbödenviertel und Sellerie, ferner Champignons, Rosenkohl und überglänzte Perlzwiebeln. — Ergänzung: würfelig geschnittenes Fleischgelee.

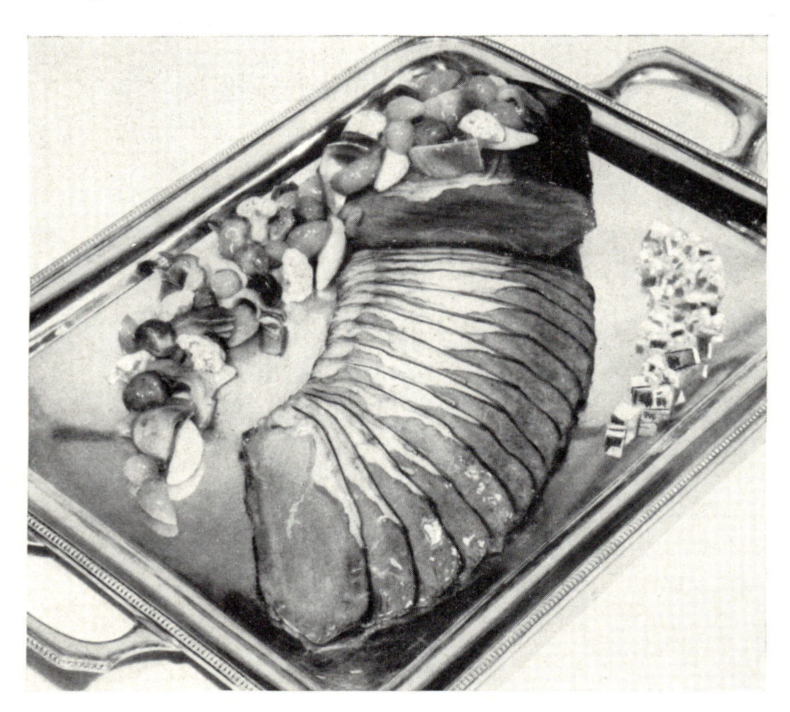

303. Garniertes Roastbeef auf moderne Art

Man kann die Gemüsegarnitur, je nach ihrer Art gesondert, bukettweise um das Fleisch gruppieren; man kann aber auch, wie aus dem Bild ersichtlich, die Gemüse wahllos, wie aus einem Füllhorn fallend, auf die Platte bringen und wird auch damit ein dem Auge gefälliges Bild erzielen. (Siehe Schutzumschlag.)

Rinderfilet

Filet de boeuf

Das Rinderfilet wird wie üblich saftig rosa gebraten und in gefällige Scheiben geschnitten. Beigabe: in Buketts angerichteter Tomaten-, Sellerie-, Bohnen-, Spargel-, Blumenkohl- und Endiviensalat sowie Tatar-, Remouladen-, Gloucester-, Andalusische oder Kaukasische Sauce usw.

Schmorbraten

Boeuf à la mode

Für den gewöhnlichen Bedarf wird der kalte Schmorbraten in dünne Scheiben geschnitten und dann schichtweise in ein flaches Geschirr geordnet, wobei zwischen jede

Coburger Schinken mit gefüllten Tomaten und Pistazien-Mousselines

Gefüllter Kalbsrücken Majestic

Fasan mit Wachtelbrüstchen, Nüssen und Trauben

Bufettmittelstück: Gewürzbäumchen mit Roastbeef und Rinderpökelzunge

Fleischschicht im Erstarren begriffene Schmorbratensauce gegeben wird. Den Abschluß soll eine Schicht Sauce bilden. Nach dem Erkalten stürzt man die Form, schneidet den Schmorbraten in Scheiben und serviert ihn mit gehacktem Gelee.

Wenn bei dem kalten Schmorbraten-Service Wert darauf gelegt wird, es auch äußerlich recht ansprechend zu gestalten, so kann man sich für folgende Anrichteweise entscheiden:

Eine Kastenform wird mit kräftigem Gelee ausgegossen und dann mit tournierten Gemüsen dekorativ ausgelegt. Wenn auch die Wandungen mit den Gemüsen ausgelegt

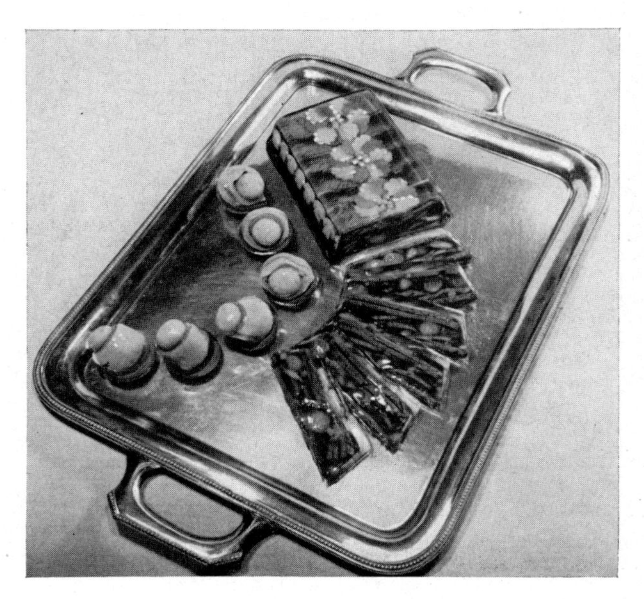

304. Kalter Schmorbraten

sind, werden sie erst noch einmal mit ein wenig dickflüssigem Gelee bedeckt, um einen guten Halt zu verbürgen. Abwechselnd gibt man dünngeschnittene Schmorbratenscheiben und im Erstarren begriffene Schmorbratensauce, die hinreichend Gallert von Kalbsfüßen enthält, in die Form, bis sie zum Rand gefüllt ist. Nach dem Festwerden ist die Form zu stürzen. Beigabe: marinierte halbe Tomaten mit Artischockenherzen und Champignonköpfen.

Rinderbrust in pikanter Kräutersauce

Poitrine de boeuf à la vinaigrette

In dünne Scheiben geschnittene Rinderbrust wird in flacher Schale gefällig angerichtet. Darüber gibt man eine Marinade, die sich aus Essig, Öl, fettloser, kräftiger Bouillon, Salz und frischgemahlenem Pfeffer sowie einer Einlage von gehackter Petersilie, Estragon, Dill, Schnittlauch, Zwiebel, sehr feinen Streifchen von frischer grüner Gurke und kleinen Tomatenwürfeln zusammensetzt. — Die Rinderbrust wird mit gekochten Eierscheiben belegt und mit Kopfsalatblättchen flankiert, in denen Radieschen-, Bohnen-, Sellerie-, Spargel- und Kressesalat angerichtet ist. — Beigabe: Bratkartoffeln und Vinaigrette-Sauce extra.

4. Gerichte von Schweinefleisch

Gekochter Schinken für Aufschnitt

Knochenschinken

Der Knochenschinken zum Kochen oder der gekochte Knochenschinken ist auf Grund seiner Empfindlichkeit, besonders in der warmen Jahreszeit, beinahe ganz verschwunden. An seine Stelle ist der Rollschinken, gekocht oder zum Kochen, getreten.

Burgunder Schinken

Diese Bezeichnung gilt nur für ausgebeinte Schinken, die beim Pökeln einen Zusatz von Burgunder- oder Madeirawein erhalten.

Knochenschinken nach Prager Art

Diese Schinken werden mit den Knochen gekocht. Die Kochzeit dieser Schinken beträgt:

3,5—4 kg = 2 $^1/_2$ Std.
4,5—5 kg = 3 Std.
5—6 kg = 3 $^1/_2$ Std.

Das Kochen wird durchgeführt, indem sie 15—20 Min. bei 100 °C gekocht werden.

Für die Restzeit genügen 80 °C.

Die Kochzeit verlängert sich pro kg um $^1/_2$ Std.

Gefüllter Schinken mit Spargel

Jambon farci aux asperges

Einem gekochten Schinken mittlerer Größe, dem man den Schlußknochen ausgebrochen hat, wird oberhalb der Hachse die Schwarte quer über den Schinken im Zickzack eingekerbt und dann abgezogen, während der kleine Teil als Manschette stehen bleibt. Er wird sauber pariert und von dem überflüssigen Fett befreit. Das Schinkenbein wird ebenfalls etwas pariert. Nun macht man oberhalb der Hachse, 2 cm von der stehengebliebenen Schwarte, in den Schinken einen senkrechten Schnitt bis auf den Knochen, dreht dann das Messer auf waagerechte Lage und setzt den Schnitt fort, wobei die Messerklinge hart auf dem Röhrenknochen entlanggleitet. Am Kugelgelenk angelangt, stellt man den Schnitt ein wenig nach oben, so daß sich in dem Schinken eine Mulde bildet.

Man bereitet nun Schinken-Schaumbrot und füllt damit den Schinken in dem Augenblick, wenn es zu stocken beginnt. Die Oberfläche wird mit einem in heißes Wasser getauchten Tischmesser glattgestrichen und geformt, bis die natürliche Schinkenform wieder erreicht ist. Nachdem der Schinken eine Zeitlang im Kühlraum gestanden hat, ist die Oberfläche mit Schinkenröllchen, in denen je ein Spargelkopf (sichtbar) eingerollt ist, reihenweise so zu belegen, daß jeweils die folgende Reihe die vorhergehende halb bedeckt. — Der Schinken wird leicht mit Gelee überglänzt. Beim Anrichten garniert man mit Gelee-Croûtons und feinwürfelig geschnittenem Gelee sowie frischem Grün.

Gekochter und roher Schinken mit Champignons und Radieschen

Für die abgebildete Schinkenplatte wurden ein gekochter Rollschinken und ein halber Katenschinken verwendet. Ein Drittel des gekochten Schinkens wurde als Stück auf die Platte gestellt, vor dem die gekochten und rohen Schinkenscheiben schwungvoll angeordnet sind. Als Garnitur dienen zugeschnittene Radieschen und gekochte Champignons. Von den Stielen der Champignons ist ein Schaumbrot bereitet worden, das man mit Spritzbeutel und Lochtülle in verschieden großen Tupfen auf die Platte gespritzt hat. Auf diesen Schaumbrottupfen sitzen die zuvor marinierten Champignonköpfe.

305. Gekochter und roher Schinken mit Champignons und Radieschen

Als Beispiel zeigt die Schinkenplatte, daß mit geringem Aufwand große Wirkung erzielt werden kann, wenn es der Koch versteht, sein Material gefällig anzuordnen.

Gefüllter Schinken mit Gänseleber

Jambon farci au foie gras

Der Schinken wird wie vorstehend behandelt, jedoch besteht die Füllung aus Schaumbrot, das zur Hälfte aus gekochtem Schinken (nur mageres Fleisch) und zur Hälfte aus Gänseleber bereitet wurde. — Nachdem der Schinken im Kühlraum durchgekühlt ist, werden auf ihm mit dem gleichen Schaumbrot mittels glatter Tülle gefüllte, gleichmäßige Schinkentütchen im Kranze bis zur Mitte recht akkurat placiert. Abschließend steckt man in jedes Tütchen einen exakt geschnittenen Gänseleberwürfel, und zwar mit der Spitze nach oben. Nachdem die Tütchen leicht mit Gelee überglänzt wurden, wird der Schinken mit frischem Grün und feinwürfelig geschnittenem Gelee angerichtet.

Gefüllter Schinken nach Gesandten-Art

Jambon farci à l'ambassadeur

Die Bearbeitung des Schinkens ist die gleiche wie in den vorhergehenden Rezepten, jedoch wird hier Schaumbrot nur von Gänseleber (S. 291—293) verwendet, unter das man sehr fein geschnittene Würfel von Trüffeln gegeben hat. Über das Schaumbrot legt man 2 Reihen dünngeschnittener Schinkenscheiben und fügt zwischen jede einzelne eine rund ausgestochene Trüffelscheibe. Die Mittellinie, auf der sich die Scheiben getroffen und gekreuzt haben, belegt man mit einer Reihe gedünsteter weißer Champignonköpfe. Mit Gelee überglänzt, wird der Schinken mit würfelig geschnittenem Gelee und frischer Brunnenkresse garniert.

Schaumbrot von Schinken

Mousse de jambon

400 g von allem Fett befreiten, gekochten und 100 g mageren rohen Schinken, durch die feinste Scheibe des Fleischwolfs getrieben, verarbeitet man mit $^{2}/_{10}$ l dickgehaltener, kalter Béchamel-Sauce, streicht dies durch ein feines Sieb und stellt es auf Eis. Wenn es ausgekühlt ist, wird nach und nach $^{1}/_{8}$ l flüssiges, abgekühltes Gelee daruntergerührt. Das Schaumbrot wird nun mit Cayenne-Pfeffer und Pastetengewürz geschmacklich vollendet und mit $^{2}/_{10}$ l geschlagener Sahne aufgezogen.

Für das Service kann dieses Schaumbrot in Formen, die mit Gelee ausgegossen sind, gefüllt und später gestürzt werden. — Dies war lange Zeit die gebräuchlichste Methode. Die moderne Richtung hat dafür andere Regeln gefunden. Danach wird das Schaumbrot in silberne Timbale- oder auch in Soufflé-Formen gefüllt, deren Innenwand mit einem 2 cm über den Rand ragenden geölten Papierstreifen ausgelegt wird. Das Schaumbrot wird bis zur Höhe des Papierrandes eingefüllt, der vor dem Servieren zu entfernen ist. — Das Schinken-Schaumbrot kann aber auch in kleine Förmchen gefüllt werden. Auf S. 205 sind in dem Bild 253 verschiedene Servicemöglichkeiten für Mousselines dargestellt.

Eine andere Art für Schinken-Schaumbrot-Bereitung ist folgende: Gekochter, von Fett und Sehnen befreiter Schinken wird in Würfel geschnitten und eine Zeitlang mit Madeira und Tomatenpüree braisiert. Zu Püree verarbeitet und durch ein feines Sieb gestrichen, läßt man das Püree erkalten, um es dann mit geschmeidig gerührter Butter und mit Schlagsahne zu vollenden.

Auflauf von Schinken-Schaumbrot

Soufflé de mousse de jambon

Schaumbrot von Schinken, wie es vorstehend beschrieben wurde, füllt man in eine Glasschale, deren Innenwand mit einem den Rand um 2 cm überragenden geölten Papierstreifen ausgelegt wurde. — Das Schaumbrot soll die obere Papierkante fast erreichen.

306. Schinken-Schaumbrot

Das Schaumbrot wurde mit einem Dekor, der sich aus Spargelspitzen, einer Schinkenrosette und Rauten aus grünen Bohnen zusammensetzt, vollendet. Die Oberfläche erhielt einen leichten Geleeüberzug. Auflauf von Schinken-Schaumbrot kann auch in Einzelportionen angerichtet werden. Die Portions-Kasseröllchen im Vordergrund zeigen den Werdegang nach dem Stocken des Schaumbrotes im Kühlschrank

Nachdem es im Kühlraum gut durchgekühlt ist, legt man auf die Oberfläche einen Dekor und überglänzt dann das Ganze mit flüssigem Gelee. Beim Anrichten wird der Papierstreifen mit Hilfe einer in heißes Wasser getauchten Messerklinge entfernt.

Schaumbrot von Schinken nach Elsässer Art

Mousse de jambon à l'alsacienne

Man benötigt $^2/_3$ gekochten Schinken und $^1/_3$ in Madeira gedünstete Gänsestopfleber. Mit diesen Bestandteilen wird das Schaumbrot nach dem Rezept auf S. 291 zubereitet. Sobald es fertiggestellt ist, erhält es eine Einlage von würfelig geschnittener Gänseleber und

Trüffeln. Die hierfür anzuwendende Servicemethode ist sehr vielseitig. Im Kapitel „Die Behandlungsweise der Schaumbrote" sind die verschiedenen Möglichkeiten näher beschrieben und z. T. bildlich dargestellt.

Schinkentüten mit Meerrettichsahne

Cornets de jambon au raifort

Von einem kleinen gekochten Schinken mit schmalem Fettrand schneidet man dünne Scheiben und rollt von diesen gefällige Tütchen, die man kurz vor dem Servieren mit geschlagener Sahne, der man geriebenen Meerrettich beigegeben hat, füllt.

Schweinsrücken

Selle de porc

Wenn gebratener Schweinsrücken, -karree oder -keule oder Kasseler Rippespeer serviert werden, so empfiehlt es sich, zu dem in dünne Scheiben geschnittenen Fleisch, das mit Gelee und Pfeffergürkchen garniert wird, Rotkohlsalat zu servieren, dem man in feine Scheiben geschnittene süße Äpfel und etwas Johannisbeergelee beigefügt hat. Fernerhin ist schwedische Sauce (S. 370) eine besonders geeignete Beigabe.

Sülzkoteletts

Côtelettes de porc en gelée

Die Zubereitungsart der Sülzkoteletts ist auf S. 385 in dem Kapitel „Küchenerzeugnisse für den Ladenverkauf in Feinkostgeschäften" beschrieben.

Gesulzte Schweinsknöchel

Jarrets de porc en gelée

Gepökelte Spitzbeine, Ohren, Schnauze und Schwänze setzt man mit kaltem Wasser auf das Feuer. Nach dem Aufkochen wird die Brühe gut ausgeschäumt, mit Zwiebel, Karotte, Sellerie, Lorbeerblatt und Pfefferkörnern garniert und alles weichgekocht. Nun schüttet man das Ganze auf ein Sieb, löst das Fleisch von den Knochen, schneidet es in gleiche Stücke und gibt es dann in eine geeignete Schüssel. Die Brühe wird, falls erforderlich, noch etwas gekocht und dann, nachdem sie mit Essig abgeschmeckt wurde, über das Fleisch passiert. — Eine andere Methode, Sülze zu kochen, findet sich auf S. 387.

16. Abschnitt

Hausgeflügel

Hinweise auf Farbtafeln mit Geflügelgerichten

Galantine von Masthuhn	siehe Farbtafel-Übersicht
Masthuhn „Prinzeß Alice“	
Masthuhn Frühlings-Art	
Gebratene Masthuhnbrust auf römische Art	

1. Junges Huhn — Masthuhn

a) Allgemeines über Sulzgerichte

Die Sulzgerichte oder Chaudfroids haben in der kalten Küche heute nicht mehr die Bedeutung wie früher, als der Zeitaufwand hierfür als unerheblich galt. In der Praxis ist das Abrücken von den einst sehr gepflegten Chaudfroid-Gerichten zu berücksichtigen. Der Geschmack hat sich mehr und mehr dem naturell behandelten Material zugewandt. Trotzdem sind hier hinreichend Anregungen gegeben, auch auf die Wünsche solcher Gäste einzugehen, die Chaudfroid-Gerichte wünschen.

Wenn diese Gerichte halten sollen, was sie bei vorausgesetzt gefälliger Anrichteweise versprechen, müssen sie mit allen Finessen zubereitet sein. Folglich ist es nur da angebracht, sich mit diesen Speisen zu befassen, wo auch alle küchentechnischen Voraussetzungen gegeben sind. — Die Behandlungsarten und die Anrichtemethoden oder Aufmachungen sind sehr verschieden. Wenn z. B. eine Poularde als ganzes Stück serviert wird, erhält sie auf Grund ihrer Füllung, der zum Einhüllen bestimmten Sauce und der etwa in Frage kommenden Garnitur eine bestimmte Benennung. — Diese Anrichtearten erfordern Zeit und große Übung. Die Chaudfroids von kleinen Stücken sind jedoch weniger schwierig herzurichten und haben auch in bezug auf Wirtschaftlichkeit und Service ihre Vorteile.

b) Vorbereitung kleiner Chaudfroids

Die Form der kleinen Chaudfroids kann verschieden sein. Nachdem sie geschnitten sind, werden sie mit einem geeigneten Schaumbrot erhaben und abgerundet bestrichen, was sich mit einem Tischmesser, das recht oft während der Bearbeitung in heißes Wasser getaucht wird, gut ausführen läßt (vgl. S. 388).

c) Überziehen „Chaudfroidieren“

Nachdem das auf die kleinen Chaudfroids aufgetragene Schaumbrot fest geworden ist, können die ersteren mit der in Frage kommenden Sauce (vgl. S. 373) überzogen werden. Die Sauce muß im Moment des Übergießens gut kalt und bereits dickflüssig, also im

Stocken begriffen sein, damit sie das betreffende Stück glatt überzieht, aber nicht mehr herunterläuft. Wenn eine große Menge Chaudfroid-Sauce zur Verfügung steht, kann man ein Ablaufgitter vollsetzen und gleich alle Chaudfroids auf diesem mit Sauce bedecken. Ist jedoch nur wenig Sauce vorhanden, so empfiehlt es sich, jedes Chaudfroid einzeln, auf eine Gabel gelegt, zu überziehen und dann auf das Ablaufgitter zu setzen.

2. Gesulzte Masthuhnschnitten

Gesulzte Masthuhnschnitten (weiß)

Petits chaud-froids de poularde (blanc)

Einer pochierten Poularde werden, nachdem sie erkaltet ist, die Brüste ausgelöst und von der Haut befreit. Alsdann werden sie in exakte dünne, gleichgeformte Stücke geschnitten (vgl. Bild 337) und mit einem von den Parüren und einem Teil der Keulen hergerichteten Schaumbrot (S. 291) hoch aufgestrichen. Um das Schaumbrot gefällig und glatt aufzutragen, bedient man sich eines Tischmessers, das oft in heißes Wasser zu tauchen ist. Diese Chaudfroids werden nun bis zum Überziehen kaltgestellt.

Nach dem völligen Erkalten sind die vorbereiteten Stücke mit einer weißen, im Erstarren begriffenen Chaudfroid-Sauce (S. 373) zu überziehen und auf ein Gitter zu setzen. Wenn die Chaudfroid-Sauce fest geworden ist, erhalten die Chaudfroids einen beliebigen Dekor und werden mit Gelee überglänzt. Das Anrichten ist auf flachen Silber- oder Porzellanplatten am dankbarsten (vgl. Bild 207).

Gesulzte Masthuhnschnitten (braun)

Petits chaud-froids de poularde (brun)

Kleine Chaudfroids werden nach derselben Art hergerichtet, wie sie auf S. 388 beschrieben ist. — Nachdem sie, mit Schaumbrot bestrichen, eine Zeitlang im Kühlraum gestanden haben, werden sie mit brauner, im Erstarren begriffener Chaudfroid-Sauce überzogen und auf ein Ablaufgitter gesetzt. Nach dem Festwerden des Überzuges werden sie mit einem Dekor versehen und mit Gelee überglänzt. Der Dekor kann eine Trüffelscheibe, ein ausgestochenes Muster, ein chaudfroidierter Champignon, schließlich aber auch ein Dessin von Eiweiß, Tomaten, Lauch usw. sein.

Gesulzte Masthuhnschnitten nach Jeannette

Petits chaud-froids de poularde à la Jeannette

Die ausgelösten Brüste einer pochierten Poularde werden in gleich große Schnitten von einheitlicher Form geschnitten. Mit weißer Chaudfroid-Sauce bedeckt, erhalten sie einen Dekor von blanchierten, schönen grünen Estragonblättchen. Zum Anrichten benutzt man entweder eine flache Glasschale oder Silberplatte. Der Boden ist mit einem Geleespiegel auszugießen. Darauf gruppiert man nach dem Festwerden die erforderliche Anzahl Gänseleber-Parfait-Scheiben. Auf diese werden nun die Chaudfroids gesetzt und mit Geflügelgelee leicht überglänzt.

3. Hühnerbrüstchen

Nachdem die jungen Hühner gargedünstet sind, werden die Hühnerbrüstchen von den Knochen und von der Haut befreit; der Flügelknochen ist jedoch nicht zu entfernen.

Hühnerbrüstchen mit Champignonsalat und Spargelspitzen

Filets de poulet au salade de champignons et asperges

Kleine Hühnerbrüstchen werden in kräftigem Geflügel-Fond gargemacht, leicht gepreßt, nach dem Erkalten pariert und mit weißer Geflügel-Chaudfroid-Sauce, der man sehr fein passiertes Kräuterpüree beigefügt hat, chaudfroidiert. Nachdem die Brüstchen leicht mit Gelee überglänzt wurden, sind sie auf passender, mit Geleespiegel ausgegossener Platte um kleine marinierte, mit Champignonsalat gefüllte Tomaten und Spargelspitzen anzurichten.

4. Ganz zu servierende Poularden

Gebratenes Masthuhn mit Trüffeln und Spargel

Poularde rôtie aux truffes et asperges

Das Masthuhn wird saftig gebraten und ausgekühlt. Anschließend daran werden beide Brusthälften in der Weise geschnitten, wie dies bei den Bildern S. 153 und der Farbtafel demonstriert wird. — Die verbleibende Karkasse wird mit Geflügel-Schaumbrot

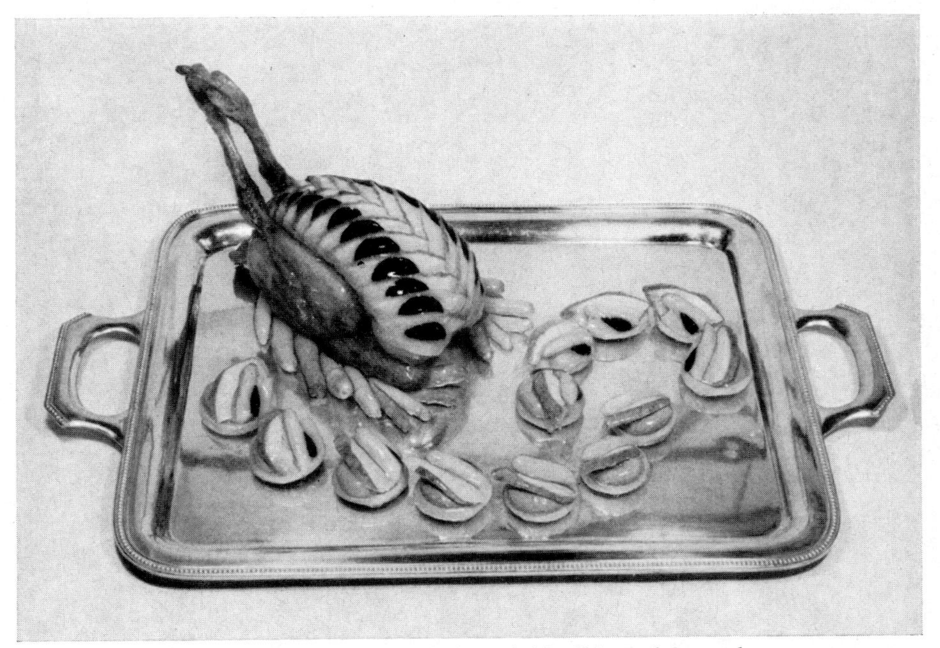

307. Gebratenes Masthuhn mit Trüffeln und Spargel

zur ursprünglichen Gestalt des Geflügels geformt und dann mit den naturellen Brustscheiben so, wie man sie abgelegt hat, reihenfolgemäßig, zwischen den Keulen begonnen, wieder auf die Masthuhnbrust geordnet. Wie das Bild zeigt, sind nach dem Auflegen der Brustscheiben noch Trüffelscheiben einzufügen. Beim Anrichten ist das Masthuhn mit Spargelspitzen zu umlegen. Als weitere Beigabe haben Artischockenböden, mit Geflügel-Schaumbrot (S. 291) gefüllt und mit Masthuhnbrustscheibchen, Spargelspitzen sowie Trüffelscheiben belegt, Anwendung gefunden.

Gebratenes Masthuhn mit Zungen-Schaumbrot

Poularde au mousse de langue

Ein Masthuhn wird saftig gebraten und nach dem Auskühlen die Brust in gleichmäßige Längsscheiben geschnitten (vgl. Bild 201). Die vom Brustknochen befreite Karkasse wird mit Schaumbrot von Pökelzunge gefüllt und im Kühlraum durchgekühlt. Danach wird das mittlere Brustdrittel mit exakt geschnittenen kleinen Scheiben von Kalbspökelzunge dekorativ ausgelegt. Die zwei weiteren, an den Keulen liegenden Drittel der Brustfläche erhalten die Auflage des korrekt geschnittenen Brustfleisches. Beigabe: Blätterteigschiffchen mit Pökelzungen-Schaumbrot und Artischockenböden mit Salat von frischen Champignons.

Gebratenes Masthuhn mit Spargelspitzen und Tomaten

Poularde rôtie aux pointes d'asperges et tomates

Das zu schöner Form bridierte Masthuhn wird saftig gebraten und ausgekühlt. Anschließend werden beide Brusthälften in 5—6 Längsscheiben von der Karkasse heruntergeschnitten (vgl. auch Bild 201). Nachdem dann der Brustknochen vom Masthuhn entfernt wurde, erhält das Geflügel eine Füllung von Spargel- und Tomatensalat, der mit gesulzter Mayonnaise gebunden ist. Alsdann wird das Brustfleisch reihenfolgemäßig, wie

308. Gebratenes Masthuhn mit Spargelspitzen und Tomaten

es geschnitten wurde, auf beiden Brustseiten so angeordnet, daß der freibleibende Mittelteil mit gleich langen Spargelspitzen und Tomatenstreifchen dekorativ ausgefüllt werden kann. — Die Umlage besteht aus auf Tomatenscheiben geordneten Masthuhnbrustscheiben, Spargelspitzen, Tomatenstreifchen und Trüffelscheiben (vgl. Bild 308).

Masthuhn Bristol

Poularde Bristol

Das Schneiden und Auflegen der Brust ist in dem Bild 199 (S. 153) dargestellt.

Ein schönes vollbrüstiges Exemplar wird sachgemäß bridiert und in kräftigem weißem Kalbs-Fond pochiert. Wenn es gar ist, wird es herausgenommen, mit einer nassen Serviette bedeckt und zum Auskühlen beiseitegestellt. Nach dem Auskühlen wird die Haut abgezogen, und alsdann werden beide Brusthälften der Länge nach in 3 mm dünne Scheiben geschnitten. Diese werden reihenfolgemäßig mit Zwischenräumen auf ein Abtropfgitter gelegt. Im Anschluß hieran werden die einzelnen Scheiben mit weißer Chaudfroid-Sauce nappiert und zum Erstarren in den Kühlraum gesetzt. Die Karkasse und die an ihr verbleibenden Keulen erhalten ebenfalls einen Überzug mit weißer Chaudfroid-Sauce. Ein weiteres Arbeiten wird erst möglich, wenn die Sauce völlig fest geworden ist. Dann erst kann man sich damit befassen, die Karkasse mit Geflügel-Schaumbrot, dem ein Viertel seines Grundbestandteiles Gänseleberpüree zugegeben wurde, zu füllen. Das Auftragen geschieht in dem Maße, daß das Schaumbrot zur ursprünglichen Poularden-Brustform aufmodelliert wird. Mit einer breiten, öfter in heißes Wasser getauchten Messerklinge läßt sich das günstig ausführen. Das Auflegen der Brustscheiben ist nun die nächste Arbeit. Im Gegensatz zur Ente, bei der das Auflegen, wie das Bild 313 (S. 320) zeigt, am Hals begonnen wird, beginnt man bei der Poularde an den auslaufenden Brustspitzen zwischen den Keulen. Es ist nun zu beachten, daß die Scheiben reihenfolgemäßig, wie sie abgenommen wurden, auf das Schaumbrot — abwechselnd ein rechtes und ein linkes Filet — geordnet werden. Für ein gutes Gelingen sind äußerste Sorgfalt und Genauigkeit Voraussetzung. Nach dieser Arbeit wird unter jedes einzelne Filet eine rund ausgestochene Trüffelscheibe bis zur Hälfte eingefügt. Die Poularde wird nun mit dickflüssigem hellem Gelee überglänzt und kaltgestellt. Die Garnitur besteht aus Artischockenböden, die mit einem Salat von englischem Sellerie, Champignons und grünen Spargelspitzen gefüllt sind und mit Trüffelstiften bestreut werden.

Bei diesem Service ist wesentlich, daß das Geflügelbrustfleisch in gefälliger Weise auf dem Stück selbst in Erscheinung tritt. Das Stück bleibt in dieser Art immer ein gefülltes Geflügel, das seine Originalgestalt zeigt, im Gegensatz zu der Methode, wo die Geflügelform durch ein Schaumbrot ersetzt wird und das Brustfleisch als kleine Chaudfroids um diese gefüllte Karkasse herumgesetzt werden.

*

Nach dem vorstehend beschriebenen System lassen sich alle Geflügel- und auch Wildgeflügelarten bearbeiten, sei es naturell gebraten oder als Chaudfroid. Das Wild- und Hausgeflügel mit dunklem Fleisch wird, außer im gebratenen Zustand, für Chaudfroid in den allermeisten Fällen nur braun hergerichtet. Anders ist es beim zahmen weißen Geflügel. Hier kann weiße, blaßgrüne und braune Chaudfroid-Sauce (S. 373) je nach dem Grundcharakter des Gerichtes in Frage kommen.

Masthuhn Stephanie
Poularde à la Stephanie

Für dieses Gericht benötigt man zwei gekochte Masthühner. Nachdem sie im eigenen Fond erkaltet sind, zieht man die Haut ab und löst die Brüste unbeschädigt von der Karkasse. Die kleinen Flügelknochen sind zu entfernen. Mit leicht schräg geführtem Schnitt werden die Brüste in gleichmäßig dicke Stücke von einheitlicher Form zerteilt. Nachdem der Geflügel-Fond zu einer weißen Chaudfroid-Sauce verkocht wurde, ist von gebrühten,

309. Masthuhn Stephanie

abgezogenen Pistazien und frischer Milch im Elektro-Mixer eine Emulsion herzustellen, die der heißen Chaudfroid-Sauce zugesetzt wird. Hierdurch erhält die Sauce einen angenehmen Geschmack und eine lindgrüne Farbe. Durch ein feines Sieb gestrichen, werden die vorbereiteten Hühnerbrüstchen und eine Karkasse mit den daranhängenden Keulen damit überzogen. Von den restlichen zwei Geflügelkeulen stellt man ein Schaumbrot her, womit die chaudfroidierte Karkasse zur ursprünglichen Form aufzufüllen ist. Die Poularde wird mit einem stilisierten Blumenbukett garniert. Blätter und Stiele bestehen aus blanchiertem Lauch. Die Blüten werden durch Tomatensterne gebildet und sind mit einem Schaumbrottupfen und einer Trüffelscheibe versehen. Je zwei Spargelspitzchen und ein Trüffelscheibchen zieren die chaudfroidierten Brüstchen. Alle Einzelheiten sind kaltzustellen und abschließend mit Geflügelgelee zu überglänzen.

In die Mitte einer entsprechend großen Silberplatte mit Geleespiegel setzt man die Poularde und umlegt sie kreisförmig mit den Brüstchen, wie es das Bild zeigt. Als weitere Umlage dienen mit Gemüsesalat gefüllte Tomatensterne.

Masthuhn nach Brüsseler Art

Poularde à la bruxelles

Eine vollbrüstige Poularde wird wie üblich bridiert, saftig gebraten und zum Abkühlen beiseitegestellt. Danach wird das Brustfleisch in gleicher Weise tranchiert, wie dies in dem Bild 200 gezeigt und erläutert ist. Die Brust erhält eine Füllung von Schinken-Schaumbrot, wird wieder zur natürlichen Gestalt geformt und eine Zeitlang in den Kühlraum gestellt. — Die Brustscheiben werden angeordnet, wie dies bei den Bildern 201 und 308 gezeigt ist. Der freigebliebene mittlere Brustteil erhält eine Auflage von Schinkentütchen, die mit feinstreifig geschnittenem Champignonsalat, der geschmacklich mit Tomaten-Catchup vollendet ist, gefüllt wurden. — Die Poularde wird auf Silber oder Porzellan mit feinwürfelig geschnittenem Gelee angerichtet. Beigabe: Salat von Chicorée, frischer grüner Gurke und Ananas, mit Sahne und Zitrone angemacht.

Masthuhn mit Estragon

Poularde à l'estragon

Das exakt bridierte Masthuhn wird mit frischem Estragon in kräftigem weißem Fond gedünstet, aus der Brühe herausgenommen und unter einer nassen Serviette ausgekühlt. Das Brustfleisch wird derart geschnitten, wie dies bei der Poularde Bristol auf S. 153 im Bilde vorgeführt ist. Nach dem Überziehen der Keulen mit weißer Chaudfroid-Sauce ist die Karkasse mit Geflügel-Schaumbrot zu füllen. Die von der Brust der Länge nach in 3 mm Stärke heruntergeschnittenen Scheiben erhielten, reihenfolgemäßig auf ein Ablaufgitter gelegt, einen gleichmäßigen Überzug von weißer Chaudfroid-Sauce. Die Brustscheiben werden derart aufgelegt, daß zwischen den Keulen begonnen wird. Es müssen sich dabei stets eine rechte und eine linke Scheibe kreuzen und in der Mitte schneiden. Die Brust ist mit blanchierten Estragonblättern gefällig zu belegen. Die Poularde wird mit Gelee überglänzt und auf geeigneter Platte angerichtet.

Masthuhn mit frischen Krebsschwänzen

Poularde aux queues d'écrevisses

Einer in gutem weißem Kalbs-Fond pochierten Poularde werden nach dem Erkalten die Brustfilets ausgelöst, abgezogen und in spitzovale Scheiben geschnitten. Im Anschluß daran erhalten sie einen Überzug mit weißer Chaudfroid-Sauce, wie auch die Karkasse mit den Keulen einen solchen erhält. Beides wird zum Festwerden in den Kühlraum gestellt. Inzwischen ist dann ein Krebs-Schaumbrot (S. 291) herzurichten und mit diesem die Poularde wieder zur natürlichen Gestalt zu formen. Wenn das Schaumbrot durch Kälte genügende Festigkeit erreicht hat, werden die einzelnen Chaudfroids auf die beiden Brusthälften gelegt. In der Mitte verbleibt ein kleiner Zwischenraum, durch welchen eine Reihe ausgebrochener, aufrechtstehender Krebsschwänze gesetzt wird. Nachdem die Poularde mit Gelee überglänzt wurde, setzt man sie auf eine Platte und füllt diese zu halber Höhe mit leichtgehaltenem Geflügelgelee. Das Gericht ist auf Eis zu servieren.

Masthuhn auf portugiesische Art

Poularde à la portugaise

Eine korrekt bridierte Poularde wird saftig gebraten. Nach dem Auskühlen wird die Brust tranchiert, wie es in den Bildern 200 und 308 dargestellt ist. Nachdem der Brustknochen abgenommen wurde, wird die Brust mit Tomaten-Schaumbrot (S. 292) wieder zur natürlichen Gestalt geformt und kaltgestellt. Anschließend erhält die Brust einen Dekor von frischen Champignonscheibchen und Estragonblättchen.

Die Beigabe besteht aus abgezogenen, gevierteilten, von den Kernen befreiten Tomaten, die mit dem Spritzbeutel und glatter Tülle mit Tomaten-Schaumbrot zu füllen und schließlich mit frischen Champignonscheiben und Estragonblättchen zu dekorieren sind. Die Poularde und die Tomatenviertel werden mit hellem Gelee überglänzt und auf Silber oder Porzellan gefällig angerichtet.

Masthuhn nach Yorker Art

Poularde York

Hierfür braucht man eine schöne vollbrüstige Poularde, deren Brustknochen nicht beschädigt sein darf, denn es kommt absolut darauf an, daß man beim Schneiden keine zerrissenen Scheiben erhält.

Das Geflügel ist vorschriftsmäßig zu bridieren und dann in Bouillon von Kalbsknochen langsam zu pochieren. Sobald die Poularde weich genug ist, wird sie herausgenommen, mit einem nassen Tuch bedeckt und muß dann vor ihrer weiteren Verarbeitung völlig auskühlen. Von dem Fond wird eine weiße Chaudfroid-Sauce gekocht, die man später zum Überziehen der Keulen und Flügel sowie der einzelnen Brustscheiben braucht.

Die Poularde wird nun vorerst genauso behandelt wie die Poularde „Bristol", deren Bearbeitung auf S. 153 gezeigt ist. Zunächst ist die Poularde abzuziehen, wonach die Brust der Länge nach in 2—3 mm dicke Scheiben geschnitten und reihenfolgemäßig auf ein Ablaufgitter gelegt wird. — Nun erhält die Poulardenkarkasse, d. h. die Keulen und die Flügel, einen Überzug mit der Chaudfroid-Sauce. Nach dieser Arbeit ist sie sofort in den Kühlraum zu stellen. Im Anschluß daran sind auch sogleich die auf das Ablaufgitter geordneten Brustscheiben zu chaudfroidieren und ebenfalls kaltzustellen.

Wenn nun der Chaudfroid-Überzug auf der Karkasse gut fest geworden ist, wird diese mit Schinken-Schaumbrot (S. 291/305) gefüllt und derart geformt, daß man wieder die natürliche Geflügelgestalt bekommt. Beim Aufstreichen des Schaumbrotes bedient man sich am besten eines Tischmessers, das von Zeit zu Zeit in warmes Wasser zu tauchen ist. Hat man die Schaumbrot-Füllung aufgetragen, so ist die Poularde wiederum erst eine Zeitlang kaltzustellen. Wie sich die Poularde ohne Brustscheiben, also nur mit der Schaumbrot-Füllung, zeigt, ist auf S. 153 abgebildet.

Dann beginnt das Auflegen der Scheiben, wie das Bild 199 zeigt, doch wird der Vorgang hier komplizierter, weil nach je zwei übereinandergelegten Scheiben durch das Einfügen zweier in Halbkreisform ausgestochener Schinkenscheiben jedesmal eine Unterbrechung stattfindet, ehe die folgenden Brustscheiben an ihren Platz gebracht werden.

(Es ist vorteilhaft, diese Scheibchen aus sehr kleinem Lachsschinken zu schneiden.) Es folgen also immer abwechselnd zwei Brustscheiben, zwei papierdünne Schinkenscheiben, zwei Brustscheiben usw., bis man am Ende des vorderen Brustteiles angelangt ist. Den Abschluß müssen zwei Poulardenscheiben bilden. Schließlich werden noch rund ausgestochene Trüffelscheiben mit einer Nadel vorsichtig auf die Schinkenscheiben gesetzt

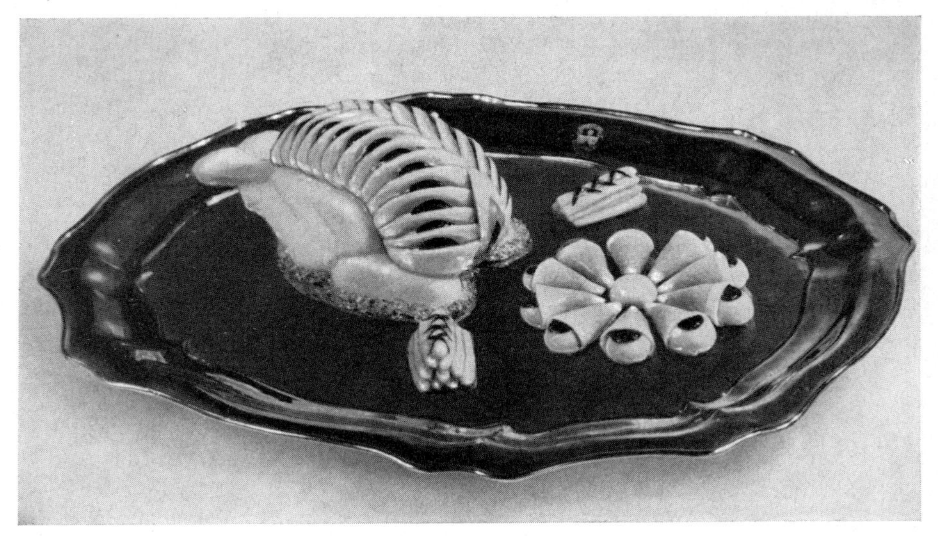

310. Masthuhn nach Yorker Art

und etwa bis zur Hälfte unter die davor liegende Brustscheibe geschoben. Wieder ist die Poularde eine Zeitlang kaltzustellen, um sie dann schön gleichmäßig mit Gelee überglänzt anzurichten. — Die Garnitur besteht aus Schinkentüten, die, wie die Poularde selbst, ebenfalls mit Schinken-Schaumbrot zu füllen sind und als Abschluß einen weiß chaudfroidierten Champignonkopf mit ausgestochener Trüffelscheibe erhalten. Außerdem werden Spargelköpfe mit blanchierten Estragonblättern als Garnitur verwendet.

Anmerkung: Diese Platte ist in ihrer Art durch das Auflegesystem der Brustscheiben die komplizierteste Steigerung. Es ist zu empfehlen, vorerst eine leichtere Aufgabe zu lösen, um sich nach und nach die erforderliche Übung anzueignen. Die einfachste Art ist die Ausführung einer Ente (Bilder 311—314), weil die Scheiben naturell auf die Brust zu bringen sind. Als zweites Objekt ist die Poularde „Bristol“ zu wählen und als drittes die Poularde „Frühlings-Art“ (Farbtafel). Wenn man sich an diesen Platten bereits versucht und einige Übung angeeignet hat, ist die Poularde „York“ der nächste Schritt.

5. Geflügelgerichte in Gelee

Masthuhn in Champagner

Poularde au champagne

Einer rohen Poularde mittlerer Größe wird der Brustknochen herausgenommen. Sie erhält als Füllung eine Gänsestopfleber, die man mit dicken Trüffelstreifen ausgiebig gespickt und leicht angebraten hat. Die Poularde wird dann ein wenig zugenäht und, wie das Bild 105, Muster *c*, zeigt, bridiert. Es empfiehlt sich, diese Vorbereitung einen Tag vor dem Gebrauch vorzunehmen und die mit fettem Speck umwickelte Poularde im Kühlraum aufzubewahren.

Für die Zubereitung werden in feuerfestem Porzellan einige Sellerie- und Karottenscheiben in Butter angedünstet und dann die gewürzte Poularde dazugegeben. Diese läßt man darin sehr langsam, ohne Farbe zu nehmen und unterzugießen, zugedeckt dünsten. Wenn die Poularde beinahe fertig ist, läßt man sie nur leicht bräunen und nimmt sie dann aus dem Bratgeschirr. Nun wird mit dem zurückgebliebenen Fond etwa $^1/_2$ Flasche Champagner verkocht und dann mit kräftigem Hühnergelee, das mit Gallerte von Kalbsfüßen bereitet wurde, aufgefüllt. Im Anschluß daran bringt man das Ganze nochmals auf das Feuer. Sobald der Fond aufgekocht hat, passiert man ihn durch ein Tuch und gibt ihn über die in ein passendes Servicegeschirr gelegte Poularde, die man dann kaltstellt. Nach dem völligen Erkalten im Kühlraum ist das an die Oberfläche getretene Fett abzunehmen und erforderlichenfalls mit heißem Wasser vorsichtig, aber schnell abzuspülen. Dieses auserlesene Gericht ist auf Eis zu servieren.

Masthuhn in Estragongelee

Poularde en gelée à l'estragon

Die Poularde, der man den Brustknochen in rohem Zustande ausgebrochen hat, wird mit sehr fein passierter Schweine- und Gänseleber-Farce, der gehackter Estragon beigefügt wurde, gefüllt, bridiert und in Butter recht langsam mit einem Estragonzweigchen gebraten. Nachdem man die Poularde herausgenommen hat, ist der Fond zu entfetten und der Bratensatz mit gutem Gelee zu verkochen. Der Fond ist zu klären und durch ein Tuch zu passieren.

Wenn die Poularde ausgekühlt ist, schneidet man diese, wie die Bilder 197 und 198 zeigen. Zum Anrichten verwendet man eine etwas tiefe Platte, wobei man jedoch die Farce als Unterlage benutzt. Nachdem die Poularde mit blanchierten Estragonblättern belegt wurde, wird sie mit Gelee überglänzt und mit dem Rest umgeben.

6. Verschiedene Geflügelgerichte

Hühnerbrust auf Schaumbrot

Suprêmes de poulet sur mousse

Hierfür sind gedünstete Brüste von Masthühnern in exakte Scheiben zu schneiden und naturell und dekoriert in etwas vertieftem Servicegeschirr auf Schaumbrot anzurichten. Bevorzugt für diese Gerichte wird Schaumbrot von Gänseleber, Schinken, Zunge oder Tomaten. Die Zubereitung der Schaumbrote ist auf S. 291—292 erörtert. — Nachdem das Schaumbrot in das Geschirr gefüllt und fest geworden ist, sind die kleinen Geflügelstücke, die in diesem Falle nicht mit Schaumbrot bestrichen werden, daraufzusetzen und mit kräftigem, jedoch nur leicht gelierendem Geflügelgelee zu bedecken. Das Gericht ist auf gemahlenem Eis zu servieren.

Hühnersalat

Salade de volaille

Hühnerfleisch schneidet man in flache Stücke und mariniert diese mit Weinessig, Öl, Salz und Pfeffer oder vermengt sie mit Mayonnaise, die mit Zitronensaft und Rahm versetzt ist. Beim Anrichten legt man sie auf eine Unterlage von grobstreifig geschnittenem Kopfsalat und garniert mit harten Eiervierteln, Spargelköpfen, Tomaten- und Champignonscheiben.

Geflügel-Schaumbrot

Mousse de volaille

Hierfür nimmt man Reste von gebratenen oder gekochten Hühnern. Geflügel, das schon längere Zeit im Kühlraum stand, ist für Schaumbrotbereitung nicht zu empfehlen, denn der erwünschte Geschmack ist mit solchem Material nicht zu erreichen. Die Zusammensetzung ist:

$^{1}/_{2}$ kg Geflügelfleisch, $^{2}/_{10}$ l Velouté, $^{1}/_{8}$ l aufgelöstes Gelee, $^{2}/_{10}$ l Sahne, geschlagen. — Das Geflügelfleisch wird zu Mus verarbeitet und alsdann mit der Velouté sehr fein zerrieben, sogleich durch ein feines Sieb gestrichen, in eine passende Schüssel gegeben und eine Zeitlang auf Eis gearbeitet, damit die durch das vorherige Durchstreichen entstandene Wärme genommen wird. Nachdem man das kalte, flüssige Gelee nach und nach hinzugegeben hat, wird das Ganze nochmals abgeschmeckt und zum Schluß mit der geschlagenen Sahne vollendet. Die Art des Servierens geschieht nach einer der im Kapitel „Die Schaumbrote und ihre Behandlungsweise“ (S. 291) angegebenen Methoden.

7. Truthahn — Pute

Für die Pute sind die meisten Poulardenrezepte anwendbar. Farcen zur Füllung sind auf S. 118 nachzuschlagen. (Siehe auch Tranchiermethode S. 150.)

8. Gerichte von Ente

a) Ganz zu servierende Enten

Ente mit Ananas

Caneton à l'ananas

Eine zu schöner Form bridierte Ente wird rosa saftig gebraten und kaltgestellt. Alsdann wird das Brustfleisch nach der Tranchiermethode wie auf S. 153 von der Karkasse heruntergeschnitten.

Nun ist ein feinwürfelig geschnittener Salat herzurichten, der sich aus Ananas, Äpfeln, englischem Sellerie und Tomaten zusammensetzt und mit pikanter, mit wenig Zitrone abgeschmeckter, gesulzter Rahmmayonnaise zu binden ist. Mit diesem Salat ist das Knochengerüst der Ente aufzufüllen und zur natürlichen Gestalt der Entenbrust zu formen. Die so hergerichtete Ente erhält längs der Brustmitte in geschickter Anordnung eine Auflage von 8 halben, in Weißwein und etwas Zucker pochierten Ananasringen.

Das Brustfleisch wird zu beiden Seiten der Ananas angeordnet, wobei mit dem Auflegen zwischen den Keulen begonnen wird. Die Ente wird leicht mit Gelee überglänzt und auf genügend großer, mit einem Geleespiegel ausgegossenen Platte mit einer halben Ananas angerichtet, die mit feinwürfelig geschnittener, mit Aprikosengelee gebundener Ananas zu füllen ist.

Ente Carmen

Caneton Carmen

Die zu schöner Form bridierte Ente wird englisch gebraten und nach dem Auskühlen nach der Methode, wie auf S. 319 abgebildet, geschnitten. Das Knochengerüst ist auch in diesem Falle mit Gänseleber-Schaumbrot zu füllen. Bei dem Auflegen des Brustfleisches wird ebenso wie bei der „Ente mit Bananen" verfahren. Genau über die Brust-Mittellinie legt man alsdann 2 Reihen Orangenfilets und führt durch deren Mitte einen dünnen Strang von in feine Streifchen geschnittenen Orangenschalen, die man vorher in Weißwein gedünstet und dann mit etwas Orangengelee vermischt hat. Nachdem die Ente mit Gelee leicht überglänzt wurde, ist sie auf einer mit Geleespiegel ausgegossenen Platte anzurichten und mit Orangenachteln zu umgeben, die als ganze Frucht vor dem Schneiden ausgehöhlt und mit Orangengelee gefüllt wurden.

Ente mit Mais

Caneton au mais

Einer gebratenen Ente sind die Brusthälften auszulösen und in ansehnliche Scheiben zu schneiden. Die Karkasse, an der die Keulen verbleiben, wird mit einem aus Mais, Sellerie, Äpfeln und Champignons bestehenden, mit gesulzter Mayonnaise gebundenen Salat gefüllt und zur natürlichen Brustform gestaltet. Der mittlere Brustteil erhält eine Auflage von in Salzwasser gekochten, fingerlangen, längs halbierten Maiskölbchen. Die Entenbrustscheiben werden in gleicher Weise behandelt. Die Ente und die Brustscheiben — mit hellem Gelee leicht überglänzt — werden in gefälliger Weise auf Silber oder Porzellan angerichtet.

Ente Montmorency

Caneton à la Montmorency

Nachdem die Ente saftig gebraten wurde, werden die Brustfilets abgelöst und in schräge Scheiben von gleicher Form und Größe geschnitten.

Alsdann ist von Gänseleber und den Enten-Parüren ein Schaumbrot herzurichten und mit diesem die Karkasse derart zu gestalten, daß die Entenform wieder zustandekommt. Wenn die Schaumbrot-Füllung ziemlich fest ist, werden die Entenbrustscheiben stufenartig auf beide Brusthälften gelegt. Auf die Mittellinie der Brust setzt man eine Reihe ausgesteinter, in Bordeaux-Wein pochierter saurer Kirschen, die mit Gelee, dem die Essenz von der Ente beigegeben wurde, nappiert werden. Die Ente wird in flacher Kokotte angerichtet und mit feinwürfelig geschnittenem Gelee umgeben.

Gefüllte Ente mit Bananen

Caneton farci aux bananes

Zu dieser hier in ihrem Werdegang dargestellten kalten Platte wählt man eine schöne, nicht zu fette, stoppelfreie Ente, die man bratfertig macht und zu schöner Form bridiert. Dann wird sie englisch gebraten, was bei mittlerer Größe etwa 20—25 Minuten in Anspruch nehmen wird. Nachdem sie gut ausgekühlt ist, wird die Brust der Länge nach in 3 mm dicke Scheiben von der Karkasse herabgeschnitten und reihenfolgemäßig auf eine Platte gelegt.

Ferner ist ein Gänseleber-Schaumbrot (S. 291) herzurichten, das, mit Madeira, Pastetengewürz und Salz abgeschmeckt, mit flüssigem Gelee und geschlagener Sahne aufgezogen wurde. Mit diesem Schaumbrot wird die Entenbrust wieder zu ihrer natürlichen Form

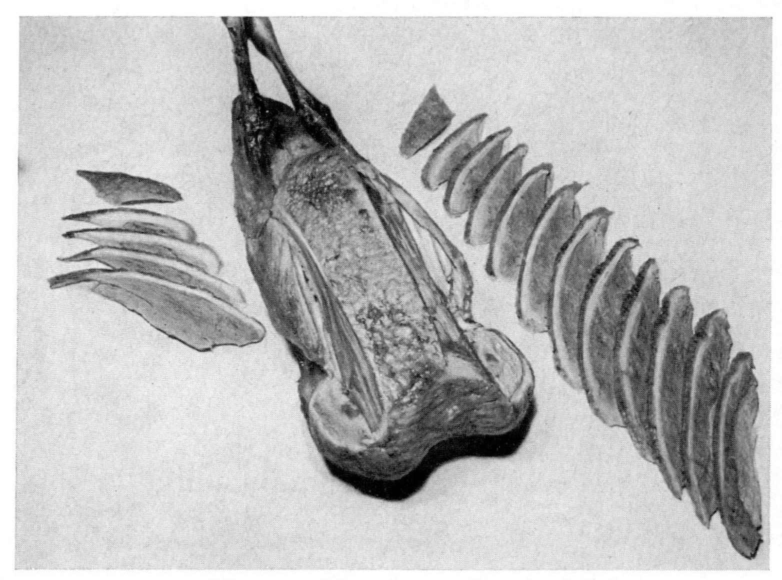

311. Die rosa saftig gebratene Ente im Schnitt
Die rechte Brustseite ist völlig geschnitten, während bei der linken gezeigt wird, wie der Schnitt geführt werden soll

gestaltet. Man benutzt hierzu ein Tischmesser, das oftmals in heißes Wasser getaucht wird. Zunächst stellt man die Ente zum Durchkühlen in den Kühlraum.

Die nächste Arbeit besteht darin, daß die geschnittene Brust nun auf das Schaumbrot in recht gefälliger Form wieder aufgelegt wird. — Man geht dabei folgendermaßen zu Werke:

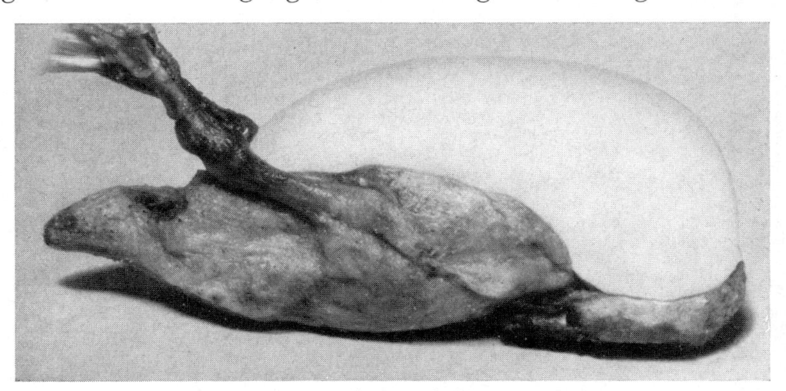

312. Die mit Schaumbrot gefüllte Entenkarkasse
Das Brustfleisch wurde, wie aus Bild 311 ersichtlich, heruntergeschnitten. Der auf dem Brustknochen entstandene Hohlraum wird mit Gänseleber-Schaumbrot derart aufgefüllt, daß die Ente ihre ursprüngliche Gestalt wieder erhält

An der Stelle, wo der Hals abgehackt wurde, beginnt man, wo sich das Schaumbrot mit der Karkasse verbindet, die Entenbrustscheiben reihenfolgemäßig, wie man sie abgelegt hat, kreuzweise über die mit dem Schaumbrot hergestellte Brustform zu ordnen. Die

Scheiben müssen sich genau in der Mitte treffen und stets eine die andere überschlagen. Es ist zu beachten, daß diese, wie das Bild zeigt, leicht geschweift und so gelegt werden, damit alle wieder ihren Platz finden.

313. Das Auflegen der Entenbrustscheiben

Das Auflegen der Entenbrustscheiben beginnt auf der Brust, während bei der Poularde mit dieser Arbeit zwischen den Keulen begonnen wird (vgl. S. 153)

Das Folgende wäre, die Garnitur in Angriff zu nehmen. Sie besteht aus längs halbierten Bananen mit einer Füllung von Waldorfsalat. Die Bananen erhalten einen Dekor von Bananen- und Olivenscheibchen sowie seitlich angeordneten feinen Streifchen von grüner Paprikaschote. Nachdem diese Arbeiten erledigt sind, werden die Garniturbestandteile und die Ente auf ein Ablaufgitter gesetzt, mit Gelee überglänzt und zum abermaligen Erkalten in den Kühlraum gestellt. — Vor dem Anrichten empfiehlt es sich, die Platte mit einem Geleespiegel auszugießen, was zur Wirkung des Ganzen recht vorteilhaft ist. — Die Anordnung der Garnitur richtet sich nach den verbleibenden Raumverhältnissen. Die Keulen der englisch gebratenen Ente werden nach dem Service für andere Zwecke verarbeitet.

Ente Voisin

Canard Voisin

Die Ente wird wie vorstehend zubereitet, jedoch werden die Entenkeulen mit brauner Chaudfroid-Sauce überzogen, bevor sie gefüllt wird. An Beigaben sind erforderlich: Gänselebertrüffeln, Orangengelee in Orangenschalen, Traubenbeeren, gedünstete Apfelringe mit Kirschen, Gänselebermedaillons in Madeiragelee und mit Piment gefüllte Oliven.

Gefüllte Ente nach Méline
Canard farci „Méline“

Eine von den Brustknochen befreite, innen gesalzene, junge Ente erhält eine Füllung von nachstehender Zusammenstellung:

Eine feingehackte, in Butter gedünstete Zwiebel, 250 g frische, feinwürfelig geschnittene Champignons, etwas Weißwein, ein wenig Cognac und ein Löffel Fleischextrakt werden zusammen eingekocht. — Nach dem Auskühlen wird das Ganze mit 700 g Schweinefleisch und 150 g in Milch aufgeweichtem Weißbrot mit Salz, Pastetengewürz, gehackter Petersilie und Rahm zu einer lockeren Farce verarbeitet. Hiermit gefüllt, ist die Ente zu bridieren und zu bardieren.

Für die weitere Behandlung sind je 2 Scheiben geschnittene Karotten und Zwiebeln, 1 Kräutersträußchen (Bündel Petersilie, Lorbeerblatt, Thymian) auf ein gut mit Butter bestrichenes Pergamentpapier zu legen und darauf die gefüllte Ente, die dann gut in das Papier eingehüllt und mit Bindfaden umwickelt wird. Diese schiebt man in einer irdenen Pfanne in eine mäßig warme Bratröhre und läßt die Ente 2 Std. lang unter öfterem Be-

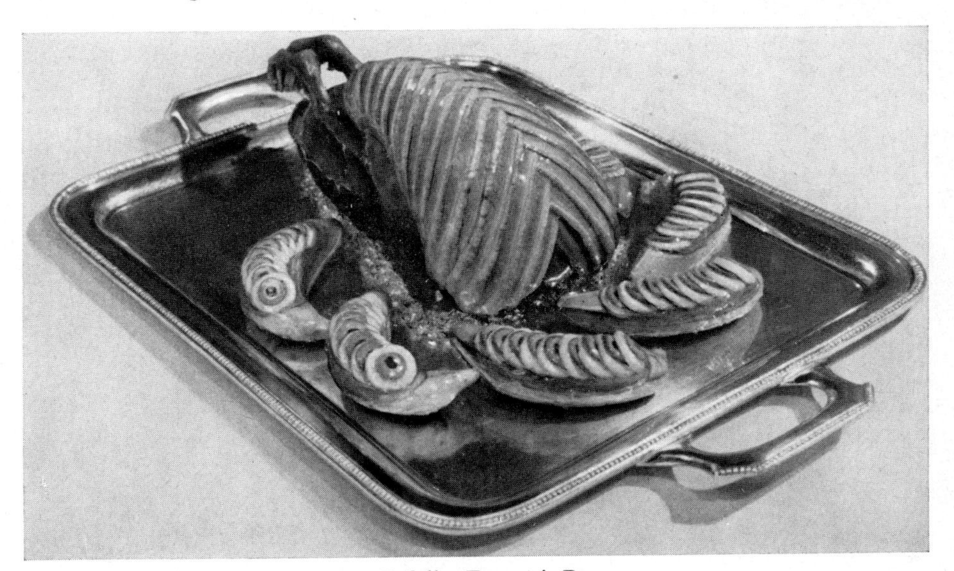

314. Gefüllte Ente mit Bananen
(Text Seite 318—320)

gießen langsam braten. Die Entenjus wird vollständig abgefettet (vorher hat man das Papier sowie den Speck entfernt), danach begießt man die Ente mit der entfetteten Jus, die eindringen soll, und stellt sie dann kalt.

Beim Anrichten wird die Brust mit der Füllung abgenommen, tranchiert und wieder aufgesetzt. Die Ente behält ihr einfaches Aussehen, es ist weder Chaudfroid-Sauce noch Aspik zu verwenden.

Auf langer Platte angerichtet, sind folgende Salate auf kleinen Schälchen herum zu gruppieren:

1. Chicorée-Herzen nach griechischer Art.
2. Das Weiße von Porreestauden nach griechischer Art.

3. Marinierte Roterübenstifte, mit dickem Rahm angemacht.
4. Überbrühte Selleriestreifchen, mit pikanter Senf-Mayonnaise gebunden.
5. Sehr fein geschnittener, mit Essig und Öl angemachter Rotkrautsalat.
6. Green Tomatoes Pickles.

Man bereitet diese "Green Tomatoes Pickles" mit grünen Tomaten, Zwiebeln, grünen Paprikaschoten, Essig, Zucker, Currypulver, edelsüßem Paprika und einem Bündel von Petersilie, Dillkraut, Lorbeerblatt sowie Thymian. Alle diese Bestandteile werden zusammen vereinigt und kurz gekocht.

b) Verschiedene Gerichte von Ente

Ente in Gelee

Caneton en gelée

Man wählt dafür eine stoppelfreie Ente, die nach dem Ausnehmen und Waschen mit soviel Wasser aufgesetzt wird, daß sie gerade bedeckt ist. Nach dem Aufkochen wird der Schaum entfernt und die Brühe nach Geschmack gesalzen, ebenso gibt man Weinessig hinzu, des weiteren $^1/_2$ Lorbeerblatt und eine Zwiebel. Sobald die Ente weichgekocht ist, nimmt man sie heraus und bedeckt sie mit einem nassen Tuch. Nach dem Auskühlen läßt man sie auf einem Durchschlag völlig abtropfen. Inzwischen hat man die Brühe passiert, abgefettet und genau abgemessen. — Dieser wird nun nach der jeweiligen Temperatur pro l 10—14 Blatt eingeweichte, ausgedrückte Gelatine beigefügt und darin aufgelöst. Das Klären geht genauso vor sich, wie es auf S. 140 in dem Kapitel „Gelee — Aspik" beschrieben ist.

Die ausgekühlte, abgetropfte Ente ist nun so zu tranchieren, wie dies auf S. 151 in den Bildern 195 und 196 dargestellt ist. Sie wird in ein passendes Geschirr geordnet, in den Kühlraum gestellt und, nachdem sie gut durchgekühlt ist, mit dickflüssigem Gelee zugegossen (vgl. auch Bild 315).

Ente Mikado

Caneton Micado

Hierfür schneidet man die Brust einer gebratenen Ente in der Weise, wie es bei der „Ente mit Bananen" erörtert ist (Bild 311, S. 319). Die Brustscheiben legt man dann flach und fächerförmig in eine flache Kristallschale.

Von dem Fond der Ente und dem Saft einiger Mandarinen bereitet man eine kleine Menge Gelee und bedeckt mit dieser, wenn sie dickflüssig wird, die Brustfilets. Kurz vor dem Auffüllen des Gelees werden diesem noch feine Streifchen von Orangenschalen beigefügt, die man in Weißwein weichgedünstet hat.

9. Gerichte von Gans

Kalter Gänsebraten wird mit passenden Salaten serviert. — Junge Gänse können auch nach den vorstehend angeführten Gerichten von Ente zubereitet werden.

Gänseweißsauer

Oie en gelée

Die Zubereitung dieses Gerichtes ist auf S. 385 in dem Kapitel „Küchenerzeugnisse für den Ladenverkauf in Feinkostgeschäften" beschrieben. — Die hier angewandte Darbietung und Anrichteweise entspricht dem Hotel-Service. Wie das Bild zeigt, wurde das geschnittene Gänsefleisch in eine flache Porzellanschale gelegt, mit Tomatensechsteln, halben, frischen Gurkenscheiben (ohne Mark) und Dillfäden garniert. Der Zwischenraum der zusammenlaufenden Brustscheiben ist mit Gewürzgurkenstückchen belegt. Nachdem die so hergerichtete Platte eine Zeitlang in den Kühlraum gestellt wurde, ist sie mit dem geklärten, im Erstarren begriffenen Gelee zu bedecken.

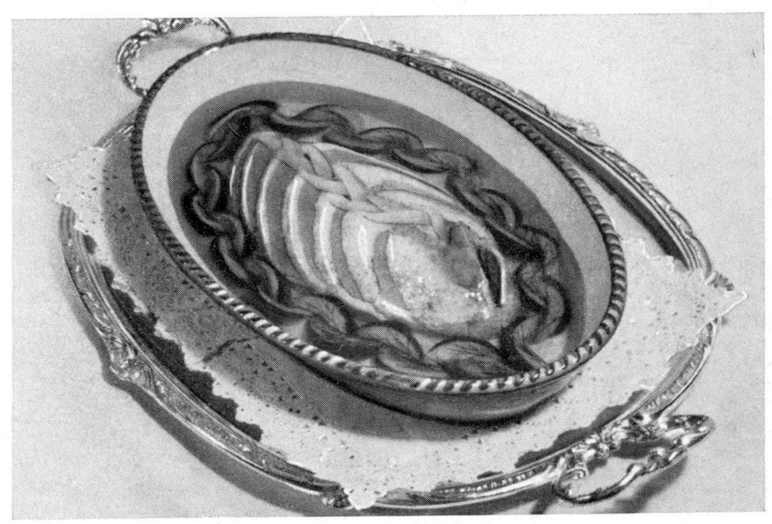

315. Eine Platte Gänseweißsauer für das Hotel-Service

10. Gerichte von Tauben

Tauben in Gelee

Pigeonneaux en gelée

Nachdem den Tauben die Brustknochen herausgenommen oder auch sämtliche Knochen entfernt sind, füllt man die Tauben mit Galantine-Farce (S. 285), der man kleine Würfel von Trüffeln beigegeben hat. Sie werden dann je nach ihrer Behandlung bridiert oder in Leinentücher gewickelt und in gutem Kalbs-Fond pochiert. Man läßt die Tauben in ihrem Fond erkalten, um sie dann aus den Tüchern zu nehmen, längs zu halbieren und in geeignete Servicegeschirre einzusetzen. Mit dem Fond bereitet man ein klares Gelee, das man im Augenblick des Erstarrens darübergibt.

Schaumbrot von Tauben

Mousse de pigeonneaux

Die Brüstchen junger, frisch gebratener und soeben ausgekühlter Tauben werden ausgelöst und dann auf ein Ablaufgitter in den Kühlraum gesetzt. Von dem übrigen Fleisch der Keulen und Karkassen bereitet man Schaumbrot, wie es S. 291 beschrieben ist. Man füllt es in eine Serviceschale und läßt es gut durchkühlen. Inzwischen werden die Taubenbrüstchen weiterbehandelt; sie erhalten einen Überzug von dem zu Glace reduzierten Fond und dann einen gefälligen Dekor von Trüffeln. Nun pariert man die untere Kante von den herabhängenden Tropfen und ordnet die Brüstchen auf das Schaumbrot, um dann die ganze Oberfläche mit einer dünnen Schicht leichtgehaltenem Geflügelgelee, das im Erstarren begriffen ist, zu bedecken.

Das Gericht kann auf einer Platte mit gebrochener Serviette angerichtet werden.

17. Abschnitt

Wildgeflügel

1. Gerichte von Fasanen

Fasan Florida

Faisan Florida

Bei kalten Fasanengerichten ist es außerordentlich wichtig, daß das Fasanenbrustfleisch absolut rosa gebraten ist, anderenfalls leidet der Geschmack.

Von einem rosa saftig gebratenen Fasan ist nach dem Auskühlen das Brustfleisch so zu tranchieren, wie es auf S. 154 erläutert ist. Nun ist die Brust mit Wild-Schaumbrot, dem man etwas Gänseleberpüree beigefügt hat, wieder so zu gestalten, daß die natürliche Brustform erreicht wird. Nachdem der so vorbereitete Fasan eine Zeitlang im Kühlraum gestanden hat, sind, wie im Bild 201, die Brustscheiben seitlich anzulegen. Der längs der Brustmitte freibleibende Teil ist schuppenartig mit Bananenscheiben zu bedecken.

Als Garnitur werden große Champignonköpfe, die mit dem gleichen Schaumbrot zu füllen sind, mit blauen Weintrauben und Mandeln dekoriert. — Der Fasan sowie die Garnitur werden mit hellem Gelee leicht überglänzt. Beigabe: Salat von Äpfeln und Ananas mit Rahm, Zitrone und Zucker angemacht.

Fasan mit Sellerie

Faisan au céleri

Der Fasan ist zu schöner Form zu bridieren und rosa zu braten. Wenn er ausgekühlt ist, wird das Brustfleisch, wie auf S. 154 dargestellt, tranchiert. Die Brust wird mit einem Salat aus feinwürfelig geschnittenen Äpfeln, englischem Sellerie, hartgekochten Eiern und Artischockenböden zur natürlichen Gestalt geformt. Der Salat wird mit gesulzter Mayonnaise leicht gebunden. Nachdem der so behandelte Fasan längere Zeit im Kühlraum gestanden hat, werden die Brustscheiben reihenfolgemäßig, wie das Bild 201 zeigt, in geschickter Weise seitlich angeordnet.

Nun wird der Knollenteil von weichgedünstetem englischem Staudensellerie der Länge nach in dünne Scheiben geschnitten. Mit diesen wird das in der Mitte freiliegende Drittel der Fasanenbrust fächerartig belegt. Diese Arbeit wird am vorderen Brustteil begonnen und zwischen beiden Keulen beendet.

Als Beigabe werden Artischockenböden mit vorerwähntem Salat gefüllt und mit einem kleinen Selleriescheibchen bedeckt. Der Fasan und die Artischockenböden werden mit hellem Gelee leicht überglänzt und auf einer mit einem Geleespiegel ausgegossenen Platte angerichtet.

Sulzgericht von Fasan

Chaud-froid de faisan

Einem schön gebratenen Fasan werden die Brüste ausgelöst und diese sogleich in ebenmäßige Scheiben geschnitten (vgl. S. 388). Diese werden mit Gänseleber-Schaumbrot erhaben bestrichen und bis zur weiteren Behandlung in den Kühlraum gestellt. Des weiteren ist mit Fasanen-Fond vollendete braune Chaudfroid-Sauce bereitzuhalten, um damit die an der Karkasse verbliebenen Keulen zu überziehen. Nach dieser Arbeit wird die Fasanenkarkasse zum völligen Erstarren der aufgetragenen Chaudfroid-Sauce in den Kühlraum gestellt. Die kleinen Chaudfroids sind nun ebenfalls braun zu überziehen, durchzukühlen und erhalten ein weiß chaudfroidiertes Champignonköpfchen als Dekor. Die inzwischen gut durchgekühlte Fasanenkarkasse wird nun weiterbearbeitet, d. h. die Brust wird mit Gänseleber-Schaumbrot wieder zur ursprünglichen Form gestaltet. Dieser Vorgang ist auf S. 312 erörtert und abgebildet. Nachdem die so vollendete Fasanenbrust einen beliebigen Dekor erhalten hat, werden sowohl der ganze Fasan als auch die kleinen Chaudfroids und Schnitten von herben Orangen mit Gelee überglänzt. Der Fasan wird mit den kleinen Chaudfroids und den Orangenschnitten auf passender Platte angerichtet und mit einigen Salatblättern sowie feinwürfelig geschnittenem Gelee garniert.

Sulzgericht von Fasan Bristol

Chaud-froid de faisan à la Bristol

Der Fasan wird rosa saftig gebraten und ausgekühlt. Anschließend daran ist das Brustfleisch der Länge nach in 2—3 mm dünne Scheiben zu schneiden. (Vgl. hierzu die Bilder von der Ente mit Bananen Nr. 311—314 auf S. 319 und 320.)

Die Keulen sind mit brauner Chaudfroid-Sauce zu überziehen. Das Knochengerüst erhält eine Füllung von Fasanenschaumbrot (S. 291). Nachdem der vorbereitete Fasan längere Zeit im Kühlraum gestanden hat, wird das Brustfleisch (genau wie bei der Ente, S. 320) aufgelegt. Diese Arbeit wird an der Brust begonnen und zwischen den Keulen beendet.

Die Garnitur besteht aus rund ausgestochenen, in Madeiragelee eingesetzten Gänseleber-Parfait-Scheibchen. Weitere Beigaben sind feinwürfelig geschnittene Geleewürfel und Brunnenkresse.

Fasanenbrüstchen nach Feinschmecker-Art

Suprêmes de faisan à la gourmet

Der Fasan ist rosa saftig zu braten. Nach dem Abkühlen wird das Brustfleisch ausgelöst, in länglich-spitze Scheiben geschnitten (vgl. S. 388) und mit einem Trüffeldekor versehen. Von dem Keulenfleisch und den übrigen Resten ist ein besonders leicht gehaltenes Fasanen-Schaumbrot (vgl. S. 291) herzurichten. Dieses gibt man in ein vertieftes Silber- oder Porzellangeschirr, worin es erhaben aufgestrichen wird. Auf diesem erhalten die Brüstchen geschickte Anordnung, ebenso dicke, in Madeira gedünstete Trüffelscheiben. Das Gericht wird mit Madeiragelee leicht überglänzt und auf Eis serviert.

Schaumbrot von Fasan

Mousse de faisan

Fasanen-Schaumbrot ist nach dem Rezept auf S. 291 herzurichten.

2. Gerichte von Rebhühnern

Junge Rebhühner nach Winzerin-Art

Perdreaux à la vigneronne

Schön braun und unbedingt saftig gebratenen Rebhühnern werden nach dem Auskühlen die Brüste längs von der Karkasse heruntergeschnitten. — Nachdem die Karkassen mit Rebhühner-Schaumbrot (S. 291) gefüllt wurden, wird das Brustfleisch so geschnitten und angeordnet, daß längs durch die Mitte ein aus Weintrauben und Mandeln bestehender Dekor eingefügt werden kann (vgl. auch Bild 200 und 201).

316. Junge Rebhühner nach Winzerin-Art

Bei den acht halben Rebhühnern wurden die Keulen abgetrennt, von den Knochen befreit und mit dem gleichen Schaumbrot bestrichen. Obenauf wurden die zweimal durchgeschnittenen Brustscheiben, ebenfalls mit dem Rebhühner-Schaumbrot bestrichen, gefällig geordnet. Beigabe: Auf Weinblättern placierte Traubenbeeren. — Die Rebhühner sind mit hellem Gelee zu überglänzen.

Rebhühner Singapur

Perdreaux à la Singapore

Die Rebhühner werden rosa gebraten, ausgekühlt und genau wie vorstehend behandelt, jedoch werden sie, nachdem sie tranchiert und wieder zusammengesetzt sind, mit dem zu Glace gekochten Rebhühner-Bratfond leicht überglänzt. Als Dekor sind gedünstete, zierlich geschnittene Ananasstückchen erforderlich.

In die Mitte der Platte ist eine halbe Ananas zu placieren, deren Fleisch, in kleine Würfel geschnitten, mit Zitrone, Weißwein und etwas Zucker weichgedünstet wird. Der Ananas-Fond wird mit etwas Gelee vermischt und im Augenblick des Stockens unter das Ananasfleisch gegeben, das alsdann in die ausgehöhlte Ananas zu füllen ist.

Schaumbrot von Rebhühnern

Mousse de perdreaux

Rebhühner-Schaumbrot ist nach den Regeln herzurichten, wie sie im Kapitel „Die Schaumbrote und ihre Behandlungsweise" auf S. 291 gegeben sind.

*

Für weitere Zubereitungen von Rebhühnern sind auch verschiedene Fasanen-Rezepte anwendbar.

3. Gerichte von Haselhuhn

Haselhühner sind rosa saftig zu braten und weiterhin nach den vorhergehenden Fasanen- und Rebhühner-Rezepten zuzubereiten.

4. Schnepfengerichte

Unter den Wildgeflügelarten nimmt die Schnepfe unstreitig einen Ehrenplatz in der Küche ein. Das Auffallende an diesem Zugvogel ist sein bis zu 8 cm langer, schön geformter Schnabel. In der Küche wird bei keinem anderen Geflügel der Schnabel so beachtet wie bei der Schnepfe. Bei dem Schnepfen-Service ist der Kopf mit dem Schnabel eine charakteristische Zugehörigkeit. Die Schnepfe muß abgehangen sein; sie ist erst dann vollwertig, wenn sie etwas Haut-goût angenommen hat. — Für kalte Gerichte ist die Schnepfe gut geeignet, es ist aber nicht zu vergessen, daß in den allermeisten Fällen die Zutaten auserlesene Delikatessen sind und ein Schnepfengericht recht kostspielig machen.

Schnepfenbrüstchen mit Gänseleber

Suprêmes de bécasses au foie gras

Saftig gebratenen Schnepfen werden, nachdem sie ausgekühlt sind, die Brüste ausgelöst und jede der Länge nach noch einmal durchschnitten. Das Keulenfleisch wird ebenfalls ausgelöst und mit Gänseleber oder Gänseleber-Pastetenresten zu Püree verarbeitet und durch ein feines Sieb passiert. Diesem Püree ist etwas Cognac und flüssiges Gelee zuzusetzen. Das Ganze ist gut zu verarbeiten und bis zum vollendeten Wohlgeschmack zu würzen. Hiermit werden nun die Brustscheiben erhaben bestrichen und kaltgestellt. Nach völliger Durchkühlung sind die Brüstchen mit dem klaren Schnepfen-Fond, dem man die erforderliche Menge Fleischgelee beigegeben hat, zu überglänzen. Obenauf gibt man der Brustform entsprechende Gänseleberscheiben und als Abschluß rund ausgestochene Trüffelscheibchen. Zum Anrichten bedient man sich einer mit einem Geleespiegel ausgegossenen Silber- oder Porzellanplatte. Die Brüstchen sind im Kranze anzurichten. In die Mitte setzt man ein mit Brunnenkresse gefülltes Salatherz. Beigabe: Salat Waldorf.

Gesulzte Schnepfe „Belle-vue"

Chaud-froid de bécasse en belle-vue

Einer rosa saftig gebratenen, durchgekühlten Schnepfe werden die Brüste ausgelöst und diese wiederum der Länge nach durchschnitten, so daß man 4 Bruststücke bekommt.

Die am Knochengerüst verbleibenden Keulen, ebenso der Kopf, sind mit brauner Chaudfroid-Sauce zu überziehen und in den Kühlraum zu stellen. Nun sind zunächst die vier Brustscheiben mit Gänseleber-Schaumbrot erhaben und rundlich zu bestreichen. Inzwischen ist die Chaudfroid-Sauce an den Keulen erstarrt, so daß die Füllung der Karkasse mit Gänseleber-Schaumbrot vorgenommen werden kann. Das Verfahren ist dasselbe wie bei der Ente (Bild 312). Nun wären zunächst die vier Brustscheiben ebenfalls mit brauner Chaudfroid-Sauce zu überziehen und diese mit einer Trüffelscheibe zu belegen. Die Augenhöhlen des Kopfes werden mit Butter ausgespritzt und das Auge durch eine kleine Trüffelscheibe markiert. Die aus Gänseleber-Schaumbrot ebenmäßig und natürlich geformte Brust erhält als Zierde einen wirksamen Trüffeldekor. Die Schnepfe, der Kopf und die Chaudfroids sind wie üblich mit Gelee zu überglänzen. Der Vogel wird auf passender Platte angerichtet und von den Chaudfroids flankiert. — Die weitere Garnitur besteht aus halben Orangenschalen mit einer Füllung von Orangen- und Grapefruitfilets sowie abgezogenen blauen Weintrauben.

Schnepfen in Gelee

Aspic de bécasses

Hierfür braucht man ein hervorragend gutes Gelee. Mit diesem wird eine flache Form ausgegossen und dann mit Trüffelscheiben ausgelegt. Nun ist von saftig gebratenen, ausgekühlten Schnepfen das Brustfleisch der Länge nach in einige Scheiben zu schneiden. Ferner ist von dem Keulenfleisch und in Madeira gedünsteter Gänsestopfleber ein feines Mus herzurichten. Ihm ist etwas flüssiges Gelee und ein wenig Cognac beizufügen. — Die Bruststücke bestreicht man mit dem zu Glace eingekochten Schnepfen-Bratfond, und darüber wird von dem erwähnten Mus mit einem Tischmesser eine nicht zu dicke Schicht aufgetragen. Diese Bruststücke setzt man zum völligen Durchkühlen in den Kühlraum.

Anschließend daran legt man die Brüstchen in die Form und gießt sie mit stockendem Gelee zu. Nach dem Festwerden wird die Form auf eine flache Kristallschale oder auf eine mit einem Geleespiegel ausgegossene Silberplatte gestürzt.

Schnepfe nach Straßburger Art

Bécasse à la strasbourgeoise

Die rosa saftig gebratene Schnepfe ist genauso zu bearbeiten wie die auf S. 319—320 hergerichtete Ente. — Auf die mit Gänseleber-Schaumbrot gefüllte Schnepfenkarkasse werden die dünnen Schnepfenbrustscheiben in gleicher Weise aufgelegt wie an der Ente vorgeführt. Zwischen den Brustscheiben sind, wie bei der Poularde nach Frühlings-Art (vgl. Farbtafel), rund ausgestochene Trüffelscheibchen einzufügen. Die Schnepfe wird leicht mit Gelee überglänzt und mit in Madeiragelee eingegossenen, rund ausgestochenen Gänseleber-Parfait-Scheiben angerichtet.

Für dieses Gericht läßt sich auch die Schnepfenbrust tranchieren, wie es auf S. 154 bildlich dargestellt ist. Die Brustscheiben werden dann seitlich angelegt, wodurch in der Mitte ein freier Raum entsteht. In diesen legt man abwechselnd, von der Brustspitze beginnend bis zu den Flügelknochen hin, kleine, rund ausgestochene Scheiben von Gänseleber-Parfait und Trüffelscheiben (vgl. auch Bild 316).

Schaumbrot von Schnepfen

Mousse de bécasses

Schaumbrot von Schnepfen ist nach gleicher Art wie die übrigen Schaumbrote zuzubereiten. Der Werdegang eines solchen ist auf S. 291—292 beschrieben.

5. Wachteln und Krammetsvögel

Wachteln und Krammetsvögel stehen in Deutschland unter Naturschutz. Seit einiger Zeit werden auch bei uns Wachteln für den Verzehr gezüchtet und in größeren Mengen auf dem Markt angeboten.

Bei ihrer Zubereitung sind einschlägige Wildgeflügel-Rezepte anwendbar.

Da die Wachtel sehr klein ist — ihr Gewicht beträgt zwischen 55—110 g —, serviert man für eine Person meistens 2 Stück. Häufig werden sie gefüllt zubereitet. Das Fleisch frischer Wachteln zeichnet sich durch besonderen Wohlgeschmack aus.

Wachtelbrüstchen in Portweingelee

Von saftig gebratenen Wachteln werden nach dem Auskühlen die Brüstchen abgetrennt. Halbiert, sind sie von den Knochen abzulösen und, wie es die Abbildung zeigt,

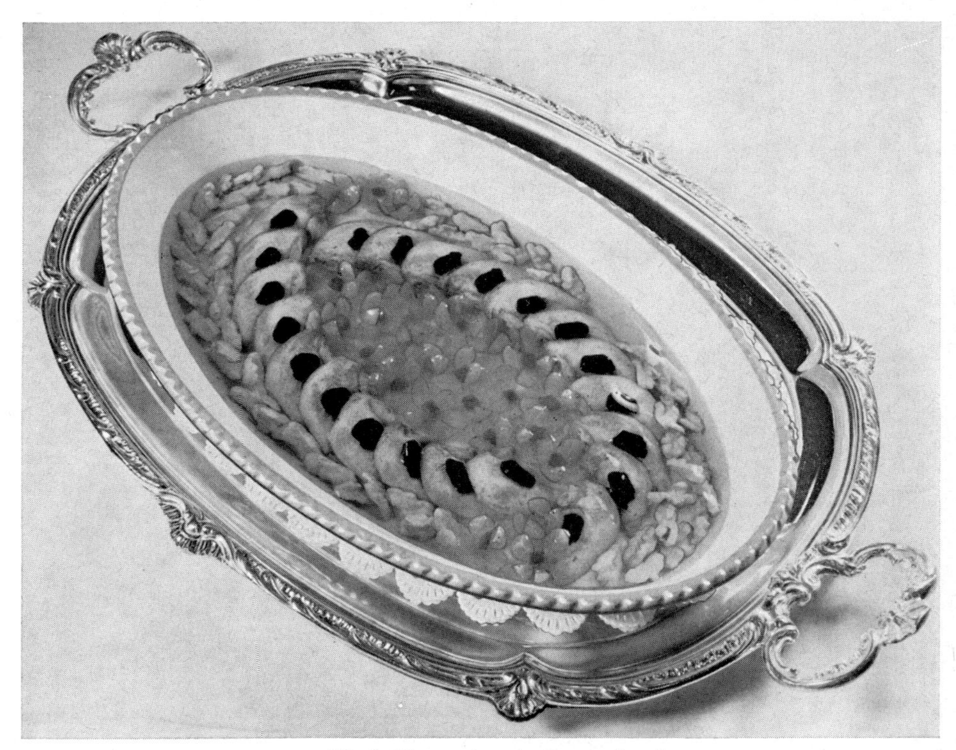

317. Wachtelbrüstchen in Portweingelee

in einer Porzellan- oder Kristallplatte gefällig einzuordnen. Zur Dekoration und zur geschmacklichen Verfeinerung umgibt man die Brüstchen mit Walnußkernen, die zuvor in Milch gebrüht und abgezogen wurden. In die Mitte der Platte werden Weinbeeren gelegt, die man wie folgt zubereitet: Gegenüber der Stielseite sind die Beeren über Kreuz einzuschneiden und etwas auseinanderzudrücken, um ihnen die Kerne zu entnehmen. An deren Stelle fügt man ein Stückchen leuchtendroter Paprikaschote ein. Nun sehen die Weinbeeren wie kleine Blüten aus und wirken sehr dekorativ. Abschließend werden die Wachtelbrüstchen mit einer Trüffelscheibe garniert und das Ganze, nachdem es gut durchgekühlt ist, mit leicht gelierendem Portweinaspik bedeckt.

Um den Eigengeschmack zu betonen, sind beim Zubereiten des Gelees der Bratsatz und die Karkassen der Wachteln mitgekocht worden. Die Keulchen werden anderweitig verwendet.

18. Abschnitt

Haarwild

Hinweise auf Farbtafeln mit Gerichten von Haarwild

Gefüllter Rehrücken in Pastetenteig . . . . . .
Rehrücken Ilona . . . . siehe Farbtafel-Übersicht
Rehrücken sizilianische Art . . . .

1. Rehrücken

Rehrücken, die ganz serviert werden sollen, müssen eine vorteilhafte Form haben und deshalb zunächst in richtiger Höhe von den Rippen abgeschlagen oder noch besser

318. Vorbereitung für verschiedene gefüllte Rehrücken, und zwar: „moderne Art", „Carmen", „Montmorency", „orientalische Art", „kalifornische Art", „Singapur" und „sizilianische Art"
Die Rückenfilets sind beiderseits vom Knochengerüst mit scharfem Messer abgelöst

abgesägt werden. Von dem Halsstück darf auch nicht mehr als unbedingt nötig am Rücken verbleiben. Nachdem der Rücken gehäutet und gespickt ist, führt man durch die Wirbelsäule einen passenden Stahlspieß, damit sich der Rücken während des Bratens nicht krümmen kann. Weiterhin ist es vorteilhaft, wenn man an 2 oder 3 Stellen zwischen den Rippen mit der Dressiernadel einen Faden durchzieht und zusammenbindet, um dadurch dem Rücken eine schöne Form zu geben. Wenn man nach dem Braten und Abkühlen die Rückenfilets abgenommen hat, ist die Rückgratlinie mit einer Geflügelschere etwas zu beschneiden, damit beim späteren Anrichten dieser Knochengrat nicht im Wege ist.

Rehrücken können in verschiedener Zubereitung serviert werden. Naturell gebraten ist die einfachste Darbietung (vgl. Bild 321 und 324). Zur Abwechslung kann man sie auch füllen, und zwar in verschiedenen Variationen. In erster Linie sind Füllungen mit Gänseleber- oder Wild-Schaumbrot üblich. Zuweilen werden aber auch feinwürfelig geschnittene

319. Korrektes Tranchieren eines Rehrückens
Das Knochengerüst wird etwa 1 cm dick mit Gänseleber-Schaumbrot bestrichen. — Das Fleisch ist so zu schneiden, daß sich die Scheiben, auf dem Rücken geordnet, beiderseits im spitzen Winkel gegenüberliegen

320. Das Auflegen der Tranchen
Unter das in Bild 319 in Scheiben geschnittene Rückenfleisch schiebt man ein langes, breites Messer und bringt mit diesem die Scheiben, so wie sie im Schnitt liegen, auf das Knochengerüst. Damit wird die ursprüngliche Gestalt des Rückens wieder erreicht

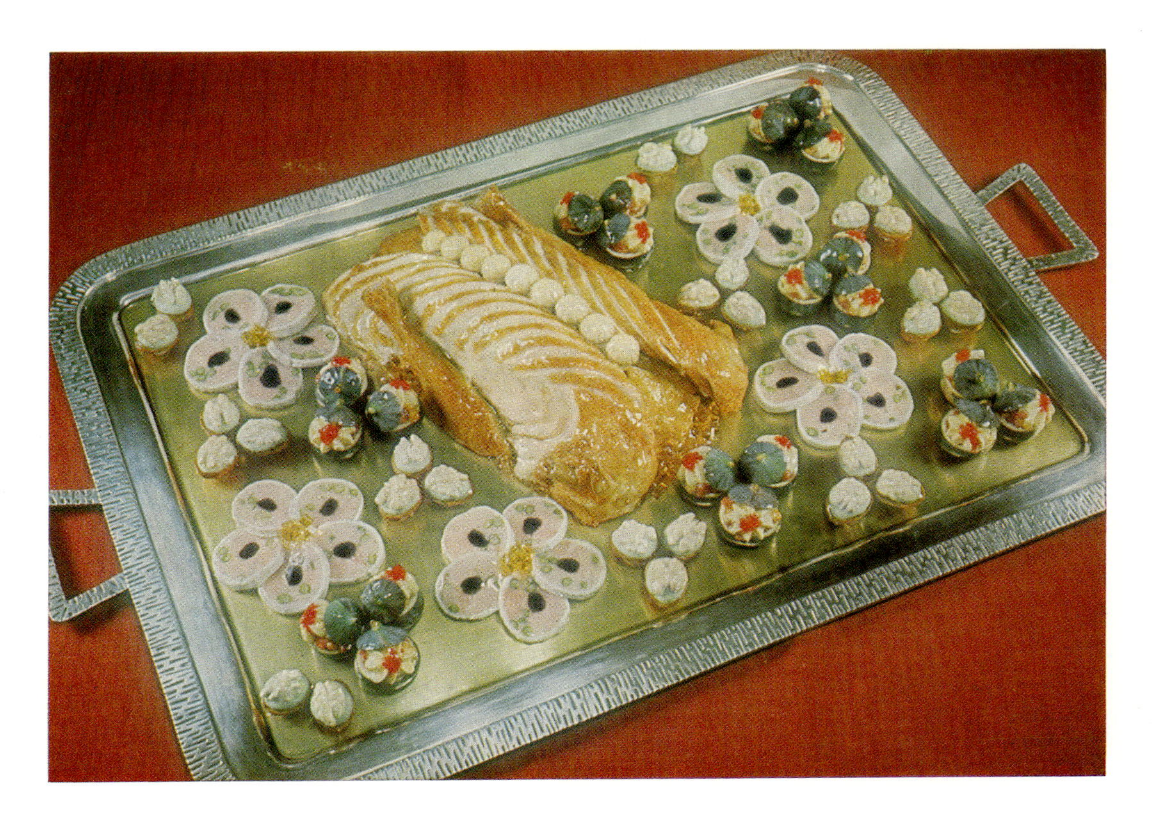

Truthahn und Lachsschinken-Galantine — Dinde et galantine de jambon

Bekanntlich gehört der Truthahn obligatorisch zur anglo-amerikanischen Weihnachts- und Neujahrstafel. Aber auch bei uns ist er bodenständig und wird in vielerlei Variationen auf den Speisekarten und Menüs angeboten. Immer jedoch kommt es darauf an, ihn fachgerecht und lukrativ zu zerlegen.

Beim Gestalten kalter Platten hat der begabte Fachmann die Möglichkeit, seine Ideen zu realisieren, doch fachlicher Ehrgeiz sollte nicht in Übertreibung ausarten. Wer nur das Auge reizt und die Schaustellung sucht, hat Sinn und Zweck fachlicher Leistung verkannt. In gastgewerblichen Betrieben wird nicht nur gefällige Darbietung angestrebt, sondern es gilt gleichzeitig, ökonomischrationell zu wirtschaften, damit den Gästen wie dem Unternehmen angemessene Erwartungen erfüllt werden.

Bei der abgebildeten Truthahnplatte wurden diese Voraussetzungen durch eine besondere Tranchiermethode erreicht. Sie ist auf S. 150 mit Werdegang-Fotos genau erklärt. Keulen und Brust sind in exakte Scheiben geschnitten und auf der Karkasse des Truthahns zur ursprünglichen Form angeordnet. Die Mitte zieren tournierte Champignonköpfe.

Die einzelnen Umlagen sind, jede für sich, in mehreren kleinen Gruppen um den zerlegten Truthahn appetitlich angerichtet.

Umlagen:
1. *Scheiben von Lachsschinken-Galantine. Sie wurde im Kunstdarm pochiert (vgl. S. 287).*
2. *Frische Feigen, die eine Füllung vom ausgebohrten Fruchtfleisch in Verbindung mit Maiskörnern erhalten. Darauf einen Tupfen Cognac-Curry-Sahne und gehackte rote Paprikaschote.*
3. *Halbe Walnußschalen mit Pistazien-Schaumbrot (vgl. S. 156), auf dem der halbierte, in Milch gebrühte und abgezogene Nußkern liegt.*

Galantine von Masthuhn — Galantine de poularde

Die Zubereitung einer Masthuhn-Galantine ist auf S. 283 sehr eingehend behandelt. Damit die Galantine recht saftig bleibt, ist sie nach dem Füllen und Zunähen in gut geöltes Pergamentpapier zu rollen, außerdem in eine passende Serviette einzuwickeln und zu verschnüren. Nachdem sie in ihrem Fond gargemacht und ausgekühlt ist, wird sie darin mit leichtem Gewicht beschwert, damit späterhin gefällige Scheiben geschnitten werden können. Die hier gezeigte Galantine erhielt einen aus Tomate, Eigelbkrem und blanchiertem Lauch gestalteten Blumendekor. — Beigaben: Bällchen von Poulardenleber-Schaumbrot, die in geschnittenen Walnußkernen gerollt werden. Eine Ranke, die aus Orangenfilets und in Weißwein gedünsteten Apfelspalten sowie Kirschen zusammengesetzt ist, bildet den Abschluß.

Gemüsesalate verschiedener Zusammenstellungen, die mit leicht gesulzter Mayonnaise zu binden sind, angewandt.

Wie ein Rehrücken vorbereitet, tranchiert, mit Wild-Schaumbrot gefüllt und wieder zusammengesetzt wird, ist in den beigegebenen Bildern gezeigt. Früher war es üblich, die Rehrücken, nachdem sie wieder zu ihrer ursprünglichen Gestalt geformt wurden, mit einem Pinsel einen leichten Überzug mit brauner Chaudfroid-Sauce zu geben. Heute ist diese Geschmacksrichtung überholt, denn die Gäste bevorzugen den natürlichen Wildgeschmack. Man erreicht ihn, wenn die Rehrücken mit dem zu leichter Glace gekochten Bratfond, den man mit Fleischgelee vermengt, leicht überglänzt werden.

Es hat sich durchgesetzt, Wild mit Früchten mehr als in früheren Jahren anzubieten. Ananas, Kirschen, Äpfel und Orangen sind bevorzugt, und dies kommt in den Zubereitungen „Carmen", „Montmorency", „orientalische Art", „Singapur", „sizilianische Art" und „auf moderne Art" zum Ausdruck. Weiterer Aufschluß ist in den verschiedenen Rezepten für die Rehrückenzubereitungen gegeben.

Garnierter Rehrücken, moderne Art

Selle de chevreuil à la moderne

Der Rehrücken wird behauen, gehäutet, gespickt und, nachdem der Rückgratknochen etwas beschnitten wurde, rosa saftig gebraten und ausgekühlt. Dann werden die Rückenfilets abgelöst, korrekt in Scheiben geschnitten und wieder auf dem Knochengerüst

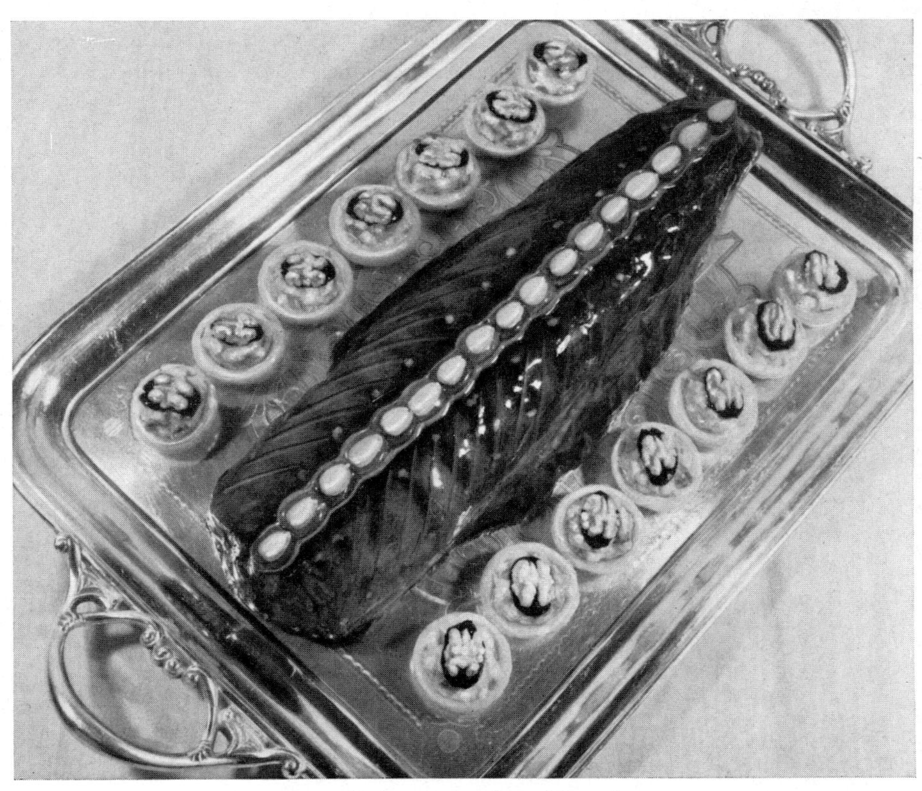

321. Rehrücken auf moderne Art

geordnet. — Nunmehr wird das Rückgrat abwechselnd mit halben grünen Weintraubenbeeren und gedünsteten, roten halben Kirschen, je mit einer halben Mandel belegt, in dekorativer Weise bedeckt und leicht mit Gelee überglänzt. — Abschließend wird der Rücken mit halben, in Weißwein gedünsteten Äpfeln, die mit einem aus Äpfeln, Kirschen und Bananen bestehenden Salat gefüllt und mit Trüffelscheibchen sowie Walnußkernen garniert sind, flankiert. Beigabe: Sauce Hatzfeld (S. 373).

Rehrücken Carmen

Selle de chevreuil Carmen

Einem rosa gebratenen Rehrücken werden die Filets abgelöst und exakt tranchiert. Die Karkasse ist mit Gänseleber-Schaumbrot zu bestreichen, um darauf wieder die geschnittenen Rückenscheiben zu legen. Nun wird der Rücken mit Gelee überglänzt und erhält dann zu beiden Seiten des Rückgrats eine Auflage von dünn geschnittenen Orangenschnitzen, denen man die Kerne herausgenommen hat. Zwischen beiden entlang führt man einen Strang von sehr fein geschnittenen Streifchen in Weißwein gedünsteter Orangenschalen. Der Rücken wird auf passender Platte angerichtet und mit kleinen Muscheln umstellt, die mit Johannisbeergelee gefüllt sind. Die weitere Garnitur besteht aus ausgehöhlten Orangen, die man mit Orangengelee gefüllt und nach dem Festwerden in Achtel geschnitten hat.

Es gibt noch eine andere Anrichteweise: Bei diesem System sind die Orangenscheibchen nicht auf den Rücken gelegt, sondern stets zwischen je 2 Fleischscheiben eingefügt. Nachfolgend die Behandlungsweise. Einem englisch gebratenen Rehrücken löst man die Rückenfilets von der Karkasse herunter und bestreicht diese mit Gänseleber-Schaumbrot, dem man fein gehackte Trüffeln und Madeira beigegeben hat. Nun schneidet man die Rückenfilets in schöne egale, schräge Scheiben, fügt dann zwischen jeden einzelnen Schnitt eine dünn geschnittene halbe, von den Kernen befreite Orangenscheibe, und zwar derart, daß die Hälfte innerhalb des Rückens liegt und die andere Hälfte sichelförmig herausschaut. Wenn man nun zwischen jede Scheibe eine Orangenscheibe eingefügt hat, nimmt man ein langes, breites Messer, schiebt es unter das geschnittene Fleisch und bringt es vorsichtig an seinen Platz. Durch die Mitte des Rückens, also auf dem Rückgrat entlang, gibt man dann dünne, fein geschnittene, in Weißwein gedünstete Streifchen von Orangenschalen. Der Rücken wird leicht mit Gelee überglänzt, auf eine passende Platte gesetzt und mit ausgehöhlten Orangen garniert, die man mit Orangengelee gefüllt und nach dem Festwerden in Achtel geschnitten hat. Für die weitere Garnitur sind gehacktes Gelee, grüne Salatblätter und evtl. ein Zierspieß (S. 162) anzuwenden.

Rehrücken nach Montmorency

Selle de chevreuil à la Montmorency

Einem bratfertig gemachten Rehrücken wird ein Spieß durch das Rückgrat gesteckt, damit er sich beim Braten nicht verzieht. Er wird englisch gebraten und nach dem Auskühlen in recht exakte Scheiben geschnitten, wobei zu beachten ist, daß diese genau in ihrer Reihenfolge unverändert bis zum weiteren Gebrauch liegen bleiben. Alsdann ist von den Filets mignons aus dem Rehrücken und Gänseleberresten ein Schaumbrot herzurichten und mit diesem die Rückenkarkasse zu füllen. Die geschnittenen Rückenscheiben sind nun recht sauber darauf zu ordnen, wobei man bestrebt sein muß, dem Rücken seine natürliche Gestalt zu geben. Über das Rückgrat sind zwei Reihen saurer, entsteinter, in Bordeaux-Wein pochierter Kirschen nebeneinander zu legen, auf die dann noch eine dritte Reihe gesetzt wird. Der Rücken wird nun mit Gelee überglänzt und beim Anrichten mit Gelee-Croûtons und gehacktem Gelee garniert.

Rehrücken nach orientalischer Art

Selle de chevreuil à l'orientale

Ein nicht zu langer, exakt ausgehauener Rehrücken wird bratfertig gemacht, sauber gespickt und englisch gebraten.

Für die Füllung wird in folgender Weise Gänseleber zu Schaumbrot verarbeitet: Gänselebern werden in Stücke geschnitten, mit dem erforderlichen Salz und Pastetengewürz nebst einigen feingeschnittenen Schalotten rosa gebraten und ausgekühlt. Dann werden die Lebern im Mixer zerkleinert, durch ein feines Sieb gestrichen, mit etwas flüssigem Gelee und einem Gläschen Madeira versetzt und zum Schluß mit etwas geschlagener Sahne aufgezogen.

Wenn der Rehrücken inzwischen ausgekühlt ist, wird das Fleisch von der Karkasse heruntergenommen. Sie wird mit dem gut abgeschmeckten Gänseleber-Schaumbrot 1 cm dick ausgestrichen. Jetzt wird das Fleisch des Rückens in dünne Scheiben geschnitten und diese genauso, wie sie fallen, auf die mit Schaumbrot gefüllte Karkasse geordnet. Es ist dabei zu beachten, daß die beiderseitigen Filets so geschnitten und gelegt werden, daß das Schaumbrot verdeckt wird. Der Rehrücken wird leicht mit Gelee überglänzt und sogleich in den Kühlraum gestellt.

Anschließend hieran werden auf dem Grat des Rückens gleichgroße, weiß chaudfroidierte Champignonköpfe angeordnet.

Das Folgende wäre die Anfertigung der Garnitur. Bananen werden der Länge nach aufgeschnitten, mit einem kleinwürfeligen, sehr pikant angemachten „Salat Waldorf", dem man auch Bananenfleisch beigefügt hat, gefüllt und mit Nußkernen, grünen Erbsen sowie feinen Streifen von Trüffeln und rotem Pfeffer garniert. Des weiteren sind es geschnitzte Orangenkörbchen mit Oliven, letztere mit rotem Pfeffer gefüllt, die die Garnitur vervollständigen, ferner aber auch das Fleisch bitterer Orangen. Als folgender Garniturbestandteil sind mit Gänseleber-Schaumbrot gefüllte und mit Estragonblättern belegte Artischockenböden herzurichten.

Hat man die Garnitur in allen Teilen fertiggestellt, so setzt man sie auf ein Ablaufgitter und überglänzt mit Gelee. — Der Rehrücken selbst, der mit den erwähnten Champignons belegt wird, erhält ebenfalls eine dünne Glasur mit flüssigem Gelee. Der Rücken ist nun auf einer passenden langen, mit einem Geleespiegel ausgegossenen Platte anzurichten und mit der Garnitur recht wirksam zu umgeben. Ein Zitronen- und Trüffelspieß erhöht die dekorative Wirkung.

Rehrücken auf kalifornische Art

Selle de chevreuil California

Ein Rehrücken wird zu schöner Form hergerichtet und bratfertig gemacht. Mit einem durch das Rückgrat geführten Spieß wird er englisch gebraten. Nach dem Auskühlen werden die Filets vom Knochengerüst ausgelöst und die Stelle der Fleischschichten alsdann mit einem pikanten, aus Äpfeln, Nüssen, Ananas, frischen Champignons und englischem Sellerie hergerichteten, mit gesulzter Rahmmayonnaise gebundenem Salat ausgefüllt. Das Rückenfleisch, das man in exakte Scheiben geschnitten hat, wird nun ordnungsmäßig wieder aufgesetzt. Das Rückgrat bedeckt man mit kleinen Ananastütchen, die je mit einer Kirsche zu füllen sind. Mit Gelee überglänzt, ist der Rücken auf passender Platte mit gehacktem Gelee anzurichten und mit halben, in Weißwein pochierten, mit einer Kirsche belegten Birnen zu garnieren. Ein Zierspieß und einige frische Salatblätter bringen die Platte zu voller Wirkung.

Rehrücken Diana

Selle de chevreuil Diana

Ein exakt behauener, gehäuteter, gespickter Rehrücken wird nach dieser Vorbereitung so ausgelöst, daß das Knochengerüst (die Karkasse) später noch gefüllt werden kann (d. h. etwas von den Seitenteilen stehenlassen). — Die roh ausgelösten Rückenfilets werden um ein Viertel ihrer Länge gekürzt, und zwar genau an der Stelle, wo die Halssehnen das Rückenfilet nicht mehr durchlaufen. Beide sehnenfreien Rückenfilets werden durch einen Horizontalschnitt längsseitlich soweit eingeschnitten, daß sie, auseinandergeklappt und

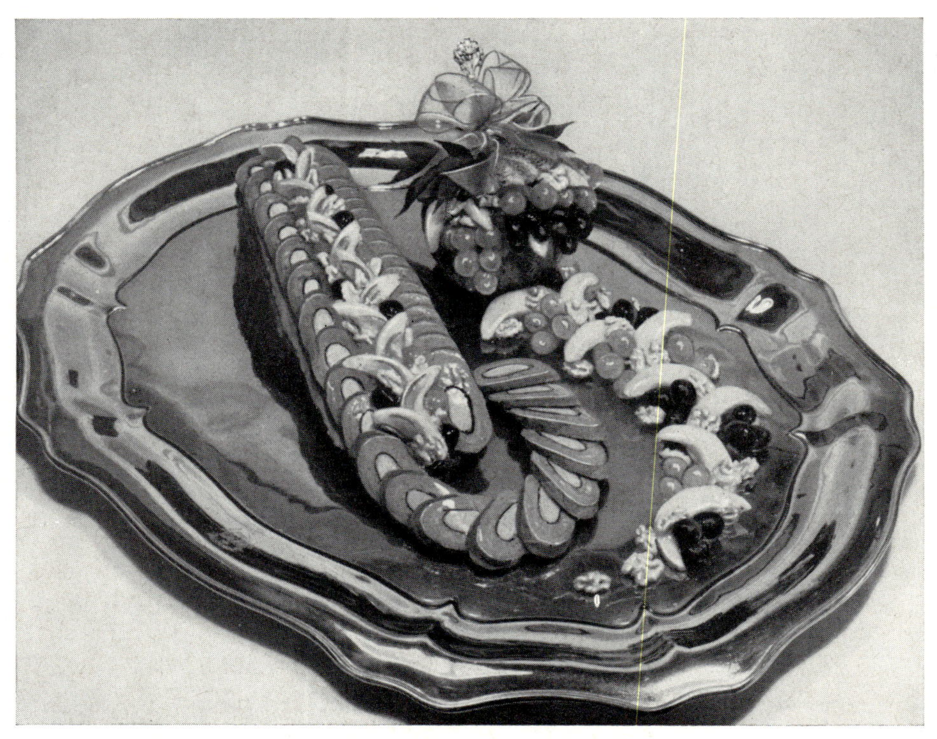

322. Rehrücken Diana
Eine neuartige Komposition von Wild und Früchten

nur leicht plattiert, ein Rechteck bilden. Von dem entfernten Teil der Rückenfilets ist eine Pasteten-Farce anzufertigen, mit gehackten Pistazien zu vermengen und gleichmäßig auf die leicht plattierten Rückenfilets zu verteilen. Die so vorbereitete Fleischhülle wird längs durch die Mitte mit einer dem Größenverhältnis entsprechenden Gänseleber-Parfait-Rolle belegt und mit Trüffelscheiben umkleidet. Diese Gänseleberfüllung wird nun so in die Rückenfilets eingerollt, daß ein korrekter Verschluß zustande kommt. So vorbereitet, werden die beiden gefüllten Rehrückenfilets in geöltes Pergamentpapier gewickelt und wie Lachsschinken leicht eingeschnürt.

Die Karkasse wird im heißen Ofen gebraten. Ebenso werden die eingerollten Rückenfilets in der gleichen Pfanne mit angebraten, dann auf die leere Karkasse gelegt und noch zweimal gewendet. Das Garmachen darf 10—12 Min. nicht übersteigen.

Nachdem die Karkasse völlig ausgekühlt ist, wird sie mit leichtem Wild-Gänselebermus (S. 291) bestrichen. Darauf sind, wie aus dem Bild ersichtlich, die in 1 cm dicke Scheiben geschnittenen Rückenfilets zu ordnen, ebenso der aus Melone, blauen und gelben Trauben, Pfirsichen und Walnußkernen zusammengesetzte Früchtekranz. Die Melone ist mit einem Salat von gleicher Früchtezusammenstellung gefüllt. Nach vollendetem Anrichten wird das Ganze leicht mit hellem Gelee überglänzt.

Gefüllter Rehrücken in Pastetenteig

Selle de chevreuil en croûte

Die Rehrückenfilets werden genauso präpariert, wie beim Rehrücken „Diana“ beschrieben wurde. Die Farce erhält jedoch eine Beigabe von kleinwürfelig geschnittener Gänseleber, Trüffel, Pökelzunge und Pistazien.

323. Gefüllter Rehrücken in Pastetenteig

Die mit der Farce gefüllten Rehrückenfilets werden, eingerollt, auf eine passend zugeschnittene Unterlage von Pastetenteig (S. 272) nebeneinandergelegt, jedoch durch ein keilartig langgeschnittenes Stück von gekochtem Schinken, wie aus dem Bild ersichtlich ist, voneinander getrennt, so daß beim späteren Anschnitt beide Rückenfilets zwar nebeneinander, jedoch gesondert in Erscheinung treten.

Nach dieser Vorbehandlung wird die Teighülle oben geschlossen und mit 4 Pergamentkaminen versehen, damit die sich beim Backen entwickelnden Dämpfe abziehen können. Der schon während der Rohbehandlung auf ein mit starkem Pergamentpapier gelegtes Backblech gesetzte Rehrücken wird nunmehr bei mittlerer Ofenhitze gebacken, wobei das Rehrückenfleisch rosa saftig bleiben muß. Nach völligem Auskühlen wird der Rehrücken mit Madeiragelee ausgefüllt, in den Kühlraum gestellt, schließlich in Portionsscheiben geschnitten, leicht mit Gelee überglänzt und angerichtet. Beigabe: halbe, mit Pampelmusen- und Melonenspalten gefüllte Tomaten.

Rehrücken Singapur

Selle de chevreuil à la Singapore

Einem gut parierten Rehrücken wird ein Spieß durch das Rückgrat gesteckt, damit er sich beim Braten nicht krümmt. Schön rosa gebraten, läßt man ihn auskühlen. Danach werden die Filets vom Rücken heruntergeschnitten, und die Karkasse wird mit Gänseleber-Schaumbrot bestrichen. Darauf setzt man wieder das in gleichmäßige Scheiben geschnittene Rückenfleisch. Leicht mit Gelee überglänzt, wird der Rücken dann auf einer langen, mit einem Geleespiegel ausgegossenen Platte angerichtet. Nun legt man über das Rückgrat, am Halsende beginnend, in stufenförmiger Anordnung eine Reihe schmaler Ananas-Dreiecke.

Die Garnitur für diesen Rücken besteht aus kleinen, ausgehöhlten, in Weißwein gedünsteten Apfelscheiben mit abwechselnder Füllung von Ananaswürfeln und Johannisbeergelee. Beigabe: Cumberland-Sauce.

Rehrücken, portionsweise angerichtet

Im Restaurationsbetrieb ist es bei Bestellung von 1–2 Portionen Rehrücken am praktischsten, das vom ganzen Rücken abgeschlagene Stück b) im Gegensatz zum ganzen Rücken a) *längs* in Scheiben zu schneiden.

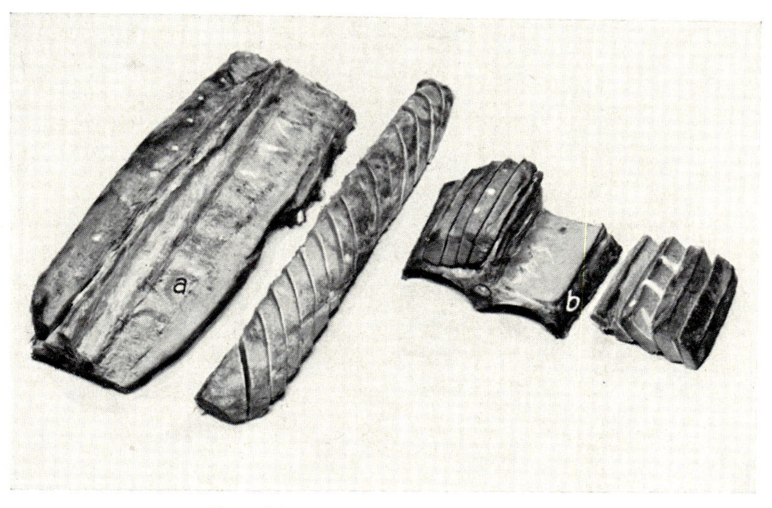

324. Tranchierweise im Restaurationsbetrieb

Bei dem kurzen Stück würden sich, bei Anwendung der Schnittmethode a), einige kleine unansehnliche Scheibchen nicht vermeiden lassen.

Beigabe: halbe, gedünstete, mit Waldorfsalat gefüllte Äpfel und aufrechtgestellte, mit einer ganzen entsteinten Kirsche garnierte Bananenstücke.

2. Rehkoteletts und Rehsteaks

Rehkoteletts mit Ananas

Côtelettes de chevreuil à l'ananas

Rehkoteletts sind schön rosa zu braten und müssen dann erkalten. Man bestreicht alle auf der gleichen Seite erhaben mit Gänseleber-Schaumbrot und überzieht sie mit brauner Chaudfroid-Sauce. Wenn die Sauce fest geworden ist, legt man auf jedes Kotelett eine ausgestochene Trüffelscheibe und überglänzt alles mit Gelee. Nun wird eine kleine Ananas mit unbeschädigter Schale in etwa $^3/_4$ Höhe durchgeschnitten und ausgehöhlt. Dieses Mark und etwas Büchsen-Ananas wird im Mixer zerkleinert, durch ein Haarsieb gestrichen und wieder in die Schale gefüllt. Man setzt sie auf eine mit einem Geleespiegel ausgegossene Platte und gruppiert außen herum die Koteletts.

Rehkoteletts können im übrigen auch nach den gegebenen Rehrücken-Rezepten bereitet werden.

Das Rehsteak als kalte Platte

Wo kalte Aufschnittplatten oft in Frage kommen, aber trotz ihrer Güte den Gästen durch zu häufige Darbietung nicht mehr so recht behagen, mag hier und da das Rehsteak eine willkommene Abwechslung sein. Derartige Gerichte sind auch, besonders in der Hochsaison, eine Erleichterung im Service, denn schließlich ist die Vorarbeit ziemlich einfach, wenn rechtzeitig damit begonnen wird. Man muß aber berücksichtigen, daß einige Dinge, wie Einsetzen von Gänselebermedaillons usw., schon am Vorabend erledigt werden, d. h. wenn leistungsfähige Kühlräume vorhanden sind. Falls z. B. an heißen Sommertagen irgendein Schaumbrot bereitet wird, das längere Zeit stehen soll, so ist dies von vornherein bedenklich.

Die Rehsteaks werden rosa gebraten und auf einem Abtropfgitter ausgekühlt. Die dann erforderliche braune Wild-Chaudfroid-Sauce hat man vorher bereits fertiggemacht, so daß diese jetzt zur Verfügung steht. Bei der Verarbeitung muß die Sauce völlig kalt und bereits dickflüssig sein, daß sie beim Auftragen auf die gut durchgekühlten Steaks darauf haften bleibt. Gewöhnlich ist die Chaudfroid-Sauce knapp bemessen, so daß sparsam damit umgegangen werden muß. In diesem Falle ist jedes Steak auf eine breitzinkige Gabel zu legen, einzeln zu nappieren und wieder auf das Ablaufgitter zu setzen (vgl. S. 388). Danach bringt man die Steaks sofort in den Kühlraum. Sie erhalten später eine beliebige Garnitur und einen leichten Geleeüberzug.

In der gleichen Weise wie hier die Rehsteaks können ebensogut kleine Steaks von Kalb- oder Rinderfilet behandelt werden, doch ist dann die Garnitur darauf einzustellen.

In Luxusbetrieben werden zuweilen ähnliche Platten serviert; gewöhnlich erscheinen sie dann als sog. Medaillons. Wenn dieser Name gerechtfertigt sein soll, so muß der

Medaillonform Rechnung getragen werden. Das gibt natürlich unnötige Reste und macht sich in den meisten Betrieben nicht bezahlt. — Die Medaillons können dann noch mit Gänseleber gefüllt werden, es kann aber auch unterbleiben.

325. Garnierte Rehsteaks mit gefüllten Tomaten

Sternförmig zugeschnittene Sellerieschеibchen, auf denen je eine entsteinte, mit Gänseleber gefüllte Kirsche ruht, garnieren die Steaks. Der Stiel der Kirsche ist aus Trüffel, die Blättchen aus gekochtem Lauch. — Die abgezogenen, ausgehöhlten Tomatenhälften enthalten einen pikanten Apfel-Ananassalat. Champignonköpfe, in die Spiralen ziseliert wurden, bilden die Dekoration

Es versteht sich von selbst, daß Koteletts von Reh und Kalb in dieser Art verwendet werden können. Die vorangegangenen Beispiele sind bei weitem nicht erschöpft. Es kann z. B. eine große Anzahl von Salatkompositionen in Frage gezogen werden. Ferner können Ring- oder Zylinderformen mit gleichem oder anderem, zur gewählten Fleischart im harmonischen Verhältnis stehenden Inhalt angewendet werden.

Schaumbrot von Reh

Mousse de chevreuil

Das Rezept für Schaumbrot ist in dem Kapitel „Die Schaumbrote und ihre Behandlungsweise“ S. 291—293 erläutert.

3. Hasengerichte

Hasen-Schaumbrot

Mousse de lièvre

Von gebratenem oder geschmortem Hasen nimmt man $^1/_2$ kg ausgebrochenes Keulenfleisch, zerkleinert es im Fleischwolf recht fein und verarbeitet es mit etwa 200 g Velouté, um es nun durch ein feines Sieb zu streichen und einige Zeit auf Eis zu setzen. Unter diese Masse rührt man reichlich $^1/_{10}$ l flüssiges Gelee, schmeckt das Ganze ab und zieht es mit $^2/_{10}$ l halbfest geschlagener Sahne auf. Man kann nun das Schaumbrot in mit Gelee ausgegossenen Formen servieren, oder man füllt es in eine vertiefte Silber- oder Glasschale und legt darauf einen passenden Dekor. Schließlich aber kann man auch auf das Schaumbrot kleine, rosa gebratene Medaillons von Hasenrücken legen, die man mit einer Trüffelscheibe bedeckt und mit Gelee überglänzt hat.

19. Abschnitt

Salate

Hinweise auf Farbtafeln mit verschiedenen Salaten

Salat Rivoli	siehe Farbtafel-Übersicht
Gemüsesalat mit halben gefüllten Eiern	

Nahezu alle Salate lassen sich je nach ihrer Eigenart durch die mannigfaltigen Küchenkräuter im Geschmack wesentlich vervollkommnen. Aber mit Kräutern allein ist die Geschmacksverbesserung längst nicht erschöpft. Salate können auch durch verschiedenartige Frucht- und Gemüsesäfte sowie Zitronensaft und weiterhin durch einen ausgedrückten Fond von sehr fein gehackten, in Weißwein ausgezogenen Schalotten vorteilhaft vervollkommnet werden. Darüber hinaus ist die Schmackhaftigkeit aller Salate bei sinnvoller Anwendung von geriebenen, geraspelten, gehackten oder fein geschnittenen Nüssen, Mandeln, Karotten, Fenchel, Sellerie, Radieschen, Blumenkohl, Meerrettich, Rettich, Kresse, Paprikaschoten, Gewürzgurke, Zwiebel, Knoblauch, Sardellen, gekochten Eiern, Oliven und Kapern erheblich zu steigern.

In diesem Zusammenhang sei auf die Elektro-Mixapparate hingewiesen, mit denen die Küchenarbeit wesentlich vereinfacht und erleichtert wird, auch in der Salatzubereitung. Diese Apparate vereinigen die Vorzüge: schnellste Arbeitsweise – rationelles Arbeiten. In wenigen Minuten sind Arbeiten bequem zu bewältigen, die früher unangenehm und zeitverschlingend auf primitivste Weise erledigt werden mußten. Denken wir z. B. an das Meerrettichreiben, Pürieren von Kräutern für kalte Saucen, an das Mayonnaiserühren und außerdem an verschiedene oben erwähnte Salatbeigaben, die je nach Bedarf grob oder fein zu zerkleinern sind. Der heute kurze Zeitaufwand gegenüber früheren Methoden ist fabelhaft. In der kalten Küche von heute sind Elektro-Mixapparate zur Notwendigkeit geworden. Auch zur Bereitung von Diät und Rohkost sind sie für fortschrittliche Betriebe unentbehrlich.

Dem Zuge der Zeit und der Ernährungslehre folgend, sind Salate, mit purer Mayonnaise gebunden, bei weitem nicht mehr so begehrt wie einst. Zum Anmachen von Salaten läßt sich die Schwere der Mayonnaise durch das Hinzufügen und Auflockern von geschlagenem oder ungeschlagenem Rahm angenehm mildern und geschmacklich hervorragend heben.

In bezug auf Resteverwertung sind bei der Bereitung von kombinierten Salaten große Möglichkeiten gegeben, vielerlei Material nutzbringend auszuwerten, denn auch Reste können vollwertig sein. Ein Vorspeisenkoch mit guten Kombinationsideen, geschickter Hand und guter Zunge ist für jeden Betrieb ein wichtiger Faktor, denn in der Ausnutzung anfallender Reste liegen erhebliche Verdienstmöglichkeiten.

1. Blattsalate

Zu diesen zählen Kopf-, Eskariol-, Chicorée-, Endivien-, Römischer, Feld-, Kapuzinerbart-, Kresse- und Schwarzwurzelsprossen-Salat. Nachdem die Salate verlesen sind, werden sie in reichlich kaltem Wasser gewaschen und zum Abtropfen auf Drahtgittern oder in Drahtkörben flach und kühl aufbewahrt. Langes Liegenlassen im Wasser nimmt ihnen die Wirkstoffe und das Aroma. Die Verwendung von frisch gehackten Kräutern steigert Aussehen, Geschmack und Vollwertigkeit der Salate.

I. Zum Anmachen nimmt man in erster Linie Öl. Die Marinade setzt sich aus drei Teilen Öl und einem Teil Essig zusammen und wird dann noch mit Salz und Pfeffer gewürzt. Statt Essig kann in jedem Fall Zitronensaft verwendet werden.

II. Eine weitere Art ist, Salate mit Sahne anzumachen. Man verwendet dafür frischen Rahm, den man mit Salz, Pfeffer und Zitronensaft geschmacklich abstimmt.

III. Üblich ist es auch, die Salate mit Mayonnaise anzumachen. Für diesen Zweck ist sie angemessen zu verdünnen und pikant im Geschmack zu halten.

IV. Wiederum kann man auch die Marinade von gekochtem Eigelb und Öl aufrühren. Die Eigelb werden hierfür durch ein feines Sieb passiert, mit Senf, Salz und Pfeffer vermischt und dann mit Öl und etwas Essig aufgerührt. Zuweilen gibt man in diese Marinade auch das in Streifen geschnittene, gekochte Eiweiß.

V. Das Anmachen grüner Salate mit Speck ist in manchen Gegenden sehr beliebt. — Der geputzte Salat wird mit Salz und Pfeffer bestreut, in eine Schüssel gegeben, dann mit dem Fett und den Würfeln von ausgelassenem fettem, geräuchertem Speck übergossen, mit wenig Essig beträufelt und gut vermengt.

2. Einfache Gemüsesalate

Artischockensalat

Salade d'artichauts

Gekochte Artischockenböden schneidet man in Viertel und mariniert sie mit gewöhnlicher Salat-Marinade (I).

Artischockensalat provenzalisch

Salade d'artichauts à la provençale

Artischockenböden, in Scheiben geschnitten, werden in Öl gebacken und dann auf ein Tuch zum Abtropfen gelegt. Späterhin werden sie mit abgezogenen, entkernten Tomatenvierteln, geschnittenen Sardellenfilets und Olivenscheiben vermengt und mit Zitronensaft, Pfeffer und Salz angemacht. Beim Anrichten ist dieser Salat mit fein geschnittenem Schnittlauch und gehacktem Kerbel zu bestreuen. Für die Garnitur verwendet man Sardellen- und Olivenringe.

Blumenkohlsalat

Salade de choux-fleurs

Der geputzte und gewaschene Blumenkohl wird in Röschen geteilt und dann in einem Dämpfer nicht zu weich gedämpft. Nach dem Auskühlen wird der Blumenkohl mit Zitrone, Öl, Pfeffer und Salz mariniert, beim Anrichten mit verdünnter Mayonnaise überzogen oder naturell serviert.

Blumenkohlsalat provenzalisch

Salade de choux-fleurs à la provençale

Hierzu nimmt man ebenfalls Blumenkohlröschen. Die Marinade ist eine Zusammenstellung von rohem und gekochtem Eigelb, letzteres durch ein feines Sieb gestrichen, mit Weinessig, ein wenig Weißwein, Öl, Senf, kalter Fleischbrühe, Zitronensaft, Salz, Pfeffer und ein wenig Zucker zu einer gebundenen Sauce aufgerührt. Die Schüssel wird zuvor mit einer Knoblauchzehe ausgerieben.

Salat von grünen Bohnen

Salade de haricots verts

Die Bohnen werden in Salzwasser gekocht, doch so, daß sie nur eben gar sind. Noch warm, sind sie mit Essig, Öl, Salz und Pfeffer zu marinieren, dann aber gekühlt mit gehackter Petersilie, Schnittlauch und Kerbel bestreut zu servieren.

Salat von Wachsbohnen

Salade de haricots jaunes

Die Zubereitung für diesen Salat ist die gleiche, wie im vorhergehenden Rezept beschrieben ist.

Salat von grünen Bohnenkernen

Salade de flageolets

Die gekochten und abgetropften Bohnenkerne werden mit Zitronensaft, Salz, Pfeffer, wenig Öl sowie feinen Kräutern und flüssiger Sahne angemacht.

Champignonsalat

Salade de champignons

Gesäuberte, mit Zitronensaft und einem Stück Butter gedünstete Champignons, in Scheiben geschnitten, sind mit Öl, Pfeffer, Salz und gehackter Petersilie zu marinieren. — Man kann sie auch noch mit Schlagsahne anmachen, die mit Mayonnaise unterzogen ist.

Chicoréesalat

Salade de chicorée

Chicorée, kurz vor dem Anrichten mit Essig und Öl mariniert, wird mit saurer Sahne, die mit Salz und Pfeffer geschmacklich vollendet wurde, leicht bedeckt und mit fein gehackten Kräutern und Streifchen von Pökelzunge bestreut.

Gurkensalat

Salade de concombres

Die Gurken sind zu schälen und auf Geschmack zu prüfen, daß sie nicht bitter sind. In dünne Scheiben geschnitten, werden sie mit Salz, Pfeffer, Essig, Öl und gehacktem Schnittlauch angemacht.

Russischer Gurkensalat

Salade de concombres à la russe

Die Vorbehandlung der Gurken ist die gleiche wie oben, nur mit dem Unterschied, daß sie mit saurer Sahne, viel Pfeffer, Dill und nur wenig Öl anzumachen sind.

Ungarischer Gurkensalat

Salade de concombres à la hongroise

Der Salat wird nach russischer Art zubereitet, doch sind Schnittlauch und dünne Streifen von Paprikaschote hinzuzufügen.

Gurkensalat auf englische Art

Salade de concombres à l'anglaise

Frische Gurkenscheiben und feine Streifen von englischem Sellerie werden mit Sahne, Zitronensaft, Salz und Pfeffer angemacht.

Fenchelsalat

Salade de fenouil

Die geputzten Fenchelknollen sind in geeignete Stücke zu schneiden; sie werden dann blanchiert und in kräftiger weißer Brühe und mit etwas Weißwein gargedünstet. Für die Marinade wird mit Salz zerriebener Knoblauch in Öl erhitzt, Streifchen von Paprikaschoten beigefügt, ein wenig Essig hinzugegeben und dies kurz aufgekocht. Diese Marinade ist über den Fenchel zu geben.

Karottensalat

Salade de carottes

Junge Mohrrüben werden gesäubert, in leichtem Salzwasser gargekocht und dann, in Julienne oder Scheiben geschnitten, mit gewöhnlicher Salat-Marinade angemacht.

Kartoffelsalat

Salade de pommes de terre

Bei Herstellung eines guten Kartoffelsalates ist eine Kartoffelart zu wählen, die nicht zerfällt. Besonders geeignet sind die sog. Mäuschen-Kartoffeln. Ferner ist zu beachten, daß die Kartoffeln warm in die ebenfalls warme Marinade hineingeschnitten werden. Sie ist aus heißer Bouillon, geriebener Zwiebel, Essig, Öl, Salz, Pfeffer und ein wenig Zucker zusammenzustellen. Die Kartoffeln werden dann in der Marinade geschwenkt, bis der Salat gebunden ist.

Holländischer Kartoffelsalat

Salade de pommes de terre à la hollandaise

Die Herstellung des Salats entspricht der vorbeschriebenen Art, doch werden ihm geröstete Speckwürfel mit dem ausgebratenen Fett und in Würfel geschnittene geräucherte Heringe beigefügt.

Kartoffelsalat nach Pariser Art

Salade de pommes de terre à la parisienne

Gekochte Mäuschen-Kartoffeln werden, solange sie noch lauwarm sind, in Scheiben geschnitten und mit Weißwein mariniert. Nach Verlauf einer Viertelstunde werden wenig Essig, Öl, Salz, Pfeffer sowie gehackte Petersilie und Kerbel hinzugegeben. Das Ganze wird vorsichtig durcheinandergeschwenkt.

Makkaronisalat mit Tomaten

Salade de macaroni aux tomates

In Salzwasser gekochte und in kaltem Wasser abgekühlte Makkaroni schneidet man in sehr kleine Stücke und fügt das in Würfel geschnittene Fleisch von festen, abgezogenen Tomaten hinzu. Mit Salz, Pfeffer, Essig und gehackter Zwiebel mariniert, wird das Ganze mit Mayonnaise gebunden.

Paprikasalat

Salade de paprica

Der Länge nach aufgeschnittene Paprikaschoten werden von den Kernen und Rippen befreit. In Julienne geschnitten, sind diese mit Öl, Weinessig, Salz und gehackten Kräutern zu marinieren.

Porreesalat

Salade de poireau

In guter Fleischbrühe gedünsteter Porree ist in 5 cm lange Stücke zu schneiden und zu spalten. Mit Salat-Marinade angemacht, wird der Salat beim Anrichten mit gehackten Eiern bestreut.

Radieschensalat

Salade de radis

Gewaschene Radieschen schneidet man in Scheiben. Erst kurz vor dem Servieren werden sie mit Öl, Essig, Salz und wenig Pfeffer angemacht. Nach dem Anrichten bestreut man den Radieschensalat mit feingehackten, rohen Blumenkohlröschen, feingeschnittenem Schnittlauch und Würfeln von hartgekochtem Ei.

Rettichsalat

Salade de raifort

Man schneidet geschälte Rettiche in dünne Scheiben und macht sie dann mit Essig, Öl und Salz fertig.

Rahmsalat von roten Rüben

Salade de betteraves à la crème

Die gekochten roten Rüben sind in Streifen zu schneiden. Zur Bindung braucht man französischen, mit Sahne aufgezogenen Senf; Zitronensaft, Salz, Pfeffer und eine Prise Zucker geben die geschmackliche Vollendung.

Rotkrautsalat

Salade de chou rouge

Nachdem feingeschnittener Rotkohl blanchiert ist, wird er noch warm mit Salz, Pfeffer, Essig und etwas flüssigem Johannisbeergelee mariniert. Zur Förderung der Verdauung soll er mehrere Stunden vor dem Genuß fertiggemacht werden. Dieser Salat kann auch statt mit Öl mit ausgelassenem Speck zubereitet werden.

Salat von Schwarzwurzeln

Salade de salsifis

Die Schwarzwurzeln sind beim Putzen nach der bekannten Methode zu behandeln, also bis zur Weiterverarbeitung in Wasser, mit Essig und einer Handvoll Mehl verrührt, zu legen. In 4 cm lange Stücke geschnitten, werden sie in Salzwasser weichgekocht, abgekühlt und später mit Kräutern, Zitrone, Öl, Salz und flüssiger Sahne pikant angemacht.

Selleriesalat

Salade de céleri

Gut gebürstete Sellerieknollen werden weichgekocht und ausgekühlt. Nach dem Schälen sind sie in Scheiben zu schneiden, mit Salz, Pfeffer, Essig und Öl zu marinieren. Diesen Salat kann man mit verdünnter Mayonnaise überziehen oder naturell zu Tisch geben.

Selleriesalat nach Hausfrauen-Art

Salade de céleri à la bonne-femme

Für die zum Anmachen erforderliche Sauce nimmt man französischen Senf, den man mit süßer Sahne anrührt und mit Zitrone, Salz und Pfeffer würzt. In diese gibt man zu gleichen Teilen dünne Scheiben von gekochtem Sellerie und Renette-Äpfeln.

Salat von englischem Sellerie

Salade de céleri en branches

Geputzter englischer Sellerie wird in feine Streifen geschnitten und mit englischem Senf, flüssiger Sahne, wenig Zitrone, Salz und Pfeffer angemacht.

Spargelsalat

Salade d'asperges

Hierfür wird der Spargel in etwa 4 cm lange Stücke geschnitten und in eine Salat-Marinade gelegt, der gehackte Kräuter beigefügt sind. Beim Anrichten ist zu beachten, daß die Köpfe obenauf zu liegen kommen.

Salat von Steinpilzen

Salade de cèpes

Sauber geputzte Steinpilze, die man in Scheiben geschnitten hat, werden mit Öl und feinwürfelig geschnittener Zwiebel gargedünstet und später mit Salz, Pfeffer, Weinessig, Öl und gehacktem Estragon mariniert.

Tomatensalat

Salade de tomates

Gebrühte, abgezogene Tomaten werden in Scheiben geschnitten und mit einer Salat-Marinade, der man ein wenig Zucker, feingehackte Zwiebeln sowie Kräuter beigefügt hat, angemacht. Beim Anrichten wird mit Kopfsalatblättern garniert.

Pfälzer Krautsalat

Salade de chou blanc

Ein Weißkrautkopf wird feingeschnitten (ohne Rippen), blanchiert, gut abgetropft und noch warm mit Essig, Öl, Salz und Pfeffer gewürzt. — Kranzförmig angerichtet, gibt man in die Mitte Wurstsalat (Scheibchen), mit Senf-Vinaigrette angemacht und mit Schnittlauch bestreut.

3. Salat-Kompositionen

Falls die einzelnen Bestandteile verschiedener Salate je für sich anzumachen sind, muß beim Anrichten das Farbenspiel recht vorteilhaft in Erscheinung treten. Das Service läßt sich besonders günstig gestalten, wenn derartige Salate auf Kristallschalen angerichtet und dann auf Platten mit Servietten gesetzt werden.

Salat Aida

Salade Aida

Die Zusammenstellung dieses Salates besteht zur einen Hälfte aus krauser Endivie und zur anderen aus Tomaten, rohen, geschälten und streifig geschnittenen grünen Pfefferschoten, Eiweißscheiben und in feine Scheiben geschnittenen Artischockenböden. Der Salat-Marinade ist etwas Senf beizugeben. Über den Salat gibt man nudelförmiges, durch ein grobes Sieb gedrücktes, hartgekochtes Eigelb.

Salat Alexandra

Salade Alexandra

Würfel von Tomaten und englischem Sellerie werden mit leichter Rahmmayonnaise gebunden, auf Salatblättern angerichtet und mit Trüffelstreifchen bestreut.

Apfel- und Selleriesalat

Salade de pommes et céleri

Dünne Apfelspalten, Selleriestreifen und feingeschnittener Schnittlauch werden mit Zitronensaft, Öl, Salz, Pfeffer und einer Prise Zucker zu einem pikanten Salat vereinigt. Obenauf sind einige Kapern zu streuen.

Andalusischer Salat

Salade à l'andalouse

Der erforderlichen Menge der üblichen Salat-Marinade ist eine mit Salz fein zerriebene Knoblauchzehe beizugeben. In dieser Marinade werden alsdann abgezogene, von den Kernen befreite Tomatenviertel, in Salzwasser abgekochter Reis, Julienne von Pfefferschoten nebst gehackter Zwiebel und gehackten Kräutern angemacht.

Eine andere Zusammenstellung ist die von frischen Gurkenscheiben, Zwiebelringen und Tomaten.

Salat Anna

Salade Anna

Scheiben von jungem Sellerie, Herzblätter von Kopfsalat und junger Feldsalat werden in einer Kräuter-Marinade, der man flüssigen Fleischextrakt beigegeben hat, mariniert.

Masthuhn „Prinzeß Alice“ — Poularde „Princesse Alice“

Einem in kräftigem Fond gekochten Masthuhn wird nach dem Erkalten die Brust in 14 Scheiben von der Karkasse heruntergeschnitten. Um die mit den Hühnerbrüsten gebildete Rosettenform zu erreichen, ist folgendes zu beachten: die Hühnerbrustscheiben werden alle — mit der Spitze nach oben und mit der Wölbung nach rechts — auf ein Ablaufgitter gesetzt; sieben Scheiben sind mit weißer und sieben Scheiben mit hellgrüner Chaudfroid-Sauce (S. 374) zu überziehen; man stellt sie in den Kühlraum, bis die Sauce erstarrt ist.

Von dem Keulenfleisch, von Ananas, Spargel, Tomaten und englischem Sellerie bereitet man einen Salat, der mit Mayonnaise gebunden wird; die Mayonnaise versetzt man vorher mit geschlagenem Rahm und schmeckt sie ab mit englischem Senf, Zitronensaft und Salz. Auf dem kuppelartig angerichteten Salat sind die weißen und hellgrünen Brüstchen abwechselnd im Kranz anzurichten. Das Ganze erhält eine Einfassung von Spargelspitzen, halben Tomatenscheiben und hellgelben Escaroleblättern.

In die Mitte wird ein Champignonkopf gesetzt und die Oberfläche mit hellem Fleischgelee leicht überglänzt.

Masthuhn auf Frühlings-Art — Poularde à la printanière

Ein gebratenes Masthuhn wird ohne Verwendung von Chaudfroid-Sauce so behandelt, wie es auf S. 153, Bild 199, dargestellt ist. — Als Füllung ist Geflügel-Schaumbrot (S. 291) zu verwenden. Nach dem Auflegen des Brustfleisches sind zwischen den Brustscheiben noch rund ausgestochene Trüffelscheiben einzufügen. Vor dem Anrichten werden das Masthuhn, Gänseleber-Trüffeln (S. 268) und mit Spargelköpfen gefüllte Tomaten auf einem Ablaufgitter leicht mit Gelee überglänzt.

Die blanchierten Estragonblättchen, die die Garniturbestandteile umkränzen, sind in den Geleespiegel eingegossen. Die Estragonblättchen müssen zuvor in flüssiges Gelee getaucht werden, damit sie sogleich am Plattenboden haften bleiben. Mit der hier angewandten Tranchiermethode sind die Bilder 199, 307 und 310 zu vergleichen.

Salat Augusta

Salade Augusta

Abgeschälte, geschnittene Nüsse, Julienne von rohem englischem Sellerie, Trüffeln und kleinste rohe Blumenkohlröschen werden mit pikanter dünner Sahnenmayonnaise gebunden und beim Anrichten mit Estragon und Kerbel bestreut.

Salat Beaucaire

Salade Beaucaire

Für diese Salatzusammenstellung braucht man Sellerieknollen, Stauden von englischem Sellerie, in Julienne geschnitten, und Endivien. Diesem sind die Hälfte der Menge in Streifen geschnittene säuerliche Äpfel, gekochte Champignons und magerer gekochter Schinken beizufügen; das Ganze ist mit pikanter, nicht zu dick gehaltener Mayonnaise zu binden und beim Anrichten mit gehacktem Kerbel und Petersilie zu bestreuen.

Böhmischer Salat

Salade bohémienne

Gekochter Knollensellerie und Kartoffeln werden lauwarm in Scheiben geschnitten und sogleich mit pikanter, mit Sellerie-Fond verdünnter Mayonnaise angemacht. Beim Anrichten ist der Salat mit Schnittlauch zu bestreuen.

Carmen-Salat

Salade Carmen

Kleinwürfelig geschnittenes Hühnerfleisch, Würfel von geröstetem und von der Schale befreitem spanischem Pfeffer sowie junge gedünstete Erbsen und körnig gekochter, gut trockener Reis sind mit einer Essig-Öl-Marinade anzumachen, der man Senf und gehackten Estragon beigegeben hat.

Christoph-Salat

Salade Christophe

Für diesen Salat verwendet man in Scheiben geschnittene kleine Tomaten, Brunnenkresse, streifig geschnittenen Kopfsalat, Stifte von roten Rüben und frische Gurkenscheiben. Erforderlich ist eine gewöhnliche Salat-Marinade mit feingehackten Kräutern. Dieser Salat ist bukettweise anzurichten.

Salat nach reicher Art

Salade riche

Rohe Champignons, gekochte Artischockenböden und Sellerieknollen schneidet man in gleiche Scheibchen, fügt Spargelspitzen hinzu und bindet das Ganze mit einer pikanten Marinade aus Zitronensaft, Öl, Salz, Pfeffer und etwas flüssiger Sahne. Auf einer Glasschale angerichtet, wird dieser Salat mit marinierten Krebsschwänzen, harten Eier- und Trüffelscheiben dekoriert und mit Kopfsalatherzblättchen eingefaßt.

Diplomatensalat

Salade à la diplomate

Äpfel, Ananas und Bananen sowie rohe Champignons werden in Scheibchen geschnitten, mit Zitrone, geschlagener Sahne, Mayonnaise und einer Prise Zucker angemacht. Der Salat wird auf hellgrünen Salatblättern angerichtet, mit Orangenfilets garniert und mit feinen Streifchen von Orangenschale bestreut.

Salat Oxford

Salade Oxford

Geschälte, vom Kerngehäuse befreite Äpfel und englischer Sellerie, in feine Würfel geschnitten, werden mit pikanter, mit Zitrone und Worcestershiresauce gewürzter Mayonnaise angemacht.

Salat nach Favoritin-Art

Salade favorite

Spargelspitzen und Krebsschwänze in gleicher Menge werden mit Salat-Marinade, der man gehackte Kräuter beigibt, angemacht und auf einer Unterlage von grünen Salatblättern angerichtet. Obenauf gibt man Trüffelscheiben oder Trüffelstreifchen.

Salat nach friesischer Art

Salade Françillon

Kartoffelsalat nach Pariser Art (S. 345) sowie gekochte, vom Bart befreite Muscheln werden vermischt, mit dem noch erforderlichen Essig und Öl vollendet und beim Anrichten mit Eierscheiben umlegt.

Gemischter Salat

Salade melée

Unter „Salade melée" ist jede beliebige Salat-Komposition zu servieren. Es ist üblich, die einzelnen Bestandteile, wie beispielsweise Tomaten, Spargel, Kopfsalat, grüne Bohnen und Champignons, je für sich zu marinieren und dann abwechselnd in kleinen Buketts unter Berücksichtigung des Farbenspiels anzurichten.

Salat von frischen Gemüsen

Salade de légumes frais

Gekochte, geschnittene grüne Bohnen, Erbsen, Spargelstückchen, in kleine Scheiben geschnittene Karotten sind mit Essig, Öl, Salz, Pfeffer, gehackter Petersilie und Kerbel anzumachen. Beim Anrichten setzt man auf den Salat Röschen von gekochtem Blumenkohl.

Italienischer Gemüsesalat

Salade de légumes à l'italienne

Für italienischen Gemüsesalat sind gleiche Teile von Karotten, grünen Bohnen und Tomaten, alles in feine Würfel geschnitten, sowie Erbsen, Olivenringe, einige Kapern, in Würfel geschnittene harte Eier und Sardellen mit pikanter Kräuter-Mayonnaise anzumachen (vgl. Italienischer Salat, S. 357).

Italienischer Melonensalat

Salade de melon à l'italienne

Scheibchen von Cantaloup-Melone sowie Streifchen von Schinken und Paprikaschoten werden mit Zitrone, reichlich Orangensaft, Öl, Salz, Pfeffer und Tomaten-Catchup zu einem Salat angemacht und in Glasschüsseln angerichtet.

Krabbensalat

Salade de crevettes

Krabben, junge Erbsen und Spargelstückchen werden leicht mit Salz und Essig eine Zeitlang mariniert und dann mit pikanter Rahmmayonnaise gebunden.

Krebssalat nach schwedischer Art

Salade d'écrevisses à la suédoise

Äpfel und Knollensellerie schneidet man in Würfel, gibt Krebsschwänze und gehackten Dill hinzu und bindet dann diesen Salat mit recht pikanter Catchup-Mayonnaise. Beim Anrichten gibt man die ausgebrochenen Scheren darüber.

Kressesalat

Salade de cresson

Zusammenstellung: Gleiche Teile von Kresse und Pariser Kartoffelsalat, wie er auf S. 345 beschrieben ist. Beim Anrichten sind feine Streifchen von rohen Champignons und gehackte Petersilie darüberzustreuen.

Salat Stephanie

Salade Stephanie

In feine Scheiben geschnittene Artischockenböden und Spargelspitzen werden mariniert. — Schöne Kopfsalatblätter macht man mit Öl, Zitrone, Salz und Pfeffer an. Auf je 3 übereinandergelegte Kopfsalatblätter gibt man ein Häufchen der Artischockenböden und Spargelspitzen, nappiert mit wenig Sahnemayonnaise und bestreut mit Streifchen von rohem englischem Sellerie und abgezogenen Walnußkernen.

Lorettesalat

Salade Lorette

In Streifen geschnittene rote Rüben, Sellerieknollen und Feldsalat sind mit einer Essig-Öl-Marinade anzumachen.

Mailänder Salat

Salade milanaise

In Scheiben geschnittene Artischockenböden und Julienne von Selleriestauden sind in Essig, Öl und Weißwein zu marinieren. Weiterhin schneidet man weißes Hühnerfleisch in feine Streifen, ferner etwa 4 cm lange Stückchen von gekochten Spaghetti, die beim Anmachen noch lauwarm sein müssen, etwa in doppelter Menge wie die übrigen Teile zusammen. Dies alles ist mit leicht tomatierter, pikant abgeschmeckter Mayonnaise anzumachen. Beim Anrichten ist der Salat mit gehackter Zunge, Eiweiß, Eigelb, Petersilie und Trüffel zu dekorieren.

Salat Marie-Luise

Salade Marie-Louise

Englischer Sellerie, in Streifen geschnitten, und Blumenkohlröschen werden mit leichter Rahmmayonnaise angemacht und beim Anrichten mit abgezogenen, grob gehackten Walnußkernen bestreut. Der Schüsselrand ist mit marinierten, grünen Salatherzblättern einzufassen.

Geflügelsalat nach Art des Hauses ...

Salade de volaille à la maison ...

Geflügelfleisch, Champignons, Artischockenböden, Ananas und gekochte Eier, alles in gefällige Stücke geschnitten, werden mit Zitronensaft, Öl, Salz sowie frisch gemahlenem Pfeffer mariniert und mit etwas Mayonnaise gebunden. Beim Anrichten wird der Salat mit Kopfsalatherzblättchen umgeben. Nachdem der Salat mit Mayonnaise, die mit geschlagener Sahne vermengt wurde, leicht bedeckt ist, wird er mit exakt geschnittenen Stückchen von Hühnerfleisch, Ananas, Crabmeat, Eierscheiben und Trüffelstreifchen garniert.

Salat Mignon

Salade Mignon

Krebsschwänze und in Würfel geschnittene Artischockenböden werden mit Rahm-Mayonnaise, die man mit etwas Cayenne geschmacklich vollendet hat, angemacht. Beim Anrichten wird der Salat mit Chicoréeherzblättchen umgeben und mit Trüffelstreifchen bestreut.

Salat nach moderner Art

Salade à la moderne

Scheiben von Tomaten und gekochtem Sellerie werden je für sich mariniert, ebenso Brunnenkresse. Beim Anrichten gibt man die Kresse in die Mitte, um diese herum die Tomatenscheiben und läßt dann die Selleriescheiben folgen.

Monako-Salat

Salade Monaco

Tomatenscheiben, Endivien und grüne Bohnen werden je für sich mit Salz, Pfeffer, Essig und Öl mariniert. Die Bohnen sind in der Mitte der Schüssel hoch anzurichten und mit den Tomaten und den Endivien zu umgeben.

Indischer Hühnersalat

Salade de volaille à l'indienne

Für diesen Salat nimmt man weißes, in Streifen geschnittenes Hühnerfleisch und gekochten, gut abgetropften Reis sowie Tomatenwürfel. Mit Öl, Zitrone, Salz und Pfeffer angemacht, wird der Salat in tiefer Schüssel angerichtet und mit gehackten Kräutern bestreut.

Salat nach Nizzaer Art

Salade à la niçoise

Die dazugehörigen Bestandteile, wie grüne Bohnen, in Würfel geschnittene Kartoffeln und kleine, in Viertel geschnittene Tomaten, werden mit Essig und Öl angemacht. Beim Anrichten garniert man mit Sardellen, Kapern und Oliven.

Polnischer Salat

Salade polonaise

Zum polnischen Salat gehören gleiche Teile von würfelig geschnittenen Eiern, Heringsfilets, Kartoffeln, geschälten Pfeffergurken, roten Rüben und Karotten, die je für sich mit Salatwürze, der man gehackte Petersilie und Estragon beigefügt hat, anzumachen sind. Das Ganze ist bukettweise anzurichten. Beigabe: Eine Sauciere Mayonnaisensauce.

Rachel-Salat

Salade Rachel

Artischockenböden und englischer Sellerie, in Streifen geschnitten, werden nebst Spargelspitzen mit leichter Mayonnaise angemacht, beim Anrichten mit einem Kranz hellgelber Salatblättchen umgeben und mit Radieschenscheiben bestreut.

Salat Roger

Salade Roger

Salat Roger ist eine Zusammensetzung von nur grünen Salaten, und zwar aus Escarole-, Endivien-, Feld-, Romaine- und Kopfsalat. Zum Anmachen ist gewöhnliche Salat-Marinade mit Kräutern erforderlich.

Schwedischer Salat

Salade suédoise

Gekochter Sellerie und rote Rüben, in bleistiftdicke Streifen geschnitten, werden mit Gewürzen und Essig gebeizt, später auf einem Sieb abgetropft und beim Anrichten mit Rahmmayonnaise überzogen.

Sizilianischer Salat

Salade à la sicilienne

Gleiche Teile von würfelig geschnittenen, blanchierten Sellerieknollen, Tomaten, Artischockenböden und Renette-Äpfeln werden mit Salz, Pfeffer, Zitronensaft und Öl mariniert, auf einer Unterlage von römischen Salatblättern angerichtet und mit feinen Streifen von Fenchelknollen bestreut.

Salat Ursula

Salade Ursula

Flageolets und junge grüne Bohnen werden in mit Rahm verdünnter Mayonnaise angemacht, der man grob gehackten Estragon beigefügt hat.

Ungarischer Salat

Salade à la hongroise

Streifchen von roten und grünen Paprikaschoten sowie Äpfeln werden mit Essig, Öl, Pfeffer, Salz angemacht und in Kopfsalatblättern angerichtet.

Viktoria-Salat

Salade Victoria

Gleiche Teile von in Scheiben geschnittenem Langustenfleisch, frischer Gurke und Spargelspitzen werden mit Zitrone mariniert und später mit Rahmmayonnaise gebunden.

Waldorf-Salat

Salade Waldorf

Renette-Äpfel und Sellerieknollen schneidet man in Würfel, fügt diesen abgezogene Nußkerne bei und macht das Ganze mit Mayonnaise, die geschmacklich mit geschlagenem süßem Rahm und Zitronensaft gehoben wurde, an.

Gemüsesalat

Salade de légumes

In größeren Betrieben wird man gut tun, für Gemüsesalat stets gekochte Mohrrüben und Sellerieknollen, in leichte Marinade gelegt, vorrätig zu halten. Für den Gebrauch schneidet man diese in kleine Würfel und preßt dann das darin aufgesogene Wasser tüchtig aus, weil es sonst bald nach dem Anmachen des Salats heraustreten und die zum Binden verwendete Mayonnaise in eine dünne Flüssigkeit verwandeln würde. Die Mayonnaise muß sehr pikant abgeschmeckt sein, auch kann man für den Fall, daß der Salat bald dem Genuß zugeführt wird, etwas geriebene Zwiebel hinzufügen; wenn jedoch der Salat längere Zeit stehen muß, ist dies nicht zu empfehlen.

Außer Mohrrüben und Sellerieknollen kommen kleinwürfelig geschnittene Bohnen, Spargel sowie junge Erbsen in Betracht.

Steinpilzsalat

Salade de cèpes

Bestandteile: In Scheiben geschnittene Steinpilze, Perlzwiebeln und frische tournierte Gurkenstückchen. — Die blanchierten Zwiebeln läßt man in Öl angehen. Dazu gibt man die Steinpilze, Gurken, Knoblauch, Lorbeerblatt, Thymian, Pfeffer und Salz. Schließlich wird mit einer angemessenen Menge Gewürzgurken-Fond abgelöscht und alles — nicht zugedeckt — gargekocht. Der durch das Kochen stark reduzierte Fond wird mit Catchup geschmacklich vollendet.

Reissalat auf afrikanische Art

Salade de riz à l'africaine

Zu feingehackten, in Öl angeschwitzten Zwiebeln gibt man feingeschnittene Äpfel sowie gekochte Schinkenwürfel. Nachdem auch diese etwas angedünstet wurden, fügt man Currypuder hinzu und löscht mit Weißwein ab. Das Ganze wird mit gekochtem Reis vermengt und schließlich mit Salz und Zitronensaft abgeschmeckt.

Javanischer Reissalat

Salade de riz à la javanaise

Gekochter Reis, geräucherter Fisch, Tomaten- und Paprikaschotenstreifchen werden mit Essig, Öl, Salz, Pfeffer und Worcestershiresauce mariniert.

4. Salate von Fischen und Krustentieren

Fischsalat

Salade de poisson

Für Fischsalat ist gekochter oder gedünsteter Fisch noch lauwarm auszubrechen und dann mit Salz, Pfeffer, Essig und Öl zu marinieren. Auf Salatblättern angerichtet, wird er mit Essiggürkchen, hartem Ei und Kapern garniert.

Gemischter Fischsalat

Salade de poisson melée

Resten von gekochtem Fisch werden in Streifen geschnittene Salatblätter, dünn geschnittene Scheiben frischer Gurken und streifenweise geschnittenes Eiweiß von hartgekochten Eiern beigegeben. Das Ganze wird mit pikanter Mayonnaise, der man etwas Senf beigefügt hat, gebunden und beim Anrichten mit dem gehackten Eigelb und Estragonblättern garniert.

Fisch-Mayonnaise

Mayonnaise de poisson

Der Fisch wird wie für Fischsalat mariniert. Beim Anrichten gibt man auf die Salatblätter zunächst etwas Mayonnaise, darüber den etwas ausgedrückten Fisch, der dann wieder mit einer Mayonnaisenschicht bedeckt und mit hartgekochtem Ei, Essiggürkchen, Kapern, Sardellen usw. garniert wird.

Heringssalat

Salade de hareng

Gewässerte, entgrätete Heringsfilets, geschälte Gewürzgurken und geschälte, vom Kerngehäuse befreite Äpfel werden zu gleichen Teilen in Würfel geschnitten, ebenso nicht zu weich gekochte, noch lauwarme Kartoffeln. Dieses alles wird mit einer aus den durchpassierten Heringsmilchern, gehackten Zwiebeln, Pfeffer, Essig und Öl aufgerührten Sauce gebunden.

In manchen Gegenden ist es Sitte, dem Heringssalat rote Rüben beizufügen. Für eine andere Art Heringssalat wird die Marinade wie folgt hergestellt: In heiße Bouillon gibt man Essig, Öl, Pfeffer, ein wenig Zucker und etwas geriebene Zwiebel. In dieser warmen Marinade schwenkt man zunächst die noch warmen, in Würfel geschnittenen Kartoffeln und gibt dann erst die weiteren Zutaten, wie in Würfel geschnittene Äpfel, Salzgurken und die Heringe, hinzu.

In manchen Betrieben ist es auch üblich, den Heringssalat mit Mayonnaise anzumachen.

Lachssalat

Salade de saumon

Stückchen von gekochtem Lachs und Scheiben von frischer grüner Gurke und Tomate werden mit Salz, Pfeffer, Essig und Öl mariniert. Mayonnaisensauce wird dazugereicht.

Thunfischsalat

Salade de thon

Entkernte Tomatenachtel mit feingehackter Zwiebel, Essig und Öl angemacht, werden auf einer Glasplatte angerichtet, mit Thunfischstücken umlegt, mit Catchup-Mayonnaise überzogen und mit Eierscheiben garniert.

Thunfischsalat mit jungen Maiskörnern

Salade de thon au mais

Zusammenstellung: Gekochte junge Maiskörner, rote und grüne Paprikastreifchen, Thunfischstücke. — Olivenöl läßt man heiß werden, dazu gibt man feinwürfelig geschnittene Zwiebel und fein zerriebenen Knoblauch.

Alsdann wird mit Zitronensaft und wenig Weißwein abgelöscht. Dazu gibt man die mit wenig Salz und Pfeffer gewürzten Zutaten. Alles zusammen wird stark erhitzt. Zum Anrichten wird eine Schüssel mit gewürzten Tomatenachteln ausgelegt; darauf wird der Salat nach dem Auskühlen angerichtet. (Salz ist mäßig zu verwenden, damit der Geschmack der süßen Maiskörner nicht beeinträchtigt wird.)

Salat von Fischresten

Salade de poisson

Zutaten für pikante Würzsauce: Olivenöl, Weißwein, Kapern, Oliven, Schalotten, Knoblauch, Steinpilze oder Champignons, Gewürzgurken, Estragon. — Feingehackte Schalotten und mit Salz zerriebenen Knoblauch läßt man in heißgemachtem Olivenöl kurz angehen und löscht dann mit Weißwein ab. Die übrigen Bestandteile, feingehackt, werden dazugegeben und zu einer pikanten Sauce verkocht. Das Ganze wird mit Chili-Sauce, Salz, Pfeffer und Zitronensaft sehr pikant abgeschmeckt. Diese Würzsauce wird in eine flache Porzellanschüssel gegeben und mit den vorbereiteten Fischstücken oder -resten vermengt.

Pikanter Hummersalat

Salade de homard piquante

Scheiben von Hummerschwänzen und hartgekochten Eiern werden mit leichter, mit Senf vollendeter Mayonnaise angemacht. Dieser Salat ist in leicht marinierten, hellgelben Kopfsalatherzen anzurichten.

Langustensalat

Salade de langouste

Schwanzfleisch von Langusten, Spargel, Tomaten und Radieschen werden in gefällige Scheibchen geschnitten. — Frische Tomaten, durch ein Haarsieb gedrückt, werden mit fein zerriebenem Knoblauch, gehackter Petersilie, Dill und Schnittlauch sowie Öl, Zitrone, Pfeffer und Salz gut vermischt. Der Salat wird mit dieser Marinade angemacht, beim Anrichten mit Kopfsalatstreifchen umgeben und mit feingeschnittenen Olivenscheibchen bestreut.

Japanischer Krabbensalat

Salade de crevettes japonaise

Japanisches Krabbenfleisch, Spargel, abgezogene Tomaten, frische Edelpilze, englischer Sellerie, Äpfel und ein wenig Ananas, in flache Scheibchen geschnitten, werden mit der entsprechenden Menge gut gewürzter Mayonnaise, der man etwas Tomaten-Catchup beifügt, vermengt.

Fisch- und Crabmeat-Salat

Salade de poisson et crab meat

Gekochte Fischreste und Crab meat werden mit Essig, Öl, Salz und Pfeffer mariniert. Beim Anrichten wird der Salat mit Mayonnaise, die mit Chili-Sauce vollendet wurde, überzogen. Obenauf gibt man schöne Crabmeat-Stücke, Trüffelstreifchen und grobgeschnittenen Estragon.

*

Helgoländer Salat

Salade Helgoland

Gekochte, entbartete Seemuscheln, Krabbenschwänze, Hummer- und Eierscheibchen sowie Spargel- und Tomatenstückchen werden mit pikanter Mayonnaise, unter die man etwas Tomaten-Catchup und feinpassiertes Hummermark gezogen hat, angemacht und auf gelben Salatblättern angerichtet.

Salat auf normannische Art

Salade à la normande

Gekochte, vom Bart befreite Seemuscheln, in kleine Stücke geschnittener Spargel, junge grüne Bohnen und abgezogene, von den Kernen befreite Tomaten werden mit feingehackter Zwiebel, wenig geriebenem Meerrettich, Essig, Öl, Salz, Pfeffer und ein wenig Zucker zu einem würzigen Salat vereinigt.

5. Fleischsalate

Italienischer Salat

Salade italienne

Hierfür eignen sich mit Ausnahme von Wild alle Arten gebratenes oder gekochtes Fleisch. Man schneidet es in Streifen, ebenso geschälte Gewürzgurken sowie Äpfel. Zum Anmachen wird Mayonnaise mit Worcestershiresauce, etwas geriebener Zwiebel und gehackten Sardellen recht pikant abgeschmeckt.

Mit dieser Sauce gebunden, wird der Salat mit hartgekochten Eiern, Essiggürkchen, Sardellen, Kapern usw. garniert (vgl. S. 402).

Rindfleischsalat

Salade de boeuf

Gekochtes Rindfleisch wird in flache Stückchen geschnitten, in ein flaches Servicegeschirr geordnet, mit hartgekochten Eier- und Tomatenscheiben garniert und dann mit Salz, Pfeffer, Essig und Öl mariniert. Der Marinade sind feingehackte Zwiebeln und Kräuter beizufügen.

Gemischter Rindfleischsalat

Salade de boeuf melée

Rindfleisch, frische grüne oder Gewürzgurke, entkernte, abgezogene Tomaten und roher Sellerie, in Streifen geschnitten, sind mit Essig, Öl, Salz, Pfeffer, wenig Knoblauch sowie gehackter Petersilie, Schnittlauch und Estragon pikant anzumachen. Zuletzt fügt man einige Eßlöffel Sahne und hartgekochtes, grob gehacktes Ei hinzu.

Ochsenmaulsalat

Salade de museau de boeuf

Ochsenmaul für Salat ist im Handel als Konserve erhältlich. Die Stücke werden aus der Brühe genommen, gewaschen, kleingeschnitten und dann mit oder ohne Senf, mit Essig, Öl, gehackter Zwiebel und Petersilie mariniert.

Wildsalat

Salade de gibier

Reste von Wild oder Wildgeflügel schneidet man in Streifen, fügt die gleiche Menge Orangenfilets hinzu und macht das Ganze mit Mayonnaise an, der man englischen Senf und etwas Johannisbeergelee beigegeben hat. Beim Anrichten wird der Salat mit geschnittenen Walnußkernen bestreut.

Straßburger Salat

Salade à la strasbourgeoise

Jagdwurst und Schweizerkäse sind in feine Streifen zu schneiden. 2 Eigelb und 1 Dessertlöffel französischer Senf werden unter Zugabe von Olivenöl zu einer sämigen Sauce gerührt; durch Hinzugabe von 2 Dessertlöffel kalter Kraftbrühe erhält sie die richtige Konsistenz. Diese Sauce wird mit Schalottenfond, Salz, Pfeffer, wenig Essig und viel Schnittlauch abgeschmeckt. Die Wurst- und Käsestreifchen werden mit dieser Sauce angemacht, in einer Schüssel angerichtet, mit Würfeln aus hartgekochtem Ei bestreut und mit Kresseblättchen umgeben.

Elsässer Salat

Salade à l'alsacienne

Zusammenstellung: Streifchen von roher Schinkenwurst, Sellerie, Schweizerkäse, gekochten Eiern und Tomatenwürfel. – Die gekochten Eigelb, durch ein Haarsieb gedrückt, werden mit Essig, Öl, Sahne und dem Saft von in Weißwein ausgezogenen gehackten Schalotten zu einer dickflüssigen Marinade vereinigt. Diese Marinade ist mit frisch gemahlenem Pfeffer, wenig Zucker, Salz, gehacktem Estragon und Petersilie sowie feingeschnittenem Schnittlauch zu vervollständigen. Die Bestandteile sowie das in Streifchen geschnittene Eiweiß werden mit dieser dickflüssigen Bindung angemacht.

Geflügelsalat

Salade de volaille

In flache Stückchen geschnittenes, gekochtes Huhn, ebenso Knollensellerie und Spargel, werden leicht mit Salz, Pfeffer, Worcestershiresauce und Essig mariniert. Mit Mayonnaise angemacht, ist der Salat alsdann auf frischen Salatblättern anzurichten.

Hirnsalat

Salade de cervelle

Kalbs-, Schweins- oder Hammelhirn wird in Salz- und Essigwasser, dem man Lorbeerblatt, geschnittene Zwiebel und Pfefferkörner beigegeben hat, gekocht und darin ausgekühlt. Man läßt die Hirne später auf einem Tuch abtropfen, schneidet sie in Scheiben, legt sie in ein flaches Geschirr, in dem man sie dann mit gehackten Kräutern, Tomatenwürfeln und rohen Selleriestreifchen bestreut und mit einer Salat-Marinade übergießt, der gehackte Zwiebeln beigefügt wurden. Man kann auch mit Senf abgeschmeckte Rahmmayonnaise darübergeben.

Salat von Kalbskopf mit Paprikaschoten

Salade de tête de veau à la hongroise

Der ausgekühlte, festgewordene Kalbskopf und die Zunge werden mit der Aufschnittmaschine in sehr feine, kurze Scheiben geschnitten, dazu gibt man Streifchen von grünen Paprikaschoten sowie Tomaten- und Zwiebelstreifchen. Diese Bestandteile werden mit reichlich frisch gemahlenem Pfeffer, wenig fein zerriebenem Knoblauch, Essig, Öl, Salz und gehackter Petersilie zu einem Salat vermengt. Eierscheiben und Rettichstreifchen dienen als Garnitur.

6. Fruchtsalate

Salat Alice

Salade Alice

Äpfeln mittlerer Größe wird an der Stielseite mit rundem Ausstecher ein Deckelchen eingeschnitten, ausgehoben und im Anschluß daran das Kerngehäuse mit dem Kolonnenausbohrer herausgebohrt, doch so, daß der Boden unbeschädigt bleibt. Das dann herausgenommene Apfelfleisch wird, um es weiß zu erhalten, mit Zitronensaft beträufelt. Nun sind aus Äpfeln kleine Würfel zu schneiden. Diese nebst feingeschnittenen Mandeln und roten Johannisbeeren sowie das ausgebohrte Apfelfleisch werden kurz vor dem Servieren mit geschlagenem Rahm, der mit Zitronensaft leicht gewürzt und ein wenig gesalzen und gezuckert wurde, gebunden. Nachdem die Äpfel mit diesem Salat gefüllt sind, werden sie mit ihren Deckelchen geschlossen.

Columbia-Salat

Salade Columbia

Äpfel, Bananen und englischen Sellerie schneidet man in Scheibchen, fügt abgezogene, entkernte Weintrauben hinzu und bindet dies mit Mayonnaise, die mit Zitronensaft und süßem Rahm vollendet wurde. In ausgehöhlten halben Bananen angerichtet, streut man gehackte Pistazien darüber.

Femina-Salat

Salade Femina

Das Fleisch von Orangen und Grapefruits schneidet man in Würfel, um diese dann mit dick angerührter Mayonnaise anzumachen, der man etwas geschlagenen Rahm und ein wenig von dem Saft der Früchte zugefügt hat. Für das Service wird dieser Salat in Kopfsalatherzen oder korbartigen, frischen Salatblättern angerichtet.

Monte-Carlo-Salat

Salade Monte-Carlo

Mandarinen wird an der Stielseite in der Weise ein Deckelchen herausgeschnitten, daß die Stiele daranbleiben. Nachdem die Früchte ausgehöhlt wurden, sind sie zu reservieren. Nunmehr sind aus Mandarinenfleisch, Ananas und Granatäpfeln kleine Würfel zu schneiden und mit Rahm, Zitronensaft und wenig Salz anzumachen. Dieses Früchte-Salpicon füllt man nun in die leeren Mandarinenschalen und bedeckt dann jede Frucht mit ihrem Deckelchen. Für das Service sind die Früchte auf sehr fein gestoßenes Eis zu setzen und mit hellgrünen Salatblättchen auszugarnieren.

*

Fruchtsalat (Süßspeise)

Salade de fruits

Fruchtsalat ist die Süßspeise, die auf fast jedem kalten Büfett anzutreffen ist und bei diesen Gelegenheiten anderen Süßspeisen vorgezogen wird. Je nach Art sind die Früchte, wie Äpfel, Birnen, Pfirsiche, Aprikosen, Ananas, Orangen, Bananen, Pistazien, Walnußkerne usw., zu schälen oder abzuziehen, zu entkernen, in schöne Stücke zu schneiden und schließlich in Läuterzucker mit Maraschino oder sonstigem Likör durchziehen zu lassen. Es kommt darauf an, den Fruchtsalat gut gekühlt zu verabfolgen. Zu diesem Zweck hat man Spezialgefäße (vgl. S. 139), in denen der Salat in Eis gekühlt oder in tiefen Kristallbehältern auf dem Büfett in Bereitschaft gehalten wird. Als Beigabe eignet sich Löffelbiskuit oder sonstiges Feingebäck.

7. Früchte mit Salaten gefüllt

Gefüllte, eisgekühlte Melone

Gleiche Teile von Melone und Pfirsichen in Scheiben sowie Krebsschwänze werden mit Salz, Zitronensaft, Madeira und wenig Zucker mariniert. — Zur Bindung gehören: Mayonnaise mit viel geschlagener Sahne, Zitrone, Zucker, Salz und Chili-Sauce. Der Salat ist gut gekühlt in eine ausgehöhlte, gekühlte Melone zu füllen und auf Eis zu servieren.

Geeister Melonensalat mit Geflügel

In gefällige Stücke geschnittene Melone, Geflügel-, Hummer- oder Krabbenfleisch und frische Gurke werden mit gehacktem Estragon, Zitronensaft, Öl, Salz und Pfeffer leicht mariniert und zum Schluß mit Rahmmayonnaise gebunden. — Dieser Salat, gut gekühlt, wird in die ausgehöhlte Melone gefüllt und auf Eis serviert.

Salat Rivoli

Melone, weißes Geflügelfleisch, Krebsschwänze und roher englischer Sellerie zu gleichen Teilen werden mit wenig Salz, Cayenne, Zucker sowie Zitronensaft mariniert und schließlich mit Mayonnaise, der die gleiche Menge geschlagene Sahne unterzogen wurde, angemacht. Dieser Salat, gut gekühlt, wird in einer ausgehöhlten, gut durchgekühlten Melone angerichtet (vgl. Farbtafeln).

Gefüllte Pfirsiche

Abgezogene, halbierte, vom Stein befreite Pfirsiche werden mit folgendem Salat gefüllt: Hummerfleisch und Birnen werden in feine Blättchen geschnitten, mit Estragon, Chili-Sauce, Öl, wenig Salz und Pfeffer sowie Orangensaft mariniert. — Dekor: Hummermedaillons und feine, rohe Staudenselleriestreifchen. — Beigabe: Sahnemayonnaise mit Chili-Sauce.

Gefüllte Tomaten I

Füllung: Gekochtes Hühnerfleisch und Ananas. — Bindung: Chutney, Chili-Sauce, Öl, Zitronensaft, Salz und Pfeffer.

Gefüllte Tomaten II

Füllung: Hühnerfleisch, Crab meat und Champignons. — Bindung: Öl, Zitronensaft, wenig Chili-Sauce, Salz.

Gefüllte Tomaten III

Füllung: Gekochter, gehackter Schinken, roher, geriebener Blumenkohl und mit der Gabel zerdrückte Bananen werden mit Öl, Zitronensaft, Sahne, Salz und Pfeffer abgeschmeckt. — Garnitur: Ausgestochene Schinken- und Bananenscheiben.

Gefüllte Tomaten IV

In Streifchen geschnittene, gekochte Artischockenböden und grüne Bohnen sind in Salat-Marinade zu beizen und beim Anrichten in kleine halbierte, marinierte Tomaten zu füllen. Alsdann sind diese mit Kerbel und Estragon zu bestreuen.

Gefüllte Tomaten V

Dieser Salat wird in abgezogenen, halbierten und marinierten Tomaten serviert.

Grüne Paprikaschoten werden der Länge nach halbiert, von den Kernen und Rippen befreit und in Streifen geschnitten. Diese vermischt man mit zerpflücktem, noch lauwarmem Fisch, mariniert das Ganze mit Salz, Pfeffer, Essig und Öl und füllt es in die Tomaten.

Tomaten, gefüllt mit Eigelbkrem

Schöne rote, feste Tomaten werden am Stielende geöffnet, vom Saft und von den Kernen befreit und im Kühlraum auf einem Ablaufgitter vollends abgetropft. Anschließend erhalten sie nachstehende Füllung:

a) Schaumig gerührte Butter wird mit durch ein Sieb gestrichenem, gekochtem Eigelb verarbeitet, gewürzt und mit dem Spritzbeutel in die Tomaten gefüllt. Nach sehr starker Durchkühlung werden die Tomaten mit heißer Messerklinge quer in Scheiben geschnitten.

b) Eigelbkrem wie vorstehend wird mit feingehackten Kräutern und Spinatmatte (S. 144) zartgrün gefärbt. — Nach dem Füllen und Festwerden sind die Tomaten senkrecht in Spalten zu schneiden.

8. Amerikanische Salate

Die Eigentümlichkeit der amerikanischen Salate liegt in den Zusammenstellungen von grünen Salaten mit Feldfrüchten und Obst. Das Besondere an diesen Salaten sind die dafür in Frage kommenden Marinaden und Anmachungsvorschriften. In dem Werk „Amerikanische Gerichte“ von A. Fries, Chicago, USA, sind 15 Marinaden aufgeführt, die in ihren Zusammensetzungen für den amerikanischen Küchenfachmann feststehende Begriffe sind. Sie führen z. B. die Namen: Schloßherrin-Marinade, Latard-Marinade, Lorenzo-Marinade, Plaza-Marinade, Prinzeß-Marinade, Roquefort-Käse-Marinade, Rudolphs-Salat-Marinade, Spezial-Marinade, St.-Regis-Marinade, Tausend-Inseln-Marinade, Russische Marinade, Deutsche Marinade und Rahm-Marinade. Außer diesen Marinaden gibt es in manchen Rezepten noch individuelle Zubereitungsvorschriften, bei denen beispielsweise Johannisbeergelee oder auch durchpassierter Quark eine Bedeutung haben.

a) Salat-Marinaden

Roquefort-Käse-Marinade

Roquefort-Cheese Dressing

Hierfür braucht man zwei Teile der bekannten Essig-Öl-Salz- und Pfeffer-Marinade, vermischt mit einem Teil durchpassiertem Roquefort-Käse.

Tausend-Inseln-Marinade

Thousand Island Dressing

Mayonnaise ist mit einem Schuß Chili-Sauce (im Handel erhältlich) geschmacklich zu vollenden. Diese Mischung erhält eine Einlage von gehackter grüner und roter Pfefferschote.

Latard-Marinade

Latard Dressing

Vier Löffel Mayonnaise sind mit Estragonessig zu würzen und dann mit einem Teil Tomaten-Catchup, einem Teil Club-Chutney-Sauce, etwas englischem Senf und einigen Tropfen Anchovis-Sauce zu mischen. Ferner gehört in diese Marinade eine Garnitur von Olivenringen.

Prinzessin-Marinade

Princess Dressing

Für diese Zusammenstellung verwendet man gewöhnliche Salat-Marinade, unter die man zu Schnee geschlagenes Eiweiß mischt ($^1/_{10}$ l Marinade = 1 Eiweiß).

b) Salate

Die Salate werden nach amerikanischer Sitte nicht in der Küche angemacht, sondern es ist üblich, die Marinade extra zu servieren.

Amerikanischer Geflügelsalat

Chicken-Salad

Gefällige Scheibchen von gekochtem oder gebratenem Geflügelfleisch, Ananas, Äpfeln, Bananen, Pfirsichen und Orangen werden mit Salz, Pfeffer, Zitronensaft, Öl und Chili-Sauce mariniert. Dieser Salat wird auf einer Glasplatte angerichtet und mit kleinen Häufchen geschlagener Sahne, die mit Chili-Sauce und Zitronensaft abgeschmeckt wurde, umgeben. Die Sahne ist mit Walnußkernen zu belegen.

Blackstone-Salat

Salad Blackstone

Orangen und Pampelmuse schneidet man in Scheiben und belegt mit diesen halbierte Salatherzen. Man serviert dazu Crème double, dem man etwas Johannisbeergelee beigegeben hat.

Cumberland-Salat

Salad Cumberland

Auf schöne Kopfsalatblätter gruppiert man die lang geschnittenen Scheiben halbierter, in einfachem Sirup pochierter Birnen. Dazu serviert man Cumberland-Marinade. Letztere besteht aus Johannisbeergelee, welchem man feingehackte Zitronenschale, Zitronensaft, englischen Senf und französische Salat-Marinade beigefügt hat.

Gurkensalat nach Windsor

Salad Windsor

Auf ein Herzblatt von römischem Salat gibt man in Julienne geschnittene Gurken und serviert diese mit Marinade folgender Zusammenstellung: geschlagene Sahne, Salz, Pfeffer, Zitronensaft, Schnittlauch und etwas Saft von roten Rüben.

Salat Scopold

Salad Scopold

Chicorée ist mit Zitronensaft, Öl, Salz und Pfeffer zu marinieren. Beim Anrichten wird dieser Salat mit Rahmmayonnaise, die mit Ananassaft abgeschmeckt wird, bedeckt. Obenauf legt man Ananasstückchen und Pistazienstreifchen.

Stockwell-Salat

Salad Stockwell

Würfelig geschnittene Äpfel, Bananen, Grapefruits, Orangen und Tomaten sind mit pikanter Rahmmayonnaise anzumachen, in korbartigen Kopfsalatblättern anzurichten und mit Streifchen von süßen Mandeln zu bestreuen.

Salat Washington

Salad Washington

Auf ein Blatt von römischem Salat setzt man Scheiben von hartgekochten Eiern und roter Rübe. — Latard-Marinade.

Salat Westinghouse

Salad Westinghouse

In die Mitte der Platte ordnet man ein Nest von streifig geschnittenem Bleichsellerie und Äpfeln; in dasselbe füllt man, hoch angerichtet, abgezogene Weintrauben. Außenherum gibt man gelbe Kopfsalatblättchen mit einer Auflage von Eier- und Tomatenscheiben.

Käse und Käsespeisen

Nach altem Grundsatz wird Käse am Schluß der Mahlzeit serviert. Die Herstellung von Käse aller Art ist gesetzlich geregelt.

1. Die Käseplatte

Käse jeder Art oder kalte Käsespeisen sind in fast jedem kalten Büfett einbegriffen. Auch im Restaurations-Service ist, wie wir auf jeder Speisekarte bestätigt finden, Käse ein nicht fortzudenkender Nachtisch. Die Käseplatte kann aus einer oder mehreren Käsesorten bestehen. Butter, Radieschen, englischer Sellerie und Brot sind die dazugehörigen Beigaben. Es eignen sich die meisten Sorten Brot, dazu gehören auch Pumpernickel, Knäckebrot und Salzbrezeln.

Die gangbarsten Käsesorten:

Hartkäse

Emmentaler	— Schweiz
Greyerzer	— Schweiz
Beaufort	— Frankreich
Comté	— Frankreich
Chester	— England
Cheddar	— England

Schnittkäse

Edamer	— Holland
Gouda	— Holland
Tilsiter	— Deutschland
Appenzeller	— Schweiz
Havarti	— Dänemark
Maribo	— Dänemark

Weichkäse

Camembert	— Frankreich
Brie	— Frankreich

Halbfeste Schnittkäse

Butterkäse	— Deutschland
Port Salut	— Frankreich
Bel paese	— Italien
Esrom	— Dänemark
Roquefort	— Frankreich
Stilton	— England
Danablu	— Dänemark
Gorgonzola	— Norditalien

Frischkäse

Gervais	— Deutschland
Philadelphia	— Deutschland
Jocca	— Deutschland

Deutsche Sauermilchkäse

Harzer, Mainzer, Handkäse,
Stangenkäse, Korbkäse.
Spitzkäse, Olmützer Quargel

2. Käsespeisen

Käsetörtchen

Je 100 g durch ein Sieb gedrückter Chesterkäse, durch ein feines Sieb passierter Rahmquark, schaumig gerührte Butter sowie 2 Eigelb und, falls erforderlich, etwas Rahm, werden, mit Salz und Paprika gewürzt, tüchtig verarbeitet.

Gebratene Masthühner auf römische Art — Poulardes rôties à la romaine

Wenn ein kaltes Poulardengericht gefällig, mundgerecht und bequem zum Essen dargeboten werden soll, wird die vorstehende Platte diese Wünsche erfüllen. Zusammenstellung: Verwendet werden 2 mittelgroße, gebratene Poularden. Von den Keulen wird ein Geflügelsalat mit Artischockenböden, Spargeln, frischen Gurken und Champignons bereitet. Der Dekor besteht aus halben Artischockenböden mit Geflügel-Schaumbrot und entsteinten halben Oliven, frischen halben Gurkenscheiben sowie Champignon- und Trüffelstreifchen.

Die Poulardenbrüste werden halbiert (der Flügelknochen herausgenommen), in je 6 gleich große Scheiben geschnitten und mit Spargelspitzen, wie das Bild zeigt, um den Salat gruppiert.

Gefüllter Rehrücken in Pastetenteig — Selle de chevreuil farci en croûte

Ein behauener, gehäuteter und gespickter roher Rehrücken wird ausgelöst. Die Rückenfilets werden um ein Viertel ihrer Länge gekürzt, und zwar genau an der Stelle, wo die Halssehnen das Rückenfilet nicht mehr durchlaufen. Beide sehnenfreien Rückenfilets werden durch einen Horizontalschnitt längsseitlich so weit eingeschnitten, daß sie, auseinandergeklappt und nur leicht plattiert, ein Rechteck bilden. Von dem entfernten Teil des Rückenfleisches ist eine Pasteten-Farce (S. 271) anzufertigen, mit gehackten Pistazien zu vermengen und gleichmäßig auf die leicht plattierten, gewürzten Rückenfilets zu verteilen. Die so vorbereitete Fleischhülle wird längs durch die Mitte mit einer dem Größenverhältnis entsprechenden Gänseleber-Parfait-Rolle belegt. Die Gänseleberfüllung wird nun so in die Rückenfilets eingerollt, daß ein korrekter Verschluß zustandekommt. Diese Rehrückenfleischrollen umgibt man mit dünngeschnittenen Platten von Luftspeck. Anschließend werden sie in Pastetenteig eingehüllt und bei mittlerer Hitze gebacken. Es ist darauf zu achten, daß die Backzeit nicht überschritten wird. Das Fleisch muß gar, jedoch rosa-saftig sein. Nach dem Auskühlen füllt man die Kruste mit kräftigem, fast dickflüssigem Gelee aus.

Die Umlage besteht aus in Weißwein pochierten, gefüllten Apfelböden. Füllung: Mit Aprikosenmark gebundene Ananaswürfel mit einem Spritzer Orangenlikör. Obenauf sind gehackte Pistazien gestreut. (Weitere Rehrückenplatten S. 331 bis 338.)

Zuvor werden Blätterteigtörtchen oder -schiffchen leer gebacken und ausgekühlt (Blätterteig siehe im Werk Banzer-Friebel: „Die Hotel- und Restaurationsküche"). Die Blätterteigtörtchen werden mit dem Käsekrem gefüllt und mit Radieschen angerichtet.

Gefüllte Käseschnittchen

Für die Herstellung eines Käsebrotes, von dem später die Schnittchen geschnitten werden sollen, verwendet man drei dünne Scheiben Pumpernickel von etwa 16 cm Länge und 8 cm Breite, ferner zwei ebenso große, sehr dünn geschnittene Weißbrotscheiben. Die drei Pumpernickelscheiben sind mit schaumig gerührter Butter dick zu bestreichen und zwei von ihnen mit den Weißbrotscheiben zu belegen. Nun ist die Oberfläche der Weißbrotscheiben ebenfalls mit Butter zu bestreichen. Für die Füllung hat man sich einen Käsekrem von Chester- oder Roquefort-Käse bereitet. Der Käse wird durch ein Drahtsieb gestrichen, mit schaumig gerührter Butter verarbeitet und mit Salz und Paprika abgeschmeckt. Diese Masse wird auf die beiden Weißbrotscheiben, die auf den Pumpernickelscheiben liegen, $1^1/_2$ cm dick aufgetragen. Man bestreicht die übriggebliebene Pumpernickelscheibe dick mit Butter und legt sie auf eine der beiden mit Käsekrem bestrichenen Brote. Nachdem nun die nach oben gekehrte Pumpernickelscheibe ebenfalls mit schaumig gerührter Butter bestrichen ist, wird der andere Teil darübergeklappt, etwas angedrückt und dann an allen Seiten gleichmäßig mit dem Käsekrem ausgefüllt. Es ist zu beachten, daß während der Verarbeitung der Käsekrem und die Butter recht weich gehalten sind, weil sonst die Einzelheiten miteinander nicht richtig verbunden werden und dann später beim Schneiden keinen Zusammenhalt haben. Das so hergerichtete Käsebrot wird mit einem feuchten Tuch bedeckt und recht kühl gestellt, damit der Inhalt fest wird. Erst vor dem Anrichten ist das Käsebrot an allen vier Seiten zu beschneiden, damit es schöne Scheiben gibt. Das Käsebrot ist in $^3/_4$ cm starke Schnittchen zu schneiden, wobei das Messer vor jedem Schnitt in heißes Wasser zu tauchen ist.

Das Käsebrot kann auch in Tortenform hergestellt werden. Als schöne Verzierung eignen sich mit Käsekrem gefüllte grüne und rote Paprikaschoten und Tomaten, die in Scheiben oder Schnittchen geschnitten werden.

Es ist auch gebräuchlich, die Käseschnittchen beim Fertigmachen mit schaumig gerührter Käsebutter zu bespritzen und mit passenden Zutaten, wie Pistazien, Salzmandeln, Paprika, Radieschenscheiben, Blättchen von englischem Sellerie u. ä., zu verzieren.

Englischer Sellerie mit Roquefort
Céleri au Roquefort

Roquefort, gegebenenfalls kann es auch Gorgonzola oder Chester-Käse sein, wird durch ein feines Drahtsieb gedrückt und mit schaumig gerührter Butter verarbeitet. Diesen Käsekrem, mit wenig Paprika gewürzt, füllt man in einen mit Sterntülle versehenen Spritzbeutel und spritzt den Käse in die Höhlung der von der Staude abgenommenen, gesäuberten Selleriestengel. So vorbereitet, wird der Sellerie eine Zeitlang in den Kühlraum gestellt und dann auf mit gefalteter Serviette versehener Platte angerichtet.

Schweizer Käsekrapfen

Nicht zu dünne Scheiben von Schweizerkäse werden mit geschlagenem Ei und durch ein Drahtsieb geriebener Weißbrotkrume paniert und in geklärter Butter gebacken.

Käsekrem

Der Käse (Roquefort oder Chester) wird nach dem Passieren mit süßer Sahne geschmeidig gerührt, dann mit $^1/_4$ bis $^1/_3$ schaumig gerührter Butter sowie Gewürzen, evtl. auch mit Kräutern vermengt.

Käsegebäckplatte

Häufig werden anstatt Käse Käsegebäck oder diverse Käsesorten mit verschiedenem Käsegebäck verlangt. Hier ist eine Käsegebäckplatte abgebildet. (Siehe auch Käsegebäckplatte S. 409.)

326. Verschiedenes Käsegebäck

Einzelheiten: Eclairs mit Paprika-Käsekrem; Schnittlauch-Käsekrem in kleinen Käsewindbeutelchen; Crackers mit Chester-Käsekrem, obenauf Chesterwürfel; gefüllte Käseschnittchen, Schweizer Käsekrapfen, englischer Sellerie mit Roquefortkrem; Radieschen auf Salatblättern — kleine Salzbrezeln

21. Abschnitt

Saucen und Buttermischungen

1. Übersichtstabelle für Saucen

Nachstehende Saucen eignen sich besonders für

Fische und Krustentiere:
Grüne Kräutersauce
Genueser Sauce
Kaviar-Mayonnaise
Maximilian-Sauce
Remouladensauce
Tataren-Sauce
Vincent-Sauce

Eier:
Alle Mayonnaisensaucen

Spargel:
Chantillysauce

Schlachtfleisch:
Andalusische Sauce
Gloucester-Sauce
Kaukasische Sauce
Kirgisen-Sauce
Remouladensauce
Tataren-Sauce
Teufels-Sauce
Tiroler Sauce
Weinhändler-Sauce
Schnittlauch-Sauce

Wild:
Cumberland-Sauce
Englische Sauce
Hatzfeld-Sauce
Johannisbeersauce
Oxford-Sauce

Gekochtes Rindfleisch und Prager Schinken:
Apfel-Meerrettich
Orangen-Meerrettich
Gefrorener Meerrettich
Meerrettichsahne
Meerrettichsauce

Lamm:
Pfefferminz-Sauce

Kalbskopf:
Essigkräutersauce (Vinaigrette)
Gribiche-Sauce

Gans und Ente:
Schwedische Sauce

2. Mayonnaisensaucen

Mayonnaise

Die Mayonnaise kann als fertiges Erzeugnis recht verschiedenartig sein, und so gibt es häufig Veranlassung, dieses oder jenes zu bemängeln oder abzustellen usw. Es kommt zuweilen vor, daß die Mayonnaise gerinnt oder ranzig schmeckt oder nicht die richtige Konsistenz aufweist u. a. m.

Auf die Gründe dieser Mängel soll hier in kurzen Zügen hingewiesen werden.

Wie die Mayonnaise gerührt wird, ist zwar zur Genüge bekannt, doch es gehört in den Rahmen des Ganzen und kann somit nicht ausgeschaltet werden.

Die Zusammensetzung erfordert für 5 Eigelb 1 l Öl, 10 g Salz, 1 g weißen Pfeffer und $1^1/_2$ Löffel Zitronensaft oder Weinessig. Wenn z. B. zur Winterzeit Mayonnaise zu rühren ist, so muß man ein wenig vorausdenken und sowohl Eier als auch Öl an einem wärmeren

Platz zunächst auf gleiche Temperatur bringen. Zum Erstarren des Öls gehört nicht viel, + 2 °C kann dies schon bewirken und mit gefrorenem Öl ist unmöglich eine Mayonnaise herzustellen. Zunächst wird den Eigelb das Salz hinzugefügt und nun sind diese schaumig zu rühren. Erst dann wird damit begonnen, tropfenweise ein kleines Quantum Öl unter die Eier zu rühren; später erst, wenn sich ein größeres Volumen ergeben hat, kann man größere Mengen hinzugeben. Eier und Öl müssen zu einer festen Masse vereinigt werden, die im Schneebesen hängen bleibt, wodurch für den *späteren* Zusammenhalt Gewähr gegeben ist. Jetzt erst ist es angebracht, der Mayonnaise Weinessig oder Zitronensaft hinzuzufügen und dann den Rest Öl allmählich darunterzurühren. Wenn die Mayonnaise richtig behandelt worden ist, wird sie nach dem Verbrauch des Öles eine Konsistenz aufweisen, die das Hinzufügen von einigen Eßlöffeln Wasser gestattet. Es ist gut, heißes Wasser zu verwenden, denn es bewirkt eine bessere Bindung und begünstigt diese für längere Dauer. An dieser Stelle mag eingeflochten sein, daß in Betrieben, in denen größere Mengen Mayonnaise verbraucht werden, eine elektrische Anschlagmaschine zum Rühren der Mayonnaise großartige Dienste leisten kann. Bei kleineren Mengen sind mit dem Elektro-Mixapparat ausgezeichnete Resultate zu erzielen.

Bei der ansehnlichen Zahl von Ölen ist zu fragen, welches für die Mayonnaise am besten anzuwenden ist. In der Praxis hat sich hierfür das Erdnußöl als das dankbarste erwiesen. Obwohl Olivenöl unstreitig das feinere ist, neigt es doch wie die übrigen Öle schneller zum Ranzigwerden; deshalb ist Erdnußöl zur Mayonnaisenbereitung in erster Linie qualifiziert.

Zur Aufbewahrung der fertigen Mayonnaise mag gesagt sein, daß sie niemals so kalt stehen darf, daß das Öl den Gefrierpunkt erreichen könnte, denn dann ist die Möglichkeit für ein Gerinnen gegeben.

Da der weitaus größte Teil aller kalten Saucen von der Mayonnaise abgeleitet wird, ist sie als die Grundsauce der kalten Küche anzusprechen, und deshalb ist es angebracht, ihr stets ein besonderes Augenmerk zu widmen.

Gesulzte Mayonnaise
Sauce mayonnaise collée

Diese Mayonnaise braucht man zur Bindung von Gemüsesalaten, die in Gelee eingesetzt und in Formen serviert werden sollen. Die Zusammenstellung ergibt sich aus einem Teil aufgelöstem Gelee und zwei Teilen Mayonnaise.

Andalusische Sauce
Sauce andalouse

Das hierfür erforderliche Quantum Mayonnaise wird mit einem Viertel seiner Menge mit sehr fein passiertem, hochrotem Tomatenpüree unterzogen, mit Weißwein verdünnt und mit Zitrone, etwas Zucker, Cayenne und Worcestershiresauce abgeschmeckt. Als Einlage ist sehr feine Julienne von Pfefferschoten beizufügen.

Kaviar-Mayonnaise
Mayonnaise au caviar

Mayonnaise erhält einen angemessenen Zusatz von Anchovis-Essenz und wird kurz vor dem Servieren vorsichtig mit Kaviar unterzogen.

Chantillysauce

Sauce Chantilly

Die Eigentümlichkeit dieser Sauce besteht darin, daß der recht dick ausgerührten Mayonnaise fest geschlagene Sahne beigefügt wird. Der Geschmack ist durch Salz und Zucker zu fördern (Spezialsauce für kalt zu servierenden Spargel).

Genueser Sauce

Sauce génoise

12 g frisch abgezogene süße Mandeln und ebenso 20 g Pistazien gibt man in den Elektro-Mixer, fügt etwas Milch hinzu und vereinigt alles zu einer Emulsion. Diese ist mit 3 Eigelb, ein wenig Pfeffer und einer Prise Salz in einer entsprechend großen und tiefen Schüssel mit $^1/_2$ l Öl zu einer Mayonnaise aufzurühren und mit Zitronensaft zu würzen. Für die Vollendung dieser Sauce braucht man ein aus gleichen Teilen Estragon, Kerbel, Schnittlauch, Petersilie und frischem Pimpernell zusammengesetztes Kräuterpüree.

Gloucester-Sauce

Sauce Gloucester

(engl.)

Sehr fest ausgerührte Mayonnaise ist mit saurer Sahne zu vermischen und dann mit Zitronensaft, Worcestershiresauce sowie gehacktem Fenchel zu vollenden.

Grüne Kräutersauce

Sauce verte

Unter $^1/_2$ l Mayonnaise gibt man ein Kräuterpüree, das wie folgt zu bereiten ist: 10 g frischer Dill, 10 g Kerbel, 10 g Estragon, 10 g Petersilie, 1 zerschnittene Schalottenzwiebel, ferner je eine Handvoll junge, kurz blanchierte, abgekühlte, ausgedrückte Sauerampferblättchen sowie ebenfalls blanchierte Spinatblättchen werden im Elektro-Mixapparat mit 4 Eßlöffel Mayonnaise zu feinem Püree verarbeitet. Das Püree wird mit der entsprechenden Menge Mayonnaise vermischt, pikant abgeschmeckt und, falls nötig, mit Spinat-Matte (S. 144) nachgefärbt.

Hummersauce

Sauce de homard

Mayonnaise wird mit Mark von gekochten Hummern, das durch ein Sieb gestrichen ist, geschmacklich vollendet, womit auch die rötliche Färbung erzielt wird.

Kaukasische Sauce

Sauce caucasienne

Diese Mayonnaisensauce erhält ihren Charakter durch das Hinzufügen von geriebenem Meerrettich und frischem, mit Weißwein eingedünstetem Tomatenpüree.

Kirgisen-Sauce

Sauce Kirghiz

Hierunter versteht man Remouladensauce, die mit geriebenem Meerrettich vervollständigt und mit Cayenne, Senf und ein wenig Zucker abgeschmeckt ist.

Provencer Knoblauchsauce

Sauce aïoli

Zwei mittelgroße Knoblauchzehen und eine Prise Salz werden mit breiter Messerklinge zerdrückt und fein zerrieben. Diesen Knoblauch und ein Eigelb gibt man in ein kleines Gefäß und verrührt dazu — anfangs tropfenweise — $^1/_4$ l Öl zu einer dicken Mayonnaise. Wenn sie fest geworden ist, wird sie mit Zitronensaft und, falls vorhanden, mit etwas Spargelwasser vollendet.

Remouladensauce

Sauce rémoulade

Gewürzgürkchen, Kapern und Sardellenfilets werden, nachdem sie feingehackt sind, unter Mayonnaise gemischt. Zur weiteren Vervollkommnung gehört noch gehackter Kerbel, Estragon, Petersilie, Schalottenzwiebel und Senf.

Schwedische Sauce

Sauce suédoise

Durch ein feines Sieb gestrichenes Apfelpüree, das mit Weißwein gedünstet wurde, gibt man unter gut ausgerührte Mayonnaise und schmeckt diese Sauce mit Zitronensaft, Zucker und geriebenem Meerrettich ab.

Tataren-Sauce

Sauce tartare

Unter fertig gerührte Mayonnaise gibt man einige hartgekochte, feinpassierte Eigelb, oder man rührt die Mayonnaise von Anfang mit rohen und gekochten Eigelb auf. Cayenne, Senf, wenig Zucker, fein gehackter Schnittlauch, Schalottenzwiebel sowie gehackter Kerbel, Estragon und Petersilie geben dieser Sauce ihren Geschmack.

Tiroler Sauce

Sauce tyrolienne

Feingehackte Petersilie, Estragon, Kerbel, Schalottenzwiebel und gewürztes Fleisch von abgezogenen, kleinwürfelig geschnittenen Tomaten werden in eine Mayonnaisensauce gegeben, die man mit Worcestershiresauce, frisch gemahlenem Pfeffer und Chili-Sauce abgeschmeckt hat.

Teufels-Sauce

Sauce à la diable

Diese Sauce ist eine Abart der Remoulade, nur daß ihr eine passierte Reduktion von Schalotten, zerdrückten Pfefferkörnern und Wacholderbeeren, mit Essig eingekocht, hinzuzufügen ist. Englischer Senf, Cayenne-Pfeffer und ein wenig Zucker sind die weiteren Zutaten.

Vincent-Sauce

Sauce Vincent

Für diese Sauce ist ein Kräuterpüree folgender Art erforderlich: Insgesamt 50 g Kerbel, Petersilie, Estragon, Schnittlauch, Sauerampferblätter und frischer Pimpernell zu je gleichen Teilen sowie 30 g Spinat- und 30 g Kresseblätter. Sauerampfer, Spinat- und Kresseblätter sind kurz zu blanchieren, abzuschütten und auszukühlen. Stark ausgepreßt werden diese Kräuter nunmehr mit 3 hartgekochten Eigelb und 3 Eßlöffel Mayonnaise im Mixapparat fein zerrieben. Nachdem dieses Kräuterpüree durch ein Passiertuch gestrichen wurde, rührt man es unter einen halben Liter Mayonnaise und schmeckt diese Sauce mit Worcestershiresauce ab.

Weinhändler-Sauce

Sauce marchand de vins

Im Mixer werden einige Schalottenzwiebeln mit Weißwein püriert und mit gut abgeschmeckter Mayonnaise und gehackter Petersilie vermischt.

*

Essigkräutersauce

Sauce vinaigrette

$^1/_3$ Essig, $^2/_3$ Öl, Salz, Pfeffer, gehackte Petersilie, Kerbel, Estragon, Schnittlauch und feingehackte Zwiebel werden zu einer pikanten Sauce vereinigt.

Gribiche-Sauce

Sauce Gribiche

Durch ein feines Sieb passierte, gekochte Eigelb werden mit Senf, Salz, Pfeffer und einer Prise Zucker mit Öl und ein wenig Essig aufgeschlagen. Fernerhin kommen auch das durch ein grobes Drahtsieb gedrückte hartgekochte Eiweiß, gehackte Kapern, Essiggurken, Kerbel, Estragon und Petersilie als Einlage zur Anwendung.

Schnittlauchsauce

Sauce ciboulette

Weißbrot oder Brötchen werden abgeschält, eingeweicht und ausgedrückt. Dieses wird nun mit ein wenig Weißwein und Essig sowie einem angemessenen Quantum Öl zu einer dickflüssigen Sauce verrieben, die mit Salz, Pfeffer und feingeschnittenem Schnittlauch zu vollenden ist.

Pfefferminzsauce

Sauce menthe

(engl.)

Frisches oder getrocknetes Pfefferminzkraut ist feinzuhacken und in einem geeigneten Geschirr mit mildem Essig und gestoßenem Zucker zu vermischen. Nach einiger Zeit ist dieser Auszug mit entfetteter Lammjus zu vermengen. Die Sauce ist unpassiert zu servieren.

3. Meerrettich

Apfel-Meerrettich

Raifort aux pommes

Süßsäuerliche geschälte Äpfel werden bis auf das Kerngehäuse abgerieben. Alsdann reibt man die gleiche Menge Meerrettich und fügt Essig, Öl und Salz nach Bedarf hinzu, ebenso eine Prise Zucker und eine Kleinigkeit Bouillon.

Orangen-Meerrettich

Raifort aux oranges

Rohe Äpfel werden bis auf das Kerngehäuse gerieben und mit der gleichen Menge geriebenem, mit Zitronensaft besprengtem Meerrettich vermischt. Nun sind noch etwas auf Zucker abgeriebene Orangenschale und Orangensaft hinzuzufügen.

Gefrorener Meerrettich

Raifort glacé

Unter einen halben Liter fest geschlagene Sahne gibt man eine kleine Stange geriebenen Meerrettich, den man zuvor mit Salz, Zucker, etwas Essig und einigen Eßlöffeln süßer Sahne vermischt hat. — In eine Ziegelform gefüllt, mit Papier bedeckt, ist die Meerrettichsahne im Tiefkühlfach zu frieren und später ganz oder in Scheiben geschnitten zu gekochtem Karpfen, Schleien, Rindfleisch, Prager Schinken, Pökelrinderbrust usw. zu servieren.

Meerrettichsahne

Crème au raifort

Geriebener, mit Essig besprengter Meerrettich wird mit geschlagener Sahne gebunden. Der Geschmack ist durch Zucker und Salz zu heben.

Meerrettichsauce

Sauce raifort
(engl.)

Ein kleiner Löffel voll englischem Senf wird in einer Schüssel mit ein wenig Essig aufgelöst. Danach ist eine Prise Salz, ein Eßlöffel voll Zucker, 250 g geriebener Meerrettich und 250 g abgeschältes, in Milch aufgeweichtes, ausgepreßtes englisches Brot sowie $^1/_4$ l süße Sahne hinzuzugeben und zu verarbeiten. Es ist erforderlich, diese Sauce sehr kalt zu servieren.

4. Pikante Saucen von Früchten

Cumberland-Sauce

Sauce Cumberland

Von Orangen sowie einer Zitrone wird die äußere Schale sehr dünn abgeschält, in ganz feine Julienne geschnitten und in Rotwein gargekocht. Alsdann ist englischer Senf mit Rotwein glattzurühren und mit Johannisbeergelee zu vermischen. Die geschmackliche Vollendung erhält die Sauce durch den Saft der geschälten Orangen, etwas Cayenne-Pfeffer und Zitronensaft. Nach dem Auskühlen der gekochten Schalenstreifchen wird die Sauce damit vervollständigt.

Englische Sauce

Sauce anglaise

Saure Äpfel werden zu Mus gekocht, passiert und nach dem Erkalten mit geriebenem Meerrettich vermischt. Etwas Weißwein, Orangensaft und abgeriebener Orangenzucker geben der Sauce den Geschmack. Diese Sauce muß sehr dick gehalten sein.

Hatzfeld-Sauce

Sauce à la Hatzfeld

Die Eigentümlichkeit dieser Sauce besteht in der Zusammensetzung von wenig gesüßter Hagebutten-Marmelade und deutschem, mit Rotwein verdünntem Senf. Der Geschmack ist durch Cayenne, Zitronen- und Orangensaft zu bestimmen. Die Einlage besteht aus feingeschnittenen grünen, in Rotwein gekochten Pomeranzenschalen.

Johannisbeersauce

Sauce aux groseilles

500 g von den Stielen befreite, gesäuberte Johannisbeeren bringt man in einem Kupferkessel mit ein wenig Wasser und etwa 50 g Zucker zum Kochen, worauf das Ganze durch ein Sieb gestrichen und kaltgestellt wird.

Oxford-Sauce

Sauce Oxford

Unter dem Namen „Oxford-Sauce" serviert man Cumberland-Sauce mit nur halb soviel Zitronen- und Orangenschalen-Einlage. Die Schalen werden aber für diesen Zweck gerieben und nicht in Julienne geschnitten, außerdem ist etwas gehackter Ingwer hinzuzufügen.

5. Chaudfroid-Saucen

Obwohl Chaudfroid-Gerichte nur noch gelegentlich verlangt werden, gehen wir auf ihre Zubereitung ein, wie es zwecks Orientierung in diesem Buche erwartet wird.

Braune Sulz-Sauce

Sauce chaud-froid brune

Bei allen Chaudfroid-Saucen ist es wichtig, daß für den typischen Geschmack der jeweilige Grundfond mitverwendet wird.

Für $1^1/_2$ l Sauce braucht man $2^1/_2$ kg auserlesene Rinderknochen, und zwar die Gelenkknochen der Hesse, mit denen die starken Sehnen zusammenhängen und die für den besonders starken Gelierstand erforderlich sind. Die Knochen und Sehnen werden recht klein gehauen, etwa in nußgroße Stückchen, und dann in einer Bratpfanne im Ofen angebraten. Wenn sie ungefähr halbfertig angebraten sind, garniert man sie mit grobwürfelig geschnittenen Karotten, Zwiebeln und Sellerie; auch Salz und zerdrückte Pfefferkörner gibt man während des Anbratens hinzu. Wenn nun alles zusammen gut braun angebraten ist, wird das Fett abgegossen. Dann deglaciert man die Pfanne mit einer halben Flasche Wein (halb Rot-, halb Weißwein) und etwas Wasser. Jetzt gibt man alles in eine hohe, schmale Kasserolle, in der sich das spätere Abschäumen bequemer ausführen läßt. Nun werden dem Ganzen einige frische Tomaten, 250 g Büchsen-Tomatenpüree, 2 Zehen Knoblauch und ein Bouqet garni, bestehend aus 1 Stange Porree, Petersilie, Lorbeerblatt und Thymian, hinzugefügt. Alsdann gibt man soviel Wasser auf die Knochen, daß sie 5—6 Std. dauernd, aber nur langsam, kochen können. Diese Wassermenge beläuft sich auf etwa 8 l.

Der Fond darf in dieser Zeit nicht tiefer fallen, als die Knochen stehen, damit man dauernd abschäumen kann, um dadurch einen sauberen, klaren Fond zu erhalten. Nach der Kochzeit ist der Fond durch ein feines Passiertuch zu passieren. Den Fond gibt man nun wieder in eine kleinere Kasserolle und läßt ihn langsam bei dauernder Pflege (abschäumen und abfetten) bis auf $1^1/_2$ l einkochen. Im letzten Augenblick gibt man 2 Glas Madeira hinzu, läßt damit den Fond noch einmal aufstoßen, schmeckt ihn mit Salz und Cayenne-Pfeffer ab und passiert den Fond nochmals durch ein Passiertuch. Somit wäre die Chaudfroid-Sauce gebrauchsfertig. Andere als die bezeichneten Knochen stellen das Gelingen in Frage.

Dieser Werdegang wäre also ganz echt, d. h. ohne Verwendung von Gelatine. Man kann aber auch von $2^1/_2$ kg auserwählten Knochen ganz gut 2 l Chaudfroid-Sauce herstellen unter Zusatz von einigen Blättern Gelatine; diese Sauce ist im Geschmack auch noch gut. Es sei noch erwähnt, daß man während des Kochens eine auf der Herdplatte recht dunkelbraun geröstete Zwiebel in den Fond gibt, um natürliche Färbung zu erreichen.

Weiße Sulz-Sauce

Sauce chaud-froid blanche

Falls für Geflügel-Galantinen, Poularden usw. weiße Chaudfroid-Sauce gebraucht wird, ist jeweils der Grundfond zu verwenden. — Wenn größere Mengen herzustellen sind, verfährt man wie folgt:

Für $1^1/_2$ l weiße Chaudfroid-Sauce verwendet man $2^1/_2$ kg Kalbsknochen (Gelenk- und Sehnenknochen). Diese werden erst blanchiert und dann in einer Kasserolle mit Karotten, Zwiebel, Sellerie und Petersilienwurzel in etwas Butter ganz leicht angeschwitzt, so daß alles, ohne Farbe zu nehmen, weiß bleibt. Dann löscht man mit einer halben Flasche Weißwein ab, gibt ein Bouquet garni mit zwei Zehen Knoblauch, den Saft von zwei Zitronen, Salz und zerdrückte Pfefferkörner hinzu und füllt mit soviel Wasser auf, daß die Knochen etwa 4 Std. kochen können. Während der Kochdauer muß man ebenfalls für saubere Behandlung sorgen. Nachdem der Fond passiert ist, kocht man ihn in einer Sauteuse bis auf $^1/_2$ l ein, dann gibt man 1 l Schlagsahne hinzu und läßt alles noch etwas reduzieren. Nun ist die Sauce mit Salz und Cayenne-Pfeffer abzuschmecken, mit zwei Eigelb zu legieren und nochmals durch ein Tuch zu passieren. Diese weiße Chaudfroid-Sauce ist nur von Kalbsknochen hergestellt und würde speziell für Schlachtfleisch anzuwenden sein.

Für weiße *Geflügel*-Chaudfroid-Sauce bleibt natürlich die Zubereitung genau dieselbe. Es ist aber erforderlich, hierzu auch Geflügel in dem Fond mitzukochen.

Grüne Sulz-Sauce

Sauce chaud-froid verte

Für grüne Chaudfroid-Sauce verwendet man ebenfalls die fertige weiße Chaudfroid-Sauce. Das erforderliche Kräuterpüree wird von Spinat, Petersilie, Kerbel und etwas Kresse zusammengestellt. Die Kräuter werden im Mixer mit etwas weißer Chaudfroid-Sauce fein püriert, mit der Chaudfroid-Sauce ganz schnell aufgekocht und durch ein Tuch passiert. Es kommt dann darauf an, die Sauce schnellstens abzukühlen, damit die grüne Farbe erhalten bleibt.

6. Buttermischungen

Geschlagene Butter

Beurre battu

Geschlagene Butter wird zu warmen Gerichten serviert, ist aber in Brigadebetrieben in der kalten Küche herzurichten. Die Butter wird eine Zeitlang tüchtig bearbeitet, bis sie (in der Küchensprache) „schaumig“ ist.

Geschlagene Butter zum Spargel bleibt in ihrem Geschmack neutral. *Geschlagene Butter zu Schaltieren und Fischen* wird mit Salz, Cayenne und Zitronensaft gewürzt.

Hummerbutter

Beurre de homard

Hummereier und Hummermark werden mit Butter feingerieben, mit der gleichen Menge Butter verarbeitet und dann durch ein Haarsieb gestrichen.

Garnelenbutter

Beurre de crevettes

Unter diesem Namen wird schaumiggerührte Butter, der man feines Garnelenpüree unterzogen hat, serviert.

Kaviarbutter

Beurre de caviar

Unter geschlagene Butter gibt man wenig Zitronensaft und zieht den Kaviar vorsichtig darunter. In vielen Betrieben ist es aber auch üblich, nur ein Streifchen Kaviar über die in der Sauciere angerichtete Butter zu geben.

Kräuterbutter

Beurre ravigote

Estragon, Kerbel, Petersilie, Schnittlauch, Pimpernell und Schalotten werden gehackt und mit einem Stückchen Butter sehr fein zerrieben. Zum Schluß fügt man die entsprechende Menge Butter hinzu, verarbeitet das Ganze abermals und streicht dann die fertige Kräuterbutter durch ein Haarsieb. In nasses Pergamentpapier eingerollt, kann sie erkaltet auch in Scheiben geschnitten gereicht werden.

Meerrettichbutter

Beurre de raifort

Meerrettich wird frisch gerieben, feingestoßen und alsdann mit schaumig gerührter Butter vermischt (Verhältnis etwa 1:5). Die Butter ist durch ein feines Haarsieb zu streichen.

Räucherlachsbutter

Beurre de saumon fumé

Etwa $^1/_3$ Räucherlachsreste sind mit $^2/_3$ Butter zu einem feinen Püree zu verarbeiten und dann mit Cayenne abgeschmeckt durch ein Sieb zu streichen.

Sardellenbutter

Beurre d'anchois

Gesäuberte, nicht zu lange gewässerte Sardellenfilets werden abgetrocknet und feingerieben. Alsdann gibt man das dreifache Gewicht Butter hinzu, verreibt das Ganze tüchtig und streicht die Sardellenbutter durch ein feines Haarsieb.

Schneckenbutter

Beurre pour escargots

Zum Schließen von 50 Schnecken arbeitet man unter 400 g Butter 40 g feingehackte Schalotten, 10 g zerriebenen Knoblauch, einen starken Löffel gehackte Petersilie, 12 bis 15 g feines Salz, 2 g Pfeffer, 1 g Pastetengewürz und wenig Zitronensaft.

Trüffelbutter

Beurre de truffes

Die Herstellung der Trüffelbutter fällt in das Arbeitsgebiet der kalten Küche. Sie ist so recht ein Feinschmeckertraum, und das ist begreiflich. — Frische Süßrahmbutter und Trüffeln von bestem Aroma sind zwei Dinge, die diesen Ausspruch rechtfertigen. Der hochfeine, exquisite Geschmack dieser Butter ist in hohem Maße geeignet, den Wohlgeschmack blaugesottener Forellen und Schleie sowie gekochter, warm zu servierender Langusten, Hummer, Scampi und Krebse noch zu erhöhen.

327. Frische Butter als Beigabe zu verschiedenen Gerichten
a Trüffelbutter; *b* geschlagene Butter; *c* Kaviarbutter

Die gedünstete Trüffel wird in feine Würfel geschnitten, mit dem eigenen Fond, einem Löffel Kalbsjus und wenig Madeira fast bis zu Glace eingekocht und leicht ausgekühlt. Inzwischen wird die geschlagene Butter hergerichtet. Ein Teil von dieser wird zu den Trüffeln gegeben und gut vermengt. Nun sind die Trüffeln mit der übrigen geschlagenen Butter zu vermischen. Jetzt erst wird vorsichtig mit Salz und wenig Cayenne-

Pfeffer abgeschmeckt. — Form und Menge werden am geschicktesten mit einem in heißes Wasser getauchten Teelöffel bestimmt. — Man rechnet für eine Portion im Rahmen eines großen Menüs 20 g, für eine à la carte-Portion 40 g je Person.

Schließlich wäre noch die eingerollte Trüffelbutter zu erwähnen. Hierfür legt man einen nassen Bogen Pergamentpapier auf eine Marmorplatte, auf diesem wird eiskalte, frische Butter 3 mm dünn mit nassem Rollholz ausgerollt und mit Trüffeln, die man mit Butter im Mixapparat zu feinem Püree gerieben hat, bestrichen. Es ist ratsam, über diese Schicht abermals einen nassen Pergamentbogen zu legen, diesen mit kleinen Eisstückchen zu bedecken und eine Zeitlang darauf liegen zu lassen, damit die Butter vor der weiteren Behandlung eine gewisse Festigkeit erreicht. Dann wird das Eis sowie die obere Papierschicht entfernt und die ausgerollte Butterplatte zu einer Roulade zusammengerollt, was leicht vor sich geht, wenn man eine Papierkante erfaßt und die Butter zu einer runden, gleichmäßigen Walze formt, die jedoch nicht mehr als 4 cm Durchmesser haben soll. Zum Schluß wird die Butter in nasses Pergamentpapier gerollt und auf Eis gelegt. Zum Service wird sie mit heißgemachtem Messer in $^1/_2$ cm dicke Scheiben geschnitten. Diese Herstellungsweise ist sehr kostspielig; sie wird nur zu außergewöhnlichen Gelegenheiten in Frage kommen.

Gefüllte Butterröllchen

Man kann auch die verschiedenen Bestandteile, ohne sie mit der Butter zu vermengen, zu kleinen geschmacklich guten und bildlich ansprechenden Geschmacksträgern formen. Dies ist speziell für Restaurationsplatten zu empfehlen. – Die Butter wird zu Butterröllchen geformt und erhält je nach Art und Zweck eine Füllung.

Je nach den Bestandteilen passen die Butterröllchen zu grillierten Fisch- und Fleischgerichten.

328. Butterröllchen mit verschiedenen Füllungen

Oben: Geriebener Meerrettich mit Paprika bestaubt, Räucherlachsrosette mit Schnittlauch, Sardellenring und gefüllte Olive. Unten: Kaviartupfen, Paprikaschotenwürfelchen und kleine Essigzwiebel, Hummermark und Dill gehackt sowie drei Krebsscheren

Auch auf Buttersterne lassen sich pikante Bestandteile anhäufen

22. Abschnitt

Küchenerzeugnisse für den Verkauf in Feinkostgeschäften und Stadtküchenlieferungen

A. Allgemeines

Es liegt im Wesen der Sache, daß Feinkostgeschäfte auch mit Resten zu rechnen haben, die bedenkliche Verluste mit sich bringen können, wenn sie nicht rechtzeitig und sachgemäß verarbeitet werden. Wenn es in einem Geschäft verstanden wird, aus diesen Resten oder zu verarbeitenden Waren entsprechende appetitliche und schmackhafte Küchenerzeugnisse hervorzubringen, so ist es möglich, durch besondere Pflege dieses Zweiges dem Geschäft gerade dadurch eine Anziehungskraft für das Publikum zu geben. Nachfolgend einige Beispiele aus der Praxis.

Der kalte Aufschnitt ist in den Feinkostgeschäften einer der wichtigsten Verkaufsartikel und erfordert ständige Aufmerksamkeit und sachgemäße Behandlung, wenn wirtschaftlicher Nutzen erzielt werden soll. Der Geschäftsinhaber muß darauf bedacht sein, außer den verschiedenen Wurstwaren auch eine weitere Auswahl von kalten Braten, gebratenem Geflügel, gekochter Pökelzunge, gekochtem oder gebackenem Schinken, geräucherter Gänsebrust usw. zu führen. Das ist nicht immer leicht und bringt so manchen Verschnitt mit sich. Wenn Fleischreste übrigbleiben oder irgendein Stück Braten nicht mehr verkauft werden kann, so besteht immer noch eine Verwendungsmöglichkeit, indem es für italienischen Salat oder sonstige Fleischsalate verarbeitet wird. Hieraus ist deutlich zu ersehen, daß Geschäfte dieser Art auf Führung von Küchenerzeugnissen kaum verzichten können, wenn das Geschäft rentabel gestaltet werden soll.

Viele derartige Geschäfte sind durch irgendwelche Umstände indirekt dazu gezwungen, außer Feinkostwaren Geflügel und Fische zu führen. Oft genug kommt es dann vor, daß eine Gans oder eine Ente, Hühner usw. der Küche zuzuführen sind. Um dieses Geflügel in zubereiteter Form absetzen zu können, ist es zu braten oder aber zu kochen und in Gelee einzusetzen. Auch bei anderen Waren wird man in den meisten Fällen bei einiger Überlegung das herausfinden, was am zweckdienlichsten und dem Kundenkreis am zugänglichsten ist.

Müssen Fische verarbeitet werden, so werden sich aus den Rezepten Anregungen ergeben, die für diesen oder jenen Fall anzuwenden sind.

B. Spezialartikel für Feinkostgeschäfte

1. Salate

Als erstes Absatzprodukt mögen die Salate genannt sein, die in Feinkostbetrieben geführt und am meisten gekauft werden. In einem Feinkostgeschäft, wo die Speisen zum

329. Heringssalat
Garnitur: Heringsfiletstücke und dünne Zwiebelscheiben.
Zubereitung S. 355

330. Gemüsesalat
Garnitur: Pfifferlinge, Blumenkohlröschen u. Karottenscheiben.
Zubereitung S. 354

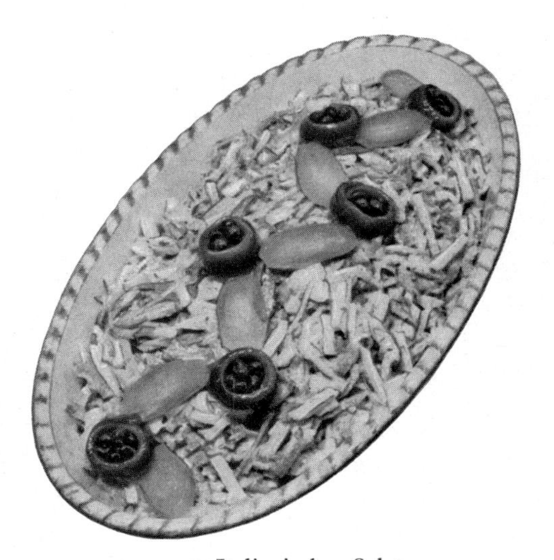

331. Italienischer Salat
Garnitur: Gewürzgurkenscheiben, Sardellenringe mit Kapern.
Zubereitung S. 357

332. Rindfleischsalat (in Streifen geschnitten).
Garnitur: Würfel von gekochtem Ei und Radieschenscheiben.
Zubereitung S. 357

Kauf anregen sollen, hängt von der Aufmachung ungemein viel ab. Man muß also unablässig darauf bedacht sein, den Käufer durch ansprechendes Äußeres der Erzeugnisse zum Kauf zu veranlassen. Das Aufstellen der verschiedenen Salate macht in flachen

Kokotten einen sehr vorteilhaften Eindruck. Da die Salate nach Gewicht in jeder Menge verkäuflich sind, werden sie gar nicht oder nur ganz wenig garniert. Die in den Feinkostgeschäften gangbarsten Salate sind: Italienischer, Herings-, Rindfleisch- und Geflügelsalat sowie Hummer-Mayonnaise. Die Zusammenstellungen dieser und anderer Salate befinden sich auf den S. 342—363.

2. Aufschnitt-Arrangements

Ein bedeutender Faktor für Feinkostgeschäfte ist der Verkauf von gebratenem, kaltem Fleisch, wie Roastbeef, Filet, Kalbs- und Schweinebraten und gebratenen Geflügelarten. Ferner sind es roher und gekochter oder in Brotteig gebackener Schinken, die immer geführt werden müssen; ebenso darf gekochte Pökelzunge nicht fehlen.

Die Ladenkundschaft in Feinkostgeschäften verlangt des öfteren kombinierte Zusammenstellungen von Aufschnitt, Fischen und Salaten; hier ist ein solches Beispiel gegeben:

333. Gemischter Aufschnitt, Salate und Fisch

Aufschnitt: Bestehend aus rohen Schinkenröllchen; Roastbeef mit geschabtem Meerrettich; Jagdwurst- und Salamischeiben.

Salate: Heringssalat, garniert mit Eiersechsteln, Gewürzgurkenscheibchen und Heringswürfeln; Tomatenviertel, gefüllt mit rohem Selleriesalat.

Fische: Ölsardinen, umlegt mit Sild und gefüllten Oliven; Räucherlachsrosetten auf Salatherzblättchen, gefüllt mit Sahnemeerrettich; Räucheraalspießchen mit Paprikaschote.

Es gehört in den Bereich der Feinkostgeschäfte, geschmackvolle Arrangements von kaltem Aufschnitt auf Bestellung herrichten zu können. Gewöhnlich ist es so, daß die

Rehrücken Ilona — Selle de chevreuil Ilona

Ein vorbereiteter, saftig gebratener und wieder erkalteter Rehrücken wird exakt tranchiert, wie es sehr eingehend auf S. 331 bis 333 durch Wort und Bild erklärt ist.

Aus den Parüren und etwas Gänseleber-Parfait bereitet man ein lockeres Schaummus (S. 291), streicht es auf die Karkasse und legt das Rückenfleisch darauf. Mit dem zu leichter Glace gekochten Bratfond, vermengt mit etwas Fleischgelee, wird der Rücken überglänzt; er erhält hierdurch den betont natürlichen Wildgeschmack.

Entgegen sonstiger Geflogenheit ist der Dekor bukettartig im mittleren Drittel des Rückens angeordnet. Über Kreuz eingeschnittene Weinbeeren, entkernt und mit Tupfen von Schaummus sowie roten Paprikaschotenstückchen gefüllt, und kleine Mandarinenfilets sind hier zu einem Blüten-Arrangement vereint.

Tomaten, mit Apfel-Sellerie-Salat gefüllt, und kleine Gänseleber-Toaste sind die Umlage.

Alle Teile wurden mit Gelee überzogen und auf einem Aspikspiegel angerichtet.

Rehrücken auf sizilianische Art — Selle de chevreuil à la sicilienne

Der Rehrücken wird gespickt, rosa-saftig gebraten und ausgekühlt. Nachdem die Filets heruntergeschnitten sind, wird das Knochengerüst mit Gänseleber-Schaumbrot (S. 291) aufgefüllt. Obenauf ordnet man, wie das Bild zeigt, die Rückenfleischscheiben in der richtigen Reihenfolge an, so daß die ursprüngliche Form des Rückens wieder erreicht wird. Das Rückgrat wird mit einer Ranke belegt, die sich aus Orangenfilets, gedünsteten, entkernten Backpflaumen, Mandeln und sehr feinen Orangenschalenstreifchen zusammensetzt.

Die Umlage besteht aus halben, gefüllten Orangenschalen. Sie sind mit den gleichen Materialien gefüllt wie die auf den Rücken gelegte Fruchtranke. Gefüllte Oliven ergänzen die Garnitur. Weitere Rehrückenplatten, wie „Moderne Art“, „Carmen“, „Montmorency“, „Orientalische Art“, „Kalifornische Art“, „Diana“, „Singapur“, „In der Teigkruste“ usw., behandeln die S. 333 bis 338.

Auswahl bei der Bestellung pfundweise errechnet und für das Anrichten und die Zutaten, Gelee usw., ein weiterer Zuschlag erhoben wird.

Mit Geschick und Liebe können Aufschnittplatten zu den schönsten Stilleben gestaltet werden. Solche Geschäfte sollten Wert darauf legen, die fertigen Platten, wenn auch nur kurze Zeit, für die Passanten sichtbar auszustellen, denn darin liegt eine vorzügliche Reklame.

Bei dem Arrangement von kaltem Aufschnitt ist in erster Linie das Farbenspiel zu beachten. Man muß also stets bemüht sein, dunkleres und helles Fleisch, Schinken und Wurstarten so zu gruppieren, daß Farbkontraste hervortreten. Selbstverständlich soll jede Scheibe mit gewissem Abstand exakt auf der Platte liegen.

Wie nun die einzelnen Teile anzurichten sind — Reihenfolge, Kreis- oder Fächerform usw. —, alle diese Fragen müssen dem persönlichen Geschmack überlassen bleiben. Die Bilder 333—335 mögen als Anregung dienen.

Gemischter Aufschnitt mit Geflügel

Um dieses Arrangement recht wirksam zu gestalten, wurde das tranchierte Geflügel (vgl. S. 150/152) in der Mitte der Platte angerichtet. Alles übrige fand ringsherum symmetrische Anordnung. – Es handelt sich um Schinkentüten mit Fleischgelee gefüllt; Pökelzunge mit Spargelköpfen; Wildschweinspastete (vgl. S. 270) mit kleinen gedünsteten, mit Orangengelee gefüllten Äpfeln.

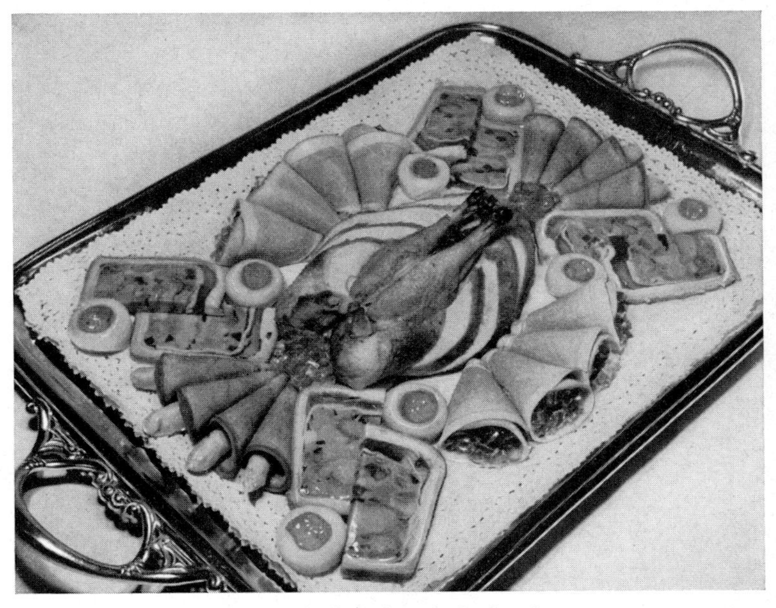

334. Aufschnitt mit Geflügel

Für die Garnierung der Aufschnittplatten werden gehacktes Gelee oder auch Gelee-Croûtons verwendet. Wenn weitere Zutaten verlangt werden, so kommen Cornichons, rote Rüben und geschabter Meerrettich in Frage; diese Dinge können dann in kleinen Coquilles-Schalen in das Arrangement eingruppiert werden.

In derartigen Geschäften kommt es auch zuweilen vor, daß die angeführten Aufschnittplatten auftragsgemäß mit Kaviar, Räucherlachs, Käse, Geleesachen usw. zu einem gefälligen Arrangement zu vereinigen sind. Dann ist evtl. ein Geleegericht in tiefer Glasschale in die Mitte der Platte zu setzen. Praktischerweise ist dann der Aufschnitt um das Mittelstück herum zu gruppieren; Kaviar, Räucherlachs, Sardinen und sonstige bessere Delikatessen finden in kleinen Glasschalen oder Coquilles-Schalen am besten ihren Platz.

Gemischter Aufschnitt mit Rehrücken

Der Rehrücken wird wie auf S. 332 tranchiert, mit halben Champignons, halben gefüllten Oliven und einer schmalen Ranke von Paprikaschote dekoriert. Die weiteren Bestandteile: roher Schinken, Kalbsbraten, Pökelzunge, Roastbeef, gekochter Schinken und Zervelatwurst vervollständigen das Arrangement. — Die Garnitur besteht aus mit Gemüsesalat gefüllten Tomaten, Gewürzgurkenscheibchen in Salatblättern und feinwürfelig geschnittenem Fleischgelee. Beigabe: Cumberland- und Remouladensauce.

335. Aufschnitt mit gebratenem Rehrücken

3. Geleegerichte

Ein weiteres Kapitel der Küchenprodukte in Feinkostgeschäften bilden Fische und Fleisch in Gelee. Um gute, wohlschmeckende Ware liefern zu können, darf das Gelee auf keinen Fall zu fest sein. Ein loses, gestürztes Gelee würde wiederum den Transport nicht zulassen; folglich wählt man für Gelee-Gerichte entsprechend große Glasformen.

Sie haben den Vorteil, daß das Innere gut sichtbar ist und daß sie bequem transportierbar sind. Die Glashülle wird also mitverkauft. Was den Verkauf von Geleesachen anbetrifft, so kommen für die Ladengeschäfte vor allem Aal in Gelee, Gänseweißsauer und Sülzkoteletts in Frage, ferner aber auch Lachs, Hummer, Krebse und Krabben in Gelee.

Aal in Gelee

Der abgezogene, von den Flossen befreite Aal (vgl. S. 34) wird in nicht zu große Stücke geschnitten. Aus diesen wird das in ihnen noch haftende Eingeweide mit einem kleinen, spitzen Messer durch einige Umdrehungen leicht herausgenommen. Nach dem Waschen wird er mit Zwiebeln, Wurzelwerk, Salz, Essig, Weißwein, ein wenig Lorbeerblatt, Pfeffer- und Gewürzkörnern und soviel Wasser aufgesetzt, daß er gerade bedeckt ist. Wenn der Aal weichgekocht ist, nimmt man ihn heraus und läßt ihn gut auskühlen. Die Brühe wird passiert, abgefettet und die Menge abgemessen, um den Gelatinezusatz feststellen zu können. Auf 1 l Brühe werden der Temperatur entsprechend 8 bis 12 Blatt erforderlich sein. Wenn man Gelatine hierfür vermeiden will, kann man auch die Gallerte von Kalbsfüßen verwenden. Das Klären geht folgendermaßen vor sich: Nachdem der Brühe die Gelatine oder die Kalbsfüße-Gallerte beigegeben wurde, werden einige Eiweiß mit etwas kaltem Wasser geschlagen und nach und nach mit der Brühe aufgefüllt. Die Brühe wird unter ständigem Rühren zum Kochen gebracht. Sobald dies erreicht ist, wird das Geschirr in der Hitze erhalten, jedoch darf die Brühe nicht mehr zum Kochen kommen. Nach einer halben Stunde kann das Gelee durch ein Seihtuch passiert werden.

Inzwischen wird der gut ausgekühlte Aal in Glasformen eingesetzt. Gewöhnlich legt man zwei Stücke in ein Glas, doch wird das ganz von der Kalkulation und dem Verkaufspreis abhängig sein. Das Gelee wird nun behutsam in Eis gerührt, bis es dickflüssig wird. Im Moment des Stockens gibt man soviel Gelee über den Aal, daß er vollständig bedeckt ist.

Fisch in Gelee

Der Fisch wird geschuppt, ausgelöst, in schöne Stücke geschnitten und in Courtbouillon gekocht, worin er erkalten muß. Der Fond ist dann zu passieren und zu Gelee zu verarbeiten (vgl. S. 143). Die Fischstücke setzt man in ein Randblech, garniert sie mit einigen Spargelköpfen sowie Krebsschwänzen und spritzt außerdem eine Kante mit Kräuterbutter (S. 375). Wenn diese fest geworden ist, wird der Fisch mit dickflüssigem Gelee bedeckt und später mit spitzem Messer herausgeschnitten.

Hummer in Gelee

Die Hummer werden ausgebrochen (vgl. S. 253) und sind dann in ansehnliche Stücke zu schneiden. Die Scheren werden gewöhnlich der Länge nach noch einmal geteilt. — Die Glasformen werden mit Gelee ausgegossen. Das Hummerfleisch ist so einzusetzen, daß die Außenansicht durch das Glas recht appetitlich ist. Auch hier wird der Innenraum wie bei den Krebs-Timbales mit einem Salat gefüllt. Man kann einen Hummersalat anwenden, der ebenso wie der Krebssalat zusammengestellt ist, oder man kann auch einen Gemüsesalat wählen.

Krebsschwänze in Gelee

Hierfür benutzt man kleine, kuppelförmige Glas-Timbales, die bis zum Rand in feingemahlenes Eis mit etwas kaltem Wasser einzusetzen sind. Diese Förmchen werden mit kaltem, jedoch noch flüssigem Gelee gefüllt. Es wird nun eine kurze Zeit in den Förmchen belassen, bis es sich an den Wandungen festzusetzen beginnt. Wenn dies erreicht ist, wird das noch flüssige Gelee aus den Förmchen ausgeleert. An der gesamten Innenwandung hat sich nun ein etwa 3 mm dicker Geleemantel festgesetzt. Sofort stellt man die Förmchen nach dem Ausgießen des Gelees wieder in das Eis, damit dieses vollends fest wird.

Nachdem die Krebsschwänze gekocht, aus den Schalen gebrochen (vgl. S. 39) und vom Darm befreit sind, beginnt das Einsetzen. Auf den Boden wird zunächst eine in Gelee getauchte Trüffelscheibe gelegt. Danach wird der ganze Innenraum mit den Krebsschwänzen ausgelegt, wobei jedesmal ein Kranz herumgeführt wird, wie dies auf der Farbtafel ersichtlich ist. Zu beachten ist unbedingt, daß jeder Krebsschwanz vor dem Einsetzen in die Form in flüssiges Gelee zu tauchen ist, damit er sogleich Halt bekommt und nicht verrutscht. Im vorliegenden Falle handelt es sich um kleine Förmchen für den Ladenverkauf. Gewöhnlich führen derartige Geschäfte zwei Größen für eine und zwei Personen. Pro Person sind gewöhnlich 8—12 Krebsschwänze zu rechnen. Wenn die Formen mit Krebsschwänzen fertig ausgelegt sind, gießt man abermals ein wenig stockendes Gelee darüber, doch nur soviel, daß ein innerer Halt gegeben ist. Der Innenraum darf nicht etwa vollständig mit Gelee ausgegossen werden. In den Hohlraum gibt man nun einen Krebssalat, wie auf S. 259 beschrieben, doch ist ihm etwas festes Gelee beizufügen, damit die Flüssigkeit erstarrt. Die Förmchen sind ziemlich voll zu füllen, doch muß der Abschluß wiederum eine Geleeschicht sein.

Krabben in Gelee

Die Glasformen werden wie vorher mit Gelee ausgegossen; den Boden bedeckt man mit einer Eierscheibe. Man könnte nun die Krabbenschwänzchen einzeln einsetzen, wie dies bei den Krebsschwänzen üblich ist, doch würde sich der Zeitaufwand nicht bezahlt machen. Die Arbeit läßt sich einfacher gestalten, indem man Gelee kaltrührt und kurz vor dem Stocken die gut gewaschenen und abgetrockneten Krabbenschwänze hineingibt, diese vorsichtig mit dem Gelee verbindet und dann sogleich mit diesem Gemisch von Krabben und Gelee die Förmchen vollfüllt.

Lachs in Gelee

Der Lachs wird roh in etwa 80 g schwere, gefällige Stücke geschnitten, mit Salz und Wurzelwerk gekocht, ausgekühlt, aus der Brühe herausgenommen und auf einem Tuch abgetropft. Nachdem man die Stücke mit 2 cm Abstand in ein Randblech geordnet hat, erhält jedes einen Dekor aus einer feingespritzten Kante mit Kräuterbutter, einer Trüffelscheibe und zwei längshalbierten Krebsschwänzen. Wenn die Butter fest geworden ist, werden die Lachsstücke mit in Eis kaltgerührtem Fischgelee (vgl. S. 143) völlig eingegossen und dann in den Kühlraum gestellt. Zum Gebrauch werden die Lachsstücke so herausgeschnitten, daß ringsherum ein 1 cm breiter Geleerand verbleibt.

Räucherlachstüten in Gelee

Hierfür braucht man eigens für diesen Zweck hergestellte Blechtüten. Diese werden bis zum Rand in feingemahlenes Eis und Wasser eingegraben, voll Gelee gegossen und nach kurzer Zeit wieder ausgeleert. Die Blechförmchen kommen sofort wieder in Eis, damit die dünne, an den Wänden verbliebene Geleeschicht fest wird. Nun sind dünn geschnittene Scheiben Räucherlachs zu Tüten zu formen, die genau den Hohlraum der Förmchen ausfüllen. In die Lachstüten wiederum gibt man eine Füllung von einem passenden Salat. Die Öffnung der Tüte kann mit einer Trüffel- oder Eierscheibe abgeschlossen werden. Zum Schluß gibt man eine dünne Geleeschicht über das Ganze. Für den Verkauf werden die Förmchen einen Augenblick in lauwarmes Wasser gehalten, gestürzt und auf flacher Glasplatte auf Unterlagen von frischen Salatblättern präsentiert oder auch in Teig-Schiffchen gesetzt.

In manchen Fällen werden auch nur einfach geformte Räucherlachstüten mit gehacktem Gelee gefüllt und in Schiffchen mit Gemüsesalat angerichtet.

Gänseweißsauer

Gans in Gelee oder Gänseweißsauer ist eins von den Küchenprodukten, die fast jederzeit in den Feinkostgeschäften zu finden sind. Die Herstellungsart ist folgende: Man wählt eine stoppelfreie Gans, die nach dem Ausnehmen und Waschen mit soviel Wasser aufgesetzt wird, daß sie gerade bedeckt ist. Nach dem Aufkochen wird der Schaum entfernt und die Brühe nach Geschmack gesalzen, ebenso gibt man Essig hinzu, des weiteren ein Lorbeerblatt und eine Zwiebel. Sobald die Gans weichgekocht ist, nimmt man sie heraus und legt sie zum Abkühlen vorerst unter ein nasses Tuch. Nach dem Auskühlen läßt man sie auf einem Durchschlag völlig abtropfen. Inzwischen hat man die Brühe passiert, abgefettet und genau abgemessen. — Dieser wird nun nach der jeweiligen Temperatur je Liter 10 bis 14 Blatt eingeweichte, ausgedrückte Gelatine beigefügt und darin aufgelöst. Das Klären geht genauso vor sich, wie es auf S. 140 in dem Kapitel „Gelee — Aspik" beschrieben ist.

Wenn nun die Gans geschnitten wird, gilt es, diese sachgemäß zu zerteilen, daß auch ein entsprechender Nutzen herausgearbeitet wird. Zunächst sind die Keulen abzutrennen und die Brust genau in der Mitte durchzuteilen. Den Brusthälften sind vor dem Schneiden die Knochen herauszunehmen und dann die ersteren, völlig knochenfrei, je in 12—15 egale, schräg geführte Scheiben zu schneiden. Die Keulen werden mittels eines schweren Messers mit den Knochen in ansehnliche Stücke gehackt, ebenso das vorher ausgehauene Rückgrat.

Beim Einsetzen der Stücke in kuppelförmige Gläser verfährt man folgendermaßen: Zunächst werden je nach Größe der Gans 12 bis 15 Gläser bereitgestellt und mit einer 1 cm hohen Geleeschicht ausgefüllt. Nach dem Festwerden legt man in jedes Glas zunächst die weniger schönen Stücke, bis die Hälfte des Glases ausgefüllt ist; darüber gibt man wieder eine Schicht stockendes Gelee. Nach dem Erstarren legt man darauf 2 schöne Brustscheiben in recht gefälliger Anordnung und füllt darüber als Abschluß abermals eine Schicht dickflüssiges Gelee.

Sülzkoteletts

Am vorteilhaftesten hierfür ist ein kleines, nicht zu fettes Schweinskarree. Beim Kochen wird es genauso behandelt wie das vorher beschriebene Gänseweißsauer. Dasselbe gilt auch für die Behandlung der Brühe bis zum fertigen Gelee. Es kann mit Gallerte von Kalbsfüßen oder auch mit Gelatine hergestellt werden (Gelee S. 140). Das Schweinskarree darf nicht früher geschnitten werden, als bis es völlig ausgekühlt ist. Die Scheiben sind nun in gewünschter Stärke zu schneiden, um sie dann in Gelee einzusetzen. Das kann auf zweierlei Arten ausgeführt werden. Im ersten Falle sind die geschnittenen Scheiben mit Abständen in ein flaches Geschirr zu setzen. Die einzelnen Scheiben erhalten nun einen Dekor. Nachdem alle Koteletts in gewünschter Weise garniert sind, gibt man über jede Garnitur ein wenig stockendes Gelee, damit später, wenn die Koteletts vollends zugegossen werden, diese nicht fortgespült wird. Das Ganze setzt man eine Zeitlang in den Kühlraum, um es später mit dickflüssigem Gelee zuzugießen. Nach deren völligem Erstarren werden die Koteletts für den Gebrauch mit einer umliegenden Geleeschicht herausgeschnitten.

336. Sülzkoteletts mit verschiedenen Garnituren

a Auflage: Spargelkopf, Estragonblatt und halbe Eierscheiben. *b* Auflage: Cornichonscheibchen, ausgestochenes Selleriescheibchen, Dill. *c* Auflage: Scheibchen von kleinen, auf griechische Art zubereiteten Artischocken und Radieschenscheiben. *d* Auflage: Gurkenkränzchen (vgl. S. 159) und Eischeibe

Bei der anderen Art des Einsetzens in Gelee werden die Koteletts in Glasbehälter von Kotelettform eingegossen. In diesem Falle sind die Böden zuerst mit einer 3 mm dicken Geleeschicht auszugießen, die dann erstarren muß. Auf diese Geleeschicht legt man den gewünschten Dekor, gibt darüber einige Tropfen Gelee, und erst nach dem Festwerden sind die Koteletts einzusetzen, die mit dickflüssigem Gelee vollends zugegossen werden.

Schinken in Gelee

Die Behandlung ist genauso, wie sie bei den Lachstüten (S. 384) erläutert wurde. Der hier verwendete gekochte Schinken soll ein Fetträndchen und eine Schinken-Schaumbrot- oder Salatfüllung aufweisen.

Zunge in Gelee

Die Verarbeitung ist die gleiche wie im vorstehenden Rezept, jedoch werden hier große Zungenscheiben, zu Röllchen geformt, verwendet. Als Füllung eignet sich Gemüsesalat sowie alle pikanten Pickles-Zusammenstellungen in Verbindung mit gekochtem Ei sowie Spargel und Champignons.

Tauben-Galantine in Gelee

Die Tauben werden nach dem Galantinen-Rezept auf S. 283 hergerichtet und nach dem Erkalten in 1 cm dicke Scheiben geschnitten. Diese Scheiben sind nun auf einem gut verzinnten Rand-Weißblech mit Abständen nebeneinander einzusetzen und mit dickflüssigem Gelee zuzugießen. Für den Ladenverkauf werden die Galantine-Scheiben mit einem runden Ausstecher ausgestochen und auf geeigneten Platten angerichtet.

Sülze

Bei der Bereitung von Sülze wird, sofern keine Reste vorhanden sind, das Fleisch mit den Schweineschwarten und den Kalbsfüßen zusammen weichgekocht, später geschnitten und fertiggemacht.

Es soll aber hier das Delikatessengeschäft und die Resteverwertung im Auge behalten werden. Hierbei ist Voraussetzung, daß genügend Fleisch wie Zungenspitzen, Schinkenanschnitte und sonstige Bratenreste vorhanden sind. In diesem Falle ist also nur die gelierfähige Brühe zu beschaffen, indem ein Stück Rindfleisch, Kalbsfüße und Schweineschwarten mit kaltem Wasser auf das Feuer gesetzt und weichgekocht werden. Sofort nach dem Aufkochen ist die Brühe auszuschäumen und erhält dann die erforderliche Menge Salz, Essig, Lorbeerblatt und Gewürzkörner. Wenn das Rindfleisch, die Kalbsfüße (vgl. S. 66) und Schwarten weich sind, wird das Ganze auf ein Sieb zum Ablaufen gegossen. Nachdem die Knochen aus den Kalbsfüßen entfernt sind, werden die letzteren mit den Schwarten in eine Bratpfanne oder ein Randblech geschüttet, mit einem flachen Deckel belegt, mit Gewichten beschwert und kaltgestellt. Die abgegossene Brühe ist ebenfalls kaltzustellen.

Am folgenden Tag läßt sich von der erstarrten Gallerte das Fett sauber abnehmen. Die Gallerte wird nun wieder flüssig gemacht, nach Erfordernis mit Bouillon oder mild gesalzener Schinkenbrühe verlängert, säuerlich pikant abgeschmeckt und mit Eiweiß geklärt, wie dieser Vorgang auf S. 140 erläutert ist. Inzwischen hat man das Fleisch und Bratenreste in schöne gleichmäßige Würfel geschnitten, die Kalbsfüße und Schwarten in ganz kleine Würfel. Mit dem passierten Gelee werden die Formen, in die die Sülze einzufüllen ist, mit einer etwa bleistiftdicken Schicht ausgegossen. — In die geklärte Brühe gibt man nun alles geschnittene Fleisch sowie eine Reduktion von Estragonessig, Pfeffer und feinwürfelig geschnittenen Zwiebeln. Das Ganze muß kurz aufkochen und wird dann kaltgestellt. Öfter durchgerührt, wird die Sülze, im Augenblick des Stockens mit Gurkenwürfeln vermischt, in die Formen gefüllt. — Ob größere Formen oder kleine Förmchen anzuwenden sind, richtet sich nach der Art des Geschäftes. Auch bei der Sülze können die Formen vor dem Einfüllen ein wenig dekoriert werden, wozu vornehmlich Pökelzunge, harte Eierscheiben und Estragonblätter anzuwenden sind.

Sülze von Wildschwein

Die weniger guten Stücke vom Wildschwein werden mit der Haut geschnitten und alsdann samt einigen gespaltenen Kalbsfüßen (vgl. S. 66) mit Fleischbrühe und einer angemessenen Menge Salz und Weinessig zum Kochen gebracht. Nach dem Aufkochen ist der Fond auszuschäumen, mit Weißwein, Sellerie, Zwiebeln, Möhren, Lorbeerblatt, Pfefferkörnern und einigen Wacholderbeeren zu garnieren.

Sobald das Fleisch gut weich ist, nimmt man es heraus und läßt es auskühlen. Der Fond wird inzwischen abgefettet und für Gelee geklärt. Mit diesem gießt man die erforderliche Anzahl Formen aus, die man dann mit einigen Gurken- und Eierscheiben auslegt. Das ausgekühlte Fleisch ist in kleine Würfel zu schneiden und das Gelee in dem Moment beizugeben, wenn es zu stocken beginnt. Das Ganze wird dann sogleich in die bereitstehenden Formen gefüllt und kaltgestellt. Als Beigabe eignet sich Remouladensauce.

4. Pasteten und Terrinen im Feinkosthandel

Die verschiedenen Pastetenarten, in Teig gebacken, und die ohne Teig, in beliebigen Formen gegarten Terrinen von Gänseleber, Wild und Geflügel (vgl. S. 270—290), sind in Feinkostgeschäften vielbegehrte Artikel.

Pasteten lassen sich in Scheiben geschnitten gut verkaufen. Gewöhnlich legt man auf jede Scheibe Pastete eine dünne Trüffelscheibe und überzieht die ganze Fläche mit Gelee, was für das Ansehen ungemein wirksam ist. In der gleichen Weise lassen sich Scheiben von Terrinen anbieten; aber auch kleinste Terrinen für 1—2 Personen in geschlossenen Formen sind eine gefragte Delikatesse.

5. Werdegang gefüllter Geflügelbrüstchen

Hierzu wird gekochtes, im Kochfond erkaltetes Geflügel verwendet. — Die entbeinten, gehäuteten Brüste, denen die Filets entnommen sind, werden in kleine Stücke zerteilt,

337. Gefüllte Geflügelbrüstchen im Werdegang dargestellt
Links: Aufgefüllte, mit Chaudfroid-Sauce überzogene Brüstchen. Rechts: Gefüllte Hühnerbrüstchen, im Löffel geformt. Die Herstellungen sind im Text erläutert

durch Parieren egal geformt, mit Lebermus oder Schaumbrot bestrichen und durchgekühlt. Danach überzieht man sie mit Chaudfroid-Sauce (S. 373), belegt sie mit passendem Dekor und überglänzt sie mittels Pinsel leicht mit hellem Gelee (vgl. auch Bild 207).

Eine andere Art ist das Formen von gefüllten Brüstchen in mittelgroßen Löffeln. Die Löffelmulde wird mit sehr dünn geschnittenen Hühnerbrustscheiben ausgelegt und mit Mus oder Schaumbrot gefüllt. Wenn die Füllung im Kühlschrank feste Konsistenz erreicht hat, klappt man die überstehenden Hühnerbrustteile nach innen, stürzt sie aus den Löffeln, garniert sie entsprechend und überzieht sie mit stockendem Gelee. Chaudfroid-Sauce wird hierzu nicht verwendet. Zur Ergänzung sind die Seiten 162 und 163 nachzulesen.

6. Verschiedene Vorspeisen

Feinkostgeschäfte, in denen die Küchenerzeugnisse eine größere Rolle spielen, sind für stärkere Geschäfts- und Feiertage dazu übergegangen, kleine Arrangements von Vorspeisen im Laden verkaufsfertig zu halten. Gewöhnlich ist es eine Auswahl für 2—3 Personen. Da die Kundschaft unter Umständen die Arrangements persönlich nach Hause trägt, so wird von vornherein ein entsprechendes Servicegeschirr gewählt; es ist eine in mehrere Felder geteilte Schüssel. In den einzelnen Teilen werden dann gewöhnlich ein beliebiger Salat, Fisch- oder Hummer-Mayonnaise, Räucherlachs oder Sardinen, kleine Chaudfroids, vielleicht ein Geleegericht oder halbe, verschiedenartig garnierte Eier (Farbtafel) angerichtet. Von großem Vorteil ist es natürlich, den einzelnen Dingen einen geschmackvollen, mit dem Verkaufspreis in Einklang zu bringenden Dekor zu geben, denn von der Aufmachung hängt ungemein viel ab, weil sie die Kauflust steigert.

Gefüllte und garnierte Eier

Die Farbtafel veranschaulicht eine Serie verschiedener solcher Eier, außerdem sind auf S. 225—234 weitere beschrieben.

Gefüllte Artischocken

Um die Artischocke genußfähig zu machen, wird sie wie folgt behandelt: Zunächst werden am unteren Teil die harten Blätter entfernt und dann an der Blätterkrone die Spitzen mit einem starken Messer flach abgeschnitten. Ebenso sind auch die Spitzen der Seitenblätter mit einer stabilen Schere zu entfernen. Nun ist der Boden von den Außenblättern freizulegen, wozu wiederum ein kleines, spitzes Messer anzuwenden ist. Wenn bei der Artischocke die Arbeit soweit fortgeführt wurde, wird der Boden, um ein Schwarzwerden zu verhüten, mit Zitrone eingerieben. Jede dieser so hergerichteten Gemüsefrüchte legt man bis zum weiteren Gebrauch in zitronengesäuertes Wasser. Die Artischocke wird in Salzwasser gekocht. Sobald sich die mittleren Blätter herausziehen lassen, wird sie vom Feuer genommen und weiterbehandelt. Zunächst nimmt man sie aus dem Wasser und läßt sie umgestülpt ablaufen. — Jede Artischocke wird nun, die Blätter nach unten gerichtet, in vier Teile geschnitten und dann von den darinliegenden Staubfäden befreit. Für die weitere Bearbeitung werden diese Viertel mit Essig, Öl, Salz und Pfeffer mariniert und später mit feingeschnittenen Salaten beliebiger Art gefüllt. Mit einem passenden Dekor versehen und mit Gelee überglänzt, werden die gefüllten Artischocken zum Verkauf angeboten.

338. Gefüllte Artischockenviertel, halbierte gefüllte Tomaten

Artischockenfüllungen:
1 Geflügelsalat, Spargelspitzen, Radieschen;
2 Champignonsalat, Trüffelwürfel, Champignon;
3 Gemüsesalat, Räucherlachsrosette

Tomatenfüllungen:
1 Tomaten-Schaumbrot, Melone, Paprikaschotenwürfel;
2 Steinpilzsalat, grüne Gurke;
3 Apfel-Ananassalat, Krebsschwanz, Dillfäden

Gefüllte Tomaten

Die gefüllten Tomaten zählen in den Feinkostgeschäften zu den Artikeln, die immer verlangt werden. Man wählt hierfür mittelgroße, feste, schön gerötete Tomaten, von denen man den Deckel abschneidet. Die Früchte sind von den Kernen zu befreien und mit Salz, Pfeffer, Essig und Öl zu marinieren. — Die Füllung kann sehr verschiedenartig sein. Hierfür eignen sich alle anfallenden Reste von Fleisch, Geflügel, Fischen, Schaltieren und Gemüsen. In verschiedenen Kombinationen lassen sich hier sehr gute, interessante Geschmacksrichtungen erzielen. Nach dem Füllen kann man die Deckel der Tomaten verwenden oder einen ansprechenden, passenden Dekor anbringen. Wenn die Tomaten sehr groß sind, empfiehlt es sich, sie zu halbieren, zu füllen und als halbe, gefüllte Tomaten zu verkaufen. Die Tomaten erhalten einen dünnen Geleeüberzug und werden in recht gefälliger Weise für den Ladenverkauf angerichtet.

Hummer-Mayonnaise in Portionen

Hierfür verwendet man je nach dem Preis Konserven- oder frischen Hummer. Für den Gebrauch wird er vorher in Stücke geschnitten und leicht mariniert. Die schönsten Schwanzenden und die Scheren sind vorher beiseitezulegen und für die Garnitur zu reservieren.

Es ist selbstverständlich, daß vor allem die Kalkulation zugrundegelegt sein muß; man wird beim Anrichten die errechnete Menge abwiegen, um rationell zu arbeiten.

In die in Frage kommenden kleinen Glasschälchen gibt man zunächst etwas pikant abgeschmeckte Mayonnaise und darauf die erforderliche Menge Hummer. Mit einem Tischmesser kuppelartig geformt, wird die Oberfläche mit Mayonnaise überzogen und glattgestrichen. Die Garnitur besteht aus gekochten Eiern, Spargel, Tomate, Champignons und Kapern sowie den reservierten Hummerstückchen. Wenn die Schälchen garniert sind, erhalten sie einen dünnen Geleeüberzug.

Italienischer Salat in Portionen

Die Glasschälchen sind mit der erforderlichen Menge italienischen Salates (S. 357) zu füllen und erhalten dann eine Garnitur von Gurken, Eiern, Kapern und Sardellen. Zum Schluß wird leicht mit Gelee überglänzt.

Liptauer Käse in Gläsern

Der Liptauer Käse wird durch ein Sieb gestrichen und dann mit etwas Milch zu einer geschmeidigen Masse verarbeitet. Nachdem er mit Salz, Paprika und Kümmel gewürzt wurde, füllt man ihn für den Ladenverkauf in geeignete Gläser und streicht die Oberfläche glatt.

Sardellenbutter in Gläsern

Die Sardellenbutter (S. 376) wird in kleine Gläser gefüllt und glattgestrichen; in gleicher Weise kann auch Lachsbutter, die von Räucherlachsresten zubereitet wird, Anwendung finden.

7. Herings-Zubereitungen

Feinkostgeschäfte, die auf Küchenerzeugnisse Wert legen, finden in dem Hering das dankbarste Material. Er ist billig und dadurch auch weniger bemittelten Kreisen zugängig zu machen. Aus dem bescheidenen Hering läßt sich mit Sachkenntnis, Sorgfalt und Liebe sehr Gutes schaffen.

Für die Aufstellung der verschiedenen Heringsarten im Verkaufsraum sind flache, säurebeständige Schalen zu verwenden. Es ist immer von großem Vorteil, wenn die Herings-Delikatessen im Verkaufsraum dem Publikum sichtbar ausgestellt werden können. Hierzu sind Kühlvitrinen am geeignetsten, denn die zubereiteten Heringe halten sich bei Temperaturschwankungen nicht lange.

Matjesheringe

Als Matjeshering werden etwa zweijährige Heringe bezeichnet, bei denen sich Milch und Rogen noch nicht gebildet haben. Sie sind fett und vollfleischig und gelten als beste Qualität. Für den Ladenverkauf werden sie in vielen Fällen genußfertig hergerichtet, d. h. sie sind abgezogen, ausgenommen und von ihren Gräten befreit. Kopf und Schwanz werden nicht entfernt, damit der Fisch Zusammenhalt hat und seine ursprüngliche Gestalt behält (vgl. S. 172).

Heringsfilets

Gewässerte Salzheringe sind sauber auszulösen, von den Gräten und von der Haut zu befreien. Sie können dann in den gleichen Arten wie die Heringe mit der Gräte eingelegt werden. — In Betrieben, wo derartige Artikel stark begehrt sind, ist es ratsam, fertig geputzte Heringe und Heringsfilets in einer würzigen Marinade vorrätig zu halten, um im Bedarfsfalle nur die in Frage kommende Sauce fertigzumachen und darüberzugeben.

Matjesheringsfilets in verschiedener Zubereitung

Gewässerte, marinierte Matjesheringsfilets, in Stücke oder Streifen geschnitten und zu Röllchen oder Schlaufen geformt, wurden mit verschiedenen Beigaben (Vegetabilien) und deren Säften sowie mit Herings-Marinade zu kleinen, ansprechenden Vorgerichten eigener Geschmacksprägung zusammengestellt.

Zutaten zur Marinade für 50 Matjesheringsfilets:

250 g säuerliche Äpfel, 150 g Karotten, 200 g Zwiebeln, 10 g zerdrückte Pfefferkörner, 40 Stück Wacholderbeeren, 40 Stück Gewürzkörner, 15 Stück Nelken, 8 Stück Lorbeerblätter, 100 g Zucker, $^1/_2$ l Wasser, $^3/_8$ l Öl und 4 Eßlöffel Estragon-Essig.

Äpfel, Karotten und Zwiebeln werden in Streifchen geschnitten und mit den anderen Zutaten zur Marinade vermengt, in der die Filets bedeckt auf Vorrat gehalten werden.

339. Matjesherings-Vorspeisen

1 Heringsstreifen mit Ananas, Champignons und Mandeloliven
2 Um pochierte Äpfelchen, mit Mango-Früchten und Paprikamark gefüllt, liegen mit Zwiebeln bestreute Heringsstücke
3 Ringe von Heringsfilets, gefüllt mit Sahnemerrettich und Dill. Marinade mit Sherry, Zucker und Dill abschmecken
4 Heringsstücke, Zwiebelringe und gekochte Kartoffelscheibchen auf gewürzten grünen Bohnen
5 Heringsröllchen in Tomaten mit kleinen Zwiebeln und Schnittlauch
6 Heringsstücke mit Grapefruitfilets, Karottensternchen und grünen Paprikaschotenwürfelchen
7 Heringsstreifchen in ausgehöhlten Gewürzgurken mit Streifchen von roter Paprikaschote
8 Heringsschlaufen, gefüllt mit Tomatenpaprika. Aufgeschnittene, mit Gervaiskrem gefüllte Traubenbeeren bilden dekorativen Abschluß

Heringe in Sahnesauce

Hierfür kommen gewöhnliche Salzheringe in Frage, die nach genügender Wässerung sauber geputzt und gewaschen werden. Die Sauce besteht aus durchgestrichenen Heringsmilchern; sie wird mit süßer Sahne durch Hinzufügen von Essig, geriebener Zwiebel, Apfelstückchen, ein wenig Zucker, Lorbeerblatt, Pfeffer- und Gewürzkörnern bereitet.

Heringe in Tomatensauce

Weiche Tomaten, die sich für den Verkauf nicht mehr eignen, werden halbiert, ausgedrückt und ganz fein gehackt oder durch ein Sieb gestrichen. Dieses Püree zieht man unter die in Frage kommende Menge Sauce, wie solche für Heringe in Sahnesauce beschrieben wurde. Wenn die Heringe in die Schüssel gelegt sind, gibt man die Sauce darüber und bestreut die Oberfläche mit kleinen Tomatenwürfeln.

Rollmöpse

Völlig entgrätete und abgezogene Heringsfilets erhalten eine Einlage von feinwürfelig geschnittener Zwiebel, Senfkörnern und kleinfingerdicken Gurkenstreifen. Zusammengerollt sind sie dann mit Wurstspeilen zu durchstechen und in Sahnesauce zu legen, der man kleine Pfefferschoten beigegeben hat.

340. Kleine Rollmöpse von Heringsfilets in pikanter Marinade
Die Marinade enthält feine Zwiebelringe und Streifchen von Sellerie und Karotten

Bratheringe

Frische grüne Heringe werden gesalzen, in Mehl gewälzt, in gutem Fett schön braun gebraten und kühlen dann auf einem Ablaufgitter aus. Inzwischen hat man aus Wasser, Weinessig, wenig Zucker, Lorbeerblatt, Pfeffer- und Gewürzkörnern sowie Zwiebelscheiben eine pikant schmeckende Marinade gekocht, in die man die Heringe einlegt, wenn sie ausgekühlt ist.

Heringe in Senfsauce

Die hierfür in Frage kommende Sauce ist die übliche Sahnesauce, der man eine angemessene Menge Senf beifügt. Die Heringe werden in die Schale gelegt, mit der Sauce bedeckt und mit Kapern, Senfkörnern und gehacktem Ei bestreut.

Heringe in Weinsauce

Hierzu verwendet man am besten nur Heringsfilets. Sie werden in die Kokotten mit Zwiebelringen, Tomatenscheiben und kleinen Cornichons eingeschichtet. Für die Marinade benötigt man: $^1/_2$ l Weißwein, den Saft einer halben Zitrone, etwas Estragon-Essig sowie ein wenig Zucker nach Geschmack. Ferner sind Lorbeerblätter, Pfeffer- und Gewürzkörner hinzuzufügen.

Heringe in Mayonnaisensauce

Die Heringe sind in Kokotten zu legen und mit Mayonnaise zu bedecken, die man mit Sahne oder Milch verdünnt und recht pikant abgeschmeckt hat.

Coulis

Die Herstellungsweise für Coulis ist folgende: Öl wird erhitzt, in diesem soviel Weizenmehl glattgerührt, wie das Öl aufnimmt, und angeschwitzt, ohne Farbe nehmen zu lassen. Diese Öl-Mehlschwitze wird alsdann mit kochendem Wasser, dem man etwas Essig beigegeben hat, aufgefüllt, glattgerührt und unter häufigem Rühren mit einem stabilen Schneebesen zu einem dicken Brei gut verkocht. Diesen schüttet man nun in eine mit kaltem Wasser ausgespülte Schüssel, bedeckt die Oberfläche mit einem geölten Papier und gibt darüber noch eine dünne Schicht kalten Wassers. Vor dem Gebrauch ist dieses Verdickungsmittel, völlig erkaltet, durch ein Sieb zu streichen.

Kunststoffverpackung im Feinkosthandel

Es ist im Feinkosthandel erstrebenswert, vom Verkauf offener Delikateß-Portionen weitestgehend Abstand zu nehmen. Nicht nur durch größte Hygiene zeichnen sich in

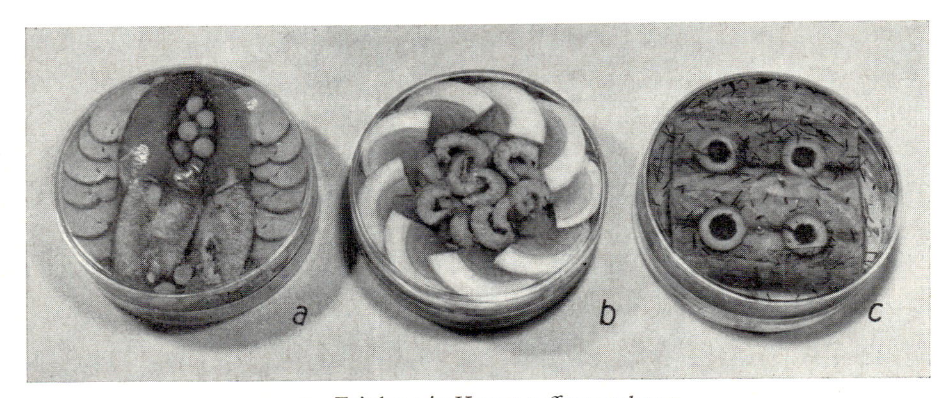

341. Feinkost in Kunststoffverpackung
a Hummer auf Gemüsesalat; *b* Krabben-Mayonnaise (unter der Dekoration die Krabben-Mayonnaise); *c* Aal in Dillgelee mit gefüllten Olivenscheiben

Kunststoff verpackte Delikatessen aus, sondern auch die längere Haltbarkeit, die Allseitensicht und die schnelle Handhabe bestätigen ihren Vorteil. Nicht zuletzt sind sie auch

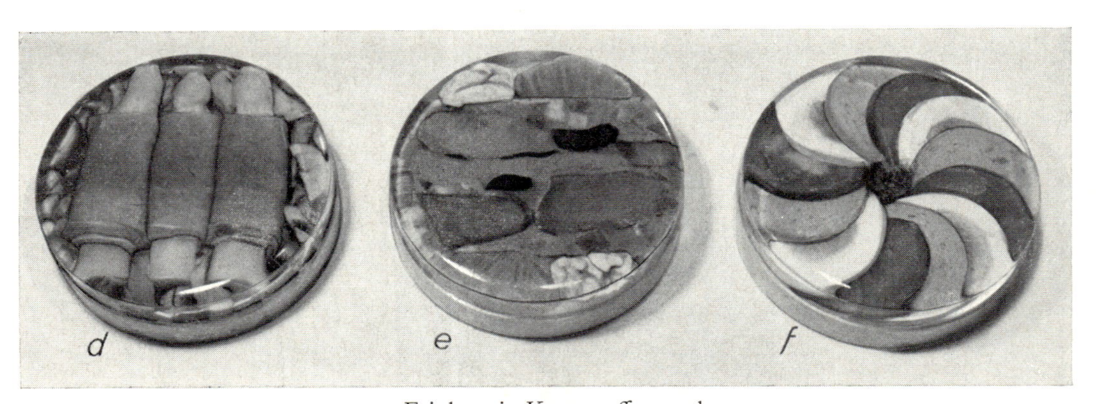

342. Feinkost in Kunststoffverpackung
d Schinkenröllchen mit Spargel auf Gemüsesalat; *e* eine Scheibe Hasen-Terrine auf Salat von Äpfeln und Sellerie. Dekor: Mandarinenfilets und abgezogene Walnußkerne; *f* Salat, bestehend aus Wurst, Tomate und Ei, mit gleichen Garniturbestandteilen

beschädigungssicher beim Einpacken und bei dem Transport durch den Käufer. Wichtig ist auch, daß in Kunststoff verpackte Lebensmittel keinen fremdartigen Geschmack annehmen.

8. Qualitätsrichtlinien für Mayonnaisen und Feinkostsalate

Die Leitsätze für die Zusammensetzung von Salaten und Mayonnaisen, wie sie der Verkehrsanschauung der in der Fachabteilung Feinkostindustrie des Bundesverbandes der deutschen Fleischwaren- und Feinkostindustrie zusammengeschlossenen Betriebe entsprechen, sind mit dem Bundesverband der Deutschen Fischindustrie abgestimmt worden. Der Bund für Lebensmittelrecht und Lebensmittelkunde hat die Leitsätze überprüft und gebilligt (Gutachten v. 14. 9. 56). Die Leitsätze sind am 1. November 1956 in Kraft getreten.

I. Fleischsalat

1. Fleischsalat, außer Ochsenmaulsalat, ist eine Zubereitung aus einer Fleischgrundlage von Rind-, Kalb- oder Schweinefleisch mit Mayonnaise, zerkleinerten Gurken, Gewürzen und anderen Würzstoffen.
2. Es werden folgende Qualitäten unterschieden:
   a) „Feinster Fleischsalat" (Ia, prima, feiner, Delikateß-, Feinkost- oder in gleichsinniger Weise bezeichneter Fleischsalat).
   b) „Fleischsalat" oder „Fleischsalat mit Mayonnaise" (ohne hervorhebende Qualitätsbezeichnung).
3. *Feinster Fleischsalat* (Ziff. 2a) ist folgendermaßen zusammengesetzt:
   Die Fleischgrundlage beträgt mindestens $33^1/_3$%, der Mayonnaise-Zusatz mindestens 50%, Gurken und würzende Beigaben höchstens $16^2/_3$%.
   Die Mayonnaise muß mindestens 65% Fettgehalt besitzen und darf keine Verdickungsmittel und/oder andere Emulgatoren außer Eigelb enthalten.
   Alle verwendeten Rohstoffe und Zutaten müssen von besonders guter Beschaffenheit sein.
4. *Fleischsalat oder Fleischsalat mit Mayonnaise* (Ziff. 2b) muß folgendermaßen zusammengesetzt sein:
   Die Fleischgrundlage beträgt mindestens 25%, der Mayonnaise-Zusatz mindestens 50%, Gurken und würzende Beigaben höchstens 25%.
   Die Mayonnaise muß mindestens 40% Fettgehalt besitzen.
5. Die Fleischgrundlage besteht aus Rind-, Kalb- oder Schweinefleisch, auch in Mischungen untereinander. Sie darf bis zu 5% Schwarten enthalten. Mehl, aufgeschlossenes Milcheiweiß oder Magermilchpulver darf ihr bis zu 2% zugesetzt sein. Innereien, insbesondere Pansen, Lungen, Euter sowie gesondert zugesetzte Sehnen, darf die Fleischgrundlage nicht enthalten.
6. Rüben- oder Kohlarten, einschließlich Blumenkohl und Kohlrabi, ferner Sellerie, Kartoffeln, Tomaten oder sonstige Gemüsearten darf Fleischsalat nicht enthalten, ebensowenig Kürbis und Äpfel.

II. Italienischer Salat

Im „Italienischen Salat" beträgt der Anteil von Mayonnaise mindestens 50%. Im übrigen richtet sich die Zusammensetzung von italienischem Salat nach den örtlichen Gepflogenheiten.

III. Heringssalat

1. Heringssalat besteht aus mindestens 20% Salzheringen und/oder gesäuerten Heringen, ferner wahlweise aus Gurken, roten und weißen Rüben (mit Ausnahme von Steck- und Kohlrüben), Zwiebeln, Sellerie, Äpfeln, Kapern und Gewürzen.
2. Es werden folgende Qualitäten unterschieden:
   a) Ia, prima, feinster, Feinkost- oder Delikateß-Heringssalat,
   b) Heringssalat mit Mayonnaise,
   c) Heringssalat (trocken).
3. Ia, prima, feinster, Feinkost- oder Delikateß-Heringssalat besteht aus 25% enthäuteten Salzheringen und/oder gesäuerten Heringen und mindestens 30% Mayonnaise; die Mayonnaise enthält mindestens 65% Fett und keine Verdickungsmittel und/oder andere Emulgatoren außer Eigelb.
4. Heringssalat mit Mayonnaise muß mindestens 25% Mayonnaise enthalten.
5. Heringssalat (trocken) enthält keine Mayonnaise, aber geringe Mengen Öl. Er kann auch als „Heringssalat" bezeichnet werden.

IV. Fischsalat

Fischsalat besteht aus mindestens 50% gekochtem und zerkleinertem Fischfleisch, auch unter Zugabe von Mayonnaise, sowie wahlweise aus Gurken, roten oder weißen Rüben (mit Ausnahme von Steck- und Kohlrüben), Zwiebeln, Sellerie, Äpfeln, Kapern und Gewürzen.

V. Krabbensalat

Krabbensalat (Krabben in Mayonnaise) besteht zur Zeit der Herstellung aus mindestens 50% Krabbenfleisch (geschälte Garnelen) und Mayonnaise.

VI. Mayonnaisen und Remouladen

1. Es werden folgende Qualitäten unterschieden:
   a) Ia, prima, feinste, feine oder in gleichsinniger Weise bezeichnete Mayonnaise bzw. Remoulade mit mindestens 83% Fettgehalt.
   b) Mayonnaise bzw. Remoulade ohne hervorhebende Qualitätsbezeichnung mit mindestens 40% Fettgehalt.
2. Die als Ia, prima, feinste, feine oder in gleichsinniger Weise bezeichnete Mayonnaise besteht aus Hühnereigelb, ungehärtetem Speiseöl pflanzlicher Herkunft, Salz, Zucker, Gewürzen und Essig. Sie darf keinerlei Verdickungsmittel und/oder andere Emulgatoren außer Eigelb enthalten.
3. Mayonnaise ohne hervorhebende Qualitätsbezeichnung besteht aus Hühnereigelb, ungehärtetem Speiseöl pflanzlicher Herkunft, Salz, Zucker, Gewürzen, Essig und Verdickungsmitteln.
   Neben Eigelb dürfen Eiaustauschstoffe verarbeitet werden.
   Als Verdickungsmittel sind nur enthalten Weizenmehl, Speisestärken oder Gelatine. Andere Verdickungsmittel sind nicht enthalten.
4. Der Fettgehalt von Mayonnaise nach Ziff. 1b ist neben der Bezeichnung auf der Rechnung auch auf der Verpackung und bei der Abgabe durch den Einzelhandel an den Verbraucher anzugeben.
5. Remouladen müssen den vorstehenden Bestimmungen für Mayonnaise entsprechen und einen Zusatz von Gewürzkräutern aufweisen.

VII. Ergänzungen

Für Erzeugnisse, die den vorstehenden Leitsätzen nicht entsprechen, dürfen die Worte Mayonnaise und Remoulade in Wortzusammensetzungen bei der Bezeichnung und Anpreisung keine Verwendung finden. Salate, die mit solchen Erzeugnissen hergestellt sind, müssen entsprechend kenntlich gemacht sein.

Weiter beziehen sich diese Leitsätze nicht auf Lebensmittel, die vom Hersteller zum Verzehr an Ort und Stelle abgegeben werden.

Die etwa noch herauszugebenden Erläuterungen sind Bestandteil dieser Leitsätze.

C. Stadtküchenlieferungen

Hinweis auf die Farbtafeln

Sämtliche auf den Farbtafeln dargestellten Platten sind auch für Stadtküchenlieferungen bestens geeignet (vgl. Übersicht S. XX)

Feinkostgeschäfte haben öfter auch kalte Platten außer dem Hause zu liefern. Aufträge dieser Art sind für das Geschäft, allein werbemäßig betrachtet, von Vorteil. Schön angerichtete kalte Platten erregen die Aufmerksamkeit der Kundschaft und der Passanten. Deshalb empfiehlt es sich, die fertigen Aufträge — vor dem Transport — im Schaufenster oder direkt im Laden an geeignetem Platz als Blickfang für das Publikum auszustellen, vorausgesetzt, daß entsprechende Kühlvorrichtungen zur Verfügung stehen. Die Kundschaft und die Passanten werden angeregt, für den Familienkreis oder gelegentlich gesellschaftlicher Zusammenkünfte im eigenen Heim gleiche oder ähnliche Bestellungen aufzugeben.

Während im Restaurations-Service in der Anrichteweise, bedingt durch Stoßgeschäfte, nach vereinfachten Anrichtemethoden gesucht wurde, ist das Stadtküchen-Service in bezug auf vereinfachtes Anrichten weniger stark betroffen worden. Das Service im Privathaus, also im Heim des Gastgebers, ist mehr auf Behaglichkeit eingestellt. Hier nehmen sich die Gäste mehr Zeit; sie wollen in Ruhe, ohne fremde Umwelt, im abgeschlossenen Kreise sich den Genüssen von Kochkunst und Tafelwesen hingeben.

Somit hat das Stadtküchenwesen besondere Eigenart. — Auch in der Stadtküche steht selbstverständlich das geschmacklich Vollkommene im Vordergrund. Nebenher soll die Anrichteweise appetitlich sein und auch dem Schönheitssinn Rechnung tragen. Es wird angestrebt, den kalten Platten im Stadtküchenbetrieb ein mehr bildhaftes Gepräge zu geben, als es durchschnittlich im Restaurations-Service üblich ist.

1. Beachtenswertes bei der Herstellung kalter Platten

Mit den nachstehend gegebenen Hinweisen soll die Herstellung kalter Platten weitestgehend erleichtert werden. — Was in anderen Teilen dieses Buches bereits eingehend erörtert ist, erübrigt sich im Abschnitt „Küchenerzeugnisse für den Ladenverkauf in Feinkostgeschäften und Stadtküchenlieferungen“ zu wiederholen. Aus diesem Grunde ist es ratsam, folgende Hinweise zu beachten; dadurch läßt sich von vornherein mancher unnötige oder falsche Handgriff ersparen.

Das Auslösen und Ausbeinen von Schlachtfleisch, Wild, Geflügel und Fischen . . . . S. 26—123
Die Herstellung von Aspik. . . . . S. 140
Tranchiermethoden . . . . S. 146—154
Einzelheiten über den Dekor. . . . . S. 156—163
Das Arrangement kalter Büfetts . . . . S. 174—189
Zubereitung von Mayonnaise . . . . S. 367

Zur weiteren Orientierung ist im Sachregister am Schluß des Buches nachzuschlagen.

2. Bevorzugte Stadtküchenplatten

Soweit es sich um kalte Gerichte handelt, hat sich ein Teil des Publikums den Feinkostgeschäften zugewandt und gibt dort seine Bestellungen an kalten Platten, ganzen kalten Büfetts usw. auf. Wir haben in vorliegendem Abschnitt eine Auslese der meistgefragten Stadtküchenplatten aller Gattungen zu einer Übersicht zusammengestellt.

Vorspeisen

Kalte Vorspeisen werden in den Stadtküchen mit besonderer Sorgfalt behandelt. Ob sie innerhalb geschlossener Essen oder als Hors-d'oeuvre-Sonderbestellung zubereitet werden, immer wird großer Wert auf ansprechende Anrichteweise gelegt. Zu den auserlesenen Vorspeisen werden in Stadtküchen fast ausschließlich Kaviar, Hummer, Austern und Gänseleber-Pastete verwendet.

Garnierte Salate und Mayonnaisen

Großen Raum unter den Stadtküchenbestellungen nehmen garnierte Salate und Mayonnaisen ein (Bilder 343—347).

Garnierte Aufschnittplatten

Aufschnittplatten lassen sich sehr variabel — auch in Verbindung mit kleinen Vorspeisen — gestalten (vgl. Bilder 333—335).

Kalte Fischgerichte

Kalte Fischgerichte, namentlich zu kalten Büfetts, sind beliebt, Salm und Forellen sind am gangbarsten; Fische in Gelee haben besondere Bedeutung.

Hummerplatten

Am begehrtesten sind gekochte Hummer mit Remouladen- oder Mayonnaisen-Sauce. Gelegentlich fällt die Wahl auch auf andere Hummergerichte, z. B. auf

Hummer in Gelee . . . . Rezept S. 255
Hummer-Mayonnaise . . . . Rezept S. 256
Hummer auf Pariser Art. . . . . Rezept S. 256
Hummer auf russische Art . . . . Rezept S. 257
Hummer Viktoria . . . . Rezept S. 258
Hummer-Schaumbrot . . . . Rezept S. 258

Kalte Zwischengerichte

Gänseleber-Pastete . . . . Bild 294, Rezept S. 271
Gänseleber-Parfait . . . . Rezept S. 276
Gänseleber in Terrine . . . . Rezept S. 282
Fasanen-Terrine . . . . Rezept S. 282

Chaudfroid-Gerichte

Chaudfroid-Gerichte gehören in den Stadtküchenbetrieben zu den Platten, die gelegentlich von der Kundschaft verlangt werden. Rezepte befinden sich innerhalb der Abschnitte

Geflügelgerichte . . . . Rezepte S. 307
Wildgeflügel . . . . Rezepte S. 324
Wildgerichte . . . . Rezepte S. 331

Aspikgerichte

Gelee- oder Aspikgerichte sind aus Stadtküchenaufträgen nicht fortzudenken. Über die gangbarsten Platten folgt eine Übersicht:

Forellen in Gelee . . . . vgl. S. 239
Seezungenröllchen in Gelee . . . . vgl. S. 245
Hummer in Gelee . . . . vgl. S. 255
Hummersalat in Spargelrand . . . . vgl. S. 257
Krebsschwänze in Gelee . . . . vgl. S. 259
Langustenschnitten in Gelee . . . . vgl. S. 265
Gänseleber in Gelee. . . . . vgl. S. 267
Masthuhn in Gelee . . . . vgl. S. 316
Ente in Gelee . . . . vgl. S. 322
Schnepfen in Gelee . . . . vgl. S. 328
Wachtelbrüstchen in Portweingelee . . . . vgl. S. 329
Aal in Gelee . . . . vgl. S. 383
Gänseweißsauer . . . . vgl. S. 385
Getrüffelte Gänseleber in Madeiragelee . . . . . . vgl. S. 266

Galantinen

Galantinen sind bei der Stadtküchenkundschaft seit langem eingeführt und immer beliebt. Sie werden als selbständige Platten oder auch als Bestandteil kalter Büfetts bestellt. Der Möglichkeiten gibt es viele:

Werdegang einer Masthuhn-Galantine . . . . vgl. S. 283
Galantine von Ente nach Sevillaner Art . . . . vgl. S. 286
Galantine von Huhn nach Stroganow . . . . vgl. S. 286
Galantine von Kalb . . . . vgl. S. 287
Galantine von Spanferkel . . . . vgl. S. 287

Pasteten und Terrinen

Allgemeines über Pastetenzubereitung . . . . vgl. S. 270
  Gänseleber-Pastete . . . . vgl. S. 276
  Kalbfleisch- und Schinken-Pastete . . . . vgl. S. 277
  Schinken-Pastete . . . . vgl. S. 277
  Familien-Pastete . . . . vgl. S. 277
  Hühner-Pastete . . . . vgl. S. 278
  Tauben-Pastete . . . . vgl. S. 279
  Hasen-Pastete . . . . vgl. S. 279
  Fasanen-Pastete . . . . vgl. S. 280
  Schnepfen-Pastete . . . . vgl. S. 281
  Lachs-Pastete . . . . vgl. S. 282
Terrinen von Gänseleber, Leber, Geflügel, Wild u. Wildgeflügel vgl. S. 282

Garnierte Rehrücken

Bestellungen von kalten Rehrücken gehören mit zu den häufigsten Stadtküchenaufträgen. Sie können in verschiedenartigsten Darbietungen zubereitet werden. Die Kundschaft kann wählen:

Garnierter Rehrücken auf moderne Art . . . . vgl. S. 333
Rehrücken Carmen . . . . vgl. S. 334
Rehrücken Montmorency . . . . vgl. S. 334
Rehrücken nach orientalischer Art . . . . vgl. S. 335
Rehrücken auf kalifornische Art . . . . vgl. S. 335
Rehrücken Diana . . . . vgl. S. 336
Gefüllter Rehrücken in Pastetenteig . . . . vgl. S. 336
Rehrücken Singapur . . . . vgl. S. 338
Rehrücken in Portionen aufgeteilt . . . . vgl. S. 338
Rehrücken Ilona . . . . vgl. Farbtafel
Rehrücken auf sizilianische Art . . . . vgl. Farbtafel

3. Spezialplatten für Stadtküchenbetriebe

In diesem Abschnitt sind speziell die Anrichtemethoden behandelt; die Zubereitungen der Gerichte sind in den einschlägigen Sachgebieten erläutert.

Garnierte Salate

Beim Garnieren einer Salatschüssel ist zunächst der zu einer gleichmäßig gewölbten Kuppel geformte Salat in Felder einzuteilen. Je nach Größe der Platte teilt man die Oberfläche in 6 oder 8 gleichgroße Felder, indem man zunächst mit dem Messerrücken

343. Anleitung zum Garnieren eines Krebssalates

eine dünne Linie genau durch die Mitte der Platte führt und dann eine zweite genau rechtwinklig hierzu. Die hierdurch entstandenen 4 Felder werden nochmals durch zwei Linien geteilt, so daß 8 gleichgroße Felder gegeben sind.

Nun kann die Platte garniert werden. Man beginnt dabei am Rand der Schüssel und legt zunächst in jedes Feld 2 Eiersechstel (*A*). Diese müssen sich, wie die Skizze zeigt, mit den Spitzen in der Mitte berühren. Anschließend wird der zwischen je zwei Eiersechsteln entstandene Raum mit einem passenden Dreieck aus Räucherlachs usw. ausgefüllt (*B*). Dann folgt ein um das Ganze gezogener dünner Ring von gehacktem Gelee (*C*), der mit der Papiertüte aufgespritzt wird. An diesen angelehnt, folgt ein Kranz von kleinen Pfeffergurkenscheiben (*D*) und weiterhin eine Einfassung von Krebsschwänzen (*E*). Die Mitte, wo sich die Linien schneiden, bedeckt man mit einem zweifarbigen Stern, der aus Räucherlachs (*F*) und frischer Gurke (*G*) besteht. Als Abschluß kann man mit einem Champignonkopf verzieren.

Ein Service Heringssalat

Heringssalat ist in den Stadtküchen und Feinkostgeschäften ein vielbegehrtes Erzeugnis. Gefällige Aufmachungen, denen zeichnerische Ideen zugrunde liegen, sind bei den Kunden sehr beliebt. Das Anrichten erfolgt nach dem Beispiel der Abb. 343. Als Garnitur eignen sich: Fisch-Marinaden, Räucherlachs, Gürkchen, eingelegte Maiskölbchen, Essig-Zwiebelchen, Oliven, Kapern, Eier, Paprikaschoten, rote Bete und geriebener Meerrettich.

Ein Service Rindfleischsalat

Alle Bestandteile dieses Salates werden getrennt vormariniert und unter Berücksichtigung des Farbenspiels auf einer Kristall- oder Porzellanplatte in Schichten kreisförmig angerichtet. Um die Zutaten optisch wie farblich voll zur Wirkung zu bringen, müssen

344. Rindfleischsalat. Die Bestandteile sind gruppiert angeordnet

sich die Lagen nach oben hin stufenartig verjüngen. Mit abgezogenen, in Scheiben geschnittenen Tomaten und Champignons wird begonnen. Dann folgen grüne Bohnen; zu Häufchen zusammengelegt, sind sie quer zu halbieren und mit den Schnittflächen nach außen anzuordnen. Im ganzen gekochte Karotten, gerieft und in Scheiben geschnitten, bilden die nächste Lage. Die außenliegenden Scheiben werden exakt aneinandergereiht, so daß sie einen Kranz bilden, in dem man die übrigen Karotten flach verteilt. Hierauf ist das in feine Plättchen geschnittene Rindfleisch kuppelartig anzuhäufen, um abschließend die Spargelspitzchen, die zugeschnittenen Radieschen und die Paprikaschotenwürfelchen gefällig zu arrangieren. Eine pikante Mayonnaisensauce wird gesondert gereicht, deren Geschmack durch Dill, Estragon, Schnittlauch, Petersilie, Schalottenfond und Ketchup sowie gehackte Ananas verfeinert wurde.

Der Rindfleischsalat wird den Gästen präsentiert und erst am Tisch mit der pikanten Sauce übergossen und vermischt, um ihn danach vorzulegen.

Ein Service italienischer Salat

Hier wurde mit einfachen Mitteln eine wirkungsvolle Platte gestaltet. Die Dekormittel sind: Eiersechstel, gefüllte Olivenscheiben, Streifchen von Pökelzunge und gekochtem Schinken, Cornichonfächer, Sardellenring, Kapern und Kopfsalatherzeinfassung.

345. Garnierter italienischer Salat

Anleitung zum Garnieren für ein Service Geflügelsalat

Nachdem der Geflügelsalat auf der Platte kuppelartig gewölbt und mit einer dünnen Schicht Mayonnaise überzogen wurde, wird er je nach Größe der Platte in Felder eingeteilt. Anschließend daran ist die Garnitur vorzubereiten; sie besteht aus frischer, in

346. Vorbereitung zum Garnieren von Geflügelsalat

347. Ein Service Geflügelsalat

gehackten Kräutern gewendeter Gurke, Champignon- und Radieschenscheiben, Eiersechsteln, Spargelköpfen, Tomatenstreifen und einem Kopfsalatherzchen.

Garnierter Geflügelsalat

Die hier gezeigte Platte (Bild 347) ist die Vollendung von Bild 346, in dem die Anleitung und das Garniermuster vorgezeichnet sind.

Hummer-Mayonnaise

Dieses Gericht nur von frischem Hummer herzustellen, wird sehr kostspielig; es ist darum zu empfehlen, Konservenhummer zu verwenden und nur für die Garnitur einen kleinen, frischen Hummer zu nehmen. Beim Anrichten geht man folgendermaßen zuwege: Nachdem der den Dosen entnommene Hummer einige Zeit mariniert wurde, wird er mit pikant abgeschmeckter Mayonnaise gebunden, auf eine runde Schüssel oder eine flache Glasschale gegeben und mit einem Tischmesser kuppelartig geformt. Nun wird die Schüssel garniert. Der hierfür in Frage kommende frische Hummer wird nicht halbiert, sondern ganz aus der Schale genommen, wie es bei den Krebsen geschieht. Der Hummerkörper kann mit der Schere etwas zugestutzt werden und dann als Garnitur Verwendung finden, ebenso die geöffneten Scheren. Auch die Hummerbeine sind zur Dekoration anzuwenden, wenn sie als Einfassung um den Schüsselrand gelegt werden. Der in Scheiben geschnittene Hummerschwanz sowie Eier, Spargel, Tomate, Champignons, Oliven und Kapern kommen für die weitere Garnitur in Betracht.

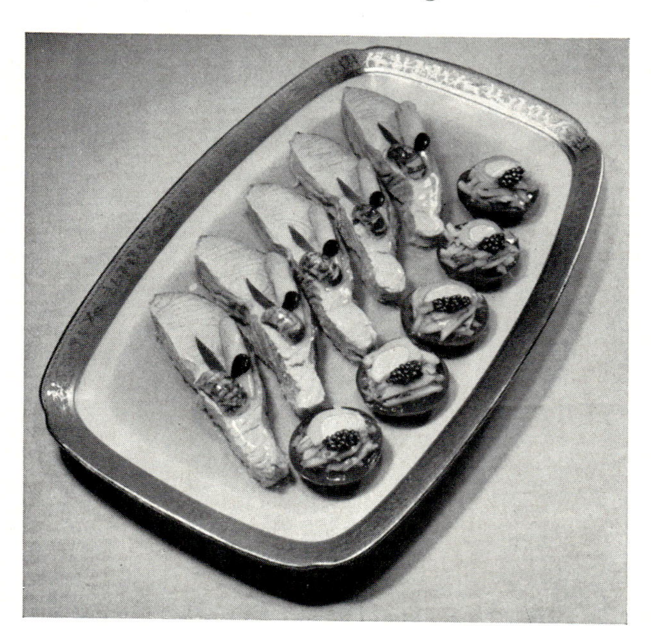

348. Eine schnell herzurichtende kalte Fischplatte (Kalter Salm mit gefüllten Tomaten)

*

Salat von Krebsschwänzen und Lachs-Mayonnaise vergleiche Farbtafeln.

*

Kalter Salm mit gefüllten Tomaten

Häufig kommt es vor, daß die Kundschaft kleinere Aufträge auf ihrem eigenen Porzellan angerichtet haben möchte. Hier ein Beispiel: Die gekochten Salmscheiben erhalten einen aus Krebsschwänzen, Spargelköpfen, Estragonblättern und Trüffelscheibchen bestehenden Dekor und werden mit Fischgelee leicht überglänzt.

Beigabe: Halbe, mit in Stäbchen geschnittenem Gurkensalat gefüllte, mit Kiebitzeischeiben und Kaviar dekorierte Tomaten.

Die Hummerplatte im Stadtküchen-Service

Wenn in Privathäusern von Stadtküchenbetrieben größere Essen mit kaltem Hummer zu servieren sind, werden diese gewöhnlich erst an Ort und Stelle angerichtet, jedoch fix und fertig hergerichtet, d. h. die Hummer werden bereits tranchiert in die Küche des Auftraggebers transportiert. Allerdings spielen die Raumverhältnisse dabei eine große Rolle. Wenn kein Raummangel herrscht, kann wohl auch diese Arbeit dort vorgenommen werden. Nachteilig ist jedoch, daß die Privatküchen hierbei nicht in der gewünschten Sauberkeit erhalten bleiben können.

Reguläre Stadtküchenbetriebe haben aber erheblich mit der Lieferung einzelner Hummerschüsseln zu rechnen, wobei sich das Anrichten im Hause des Auftraggebers nicht lohnt. So muß man sich darauf einstellen, das fertige Hummer-Service transportfähig und repräsentabel zu gestalten. — Bei diesem Hummer-Service sind zunächst die Scheren von den Körpern zu trennen und dann die Körper von den Schwänzen. Dann werden die Körper am unteren Absatz geradegeschnitten, damit sie senkrecht stehen bleiben. Alsdann sind die Scheren und Glieder in der üblichen Weise aufzuschlagen, wie auf S. 254 abgebildet ist (Bilder 285 und 286). Die Schwänze werden der Länge nach gespalten, von dem Darm befreit und dann aus den Schalen genommen, um sogleich wieder in diese, jedoch verwechselt, hineingelegt zu werden. Hierbei wird die Schnittseite nach innen und die rote Seite nach außen gebracht, wodurch das feurige Hummerrot sichtbar und der dekorative Zweck gefördert wird.

Nun folgt das Anrichten. Gesetzt den Fall, es handelt sich um ein Hummer-Service für 8 Personen. — Auf einer langen Platte werden die unten glattgeschnittenen Hummerkörper von acht $^1/_2$—$^3/_4$ Pfund schweren Hummern in vier Reihen zu je 2 Stück längs durch die Mitte der Platte so aufgestellt, daß das feurige Rot der Hummerrücken nach außen zeigt. An den schmalen Längsseiten der Platte werden, aneinandergelehnt, links die linken und rechts die rechten Hummerschwanzhälften gefällig gruppiert. Nachdem am oberen und am unteren Ende der Platte je 8 der geöffneten Hummerscheren und die Glieder ihre Anordnung gefunden haben, werden die angerichteten Hummer mit dem Pinsel mit dickflüssigem Gelee überglänzt. Schließlich ist die Platte mit Kresse oder Salatherzblättchen zu garnieren. Beigabe: Mayonnaise oder eine Mayonnaisensauce.

Hummer „Belle-vue"

Falls ein Hummer in besonders ansprechender Weise angerichtet werden soll, können die Farbtafeln als Anregung dienen.

Arrangement von Hummer und Forellen

Fische und Schaltiere lassen sich zum Arrangement gut miteinander vereinigen. In diesem Falle ist es wirksam, in die Mitte der Platte einen Hummeraufbau zu setzen. — Anstatt der Hummer wäre aber auch eine Form Krebsschwänze in Aspik ebensogut anzuwenden. Platten dieser Art sind mit grünen Salatblättern oder Kresse, gehacktem Gelee und Zitrone auszugarnieren und mit einer Mayonnaisensauce zu servieren.

Das Ausstechen einer Terrine

Bevor mit dem Ausstechen der Terrine begonnen wird, ist die auf der Oberfläche lagernde Fettschicht vollständig zu entfernen. Dann werden mit einem scharfkantigen Löffel oder noch besser mit einem Spezial-Pasteten-Ausstechlöffel muschelartige Formen herausgestochen. Für jedes einzelne Stück ist der Löffel zuvor in kochendes Wasser zu tauchen, damit sich die Stücke recht sauber und ohne zu zerbröckeln vom Löffel lösen.

349. Das Ausstechen einer Terrine

Jedesmal, wenn man einen Löffel herausgestochen hat, wird die Terrine gedreht, damit immer eine einigermaßen gleich hohe Oberfläche gegeben ist. Es ist wichtig, diese Regel zu beachten, denn auf diese Weise lassen sich ziemlich gleichmäßige Stücke ausstechen. Die ausgestochene Terrine wird entweder naturell mit gehacktem Madeiragelee oder mit Madeiragelee überglänzt angerichtet.

Garnierte kalte Braten

Kalte, mit Gemüsesalaten umlegte Braten gehören ebenfalls zu den Platten, die täglich verlangt werden. Da diese für den Versand mit den verschiedenen Gemüsen auf einer Platte anzurichten sind, würde durch die von letzteren austretende Flüssigkeit das Fleisch in seiner Eigenheit geschmacklich benachteiligt und schließlich auch das Auge nicht zufriedengestellt werden. Um diesem Übelstande vorzubeugen, ist Versandgeschäften zu empfehlen, das Fleisch nicht direkt auf der Platte, sondern auf einer 1 cm dicken gebackenen Teigsockel-Unterlage anzurichten. Neben diesem praktischen Zweck gilt auch der Vorteil, daß die ganze Platte besser repräsentiert, was vom Standpunkt des Geschäftsmannes wohl nicht zu unterschätzen ist. Über das Tranchieren selbst ist bereits im Kapitel

„Tranchiermethoden“ (S. 148) Näheres gesagt. — Was die Gemüsegarnitur anbelangt, so ist diese mehrere Stunden vor dem Anrichten mit Salz, Pfeffer, Essig und Öl zu marinieren und kurz vor dem Anrichten auf Tüchern abzutropfen. Der evtl. anzuwendende Spieß ist auf S. 162 in seinen Einzelheiten besprochen.

350. Gebratener Jungschweinsrücken mit Salaten

Der gebratene, zum Teil tranchierte Jungschweinsrücken ist zusammen mit verschiedenen Salaten in gefälligen Glasschalen angerichtet worden. Die Platte wurde mit

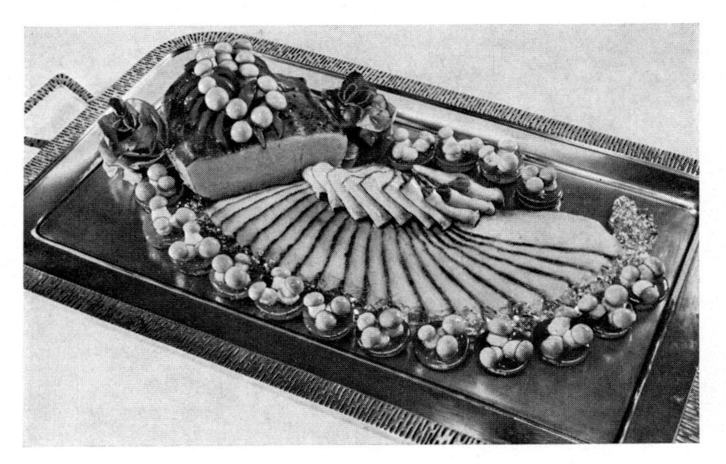

351. Gebratenes Kalbsfrikandeau mit Champignons und Tomaten

einem Geleespiegel ausgegossen; zuvor wurden jedoch die Glasschalen an die gewünschten Stellen gesetzt, so daß sie nach dem Erkalten des Gelees unverrückbar feststehen. Solche Arrangements lassen sich gut transportieren und sind deshalb für den Stadtküchenbetrieb empfehlenswert. Verwendet wurden Paprikaschoten-, Rotkraut-, Sellerie- und Gurkensalat. Das Jungschweinsrückenstück ist mit einem Zierspieß dekoriert.

Ein saftig gebratenes Kalbsfrikandeau wird nach dem Auskühlen zur Hälfte in Scheiben geschnitten und auf einer mit einem Geleespiegel versehenen Platte gefällig angerichtet. Der nicht tranchierte Teil des Frikandeaus ist mit kleinen ganzen Champignons und Tomatenstreifen dekoriert. Als Umlage fanden $1^1/_2$ cm dicke, marinierte Tomatenscheiben, mit je drei Champignons besetzt, ihre Anordnung. Zuvor sind jedoch die Stiele der Champignons zu einem Schaumbrot (siehe S. 291) verarbeitet und mittels Spritzbeutels und Lochtülle auf die vorbereiteten Tomatenscheiben stielförmig gespritzt worden, auf denen schließlich die Champignonköpfe sitzen. Grüne Salatblätter und Kresse sowie Fleischgeleewürfel geben dieser Bratenplatte ein appetitliches Aussehen.

Knochenschinken nach Prager Art

Der Knochenschinken nach Prager Art gehört in den Stadtküchen zu den Platten, die als Spezialitäten zu führen sind. Gleichviel ob es sich um einen gekochten oder in Brotteig gebackenen Schinken handelt, er wird vor dem Tranchieren sauber pariert und von seinem Schlußknochen befreit. Dann wird die Schwarte unterhalb der Hachse im Zickzack eingeschnitten und von dem Schinken heruntergezogen, so daß mit der Hachse eine „Manschette" stehenbleibt. Nachdem der Schinken dann noch von dem überflüssigen Fett befreit wurde, ist er zu tranchieren und zu ursprünglicher Form wieder zusammenzusetzen. Das Tranchieren geht wie folgt vor sich. Der Schinken, mit der Fettseite nach oben, erhält, $1^1/_2$ cm von der Manschette entfernt, einen senkrechten Einschnitt bis auf den Knochen. Dort angelangt, wird das Messer flachgelegt und der Schnitt waagerecht hart auf dem Knochen fortgesetzt, so daß der untere, also magere Teil des Schinkens als Unterlage für den oberen fetten Teil zurückbleibt. Letzterer wird der Länge nach in der Mitte durchgeschnitten und dann fein säuberlich in Querscheiben aufgeteilt, ohne daß man diese auseinanderfallen läßt. Beide Längshälften werden, nachdem sie tranchiert sind, so auf die untere Schinkenhälfte aufgesetzt, daß die Form des Schinkens wieder erreicht wird. — Der Schinken, mit dickflüssigem Gelee mit dem Pinsel überglänzt, wird auf einer langen Platte angerichtet. Die übliche Beigabe besteht aus geschabtem Meerrettich, Mixed Pickles und kräftigem, feinwürfelig geschnittenem Fleischgelee. — Weitere Schinkenrezepte sind auf S. 302 gegeben.

Gefüllter Wildschweinskopf

Die Zubereitung eines gefüllten Wildschweinskopfes ist auf S. 288 ausführlich geschildert. — Nachdem man vom Halsende des gekochten Kopfes ein Stück abgeschnitten und dieses in vier Teile geteilt hat, werden soviel Scheiben wie nötig geschnitten. Das restliche Stück wird auf eine lange Platte gelegt. Um dieses herum gruppiert man die vorher mit Fleischgelee überglänzten Scheiben und ergänzt die Platte mit feinwürfelig geschnittenem Gelee und etwas frischem Grün. Beigabe: Cumberland-Sauce (S. 372).

Käsegebäck im Stadtküchen-Service

Käse, naturell serviert, ist allenthalben beliebt. Nichtsdestoweniger nimmt man aber auch Gelegenheit, Käse zum Behagen der Gäste in anderer Form darzubieten als in seiner ursprünglichen Art. Diese Zubereitung bietet eine angenehme Abwechslung und hat den nicht zu unterschätzenden Vorteil, daß Käse, als Gebäck hergerichtet, ein bequemeres Essen ermöglicht.

352. Käsegebäck für das Stadtküchen-Service

Einzelheiten: Käsemürbteig-Rauten mit Pistazien-Käsekrem aufgestrichen; Käsemürbteig-Ringe mit Mandeln bestreut und mit Gervaiskrem gefüllt; Brandteigschwäne gefüllt mit Roquefortkrem; Mürbteighalbmonde gefüllt mit Kräuter-Käsekrem; Schillerlocken aus Blätterteig mit Chesterkrem gefüllt; Mürbteigschiffchen gefüllt mit Paprika-Käsekrem; Schweizerkäse-Törtchen.

Das Käsegebäck nach Bild 352 ist in allen Teilen mundgerecht. Es bedarf also keinerlei weiterer Beigaben und erfordert nur das Zugreifen, wobei sich die Gäste der Spießchen bedienen, die im Hintergrund der Platte auf einer mit Salatblättern umkleideten halben Zitrone stecken. Um die Spießchen liegen in Fächer geschnittene Radieschen.

Käsegebäck schmackhaft zubereitet ist eine Gaumenfreude. Es wird meistens zum Abschluß eines Menüs oder bei kalten Büfetts gereicht und soll den Magen nicht belasten, deshalb ist zu beachten, daß die Gebäckteilchen sehr klein gehalten werden und die Größe eines Mundbissens nicht übersteigen.

Eine weitere Käsegebäckplatte zeigt das Bild 326. Die Herstellung von Käsekrem und Käseschnittchen ist auf S. 365/366 erörtert.

23. Abschnitt

Rohkost

1. Allgemeines

Da manche Gäste auch in den Hotels und Restaurants Rohkost zu essen wünschen, ist es erforderlich, diese Ernährungsweise entsprechend zu berücksichtigen.

Unter Rohkost versteht man nach der Bedeutung des Wortes eine Nahrung, die ohne Mithilfe des Feuers herzustellen ist. In der Zeit nach dem Ersten Weltkrieg hat die Rohkost, die bis dahin auf enge Kreise beschränkt blieb, eine relativ große Verbreitung gefunden. Dies ist durch die bewußte Vorstellung begründet, daß die Nahrung durch die küchentechnische Zubereitung z. T. wertvolle Eigenschaften verliert. Diese Ansicht hat durch den Aufschwung der Vitaminlehre und durch die Erfahrung über die Schädigung mancher Vitamine durch das Kochen bis zu einem gewissen Grade ihre Bestätigung gefunden.

Vitamine oder Wirkstoffe werden vorwiegend in Pflanzen gebildet. Die Tiere leben von den Pflanzen und den darin gespeicherten Sonnenenergien; sie nehmen so Vitamine zu sich. Das Fleisch geschlachteter Tiere ist jedoch arm an Vitaminen. Wir sollten die Vitamine *auf dem kürzesten Wege* zu uns nehmen und tun dies am besten in Form von rohem Obst und rohen Gemüsegerichten.

Wir benutzen von tierischen Nahrungsmitteln zur Rohkost lediglich Milchprodukte: Sahne, Milch, Joghurt, Buttermilch sowie Eier und Honig. Diese verwenden wir, um gut zerkleinerte Gemüse und Früchte schmackhaft zuzubereiten. In Frage kommen alle Gemüse-, Obst- und Fruchtarten, auch Getreidearten, und zwar in Form von Weizenschrot, Weizenflocken, Haferflocken sowie Hartschalenfrüchte, die durch ihren hohen Fettgehalt besonders geschätzt werden; dazu gehören Haselnüsse, Walnüsse, Erdnüsse, Paranüsse, Mandeln, Pistazien, Kokosflocken usw.

Aus alledem ist schon ersichtlich und einleuchtend, daß Rohkost für jeden Gesunden zuträglich und notwendig ist und daß sie durch ihre voluminöse Beschaffenheit, ihren Schlackenreichtum besonders für Korpulente geeignet ist.

Rohkost wurde im allgemeinen bisher weniger gegessen, weil die Zubereitung mühevoll war. Durch moderne Küchengeräte wird diesem Mangel abgeholfen, denn durch den Elektromix mit seinen Zubehörteilen wurde die Rohkostzubereitung erheblich gefördert. In der Diätküche ist es von großem Vorteil, sich dieses Apparates zu bedienen. Seitdem diese sehr leistungsfähige Küchenhilfsmaschine verwendet wird, hat die Küche eine wesentliche Bereicherung und Erleichterung erfahren. Der Mixapparat vereinigt die Vorzüge: Schnellste Arbeitsweise — rationelles Arbeiten — Arbeitskräfteersparnis. Mit diesem an das Stromnetz anzuschließenden Apparat sind in Minuten, ja Sekunden Arbeiten auf bequemste Weise zu bewältigen, die früher unangenehm waren und zeitverschlingend auf primitivste Weise erledigt werden mußten; denken wir z. B. an das Meerrettichreiben, Zwiebelschneiden und auch an das Mayonnaiserühren. Der Unterschied des dafür benötigten Zeitaufwandes von einst und jetzt ist fabelhaft. In der kalten Küche ist der Apparat nicht mehr fortzudenken; auch in der Diät und Rohkost ist er in fortschrittlichen Betrieben unentbehrlich.

Küchenmeister Erich Möller vom Sanatorium Professor von Dapper in Bad Kissingen stellt aus seiner langjährigen Praxis die nachstehende Rezeptauswahl zur Verfügung:

Übersicht: Rohkost in flüssiger Form
Rohkost als Vorspeise
Rohkost als Frühstücksgerichte
Rohkost-Arrangements
Rohe Fruchtdesserts

2. Rohkost, flüssig

Es lassen sich fast alle Obst- und Gemüsearten auf rohem Wege mit einem Entsafter als flüssige Rohkost herstellen. Viele von den Säften schmecken jedoch sehr streng; sie lassen sich aber unter Zusatz von Apfelsaft weitestgehend verfeinern. Am schmackhaftesten dürfte wohl der Saft von frischen Karotten und von Weintrauben sein.

Karottensaft

Gut gesäuberte, geputzte und in kleine Stücke geschnittene Karotten werden in den Entsafter des Starmix gegeben. Der in einem Glas aufgefangene Saft wird nochmals durch ein kleines Sieb geseiht und möglichst gleich nach dem Entsaften serviert.

Spinatsaft

Gut gewaschener Spinat, etwas zerkleinert, wird mit Apfelstücken in den Entsafter gegeben. Der in einem Glas aufgefangene Saft wird nochmals durch ein kleines Sieb passiert. Der fertige Saft soll aus $^2/_3$ Apfel- und $^1/_3$ Spinatsaft bestehen.

Tomatensaft

Kleingeschnittene reife, saftige Tomaten werden im Starmix zerkleinert und nach dem Durchseihen leicht mit etwas Salz, Pfeffer, Muskatnuß und Worcestershiresauce abgeschmeckt.

Rote-Bete-Saft

Geschälte rote Bete werden in Stücke geschnitten, mit einigen Stückchen Meerrettich vermischt und in den Entsafter gegeben. Der aufgefangene Saft wird mit etwas Orangensaft vollendet und soll dann möglichst rasch serviert werden.

Brunnenkresse-Sellerie-Karottensaft

Gut gewaschene Brunnenkresse wird mit einer mittelgroßen Karotte und einer kleinen halben Sellerieknolle, beide in Stücke geschnitten, zusammen im Starmix zerkleinert. Nach nochmaligem Passieren ist der Saft einer kleinen halben Zitrone beizufügen.

Karotten-Orangensaft

Die entsafteten Karotten werden nach dem Durchseihen mit Orangensaft nach Belieben vermischt.

Selleriesaft mit Zitrone

Der präparierte Sellerie wird entsaftet und nach dem Durchseihen mit frischem Zitronensaft vollendet.

Gemischter Gemüsesaft

Je $^1/_3$ Karotten, Sellerie und Tomaten sowie eine kleine Petersilienwurzel werden entsaftet und nach dem Passieren mit etwas Salz, Pfeffer, Muskatnuß und Worcestershiresauce abgeschmeckt.

Gurken-Rettichsaft

Hierzu verwendet man eine halbe Treibhausgurke sowie einen mittleren zarten Rettich. Die geschälte Gurke und der gut gewaschene Rettich sind zu entsaften. Nach dem Durchseihen mische man den Rettich-Gurkensaft mit etwas Rahm und nach Geschmack mit Zitronensaft.

Kurze Erläuterungen zu den in den Rezepten genannten Produkten:

Nußmus:	Ein reines Naturprodukt, wird aus geschälten Wal- oder Haselnußkernen hergestellt.
Sanddorn	ist ein Strauch, der dem Weißdorn gleicht; von den Früchten wird ein Mark bereitet.
Kollath-Flocken:	Hierbei handelt es sich um speziell präparierte Weizenflocken, die nach Prof. Kollath benannt wurden.
Kurpflaumen:	Dies sind besonders große Back- oder Trockenpflaumen.
Knusperflocken:	Unter dieser Bezeichnung sind Reis-, Mais- und Weizenprodukte im Handel, die von den Ärzten wegen ihres hohen Nährwertes als Frühstücksgericht empfohlen werden.
Joghurt	ist künstlich leicht vergorene Vollmilch, die beim Erkalten etwas geliert.

Bezugsquellen vorgenannter Präparate: alle Reformhäuser.

3. Rohkost als Vorspeise

Als Grundregel gilt, die Gemüse recht gut zu zerkleinern, um dem Magen die Arbeit zu erleichtern. Ferner ist zu beachten, daß fast alle Rohkost nicht gesalzen wird; man versucht lediglich den Eigengeschmack durch etwas Zucker oder noch besser durch reinen Bienenhonig zu heben. Honig ist in der Rohkostzubereitung das „flüssige Gold".

a) Einfache Rohkost

Radieschen-Rohkost

Geputzte Radieschen werden in feine Scheiben geschnitten, mit etwas Zitronensaft beträufelt, auf gelben Salatblättern angerichtet und mit Petersilie bestreut.

Gurken-Rohkost

Treibhausgurken werden geschält, in dünne Scheiben geschnitten, mit Olivenöl, Salz, Pfeffer und gehacktem Dill angemacht und auf gelben Kopfsalatblättern angerichtet.

Rote Bete mit Apfel und Meerrettich

Geschälte rote Bete sind in feine Streifen, Borsdorfer Äpfel in Scheibchen und Meerrettich in kleine Würfel zu schneiden. Mit Honig und etwas Zitronensaft vollendet, wird diese Rohkost auf gelben Salatblättern angerichtet und mit gehobelten, gerösteten Mandeln bestreut.

Sauerampfer mit Radieschen

Frisch gepflückter Sauerampfer ist zu waschen, von den Stielen zu befreien und in feine Streifchen zu schneiden. Der geschnittene Sauerampfer ist alsdann mit etwas Orangensaft, der mit Honig vermengt wurde, anzumachen. Er wird auf Salatblättern angerichtet und mit Radieschenscheiben garniert.

Treibhausgurken mit Rettich und Dill

In ganz dünne Scheiben geschnittene Treibhausgurke wird mit wenig Salz, Pfeffer und frisch gehacktem Dill leicht gewürzt. Ferner wird ein geschälter, zarter Rettich geraspelt und kurz vor dem Servieren daruntergemengt.

Rettich mit Apfel und Weizenkeimen

Geputzter und geschälter Rettich wird in feine Scheiben geschnitten, mit wenig Zitrone und Honig angemacht. Unter diesen so vorbereiteten Rettich zieht man alsdann einen großen, geschälten, geraspelten Apfel. Auf Salatblättern angerichtet, wird mit Weizenkeimen bestreut.

Karotten mit Apfel

Geputzte junge Karotten werden feingerieben, mit Honig, Orangen- und Zitronensaft angemacht und dann mit in kleine Würfel geschnittenem Apfel vermengt. In Glasschälchen angerichtet, ist mit gehackten Mandeln zu bestreuen.

Karotten mit Sultaninen

Junge Karotten werden wie vorstehend behandelt. Statt Äpfel werden Mandeln und Sultaninen daruntergemengt.

Karotten mit Nußmus

Junge Karotten werden feingerieben und mit Nußmus unterzogen. Diese Rohkost ist nach dem Anrichten mit Sultaninen zu bestreuen.

Karotten mit Haselnüssen

Junge Karotten werden feingerieben, mit Honig, Orangen- und Zitronensaft geschmacklich vollendet. Beim Anrichten ist mit Haselnüssen zu garnieren.

Radieschen mit Bananen

Bananen und Radieschen, in Scheibchen geschnitten, werden mit Orangen- und Zitronensaft angemacht und beim Anrichten mit in Streifchen geschnittenen Mandeln bestreut.

Sauerkraut mit Apfel und Ananas

Weinkraut, grob gehackt, vermischt man mit Scheiben von einem weichen, schmackhaften Apfel und frischen Ananaswürfeln. Diese Rohkost wird auf gelben Salatblättern angerichtet und mit Weizenkeimen bestreut.

Spinat mit Apfel

Gut gewaschener Spinat wird in Streifchen geschnitten, ebenso ein weicher Apfel. Beides vermischt, wird mit Honig und Zitronensaft angemacht.

Kohlräbchen

Junge, zarte Kohlräbchen werden geschält, geraspelt, mit feingewiegten Kräutern sowie etwas Zitronensaft angemacht und beim Anrichten mit gehackten Nüssen bestreut.

Paprikaschoten und Melone

Paprikaschoten werden entkernt und in feine Streifchen geschnitten, mit in kleine Scheiben geschnittener Melone vermengt und mit wenig Zitronensaft vollendet.

Rotkohl mit Apfel

Rotkohl ist in sehr feine Streifchen zu schneiden und mittels Holzlöffel in einer Kupferkasserolle weichzustoßen. Dazu gibt man einen in Streifen geschnittenen Apfel. Diese Rohkost wird mit Honig und Zitronensaft abgeschmeckt und beim Anrichten mit Walnußkernen bestreut.

Brunnenkresse mit Apfel

Brunnenkresse wird geputzt, mit Zitrone und wenig Zucker mariniert und dann mit geraspeltem Apfel vermischt.

b) Gebundene Rohkost

Spinat in Süßrahm mit Apfel

Der Spinat wird geputzt, gut gewaschen und in Streifchen geschnitten. Ebenso schneidet man einen zarten, wohlschmeckenden Apfel und vermischt beides. Nun bereitet man von Süßrahm, Honig, Nußmus und einigen Spritzern Zitronensaft eine Marinade, um damit den Spinat anzumachen. Obenauf streut man gehackte Nüsse.

Schwarzwurzeln mit Nußmus

Geputzte Schwarzwurzeln werden in sehr feine Scheibchen geschnitten. Von Süßrahm und Nußmus wird eine Bindung bereitet, mit etwas Zitrone abgeschmeckt und unter die Schwarzwurzeln gezogen. Beim Anrichten wird mit Haselnüssen garniert.

Schwarzwurzeln mit Currysahne mit Bananen

Nach dem Putzen werden Schwarzwurzeln in feine Scheibchen geschnitten. Etwas Currypuder vermischt man mit Süßrahm und zerdrückt darin mittels einer Gabel eine Banane. Dies schmeckt man mit etwas Zitronensaft ab und gibt es mit einigen Bananenscheiben unter die Schwarzwurzeln. Garnitur: Gehackte Nüsse.

Champignons in Sahne mit Nußmus

Frische Champignons werden wie üblich geputzt, in feine Scheiben geschnitten und mit Zitronensaft beträufelt. Von Süßrahm und Nußmus wird eine Bindung bereitet, die mit etwas Orangensaft und Honig vollendet wird. Mit den Champignons vermengt, wird diese Rohkost mit Haselnüssen und Mandeln bestreut.

Sellerie mit Apfel und Nüssen

Knollensellerie wird in feine Streifchen geschnitten, ebenso ein Apfel und frische Ananas. Mayonnaise wird mit Süßrahm vermischt und mit Paprika und Salz leicht gewürzt. In diese Sauce gibt man den vorbereiteten Salat und frische Walnußkerne.

Rapunzeln mit Sanddorn

Ausgesuchte, gut gewaschene Rapunzeln vermischt man mit Orangen- und Grapefruitfilets. Diese Rohkost bindet man mit Süßrahm und Sanddorn.

c) Kombinierte Rohkost

Rohkost „Indische Art"

Süßer Rahm wird mit einer Messerspitze Currypuder, etwas Honig und einer zerdrückten Banane zu einer dicken Bindung verrührt. In diese gibt man von den Kernen befreite Tomatenwürfel, Orangenfilets, Apfelscheiben, Ananasstückchen, Bananenwürfel und gehackte Nüsse.

Studentenfutter

Blumenkohlröschen werden feingeraspelt und mit einer Bindung von Sahne, Honig und Nußmus angemacht. Unter das Ganze mengt man reichlich gehackte Nüsse, Mandelstreifchen, Sultaninen und in Würfel geschnittene Feigen.

Rohkost „Japanische Art"

Würfel von abgezogenen Tomaten, Apfelscheiben, Orangenfilets und Melonenstückchen werden mit Orangensaft, Honig und einigen Spritzern Zitronensaft angemacht, auf Salatherzen angerichtet, mit Sahnenmayonnaise nappiert und mit gehackten Pistazien bestreut.

Rohkost „Afrikanische Art"

Rahm, etwas Currypuder und zerdrückte Bananen werden vermischt. Dazu gibt man Feigen-, Bananen- sowie Apfelstückchen. Beim Anrichten wird mit feinen Streifen von rotem Paprika bestreut.

Rohkost „Spanische Art"

Würfel von Tomaten werden mit Streifchen von rotem Paprika und wenig Zitronensaft vermengt. Auf gelben Salatblättern angerichtet, wird mit leichter Sahnemayonnaise nappiert und mit feinen Paprikastreifchen bestreut.

Tomaten-Rohkost „Italienische Art"

Tomaten- und Melonenstückchen, Blutorangenfilets und Streifchen von Paprikaschoten sowie Orangensaft und etwas Honig werden vermischt. Ferner wird Süßrahm, mit Mango-Chutney und etwas zerdrückten Bananen verschlagen, zum Anmachen dieser Rohkost benötigt.

Sizilianische Rohkost

Frische Champignonscheiben, Würfel von Tomaten sowie dünne Apfel- und Melonenscheibchen werden mit Sahne, Honig, Orangen- und Zitronensaft gebunden. Garnitur: Walnußkerne.

Rohkost „Elisabeth"

Englische Sellerie-, Apfel- und frische Ananasstückchen, Filets von Mandarinen und abgezogene, grobgeschnittene Walnußkerne werden miteinander vermischt, mit Orangensaft, etwas Zitronensaft und Honig geschmacklich vollendet. Garnitur: Obenauf kleine Blättchen von englischem Sellerie.

Sellerie-Rohkost mit Ananas

Sellerie wird in ganz dünne Streifchen geschnitten und mit Zitronensaft mittels Holzlöffels weichgestoßen. Frische Ananas- sowie Apfelstückchen und halbe Haselnußkerne sind mit dem Sellerie zu vermengen. Das Ganze wird mit Sahnemayonnaise, die mit Paprika und Nußmus abgeschmeckt wurde, gebunden.

Champignon-Rohkost „Florentiner Art"

Junger Blattspinat ist in feine Streifchen und frische Champignons sowie ein wohlschmeckender Apfel sind in dünne Scheibchen zu schneiden. Zur Bindung dient Süßrahm mit Nußmus, etwas Honig und Orangensaft. Beim Anrichten wird mit grobgehackten, gerösteten Haselnüssen bestreut.

Chicorée-Rohkost „Florida"

Chicoréestückchen, Würfel von Tomaten, frische Ananaswürfel, Orangenfilets und Bananenscheibchen werden mit Orangensaft, einigen Spritzern Zitrone und etwas Honig vermengt. Beim Anrichten bestreut man mit gehackten Nüssen.

Chicorée mit Ingwer

In Würfel geschnittener Chicorée, Würfel von Tomaten, frische Ananaswürfel, Bananenscheiben und Orangenfilets werden mit Joghurt, der mit Ingwer und Zitronensaft abgeschmeckt wurde, gebunden. Obenauf streut man Ingwerstreifchen.

Feigen-Rohkost „Hawaii"

Feigen, Ananas, Äpfel und Banane werden in Scheibchen geschnitten und mit folgender Bindung angemacht: Currypuder rührt man mit Süßrahm an und vollendet mit Orangensaft und einigen Spritzern Zitrone. Garnitur: Gehobelte Mandeln.

4. Rohkost-Frühstücksgerichte

Diese Art von Rohkost bezieht sich hauptsächlich auf das weltbekannte Bircher-Benner-Müsli. Es erfreut sich, wenn es gut zubereitet wird, großer Beliebtheit. Bircher-Benner war der bahnbrechende Schweizer Arzt auf dem Gebiet der vegetarischen Ernährung. Seine Lehre wurde in Deutschland von Prof. Kollath, Freiburg, ausgearbeitet und weitergeführt. Das nach ihm benannte Kollath-Frühstück wird genauso zubereitet. Diese Gerichte werden vor allen Dingen in Sporthotels, Sanatorien usw. bevorzugt.

Bircher-Benner-Müsli

Zwei Eßlöffel Haferflocken werden in Wasser oder Milch 1—2 Std. eingeweicht. Hierüber reibt man mit einer verchromten oder einer Glasreibe einen großen Apfel und gibt etwas Zitronensaft und -schale dazu. Ein Dessertlöffel Honig, gemahlene Nüsse oder fertiges Nuß- oder Mandelmus wird daruntergezogen; zum Schluß verfeinert man mit einem großen Eßlöffel geschlagener Sahne. Das Müsli soll weiß, locker und schaumig aussehen. Man füllt es in eine Kompottschale und streut grobgehackte Nüsse darüber. — Man kann das Müsli mit allen Früchten, die während der Jahreszeit anfallen, zubereiten. Nur mit Äpfeln zubereitet, ist es im Geschmack sehr neutral und läßt sich lange Zeit gut essen, ohne daß dabei Widerwillen entsteht.

Kollath-Frühstück

Zwei Eßlöffel Kollath-Flocken werden über Nacht mit wenig Wasser eingeweicht. Am anderen Morgen gibt man darüber einen Eßlöffel Joghurt, reibt darüber einen Apfel, etwas Zitronenschale und -Saft. Das Ganze wird mit einem Dessertlöffel Honig, geriebenen Nüssen oder Nußmus gut vermengt. Auch hierunter kann man etwas geschlagene Sahne oder Süßrahm ziehen. Das Kollath-Frühstück kann ebenfalls mit allen anderen Früchten, auch eingeweichten Trockenfrüchten wie Feigen, Kurpflaumen usw. zubereitet werden, die jedoch getrennt eingeweicht werden müssen.

Weizenschrot-Frühstück

Statt zwei Eßlöffeln Weizenflocken werden zwei Eßlöffel Weizenschrot (ebenfalls unter der Bezeichnung „Kollath-Frühstück“ im Handel) eingeweicht. Die Zubereitung ist dieselbe wie vorstehend.

Flockenspeise mit Joghurt

Kernige Haferflocken oder andere Getreideflocken werden mit Joghurt sowie mit Sanddorn gemischt, oder statt mit Sanddorn mit frischem kleingeschnittenem Beerenobst und etwas Zucker. Die Flockenspeise wird in Suppentellern angerichtet und mit Leinsamen überstreut.

Flockenspeise mit Nußmus und Früchten

Kernige Haferflocken werden abends zuvor mit etwas Wasser angefeuchtet. Nuß- oder Mandelmus verrührt man mit einer kleinen Tasse Milch oder Süßrahm sowie einigen kleingeschnittenen Trockenfrüchten. Zum Service vermischt man dieses mit den Haferflocken und bestreut das Gericht mit Leinsamen.

Knusperflocken mit Sahne

Knusperflocken sind von verschiedenen Getreidearten im Handel. Sie werden in beliebiger Menge in den Suppenteller gegeben, nach Geschmack mit Zucker bestreut und mit Sahne oder Milch übergossen.

Weizenkeime mit Milch

Zwei Eßlöffel Weizenkeime, ein Teelöffel Zucker, eine kleine Tasse frische Milch, Sahne oder Fruchtsaft werden nach Geschmack mit frischen Früchten serviert. Das Ganze wird erst am Tisch vermengt.

5. Rohkost-Arrangements

Die Zusammenstellung der Rohkostplatten kann sehr vielseitig sein; sie wird sich nach der jeweiligen Jahreszeit richten, der Anfall von Obst und Gemüsen wird bestimmend sein. Zu einer Rohkostplatte, die als Mittags- oder Abendmahlzeit dienen soll, kann, um sie zu vervollständigen, ein kleines Schälchen mit Quark, in irgendeiner Form zubereitet, geboten werden. Dies ist sehr zuträglich und bekömmlich; es können auch einige Scheiben Knäckebrot dazu gereicht werden.

353. Rohkost-Arrangement für 3 Personen

In den Gläsern: Joghurt-Cocktail mit Melone. Im letzten Viertel ist die Schale, zu einem Knoten geschlungen, an der Melonenscheibe belassen

In den Porzellanschalen von links: 1. Chicoréesalat mit frischer Ananas, Tomatenwürfeln und Paprikasahne (Schlagsahne, Paprikamark und Paprikaschote gehackt. Die Mischung ist mit einem Teelöffel zu Eiern geformt). — 2. Frische Feigen, gefüllt mit Streifchen von Knollensellerie und Kräutern. Das entnommene Fruchtfleisch liegt in Würfel geschnitten auf der Füllung. — 3. Gefüllte Muskat-Traubenbeeren, auf einem Weinblatt zu einer kleinen Traube angeordnet. In die aufgeschnittenen, entkernten Früchte ist Gervais-Käsekrem (Gervais, Joghurt, etwas Cognac) eingespritzt. — 4. Halbierte, mit einem Radieschen-Walderdbeer-Salat gefüllte Bananen. $^{1}/_{3}$ des Fruchtfleisches zu Mus zerdrückt, mit Zitronensaft und Sahne angemacht, wird auf die Füllung gegeben; hierauf ist das restliche, in Scheiben geschnittene Bananenfleisch angeordnet. Die gefüllten Früchte sind mit Haselnußscheiben bestreut.
Weitere Beigaben: Maisflocken, Crackers und Knäckebrot

Rohkostplatte „Försterin-Art"

Man richtet auf einer Porzellan- oder Glasplatte folgende Rohkost an:

Rapunzeln mit Sanddorn . . . . S. 415
Champignons mit Nuß . . . . S. 415
Sauerampfer mit Radieschen . . . . S. 413
Rettich mit Apfel und Weizenkeimen . . . . S. 413

Dazu gibt man eine Schale mit Kümmelquark und Knäckebrot.

Rohkostplatte „Hausfrauen-Art"

Auf einer geeigneten Platte richtet man folgende Rohkost an:

Geriebene Karotten mit gehackten Nüssen und Sultaninen . . . S. 413
Rote Bete mit Meerrettich und Apfel . . . . S. 413
Sauerkraut mit Apfel und Ananas . . . . S. 414
Paprikaschoten und Melone . . . . S. 414

Dazu wird Mandelquark mit Knäckebrot gereicht.

354. Rohkost-Arrangement für 2 Personen

a In ausgehöhlten Birnenhälften Radieschen-Birnen-Kräuter-Rohkost; *b* Orangenviertel mit Karottenrohkost, garniert mit den Orangenfilets und gehackter roter Paprikaschote; *c* Grapefruitfilets mit Curry-Sahne-Spinat; *d* halbierte, entkernte Pflaumen auf Kopfsalatblättern, mit Quarkkrem gefüllt und mit Pumpernickelwürfeln bestreut; *e* Tomaten, mit Paprikastreifchen und Champignonscheibchen gefüllt; Beigabe: Knäckebrot; in den Gläsern: Joghurt mit Honig, Maisflocken und Pfirsichstückchen

Rohkost „Miami“

Auf eine runde Glasplatte arrangiert man das Folgende:

1 ausgehöhlte Tomate mit Paprika-Rohkost gefüllt . . . . . . S. 414
Feigen-Rohkost mit Curry und Bananen . . . . S. 416
Chicorée mit Orangen und Tomaten . . . . S. 416
Englischer Sellerie in Streifchen mit frischer Ananas . . . . . . S. 416

Dazu eignet sich angemachter Haselnußquark und einige Scheiben Knäckebrot.

Brasilianische Rohkost

Die Zusammenstellung ist folgende:

2 gefüllte Orangen mit Rohkost von Radieschen und Bananen . S. 413
Studentenfutter-Rohkost . . . . S. 415
Sellerie-Rohkost . . . . S. 415
Italienische Tomaten-Rohkost . . . . S. 415

Beigabe: Sanddornquark und Knäckebrot.

Rohkostplatte auf Bauern-Art

Auf eine passende Platte gibt man:

2 halbe ausgehöhlte Äpfel mit Rotkohl-Rohkost gefüllt . . . . S. 414
Sellerie mit Apfel und Nüssen . . . . S. 415
Schwarzwurzeln mit Currysahne und Bananen . . . . S. 414
Karotten mit Sultaninen . . . . S. 413

Beigabe: Angemachter Schnittlauchquark und Knäckebrot.

Rohkostplatte „Florida“

Zusammenstellung:

Ausgehöhlte Orangen, gefüllt mit Brunnenkresse und Orangenfilets . . . . S. 414
Vom Kernhaus befreite Apfelringe mit Karotten und Haselnuß-Rohkost . . . . S. 413
Spinat-Rohkost . . . . S. 414
Radieschen mit Bananen-Rohkost . . . . S. 413

Beigabe: Kräuterquark mit 2 Scheibchen Knäckebrot.

Rohkostplatte „Elsässer Art“

Hierfür benötigt man:

2 halbe Äpfel mit Füllung von Sauerkraut-Ananas-Rohkost . . . S. 414
Rohkost von Paprikaschoten und Melone . . . . S. 414
Schwarzwurzeln mit Nußmus . . . . S. 414
Champignon-Rohkost . . . . S. 415

Beigabe: Meerrettichquark und Knäckebrot.

Rohkostplatte „Nizza"

In die Mitte einer runden Glas- oder Porzellanplatte setzt man halbe ausgehöhlte Grapefruits und füllt diese mit

Rohkost „Japanische Art" . . . . S. 415
Bananen mit Radieschen . . . . S. 413
Champignon-Rohkost . . . . S. 415
Tomaten-Rohkost auf italienische Art . . . . S. 415

Beigabe: Paprikaquark und Knäckebrot.

Rohkostplatte „Frühlings-Art"

Auf einer Glasplatte richtet man bukettweise an:

Radieschen auf gelben Salatblättern . . . . S. 412
Geriebene Karotten mit Äpfeln . . . . S. 413
Junge Kohlräbchen geraspelt mit feinen Kräutern . . . . S. 414
Spinatstreifchen in Süßrahm mit Apfel . . . . S. 414

Dazu reicht man ein Schälchen mit Tomatenmark und 2 Scheibchen Knäckebrot.

Rohkostplatte „Gärtnerin-Art"

Auf eine Glas- oder Porzellanplatte gibt man folgende Rohkost:

Radieschen mit Bananen und Mandelstiften . . . . S. 413
Sauerampfer mit Apfel und gehackten Nüssen . . . . S. 413
Geriebene Karotten mit Mandeln und Sultaninen . . . . S. 413
Treibhausgurken mit Rettich und Dill . . . . S. 413

Als Beigabe ein Schälchen Kräuterquark und einige Scheiben Knäckebrot.

6. Rohe Fruchtdesserts

Desserts von rohen Früchten aller Art erfreuen sich immer größerer Beliebtheit; deshalb folgen zum Abschluß einige der populärsten Rohkostdesserts, unter denen wiederum die Quark- und Joghurt-Desserts häufig bevorzugt werden. Sie lassen die verschiedenartigsten Kombinationen mit rohen Früchten zu. Es folgen einige Beispiele, die sich vielfältig variieren lassen.

Sanddornquark mit Bananen und Orangenfilets

Frischer, durch ein Haarsieb passierter Quark wird mit Sanddorn unterzogen und mit Zucker nach Geschmack vollendet. Beim Anrichten ist mit Bananenscheiben und Orangenfilets zu garnieren und mit gehackten Haselnüssen zu bestreuen.

Erdbeerquark mit frischer Ananas

Süßrahmquark wird durch ein Haarsieb passiert und mit wenig Zucker gesüßt. Darunter mischt man vorsichtig schöne feste, halbierte Erdbeeren und richtet die so vorbereitete Quarkspeise in einer Glasschale an. Mit frischen Ananasstückchen garniert, werden letztere mit Erdbeermark überzogen.

Joghurt mit Früchten

Joghurt, leicht mit Gelatine gebunden, wird mit Zucker und Vanille abgeschmeckt, in Glasschälchen gefüllt, kaltgestellt und mit verschiedenen, in kleine Stücke geschnittenen frischen Früchten garniert.

Haselnuß-Joghurt mit Weichselkirschen

Mit wenig Gelatine gebundener Joghurt wird mit gerösteten, gehackten Haselnüssen unterzogen und mit Vanillezucker abgeschmeckt. Diese Speise wird in einer Glasschale angerichtet und bis zum Servieren in den Kühlraum gestellt. Kurz vor dem Auftragen wird die Oberfläche mit entsteinten, leicht gezuckerten Weichselkirschen belegt.

Schwedenfrüchte mit Süßrahm

Hierfür ist im Sommer die Beerenzeit die geeignetste. Entkernte saure Kirschen, Erdbeeren, Johannisbeeren, Himbeeren und reife Stachelbeeren werden vorbereitet, einige Stunden in Läuterzucker kaltgestellt und mit frischem, gekühltem Süßrahm serviert.

NACHSCHLAGETEIL

Fachausdrücke — Sachregister

Technische und fremdsprachliche Ausdrücke

Abbrennen — eine Masse, z. B. Brot-Farce, wird mittels Holzspatels in einer Kasserolle auf dem Feuer solange bearbeitet, bis sich dieselbe vom Löffel löst. Der Zweck ist der, daß die vorhandene überflüssige Feuchtigkeit, die vorher zum Einweichen benötigt wurde, wieder entfernt wird.
Absteifen — Lebensmittel in heiße Flüssigkeit halten, bis die Oberflächen steif und fest geworden sind.
Aspik — Geleegericht, Gallertgericht.
Ballotine — gefüllte Geflügelkeule.
Bardieren — mit Speck belegen, umbinden.
Barquettes — Schiffchen.
Belle-vue — schöne Aussicht, schöner Anblick, en belle-vue — schön angerichtet.
Blanchieren — abbrühen, abwällen.
Bordüre — Einfassung, Schüsselrand.
Boucherie — verschiedene, in Einzelportionen geschnittene, auf dem Rost oder in der Pfanne zu bratende Fleischstücke.
Bridieren — binden, zusammenbinden.
Canapé — belegte Röstbrotschnitte.
Catchup — Tomatenwürzsauce.
Chateaubriand — eine für mindestens 2 Personen ausreichende Fleischscheibe, die aus der Mitte eines Rinderfilets geschnitten wurde.
Chaudfroid—Kleine Vorspeisenteile mit Gelee.
Chaudfroidieren — Überziehen mit Chaudfroid-Sauce.
Chemisieren — Forminnenseite mit Geleeschicht versehen.
Commis — Jungkoch.
Coquille — Muschelschale.
Corail — Mark von gekochten Hummern.
Cornichons — Pfeffergürkchen.
Côte de Boeuf — Rinderrippe, Rinderkotelett.
Courtbouillon — Gemüsebrühe für Fisch.
Crapaudine — nach Kröten-Art.
Croûte — Kruste.
Croûton — geröstete Brotschnitte.
Dariole-Förmchen — kleine, glattwandige, becherartige Förmchen, die am oberen Rande etwas breiter sind als am Boden.
Deglacieren — ablöschen.
Dressieren — anrichten.
Entrée — Zwischengericht.
Entremetier — Abteilungskoch für Eierspeisen und Gemüse.
Escalopes — Scheiben in beliebiger Größe.
Farce — Füllsel.
Farcieren — füllen.
Filet, bei Geflügel — Brustschnitte oder Brüstchen.
Filet, bei Schlachtfleisch — Lende.
Filet mignon — kleines Filet.
Filets, bei Fischen — die längs der Gräte abgelösten Schnitten.
Fond — Flüssigkeit, die beim Kochen, Dünsten oder Braten der Fleisch- oder Fischstücke usw. zurückbleibt und den Saft und Geschmack der in ihr gargemachten Dinge in sich aufgenommen hat.
Frikandeau(x) — Bezeichnung für die verschiedenen, in der Kalbskeule liegenden Fleischteile, wobei das lange und das Schnitzelfrikandeau, die große und die kleine Nuß unterschieden werden. Diese Benennung findet auch zuweilen für die gleichen Teile vom Schwein, Wild usw. Anwendung.
Fumet — Auszug.
Galantine — gefüllte, gekochte Tierkörper oder Teile davon.
Gardemanger, das — Speisen-Aufbewahrungsraum, auch Allgemeinbegriff für die kalte Küche.
Gardemanger, der — in der kalten Küche tätiger Koch.
Garnieren — umlegen, verzieren.
Garnitur — Beilage, Umlage.
Gelee — Sulz.
Glace — Fleisch- oder Fischextrakt.
Glacieren — durch einen Überzug mit Gelee glänzend machen.
Grenadin — gespickte Fleischschnitte.

Grillade — das auf dem Rost Geröstete.
Grillieren — auf dem Rost rösten.
Hautgoût — der sich in einem bestimmten Zeitpunkt des Lagerns bildende, besondere Wildgeschmack.
Hors-d'oeuvre — Vorspeisen.
Ingredienzien — Bestandteile.
Julienne — feinstreifig geschnitten.
Jus — Fleischsaft, Bratensaft.
Karkasse — Knochengerüst, Gerippe.
Karree — gespaltene Hälfte eines Rückens vom Schwein, Kalb oder Hammel.
Kokotte — topfähnliches Servicegeschirr.
Luftspeck — gesalzener, ungeräucherter, nur an der Luft getrockneter Speck, findet speziell zum Spicken Verwendung.
Macédoine — ein Gemisch von Gemüsen oder Früchten.
Malossol — Bezeichnung für schwach gesalzenen Kaviar.
Marinaden — gewürzte Flüssigkeiten für verschiedene Arten von Fleisch zur geschmacklichen Vollendung, zur Beschleunigung des Mürbewerdens und Erzielung einer gewissen Haltbarkeit.
Markieren — das Vorbereiten eines Gerichtes und Einsetzen in ein Geschirr für den Kochprozeß.
Marschieren — der Werdegang eines Gerichtes während des Koch- oder Bratprozesses.
Maskieren — mit Sauce bedecken.
Mixed-grill — bestimmte, auf dem Grill zu röstende, verschiedene Fleischteile.
Mousse — Schaumbrot, Schaummus.
Mousseline — Schaumbrötchen, Schaumklößchen.
Mousseline-Farce – Rahm- bzw. Schaum-Farce.
Mutton-chop — eine quer aus dem Hammelsattel geschnittene Fleischscheibe.
Nappieren — überziehen.
Pampelmuse — eine angenehm säuerlich schmeckende, zitronenähnliche, jedoch viel größere Frucht.
Parieren — Beschneiden und Zurichten der Fleischstücke und Abschneiden überflüssiger Teile.
Parüren — Reste, die sich beim Parieren ergeben.
Passieren — durchstreichen, durchgießen.
Paupiette — Röllchen.
Plafond — flaches Geschirr.
Plattieren — flach- bzw. breitklopfen.
Pochieren — langsam in kurzem Fond kochen.
Poëlieren — langsam in der Pfanne braten.
Poissonnier — Abteilungskoch für Fischgerichte.
Porter house-Steak — ein aus dem Roastbeef mitsamt Filet, Knochen und Fett unweit der Hüfte quergeschnittenes Fleischstück.
Potager — Abteilungskoch für Suppen.
Quenelles — Klößchen.
Reduzieren — einkochen.
Rippespeer — Schweinsrippenstück.
Rôtisseur — Abteilungskoch für Braten.
Sakuska, Sakuski — russische Vorspeisen.
Salpicon — feinwürfelig geschnittenes, aus Fleisch oder Früchten bestehendes Gemisch.
Sandwiches — mit Butter bestrichene, von der Rinde befreite, dünne Weißbrotscheiben mit einer Zwischenlage von Fleisch oder dergleichen.
Saucier — Abteilungskoch für Saucen, Ragouts, Schmor- und Dünstgerichte.
Saucieren — mit Sauce begießen.
Schnepfendreck — Lebern, Herzen und Därme von Schnepfen, aber keine Mägen!
Smörgasbordet — Tisch mit schwedischen Vorspeisen.
Smørrebrødsseddel — dänischer Butterbrotzettel.
Sous-chef — Stellvertreter des Küchenmeisters.
Suprême — eine Brusthälfte beim Geflügel.
Tartelett — kleines Törtchen.
Timbale — Becher-Pastete.
Toast — Röstbrotschnitte.
Tournant — Stellvertreter.
Tournedos — Lendenschnitten.
Tranche — Scheibe.
Velouté — weiße Grundsauce.

Alphabetisches Sachregister

(Die Umlaute ä, ö und ü sind unter ihren Stammlauten a, o und u eingeordnet)